D1728224

Arno Münster

Ernst Bloch. Eine politische Biographie

Arno Münster

Ernst Bloch

Eine politische Biographie

PHILO

Titel der Originalausgabe:
L'utopie concrète d'Ernst Bloch. Une biographie
© Éditions Kimé, Paris 2001
Vom Autor erstellte deutsche Fassung

Bibliografische Information Der Deutschen Bibliothek
Die Deutsche Bibliothek verzeichnet diese Publikation
in der Deutschen Nationalbibliografie;
detaillierte bibliografische Daten sind im Internet über
http://dnb.ddb.de abrufbar.

Redaktion. Ulrich Müller-Schöll
Gestaltung des Bildteils: Beryl Janssen
Umschlaggestaltung: Bayerl & Ost
unter Verwendung eines Fotos von Paul Schwiridoff
Satz: TRIGGERagent, Berlin
Printed in Germany
Erste Auflage 2004

ISBN 3-8257-0357-6

Inhalt

Inhalt

Vierter Teil

Fünfter Teil

Sechster Teil

Mit Dank an Camille, für treue Hilfe

»Und doch gehört die erste Begegnung, die wir 1919 in Interlaken in den Tagen hatten, als ich schon entschlossen war, mein forschendes Leben der Erkenntnis des Judentums zu widmen – ein nächtliches, vielstündiges, teilweise stürmisch verlaufendes Gespräch –, zu den unvergessenen Stunden meiner Jugend. Ihr Auftakt verdient hier festgehalten zu werden, weil er mir in den ersten Minuten, in denen ich Bloch traf, einen unerwarteten Blick gerade in meine eigene geistige Welt eröffnete.

Der junge Bloch, eine in seiner Leiblichkeit und Geistigkeit überwältigende Erscheinung, war ein das Barocke nicht scheuender Stürmer in die Apokalypse und in die Vision, in der die mystischen Bilder, in denen er so schwelgte, starben. Der Neunzigjährige ist ein blinder Seher geworden, ein Meister, der den Kampf mit dem Drachen, in dem er 40 Jahre stand, überlebt hat und ein Weiser geworden ist, im Sinn der alten jüdischen Definition des ›Alten Mannes‹ als desjenigen, der ›Weisheit erworben hat‹, ein Gut, über dessen Unerfindlichkeit sich schon Hiob beschwert hat.«

Gershom Scholem über Ernst Bloch in:
Der Spiegel, 29. Jg., Nr. 28, 7. Juli 1975

Ouvertüre:
Marx, aufrechter Gang, konkrete Utopie

Die Szene spielt in Trier an der deutsch-französischen Grenze, im Auditorium des Geburtshauses von Karl Marx. Ein enthusiastisches Publikum, überwiegend sind es junge Studenten, ist zu diesem Anlaß aus mehreren Städten und Gegenden Deutschlands angereist, nicht nur um den 150. Geburtstag von Karl Marx zu begehen, sondern auch um einen zu hören, dessen Charisma den Ruf eines einfachen Professors der Philosophie um ein weites übersteigt.

Während er in den Saal tritt, gestützt und geführt von seiner Frau, wird hie und da Beifall laut. Als er, in der Hand das gebündelte Manuskript, langsam auf das Rednerpult zuschreitet und schließlich zu sprechen ansetzt, herrscht plötzlich Totenstille. Die Hand des Redners zittert ein wenig, sein Rücken ist gekrümmt, doch dann, wie von einer magischen Feder gezogen, richtet sich der Achtzigjährige plötzlich auf, und als er nun mit stark süddeutschen Akzent zu sprechen beginnt, wirkt sein schlohweißes Haupt auf die Zuhörer wie das eines alten Propheten, auf dessen Heilsbotschaft man lange gewartet hatte. Daß ihm die Sympathien des Publikums gewiß sind, das weiß er, spätestens seit sein dreibändiges Hauptwerk *Das Prinzip Hoffnung,* veröffentlicht 1959 in Frankfurt, in den Buchhandlungen überragende Erfolge feiert. So sagt er nun zuerst bescheiden, er freue sich, mit seinem Publikum vereint zu sein, und danke für die Einladung zu diesem Vortrag und zu dieser Veranstaltung zu Ehren von Karl Marx. Dann hebt der alte Mann die Stimme und wird leidenschaftlich:

»Was man nicht weiß, macht einen nicht heiß. So haben es die Lauen auch mit Marx gehalten, tun gern dumm, auch heute noch. Die ausgesprochenen Feinde, die Nazis, wußten erst recht nichts, dafür aber Lügen, was viel schlimmer ist. Hier entstand Wahn, der allerdings machte gerade besonders heiß, im Auftrag, nämlich mörderisch.«[1]

Der greise Redner – zwei Monate später wird er 83 Jahre alt sein – der mit diesen Worten seinen Vortrag beginnt und der mit an Aphorismen, Zitaten und Ausrufen reichen Betrachtungen bei

---

1 Bloch, Ernst: »Marx, aufrechter Gang, konkrete Utopie«, in: ders.: *Politische Messungen, Pestzeit, Vormärz*, GA 11, Frankfurt/Main 1970, S. 445.

9

seinem Publikum immer wieder Begeisterungsstürme entfacht, ist kein anderer als Ernst Bloch, Gastprofessor an der Universität Tübingen, vormals Professor an der Karl-Marx-Universität Leipzig in der DDR. Seit sieben Jahren lebt er nun als politischer Flüchtling in der Bundesrepublik Deutschland. Ein letztes Mal hatte er kurz vor dem Mauerbau den Mut aufzubringen gehabt, ins Exil zu gehen, dieses Mal von Deutschland-Ost nach Deutschland-West, mußte er Leipzig, wo er bei Staats- und Parteiführung im ersten deutschen Arbeiter- und Bauernstaat in Ungnade gefallen war, verlassen, um nun in der kleinen Universitätsstadt Tübingen in Baden-Württemberg ein neues Leben zu beginnen.

Am Vortag war Bloch, begleitet von seiner Frau Karola, mit dem Zug über Tübingen und Heidelberg nach Trier gefahren, wobei er durch seine Geburtsstadt Ludwigshafen kam und durch die Pfalz, in der er seine Jugend verbracht hatte und die damals noch zum Königreich Bayern gehörte. Jetzt, mit fast 83 Jahren, hielt Bloch trotz seines fortgeschrittenen Alters an der Universität Tübingen allwöchentlich noch Lehrveranstaltungen ab: vor allem die einstündige Vorlesung am Freitagnachmittag und am Dienstagabend ein Seminar »privatissime et gratis«, das, wie selbiges von Georg Simmel in Berlin oder jenes von Max Weber in Heidelberg vor dem Ersten Weltkrieg, beim Philosophen daheim stattfand, genauer gesagt im Kellergeschoß des Hauses, in dem Ernst Bloch und seine Frau direkt am Neckar wohnten. Ernst Bloch war sehr glücklich, in Tübingen zu leben und zu lehren, in unmittelbarer Nähe des berühmten Tübinger »Stifts«, wo sich Hölderlin, Schelling und Hegel als Studenten ein Zimmer geteilt, und zum Hölderlin-Turm, wo der Dichter – der geistigen Umnachtung nahe – seine letzten Oden und Hymnen gedichtet hatte.

Das Redemanuskript, das Ernst Bloch an diesem denkwürdigen Tag in seinem Reisegepäck mit nach Trier brachte, hatte er bereits im März 1968 ausgearbeitet. »Marx, aufrechter Gang, konkrete Utopie« lautete der Titel, ein Text von 17 Schreibmaschinenseiten, dessen philosophisch-politischen Inhalt man getrost als »explosiv« einstufen konnte. Mit dem Vortragstext verfolgte Bloch zwei Ziele: denen, die damals im Westen gegen die überalterten Strukturen der Universitäten und den Vietnam-Krieg demonstrierten, die Aktualität von Karl Marx und seines philosophisch-politischen Vermächtnisses zu zeigen und zum anderen den falschen Gebrauch kenntlich zu machen, der von Marx und seiner Philosophie der gesellschaftlichen Emanzipation im Osten, unter der Ägide des Marxismus-Leninismus sowjetischer und chinesischer Herkunft, getätigt wurde und der dort de facto zu einer Art »Antipropaganda« geführt hatte, die sich gegenüber der Sache des wahren Sozialismus leider als sehr wirksam und schädlich erwies. Hier bot sich für Ernst Bloch die ausgezeichnete Gelegenheit, mit dem bürokratischen »Schmalspurmarxismus« in der DDR und mit deren autoritärer Polizeistaatspraxis abzurechnen. Die Gelegenheit war für Ernst Bloch um so wichtiger, als er hier auf Anschuldigungen und publizistische Angriffe eingehen konnte, die von der bürgerlich-rechten Presse gegen ihn wegen seiner angeblich »stalinistischen Vergangenheit« wiederholt vorgebracht worden waren.

Zwei weltpolitische Ereignisse prägten das Jahr 68, die Ernst Bloch zu einer solchen politischen Stellungnahme ermuntert hatten: zum einen der »Prager Frühling«, der erneut die Hoffnung auf einen »Sozialismus mit menschlichem Antlitz« als konkreter Antithese zum staatsbürokratischen »real-existierenden« Sozialismus sowjetischer Provenienz beflügelte, und zum anderen die Studentenrevolte in Westeuropa (besonders in Deutschland und Frankreich), die dem bürgerlichen Konformismus der modernen Konsumgesellschaften einen anti-autoritär-utopischen Geist der Revolte entgegenhielt und politisch-moralisch gegen Neokolonialismus und Vietnam-Krieg protestierte. Bloch stand hier mit Jean-Paul Sartre, Herbert Marcuse, Ernest Mandel und anderen fortschrittlichen Intellektuellen in einer Reihe, die diese Ereignisse sofort begrüßten und offen ihre Sympathie dafür bekundeten – für die Entstalinisierungs- und Demokratisierungsbestrebungen von Alexander Dubček und seiner Reformkommunisten in Prag ebenso wie für die spontane anti-autoritäre Studentenrevolte in den Metropolen Berlin, Frankfurt und Paris, die das utopische Ziel einer herrschafts- und repressionsfreien Gesellschaft verfolgte.

Es waren nur 45 Minuten, die Bloch zur Verfügung standen. Dennoch gelang ihm in seinem Vortrag ein konziser, sehr klarer Abriß des Marxismus im 20. Jahrhundert. Er sprach über die zunehmende Verbürgerlichung der Sozialdemokratie, die Marx' revolutionäre Theorie in ein Reformprojekt verwandelt hatte, wo nur noch an den Symptomen der bürgerlichen Gesellschaft herumkuriert, nichts aber grundlegend und radikal verändert werde, und vom Dogmatismus und der Engstirnigkeit der Kommunisten, die Blochs Ansicht nach schon zur Zeit der Weimarer Republik den großen Fehler begangen hatten, nur »papieren zu reden« und »das ganze Feld bäurischen, kleinbürgerlichen ›Widerspruchs‹ gegen das System dem faschistischen Geraune, Gebrüll [und] betrügerischem Mißbrauch« zu überlassen.[2] (Dies hatte Ernst Bloch schon 1935 in seinem Buch *Erbschaft dieser Zeit* bemängelt.) Bedauern und Empörung auch darüber, daß danach die eigentlich emanzipatorische Substanz des Marxismus durch den Personenkult, den polizeistaatlichen Terror, die Verfolgung der Linksopposition in der UdSSR und die Errichtung der sibirischen Straflager unter Stalin bis zur Unkenntlichkeit entstellt worden war. Bloch zufolge (der hier teils auf Formulierungen seiner ersten politischen Leitartikel und Aufsätze[3] aus der Zeit des ersten Schweizer Exils 1917-1919 zurückgriff) liegt einer der Hauptgründe für das Entstehen dieser »Antipropaganda«, um die es sich bei der Praxis des »real-existierenden Sozialismus« handelt, in der Russifizierung des Marxismus und der damit verbundenen historischen »Fahrplanänderung«. Zu dieser kam es auch, weil der Marxismus nicht, wie Marx und Engels es prophezeit hatten, in den bürgerlich regierten Staaten Westeuropas an die Macht kam, sondern in einem so rückständigen und vom halbasiatischen Despotismus geprägten Land wie dem zaristischen Rußland.

»Nie zu vergessen: der rote Anfang fand russisch statt. Die zehn Tage, die die Welt erschütterten, starteten an der Newa, nirgends sonst. Dort war nicht nur das schwächste Glied in der Kette, also das am ehesten reißbare, es war vor allem die Masse und ihr Kopf dort, die endlich sprengten. An den Muschik als roten Soldaten hat Marx freilich zuletzt gedacht. Obwohl das russische neunzehnte Jahrhundert, seit den Dekabristen, von Aufständen durchzogen und dort nicht nur die anarchistische Bombe zu Hause war. Folgende Vorschau Napoleons machte trotzdem Schule: Europa werde in hundert Jahren entweder republikanisch oder kosakisch sein.«[4] Doch als unheilvolle Konsequenz dieser »Russifizierung« des Marxismus ebenso wie seiner »Zarisierung« in der Stalinzeit, mit dem Stalinschen Personenkult und den Moskauer Prozessen (1936-37), war das Bild des Marxismus grob entstellt worden und konnte, dies

---

2 Ebd., S. 446.

3 Vgl. Bloch, Ernst: *Kampf, nicht Krieg. Politische Schriften (1917-1919)*, hrsg. von Martin Korol, Frankfurt/Main 1985.

4 Bloch, Ernst: »Marx, aufrechter Gang, konkrete Utopie«, in: ders.: *Politische Messungen, Pestzeit, Vormärz*, GA 11, S. 448.

war Blochs feste Überzeugung, nur weiter entstellt werden, wie sich dann im August 1968, als sowjetische Panzer dem »Prager Frühling« ein gewaltsames Ende setzten, bald zeigen sollte.

Als Bloch diese Ansprache hielt, war der Ausgang des Prager »Experiments« offen, wobei er Realist genug war, um zu wissen, was für ein Damoklesschwert über Alexander Dubček und seinen Mitstreitern in Prag tatsächlich schwebte. Wenn er in Trier zürnend die Frage stellte: »Hat sich der Marxismus im Stalinismus nur bis zur Unkenntlichkeit oder streckenweise auch bis zur Kenntlichkeit verändert«?[5], dann ging es ihm allerdings keineswegs darum, die weit verbreiteten antikommunistischen Ressentiments und Klischees zu bedienen. Vielmehr wollte er ungeschminkt die theoretischen und geschichtlichen Gründe – einschließlich der Versäumnisse der Marxisten auf diesem Gebiet – beim Namen nennen, um – bei aller Entartung – die ungebrochen emanzipatorische Substanz des Marxismus zu retten – insbesondere vor jenen, die in Marxens Namen eine totalitäre Diktatur errichtet hatten:

»Die vorgesehene Diktatur des Proletariats mußte direkt, ohne längst errungene bürgerliche Freiheiten, auf den Boden des Zarismus aufgesetzt werden, des unmittelbar, ohne ein 1789 vorhergegangenen. So entstanden Personenkult, noch weithin absolutistischer Zentralismus, Raummangel für jede Opposition, es sei denn als Strafsache, Terror und Polizeistaat, allmächtige Staatspolizei auch nach völliger Sicherung der sozialistischen Macht im Innern und gerade danach. Kurz, es entstand neben Vortrefflichem an Marx auch ein höchst Undemokratisches am Sozialismus, unterstützt durch die historische Reaktionsbasis Rußland. Folglich müssen die unterjochenden Praktiken von den wirklichen Revisionsproblemen des Marxismus scharf abgetrennt werden; sie gehören nicht zu den aus ihm selber entspringenden Früchten.«[6]

Zu den unterjochenden Praktiken gehörten für Bloch auch die »Diktatur eines gänzlichen amusischen Apparats über Künstler und Schriftsteller«, womit er an das Los der kreativ Tätigen in der DDR erinnerte, zentral aber war, daß die Diktatur *des* Proletariats im Stalinismus in eine bürokratische Diktatur der Apparatschiks *über* das Proletariat und die Gesellschaft insgesamt verwandelt worden war, wo der Staat nicht, wie Marx und Engels gewünscht hatten, auf das

---

5 Ebd., S. 449.
6 Ebd.

strikte Minimum reduziert wurde, sondern wo er wieder eine All-macht erlangt hatte, und zwar die eines furchtbaren Unter-drückungsapparats.

Im Publikum, das Blochs flammende Rede in Trier enthu-siastisch aufnahm, befand sich übrigens auch ein Zuhörer, der mehr als andere Grund hatte, von den Worten des aus der DDR ver-triebenen Philosophen bewegt zu sein, weil er das Schicksal eines Antifaschisten im Exil mit Ernst Bloch und seiner Familie geteilt hatte: Willy Brandt. 1935 waren Bloch und er sich im Pariser Exil begegnet. Als er Bloch hier in Trier nach über 30 Jahren wiedersah und warmherzig begrüßte, war er noch nicht der »Friedenskanz-ler«, der mit seiner »Ostpolitik« die Weichen für eine kommende Wiedervereinigung Deutschlands gestellt hatte, sondern erst der Bundesaußenminister einer großen Koalition von CDU und SPD unter dem durch seine Nazi-Vergangenheit belasteten Bundeskanz-ler Kiesinger. Trotz unterschiedlicher politischer Ansichten (Bloch stand einer viel zu »zahnlosen« Politik der deutschen Sozialdemo-kratie reserviert gegenüber) fühlten sie bei diesem Wiedersehen eine gemeinsame Wellenlänge. Verbunden in einem philosophisch-politischen Engagement derselben humanistisch-moralischen Art, waren sie der gemeinsamen Überzeugung, daß man, wie Willy Brandt es vier Jahre später formulieren sollte, »mehr Demokratie wagen« müsse.

Als Ernst Bloch unter großem Applaus seine Trierer Rede be-endet hatte, war, wie bemerkt, noch nichts endgültig entschieden, weder in Prag, noch in Paris. So konnte man Blochs Rede als mo-ralisch-politische Ermutigung verstehen für die innerhalb des »Warschauer Pakts« ziemlich isolierten Prager Reformkommuni-sten um Alexander Dubček, die aus Moskau bereits unverhohlene Drohungen und Einschüchterungsversuche erreichten. Und als Ermunterung für die Studenten, die in Frankreich, Italien und der Bundesrepublik Deutschland demonstrierten. An beide gleicher-maßen richtete er sich, als er bedauerte, daß es in der Geschichte des Marxismus einen »etwas zu großen Fortschritt von der Utopie zur Wissenschaft« gegeben habe, »gleich als wäre *alles* Utopikum nur abstrakt, gar nur illusionär, auch als ginge Wissenschaft nur auf Facta, was doch dem Denker des Fieri, dem Progreßdenker Marx so fernliegt.«[7] Fälschlicherweise, so Bloch, habe der Mar-

---

7 Ebd., S. 456.

xismus das Utopische aus dem Programm gestrichen. Der wahre Marxismus, begriffen als »realer Humanismus«, unterstrich er, muß sich, was die Empiristen als paradox empfinden und was »konkrete Utopie« heißt, immer bewahren. Was Bloch mit diesen Worten fordert, ist in der Tat nichts anderes als eine »Fundierung des Utopischen im Konkret-Offenen der Geschichtsmaterie, ja der Naturmaterie selber.«[8] Und dies müsse die konkrete Utopie im dialektischen Materialismus selbst beinhalten, damit dieser sein Ziel erreichen könne: »das Novum eines dialektisch-*utopischen* Materialismus.« Bloch muß hier einräumen, daß es sich dabei um »ein weites Feld« handele, »von der Materie selber als einem ›In-Möglichkeit-Sein‹ bewohnt, als einer gebärenden Potentialität zu langhin neuen Daseinsweisen; bis zur ›Naturalisierung des Menschen‹, der ›Humanisierung der Natur‹, wie genau Marx, in den *Ökonomisch-philosophischen Manuskripten* [...] sagt«.[9] Nachdem er so in wenigen Federstrichen die Grundlinien seines philosophischen Hauptwerks, des *Prinzip Hoffnung*, zusammengefaßt hat, setzt Bloch zum Schluß seines Vortrags mit großem messianischen Gestus auf die noch nirgends zunichte gewordene Möglichkeit einer »besseren Welt« und damit auf jenen »militanten Optimismus«, an dem er trotz aller Rückschläge unbeirrbar immer festgehalten hat:

»Die Unmenschlichkeit unserer Welt hätte, hat von einem endlich eintretenden Geburtstag des Marxismus gewiß allerhand zu befürchten; Herr und Knecht ließen endlich nach. Das Rechte jedoch, wenn es erst von Limonade wie Katechismus befreit wäre, atmete auf, mit Freiheit vom Erwerb, Ethik ohne Herr und Knecht, Kunst ohne Illusionsglaube, ohne Aberglauben. Dann gäbe es beim zweihundertsten Geburtstag endlich auch eine konkrete Feier, nicht nur eine, die mit Negerunruhen, Hungersnot in Indien, aufflackerndem Faschismus noch zusammenfällt. Prometheus, erklärte der Doktorand Marx, sei der vornehmste Heilige im philosophischen Kalender; das damit Gemeinte wird nicht wieder an den Felsen, ans Kreuz genagelt, im Gegenteil; – quod erit demonstrandum, was zu bewähren sein wird.«[10]

---

8 Ebd., S. 457.
9 Ebd., S. 458.
10 Ebd.

Erster Teil

I. Geburt und Jugendjahre eines
revoltierenden Denkers (1885-1905)

Ernst Simon Bloch wurde am 8. Juli 1885 in Ludwigshafen am
Rhein geboren, als einziger Sohn von Markus (Max) Bloch,
einem Beamten (Revisor) bei der Eisenbahn zu einer Zeit, als
diese Stadt wie die gesamte Region der Pfalz noch zum Königreich Bayern gehörte. Aus den rar gesäten Äußerungen, die der
alte Ernst Bloch darüber verlor[11], weiß man, daß sein Vater im
reifen Alter ein steifer Mann, aufrecht und autoritär war und daß
er in einem durchaus negativen Sinne die typisch deutsche Beam-
tenseele verkörperte, die ein »normales« Arbeitsleben führte und
keinerlei Sinn für Geist und Kunst hatte. Offenbar war er, soweit
es aus den gesammelten Zeugnissen hervorgeht, der Philosophie,
den Geisteswissenschaften und den Schönen Künsten gegenüber
feindlich eingestellt, seine Erziehung war streng, und entsprechend entsetzt war er, als er hörte, sein Sohn wolle an der Universität Philosophie studieren. Seine Mutter Barbara Bloch, geborene Feitel, war, wie Bloch sagte, eine eher »schwierige« Mutter,
nervös und gesundheitlich anfällig. Die Beziehung der beiden
soll nicht einfach gewesen sein, es gab vielerlei Konflikte, und
das war der Hauptgrund, weshalb Ernst Blochs Eltern – wie es in
den Familien leider oft der Fall, wenn nicht die Regel ist – sich in
keiner Weise darüber bewußt waren, daß in ihrem unter der klein-
bürgerlich-engen Umgebung sehr leidenden Sohn ein künftiges
Genie der Philosophie stecken könnte. Ernst Bloch mußte also in
seiner Jugend viel Phantasie beweisen und sich mancher List
bedienen, um seine unersättliche Begierde nach Wissen zu befrie-
digen, namentlich indem er in die große Schloßbibliothek von
Mannheim flüchtete, die gleich gegenüber von Ludwigshafen auf
der rechten Rheinseite liegt und wo er schon mit 14 Jahren
begann, all die großen klassischen Texte zu lesen, insbesondere
die Werke von Kant, Fichte, Hegel, Schelling, Schopenhauer und
Nietzsche.

Bloch war der Sohn jüdischer Eltern. Seine Eltern waren gemäß
dem im Jahre 1869 verabschiedeten Gesetz zur Judenemanzipation,

---

11 Vgl. Münster, Arno (Hrsg.): *Tagträume vom aufrechten Gang. Sechs Interviews
mit Ernst Bloch*, Frankfurt/Main 1977, S. 23.

das nach der Reichsgründung im Jahre 1871 auch in Preußen Anwendung fand, »deutsche Staatsbürger israelitischen Glaubens«, die sich vollständig als Deutsche fühlten, sehr stark an die deutsche Sprache, Kultur und Gesellschaft assimiliert waren und die sich als Patrioten mit ihrer deutschen Heimat identifizierten. (Mit dem Gesetz von 1869 waren die die Juden diskriminierenden Gesetze – gegenüber der Judenemanzipation in Frankreich allerdings mit fast 80-jähriger Verspätung – aufgehoben worden. Diese Verspätung aber hatte – was viele deutsche Juden nicht sofort erkannten – zur Folge, daß die Integration der auf dem Territorium Deutschlands lebenden aschkenasischen und sephardischen Juden in die deutsche Gesellschaft insgesamt einen schwierigeren Verlauf nahm als in den westeuropäischen Nachbarländern England und Frankreich. So wie die Mehrzahl der Juden in der Rheinregion – deren Vorfahren sich ja bereits seit dem 4. Jahrhundert nach Christus dort angesiedelt hatten – waren auch Blochs Eltern stark assimiliert. Sie lebten als Angehörige der jüdischen Mittelklasse in bescheidenem Wohlstand. Da sie selbst keine gesetzestreuen, den jüdischen Glauben streng nach der Halacha praktizierenden Juden waren und lediglich ein Minimum an jüdischen Traditionen (Beschneidung, Bar-Mizwa, Passah-Fest etc.) pflegten, sahen sie auch nicht die Notwendigkeit, ihren Sohn auf eine Talmud-Schule (Yeshiwa) oder ein jüdisches Talmud-Thora-Gymnasium zu schicken. Als Deutsche jüdischer Herkunft, die gewiß um das antisemitische Ressentiment in weiten Kreisen der deutschen Bevölkerung wußten, sich davon aber nicht besonders bedroht fühlten, zumal sie schon seit langem an das Zusammenleben mit der deutschen Bevölkerung gewöhnt waren, war es für sie selbstverständlich, ihren Sohn, als er zehn Jahre alt war, nach vier Jahren traumatischer bayerischer Elementarschule auf das königlich-bayerische humanistische Gymnasium von Ludwigshafen zu schicken, wo er zusammen mit den überwiegend katholischen Schülern entsprechend den damals üblichen »Normen« unterrichtet wurde.

Ernst Blochs Kindheitserinnerungen waren wegen des kleinbürgerlichen Charakters seines Elternhauses und vor allem wegen des verständnislosen Vaters eher getrübt. Wenn sich Bloch auch zu seiner Erziehung in Ludwigshafen so gut wie nicht geäußert hat, ist doch davon auszugehen, daß sie nicht mehr oder weniger autoritär und repressiv war als allgemein üblich in dieser Zeit. Sicher, in den drei autobiographischen Abschnitten der *Spuren* (»Geist, der sich erst bildet«[12]) begnügt sich Bloch mit Anspielungen, die aber sind so eindeutig, daß ein Irrtum kaum möglich ist: Diese spezifische Form der Unterdrückung in Elternhaus und Schule war eines der prägenden Primärerlebnisse, die den jungen Bloch für die Revolte gegen die bürgerliche Gesellschaft prädestinierten.

»*Zwölf* Jahre machen unruhig, männlich, damit ebenso nüchterner. Viele rohe Burschen in der Klasse, auch schmeckte die Schule nicht. Freunde: ein schwarzer Junge, wir trieben Unzucht, gingen über Land und rauchten, liebten und achteten uns, was man in dieser Zeit mehr braucht. Ein blonder Junge von schlechter Gesichtsfarbe, man hatte ihn in Bleyles Knabenanzüge gesteckt, aber er trug sie mit Haltung und in seinen grünen Augen lag Macht. Er preßte Pflanzen und lieh uns Bücher, in denen der Seewind pfiff. Auch hielten wir Briefmarken, Magnet und Fernrohr; das Eisen zog und das Glas war ein starker Mann, der zu den fernsten Dingen brachte, man wollte weg.«[13]

Schon sehr früh erwacht jedoch die Lust an der Märchenwelt, dem Phantastischen, Abenteuern – alles Versuche, dem kleinbürgerlich Dumpfen des Elternhauses zu entkommen. So sammelt er »arabische Steine« und Maikäfer, deren Köpfe er »als Salat« ißt; auch führt er eine kleine Schlange aus Gußeisen mit sich, auf die er den Federhalter zu legen pflegt.[14] Als Achtjähriger bleibt er lange Zeit wie fasziniert vor der Nährollenschachtel in einer Auslage am Schulweg stehen, auf der eine Hütte abgebildet ist mit »viel Schnee, der Mond stand hoch und gelb am blauen Winterhimmel, in den Fenstern der Hütte brannte ein rotes Licht«.[15] In den *Spuren* bringt Bloch dieses »rote Fenster« in direkten Zusammenhang mit dem »*Icherlebnis* dieser Jahre«. »Es kam«, so berichtet er, »im gleichen Jahr auf einer Bank im Wald, und ich spürte ›mich‹ als den, der sich spürte, der heraussah, von dem man nie mehr loskommt, so schrecklich wie wunderbar; der ewig in der eigenen Bude mit Globus sitzt.«[16] Das »rote Fenster« als Symbol der Selbstwerdung, Selbstfindung und Selbstbegegnung, zugleich aber auch als froher Ausblick mit der magischen Ausstrahlung einer ungeheuren Wärme, die vorausweist auf die Abenteuer eines Sherlock Holmes,

12 Bloch, Ernst: *Spuren*, GA 1, S. 61-72.
13 Bloch, Ernst, *Spuren*, GA 1, Frankfurt/Main 1969, S. 65-66.
14 Ebd., S. 63.
15 Ebd., S. 64.
16 Ebd.

vielleicht aber auch auf ein glücklicheres fernes »Anderssein in Utopie«. »Der Blick durch das rote Fenster, das ganze mit ihm gesetzte (ziemlich menschnahe und musikalische) Ensemble vertrieb das scheinende All-Leben von damals. Etwas Menschenhaftes oder der Traum von einer noch nicht gekommenen menschlichen Sache setzte sich in die Welt ein, worin der Traum als Tendenz und nur manchmal schon als Zeugnis ist. Das heimliche Fenster machte also gegebenenfalls weltfeindlich (gerade weil es das ›Leben‹ bejaht, aber unseres), es ist die Sammellinse für die *utopischen Stoffe*, aus denen die Erde besteht.«[17]

Mit zehn Jahren kommt Ernst Bloch auf das königlich-bayerische humanistische Gymnasium von Ludwigshafen, in dessen Ordnungssystem solche Träume keinen Platz mehr haben. Es preßt den zu Abenteuern aufgelegten phantasievollen und hochsensiblen Jungen in ein Korsett von Zucht und Disziplin, an das sich der ältere Bloch nur mit Grauen erinnert.

»Die Schule blieb zwar entsetzlich, neun, gar zehn Jahre Jugend unterschlagend, man erreichte nicht immer das Ziel der Klasse. Welche Kleinbürger, welche Narren, Hopliten, Lehrpläne über sich; man war ihr Hund und rebellisch. Ein, zwei Lehrer waren frischer, doch sie kamen gegen den Muff der ›Anstalt‹ nicht auf, wußten auch nichts von unsren jungen, unreifen, wichtigen Versuchen, sich zurecht zu finden.«[18]

Die Schule als »Erziehungsanstalt«, als Vorstufe zur Kadettenschule und der Kaserne. Erlebnisse, die sicherlich prägend waren für Blochs späteres Aufbegehren gegen Autoritäten, nicht zuletzt – in den 60er Jahren, nach dem Verlassen der DDR – auf seiten der antiautoritären Studentenrevolte in Deutschland.

Die Schule als Dressur- und Zuchtanstalt im eigentlichen Sinne (mit der damals noch üblichen Prügelstrafe): in Blochs Denken und Erzählen durchweg ungebrochen dunkelste Kindheitserinnerung und zugleich so etwas wie ein Symbol für das auf sein Ordnungsdenken und seine Disziplin so erpichte Preußen und das erzkonservative Bayern, wo diese Form der autoritären Schule auch noch die Nachkriegsära weitgehend bestimmte, und für Deutschland allgemein, dessen »Rückständigkeit« nicht nur im pädagogischen Bereich Bloch schon sehr früh anprangerte. Auch in einem von José

---

17 Ebd., S. 71-72
18 Ebd., S. 66.

Marchand geführten Interview mit dem französischen Fernsehen aus dem Jahre 1974 schildert er die Schulzeit auf dem Gymnasium in Ludwigshafen:

»Und zwar ging das so von der ersten bis zur neunten Klasse im humanistischen Gymnasium. Ich fiel durch in der fünften Klasse, in der Obertertia, und im Osterzeugnis stand die Bemerkung: ›Dieser Schüler ist zwar Repetent, gleichwohl sind seine Leistungen so gering, daß es fraglich ist, ob er wenigstens in diesem Jahr das Ziel der Klasse erreicht.‹ Ich hatte es merkwürdigerweise erreicht; aber das Elend ging in der nächsten Klasse weiter, und die Bemerkung, ebenfalls im Osterzeugnis in der nächsten Klasse, hieß da: ›Dieser Schüler trug ein anmaßendes, unbescheidenes, selbstgefälliges Wesen zur Schau, das mit dem tiefen Stand seiner Kenntnisse durchaus nicht im Einklang steht.‹«[19]

So hatte der Oberlehrer dieses Gymnasiums im Osterzeugnis des Jahres 1902 einen Schüler beurteilt, in dem das Zeug steckte, einer der bekanntesten Philosophen des 20. Jahrhunderts zu werden!

Dieser »schlechte« Schüler hatte nämlich schon – was den »Pädagogen« völlig entgangen sein mußte – im Alter von dreizehn Jahren nach einem schon mit elf Jahren verfaßten physikalischen Essay »Über die Verhinderung von Dampfkesselexplosionen« seinen ersten philosophischen Traktat verfaßt: eine kleinere philosophische Studie mit dem Titel »Das Weltall im Lichte des Atheismus«, die zum ersten Mal Blochs Interesse am philosophischen Materialismus attestierte. »Die Materie ist die Mutter alles Seienden. Sie allein hat alles hervorgebracht, und kein überirdisches Wesen hatte dabei die Hand im Spiel«,[20] ist etwa dort zu lesen. In dem schon zitierten Gespräch mit José Marchand wird Bloch dies später folgendermaßen kommentieren: »Das ist nun billiger, vulgärer Materialismus, den ich wohl irgendwo abgeschrieben habe; aber die Sache interessierte mich, und so habe ich mir das schlecht und recht zu eigen gemacht.«[21]

Blochs früh sich manifestierende Neigung zu Revolte und Kritik an traditionellen Normen zeigte sich auch anläßlich seiner Bar-Mizwa, der jüdischen »Konfirmation« im Alter von 13 Jahren, wo er bei der streng nach dem jüdischen Ritualgesetz vollzogenen

---

19 Münster, Arno (Hrsg.): *Tagträume*, S. 23.
20 Ebd., S. 22.
21 Ebd.

Zeremonie in der kleinen Synagoge von Ludwigshafen die dreimal wiederholte hebräische Formel um den vor sich hingemurmelten Zusatz ergänzte »Ich bin ein Atheist«.[22]

Ein Jahr später, im Jahre 1899, wird Bloch dann als Schüler der Untersekunda einen weiteren philosophischen Text mit dem Titel »Die Welt des Gefühls und des Verstandes« zu Papier bringen, in dem er, offensichtlich unter dem gleichzeitigen Einfluß der Lektüre Nietzsches und der Werke der Neukantianer, eine vitalistische Auffassung der Philosophie (so wie sie von Nietzsche oder Bergson vertreten wird) mit der Konzeption einer systematischen Philosophie (im Sinne der Schule des Marburger Neu-Kantianismus) konfrontiert. Dort heißt es:

»Im System sind die Gedanken wie Zinnsoldaten, man kann sie wohl nach Belieben aufstellen, aber kein Reich damit erobern. Unsere Philosophie war immer an grammatischen Haken oder an der Systematik ruhebedürftiger alter Herren aufgehängt; Wissenschaft ist radiziertes, Kunst potenziertes Leben, und die Philosophie? Unser Blut muß werden wie der Fluß, unser Fleisch wie die Erde, unsere Knochen wie die Felsen, unser Gehirn wie die Wolken, unser Auge wie die Sonne.«[23]

Dieser Text »trieft« geradezu von lebensphilosophischem Pathos, das demjenigen des jungen Martin Buber nicht ganz unverwandt ist, d.h. jener im Zeichen des »Übermenschen« stehenden philosophischen Anthropologie, die in Nietzsches *Also sprach Zarathustra* ihren absoluten Höhepunkt erreicht hatte. (Mit Nietzsche teilt der junge Bloch übrigens die Liebe zum Klavierspiel.) Letztlich strahlt dieser Text aber auch so etwas wie »revolutionäre Romantik« aus, die für Bloch damals wohl eine ebenso große Versuchung darstellte wie für Buber oder den jungen Lukács.

In einem mit siebzehn Jahren verfaßten weiteren philoso phischen Essay mit dem Titel »Über die Kraft und ihr Wesen« beschäftigt sich Bloch dann erneut mit dem Materie-Begriff. Hierbei stellt er die klassische atomistische Theorie der Materie Demokrits einem neuen, moderneren energetischen Explikationsmodell gegenüber, das vieles von dem, was die spätere Kernphysik lehrte, vorwegzunehmen scheint, mit dem der junge Philo-

---

22 Vgl. Zudeick, Peter: *Der Hintern des Teufels. Ernst Bloch – Leben und Werk*, Baden-Baden 1985, S. 18.
23 Ebd., S. 18-19.

soph, der auch Physik studieren wird, sich jedoch nicht identifiziert. So heißt es dort u.a.:

»Die Materie als Stoff ist durch eine neue energetische Bewegung in der Physik erledigt. Sie gleicht der Sphinx in der Ödipus-Sage in Theben, wo die Sphinx sich in den Abgrund stürzt, wenn man ihr Geheimnis gelöst hat. An dessen Stelle tritt nun die Energetik, d.h. die Kraft. Was ist das Ding an sich in dieser Kraft, die kein Ding ist, was ist Bewegung an sich?«[24] Mit anderen Worten: »Das Wesen der Kraft ist nicht zu errechnen, nur im eigenen Fleisch zu erfahren. Unsere Philosophie der Kraft löst nicht nur alle Stoffe und Elemente in Energie auf wie die Naturwissenschaft, deutet nicht nur das Ding an sich als energetischen allgemeinen Willen, der gleichsam seinen Beruf verfehlt hat, ziellos in sich und seine Kreise zurückfließt: sondern das Wesen der Welt ist Drang und Kraft zur Gestaltung, zum aufgeschlagenen Geheimnis des Lebens an jeder Stelle; das Ding an sich ist die objektive Phantasie.«[25]

Erstaunlicherweise gelingt Bloch die philosophische Lösung dieses Problems der Materie, der Bewegung und der Kraft in seinem ersten Jugend-Essay zumindest zum Teil, und zwar über einen seltsamen Umweg, über die Schopenhauersche Theorie des »Lebenswillens« und Nietzsches Begriff des »Willens zur Macht«. Blochs vielleicht etwas voreilige Konklusion, daß das Wesen der Kraft nicht, wie die zeitgenössische Physik es behauptet, Energie bzw. die energetische Struktur der Materie sei, sondern »objektive Phantasie«, d.h. freier und »fröhlich« schaffender, schöpferischer Geist, sein Bestehen auf der Unterscheidung von Sensualität und Ethik sowie sein Beharren auf der Identifikation der Kraft mit der sich objektivierenden (exteriorisierenden) Phantasie (Imaginatio) kann in diesem Zusammenhang durchaus als Symptom eines frühen, jugendlichen Nietzscheanismus gewertet werden. Dieser ist keineswegs nur für den jungen Bloch, sondern für breite Kreise der damaligen jüdischen Intelligenz Mittel- und Westeuropas charakteristisch, da etwa die Affinität zu Nietzsches vitalistischer Weltsicht und seinem gleichzeitigen Aufstand gegen die jüdisch-christliche Moralordnung nicht nur Spuren in den ersten philosophischen Tastversuchen des jungen Bloch hinterlassen hat, sondern – in noch viel stärkerem Maße – im Denken des jungen Martin Buber, dessen

---

24 Münster, Arno (Hrsg.): *Tagträume*, S. 23.
25 Zudeick, Peter: *Der Hintern des Teufels*, S. 19-20. Vgl. auch: Bloch, Ernst: *Philosophische Aufsätze zur objektiven Phantasie*, GA 10, S. 5.

Nietzsche-Enthusiasmus und Nietzsche-Verehrung allerdings ein wesentlich größeres Ausmaß annimmt. Natürlich handelt es sich hier um erste philosophische »Vulkanausbrüche« eines Jugendlichen im Abiturientenalter, der zu systematischem Philosophieren noch nicht in der Lage ist. Dennoch zeugen diese wild hingeworfenen philosophischen »Fetzen« von der ausgesprochenen Frühreife des jungen Bloch und einem früh ausgeprägten Hang zur Problematisierung, die das spätere philosophische Genie Blochs schon ankündigen.

Die Fähigkeit und der starke Wille, schon früh auf der philosophischen Bühne zu erscheinen und mitzureden, zeigt sich deutlich auch darin, daß der junge Bloch schon als Gymnasiast mit den bekannten Philosophen seiner Zeit korrespondiert. So schreibt er etwa als siebzehnjähriger Schüler an Wilhelm Windelband, den großen Heidelberger Philosophiehistoriker seiner Zeit, der dem wissensdurstigen Gymnasiasten in seiner Antwort empfiehlt, seine Thesen und Hypothesen in einer später anzufertigenden Dissertation darzulegen.

Von der gleichen Absicht zeugt auch Blochs am 1. August 1903 verfaßter Brief an den in Wien lehrenden Philosophen Ernst Mach (1838-1916), den Begründer des Empiriokritizismus, dem Lenin in seiner berühmt gewordenen Schrift aus dem Jahre 1909 vorwerfen sollte, mit seinem empirischen »Phänomenalismus« lediglich den subjektiven Idealismus Kants erneuert zu haben.[26] Dieser Brief belegt das außerordentlich große Interesse des damals 18-jährigen Schülers Bloch an dem Machschen Begriff der »Materie« und nimmt bereits einige wenige Elemente der späteren großen Materiestudie *Das Materialismusproblem, seine Geschichte und Substanz*[27] vorweg, die 1938 abgeschlossen wurde; er dokumentiert außerdem, daß Bloch bereits damals einen platten und vulgären Materiebegriff ablehnt, und er enthält auch eine für den künftigen Anhänger des historischen Materialismus erstaunliche Wendung, in der es heißt, daß der Begriff der Materie als der Grundlage aller Phänomene nur psychologisch überwunden werden könne.[28] Die im Anschluß daran entwickelten Argumente und Betrachtungen belegen dann auch Blochs zeitweilig relativ großes Interesse an den Thesen

26 Vgl. Lenin, W. I.: *Materialismus und Empiriokritizismus* (1909).
27 Bloch, Ernst: *Das Materialismusproblem, seine Geschichte und Substanz*, GA 7, Frankfurt/Main 1972.
28 Ders.: *Briefe 1903-1975*, hrsg. von Karola Bloch u.a., Bd. 1, Frankfurt/Main 1985, S. 20.

der »denkpsychologischen« Schule in Deutschland, deren Hauptre-
präsentant Oswald Külpe, Professor an der Universität Würzburg,
war, der wenige Jahre später Blochs Doktorvater sein sollte. Külpe
ging es vor allem darum, den Begriff und die Funktion der Materie
vom Standpunkt einer psychologistischen Erkenntnistheorie aus zu
definieren, deren Prinzipien Bloch folgendermaßen zusammenfaßt:

»Die Psychologie ist dazu berufen, die historische Philosophie
in demselben Sinne als wissenschaftliche Erfüllung abzulösen, wie
die Astrologie von der Astronomie, die Alchimie von der Chemie
abgelöst wurde. Sie ist als kritische Analyse der Erkenntnisakte, als
kritische analytische Prüfung der empirischen letzten Begriffe, dazu
bestimmt, das Erbe der Philosophie zu übernehmen. Als Leitmotiv
dieser kritischen Arbeit habe ich den ›Satz der Phänomenalität‹
(principium phaenomenalitatis) bezeichnet. In diesem königlichen
Satze ist die gesamte Philosophie als kritische Wissenschaft kom-
primiert; alles übrige ist Auslegung und Vertiefung. Er lautet in seiner kürzesten Formulierung: ›Esse = percipi.‹ Die Welt ist durch
und durch Vorstellung, Erscheinung, intellektuelles Phänomen. […]
Die Wirklichkeit ist Anschaulichkeit; wir kommen niemals aus dem
Zirkel der optischen, akustischen, thermischen, taktilen usw. Empfindungen heraus. Der Stoffbegriff aber, dieses empirisch unauflös-
liche Residuum, ist vom psychologischen Gesichtspunkt aus nichts
anderes als der relativ stabile Komplex dieser Empfindungen. Mit
dem Satz der Phän[omenalität] ist der ganze Körperbegriff kritisch
überwunden; wer ihn in seiner Tiefe u[nd] Bedeutung begriffen hat,
der kann mit Recht auf seine philosophischen Studien stolz sein,
ihm fallen sozusagen die Schuppen von den Augen. […] Dieses
Prinzip hat tatsächlich in der Philosophie (u[nd] Psychologie) die-
selbe Bedeutung wie der Satz von der Erhaltung der Energie in den
Naturwissenschaften. Ja, ich möchte fast sagen, daß die Intensität
des Bewußtseins vom Satze der Phän[omenalität] zugleich ein
Gradmesser für die philosophische Bildung ist. Neu ist der Satz
übrigens keineswegs, Jahrhunderte haben daran gearbeitet, Platon
u[nd] Berkeley, Kant u[nd] Schopenhauer grüßen herüber.«[29]

Leider ist Ernst Machs Antwortschreiben (falls eine solche Antwort überhaupt erfolgte) nicht erhalten. Unbezweifelbar aber ist
dieser Brief der Beweis, daß der Abiturient Bloch für das Fach
»Philosophie« höchst begabt war.

---

29 Ebd. (Brief an Ernst Mach vom 1. August 1903).

Ernst Bloch hatte die Angewohnheit, wichtige Exzerpte und philosophische Skizzen aus dieser Zeit tunlichst vor seinen Eltern zu verstecken, damit nur niemand – und vor allem nicht der Vater – dahinter kam, wie er heimlich schon als Obersekundaner und damit lange vor der offiziellen Immatrikulation an einer Universität Philosophie studierte. Neben Fragen der Materie galt sein Interesse den Naturwissenschaften, vor allem der Physik, und diese frühen philosophischen Studien des jungen Bloch bezeugen, über die Kenntnisse vom Empiriokritizismus Ernst Machs und von der Denkpsychologie Oswald Külpes hinaus, auch seine Faszination für Begriffsbildungen und Theorien der damals vorherrschenden Strömungen der deutschen Universitätsphilosophie überhaupt, d.h. seine Vertrautheit mit der Südwestdeutschen Schule (neben Windelband auch mit Rickert) und mit der Marburger Schule des Neukantianismus (Hermann Cohen, Paul Natorp). Nimmt man dann noch den Einfluß der Lebensphilosophie (vor allem Nietzsches) sowie gewisser – über Kierkegaard vermittelter – existenzphilosophischer Denkmotive auf den Heranwachsenden hinzu, so zeigt sich deutlich, daß der junge Bloch im Schmelztiegel all dieser philosophischen Einflüsse um die Jahrhundertwende noch meilenweit vom historischen und dialektischen Materialismus entfernt ist. Ihm wird er sich erst zwanzig Jahre später intensiv zuwenden, obwohl er in frühen Jahren auch schon Engels' *Anti-Dühring* und den einen oder anderen Text von Marx gelesen hat.[30] Sein philosophischer Werdegang erweist sich demgegenüber als ein sehr langes Durchgangsstadium, das durch sein Philosophiestudium an den Universitäten München und Würzburg und durch den Einfluß, den Vertreter divergierender philosophischer Richtungen (so etwa der »Relativismus« der Philosophie Georg Simmels) auf ihn ausübten, geprägt ist.

Blochs Abitur im Juni 1905 brachte dem von den Lehrern so gründlich mißverstandenen Schüler (in der Obersekunda war er sogar »sitzengeblieben«) endlich die Erlösung von der Zuchtanstalt Schule und die Möglichkeit, dem Muff des kleinbürgerlichen Elternhauses zu entkommen. Er war nun zwanzig Jahre alt und hatte nur ein Ziel: die baldmöglichste Aufnahme des Philosophie-Studiums an der Universität München. Wie aber den borniertten Vater, der nur Zeitung las, der der Buchkultur den Rücken zuwandte und stur

---

30 Münster, Arno (Hrsg.): *Tagträume*, S. 27.

auf einem ordentlichen, vorzugsweise juristischen Brotberuf beharrte, davon überzeugen? In der Tat hatte der Eisenbahn-Revisor Max Bloch nichts besseres vor, als den unglücklichen Schüler Ernst nach der »Matura« als Lehrling in einer Eisenwarenhandlung unterzubringen.[31] Wäre es tatsächlich dazu gekommen, wäre Ernst Bloch vermutlich kaum der große, bedeutende und berühmte Philosoph geworden, den wir kennen. Bloch aber griff, um die Pläne seines Vaters zu durchkreuzen, zu einer für sein »philosophisches Handeln« typischen List.

Mit den Freifahrtscheinen der Eisenbahn fuhr der Abiturient Bloch mit seinen Eltern in die Schweiz, und zwar ausgerechnet in die Stadt Ragaz, wo Schelling begraben lag.

»Wir kamen am Abend an, und als ich aus meinem Hotelzimmer blickte, sah ich unten im Mondschein einen Friedhof mit einem kleinen Tempel, einem kleinen Mausoleum liegen. Vom Fenster aus war nichts wirklich zu erkennen. Als ich aber am nächsten Morgen, als es hell wurde, hinunterging und mir diesen kleinen Tempel, beziehungsweise dieses kleine Mausoleum, näher ansah, entdeckte ich die in die Wand gemeißelte Inschrift: ›Hier ruht Georg Friedrich Wilhelm Schelling. Dieses Monument setzte ihm in ewiger Dankbarkeit sein treuer Freund und Schüler, König Maximilian II. von Bayern.‹«[32]

Blitzartig kam hier dem jungen Ernst Bloch die Idee: Zu diesem Grabmahl müsse er seinen Vater, den bayerischen Staatsbeamten, führen, um ihn zu der Einsicht zu bringen, »daß man, wenn man Philosophie studiert, es im Leben durchaus zu etwas bringen kann«, und so erlaubte der Vater ihm schließlich »rätselhafterweise«, wie Bloch in seinem Fernsehgespräch mit José Marchand meint, Philosophie zu studieren, allerdings erst auf Drängen der insgesamt verständnisvolleren Mutter und mit der Auflage, auch juristische Vorlesungen zu hören, damit der Sohn später Rechtsanwalt werden könne.[33] Eine wichtige Hürde war dadurch genommen. Endlich konnte Bloch die wenig geliebte Industriestadt Ludwigshafen in Richtung Heidelberg und München verlassen. Et incipit vita nova!

---

31 Vgl. ebd., S. 24.
32 Ebd., S. 26.
33 Ebd.

II. Studienjahre in München und Würzburg (1905-1908)

Endlich befreit von den neun Jahren »Zuchthaus« und mit väterlicher Genehmigung zum Nicht-nur-Jura-Studium, geht Ernst Bloch im Oktober 1905 nach München, um an der Ludwig-Maximilians-Universität zu studieren. Schon damals war die bayerische Hauptstadt so etwas wie die »heimliche Hauptstadt« des Südens Deutschlands, geschätzt vor allem wegen ihres reichen Kulturlebens, ihrer Oper und Konzerte, und die dem Pariser »Quartier Latin« vergleichbaren Schwabinger Literaten-Cafés, Kabaretts und Restaurants waren beliebte Treffpunkte von Künstlern, Malern, Schriftstellern, Schauspielern und Philosophen. Wie ein Magnet zog Bloch diese Stadt an, in der er sich sofort wohl fühlte und von deren intellektuell-geistigem Milieu er sich zahlreiche Anregungen versprach. Im Oktober des Jahres 1905 schreibt er sich offiziell an der Philosophischen Fakultät der an der Münchener Ludwigsstraße gelegenen Universität ein. Dort hört er ab dem Wintersemester des Jahres 1905-1906 erste philosophische Vorlesungen von Theodor Lipps, seinem ersten akademischen Lehrer – auch mit ihm hatte er schon als Siebzehnjähriger einen kurzen Briefwechsel gehabt. Und entgegen dem Rat und Wunsch seines Vaters wählt Bloch in diesem Wintersemester 1905/06 an der Münchener Universität Philosophie als Hauptfach und als Nebenfächer Germanistik, Physik und Musikwissenschaft.

Blochs eigentlicher Grund für die Wahl Münchens als ersten Studienort war jedoch privater Natur. Er hatte nämlich bei einem ersten Aufenthalt in München in der Schwabinger »Boheme« eine siebzehnjährige Schauspielerin, eine »kleine Bohemienne«[34] (ihr genauer Name konnte nicht mehr ermittelt werden), kennengelernt, und um in ihrer Nähe zu sein, war es für den frischen Studenten, der Einsamkeit und Trennung nur schwer ertrug, ratsam, sich in der bayerischen Hauptstadt niederzulassen, die mit ihrem typisch süddeutschen Charme so etwas wie ein kulturelles und »barock-katholisches« Gegengewicht zum großen preußisch-protestantischen Berlin darstellte.

---

34 Vgl. Bloch, Ernst: »Erbschaft aus Dekadenz? Ein Gespräch mit Iring Fetscher und Georg Lukács« (1967), in: Traub, Rainer / Wieser, Harald (Hrsg.): *Gespräche mit Ernst Bloch*, Frankfurt/Main 1975, S. 30.

Theodor Lipps verkörperte für die deutsche Universitätsphilosophie dieser Epoche als Begründer eines neukantianischen Psychologismus eher einen Gelehrten bescheidenen Typs, der mit seiner Theorie der »inneren Intuition des Erlebten« kaum in der Lage war, ernsthaft mit der »phänomenologischen Schule« Edmund Husserls zu konkurrieren. Wie Ernst Bloch später in seinem Nachruf aus dem Jahre 1914 unterstreicht, war die Sackgasse, in der diese Art des Philosophierens sich von Anfang an befand, die Konsequenz eines von Lipps in seinem Denksystem nicht gelösten Widerspruchs, der das Problem der Vermittlung des »scheinbar entronnenen Satzes an sich« und des »allzu genetisch gemachten Vorstellen[s] in uns«[35] betrifft. Gleichwohl war Ernst Bloch von Lipps' Persönlichkeit ebenso fasziniert wie von seinem moralischen und politischen Engagement und hier insbesondere von dem Mut, mit dem der Münchener Philosophieprofessor öffentlich im Jahre 1905 im Namen einer »ethischen Revolution« gegen die blutige Unterdrückung der Revolutionäre in Rußland durch die autokratische Zarenherrschaft protestierte. »Revolution ist Recht, wenn sie Pflicht ist«, habe Lipps damals geäußert, »und sie kann Pflicht sein, heiligste Pflicht. Kein Volk hat das Recht, sich sittlich zugrunde richten zu lassen. Und wehe dem Volk, das nicht die sittliche Kraft hat, jene Pflicht der Revolution zu erfüllen, wenn sie ihm zur Pflicht geworden ist.«[36] Anklänge an Gustav Landauers »ethische Revolution« – Bloch zitiert hier einen Passus aus Lipps' *Ethischen Grundfragen* – sind ebenso unüberhörbar wie entfernte Anklänge an die Forderung des Neukantianers Hermann Cohen nach einem idealistisch, nicht materialistisch begründeten »ethischen Sozialismus«.

Trotz des starken Eindrucks, den Lipps' ethisch-politisches Engagement auf den jungen Bloch machte, wurde dieser dennoch nicht bestimmend für Blochs Denken in jener vor-marxistischen, noch stark von idealistischen, neukantianischen, lebens- und existenz-philosophischen Strömungen beeinflußten Phase.

Es muß offen bleiben, aus welchen Gründen Bloch, der sich in München eigentlich ziemlich wohl fühlte, bereits im September des Jahres 1906 den Entschluß faßte, München zu verlassen und nach Würzburg zu gehen, um bei Oswald Külpe, dem Begründer

---

35 Vgl. Bloch, Ernst: »Nachruf auf Theodor Lipps«, in: ders.: *Philosophische Aufsätze zur objektiven Phantasie*, GA 10, S. 53-55.
36 Zitiert nach: Ebd., S. 54.

der »denkpsychologischen Schule« des Neukantianismus, der der südwestdeutschen Schule des Neukantianismus nahestand, zu studieren. Vielleicht war es das große Interesse des jungen Bloch an theoretischen Ansätzen, die ein psychologisches Moment in der Erkenntnistheorie zur Geltung brachten, das diesen Entschluß beförderte. Hinzu kam aber auch noch das sehr persönliche Motiv, daß die Beziehung zu der Münchener Schauspielerin, die sich offensichtlich für Philosophie nicht genügend interessierte, in die Krise geraten war. So nahm Bloch Abschied von ihr, um im provinziellen Würzburg seinen damals noch stark auf erkenntnistheoretische Probleme konzentrierten Studien nachzugehen: »So habe ich meine Ruhe gehabt, es hat sich niemand um mich gekümmert, niemand in mein Manuskript und mein Denken hineingesehen.«[37]

Die Besonderheit des philosophischen Ansatzes von Külpe bestand darin, daß er im Gegensatz zum experimentellen Empirismus der Wissenschaften die Autonomie des menschlichen Erkenntnisvermögens hervorhob, und zwar im Rahmen eines auf psychologische Experimente des erkennenden Subjekts und die Methode der Selbstbeobachtung gegründeten »kritischen Realismus«. Hierbei konnte er sich auf Fichte berufen, der als erster Repräsentant des subjektiven Idealismus in seiner *Wissenschaftslehre* diese Methode des Selbstexperiments, die er in den Vorlesungen mit seinen Schülern sogar erprobte, eingeführt hatte.

Blochs zweijähriger Studienaufenthalt in Würzburg, der von 1906 bis 1908 dauerte, stand somit im Zeichen intensiver erkenntnistheoretischer Studien, die allerdings nicht nur Külpes »Denkpsychologie« betrafen, sondern auch andere Strömungen und Repräsentanten der südwestdeutschen Schule des Neukantianismus wie z.B. Windelband und Rickert. Und in ebendiesen zwei so studienreichen Jahren in der fränkischen Provinz, fern von der Kulturmetropole München, verfaßte der junge Bloch, begleitet von Oswald Külpe als Doktorvater, seine Inauguraldissertation *Kritische Erörterungen über Rickert und das Problem der modernen Erkenntnistheorie.*[38] Das Rigorosum legte Ernst Bloch am 25. Juli 1908 mit dem Prädikat »summa cum laude« ab. Ein hervorstechender Zug in seiner Doktorarbeit – und dies wirft

37 Traub, Rainer / Wieser, Harald (Hrsg.): *Gespräche mit Ernst Bloch*, S. 31.
38 Vgl. Bloch, Ernst: »Kritische Erörterungen über Rickert«, in: ders.: *Tendenz-Latenz-Utopie*, Ergänzungsband zur Werkausgabe, Frankfurt/Main 1978, S. 55-107.

gleichzeitig ein bezeichnendes Licht auf die in jener Epoche ausgetragenen philosophischen Kontroversen zwischen Neukantianern, Empiriokritizisten und wissenschaftstheoretischen Positivisten – ist Blochs aus heutiger Sicht kaum verständliches großes Interesse an den erkenntnistheoretischen Ansätzen von Karl Lamprecht, Ernst Mach, William James und Hans Driesch. Immerhin verteidigt Bloch hier jedoch gegen die Vertreter eines organizistischen wissenschaftlichen Positivismus, die die Tendenz haben, das Bewußtsein und die Psyche ausschließlich als Reflexe der »nervösen Energie« zu erklären, ausdrücklich die Bedeutung der individuellen psychologischen und sozio-psychologischen Faktoren beim Erkenntnisvorgang. Insofern kann die Inauguraldissertation des damals gerade 23-jährigen Bloch auch als Teil eines größeren philosophischen Projekts angesehen werden, dessen Ziel die Widerlegung des organizistischen Positivismus und jedweden erkenntnistheoretischen Modells ist, das sich dem objektivistisch-deterministischen Vorgehen der (Natur-) Wissenschaften verpflichtet, und zwar im Namen einer auf die Erkenntnisfähigkeit des Subjekts und auf individual-psychologische Faktoren gegründeten Erkenntnistheorie. Dies bedeutet jedoch nicht, daß sich Bloch in allen Punkten den Standpunkt Külpes und seiner »denkpsychologischen« Schule zu eigen gemacht hätte, die sich ausschließlich auf besagte experimentelle Selbstbeobachtung stützte sowie auf eine Theorie der auf das Vorstellungsvermögen irreduziblen Signifikanz (psychologischer) Elemente im erkennenden Subjekt.

Neben der kritischen Erörterung dieser erkenntnistheoretischen Problematik ist die Kritik der idealistischen Geschichtsphilosophie zweifelsohne eines der interessantesten Kapitel in der Dissertation. Bloch zielt – in dieser vormarxistischen Phase seines Denkens – hier eindeutig auf die Widerlegung der Rickertschen Thesen ab und zieht dabei vor allem die Rickertsche These von der Beschränkung der »geschichtlichen Materie« auf die Ableitung axiomatischer Werte in Zweifel. Während bei Rickert das Problem der Erkenntnis der objektiven Sphäre der geschichtlichen Fakten aufs engste mit der individual-psychologischen Erkenntnisfähigkeit der geschichtlichen Faktizität durch das Subjekt verknüpft ist, indem die Wirklichkeit in der (individuellen) Sphäre des urteilenden Bewußtseins aufgelöst wird, und dadurch bei der geschichtlichen Begriffsbildung individueller Inhalt und individuelle Wertauffassung kongruent sind, enthält die Blochsche Kritik daran bereits einige Elemente hegelianischer Dialektik.[39]

Dieser Hegelianismus offenbart sich zunächst im Insistieren Blochs auf der dialektischen Einheit des Gegenstands der geschichtlichen Betrachtung mit der auf ihn angewandten Methode. Dies hat auch die Ablehnung der Rickertschen These von der absoluten Trennung der Naturwissenschaften von der Kulturwissenschaft und der Geschichtswissenschaft zur Folge; denn Rickerts Insistieren auf der Notwendigkeit eines besonderen methodologischen Zugangs zu der »Geschichtswissenschaft« – so zumindest schließt der junge Ernst Bloch – führe letztendlich zur »Zerstörung jedes möglichen Begriffsrealismus« in der Geschichtsphilosophie. In diesem Zusammenhang kritisiert Bloch auch die Nichtberücksichtigung des Begriffs des geschichtlichen »Zufalls« durch Rickert sowie seine allzu kausale und geradezu mechanische Ableitung »neuer historischer Fakten«, die es ihm verwehre, die Macht neuer qualitativer geschichtlicher Veränderungen zu erkennen. Kritisiert wird ferner die in diesem geschichtstheoretischen Rahmen mangelhafte Erörterung der geschichtlichen Wirkung noch nicht realisierter Ziele sowie die ungenügende Berücksichtigung des teleologischen Aspekts durch diese spezifische Form der Geschichtsphilosophie.

Dies sind Anspielungen, die, allerdings in noch stark gemäßigter Form, bereits die bevorstehende Wende des jungen Philosophen zum historischen und dialektischen Materialismus andeuten. Ziemlich eindeutig wird dies auch in jenem Passus, wo Bloch das Fehlen jeglicher Berücksichtigung der wichtigen Rolle der Massen im Geschichtsprozeß kritisiert und offen bedauert, daß die Rickertsche Methode der Geschichtswissenschaft sich ausschließlich auf die Systematisierung des faktischen Geschichtsmaterials und die Aufstellung von »Wertreihen« beschränke.[40] Frappierend ist auch das Auftauchen einer Reihe völlig neuer philosophischer Begriffe in dieser Doktorarbeit Blochs, die in seinen späteren philosophischen Arbeiten und vor allem in den unmittelbar nach seiner Hinwendung zum Marxismus verfaßten Schriften eine Schlüsselfunktion einnehmen. Zu erwähnen ist hier etwa der Begriff der »Ungleichzeitigkeit«,[41] der schon ab und an in Blochs Text und Argumentation

---

39 Vgl. ebd.
40 Ebd., S. 76.
41 Ebd., S. 71.

auftaucht und der siebenundzwanzig Jahre später zum Schlüsselbegriff des in der Schweiz veröffentlichten Buches *Erbschaft dieser Zeit* wurde. Auch die Begriffe »utopisches Reich« und »Hoffnung« sind zu nennen.[42] Schließlich sollte auch der Umstand Beachtung finden, daß Bloch vor allem im dritten und letzten Teil seiner Inauguraldissertation philosophische Fragen und Probleme aufwirft, die später im *Geist der Utopie* (1918; 1923) gründlicher und zentraler ausgeführt werden: wenn er etwa im Rahmen der Diskussion des Individuationsproblems in der Geschichtsphilosophie sowohl gegen Husserls[43] transzendental-philosophische Theorie der »reinen Gesetze«, die jenseits der sinnlichen Tatsachen liegen, als auch gegen Schelers[44] Axiologie mit Nachdruck die Theorie von der »Rätselhaftigkeit des Individuums« ins Feld führt. Diesen Begriff erweitert Bloch, dessen Argumentation hier manchmal stark an diejenige Schellings erinnert, dann auch noch zur Idee der möglichen »mystischen« Einheit des Erkenntnissubjekts mit der Natur, der Gegenstandswelt und dem »Urgrund« allen Seins (eine Anspielung auf die Mystik Jakob Böhmes):

»Denn auch in den historischen Individuen liegt ein Rätsel vor, aus dem die Vernunft in beständig steigendem Maße die Wirklichkeit erschafft. In dieser eigenen Rätselhaftigkeit des Individuums zeigt sich allerdings ein Impuls, der weit über die herkömmliche Begründung der Apriorität hinaus wirkt: Sein Sinn liegt ungefähr auf dem Wege zu der inneren Einswerdung der erkennenden Seele mit allen Dingen, die im Reich der Natur oder der Gnade geschehen. Dann wäre der Mensch selbst als Frage begriffen, um die Welt als Antwort zu vernehmen, und die Problematik ginge als Kompendium der innerlich gefühlten Ungelöstheit aller Dinge hervor. So zieht hier offenbar die Konsequenz auf, daß es statt der Finsternis des gelebten Augenblicks einen Zustand der nicht mehr bewußten Erinnerung oder noch nicht bewußten Berufung im philosophischen Gedanken gibt, der zur gewußten Einwohnerschaft aller Augenblicke verhelfen kann und das innere Begehen des kosmischen Weges zur problemtheoretischen Methode werden läßt.«[45]

---

42 Ebd., S. 74-75.
43 Ebd., S. 90. Vgl. Husserl, Edmund: *Logische Untersuchungen*, Bd. II, 1901, S. 672.
44 Bloch, Ernst: »Kritische Erörterungen über Rickert«, S. 93-94.
45 Ebd., S. 97.

Was von Bloch hier vage vorgezeichnet wird, ist im Grunde nichts anderes als die noch ziemlich mystisch konzipierte Vorform der künftigen Theorie des »antizipierenden Bewußtseins«, die mit dem Begriff eines »Vorbewußten« bzw. »Noch-Nicht-Bewußten« operiert, das schließlich als »antizipierendes Bewußtsein« im Hauptwerk, dem *Prinzip Hoffnung,* zur wichtigen Vorstufe für die Verwirklichung des utopischen Gedankens in der Praxis werden wird. Für den Bloch der Rickert-Studie bedeutet dies zunächst jedoch erst einmal die »rein methodische Begründung einer Metaphysik, die nicht nur das Fragengebiet der allgemeinen Weltanschauung ausmacht, sondern die gelebte Gegenwart selbst zu einem totalen Wissen vertieft, das ebenso sehr die Dunkelheit des ersten Anfangs, als auch die Ratschläge für jenen mystischen Ausgang enthält, dem die Dinge in ihrem Prozeß zutreiben sollen.«[46] Und diese Auffassung mit bewußter Betonung des Moments der »gelebten Gegenwart«, so stellt Bloch mit Rückverweisen auf Külpe, gelegentlich aber auch auf Schelling klar, ist gegen den extrem wissenschaftlich fundierten logischen Transzendenzbegriff eines Hermann Cohen gerichtet, dessen »Apriorismus« und »allzu rationale Absolutheit« kritisiert und in Frage gestellt wird.[47] Daß die Elemente der Welt nicht gegeben, sondern »als Konstruktionsbestandteile erst in ihren apriorischen Grund zurückgerufen werden«[48] und daß darüber hinaus in Hermann Cohens *Logik der reinen Erkenntnis* (1902) die Sinnlichkeit und die Empfindung total reduziert und durch eine »psychophysische Maßmethode« ersetzt werden, dies erscheint dem jungen Bloch ebenso unbegreiflich wie Cohens nachdrückliches erkenntnistheoretisches Insistieren auf der Transzendenz eines rein logischen Subjekts, das die Wahrheit ausschließlich von dessen Prädikat ableitet.[49] Dem setzt Bloch nicht nur kühn die Forderung nach einer »kosmischen Erweiterung« des Erkenntnisproblems entgegen, sondern auch die Forderung nach Berücksichtigung individueller, existentieller und lebensphilosophischer Motive, die in der streng wissenschaftlich-logischen Methodik Cohens keinen Platz haben.[50] So ist es denn auch kein Zufall, daß Bloch gerade auf den allerletzten Seiten der

---

46 Ebd., S. 104.
47 Ebd., S. 101.
48 Ebd., S. 97.
49 Ebd., S. 101.
50 Ebd.

Rickert-Studie – im Reflexionszusammenhang einer Metaphysik des »Geschehens« – mehrmals auch auf Bergson, Simmel und Nietzsche verweist. Hier ist vom Leben eben nicht mehr als »einzelwissenschaftlicher Rubrik der Physik« die Rede, sondern es wird Nietzsche angeführt, der über die rationale Seite der Erkenntnisse hinaus »alle Probleme gefühlsmäßig bis zur Passion übersetzt und nun das gesamte Sein der Vergangenheit hinter den Menschen erlöschen läßt, um in der Gegenwart nach dem großen Widerschein der Zukunft zu suchen«.[51] Mit diesem Verweis auf Nietzsche wird angedeutet, in welcher Richtung etwa Bloch einen Ausweg aus dem Dilemma sucht, in das sich der Neukantianismus in seinen diversen Strömungen (u.a. mit seinem dogmatischen Beharren auf einer transzendentalen Logik à la Cohen) hineinmanövriert hatte: »Es ist völlig evident«, schlußfolgert Bloch, »daß die neue Metaphysik in der Lösung jener Rätsel liegen muß, die als die eigentlichen Schicksale der Geschichte und Utopie erst unter einer absoluten Mitwissenheit in die Herrschaft und die neuen Befehle der Erkenntnis übertreten.«[52]

Blochs *Geist der Utopie* war offensichtlich konzipiert als der Versuch, auf diese schwierige Frage und Problemstellung, die von den streng wissenschaftlich orientierten Neukantianern völlig ausgegrenzt wurde, eine Antwort zu finden.

Insofern verdienen in Blochs früher Rickert-Studie gerade auch jene Abschnitte und Begriffe unsere Aufmerksamkeit, die direkt auf dieses erste philosophische Hauptwerk Blochs verweisen, das 1918 und damit im gleichen Jahr erschien wie Oswald Spenglers *Untergang des Abendlandes*. Wir haben bereits darauf hingewiesen, wie stark Bloch den Begriff der »gelebten Gegenwart«[53] als Gegenbegriff zum Cohenschen Kausalitätsbegriff akzentuiert. Ebenso ist der Begriff der »gelebten Gegenwart«, der in der Rickert-Studie ganz und gar im Rezeptionskontext von Kierkegaard, Bergson, Nietzsche und Simmel steht, in Blochs früher Metaphysik sicherlich nur die embryonale Vorstufe für den Begriff der »Metaphysik unseres Dunkels« im *Geist der Utopie* (der im *Prinzip Hoffnung* erneut unter dem Begriff des »Dunkels des gelebten Augenblicks« auftauchen wird). Dieser existentiell-vitalistische Begriff der Würzburger Dissertation wandert also von der Rickert-

---

51 Ebd., S. 106.
52 Ebd., S. 107.
53 Ebd., S. 104.

Studie durch die beiden Versionen des *Geists der Utopie* bis zum *Prinzip Hoffnung*, wobei er schließlich in Blochs Haupt- und Grundbuch sogar zu einem zentralen Denkmotiv wird, das, den ersten Noten und Takten einer Symphonie vergleichbar, paradigmatisch wird als Beschreibung für die Befindlichkeit des Subjekts in der Alltagswelt, d.h. für die existentielle Ausgangssituation des erst noch werdenden »antizipierenden Bewußtseins«.[54] Wie Bloch rückblickend im hohen Alter dazu bemerkt, war die hier vollzogene erste Begriffsbildung eines »Noch-Nicht-Bewußten« noch ganz und gar individual-psychologisch konzipiert, aber letztlich bedurfte es nur eines kleinen theoretischen Schritts darüber hinaus, um diesen Begriff mit dem Begriff des (objektiv) »Noch-Nicht-Gewordenen« und der realen Möglichkeit einer Konkretisierung seines utopischen Inhalts in Verbindung zu bringen. In der Tat liefert die Entdeckung dieses Begriffs Bloch später das theoretische Fundament für eine künftige »Ontologie des Noch-Nicht-Seins«. Deutlich wird bereits hier, daß der junge Bloch im Bewußtsein seiner »philosophischen Mission« tatsächlich schon am Entwurf eines eigenen »Systems« der Metaphysik baut, wobei er auf den letzten Seiten seiner Rickert-Studie bereits klar zu erkennen gibt, in welche Richtung es gehen soll: in Richtung eines Denkens gelebter Geschichtlichkeit und Praxis jenseits aller idealistischen Aprioristik in Verbindung mit einem vorläufig noch religiös gefärbten Erlösungsgedanken aus dem »Geist« der Utopie.

---

54 Von Heidegger wurde in *Sein und Zeit* dieser Zustand der subjektiven Befindlichkeit im Raum und in der Zeitlichkeit der Alltagswelt »existential-ontologisch« und »phänomenologisch« als der Daseinsmodus der »Angst« und der »Sorge« beschrieben. Ein Vergleich mit dem Blochschen Begriff des »Dunkels des gelebten Augenblicks« ist möglich, drängt sich aber nicht unbedingt auf, insofern für Bloch das existentielle »Dunkel« ja nur die Vorstufe für die Entstehung der »Tagträume« ist, die mittels der Kategorie »Möglichkeit« in Praxis umgesetzt werden, die wohlgemerkt als eine weltverändernde Praxis mit dem Telos der Herstellung eines »besseren Weltzustands« in Solidarität und Gerechtigkeit definiert wird. Gemäß dem § 40 von *Sein und Zeit* sind für Heidegger »Furcht« und »Angst« und »Sorge« Modi der Grundbefindlichkeit als eine »ausgezeichnete Erschlossenheit des Daseins« und eine Weise des In-der-Welt-Seins. Wie Heidegger unterstreicht, sind die »fundamentalen ontologischen Charaktere dieses Seienden Existenzialität, Faktizität und Verfallensein. Die Sorge ist jedoch ›ontologisch früher‹ als die genannten Phänomene [...], ohne daß der volle ontologische Horizont sichtbar oder überhaupt auch nur bekannt zu sein braucht.« (Heidegger, Martin: *Sein und Zeit*, Halle 1927, S. 194.) Gerade der Heideggersche Begriff der »Verfallenheit« wird jedoch von Bloch nicht akzeptiert und als zu »nihilistisch« zurückgewiesen.

Während dieser Studienjahre in Würzburg (1906-1908) hatte Bloch erste Kontakte zur zionistischen Bewegung, die nach den beiden zionistischen Weltkongressen von Basel und Wien und unter der Leitung von Max Nordau nach dem plötzlichen Tod von Theodor Herzl im Jahre 1904 einen großen Aufschwung erlebte. Wie in den meisten deutschen Universitätsstädten gab es auch in Würzburg eine kleinere jüdische Gemeinde. Ernst Blochs Briefe aus dieser Zeit belegen sporadische Kontakte mit den Würzburger Juden, obwohl Bloch kein gläubiger, nach dem jüdischen Gesetz lebender Jude war. Aus einer Postkarte an Lukács geht hervor,[55] daß er keineswegs gleichgültig war gegenüber der zionistischen Bewegung, die auf einen jüdischen Nationalstaat hinarbeitete. Da die damals mit Abstand wichtigsten organisatorischen Zentren der zionistischen Bewegung Wien und Berlin waren – Wien als der von Theodor Herzl selbst begründete organisatorische Kern der politischen jüdischen Nationalstaatsbewegung und Berlin als Zentrum des von Martin Buber, Berthold Feiwel und anderen mitteleuropäischen und Ostjuden begründeten »Kulturzionismus« –, ist nicht auszuschließen, daß Blochs Entschluß, im September/Oktober 1908 Würzburg zu verlassen und nach Berlin umzuziehen, nicht nur mit seinem Interesse an Georg Simmel und seinem Berliner Kreis zu tun hat, sondern auch mit dem Wunsch, die kulturzionistischen Zirkel Berlins kennenzulernen. Für diese Hypothese spricht auch Blochs Interesse für die Chassidischen Erzählungen Martin Bubers, für die jüdische Mystik (Kabbala), für die jüdische Moderne und für das Erwachen des jüdischen Nationalbewußtseins in Mittel- und Westeuropa, das nach der Dreyfus-Affäre in Frankreich und den antisemitischen Pogromen in Rußland, Rumänien, Polen und der Ukraine ab 1900 zu konstatieren war.

---

55 Vgl. Bloch, Ernst: *Briefe 1903-1975*, Bd. 1, S. 117-118 (Postkarte Blochs an Lukács vom 19.6.1913).

III. Berlin. Die Begegnung mit Georg Simmel

Die zahlreichen Anspielungen auf das philosophische Werk Simmels auf den letzten Seiten der Dissertation über Rickert waren bereits so etwas wie ein Brückenschlag nach Berlin; denn der Hauptgrund dafür, daß Bloch in die Hauptstadt des Deutschen Reiches zog, die in den drei letzten Jahrzehnten nach der Reichsgründung durch Bismarck in Versailles im Jahre 1871 einen außergewöhnlichen wirtschaftlichen, demographischen und kulturellen Aufschwung erlebt hatte, war das Interesse an den Vorlesungen und Seminaren Georg Simmels an der Berliner Humboldt-Universität. Simmel hatten diese Vorlesungen sogar international bekannt gemacht, obwohl er an der Berliner Universität nur Privatdozent war und ausschließlich auf die Hörgelder seiner studentischen Zuhörer angewiesen war. Zusätzlich durfte sich Simmel auch noch »Honorarprofessor« nennen, was nach den Gebräuchen der deutschen Universitäten jedoch ebenfalls mit keinerlei Vergütung verbunden war.

Als Ernst Bloch voller Wissensdurst und Neugier im Herbst des Jahres 1908 in Berlin eintraf, hatte Simmel schon ein gutes Dutzend philosophischer Bücher veröffentlicht, darunter die *Philosophie des Geldes* (1900), sein Kant-Buch (1904), sein Buch *Die Probleme der Geschichte der Philosophie* (1892) sowie seine *Einleitung in die Moralwissenschaft. Eine Kritik der ethischen Grundbegriffe* (1892). Stark geprägt durch die Rezeption der kantischen Philosophie sowie den Vitalismus Nietzsches und Bergsons, kann Simmels Philosophie als groß angelegter Versuch einer Erweiterung des kantischen Ansatzes in der Perspektive der Lebensphilosophie und des nietzscheanischen Relativismus interpretiert werden, eine Erweiterung, die im übrigen auch einen eher pragmatischen Wahrheitsbegriffs impliziert wie auch ein prinzipielles Mißtrauen gegen die positive Wissenschaft, und sie lehnt jegliche auf die Erkenntnis eines Absoluten oder gar »höchsten Gutes« ausgerichtete Erkenntnistheorie ab.

Wie Georg Simmel in seiner unvollendet gebliebenen Autobiographie unterstreicht,[56] ist sein Werk und Denken so etwas wie die Synthese eines kantischen erkenntnistheoretischen Ansatzes mit

---

56 Vgl. Simmel, Georg: »Anfang einer unvollendeten Selbstdarstellung«, in: *Buch des Dankes an Georg Simmel. Briefe, Erinnerungen, Bibliographie*, hrsg. von Kurt Gassen und Michael Landmann, Berlin 1958, S. 9f.

Studien zur Geschichte und Soziologie. Folge dieser Verquickung ist die Theorie, daß Geschichte immer eine Art Gestaltung des »Erlebnisgeschehens« sei, so wie die Natur nichts anderes sei als die Strukturierung des uns sinnlich gegebenen Materials durch die Verstandeskategorien. Aus dieser erkenntnistheoretischen Aufspaltung der Geschichte nach Form und Inhalt leitet Simmel ein methodisches Prinzip ab, aus dem er einen neuen Begriff der »Soziologie« gewinnt: Die Formen der Vergesellschaftung werden dabei grundsätzlich von ihren Inhalten, d.h. den Trieben, Zielen und Ding-Inhalten, die nur aufgrund ihrer wechselseitigen intersubjektiven Verhältnisse gesellschaftlich relevant sind, unterschieden.

In einer weiteren Phase seines Werks wird die von Simmel betonte soziologische Bedeutung des Begriffs der »Wechselwirkung« zu einer Art metaphysischen Prinzips, mit dessen Hilfe er sich, in Allianz mit dem Relativismus und gestützt auf die Theorie der »wechselseitigen Lebendigkeit der Elemente«, der Substantivierung aller festen Werte in axiologischen Systemen widersetzt. Fortan werden daher die Begriffe »Wahrheit«, »Wert«, »Objektivität« usw. ausschließlich nach diesem Prinzip der intersubjektiven Wechselwirkung definiert bzw. als »Inhalte eines Relativismus, der jetzt nicht mehr die skeptische Lockerung aller Festigkeiten, sondern gerade die Sicherung gegen diese vermittels eines neuen Festigkeitsbegriffs bedeutete«.[57] Dieser nun zum universellen Prinzip seiner Philosophie gewordene Relativismus bestimmt nicht nur als Erkenntnisprinzip alle weiteren erkenntnistheoretischen Arbeiten Simmels, sondern auch seine kultur- und religionsphilosophischen Studien. In ihnen wird Religion als das »Sein der religiösen Seele« definiert, die als Funktion a priori das Leben in ein religiöses Leben verwandelt, das deshalb nicht verworfen werden kann, weil es nicht möglich ist, das Sein zu verwerfen; denn nach Simmel bestimmt allein dieses Sein und seine Funktion den metaphysisch-religiösen Wert.[58]

Schließlich entwirft Simmel unter dem Einfluß Nietzsches und Bergsons eine eigene Version der »Lebensphilosophie«, bei der das Leben als die »Immanenz der Transzendenz« bzw. als »die unaufhörliche Relativität der Gegensätze« definiert wird, d.h. als die »Bestimmung des Einen mit dem Anderen und des Anderen mit

---

57 Ebd. S. 9.
58 Ebd.

dem Einen« bzw. als »Bewegungswelle, wo jedes Sein als bedingtes Sein fungiert, d.h. als über den Formen schwebende Bewegungswelle«.[59]

Obwohl es gerade Simmels Renommee war, das Bloch anzog, stieß sein großer Wunsch, auch persönlich als Student an Simmels philosophischem Seminar teilnehmen zu dürfen, zunächst auf Widerstand. Simmels Seminar galt damals als einer der bedeutendsten akademischen Zirkel der deutschen Hauptstadt. Ein Dutzend an einem großen ovalen Tisch sitzende Seminarteilnehmer diskutierten regelmäßig nicht nur über Philosophie, sondern auch über Probleme der Soziologie, der Wirtschaft, der Religion und der Kunstgeschichte (Simmel war auch Autor einer Rembrandt-Studie). Als Bloch in Berlin ankam, war es schon sehr schwer, dort zugelassen zu werden, die Teilnehmer an Simmels Privatkolloquium waren überwiegend persönlich ausgesuchte Studenten. Hinzu kam, daß der junge Bloch, beflügelt durch den Erfolg seiner Dissertation, bei seinem ersten Versuch, sich Simmel zu nähern, etwas unbescheiden auftrat, nämlich so: »Ich habe jetzt in Würzburg promoviert und habe mir als Belohnung dafür Berlin und Sie selbst, Herr Professor, ausgesucht.«[60] Simmel entgegnete kühl: »Halten Sie es denn, Herr Doktor, für ein so großes Verdienst zu promovieren, daß Sie eine Belohnung brauchen? Mein Kolloquium ist völlig besetzt, es findet hier in meiner Wohnung statt, mehr als zwölf Personen kann ich nicht aufnehmen. Es hat keinen Zweck, daß wir uns weiter darüber unterhalten, Herr Doktor.« So leicht aber ließ sich der Student aus Ludwigshafen nicht abwimmeln. Statt zu gehen, blieb er auf dem Stuhl, den ihm Simmel angeboten hatte, sitzen und begann ausführlich von seiner großen »philosophischen Entdeckung« zu erzählen: dem Begriff des »Noch-Nicht-Bewußten«. Er grenzte den neuen Begriff von dem des »Unbewußten« bzw. »Nicht-mehr-Bewußten« der Freudschen Psychoanalyse ab und stellte dabei einen Zusammenhang mit dem »Vorbewußten« her. Dies nun weckte Simmels Interesse und führte wohl dazu, daß das Eis brach. Er notierte sich Ernst Blochs Berliner Adresse, und nach einer Bedenkzeit, die Simmel sich erbeten hatte und die allerdings sehr kurz war, erhielt Bloch noch am Abend desselben Tages einen Rohrpostbrief, in dem

---

59 Ebd., S. 11.
60 Münster, Arno (Hrsg.): *Tagträume*, S. 34-35.

Simmel ihm eröffnete, daß er in seinem Kolloquium noch Platz finden könne, verbunden mit der Einladung, sich am nächsten Dienstagnachmittag in seiner Wohnung einzufinden. Bloch hatte also erreicht, was er wollte, nicht zuletzt aufgrund seines erstaunlichen Selbstvertrauens, das ihm allerdings nicht immer nur Freunde einbringen konnte.

Da der Briefwechsel zwischen Ernst Bloch und Georg Simmel (1908-1912) nicht erhalten ist, wissen wir wenig über die beiden Studienjahre in Berlin und die genaue Rolle, die der junge Philosophiestudent Bloch in Simmels Seminar spielte. Aus Blochs Mitteilungen in Gesprächen und Interviews der 70er Jahre geht jedoch hervor, daß bereits kurze Zeit nach diesem Gespräch eine tiefe Freundschaft zwischen den beiden Männern entstanden war, die erst 1914 aus »außerphilosophischen« Gründen zu Ende ging. Nur wenige Wochen später reisten der junge Bloch und Georg Simmel zusammen nach Italien, was – wie Bloch später formulierte – zum »Generalausverkauf seines Jugendphilosophierens« führte und zu einer großen Annäherung Blochs an die philosophischen Positionen Simmels. Im Rückblick preist Bloch diese »Männerfreundschaft« in den schillerndsten Farben: »Ich kam mir vor wie Abigail, die der König David an sich geschnallt hat, um in seinem fortgeschrittenen Alter der Liebe teilhaftig zu werden. Simmel war der König David, ich war Abigail. Ich wurde völlig in Beschlag genommen von Simmel, was ich aber ganz gern mitgemacht habe.«[61] Das innige Verhältnis wurde eines Tages dadurch gestört, daß Bloch mitten im Seminar Zweifel an »Simmels Relativismus« äußerte, der, wie Bloch meinte, »sich in alles hineinwindet und aus allem wieder herauswindet«.[62] Bloch störte an Simmels philosophischer Argumentation und an dessen Synthesen vor allem dieses Vage, nach allen Seiten Zerfließende; denn schließlich »gab es nie ein gebietendes Lehrwort, nie einen schöpferischen Gedanken, bei dem ein Halt gewesen wäre, an den man sich hätte halten können. Immer wieder gab es neue Impressionen. Also ein gefräßiger Relativismus, dem man zu viel Ehre des Begriffs antut, wenn man ihn einen prinzipiellen Relativismus nennt. Nicht einmal das Prinzip war da.«[63] Trotz dieser Vorbehalte nahm Bloch noch zwei weitere Jahre lang mehr oder weniger regelmäßig an Simmels Kolloquium

---

61 Ebd.
62 Ebd., S. 35.
63 Ebd., S. 39.

teil und hatte die Gewohnheit, sich dabei die Simmelschen Aphorismen und Sentenzen aufzuschreiben. Michael Landmann hat sie 1958 zum hundertsten Geburtstag von Georg Simmel in seinem *Buch des Dankes an Georg Simmel* veröffentlicht. Bloch notierte u.a. folgendes:

»Die neuesten Lehren der Physik, die Relativitätstheorie und was damit zusammenhängt, sind mir gleichgültig, aber sie regen mich auf.«

»Das Ganze der Wahrheit ist vielleicht so wenig wahr wie das Ganze der Materie schwer ist.«

»Es gibt nicht nur kleine, es gibt auch kleinstädtische Philosophen dazu; zu ihnen wären alle Natorps zu rechnen.«

»Der geistige Mensch freut sich auf den Winter, aber auf den Frühling fällt er immer wieder herein.«

»Dies Buch, mein Lieber, ist nicht nur eines von Simmel über Kant, sondern auch von Kant über Simmel.«

»Bei einem Abschied: Merkwürdig, wenn Menschen weggehen, daß sie mit einem Male ganz fort sind. Sie könnten doch auch allmählich abreisen, etwa wie Schlangen; das wäre humaner.«[64]

Blochs Vorbehalte gegen »Relativismus« und »Impressionismus« der Simmelschen Philosophie reichten allerdings noch nicht aus, daß die Freundschaft der beiden zerbrach. Das entscheidende Moment dafür war im Politischen zu suchen. Im August des Jahres 1914, d.h. zur Zeit der Ausrufung des »Kriegsgefahrzustands« durch das deutsche Kaiserreich und der darauf folgenden allgemeinen Mobilisierung in Deutschland und in Frankreich, war etwas Unwiderrufliches geschehen: ein harter politischer Zusammenstoß zwischen dem den westlichen Demokratien gegenüber freundlich gesonnenen Ernst Bloch, der ein strikter Gegner des Militarismus der preußischen Junker und der nationalistischen und imperialistischen Politik von Kaiser Wilhelm II. war, und Simmel, der trotz der Bedenken, die er in den Jahren 1911-1912 gegen den deutschen Kaiser geäußert hatte, inzwischen ganz auf die Linie der Kriegspolitik des Deutschen Reiches eingeschwenkt war. Ernst Bloch war enttäuscht, so daß er sich nicht zurückhalten konnte, Simmel diese »Kapitulation« zum Vorwurf zu machen. »Daß der Freund Bergsons, der Liebhaber und Bewunderer der französischen

---

64 Bloch, Ernst: »Aussprüche Simmels«, in: Gassen, K. / Landmann, M. (Hrsg.): *Buch des Dankes an Georg Simmel*, S. 250-251.

Kultur, der französischen Küche und des französischen Weins, den Krieg mitmachte und er, der Privatdozent mit dem Titel ›Außerordentlicher Professor‹ war, der als Jude niemals eine Stellung in Berlin bekam [...], daß selbst er kapitulierte, der Mann, der mir gesagt hatte: ›Eine spätere Historie wird zwei große Unglückszeiten für Deutschland feststellen. Die erste: den Dreißigjährigen Krieg, die zweite: Wilhelm II.‹, das war mir unbegreiflich.«[65]

Nun war Simmels nationalistische Wende im Jahre 1914 alles andere als ein Einzelfall. Sie war durchaus charakteristisch für die Einstellung der großen Mehrheit der deutschen Juden, die – abgesehen von einer kleinen kritischen Minderheit unter den Intellektuellen, zu denen Ernst Bloch und Walter Benjamin gehörten – glaubten, durch ostentativen Patriotismus Anerkennung und ihre endgültige Integration in die deutsche Gesellschaft zu erreichen. Es war diese – übrigens auch von Hermann Cohen in seiner Schrift über *Deutschtum und Judentum* (1916) geteilte – Überzeugung, die dazu führte, daß eine so große Zahl deutscher Juden im Ersten Weltkrieg in den Reihen der Armee des kaiserlichen Deutschlands kämpften und dabei hohe militärische Auszeichnungen errangen.

Ernst Bloch gehörte jedoch schon früh zu dem Teil der jüdischen Intelligenz, der dies völlig anders sah. Er war einer der wenigen, die die Gefährlichkeit dieser Politik von Anfang an erkannten, die sich über den Antisemitismus keinerlei Illusionen machten und die sich gegen den Franzosenhaß des deutschen Kaisers und seine offen kolonialistische Politik auflehnten. Dies erklärt, warum er, kaum hatte er von Simmels patriotischer Wende und seiner Kapitulation vor der Kriegspolitik Wilhelms II. erfahren, sich erregt an den Schreibtisch setzte und Simmel einen Brandbrief schrieb, über dessen überaus deutlichen Ton nur derjenige erstaunt sein kann, der Blochs Prinzipienfestigkeit in solchen Angelegenheiten nicht kennt:

»Sie haben niemals eine definitive Antwort auf etwas gesucht, niemals. Das Absolute war Ihnen vollkommen suspekt und verschlossen, auch das Hinstreben zu einem Absoluten war Ihnen verschlossen. Heil Ihnen! Nun haben Sie es endlich gefunden. Das metaphysische Absolute ist für Sie jetzt der deutsche Schützengraben!«[66]

---

65 Vgl. Münster, Arno (Hrsg.): *Tagträume*, S. 35.
66 Ebd.

Simmel hat unseres Wissens auf diesen Brief nicht geantwortet. Und so kam es, daß diese im Zorn hingeworfenen Zeilen den Schlußpunkt unter eine Freundschaft setzten, die fast fünf Jahre gedauert hatte. Allerdings berichtet Bloch, daß er einige Wochen später Simmel zufällig noch einmal begegnet sei: in der Straßenbahn in Heidelberg, im September 1914. Simmel war unterwegs zur Universität, wo ein Vortrag von ihm angekündigt war. Den Konflikt fürchtend, blickte Bloch unwillkürlich zur Seite. Simmel aber nickte mit dem Kopf – und Bloch war gezwungen, ihn ebenfalls zu grüßen, und schließlich begleitete er ihn sogar zu seinem Vortrag in die Heidelberger Universität.

»Der war«, wie Bloch meint, »entsetzlich. Es war ein einziger Pro-Kriegs-Vortrag, alldeutsch bis zum Exzeß, völlig unbegreiflich. Und das war das Ende. Er wurde dann Professor in Straßburg. […] So endete das Ganze, leider, durch diesen unbegreiflichen Abstieg Simmels zu einem deutsch-nationalen Kriegspatrioten.«[67]

Für Bloch war der Bruch mit Simmel keine Katastrophe; denn im Laufe des Jahres 1910 hatte er in Simmels Seminar die Bekanntschaft eines hochbegabten jungen ungarisch-jüdischen Philosophen gemacht, mit dem er schnell Freundschaft schloß. Sein Name war: Georg (György) Lukács.[68]

---

67 Ebd.

68 Zum Verhältnis des jungen Bloch zum jungen Lukács: Münster, Arno: *Utopie, Messianismus und Apokalypse im Frühwerk von Ernst Bloch*, Frankfurt/Main 1982; Löwy, M./Münster, A./Tertulian, N.: *Verdinglichung und Utopie. Ernst Bloch und Georg Lukács zum 100. Geburtstag*, Frankfurt/Main 1986; Löwy, Michael: *Pour une sociologie des intellectuels révolutionnaires*, Paris 1976; Tertulian, N.: *Georges Lukács. Etapes de sa pensée esthétique*, Paris 1980.

IV. Heidelberg und Garmisch (1911-1914)

Verweilen wir, bevor wir näher auf die Freundschaft mit Lukács eingehen, noch ein wenig bei Blochs Leben in den Jahren von 1911 bis 1914, die für seinen geistigen Werdegang sehr wichtig und erlebnisreich waren. Festzuhalten ist zunächst, daß Bloch in diesen vier Jahren außerordentlich viel reist und zudem ständig seinen Wohn- und Studienort wechselt. Seine Abneigung gegen das »Preußentum« in der Hauptstadt des deutschen Reiches und seine Sehnsucht nach der süddeutschen Alpenlandschaft mögen die Hauptgründe dafür gewesen sein, daß Bloch im Frühjahr 1911 nach Garmisch-Partenkirchen umzieht, wo er die ersten Entwürfe und Skizzen zum *Geist der Utopie* zu Papier bringt. Mit einigen Unterbrechungen – Bloch reist nach München, Heidelberg und zu seiner Familie nach Ludwigshafen und unternimmt zusammen mit Georg Lukács im Spätsommer des Jahres 1912 eine dreiwöchige Italienreise, die ihn u.a. nach Venedig und Florenz führt – bleibt Ernst Bloch in diesem Ort in den bayerischen Alpen bis zum Frühjahr 1913. Auf der Rückreise von Italien macht er – immer noch in Begleitung von Lukács – in Heidelberg Zwischenstation, wo er sich an der philosophischen Fakultät immatrikuliert und Kontakt zum Max-Weber-Kreis aufnimmt. Den Zugang zu Max Webers philosophisch-soziologischem Salon in dessen Villa in der Ziegelhäuser Straße hatte Georg Lukács vermittelt. Aber auch dort trafen – wie vorher schon bei Simmel in Berlin – Blochs selbstbewußtes Auftreten und sein energisches Plädoyer für die Philosophie des »Noch-Nicht-Bewußten« nicht immer auf Gegenliebe. Den übereinstimmenden Berichten von Honigsheim und Marianne Weber[69] zufolge muß Bloch durch sein Auftreten innerhalb weniger Sitzungen seine Zuhörerschaft und vor allem den Hausherrn Max Weber sehr aufgebracht haben. »Gerade war ein neuer jüdischer Philosoph da«, bemerkt Max Weber in seinen Erinnerungen, »ein Jüngling mit enormer schwarzer Haartolle und ebenso enormem Selbstbewußtsein; er hielt sich offenbar für den Vorläufer eines neuen Messias und wünschte, daß man ihn als solchen erkannte.«[70] Immer wieder mußte Lukács – dadurch nicht selten in große Verlegenheit gebracht – vermittelnd eingreifen, um einen Eklat zu

---

69 Vgl. Weber, Marianne: *Max Weber. Ein Lebensbild*, Tübingen 1926, S. 374.
70 Vgl. Honigsheim, Paul: *On Max Weber*, New York 1968, S. 29.

vermeiden. Weber hielt strikt am wissenschaftlichen Rationalismus fest, und seine Abneigung gegen alles, was auch nur entfernt mit Mystik zu tun hatte, war tief, so daß ihn Blochs Diskussionsbeiträge immer wieder in Rage versetzt und eines Tages sogar zu der, von einer Schülerin Webers überlieferten, Bemerkung hingerissen haben sollen: »Ich würde gerne einen Träger zu Blochs Haus schicken, der seine Koffer packt und sie zum Bahnhof bringt, damit Bloch wegfährt.«[71]

Im Dezember des Jahres 1912 reist Bloch, der sich durch solche Urteile keineswegs von seinen Ideen und philosophischen Überzeugungen abbringen ließ, dann tatsächlich wieder zurück nach Garmisch: nun zum ersten Mal in Begleitung seiner Lebensgefährtin Else von Stritzky, die er auf der Rückkehr von einer Reise nach Bonn im Juli des Jahres 1911 zufällig in einem Gasthaus in Baierbrunn im Isartal bei München kennengelernt hatte. Von diesem Zeitpunkt an wohnt Bloch bis zum September 1914 abwechselnd in Garmisch und in Grünwald im Isartal, wo er in intensivem persönlich-intellektuellen Kontakt zu Else, die er 1913 heiraten wird, im Winter 1916/1917 das Manuskript der Urfassung des *Geistes der Utopie* (1918) zum Abschluß bringt.

Außer diesem Manuskript, das paradigmatisch für Blochs Metaphysik in seiner vormarxistischen Phase ist, entstehen in den Jahren 1911 bis 1913 – ebenfalls abwechselnd in Heidelberg bzw. Garmisch – zwei philosophische Essays des jungen Philosophen mit dem gefürchteten »messianisch-apokalyptischen« Blick, die ebenfalls eine Schlüsselfunktion für Blochs frühe Philosophie haben: zum einen der Essay »Der Impuls Nietzsches«[72], der von Bloch wahrscheinlich im Frühjahr 1913 in Heidelberg verfaßt wurde, zum andern der Ende 1912 niedergeschriebene Essay »Symbol: die Juden«,[73] den Bloch später in den *Geist der Utopie* aufnimmt (der aber in dessen zweiter Fassung vom Jahre 1923 fehlt[74]).

In gewisser Weise ist dieser Essay, den Bloch seiner ersten Frau gewidmet hat, ein für die deutsch-jüdische Intelligenz typisches Dokument. Er belegt, wie sehr die deutschen (und mitteleu-

---

71 Vgl. Zudeick, Peter: *Der Hintern des Teufels*, S. 45.

72 Ders.: »Der Impuls Nietzsches«, in: ders.: *Durch die Wüste*, S. 105.

73 Ders.: *Geist der Utopie. Erste Fassung.* Faksimile der Ausgabe von 1918, GA 16, Frankfurt/Main 1971, S. 319-332; der Essay ist außerdem wiederabgedruckt in: ders.: *Durch die Wüste*, Frankfurt/Main 1964, S. 122-140.

74 Vgl. ders.: *Geist der Utopie. Zweite Fassung*, GA 3, Frankfurt/Main 1971.

ropäischen) Juden in der Moderne durch die Emanzipationsdekrete Mitte des 19. Jahrhunderts schwankten zwischen totaler Assimilation (an das deutsche bzw. europäische Kultur- und Geistesleben) und kulturell-religiösem Partikularismus (der die jüdische Identität seit Jahrhunderten geprägt hatte). Auch zeigt er, daß es für viele Repräsentanten der jüdischen Kultur nicht möglich war, sich dem stärker werdenden Einfluß des neuen jüdischen Nationalbewußtseins nach der Gründung der zionistischen Weltbewegung durch Theodor Herzl Ende des 19. Jahrhunderts zu entziehen. Blochs Essay zeugt auch von den Schwierigkeiten und Risiken für die jüdische Identität, die sich aus dem sozialen Aufstieg, den der Sprung in die »Modernität« bedeutet hatte, ergaben. Diese Situation und die damit verbundenen Spannungen werden von Bloch im ersten Abschnitt seines Essays sogleich angesprochen:

»Zudem erwacht endlich der Stolz, jüdisch zu sein. Es treibt in uns ruhelos, noch bleiben diese Menschen gemischt und zweideutig; es gibt flinke und harte, darum herumredende und sachliche Personen darunter, wie überall, nicht wie überall; aber das Flache und Unfruchtbare will zusehends verschwinden. Wenigstens scheint bei den jüngeren Juden die ausgeprägt händlerische und zugleich formalistische Neigung keinen Boden mehr anzutreffen. Man sieht hier ein Warten vor sich, das schon einmal bei diesem Volk Früchte getragen hat.«[75]

Nachdem Bloch mit Genugtuung festgestellt hat, daß infolge der Juden-Emanzipation die altbekannte »sozial bedingte Unterwürfigkeit und Selbstverspottung« – Ergebnis der jahrhundertelangen Ghettoisierung und Diskriminierung – verschwunden sind, scheint er beinahe zu bedauern, daß die nun einsetzende nationalistische Mobilisierung der Juden für das Ziel eines jüdischen Nationalstaats die »gesamte Kraft des Auserwähltseins« leugnet, eben um aus Judäa »eine Art von asiatischem Balkanstaat« zu machen,[76] denn für Bloch besteht zu dieser Zeit nicht der geringste Zweifel, daß trotz der Emanzipation und des Festhaltens der meisten jüdischen Denker am Geist der Aufklärung das jüdische Volk stets ein »von religiösen Impulsen durchschütteltes Volk« bleiben werde, d.h. ein Volk der »alles überdauern-

75 Ders.: *Geist der Utopie. Erste Fassung*, GA 16, S. 319.
76 Ebd., S. 320.

den Intensität« mit einer »heiligen Geschichte« und einer »kanonisch-mystischen Anthropogenie«.[77] Der Versuch, aufgrund dieser primären und typischen Eigenschaften die Besonderheit des jüdischen Bewußtseins begrifflich zu erfassen, führt Bloch dann zur Skizzierung einer Typologie des jüdischen Weltbezugs, bei der er drei wesentliche Momente herausstellt: zuerst »das eifernde, völlig willensmäßige Verhalten gegen die Welt; danach der Drang auf die Verwandlung des Lebens zur Reinheit, Geistigkeit und Einheitlichkeit, womit der Gerechte die Schlüsselgewalt über das Obere erlangt; und schließlich [...] das ebensowohl motorische als prägnant historische, unbildliche, unnaturhafte Gerichtetsein auf ein noch nicht daseiendes messianisches Ziel über der Welt.«[78]

Über dieses messianische Ziel, so Bloch, lehrt schon die »Gemara«, daß das letzte Wunder größer ist als das erste, »weshalb auch der Ursprung durchaus durch das Überlicht, der Adam Kadmon durchaus durch den letzten, hermaphroditisch wiederhergestellten Makanthropos, durch den Parakleten, und das Alpha, weit davon entfernt, fertig, unbeweglich, vorhistorisch zu sein, durchaus durch das erst motorisch-messianisch zu erringende Omega definiert wird«.[79] Daher sind die Juden die »moralisch intensivsten Menschen«, trotz oder gerade wegen ihrer Zerstreuung in die Diaspora der »Galuth«, als »das Volk der Psalmen und Propheten« mit seinen spaniolischen Tempelgesängen und seinen »wehmütigen, fern hinhallenden Melodien«,[80] sind das messianische Volk par excellence, ein »zu Großem aufgespartes Volk«.[81] Was aber, so fragt sich Bloch, konnte zeitweise das Judentum so sehr schwächen, daß so viele Juden zum Christentum konvertierten?

Die Antwort auf diese schwierige Frage sucht und findet Bloch nicht nur in der Feststellung, daß die jüdische Seele »letzthin darüber hinaus steht und deshalb die Mitte begrüßen kann« – wobei er mit »Mitte« offensichtlich die christliche Religion und Zivilisation meint –, sondern auch darin, daß das (synagogale) Judentum im Laufe seiner Geschichte in der »Galuth« zu »einem bloßen formalistischen Traditionalismus und [einem] reichlich nüchternen,

---

77 Ebd., S. 321.
78 Ebd., S. 321-322.
79 Ebd., S. 322.
80 Ebd., S. 328.
81 Ebd., S. 330.

52

abstrakten Deismus«[82] erstarrt war. Indem Bloch sich so der von
Martin Buber bereits formulierten Kritik am jüdischen Traditionalismus anschließt, gelangt er, der wie Buber die Tendenz hat, der
strikt-orthodoxen Observanz des jüdischen Ritualgesetzes eine
Form lebendiger Religiosität entgegenzusetzen, zu der Überzeugung, daß »die Freude größer [ist] als das Gesetz, und wenn auch
die Synagoge dieser Lehre der Chassidim fernsteht, so ist sie doch
keine mysterisch gemachte Kirchenorganisation, sondern offen und
gleichsam auf ihren Abbruch hin konstruiert, auf den Messias, auf
das Rufen des Messias und den motorisch, moralisch, metaphysisch
erst zu bewerkstelligenden kiddusch haschem als der Heiligung des
Namens Gottes. Insofern kann man sagen, es lebt in diesem auf die
Auflösung, auf die letzte Stunde hin gerichteten Glauben ein laten-
ter Gnostizismus, eine bei den Propheten und Jesus, ja schon früher,
an den wechselnden Psychologien Jahwes selber sichtbare Entgegensetzung des Guten und Erleuchteten gegen alles Kleinliche,
Gerechte und Harte – eine Entgegensetzung, die keineswegs erst
durch das außerjüdisch rezipierte Christentum erzeugt worden
ist.«[83] In Blochs Sicht, der hiermit bereits einige Thesen seines späteren Buches *Atheismus im Christentum* (1968) vorwegnimmt, steht
diese »Gnostik« (die fälschlicherweise oft mit einem metaphysischen Antisemitismus identifiziert wird) der messianisch-jüdischen
Geistigkeit wesentlich näher als der »ganzen späteren, auch das
Alte Testament versteinernden Heilsökonomik, die die Abfolge der
Offenbarungen zur bloßen pädagogischen Maßnahme abschwächte
und so den eigentlich theogonischen Prozeß vom Himmel selber
fernhielt«.[84] Denn »die Seelen müssen weiter in sich suchen und
rufen, es gibt noch andere sittliche und auch geistige Kräfte als wie
Jesus verkündigt hat. Denn die Menschen sind [...] *letzthin* nicht je-
suanisch durchtränkt, geschützt, imprägniert und vorbereitet, der
ferne Messias ist noch nicht gekommen, die allkräftig beherrschen-
de Idee der Welt ist noch nicht gefunden.«[85] Diese seltsame Verquik-
kung einer eschatologischen Perspektive des jüdischen Messianismus und der jüdischen Messiaserwartung mit Motiven der Gnostik
Marcions, christlichen Erlösungsmotiven und einem sehr hohen,
geradezu mystischen Begriff von jüdischer Geistigkeit bringt Bloch

---

82 Ebd.
83 Ebd.
84 Ebd.
85 Ebd., S. 330-331.

letztendlich dazu, am Ende seines im Winter 1912/1913 geschriebenen Essays eine Art Apotheose zu entwerfen, in der jüdische Geistigkeit und jüdischer Messianismus, Jesus und Dionysos, Judentum und Deutschtum, Gotik und Barock zusammenfließen und in der diese »tausendfachen Energien, durch die äonenweite Optik einer neuen Proklamation das Judentum mit dem Deutschtum nochmals ein Letztes, Gotisches, Barockes zu bedeuten hat, um solchergestalt mit Rußland vereint, diesem dritten Rezipienten des Wartens, des Gottesgebärertums und Messianismus, – die absolute Zeit zu bereiten.«[86]

In dieser absoluten Zeit des Lichts, so Blochs messianisch erleuchtete Hoffnungsutopie, soll dann auch kein Platz mehr sein für »Knechtsgestalt«, »Opfertod« und »Gnadenschatz«; an deren Stelle gäbe es vielmehr ein »Dienen untereinander«, auch »trotzigste Selbstheit gegen Welt und Gott«[87] sowie die Präsenz der »moralischen, Kierkegaard mit den Propheten vereinenden Kategorie der Gefahr«.[88] Das Ziel in diesem nicht enden wollenden »Melos in der Herausprozessierung zum Unum«, »Brüderlichkeit im Wandel«, »Moral der *Produktivität*«[89], sei der Messias als »Gast« und »Blitz«, die »Güte der Seele«, die nicht zu verwechseln sei mit der »Dämonie des Lichts«,[90] wie Bloch in einem weiteren kleinen 1917 entstandenen Essay unterstreicht.

Auch in dem ein paar Monate später in Heidelberg niedergeschriebenen Nietzsche-Aufsatz sind einige dieser Denkmotive nachweisbar, wenngleich hier auch ein anderer Ton angeschlagen wird. Der Aufsatz »Der Impuls Nietzsches« (1913) zeugt vom großen Interesse Blochs für das Werk eines Denkers, der nicht nur »mit dem Hammer philosophierend« die bürgerliche Moralordnung und die neuzeitliche Metaphysik revolutionierte, sondern der auch Veränderungen und Erschütterungen zu antizipieren schien, die in dieser Vorweltkriegszeit »in der Luft« lagen. So verkörpert Nietzsche für den jungen Bloch – und dies offenbart wiederum eine in diesem Punkt erstaunliche Nähe zu Martin Buber – in der zeitgenössischen Philosophiegeschichte gegen Ende des 19. Jahrhunderts einen

---

86 Ebd., S. 332.
87 Ebd.
88 Ebd.
89 Ders.: »Die Güte der Seele und die Dämonie des Lichts«, in: ders.: *Durch die Wüste*, S. 141-147, hier: S. 146, 147, 143.
90 Ebd., S. 145.

Philosophen, dessen Wesensmerkmale Vitalismus und Relativismus sind und der mit seinem Lobpreis des Schöpferischen, Starken und Gesunden ein philosophisch-ästhetisches Weltbild entwirft, dessen revolutionäre Stoßkraft auf alles Denken, das auf das Experiment setzt und sterile Systematik in der Philosophie ablehnt, anspornend und aktivierend wirkt.

»Ein neuer Ton ging da endlich an. Er kam den Herren von heutzutage erst später zupaß, und dem Plüsch zu seiner Zeit war er nicht lieb. Tönend schien ein neuer Tag geboren, überholte grell.«[91]

Wie Bloch hervorhebt, besteht nicht der geringste Zweifel daran, daß hier ein stark zivilisationskritischer Stachel gesetzt wird; denn Nietzsches Leben und Werk sind letztendlich nichts anderes als ein Kampf gegen den kalt rationalistischen, nicht-dionysischen und nicht-mystischen Menschen, ein Kampf gegen das Existenzrecht der Wahrheit, der »»wissenschaftlichen‹ Wahrheit überhaupt«, einer Wahrheit »ohne Subjekt und ohne Traum«.[92] »Nietzsche«, unterstreicht Bloch, »ist so durchaus auf den Befehl oder die Gesetzgeberschaft der Kultur eingestellt, und eine solche Erschütterung der Intellektualität, des unpathetischen, alles als fertig begreifenden Rationalismus ist darin innerviert, daß sich das Ende der nur objektivistischen Verstandesart ankündigt. Darum leuchtet hier zuerst die Ahnung eines noch nicht bewußten Wissens auf, darum macht sich bei Nietzsche das nicht Entsagenkönnen, die Unersättlichkeit der Forderung schöpferisch [...], darum zieht hier ein umwendendes Wollen, ein motorisches Denken des Neuen herauf, als die große, bisher noch völlig undurchforschte Bewußtheit oder Bewußtseinsklasse eines Eingedenkens, wie es, unter Abzug aller bloßen Wiedererinnerung und alles bloßen erfüllten Alphas des Platonismus oder Hegelianismus, der Welt ihr Ziel geben möchte; darum zeigt sich die Gesinnung dieses so bedeutsam pragmatistischen, sowohl auf das Zurück-wollen-Können des Willens wie auf das Neue, auf die moralisch-metaphysischen Einbrüche gerichteten Philosophierens von einer Welt beleuchtet, die noch nicht da ist; unmittelbar an der Brücke zur Zukunft, an dem von dem eigenen Willen beherrschten Problem der Teleologie gelegen. [...] Denn hier gilt in der Tat, daß es nicht darauf ankommt, die Welt nur zu begreifen oder doch nur zu dem Ende, daß man sie danach verändere.

---

91 Ders.: »Der Impuls Nietzsches«, in: ebd., S. 105.
92 Ebd., S. 107.

Hier wird eine andere Selbständigkeit als die des lumen naturale verlangt, und die Welt hat in der zweiten, gefährlicheren Epoche der Neuzeit aufgehört, ein bloßes Rätselspiel für den wissenschaftlichen Intellekt zu sein.«[93] »Dieu est mort, sagt Nietzsche (und noch mehr dazu), vive le Dieu? – gewiß nicht als Fakt, Fixum und Objekt. Dergleichen Vielzuwenig, Vielzuviel hebt den Nihilismus, den Nietzsche kommen sah, so wenig auf, daß es ihn, geradezu objektivistisch, bestätigt.«[94]

Faszinierend an diesem Essay des zur Zeit seiner Abfassung gerade 28 Jahre alten Bloch ist nicht nur die Beschreibung und Bestimmung von Nietzsches dionysischer Weltsicht mit ihrer vom Vitalismus diktierten radikalen Kritik an den Grundwerten der christlichen Moral, sondern auch die Würdigung von Nietzsches aus dem Bruch mit Metaphysik und rational-wissenschaftlichem Denken hervorgegangener revolutionärer »Philosophie der Zukunft«. Bloch sieht in ihr – in offensichtlicher Analogie zu seiner eigenen frühen philosophischen Entdeckung – einen Akt des Wissens eines »Noch-Nicht-Bewußten«, das sich seiner Ansicht nach im Werk Nietzsches in einer Art »Experimentierraum der Hoffnung« niederschlägt. Ganz offensichtlich projiziert Bloch hier wichtige Grundmotive und -begriffe seines später ausgeführten Denkens – Hoffnung, Noch-Nicht-Bewußtes, antizipierendes Bewußtsein[95] – auf Nietzsches Philosophie. Dies geschieht in Umdeutung der in Nietzsches Werk durchaus aufweisbaren Ansätze zu einer Tiefenpsychologie, die zum Teil auf spätere Erkenntnisse der Psychoanalyse vorausweisen. Darüber hinaus führt er auch den Begriff der »Hoffnung« ein, der bei Nietzsche keine größere Rolle spielt, wenn man von ihr als Gegenstand der Kritik, d.h. von jener Hoffnungsmetaphysik der christlichen Religion absieht, die Nietzsche etwa in der *Genealogie der Moral* in Grund und Boden verdammt und geradezu materialistisch entmystifiziert. Bloch dagegen sollte sie zu einer »aktiven Hoffnung« als »docta spes« umdeuten, die mit der Vertröstungshoffnung des Christentums nicht mehr gemein hat als den Begriff. Und wo das »Neue« im Horizont von Nietzsches Philosophie auftaucht, erliegt auch hier Bloch der Versuchung, es sogleich im Vorgriff auf die künftige »Kategorie Novum« seiner eigenen »Ontologie des Noch-Nicht-Seins« umzudeuten, wohl wissend, daß bei

---

93 Ebd., S. 107-108.
94 Ebd., S. 109.
95 Vgl. Bloch, Ernst: *Das Prinzip Hoffnung*, Bd. I, Kap. 17, GA 5, S. 236ff.

Nietzsche vor allem eine neue, aus den Ruinen der christlichen entstandene Moral gemeint ist sowie die anthropologisch-philosophische Kategorie des »Übermenschen« als Alternative zum »dekadenten« Menschen der Neuzeit als dem »Herdentier«. Auf Nietzsches »Übermenschen« nimmt Bloch direkt Bezug, und zwar in jenen Passagen seines Essays, in denen von Nietzsches »Emportendenz«[96] die Rede ist.

Deshalb ist die vor allem von Gerhard Zwerenz[97] vertretene These, die unserer Ansicht nach in ihren Schlußfolgerungen allerdings über das Ziel hinausschießt, nicht ganz von der Hand zu weisen: daß in gewisser Weise dieser Nietzsche-Essay des jungen Bloch aus dem Jahre 1913 die »Keimzelle« seiner künftigen Philosophie der Hoffnung und der »konkreten Utopie« enthalte, obwohl, was uns vorsichtig machen sollte, dieser zentrale Begriff des Blochschen Denkens noch nicht wörtlich auftaucht. Immerhin, es geht Bloch hier schon um den Begriff des »Noch-Nicht-Bewußten«. Allerdings kann nur mit einer gewissen Überraschung zur Kenntnis genommen werden, wie »selbstverständlich« Bloch Nietzsches Zentralbegriff vom »Tod Gottes« am Ende dieses Essays in einen geradezu philosophisch-theologischen Kontext stellt, der Nietzsches Grundintention nicht ganz gerecht wird. Bloch relativiert vielmehr Nietzsches militanten Atheismus stark und mischt der These vom »Tod Gottes« theologische Reflexionen[98] bei, die zeigen, daß für Bloch – im ausgesprochenen Gegensatz zu Nietzsche – die Religion (d.h. die christliche und die jüdische) ein immer noch ungelöstes Problem darstellt, nicht zuletzt auch deshalb, weil er eben jenem von »religiös-messianischen Impulsen geschüttelten« Volk angehört, das Nietzsche gegen die Antisemiten seiner Zeit mutig in Schutz nahm – allerdings nicht wegen, sondern eher »trotz« des Festhaltens so vieler Juden an ihrem mosaischen mono-

---

96 Vgl. ders.: »Der Impuls Nietzsches«, S. 106.

97 In einem 1985 anläßlich von Blochs 100. Geburtstag in der *Frankfurter Rundschau* veröffentlichten Artikel vertrat Gerhard Zwerenz, der Ernst Bloch schon in den 50er Jahren in Leipzig kennengelernt hatte, die These vom entscheidenden Einfluß Nietzsches auf das Denken Blochs, die außer acht läßt, daß Bloch – von dem Nietzsche-Essay des Frühwerks aus dem Jahre 1913 einmal abgesehen – in seinem Hauptwerk als Marxist Nietzsches Philosophie (allerdings längst nicht so radikal wie Lukács) auch kritisiert, z.B. wenn er im *Prinzip Hoffnung* anmerkt, daß Nietzsche »das beginnende imperialistische Zeitalter für sich (hatte), mit dem Auftrag und Übergang zum Irrationalen« (*Das Prinzip Hoffnung*, Bd. III, GA 5, S. 1114).

98 Vgl. Nietzsche, Friedrich: *Die fröhliche Wissenschaft*, Aphor. 125.

theistischen Glauben. Wo es aber um das Problem der Religion geht, werden – ebenso wie bei Martin Buber – die Grenzen von Blochs Nietzsche-Rezeption sichtbar. Besonders deutlich wird dies in diesem Nietzsche insgesamt enthusiastisch feiernden Text dort, wo Bloch seinem Kommentar zu Nietzsches »neuem Denken« eine Reihe von unerwarteten bzw. »unzeitgemäßen« Bemerkungen beifügt, u.a. zum »hellenistisch-thomistisch festgelegten Katholizismus«, dem »russischen Christentum« und »einer erst noch anbrechenden Beiwohnung des Heiligen Geistes«, unter klarer Anspielung auf einen »subjektiv-apokalyptischen Weg«, in dem der junge Bloch das beste Gegenmittel zum »entarteten Individualismus der Neuzeit« sieht.[99]

Gerade deshalb könnte gegen diese spezifische Form der Nietzsche-Rezeption beim jungen Bloch durchaus der Vorwurf des »Konfusionismus«, einer Verquickung der alle Traditionen sprengenden »perspektivistischen« Anti-Metaphysik Nietzsches mit Restbeständen spekulativ-religiösen Denkens, mit Einflüssen der Existenzphilosophie Kierkegaards und mit der Erwartungsmystik des jüdischen Messianismus erhoben werden. Auch dies ist in gewisser Weise charakteristisch für das Denken vieler Vertreter des jüdischen Geisteslebens der Epoche, etwa Martin Bubers, Gershom Scholems, Franz Rosenzweigs und Walter Benjamins. Angemerkt sei hier nur, daß der von Martin Buber im August 1900 in der Berliner Zeitschrift *Die Kunst im Leben* veröffentlichte Nietzsche-Aufsatz eine ähnlich enthusiastische Nietzsche-Rezeption enthält und daß er inhaltlich, in seinem philosophischen Stil und in der Perspektive, aus der er geschrieben ist, Blochs Nietzsche-Essay aus dem Jahre 1913 geistig eng verwandt ist. Eine ähnliche Tendenz scheint auch Walter Benjamins[100] Aufsatz zu einer »kommenden Philosophie« (1914) zu haben, in dem er im Diskussionszusammenhang mit dem Kantischen Erfahrungsbegriff deutlich für einen zum Religiösen hin offenen Begriff der »Erfahrung« plädiert, der ebenfalls von der Überschneidung einer rationalistischen mit einer religiös-theologisch-metaphysischen Perspektive zeugt.

---

99 Bloch, Ernst: »Der Impuls Nietzsches«, S. 109.
100 Vgl. Benjamin, Walter: »Über das Programm der kommenden Philosophie« (1914); Vgl. dazu auch: Münster, Arno: *Progrès et Catastrophe. Walter Benjamin et l'histoire. L'itinéraire d'un marxisme »mélancolique«*, Paris 1996.

V. Der »Messias« auf Brautschau

Wie die Widmung des philosophischen Essays »Symbol: die Juden« es andeutet, fiel in die Zeit von Blochs Aufenthalt in Garmisch und in München ein privates Ereignis von allergrößter Bedeutung: die Begegnung mit Else von Stritzky im Juli 1911, einer Bildhauerin, die er eher zufällig an einem schönen Nachmittag in einem Gasthof in Baierbrunn bei München kennengelernt hatte. Zu diesem Zeitpunkt befand sie sich gerade auf einem kleineren Erholungsurlaub.

Else von Stritzky wurde am 17. August 1883 in Riga geboren, als Lettland noch fest zum zaristischen Rußland gehörte.[101] Sie war das zehnte Kind von Christian von Stritzky, einem adligen Brauereibesitzer. Mit siebzehn Jahren hatten sie ihre Eltern ins Internat für höhere Töchter in Neuchâtel in der Westschweiz geschickt, wo sie von 1900 bis zum Jahre 1905 blieb und das Abitur machte. Danach ging sie nach Berlin, wohin sich infolge der Wirren der ersten russischen Revolution von 1905 auch vorübergehend ihre Familie geflüchtet hatte. Dort immatrikulierte sie sich im Herbst des Jahres 1905 an der Akademie für bildende Künste und belegte das Studienfach Bildhauerei. Im Jahre 1910 wechselte sie nach München, wo sie ihr Studium an der dortigen Kunstakademie zum Abschluß bringen wollte. Blochs Faszination, Verzückung und Liebe für diese Frau, die er zwei Jahre später in Heidelberg heiratete und an deren Seite er fast zehn Jahre lebte, bereits nach der ersten Begegnung zeigt ein Brief an Lukács vom 12. Juli 1911, in dem er seinem ungarischen Jugendfreund, den er in alle Pläne seines Privatlebens einzuweihen pflegte, mitteilt, daß diese Frau ihn liebe und er sie menschlich und künstlerisch sehr hoch achte.[102] »Sie ist auch gebildet genug«, unterstreicht Bloch, »um mich intellektuell auf weiten Strecken hin zu verstehen.«[103] Offenbar stimulierte Else ihn in dieser Hinsicht so sehr, daß er ihr aus seinen Notizen zur Preisaufgabe der Kantgesellschaft, die den Fortschritt von Herbart zu Hegel zum Gegenstand hatte, vorlas. In seinem *Gedenkbuch für Else Bloch-von Stritzky* vergleicht er die Anmut dieser Einzigartigen sogar mit dem Lächeln der Mona Lisa: »Sie lächelte. Oft wußte ich nicht, warum. Sie freute sich, war grundlos froh, ich

---

101 Vgl. Bloch, Ernst: *Kampf, nicht Krieg. Politische Schriften 1917-1919*, S. 158.
102 Ders.: *Briefe 1903-1975*, Bd. 1, S. 42.
103 Ebd.

fragte dann, ob sie wieder ihre Finger zähle. Niemand, der ihr Lächeln sah, konnte es je vergessen. [...] Sehr selten wurde ein Mensch so geliebt wie ich von ihr; und keiner wurde mehr, tiefer geliebt.«[104]

Allerdings scheint die Bewunderung Blochs für die Frau aus dem Baltikum nicht rein platonisch und bar von jeglichen materiellen Hintergedanken gewesen zu sein, da Bloch, um seiner Wunschvorstellung gemäß als freier Schriftsteller und Philosoph leben zu können und auch um von dem kleinbürgerlichen Ludwigshafener Elternhaus endlich materiell unabhängig zu werden, schon seit einiger Zeit eine begüterte Frau aus gut bürgerlichem Hause als künftige Lebensgefährtin suchte. Auch in dieser Hinsicht ist der Brief an Lukács explizit: »Sie ist reich. Ich nehme von ihr [...] die Zinsen eines ihr jetzt durch einen Häuserverkauf zugefallenen Kapitals an (ungefähr hundert Rubel im Monat), die mir die L'[udwigs]hafener Unabhängigkeit verschaffen, ohne mir eine andere Abhängigkeit zu verschaffen (denn sie ist allein schon körperlich nicht zur Ehe tauglich, eine vor kurzem vollzogene Gebärmutteroperation) als die selbstgewählte Freundschaft.«[105] Eine Woche später, ebenfalls in einem Brief an Lukács, enthüllt Bloch weitere Details, etwa den Umstand, daß bei einer Operation die beiden Eierstöcke hatten fast vollständig entfernt werden müssen und daß Else offensichtlich auch etwas »schwindsüchtig« sei, so daß »die ökonomische und noologische Angemessenheit auf die teuflischste Art durchkreuzt ist«.[106] Immer wieder versucht deshalb Bloch, seine »Verzweiflung über dieses elende erotische Schicksal« in Galgenhumor zu verwandeln, und das Problem von Elses Mitgift (auf die er offensichtlich spekulierte) ansprechend, zögert er nicht, im zitierten Brief Lukács ironisch um Rat zu fragen: »Wie meinst Du: ist die untere Liebesform der Mitgift auch *dann* noch etwas – nicht zwischen ihr als Dirne, aber zwischen mir als Zuhälter? Ich bin trotz aller Bedenken und trotz aller Einsicht, daß Du selbst bei der geringsten Verschiebung des Falls recht hättest, halb unentschieden und gebe vieles Deinem Rat anheim.«[107]

---

104 Ders.: »Gedenkbuch für Else Bloch-von Stritzky«, in: ders.: *Tendenz-Latenz-Utopie*, GA Ergänzungsband, S. 13.
105 Brief Blochs an Lukács vom 12. Juli 1911, in: Bloch, Ernst: *Briefe 1903-1975*, Bd. 1, S. 42.
106 Brief Blochs an Lukács vom 19. Juli 1911, in: ebd., S. 49.
107 Ebd.

Bloch umschreibt hier nichts anderes als das materielle und gleichzeitig moralische Dilemma, in dem sich der damals 26-jährige Philosoph befand, als er mit Else Freundschaft schloß und sich in Liebe mit ihr verband, die jedoch weitgehend platonisch, sprich sexuell abstinent bleiben mußte. Andererseits war Elses materieller Reichtum, die Millionen von Rubel, die sie als Tochter des reichen baltischen Brauereibesitzers zu Riga erben mußte, für den ständig klammen jungen Bloch, der von einer großen Karriere als Schriftsteller und Philosoph träumte. So wurde durch die glänzende materielle Perspektive immer wieder gekittet, was – infolge des Gesundheitszustands Else von Stritzkys – auch hätte zerbrechen können.

Blochs Briefwechsel mit Lukács belegt, daß Bloch offensichtlich aus ebendiesen Gründen öfters von Zweifeln geplagt war. Fünf Monate vor dem entscheidenden Treffen mit Else von Stritzky in Baierbrunn bei München war Bloch im übrigen noch ernsthaft an einer Beziehung zu einer anderen Frau interessiert: der damals neunzehnjährigen Else Giesser, einem schönen Mädchen aus »vornehmer jüdischer Familie in Mannheim«,[108] »hübsch, schwarz, schlank, ›klug‹«,[109] auf das ihn ein Onkel (seines Zeichens Kaufmann und Fabrikant) aufmerksam gemacht hatte. Auch diese »Partie« versprach – Blochs Überlegungen gegenüber Lukács zufolge – »mindestens eine Million Mitgift, später drei weitere Millionen Mark«.[110] Dem entgegen stand offenbar nicht nur die große Schwierigkeit, die junge Frau aus dem Mannheimer groß-bürgerlichen Milieu kennenzulernen, sondern auch der Umstand, daß die Beamten- und Residenzstadt Mannheim nicht der erwählte Ort war, wo Blochs »erotische Klassik blühen«[111] konnte. Und so kam es, daß Bloch bald dieses hübsche kluge Mädchen aus jüdischer Familie aus den Augen verlor.

Das Interesse Blochs an Mitgift und Erbschaft nahmen einige Kommentatoren und Journalisten nach der Veröffentlichung von Blochs Briefwechsel 1985 zum Anlaß, die Aufrichtigkeit von Blochs Liebeserklärungen für Else von Stritzky in Zweifel zu ziehen und ihm materielle »Bereicherungssucht« vorzuwerfen. Völlig aus der Luft gegriffen sind diese Vorwürfe nicht. Es muß aber betont werden, daß Blochs im Jahre 1978 veröffentlichtes *Gedenkbuch für Else*

---

108 Ebd., S. 35 (Brief von Ernst Bloch an Lukács vom 22.2.1911).
109 Ebd., S. 36.
110 Ebd.
111 Ebd.

Bloch-von Stritzki die These, Bloch habe lediglich schamlos auf die Millionen seiner ersten Gattin spekuliert, widerlegt. Erwähnt sei hier nur Blochs Tagebucheintragung vom 16. Februar 1921:

»Else glaubte fest an die absolute Wahrheit meiner Philosophie. Sie kam ihr aus dem gleichen Blut und aus der gleichen Region wie die Bibel; sie erläuterte die Bibel durch meine Philosophie und meine Philosophie durch die Bibel. [...] Ihre Achtung, ihre Verehrung meines Werks war so unbedingt und grenzenlos wie ihre Liebe; die schwierigen, religiös-metaphysischen Stellen, Gegenden meiner Philosophie verstand sie am leichtesten, waren ihr am vertrautesten. [...] Eine Erinnerung, an ihre Liebe: Es war eine entsetzliche Schnee- und Sturmnacht in Interlaken. Ich sagte ›Wenn Du jetzt hörtest, daß ich in Iseltwald (drei bis vier Stunden von Interlaken) mit gebrochenem Fuß auf dem Weg läge, würdest Du, glaube ich, sofort hingehen und mich sogar hierhertragen.‹ Sie sagte: ›Das ist doch selbstverständlich.‹ Ich: ›Aber wenn Du dort lägest, würdest Du mit gebrochenem Fuß die Nacht auch hierhergehen, damit *ich* nicht in den Sturm hinauszugehen brauchte.‹ Sie lachte und fand auch das selbstverständlich.«[112]

In der gleichen Tagebucheintragung unterstreicht Bloch auch die tiefe (christliche) Gläubigkeit Else von Stritzkys: »Else war vollkommen erfüllt von ihrem Christenglauben; sie war fromm und das Wunder erwartend wie ein Kind, und dabei war nicht der geringste infantile Zug, gar irgendein Pfäffisches an ihr. Sondern wie sie bei aller Hingebung stets darin durchaus sie selbst war, so war auch ihre Kindlichkeit, der Märchenton, die tiefe Poesie um diese Frau hindurchgegangen, wieder gerettet aus Leid, aus Sorgen und tiefstem innerem Überdenken, aus schwerer Krankheit, und als ob sie bereits gestorben und hier schon verklärt wäre, aus moralisch-religiösen Problemen, deren Schmerzhaftigkeit und Selbstbetroffenheit ich nur zum geringsten Teil ahnen kann, so sehr ich den Umkreis, den Ort dieser Probleme zu kennen glaube. An die Wahrheit meiner Philosophie glaubte sie auch von hier aus fest; durchstrich ich eine Stelle, im Manuskript oder im gedruckten Buch, so schauerte sie leise zusammen; nur dieses, daß ich es tat, daß *ich* ein Anderes an die Stelle des Durchstrichenen setzte, milderte, stellte richtig.«[113]

---

112 Ders.: »Gedenkbuch«, S. 16-17.
113 Ebd.

Aus diesen Zeilen, diesem von tiefer Humanität und großer Empfindsamkeit geprägten Urteil Blochs nach Elses Tod im Januar 1921 kann nur gefolgert werden: Bloch lebte von Juli 1911 bis zu ihrem Tod zur Jahreswende 1920/21 mit Else von Stritzky in einer sehr engen geistig-seelischen Symbiose, mehr noch, Else war offenbar in Blochs Leben aufgrund ihrer Liebe, ihrer Zuwendung und ihrer uneingeschränkten menschlichen Solidarität mit dem von ihr grenzenlos bewunderten Schriftsteller und Philosophen in diesen neuneinhalb Jahren des Zusammenseins sowohl eine treue Lebensgefährtin wie gleichzeitig auch eine Art Mutterersatz. Mit großzügiger Selbstverständlichkeit griff die christlich-mystische Else dem jungen Bloch unter die Arme, damit dieser sein großes philosophisches Jugendprojekt verwirklichen konnte: ein auf mehrere Bände angelegtes »System der axiomatischen Philosophie« – aufgeteilt in »Erkenntnistheorie«, »Logik«, »Naturphilosophie in der Summe der axiomatischen Philosophie«, »Ethik« und »Ästhetik«. Bloch kündigte es mehrmals pathetisch in seinen Briefen an Lukács[114] an. Die Ethik und die Ästhetik dieses Systems fanden offensichtlich in den *Geist der Utopie* Eingang; die lange Zeit als verschollen geltene »Logik«, deren Vollendung Bloch in einem Brief an Lukács vom Jahre 1913 ankündigt, wurde von Gerardo Cunico rekonstruiert und erst postum im Suhrkamp Verlag veröffentlicht.[115]

Für Ernst Bloch, der die damals 30jährige Else von Stritzky am 17. Juni 1913 in Garmisch geheiratet hatte (er selbst war zu diesem Zeitpunkt fast 28 Jahre alt), war, wie Blochs spätere Äußerungen nahelegen, Else die »ideale«, mit großer Einfühlungsgabe und Frömmigkeit ausgestattete Gattin und darüber hinaus auch so etwas wie ein Spiegel seines eigenen Selbstverständnisses; Else bestärkte den jungen, zum Narzißmus neigenden Philosophen in seinem Glauben an seine eigene Zukunft als »großer Philosoph«. Immer wieder ist sie es, die ganz auf die Stimme ihres Gatten hört, ihm beim Schreiben und Korrekturlesen seiner Texte hilft, ihn beschützt und bewundert, während Bloch selbst – verzückt von ihrer Schönheit, Klugheit und Güte – ganz und gar in der Rolle des verehrten Gatten, Meisters und Denkers steckt. Diese selbstlos-solidarische »Hingebung« Elses an ihren Gatten dürfte Blochs Selbstwertgefühl

---

114 Ders.: *Briefe 1903-1975*, Bd. 1, S. 66 (Brief von Ernst Bloch an Lukács von Ende Oktober 1911); vgl. auch ebd., S. 19.

115 Vgl. ders.: *Logos der Materie. Eine Logik im Werden. Aus dem Nachlaß 1923-1949*, hrsg. von G. Cunico, Frankfurt/Main 2000.

ganz erheblich gesteigert haben. Dies gab ihm wiederum im schwierigen geschichtlichen, wirtschaftlichen und politischen Kontext der Vorweltkriegszeit die Kraft, an der Konkretisierung und Fortsetzung seines philosophischen Werkes zu arbeiten. Es mag hier auch der Grund für die geradezu mythische Verklärung zu sehen sein, die Else nach ihrem Tod am 2. Januar 1921 in Blochs Werk findet. Zitiert sei hier noch der folgende Auszug aus Blochs *Gedenkbuch*:

»Mein Wesen wird von der ›toten‹ Else fast noch mehr bestimmt als von der lebendigen. Sie ist unaufhörlich in mir, in jedes Erlebnis, Tun, Denken eingemischt, bestimmend, reinigend, identifizierend – das ist wahrlich in Ewigkeit verbunden. […] Käme sie mich zu holen, ich besänne mich keinen Augenblick und ginge mit: in den Tod als den gleichen Zustand, in dem sie mindestens ist; durch den Tod – erhebe dich zu höh'ren Sphären, wenn er dich ahnet, folgt er nach. […] Wie oft auch freute sie sich, das Schmerzhafte, Störende, Kraftverbrauchende, Ungemäße des Leibes abzuwerfen, abwerfen zu können – wie rein, wie überselig mag sie jetzt leuchten und klingen.«[116]

In dieser fast mystischen Liebessymbiose zwischen dem jungen Bloch und seiner geliebten Frau haben Kunst, Religion und Musik eine kaum geringere Rolle gespielt als Fragen der Philosophie. Wann immer es Elses angegriffener Gesundheitszustand zuließ, besuchten sie Symphoniekonzerte in der Münchener Residenz oder die Oper im Münchener Nationaltheater. Zu den größten Konzerterlebnissen gehörte das von Bruno Walter dirigierte *Lied von der Erde* von Gustav Mahler, das Bloch in der Tagebucheintragung[117] seines *Gedenkbuches* vom 16. Februar 1921 erwähnt; das junge Paar einte die große Liebe zur Musik; sowohl Else wie Ernst Bloch kannten sich gut aus. Else nicht zuletzt aufgrund ihrer christlich-protestantischen Erziehung. Sie hatte in Riga und Neuchâtel einen soliden Musikunterricht in Klavier und Violine erhalten; und Bloch, den die kleinbürgerlichen Eltern – ganz wie Kinder aus gutbürgerlichen Familien – Klavierstunden nehmen ließen, hatte es zu einer recht passablen Fertigkeit am Klavier gebracht, die ihn sein ganzes Leben lang begleiten sollte (auch im hohen Alter setzte er sich manchmal noch ans Klavier). Talentiert und wißbegierig auf diesem

---

116 Ders.: »Gedenkbuch«, S. 16.
117 Ebd., S. 19.

Gebiet hatte er sich mehr oder weniger mit dem gesamten Repertoire der klassischen Musik – Symphonien, Konzerte, Sonaten – und dem der Oper vertraut gemacht; in München wie in Würzburg hatte er zusätzlich zum Fach Philosophie Musikwissenschaft studiert; die Kenntnisse auf diesem Gebiet kamen ihm später bei vielen Kontakten zu Musikern, Komponisten und Dirigenten zugute. Vor allem aber ist eines der zentralen Kapitel von Blochs Erstlingswerk *Geist der Utopie* (1918) der »Philosophie der Musik« gewidmet ist, wo Bloch immer wieder auf das »innere Melos« (auf das, was »in uns singt«) als das konstitutive Ursprungselement des musikalischen Ausdrucks und der großen Werke der Musik verweist. Dieses Kapitel enthält auch viele direkte und indirekte autobiographische Anspielungen, hier vor allem auf die zahlreichen gemeinsamen »mystischen« Musikerlebnisse mit Else von Stritzky in München, Garmisch und Grünwald, wo die Erstfassung des *Geistes der Utopie* im Beisein und in enger »geistig-seelischer Symbiose« mit ihr niedergeschrieben wurde.

Das Schicksal wollte, daß, was in Blochs von Kunst, Musik und Philosophie erfülltem Leben mit der Vermählung mit Else von Stritzky so märchenhaft begonnen hatte, vier Jahre nach ihrer Heirat ein jähes Ende nahm. Der Traum, durch Elses Vermögen zu einem abgesicherten Leben in bürgerlichem Wohlstand zu kommen, schien sich in Garmisch und später in einem Haus in Heidelberg mit antiken Möbeln, Perserteppichen und einem Konzert-Flügel erfüllt zu haben. In der Zeit des Krieges begannen jedoch die finanziellen Zuwendungen zu stocken, die Else von ihrer Familie aus Riga erhielt und auf die das junge Paar für seinen Lebensunterhalt angewiesen war. Der endgültige Absturz in die Mittellosigkeit wurde dann ausgerechnet durch die russische Oktoberrevolution besiegelt. Hintergrund war die Annexion Lettlands: Nach dem Sturz des Zarenregimes und der Proklamation einer freien Republik Lettland rückten zur Jahreswende 1918/19 die sowjetischen Truppen ein und machten Lettland zur Sowjetrepublik. Nun wurde aufgrund eines von Lenin und den Bolschewiki gegen die Großgrundbesitzer, Fabrikbesitzer und Aristokraten im Januar 1918 erlassenen Dekrets auch die Großbrauerei des Herrn von Stritzky verstaatlicht. Blochs Frau, eine der Erben des Besitzes, hatte auf einen Schlag Millionen von Rubel verloren. Bloch, der von den Honoraren, die er für gelegentlich in Zeitungen und Zeitschriften publizierte Artikel erhielt, nicht leben konnte, betraf dieses Ereignis finanziell genauso. Auch der Verkauf von Bildern und Möbeln aus der Heidelberger Wohnung konnte den drohenden finanziellen Ruin nicht lange aufhalten. Bald waren die Kassen und Geldbörsen leer, und niemand wollte den unversehens in Not Geratenen Kredit gewähren.

Die Hiobsbotschaft erreichte die Blochs übrigens, als sie schon in der Schweiz wohnten – seit Frühjahr 1917 hatten sie Garmisch und Heidelberg den Rücken gekehrt. Dort spitzte sich die Situation der Blochs weiter zu. Obwohl Bloch für die *Freie Zeitung* in Bern als freier Journalist regelmäßig tätig war, reichte das Geld bald nicht einmal mehr, um die Miete für eine Zwei-Zimmer-Wohnung zu bezahlen; das Ehepaar wohnte ab Februar 1918 in kleinen ungeheizten Zimmern, wo sich Elses Gesundheitszustand rasch verschlechterte. All diese Zeit über schrieb Bloch jedoch intensiv weiter, jetzt vor allem an politischen Artikeln, in kalten Nächten, frierend und manchmal auch hungernd. Der Erfolg seines ersten Buches *Der Geist der Utopie* erhielt ihn und auch seine Frau Else am Leben.

Obwohl die Oktoberrevolution und die Machtergreifung der Bolschewiki in Rußland für Blochs materielle Notlage mitverantwortlich waren, machte Bloch sein persönliches Unglück dennoch nicht zum Maßstab für die revolutionären Ereignisse in Rußland. Zwar beurteilte er in seinen 1918 veröffentlichten Artikeln in der Berner *Freien Zeitung* Lenin (den »roten Zaren«) und die von den Bolschewiki ergriffenen Maßnahmen skeptisch, machte aber kein Hehl daraus, daß er den Sturz des autokratischen Zarenregimes vollauf begrüßte. In der für ihn typischen Mischung aus Weisheit und Witz kleidete er die damalige Situation später in das Bonmot, mit dem welthistorischen Ereignis der Oktoberrevolution seien für ihn gewiß auf einen Schlag »mehrere Millionen« (Rubel) verloren gewesen, davon abgesehen aber habe sich diese Revolution »dennoch gelohnt«.

Zweiter Teil

VI. Der *Geist der Utopie*

Während dieser Jahre von 1914 bis 1918, die er mit Else von Stritzky zunächst abwechselnd in Garmisch, München und Heidelberg
und ab Frühjahr 1917 überwiegend in Interlaken in der Schweiz
verbrachte, vollendete Bloch sein erstes bedeutendes philosophisches Werk, den *Geist der Utopie*. Das Manuskript war Ende 1916
in Grünwald abgeschlossen worden, drei Monate vor Blochs Übersiedelung in die Schweiz.[1] Bei diesem in mehrfacher Hinsicht her-
metischen und rätselhaften Buch, dessen Lektüre für Nichteinge-
weihte schwierig ist, haben einige Kommentatoren mit Recht darauf
hingewiesen, wie sehr es von dem Doppelmotiv der Revolte und der
Hoffnung geprägt ist: (a) der Revolte gegen die Inhumanität einer
Welt, die schon lange die Reinheit und Größe der Seele dem Kom-
merz und egoistischen Interessen, dem Konkurrenzgeist, dem Nationalismus und Chauvinismus geopfert hat, d.h. der »Spinne [...],
dem giftspuckenden Skorpion und dem Würgeengel«; und (b) der
Hoffnung auf Erlösung, auf »das ewige Leben, [...] die auch trans-
kosmologische Unsterblichkeit, die alleinige Realität des Seelen-
reichs, das Pleroma des Heiligen Geistes, die Stiftung in integrum
aus dem Labyrinth der Welt«.[2]

Diese Hoffnung wird im *Geist der Utopie* Blochs gleichgesetzt
mit dem »Willen zum Reich«, d.h. der Fusion der »Seele, des Messias, der Apokalypse« als »Akt des Erwachens in Totalität«.[3] Wie
Bloch in seiner Nachbemerkung aus dem Jahre 1963 anmerkt, ist
dieses Buch mit allen Vorzügen und Mängeln eines ausgesprochenen Jugendwerkes behaftet, es ist »ein versuchtes erstes
Hauptwerk, expressiv, barock, fromm, mit zentralem Gegenstand«:
der »im Schacht der Seele webenden« Musik,[4] zugleich aber ist es
so etwas wie ein »Sturm- und Drang-Buch, contra Krieg in Nächten
hineingewühlt und durchgesetzt, auch zu einem ums nos ipse erbau-
ten Erstwerk des begonnenen utopischen Philosophierens«,[5] ein von
äußerst expressiver und utopischer Subjektivität geprägtes Buch,
dem Bloch selbst eine gewisse »revolutionäre Romantik«

---

1 Vgl. Blochs »Nachbemerkung« (1963) zur Neuveröffentlichung von *Geist der
   Utopie* als Band 3 der Gesamtausgabe, Frankfurt/Main 1963, S. 347.
2 Ebd., S. 342.
3 Ebd., S. 346.
4 Ebd., S. 347.
5 Ebd.

zuschreibt, wenn nicht sogar eine »revolutionäre Gnosis«[6]. Dieses Buch atmet aber auch schon in seinen ersten Kapiteln den Geist der Revolte des Expressionismus, mit der Bloch einige Zeit lang stark sympathisiert hat. Auch wenn die Vermischung dieser verschiedenen Stränge sich in dem Buch in einem gewissen Mangel an architektonischer Strenge niederschlägt, der das Resultat des ständigen Schwankens des Autors zwischen der religiösen und der philosophischen Perspektive, einem rationalistischen und einem existenzphilosophischen, manchmal auch geradezu mystischen Ansatz ist, so erhebt der darin enthaltene Vorgriff auf die philosophischen Hauptthemen seines Spätwerks – und hier vor allem auf das Motiv des »Noch-Nicht-Bewußten« – sowie die gegen Ende des Werks vollzogene Verbindung der utopischen Wunschinhalte mit dem »sozialistischen Gedanken« – dieses Buch doch in den Rang eines »Schlüsselwerks« zu Blochs Denken, eines kostbaren Schlüssels zur Erschließung zahlreicher Denkmotive seines späteren Hauptwerks.

Französischen Lesern dieses Buches mag sogleich auch die formale Analogie des Titels mit dem eines zentralen Werks der französischen politischen Philosophie des 17. Jahrhunderts auffallen: mit dem *Esprit des Lois* von Montesquieu. »›Esprit‹ in Frankreich [und] ›Geist‹ in Deutschland meint manchmal das gleiche oder Verwandtes«, äußert sich Bloch dazu in dem schon zitierten Gespräch mit José Marchand. »Die kleine Einleitung mit dem Titel ›Absicht‹, die richtet sich«, erläutert Bloch, »vor allem gegen den Krieg, aber mit einem Schluß, der fragt, woher das kommt, diese Blindheit, dieses Versagen der Deutschen, die sogar noch gejubelt haben über das Verbrechen. Der Krieg wurde in Potsdam gemacht, wo denn sonst, und alles andere ist Lüge, und wo kommt das her? Weil wir keine Gedanken mehr haben, weil wir lange aufgehört haben, das Volk der Dichter und Denker zu sein, weil es nichts Grundsätzliches mehr gibt; denn der Bauch, dem ist der Spaß sein Gott, alles andere ist zur Unterhaltung herabgesunken.«[7]

In diesem Gespräch unterstreicht Bloch auch, daß die »Absicht«, d.h. das Eröffnungskapitel und Leitmotiv zum *Geist der Utopie*, keineswegs als »Intentionalität« im Sinne der Husserl-

---

6 Ebd.
7 Münster, Arno (Hrsg.): *Tagträume*, S. 37.

schen Phänomenologie interpretiert werden darf, sondern vielmehr als eine aus dem Allerinnersten unserer Subjektivität aufsteigende Sehnsucht. Zu dieser Tiefendimension, bemerkt Bloch, »führt zunächst der *interne* Weg, auch Selbstbegegnung genannt, die Bereitung des inneren Worts, ohne die aller Blick nach außen nichtig bleibt und kein Magnet, keine Kraft, das innere Wort auch draußen anzuziehen, ihm zum Durchbruch aus dem Irrtum der Welt zu verhelfen. Zuletzt aber freilich, *nach* dieser *internen* Vertikale, breite sich aus die Weite, die *Welt* der Seele, die *externe, kosmische* Funktion der Utopie, gehalten gegen Elend, Tod und das Schalenreich der physischen Natur. In uns allein brennt noch dieses Licht, und der phantastische Zug zu ihm beginnt, der Zug zur Deutung des Wachtraums, zur Handhabung des utopisch prinzipiellen Begriffs.«[8] Gerade dort aber, wo dieser Schlußsatz der »Absicht« – mit ihrem klaren Hinweis auf den »Wachtraum« – eine Philosophie der Praxis anzukündigen scheint, die die Entäußerung dieser inneren Subjektivität mit dem Gedanken der Verwirklichung der (utopischen) Wachträume durch das handelnde Subjekt in der utopisch umzugestaltenden Realität der Welt verbindet, bricht Bloch seine Erörterungen hinsichtlich der utopischen Funktion der »Wach«- und »Tagträume« plötzlich ab, um sich zunächst wiederum intensiv dem Problem der »Selbstbegegnung« und schließlich dem der Ästhetik zuzuwenden. Und erst in dem allerletzten, »Karl Marx, der Tod und die Apokalypse. Oder über die Weltwege, vermittelst deren das Inwendige auswendig und das Auswendige wie das Inwendige werden kann« betitelten Kapitel verknüpft Bloch das Problem der Außenwendung der inneren Subjektivität mit dem einer (konkret-)utopischen innerweltlichen Praxis mit dem Ziel der Herstellung des utopischen Endzustands einer Welt ohne Entfremdung, ohne Herr und Knecht und ohne Ausbeutung. Hierbei vertritt Bloch noch ganz entschieden den Standpunkt der Homologie der Innensphäre mit der Außensphäre, wobei er unterstreicht, daß »das Inwendige nur auswendig werden kann, wenn gleichzeitig auch das Auswendige inwendig, wenn das Objekt gleich dem Subjekt wird«. Derart bemüht sich der junge Bloch noch philosophisch um die Herstellung eines Gleichgewichts zwischen dem Subjekt- und dem Objektfaktor, zwischen Idealismus und Materialismus; gleichzeitig attestieren

---

8 Bloch, Ernst: *Geist der Utopie* (1923), GA 3, Frankfurt/Main 1964, S. 13.

die diesbezüglichen Ausführungen Blochs, der im *Geist der Utopie* Hegel (jedenfalls in der zweiten Ausgabe von 1923) – und in mancher Hinsicht auch Schelling – noch wesentlich näherstand als Marx, daß er sich aus dem philosophischen Idealismus und z.T. auch aus dem Kierkegaardschen Existenzdenken, das in diesem Buch ebenfalls starke Spuren hinterläßt, noch nicht richtig herausgewunden hat, auch wenn er inzwischen die politische Botschaft des Sozialismus positiv aufgenommen und rezipiert hat. Dem philosophischen Materialismus und dem Marxismus nähert sich Bloch hier in kleinen Schritten auf sehr gewundenen Pfaden und mit sehr vielen Rückfällen in den Idealismus und in die jüdische Mystik, wobei seine zunehmend schärfer werdende Kritik am Kapitalismus und an der bürgerlichen Gesellschaft eine überwiegend moralische bleibt und keinen direkten Bezug auf Marx' materialistische Kritik der politischen Ökonomie aufweist. Deshalb ist Blochs ständiges Schwanken zwischen einer Metaphysik der Innerlichkeit einerseits, die ihre philosophischen Wurzeln letztendlich nicht nur in der Romantik, sondern vor allem im religiösen Existenzdenken eines Kierkegaard und in der Mystik (hier vor allem dem »Schechina«-Motiv der Kabbala, die die mystische Einheit der menschlichen Seele mit der göttlichen Essenz lehrt) hat, und einer materialistischen Philosophie der Praxis andererseits, die sich vor allem auf die »Elf Feuerbach-Thesen« von Karl Marx beruft und die die Veränderung der Welt durch die koordinierte emanzipatorische Aktion des Massenbewußtseins anstrebt, nur die logische Folge dieser im *Geist der Utopie* so genial, wenngleich nicht immer mit letzter philosophischer Konsequenz ausgetragenen Grundspannung. Dies wiederum könnte die Erklärung dafür liefern, daß im Zentrum des letzten großen Kapitels des *Geistes der Utopie* nicht etwa Analysen der Marxschen Kritik der politischen Ökonomie stehen, sondern seltsame, immer noch von tiefer, geradezu mystischer Religiosität geprägte Betrachtungen über den Tod, der die, Blochs Diktion zufolge, radikalste Anti-Utopie darstellt, und über die Apokalypse. Dies erhellt auch, warum sich gleichzeitig mit Blochs spektakulärer Öffnung gegenüber Marx – im letzten großen Kapitel – ab und an eine Kritik an Marx einstellt: »Was wirtschaftlich kommen soll, die notwendig ökonomisch-institutionelle Änderung, ist bei Marx bestimmt, aber dem neuen Menschen, dem Sprung, der Kraft der Liebe und des Lichts, dem Sittlichen selber ist hier noch nicht die wünschens-

werte Selbständigkeit in der endgültigen sozialen Ordnung zugewiesen.«[9]

Emmanuel Lévinas war derjenige unter den großen zeitgenössischen französischen Philosophen, der als erster auf diese
Bewertung der Dimension des Todes in Blochs Denken aufmerksam gemacht hat, und zwar in seiner Vorlesung in der Sorbonne
vom 23. April 1976, in der er unterstrich: Im Gegensatz zu Heidegger, bei dem man »erstaunt ist über die Reduktion des Todes
auf das Sein zum Tode und auf die Struktur des Daseins« und bei
dem es eine »vollständige Gleichsetzung von Tod und Nichts« gibt,
wo die Zeitlichkeit stets an die Angst vor dem Nichts geheftet ist,
ist der Tod bei Bloch immer enthalten in einer »Zeitlichkeit, die
ihren Sinn aus einem Jenseits dieses Nichts zieht, und sei es bloß
aus der Idee des Fortschritts.«[10] Letztere ist bei Bloch, unterstreicht
Levinas zurecht, vorhanden in der Form eines Humanismus, und
zwar eines marxistischen Humanismus, der sich selbst begreift und
bestimmt als »humanity in action«. Dieser Humanismus stellt »den
unvermeidlichen Gang des Humanums zu seiner ›Heimat‹ hin dar,
wo das Sein mit einem menschlichen Zuhause zusammenfindet«[11].

Lévinas hat auch mit sehr großer Klarheit hervorgehoben, daß
die humanistische Philosophie der Praxis, die Bloch bereits im letzten Kapitel des *Geistes der Utopie* und dann in systematischer Form
später auch im *Prinzip Hoffnung* entwirft, ihre direkte Entsprechung in einer anderen Konzeption der Zeitdimension hat, wo die
Zeit nicht mehr – wie bei Heidegger – »Entwurf des Seins in seiner
Endlichkeit« ist, sondern zum einen »Erfüllung« und »Aktualisierung des Unvollkommenen« und zum anderen »messianische Zukunft« und »reine Hoffnung«. »Die Hoffnung auf eine Vollendung
der Welt, wo Mensch und Arbeit keine Waren mehr sind. Hoffnung
und Utopie, ohne die die seinserfüllende Tätigkeit – d.h. die
Menschheit – mit ihrer Geduld und wissenschaftlichen Anstrengung weder begonnen noch fortgesetzt werden kann.«[12] So verwandelt sich »der Utopismus des Hoffens in die Verzeitlichung der Zeit
als die Geduld des Begriffs. Die Zeit als Hoffnung der Utopie ist
nicht mehr die vom Tod her gedachte Zeit. Die wichtigste Ekstase
ist hier die Utopie und nicht der Tod. [...] Für Bloch ist es nicht der

9 Ebd., S. 303.
10 Lévinas, Emmanuel: *Dieu, la mort et le temps*, Paris 1993, S. 108.
11 Ebd., S. 110.
12 Ebd., S. 112.

Tod, der das authentische Sein erschließt: Der Tod muß vielmehr als Teil der »eigentlichen« Zukunft begriffen werden.«[13] Und selbst dann, wenn der Tod für Bloch zweifelsohne die »Anti-Utopie« par excellence ist, ist die Angst vor dem Tode in seinem Denken nicht wie bei Heidegger die psycho-physische Ausdrucksform der Unumkehrbarkeit unseres existenzhaften Schicksals als »Sein-zum-Tode«, sondern vielmehr die Angst, am Ende des Lebens angekommen zu sein, ohne sein Werk vollendet zu haben. Dennoch zeugt eine Reihe von Sätzen aus dem *Geist der Utopie*, die vom Tode handeln, von einem Realismus, der Blochs Perspektive oft in die Nähe des Denkens von Philosophen rückt, die die Bedeutung des Todes a priori ontologisch und existentiell gefaßt haben.

»Doch noch leben wir gar kurz dahin. Wir nehmen ab, je mehr wir reifen. Sehr bald danach werden wir gelb, liegen faulend tief drunten.

Zwar malt man voraus, spielt sich ein in das, was nach uns geschehen mag. Aber kein Blick geht nach oben, ohne den *Tod* zu streifen, der alles bleicht. Nichts scheint uns, wie wir sind und erleben, über den Einschnitt hinüber zu bringen, hinüber schwingen zu lassen.

Man steht dauernd außen, der sonderbare Fall will sich von hier aus nicht erhellen lassen. Manche, die noch zuletzt zurückgekommen, schildern, was den Umstehenden wie Krampf und gräßliche Zuckung erschien, als farbigen, wo nicht glücklichen Traum. Aber eine alte jüdische Wendung beschreibt den Tod in seiner sanftesten Form, als ob uns ein Haar von den Lippen genommen wäre, und in seiner häufigeren, schrecklicheren, als ob uns ein Knoten aus dem Hals gerissen würde.«[14]

Allein die Existenz eines Wesens in uns selbst ermögliche es uns, unterstreicht Bloch, diese Leiden so lange zu ertragen und über das rein Körperliche hinauszudenken: »ein wahrer Seelengeist der Utopie«. »Der ist mit daran schuld, daß der Schmerz so stark und die Freude so sehr viel schwächer nur zu fühlen und so sehr viel schwieriger bereits zu erfassen, zu gestalten ist. Der ist aber auch mit ein Grund, weshalb die freudigen und wertvollen, die zum Gewinn gewordenen Elemente unseres Lebens desto genauer und wesentlicher wenigstens in der Erinnerung, dieser stark postmortalen, höchst metapsychischen Gabe, festzuhalten sind.«[15] Gerade die Anwesenheit dieses utopischen Geistes in der Selbstbegegnung be-

---

13 Ebd., S. 114f.
14 Bloch, Ernst: *Geist der Utopie*, S. 309.
15 Ebd., S. 316.

zeichnet jedoch Bloch zufolge den Punkt, »von dem an die Selbstbegegnung *extensiv* über der Todesfrage leuchtet, dergestalt die Probleme unseres historisch-mystischen Bestands exaltierend, gegen
Tod, Störungen und schließlichen Untergang der Welt«.[16] Denn in
uns, in unserem »seiner selbst gewissen Ich«, ereignet sich der
»Sprung: Exitus-Exodus im Wir selbst, auf seiner eigenen Ebene
gesetzt«,[17] indem »der Tod, die an ihm geschehende *Herausforderung* der Metapsychik, zugleich auch *die volle Sphärenbreite des
Metapsychischen* erzwingt«; indem das »innere Licht [...] hier völlig extensiv« wird, prüft der Tod »die erlangte Höhe an uns« und erzwingt schließlich »die *Geburt der Metempsychose aus der Kraft
der Metapsychik*«.[18]

Der Begriffs der »Metempsychose«, der »seelenwandlerischen
Streuung« und andere Anspielungen an die Reinkarnationslehre
mag im Kontext dieser Blochschen Erörterungen zur Problematik
des Todes verwundern; sie belegt jedenfalls, daß der Autor des
Geistes der Utopie – trotz seines Liebäugelns mit Marx – zum Zeitpunkt der Niederschrift dieses Werks in den Jahren 1915/16 noch
fest an die Lehre von der Unsterblichkeit der Seele, der Wiederauf-
erstehung und der Seelenwanderung glaubte. Das Unterkapitel
»Kraft der seelenwanderischen Streuung« im Kapitel »Karl Marx,
der Tod und die Apokalypse« dokumentiert auch den starken Einfluß der diesbezüglichen Theorien der jüdischen Kabbala und der
Seelenwanderungslehre der Gnosis. So findet sich etwa im letzten
Abschnitt der folgende Satz: »Dergestalt leben die Seelen bis zuletzt den mitverantwortlichen Kreislauf zwischen Hier und dem
Dort, das kein Drüben in Wahrheit ist, wenn das Hier nicht endlich
voll in ihn erscheint; und sie fungieren bis zuletzt als Organe jenes
großen Seelenzugs, jenes *kosmischen Selbsterkenntnisprozesses*,
den der verirrte, zerrissene, unbekannte Seelengott oder Heilige
Geist gemäß der eigentlichen Gnosis der Seelenwanderungslehre
beschreibt.«[19]

Sicherlich war Blochs Befürchtung, seine schwerkranke, an
Unterleibskrebs leidende Gattin durch ihren verfrühten Tod zu verlieren, ein zusätzliches Motiv für die Entfaltung der Todesthematik
im *Geist der Utopie*, an dessen Ende eine große philosophisch-

---

16 Ebd.
17 Ebd., S. 316-317.
18 Ebd., S. 317.
19 Ebd., S. 326-327.

religiöse Vision steht, in welcher Erlösungsutopie, Eschatologie des »Heils« und die Erwartung einer sozialen Revolution (à la Marx) zusammenfließen. Da viele Abschnitte und Sätze dieses Buches offenbar von Bloch und Else zusammen durchdacht wurden, ist es nicht auszuschließen, daß die am stärksten vom religiösen Geist geprägten Passagen des Buches das direkte Ergebnis des starken (religiös-christlichen) Einflusses sind, den diese protestantisch-fromme Frau sieben Jahre lang auf Bloch ausgeübt hat. Vermutlich war sie es, die Blochs Interesse für die Christologie geweckt hat; und vermutlich hat sie ihn auch dazu veranlaßt, sich zeitweise für Mystiker wie Jakob Böhme oder Heinrich Seuse zu interessieren. Andererseits ist Blochs Interesse für den Katholizismus in den Jahren 1911 bis 1913 vielleicht auch auf den Einfluß zurückzuführen, den Max Scheler zeitweilig auf den jungen jüdischen Philosophen ausgeübt hat.

Was das zentrale Ästhetik-Kapitel im *Geist der Utopie* zur »Philosophie der Musik«[20] angeht, so wäre anzumerken, daß auch hier Bloch den Versuch unternimmt, das Wesen und die Wesensstruktur musikalischer Kunstwerke von einem äußerst subjektivistischen Ansatz her zu erschließen, und ausgeht vom »in uns singenden Melos«, bzw. von dem, »was in uns singt« und sich aus unserer Innerlichkeit, »wie eine Flamme, die den gehörten Ton aus uns herausbringt«, nach außen in die musikalischen Ausdrucksformen gießt. Blochs spezifischer Beitrag zu einer Entstehungsgeschichte musikalischer Kunstwerke unterscheidet sich von anderen und musikwissenschaftlichen Abhandlungen vor allem durch den stets bezeugten Willen, den subjektiven Ausdruck der Musik und eine Theorie der musikalischen Ausdrucks- und Willensstruktur in den Mittelpunkt der Theorie zu stellen – große Werke der Musik sind Entäußerungen eines subjektiv-musikalischen Wollens. Gewiß steht Bloch auch der Frage, in welchen soziologisch bestimmbaren Kontexten Werke der Musik entstehen, nicht ganz gleichgültig gegenüber; dennoch ist das erklärte Ziel seiner Musikphilosophie nicht – wie bei Adorno – eine (materialistische) Soziologie (der Musik), sondern der Versuch, die geschichtliche Entwicklung der verschiedenen Vergegenständlichungsfiguren schöpferischer Subjektivität in den musikalischen Kunstwerken aufzuzeigen. Dies bringt ihn zur Behauptung, daß es »*bei Mozart das weltliche, bei Bach das geistli-*

---

20 Ebd., S. 49-208.

che Ich« sei, »*das gegenständlich wird.* [...] Es ist mithin bei Mozart das (noch kleine) weltlich luziferische, bei Bach das (ebenfalls noch kleine) geistlich christliche Ich, das durch die sich nähere, subjektivere, protestantische Gesinnung erreichbare Ich der Güte oder des gelösten Adams [...]. Es ist das von innen her erleuchtete Gehäuse des christlichen Tunwollens, in dem Sinn, daß die Bachsche Musik das Ringen um das Heil der Seele zum Ausdruck hat, die Stufe der Liebe und der Hoffnung, hinter der sich [...] die drei oberen Lebendigkeiten: die Stufen des Glaubens, der Erleuchtung und der Apokalypse, innerhalb einer nicht erhabeneren, aber schwierigeren und endgültigeren religiösen Phänomenologie erheben.«[21]

So wird deutlich, wie sehr diese Philosophie der Musik nicht im geringsten zögert, auch religiöse Motive zu berücksichtigen, ja diese sogar absichtlich – wie etwa bei Bach oder auch bei Bruckner – in den Vordergrund stellt. Der Ton wird als das Grundelement jeglichen musikalischen Konstruierens nicht mehr als einfache (in Ton-Frequenzen meßbare) Grundzelle angesehen, sondern als konstruktives Ausdrucksphänomen allererster Ordnung; denn, so unterstreicht Bloch, »es kann nur in uns blühen und erwachen. Der Ton wird von uns verdichtet, qualitativ gefärbt und verschwebt sogleich. Nur wir sind es, die ihn erheben, mehr noch, die ihn feststehen und mit unserem Leben sich beseelen lassen.«[22]

»Der Ton drängt dergestalt von sich aus weiter und besitzt eine ursprüngliche Bewegung, die nach bestimmten anderen Tönen mit Kadenzzwang hingreift. Er verjüngt sich, schlägt Brücken, schließt Quintverwandtschaften und setzt sich selber, sofern er den Weg der Oktave, Quinte, Terz, also den Weg der ersten Melodie beschreitet, gewisse Punkte in der Harmonie, zu denen es ihn, ganz unabhängig von unserem Wohlgefallen, rein zahlenmäßig hinzieht. [...] Er ist, um musikhaft zu werden, schlechthin auf das Blut des Aufnehmenden und Ausübenden angewiesen, gleich den Schattengebilden, die dem Odysseus Rede gestanden haben.«[23]

Natürlich wollte kein offizieller Vertreter der Musikwissenschaft dieser musikalischen Ausdrucksphänomenologie zustimmen. Bloch erntete nur Kopfschütteln und Unverständnis. Und doch haben alle musikgeschichtlichen Erörterungen und die den musika-

---

21 Ebd., S. 75.
22 Ebd., S. 155.
23 Ebd., S. 182-183.

lischen Ausdrucksformen gewidmeten Analysen Blochs (vom gregorianischen Gesang bis zur Musik Richard Wagners, von den Madrigalen der italienischen Renaissance bis zu den großen Symphonien von Beethoven, Bruckner und Mahler) in diesem Buch die klare Funktion, Blochs Ausgangshypothese von der Musik als der »subjektiven Theurgie« zu erhärten: die These, daß die Musik uns »in die warme, tiefe, gotische Stube des Innern [bringt], die allein noch mitten in dem unklaren Dunkel leuchtet, ja aus der allein noch der Schein kommen kann, der das Wirrsal, die unfruchtbare Macht des bloß Seienden, das rohe, verfolgungssüchtige Tappen der demiurgischen Blindheit, wenn nicht gar den Sarg des gottverlassenen Seins selber zuschanden zu machen und auseinander zu sprengen hat, da nicht den Toten, sondern den Lebendigen das Reich gepredigt wurde, und so eben diese unsere kaum gekannte, warme, tiefe, gotische Stube am jüngsten Morgen dasselbe wie das offenbare Himmelsreich sein wird.«[24]

Kein Zweifel – Bloch ist mit der Darlegung und Verteidigung dieser Theorie einer sich entäußernden inneren Subjektivität, die sich in Äußerung verwandelt, indem sie sich in den entsprechenden musikalischen Formen objektiviert, ein Risiko eingegangen. Er stellt sich nicht nur gegen die offizielle Musikwissenschaft, die einer solchen Metaphysik der Musik und ihrer Geschichte mit Mißtrauen gegenübersteht, er befindet sich damit auch im Gegensatz zu allen modernen soziologischen Ansätzen, welche die Homologien zwischen bestehenden Gesellschaftsstrukturen und die Strukturen der Musikwerke in den Vordergrund rücken. Insofern steht Blochs Musikästhetik etwa derjenigen von Adorno unversöhnlich gegenüber. Sie, die sich vor allem als materialistische Musiksoziologie versteht und den subjektiven Faktor für die Entstehung musikalischer Kunstwerke äußerst gering veranschlagt, ist auch die marxistische Theorie. Die relative Schwäche des Ansatzes, die diese »Philosophie der Musik« des jungen Bloch auszeichnet, hat ihre Ausstrahlung und Wirkung begrenzt sein lassen. Sie hatte gegenüber den Frankfurter Philosophen das Nachsehen, die sich die feineren begrifflichen Instrumente erarbeiteten, um die Formen der musikalischen Moderne zu erfassen. Doch wenn Bloch sich hier auch durch das Eingeständnis seiner noch nicht wirklich überwundenen Bindungen an Idealismus, Romantik, Mystik und Expressionismus

---

24 Ebd. S. 208.

wie ein Eremit ausnimmt, so scheint es ihm doch zu gelingen, uns zu verführen durch die Authentizität und Menschlichkeit eines Diskurses über die Sprache der Musik, die, jenseits aller berechtigten Kritik, ihren Ausdrucksformen gegenüber von einer außergewöhnlichen Sensibilität zeugt und Dinge wahrnimmt, die nicht in mathematischen Formalisierungen und in der Darlegung der technischen Entwicklung des Materials der Tonerzeugung aufgehen. In dieser Hinsicht läßt Bloch seine Konkurrenten weit hinter sich.

VII. Das Aufblitzen des sozialistischen Gedankens inmitten der Verfinsterung

Blochs gedanklichem Einkreisen der Innerlichkeit und der »mystischen Wege, die nach Innen führen«, steht allerdings im letzten Kapitel von *Geist der Utopie* ein philosophisch-politischer Diskurs gegenüber, mit dem Bloch sich deutlich auf Marx und den Marxismus zubewegt. Dieses Kapitel ist unter einem doppelten Aspekt interessant: zunächst hinsichtlich seines ausdrücklichen Bezugs auf den »Zeitgeist«. Bloch macht hier mit oft polemischen Wendungen aus seiner Enttäuschung über die politische Entwicklung in Deutschland nach der Novemberrevolution 1918 kein Hehl. Nach der Abschaffung der Hohenzollern-Monarchie, der Ausrufung der deutschen Republik schien doch zunächst alles auf eine kommende soziale Revolution hinzudeuten, die dann aber ausblieb.

»Der Schieber rührte sich, setzte sich, und alles Veraltete schwemmte an ihm wieder an. Der wuchernde Bauer, der mächtige Großbürger haben das Feuer in der Tat streckenweise unterbrochen, und der verängstigte Kleinbürger mattet und krustet wie immer mit. Die unproletarische Jugend selber ist so roh und dumm, so sehr mit dem Kopf im Nacken wie nie eine zuvor, die Universitäten sind wahre Gräberstätten des Geistes geworden, Brutstätten für ein Deutschland erwache, erfüllt vom Gestank der Starre, Fäulnis und Verfinsterung. Somit spielen die scheinbar Restaurierten insgesamt nach, was ihnen die Reaktion vor hundert Jahren vorgespielt hatte, als Niethammer, der Freund Hegels, schon klagte: ›Wie die Würmer, Frösche und anderes Geschmeis oft dem Regen nachziehen, so die Weiler und Konsorten dem trüben Tag, der sich über die ganze zivilisierte Welt ausbreitet.‹ Sie spielen die restaurative Erholung von damals nach.«[25]

Tatsächlich handelt es sich hier um eine Restauration, bei der, wie Bloch unterstreicht, der Staat sehr schnell die Maske hat fallen lassen und sich als »eigene, heidnische, satanische Zwangs-Wesenheit an sich enthüllt«[26] hat, die sich darauf beschränkt, eine »einzige, völlig instrumentelle, negative Logik, Notstaatslogik«[27] zu prak-

---

25 Bloch, Ernst: *Geist der Utopie* (1923), S. 293-294.
26 Ebd., S. 299.
27 Ebd.

tizieren. Dieser kann, meint Bloch, nur durch die revolutionäre Aktion der unterdrückten Klasse, d.h. des Proletariats, effizient widersprochen werden, deren Existenz allein bereits die Auflösung der bürgerlichen Gesellschaft bedeutet. Bloch übernimmt hier die Marxsche Theorie, wonach von den materiellen und ökonomischen Bedingungen die Möglichkeit abhängt, ob eine große Emanzipationsbewegung, ausgehend von der ausgebeuteten Klasse der Arbeiter, entstehen kann oder nicht. Er übernimmt also seine Theorie der sozialen Revolution. Im gleichen Atemzug unterstreicht er, daß Marx »gerade dieser Klasse, ihrem a priori wirtschaftsrevolutionären Klassenkampf, [...] in großartig paradoxer Verbindung, das Erbe aller Freiheit, den Beginn der Weltgeschichte nach der Vorgeschichte, die allererst echte Gesamtrevolution, das Ende aller Klassenkämpfe, die Befreiung vom Materialismus der Klasseninteressen überhaupt«[28] übergibt. Marx' Satz paraphrasierend, die Philosophie könne sich nicht verwirklichen ohne die Aufhebung des Proletariats, und das Proletariat könne sich nicht aufheben ohne die Verwirklichung der Philosophie, hebt Bloch hervor, daß dieser Bund für Marx nur möglich war, »weil der Proletarier an sich schon die Auflösung der Gesellschaft darstellt, weil mit dem Kapitalismus die letzte der dialektisch überhaupt möglichen, aufhebbaren Gesellschaftsformen erreicht wurde«[29] und weil Marx »wollend handeln und die Welt verändern« will. Deshalb erwartet er »nicht lediglich den Eintritt von Bedingungen, sondern lehrt, sie herzustellen, setzt Klassenkampf, analysiert die Ökonomie auf veränderliche, zum aktiven Eingriff taugliche Elemente«.[30]

Dennoch könnte man, merkt Bloch in diesem Zusammenhang an, Marx, trotz der prinzipiellen Richtigkeit seiner Kritik der Politischen Ökonomie und der vollen moralischen Berechtigung seiner Forderung nach Umwälzung der Wirtschaftsordnung des Kapitalismus, eine gewisse Einseitigkeit zum Vorwurf machen. Diese komme insbesondere darin zum Ausdruck, daß der ausschließliche Gegenstand von Marx' Kritik der Kapitalismus sei, und nicht – was Bloch offen bedauert – das »dauernde, uralte Zentrum aller Knechtung, Roheit und Ausbeutung: [...] Militarismus, Feudalismus« und alles, was die »Welt von oben herab schlechthin richtet«.[31] Auch

28 Ebd., S. 299-300.
29 Ebd., S. 300.
30 Ebd., S. 301.
31 Ebd., S. 304.

glaubt Bloch in Marx' Kritik der Politischen Ökonomie und der bürgerlichen Ideologie eine Lücke entdeckt zu haben, die im wesentlichen in Marx' Neigung zur »ideologischen Verdächtigung jeder Idee« besteht: in der Konzentration auf das, was Bloch später im *Prinzip Hoffnung* den detektivischen »Kältestrom im Marxismus« nennen wird, wo die Seele und der Glaube fehlen, so daß »gerade die scharfe Betonung aller (ökonomisch) determinierenden und die vorhandene, aber noch im Geheimnis bleibende Latenz aller transzendierenden Momente den *Marxismus in die Nähe einer Kritik der reinen Vernunft rückt, zu der noch keine Kritik der praktischen Vernunft geschrieben worden ist*«.[32]

Um die Ausdörrung des Emanzipationsgedankens eines so verstandenen – und somit mißverstandenen – Marxismus zu verhindern, bemüht sich Bloch intensiv darum, diese Theorie durch eine gehörige Dosis »Wärmestrom« anzureichern, und gleichzeitig verbindet er damit die Kritik, daß in der Marxschen Vision von der Veränderung der Verhältnisse im Sozialismus »dem neuen Menschen, dem Sprung, der Kraft der Liebe und des Lichts, dem Sittlichen selber [...] noch nicht die wünschenswerte Selbständigkeit in der endgültigen sozialen Ordnung zugewiesen«[33] ist. »Der Mensch lebt nicht vom Brot allein«.[34] Deshalb muß »die allzu kupiert angehaltene Sozialkonstruktion wieder in die utopisch überlegene Liebeswelt Weitlings, Baaders, Tolstois, in die neue Mächtigkeit Dostojewskischer Menschenbegegnungen, in den Adventismus der Ketzergeschichte« eingebracht werden.[35] »Derart«, meint Bloch, »bietet das ferne Ganze Utopias das Bild eines sich in nichts mehr ökonomisch rentierenden Baus: jeder produzierend nach seinen Fähigkeiten, jeder konsumierend nach seinen Bedürfnissen; jeder offen, nach den Graden seiner Hilfe, seines sittlich-geistigen Prädikantentums auf dem Heimweg der Menschheit durch das Dunkel der Welt ›begriffen‹.«[36] Und Bloch geht hier sogar noch einen erstaunlichen Schritt weiter: Er prophezeit nämlich – am Ende des Unterkapitels »Der sozialistische Gedanke« – eine Art von Allianz zwischen der Marxschen Kritik der politischen Ökonomie, einer »verwandelten Kirche« und dem utopischen Messianismus des Chassidismus. »Nur

---

32 Ebd., S. 304-305.
33 Ebd., S. 303.
34 Ebd.
35 Ebd., S. 306.
36 Ebd.

so«, unterstreicht Bloch, »hat die Gemeinschaft Raum, sich frei erwählend, *über* der lediglich entlastenden Gesellschaft und kommunistisch durchorganisierten Sozialwirtschaft, in gewaltfreier, weil nicht mehr klassenhafter Ordnung«.[37] Denn – so Bloch weiter, wobei sich erweist, daß er inzwischen auch die von Martin Buber herausgegebenen und wiederentdeckten Geschichten des Baal-Schem-Tow gelesen hatte – »es ist so, wie der Baalschem sagt, daß erst dann der Messias kommen kann, wenn sich alle Gäste an den Tisch gesetzt haben; dieser ist zunächst der Tisch der Arbeit, jenseits der Arbeit, dann aber sogleich der Tisch des Herrn; – die Organisation der Erde besitzt im philadelphischen Reich ihre letzthin ausrichtende Metaphysik.«[38]

Hier zeigt sich deutlich: Im selben Moment, in dem der historische Materialismus und der Marxismus in Blochs Denken einzudringen beginnt, bedeutet dies für Bloch in erster Linie die Hinwendung zu einer sozialen Philosophie der Emanzipation, die jedoch sofort eine kommunitär-sozialistisch-religiös-mystische Färbung erhält, wodurch sich die Marxsche Theorie von der Abschaffung der Entfremdung und der kapitalistischen Ausbeutung mit der Erlösungseschatologie einer »erneuerten christlichen Kirche«, des jüdischen Messianismus und des Chassidismus verschränkt. Wobei für Bloch die Idee einer Verwirklichung der kommunistischen Utopie – nach der Ankunft des Messias – als Gemeinschaft einander in Brüderlichkeit verbundener und von den Arbeitsbedingungen kapitalistischer Entfremdung befreiter Menschen ganz und gar im Mittelpunkt steht.

Bloch wird im übrigen fast zeitlebens an diesem zugleich atheistischen und religiösen Emanzipations- und Erlösungsgedanken festhalten und ihn standhaft gegen die ökonomistische Reduktion des Marxschen Werks auf bloße Kritik der Politischen Ökonomie, etwa im Sowjetmarxismus, verteidigen. Dabei bezieht er sich ausdrücklich auf eine emanzipationsorientierte protestantische Theologie der Revolution im 16. Jahrhundert, deren Vertreter Thomas Münzer war.[39]

Hervorzuheben ist hier, daß Blochs Hinwendung zum Marxismus in den Jahren von 1918 bis 1920 nicht etwa das Ergebnis einer

---

37 Ebd.
38 Ebd., S. 307. Vgl. Buber, Martin: *Die Legende des Baalschem*, Frankfurt/Main 1908.
39 Vgl. Bloch, Ernst: *Thomas Münzer als Theologe der Revolution*, GA 2, Frankfurt/Main 1964.

plötzlichen oder abrupten Kehrtwendung ist, sondern vielmehr das Ergebnis eines lang andauernden Reifeprozesses, wobei sich sozialistische Ideen im Kern seines Werkes nach und nach entfalten und eine echte Adaption der Grundprinzipien des historischen und dialektischen Materialismus durch seine eigene praktische Philosophie vonstatten geht, die doch bis Ende des Jahres 1918 noch weitgehend von einer subjektivitätszentrierten Metaphysik der Innerlichkeit beherrscht war. Zahlreiche Briefe Blochs aus den Jahren 1916-1917, besonders an Georg Lukács, belegen, daß diese Konversion sich nicht ganz ohne innere Widerstände vollzog und daß die Freundschaft und die unablässigen philosophischen Auseinandersetzungen mit Georg Lukács (der sich im November 1917 unter dem Eindruck der russischen Oktoberrevolution urplötzlich zum Marxismus hatte bekehren lassen) eine große, wenn nicht entscheidende Rolle gespielt haben dürfte in diesem Wandlungsprozeß, in dem aus dem jungen Bloch im Lauf des Jahres 1918 ein marxistischer Philosoph wurde.

VIII. Ernst Bloch und der
deutsche Expressionismus[40]

»Die Dinge werden so zu den Bewohnern des eigenen Inneren, und wenn die sichtbare Welt ohnedies schon zu verfallen, sich an eigener Seele zunehmend zu entleeren scheint, unkategoriell zu werden beginnt, so wollen danach in ihr und an ihr die Klänge der unsichtbaren zur Bildhaftigkeit werden: verschwindende Vorderseite, Füllesteigerung, ein Waldwerden, ein Einfluß und Rückfluß der Dinge in den Ichkristallwald, schöpferischer, tiefster Ausbruch, All-Subjektivismus in der Sache, hinter der Sache, als Sache selber [...]. Hier können uns die Bildwerke, fremdartig bekannt, wie Erdspiegel erscheinen, in denen wir unsere Zukunft erblicken, wie die vermummten Ornamente unserer innersten Gestalt, wie die endlich wahrgenommene, adäquate Erfüllung, Selbstgegenwart des ewig Gemeinten, des Ichs, des Wir, des tat twam asi, unserer im Geheimen schwingenden Herrlichkeit, unseres verborgenen Götterdaseins.«[41]

Sätze Ernst Blochs wie diese aus dem *Geist der Utopie* (1923) können nur richtig verstanden werden, wenn sie in den Kontext der Epoche, in der sie niedergeschrieben wurden, eingeordnet werden – und diese Epoche ist, stilgeschichtlich gesprochen, die des Expressionismus.

Folgt man der in der Literaturwissenschaft herrschenden Auffassung, wonach unter Expressionismus jene zwischen 1910 und 1920 sich entfaltende Kunstrichtung in Malerei, Literatur und Musik verstanden wird, die im Gegensatz zur »naturalistisch-impressionistischen Tatsachen- und Stimmungskunst wie zur ästhetisch-neuromantischen Phantasiekunst« »Ausdruck des Innern« aus einem »neuen Seelenzustande«[42] ist (Albert Soergel) und die »Subjektivismus« und sozial-ethischen »Aktionismus« zum Prinzip erhebt, so müßte man ein Werk wie *Geist der Utopie*, dessen Entstehung mitten in die Hochblüte der expressionistischen Phase fällt, eigentlich als geradezu paradigmatisch für den Expressio-

---

40 Vgl. Münster, Arno: *Utopie, Messianismus und Apokalypse im Frühwerk von Ernst Bloch*, S. 181-197.

41 Bloch, Ernst: *Geist der Utopie* (1923), GA 3, S. 47-48.

42 Vgl. Rötzer, Hans Gerd (Hrsg.): *Begriffsbestimmung des literarischen Expressionismus*, Darmstadt 1976.

nismus betrachten. Paradoxerweise taucht jedoch der Name Ernst Blochs in der früh einsetzenden Sekundärliteratur zum Expressionismus nur selten auf, und erst Forschungen in den 70er Jahren wie z.b. die Arbeiten von Hans Heinz Holz[43] oder Jean-Michel Palmier[44] haben das Augenmerk auf die Affinität der inhaltlichen und stilistischen Ausdrucksfiguren im Blochschen Frühwerk mit den Ausdrucksgehalten der expressionistischen Bewegung als solcher gelenkt.[45] Allerdings wird die Prüfung der Frage, inwieweit Ernst Bloch als *der* deutsche Philosoph des Expressionismus anzusehen sei, dadurch erschwert, daß der Expressionismus als eine in sich sehr vielgestaltige und widersprüchliche Bewegung nur schwer definierbar ist, daß die biographische Forschungslage uns bislang nur sehr dürftige Anhaltspunkte über die Tragweite der personell-ideellen Beziehungen Blochs zu den Malern und Dichtern des Expressionismus hergibt und daß es auch ein prinzipiell weitgehend noch ungeklärtes Problem ist, inwieweit Philosophie überhaupt mit Stilbegriffen faßbar sein kann. Ist Expressionismus nur ein in Malerei und Dichtung sich experimentell ausgestaltender Impuls? Nur der Aufstand einer neuen »Innerlichkeit« gegen ein erbärmliches, unerträgliches Außen? Ist er der kulturell-politische Ausdruck einer »Revolte gegen die Väter«[46] oder der verzweifelte Schrei der Jugend nach dem »neuen Menschen«, der einem allgemeinen Gefühl des Ekels und des Abscheus an der bürgerlichen Gesellschaft entspricht? Wie verhält sich der mystizistische Subjektivismus vieler Expressionisten, ihre religiöse Grundstimmung bzw. Grundbefindlichkeit zu ihrem auch ins Politische greifenden Aktionismus, ihrem Willen nach Zertrümmerung der alten Werte und ihrem Glauben nach der Wiederkunft des neuen Menschen, der »Menschheitsdämmerung«? Inwieweit vollzog sich der Aufstand der

---

43 Vgl. Holz, Hans Heinz: *Logos spermatikos. Ernst Blochs Philosophie der unfertigen Welt*, Darmstadt/Neuwied 1975.

44 Palmier, Jean-Michel: *L'expressionisme allemand*, Paris 1978.

45 Charakteristisch für diese willkürliche oder unwillkürliche Ausblendung Blochs aus der germanistischen Forschung ist wohl der Umstand, daß der Name Ernst Blochs weder in dem inzwischen schon zum »Klassiker« avancierten Expressionismusbuch von Walter H. Sokel noch in dem Forschungsbericht zum Expressionismus von Richard Brinkmann auftaucht und daß erst Ende der 70er Jahre erste Anzeichen für ein Umdenken in dieser Frage sichtbar wurden, was u.a. in dem Sammelband *Begriffsbestimmung des literarischen Expressionismus* seinen Niederschlag gefunden hat.

46 Vgl. Sokel, Walter H.: *Der literarische Expressionismus*, München 1959.

Expressionisten gegen die Bürgerwelt nicht doch – wie Hans Mayer meint – im Zeichen einer »idealistischen Philosophie«, insofern sie die »hassenswerte Bürgergesellschaft mit der Weltanschauung eines vulgären Materialismus [identifizierte], dem man die verschiedenen Spielarten eines subjektiven oder objektiven Idealismus entgegenstellte«?[47]

All diese bis heute noch nicht hinreichend geklärten Fragen – einschließlich der nach einer »Sozialphilosophie des Expressionismus«,[48] nach der Dialektik von pathetisch beschworenem Gemeinschaftsideal und egozentrischer Vereinsamung in Werk und Leben vieler Repräsentanten des literarischen Expressionismus, nach der Verbindung zwischen der Vision der expressionistischen »Menschheitserlösung« mit dem noch weitgehend religiös bestimmten Utopiebegriff des jungen Bloch – müssen in diesem Diskussionszusammenhang natürlich ihre Berücksichtigung finden, und vielleicht waren es gerade die hierbei sich auftürmenden Probleme bei diesem besonderen Aspekt der Expressionismusproblematik, die bislang die konstatierte Zurückhaltung in der Expressionismus-Forschung bedingte. Nun hat Hans Heinz Holz[49] in seiner Studie über Ernst Bloch bereits den schlüssigen Nachweis erbracht, daß der Einfluß der expressionistischen Weltsicht auf Blochs Frühwerk sich vor allem anhand der »Kategorien des Aufbruchs« nachweisen läßt, die leitmotivartig sowohl den *Geist der Utopie* als auch den *Thomas Münzer als Theologe der Revolution* durchziehen, und er benennt diese Kategorien als »Jugend«, »Zeitwende« und »Produktivität«. »In ihnen wird das Noch-Nicht-Bewußte als Zielvorstellung gesetzt und nach Maßgabe der Reifebedingungen verwirklicht. Jugend stürmt voran, in der Zeitwende bricht Altes zusammen, in der Produktivität wird Neues geschaffen. Die Stelle, an der sich all das vollzieht, ist die *Front*, ›der jeweils vorderste Abschnitt der Zeit‹. An der Front ereignet sich das *Novum*, in dem sich manchmal Durchblicke öffnen auf ein letztmöglich Erreichbares, Höchstes, das *Ultimum*. Was dieses sei, ist erst ahnungsvoll zu sagen, muß sich erst im fortschreitenden Prozeß herausbilden. In

---

47 Mayer, Hans: »Rückblick auf den Expressionismus« (1966), in: ders.: *Zur deutschen Literatur der Zeit,* Reinbek 1967, S. 37-52; wiederabgedruckt in: *Begriffsbestimmung des literarischen Expressionismus*, S. 263-281.
48 Vgl. Eykmann, Christoph: *Denk- und Stilformen des Expressionismus*, Bern/München 1974.
49 Vgl. Holz, Hans Heinz: *Logos spermatikos*, S. 52ff.

vorläufiger Allgemeinheit heißt dieses Endziel *Heimat* des Menschen, *Morgendämmerung* der *Menschheit*, Identität des Menschen mit sich selbst (statt Entfremdung), wobei noch unausgemacht ist, wie reich und überströmend dieses volle, unverkürzte *Humanum* sein wird, da wir ja noch im Zustand der Entzweiung und Verarmung leben.«[50]

Manches spricht jedoch dafür, daß der Holzsche Ansatz, für den sich eine Anzahl von Belegen aus Gedichten Stadlers, Johannes R. Bechers und Gottfried Benns beibringen lassen, noch erweiterungsbedürftig ist, und zwar im Sinne der These, daß nahezu *alle* wesentlichen Leitmotive expressionistischer Zeit- und Gegenwartskritik in Blochs Frühwerk als Motive auffindbar sind, und zwar keineswegs, wie oft behauptet wird, in nur verschleierter, verhüllter Form, sondern vielmehr offen greifbar zutage liegen – also nicht nur das sturm- und drangerfüllte jugendlich-rebellische neue Lebensgefühl, die »Stimmung« des Umbruchs, des Zerfalls der alten Wertordnung und Gesellschaft und das Pathos des Neuen, des Endzeiterfüllten, sondern darüber hinaus auch die »Auflehnung gegen die Inhumanität der bürgerlichen Gesellschaft; die Entlarvung ihrer angeblich selbstlosen Ideen und Ideale als masken- und scheinhaft ideologische, bewußt oder unbewußt illusionäre Verkleidungen selbstischer Triebe; die Kennzeichnung der modernen Hochzivilisation im Sinn einer durch ihre unpersönlich oder sogar unmenschlich versachlichte und verdinglichte Kommerzialisierung und Mechanisierung alles Unendlich-Unbedingten in der leeren Nichtigkeit bloß äußerer Zweck- und Nutzhaftigkeiten erstickenden Berufs- und Erwerbsgesellschaft; als Reaktion hierauf die Sehnsucht nach dem individuellen und kollektiven Chaos als Erlösung aus dem unerträglichen Einerlei des profanen Alltags«[51]. Als Beleg hierfür sei nur der folgende Abschnitt aus der »Absicht« des *Geists der Utopie* angefüllt, der ganz und gar von expressionistischem Geist erfüllt, ähnlich wie Ernst Stadler, Georg Heym, Johannes R. Becher[52] oder Walter Hasenclever in ihren Gedichten, diese Sehnsucht nach Erlösung aus einer an Nichtigkeit und Bosheit erstickenden Welt, nach dem kosmischen Verströmen der Seele in einer von produktiven Träumen überstrahlten und my-

---

50 Ebd., S. 55.
51 Ebd.
52 Vgl. Ziegler, Klaus: »Dichtung und Gesellschaft im deutschen Expressionismus«, in: *Begriffsbestimmung des literarischen Expressionismus*, S. 301-326.

stisch-metaphysisch erneuerten Welt, in der das »Wir« durch wahre »Selbstbegegnung« erst möglich wird, zum Ausdruck kommt: »Zuletzt aber freilich, *nach* dieser *internen* Vertikale, breite sich aus die Weite, die *Welt* der Seele, die *externe, kosmische* Funktion der Utopie, gehalten gegen Elend, Tod und das Schalenreich der physischen Natur. In uns allein brennt noch dieses Licht, und der phantastische Zug zu ihm beginnt, der Zug zur Deutung des Wachtraums, zur Handhabung des utopisch prinzipiellen Begriffs. Diesen zu finden, das Rechte zu finden, um dessentwillen es sich ziemt zu leben, organisiert zu sein, Zeit zu haben, dazu gehen wir, hauen wir die metaphysisch konstitutiven Wege, rufen was nicht ist, bauen ins Blaue hinein, bauen uns ins Blaue hinein und suchen dort das Wahre, Wirkliche, wo das bloß Tatsächliche verschwindet – incipit vita nova.«[53]

Aber auch andere Stellen aus Blochs Frühwerk zeugen von dem nachhaltigen Eindruck, den die Gesellschafts- und Realitätskritik des Expressionismus auf den frühen Bloch gemacht haben muß: So etwa die Philippika gegen die »Faulen und Elenden«, gegen die »Schieber« und »verängstigten Kleinbürger«, gegen den »Gestank der Fäulnis und starren Verfinsterung« sowie die »geistfeindlichen Ziele«[54] des kaiserlichen Deutschland im *Geist der Utopie*. Sie können in ihrem Tenor ohne weiteres mit entsprechenden Eintragungen in den Tagebüchern Georg Heyms verglichen werden,[55] die die Klage über den »ennui« des Alltags der bürgerlichen Lebenswelt mit der ungeduldigen Sehnsucht nach revolutionärer Erschütterung, nach Barrikaden und Revolution verbinden. Das Pathos, mit dem hier »stickiger Zwang« und »Mittelmäßigkeit« verurteilt, die Verbiesterung der Universitäten als »wahre Gräberstätten des Geistes«[56] angeprangert, der »Schiebertrug der Reaktion« in seiner »Beschränktheit« und »irreligiösen Erloschenheit« entlarvt und gleichzeitig das »lebendig gestaltende Zukunfts-, Stadt- und Kollektivgefühl«[57] als Alternative geprie-

53 Bloch, Ernst: *Geist der Utopie* (1923), S. 13.
54 Ebd., S. 11.
55 Vgl. Heym, Georg: *Dichtungen und Schriften*, hrsg. von Karl Ludwig Schneider, Bd. 3, *Tagebücher, Träume, Briefe*, Hamburg/München 1960, insbes. die Tagebucheintragungen vom 17.6.1910 und vom 15.9.1911 (wiedergegeben bei Klaus Ziegler: »Dichtung und Gesellschaft im deutschen Expressionismus«, S. 308-309).
56 Bloch, Ernst: *Geist der Utopie* (1923), GA 3, S. 11.
57 Ebd., S. 12.

sen wird, ist das Pathos des expressionistischen Lebensgefühls, der expressionistischen Ideologiekritik, des expressionistischen Glaubens an die »Menschheitsdämmerung«.

Die Affinität des Blochschen Denkens zum Expressionismus beschränkt sich jedoch keineswegs auf die Identität dieses anklägerischen Gestus gegenüber der Gesellschaft und der »geistlos-erbärmlichen« Wirklichkeit schlechthin, sie läßt sich auch noch in anderen Denkmotiven, thematischen Bezügen und zentralen Schichten der Begrifflichkeit des Frühwerks nachweisen.

So ist z.B. Blochs religiös beerbter Utopiebegriff, dessen Eigentümlichkeit und Originalität vor allem, wie etwa Holz feststellt,[58] in einer Verbindung der »Kategorien des Aufbruchs« mit »gelebter Heilslehre«, mit Chiliasmus, Apokalyptik und millenaristischem Endzeiterwartungsaffekt begründet ist,[59] im Denken und Dichten vieler expressionistischer Autoren präsent. Gleiches gilt für die Vision eines Bundes der freien brüderlich vereinten Menschen, die gemeinsam der Tyrannis und Unmenschlichkeit standgehalten und durch ihre Überwindung die Zukunft der »neuen Zeit« bereitet haben. So heißt es etwa in dem Gedicht »Ich lerne, ich bereite vor...« von Johannes R. Becher:

> »Die Neue Welt [...]
> Zeichne ich, möglichst korrekt, darin ein.
> Eine besonnene, eine äußerst gegliederte, eine geschliffene
> Landschaft schwebt mir vor,
> Eine Insel glückseliger Menschheit [...]
> Der neue, der heilige Staat
> Sei gepredigt, dem Blut der Völker, Blut von ihrem Blut,
> eingeimpft. Restlos sei er gestaltet.
> Paradies setzt ein.«[60]

Wer vermag darin nicht den geheimen Bezug zu den utopischen Staatsromanen eines Thomas Morus oder Campanella oder zu der heilsgeschichtlich vermittelten Utopie eines Thomas Münzer zu erkennen, die Bloch in die brüchig gewordene soziale und politische Gegenwart zurückzuvermitteln versuchte?

---

58 Holz, Hans Heinz: *Logos spermatikos*, S. 56.
59 Vgl. hier vor allem Blochs Thomas Münzer-Buch.
60 Zit. nach: Bode, Dietrich (Hrsg.): *Gedichte des Expressionismus*, Stuttgart 1967, S. 95-96.

Derart kommt auch in Walter Hasenclevers beinahe hymnisch zu nennendem Preislied auf die Zukunft des »politischen Dichters« Utopiebewußtsein konkret zum Vorschein, und zwar mit deutlicher Bezugnahme auf die herbeigesehnte politische und soziale Revolution in Deutschland.

> »Der Dichter träumt nicht mehr in blauen Buchten.
> Er sieht aus Höfen helle Schwärme reiten.
> Sein Fuß bedeckt die Leichen der Verruchten.
> Sein Haupt erhebt sich, Völker zu begleiten.
>
> Er wird ihr Führer sein. Er wird verkünden.
> Die Flamme seines Wortes wird Musik.
> Er wird den großen Bund der Staaten gründen.
> Das Recht des Menschentums: Die Republik.
>
> Kongresse blühn. Nationen sich beschwingen.
> An weiten Meeren werden Ufer wohnen.
> Sie leben nicht, einander zu verschlingen:
> Verbrüdert ist ihr Herz in starren Zonen.«[61]

Und selbst Yvan Goll ist die Vorstellung eines Durchbruchs des verheißenen »goldenen Zeitalters« als ein Vorschein des Utopischen nicht ganz fremd, selbst wenn diese Vorstellung immer wieder von den finsteren Stürmen und vernichtenden Donnerschlägen des Bösen, des zerstörungsträchtigen Ungeistes verweht und übertönt zu werden droht. In der »Ballade von einem Traum auf der Flucht« heißt es etwa:

> »Da wehten Orgeln wie Rauschen erwachender Fluren,
> Da flogen Glocken wie Vögel im Wind:
> Orgeln und Glocken goldener Hoffnung schollen,
> Schwebten wie Wolken hernieder und schwollen.
> Blitze leuchteten dann und wann
> Wie Befreiung neuer Friedenstag.«[62]

---

61 Hasenclever, Walter: »Der politische Dichter«, in: ebd., S. 113.
62 Goll, Yvan: »Ballade von einem Traum auf der Flucht«, in: ebd., S. 150.

Zwar unterscheidet sich die Hoffnungsthematik, das Hoffnungsmotiv der Expressionisten von dem späteren *Prinzip Hoffnung* Blochs dadurch, daß es sich auf den subjektiv-religiös bestimmten, dumpfen Gefühlszustand eines möglichen Besseren gewissermaßen als Antithese zur vorherrschenden, alles bedrückenden, niederdrückenden Verzweiflungsstimmung reduziert, die uns z.b. aus den Gedichten eines Georg Heym oder René Schickele so dumpf und angsterfüllt entgegenschlägt, während bei Bloch Hoffnung die zentrale Kategorie bezeichnet, die den Umbau der alten zur neuen, reale Menschlichkeit als »Heimat« verwirklichenden Welt und des Mit-sich-selbst-identisch-Werdens des Menschen in zukünftiger Erfülltheit bewirken soll. Deshalb ist es durchaus angebracht, die Unterscheidung von Klaus Ziegler zu akzeptieren, der mit Blick auf den Expressionismus von »schwärmerisch hoffnungsvoller Zukunftsgläubigkeit«[63] spricht, der man die konstruktive mit materialistischer Dialektik und mystischem Identitätsdenken gespeiste konkrete Hoffnungsphilosophie Ernst Blochs gegenüberstellen könnte. Gleichwohl ist andererseits auch für den Expressionismus eine gewisse Einheit von »Kritischem und Konstruktivem«, von »Apokalyptischem und Utopischem«[64] zu konstatieren.

Die Tendenz zum »Nihilismus« jedoch, die sich im Zusammenhang weltpessimistischer Apokalyptik zuweilen in der expressionistischen Dichtung und Dramatik durchzusetzen scheint, ist Blochs Werk völlig fremd, selbst wenn bestimmte Äußerungen und Formulierungen in den einleitenden Kapiteln des *Geistes der Utopie* stilistisch in die Nähe der »nihilistischen Entlarvungstechnik« der Heuchelei und Verlogenheit der bürgerlichen Welt zu geraten scheinen, wie sie u.a. von Georg Kaiser oder von Carl Sternheim in ihren Tragikomödien »aus dem bürgerlichen Heldenleben« praktiziert wird.[65]

Auch kann berechtigt in Zweifel gezogen werden, ob die Kennzeichnung der expressionistischen Weltanschauung als »nihilistisch« vertretbar und der Wertungsproblematik dieser Epoche angemessen ist – zumal bei genauerer Betrachtung die radikale Welt-

---

63 Ziegler, Klaus: »Dichtung und Gesellschaft im deutschen Expressionismus«, S. 311-312.
64 Ebd., S. 311.
65 Vgl. Georg Kaisers Drama *Von morgens bis mitternachts* (1916); ferner: Carl Sternheim, *Bürger Schippel* und die Novellen *Chronik von des zwanzigsten Jahrhunderts Beginn* (1919).

verneinungstendenz in der expressionistischen Dichtung (z.B. beim frühen Gottfried Benn) oft nicht viel mehr ist als das dialektische Umschlagsprodukt einer ins Extreme gesteigerten utopischen Haltung.[66] Für Bloch jedoch ist das »nihil« kein operabler philosophischer Begriff, sondern allenfalls bedeutungshaltig als Brücke und »an sich« seinsleerer Hilfsbegriff für das Konstrukt eines »Noch-Nicht«. Bei diesem hat jedoch das »noch« ein eindeutiges Übergewicht über das »nicht«, so daß die dadurch neu für die Philosophiegeschichte gewonnene Kategorie »Noch-Nicht« eben nicht auf das »Nicht« oder ein »Nichts« (nihil) zielt, sondern auf ein in einem »Etwas«, einem »quod« angelegten – in diesem tendenzhaft vorhandenen – »Noch-Nicht-Sein«, das diesem Sein als ein noch nicht herausgebrachtes »Utopisches« immanent ist. Diese Hypostase der Herausbringungsqualität des Utopischen »erschlägt« in Blochs Ontologie – was auch seine Auseinandersetzung mit Schopenhauer zeigt[67] – das »Nichts« und somit jeden totalisierenden weltpessimistischen Ansatz. Für Bloch hat dies auch die Konsequenz, daß er trotz aller Nähe zum Expressionismus die »krasse Übersteigerung der Menschen- und Weltverzweiflung«, die vor allem in der frühexpressionistischen Lyrik (etwa Alfred Mombert, Max Herrmann-Neiße, Gottfried Benn) und im expressionistischen Drama zum Ausdruck kommt, nicht nachvollzieht, sondern sie mit einer heilsgeschichtlich abgesicherten Hoffnungsmetaphysik und einem darin begründeten »militanten Optimismus« überblendet.

Hier wäre dann auch der Ansatz für eine – gewiß solidarisch angelegte – vorsichtige Kritik Blochs an einzelnen »Entgleisungen« des Expressionismus, vor allem an dessen Spätphase, der »neuen Sachlichkeit«, und an der irrationalen Kriegsbegeisterung einzelner expressionistischer Maler bei Ausbruch des Ersten Weltkriegs, zu suchen. Diese Kritik findet schon in der überarbeiteten Fassung des *Geistes der Utopie* von 1923 ihren Ausdruck, und zwar in dem nicht ohne weiteres verständlichen Satz in der »Absicht« über die »Maler, die die Zwischenhändler verteidigt und den Anstiftern das Hinter-

---

66 Vgl. Ziegler, Klaus: »Dichtung und Gesellschaft im deutschen Expressionismus«, S. 312.

67 Vgl. Bloch, Ernst: »Recht und Unrecht des Pessimismus. Attraktion und Nachwirkung Schopenhauers« (Vorlesung in Tübingen, Wintersemester 1965/66), in: ders.: *Abschied von der Utopie? Vorträge*, hrsg. von Hanna Gekle, Frankfurt/Main 1980, S. 11-39.

land warm gehalten« hätten. Davon einmal abgesehen, ist Bloch jedoch stets als Fürsprecher der expressionistischen Bewegung aufgetreten – insbesondere gegenüber Georg Lukács, der mit seinem erstmals in Moskau 1934 publizierten Aufsatz »›Größe und Verfall‹ des Expressionismus« die expressionistische Bewegung auf die »literarische Ausdrucksform der USPD-Ideologie in der Intelligenz«[68] reduzieren wollte und der sogar so weit ging, in der »abstrakten ›Antibürgerlichkeit‹« vieler Expressionisten die Ursache für einen vermeintlichen Umschlag in eine Kapitalismuskritik von rechts, in eine »demagogische Kritik des Kapitalismus«, zu vermuten, dem »später der Faschismus seine Massengrundlage wesentlich mitverdankt«[69] (eine These, die Lukács allerdings Mühe hat mit einer hinreichend großen Anzahl von Belegen abzusichern).

Hervorgehoben zu werden verdient in diesem Zusammenhang auch der folgende Passus aus dem ersten der in *Erbschaft dieser Zeit* der Expressionismus-Debatte gewidmeten Aufsätze, in dem Bloch sich explizit mit dem Phänomen des »Niedergangs« des Expressionismus in den 20er Jahren auseinandersetzt:

»Seit 1922 war der Expressionismus verleumdet; Noskes Feldzüge, der Wunsch nach Ruhe und Ordnung, die Lust an den gegebenen Verdienstmöglichkeiten und an der stabilen Fassade haben ihn erledigt. Diese Lust hieß ›Neue Sachlichkeit‹; sie führte zwar von allzu verstiegenen Träumen zuweilen wieder zur Welt zurück, aber sie verschwieg den Wurm in dieser Welt, sie wurde buchstäblich die Malerei übertünchter Gräber. Hausenstein und andere Kunstschwätzer beeilten sich, im Gefolge der ›Stabilisierung‹, dem Publikum verdächtig zu machen, was sie eben noch angebetet hatten; die meisten deutschen Maler folgten der veränderten Konjunktur. Fast einzig Klee, der wundersame Träumer, blieb sich und seinen unwiderlegten Gesichten treu, er nagelte die expressionistische Fahne an den Mast, und an ihm liegt es nicht, daß sie nicht mehr als Fahne galt, sondern als bloßes Taschentuch mit einem Monogramm. Auch bedenkliche Reste der Expression blieben übrig, wie Benn, dessen großer Ausdruckswille zu lange auf den Urschleim von heutzutage gekommen ist, ohne ›Fazit der Perspektiven‹, es sei denn der nihilistischen. So ging der Expressionismus

---

68 Vgl. Lukács, Georg: »›Größe und Verfall‹ des Expressionismus«, in: ders.: *Werke,* Bd. 4, Berlin/Neuwied 1971; wiederabgedruckt in: *Marxismus und Literatur,* hrsg. von Fritz J. Raddatz, Bd. II, Reinbek 1969, S. 7-42, insbes. S. 21ff.
69 Ebd., S. 17.

in Deutschland zugrunde, im gleichen Land, das ihn vorher als deutschesten Ausdruck, als Musik in der Malerei besaß. [...] Auch Marxisten [...] wie Lukács haben dem Expressionismus in Bausch und Bogen ein wenig kenntnisreiches Etikett aufgeklebt. Sie denunzieren ihn als ›Ausdruck kleinbürgerlicher Opposition‹, ja sogar, völlig schematisch, als ›imperialistischen Überbau‹. Aber Marc, Klee, Chagall, Kandinsky kommen in dem Klischee ›Kleinbürgertum‹ kaum unter, und am wenigsten, wo dieses Klischee Spießertum, bestenfalls raunzendes, bezeichnen soll. Und selbst wenn hier nichts als kleinbürgerliche Opposition wäre [...]: was steht dem Kleinbürger Besseres zur Verfügung als bestenfalls – Opposition (und gar solche)? Daß aber der Nazi sich nachher, gelegentlich, in der Anfangszeit, expressionistische Literaturreste beibog (Benn) oder Thingspiel-Industrie daraus machte (Euringer), daran ist nicht Marcs ›Imperialismus‹ schuld, sondern des Goebbels Sinn für wirkungsvolle Falsifikate [...]. Und eben Hitlers letzte Attacke beweist, daß selbst die sogenannte ›kleinbürgerliche Opposition‹ nicht immer so verächtlich sein mag. Sie beweist erst recht, daß die expressionistische Kunst – zuerst von Hausenstein, nun viel großartiger von Hitler erledigt – keine Rechtfertigung des Feinds enthalten hat, keine Ideologie seines Imperialismus und seiner Ordnung.«[70]

Sosehr Bloch also den »Verrat« einzelner expressionistischer Maler »an der Sache« in der als »Neue Sachlichkeit« umschriebenen End- und Niedergangsphase beklagt, sosehr fühlt er sich doch verpflichtet, einer pauschalen Verdammung der expressionistischen Stilrichtung als solcher, wie sie in signifikanter Weise von Lukács ausgesprochen wird, entgegenzutreten. Dies geschieht sowohl hinsichtlich der oberflächlich-pauschalen Wertung expressionistischer Malerei und Dichtung als puren künstlerischen Ausdrucks der »USPD-Ideologie« (als »linkssozialistisch-kleinbürgerlicher« Strömung im Überbau) als auch hinsichtlich der Lukácsschen These von der Ambivalenz des »unausgegorenen, dumpfen Antikapitalismus« in der ideologisch-politischen Haltung des Expressionismus, der ihn schließlich vor dem demagogischen Zugriff der ebenfalls zunächst unter antikapitalistischem Vorzeichen geführten faschistischen Lügenpropaganda so wenig geschützt habe. Zwar

---

70 Bloch, Ernst: »Der Expressionismus, jetzt erblickt« (1937), in: ders.: *Erbschaft dieser Zeit*, GA 4, Frankfurt/Main 1962, S. 256-257.

streitet Bloch keineswegs ab, daß dieser Antikapitalismus der expressionistischen Schule auch »objektivarchaische Schatten«[71] hatte, und zwar »Schattenseiten aus einem subjektivistisch-unbewältigten Orkus, Lichtseiten aus Zukunft, Reichtum und Unabgelenktheit des menschlichen Ausdrucks«,[72] aber er bringt dieses Nebeneinander von Archaischem und wildem Subjektivismus, das Lukács irritiert, in Verbindung mit einem darin immer noch nachwirkenden »Ossianismus«, mit der Romantik, dem »Freiheit träumenden Jugendstil« und einem Willen zum Utopischen, in dem Urtraum und »Zukunftslicht«[73] miteinander verschmelzen, um letztendlich das Loblied des Expressionismus anzustimmen als einer wesentlich auf das Humane, das Subjekthafte konzentrierten Stilrichtung und Bewegung.[74]

Dabei verblüfft zugleich Blochs entschiedene Ablehnung des Kubismus und des Symbolismus: Diese seien eine Kunst »hohler Gegenstandslosigkeit« und Zeichen eines abstrakt-kubistischen Prinzip des »Zerfalls« (um seiner selbst willen), denen er den expressionistischen Ansatz mit seiner menschlich-realen Inhaltlichkeit, die das Prinzip »Sturm durch diese Welt«[75] verkörpern, positiv gegenüberstellt. Die Wertschätzung der »sturm-und-drang«-haften Subjektivität in der Ausdrucksgebärde des Expressionismus korrespondiert bei Bloch offensichtlich mit der Forderung nach malerischer Inhaltlichkeit und Gegenstandsbezogenheit und entsprechender Skepsis gegenüber rein formalistischen bzw. abstraktionistischen Tendenzen. Angedeutet wird dies bereits in dem der expressionistischen Malerei gewidmeten Kapitel des *Geists der Utopie* (1923), wo dem Kubismus zwar prinzipiell zugestanden wird, in gewisser Weise mit seinem Denken in Flächen, Würfeln und Kurven »konsequenter« Ausdruck der »neuen, neualten Raummagie« der expressionistischen »Schreitungsrhythmik« zu sein, wo aber gleichzeitig eine Reihe von Vorbehalten gegen die Tendenz zur »total geometrisch hypertrophierten Konstruktionsfreude«[76], gegen die »konzentrierte Abstraktheit«, gegen das »hohle oder ausgeglühte Ordnen«[77] der kubistischen Ausdrucksformen angemeldet wer-

---

71 Ebd., S. 258.
72 Ebd.
73 Ebd.
74 Ebd., S. 261.
75 Ebd., S. 260.
76 Ders.: *Geist der Utopie* (1923), GA 3, S. 44.
77 Ebd.

den. Diese Vorbehalte speisen sich keineswegs aus einer Abneigung gegen Form-Experimente oder zeichnerische Brechungen etc., sondern sind vielmehr die Konsequenzen eines Inbegriffs von Malerei als »strömender«, »formender«, »uns selbst naher« »bildnerischer Aussage«, der sich in Opposition zur »bloßen Zweckform und Ingenieurskunst«[78] stark an der Vorstellung einer emotional durchglühten Seelenlandschaft wahrer Subjektivität orientiert. Deshalb meint Bloch auch, daß die bildnerische Bedeutungsfigur archaischer (oder auch modernerer) Herkunft – sei es in Gestalt der Tanzmaske, des Totems, der negroiden Plastik oder auch nur einfacher Bandornamentik – in ihrem ästhetischen Aussagewert und ihrer kunstphilosophischen Bedeutung »über das bisher rein Malerische triumphieren« werde, weil sich in ihr eben eine Bedeutung im Sinne eines »Inneren vom Heimatsraum«, eines »menschenähnlich werdenden Bauraums« als »antizipierende Expression eines tat twam asi«[79] nachweisen lasse, die z.B. der kubistischen »Statuarik« oder dem reinen Konstruktivismus fremd ist. Blochs Wertschätzung des Expressionismus erfolgt also im Namen einer Philosophie der »Selbstbegegnung«, die ausgeht vom An-sich-Sein des Subjekts, von der Wiederbegegnung des in utopischer Funktion ausströmenden Ichs »in den gemalten Dingen«, vom Naheseinan-uns-selbst im malerischen Ausdruck; im Namen eines Identitätsdenkens, das auf allen Ebenen des suchend-bildnerischen Ausdrucks des Menschen notwendig auf eine Ästhetik der Identität des Subjekts zustrebt, in Antizipation des Noch-nicht-Verwirklichten und des »Vorscheins des Utopischen«.

Vergegenwärtigt man sich so die Grundkategorien seines Ansatzes, so wird auch verständlicher, warum Bloch im *Geist der Utopie* seiner Eloge auf den Expressionismus in der Malerei eine so gründliche Auseinandersetzung mit dem *Impressionismus* voranstellt. Denn es ist für ihn der die Vordergründigkeit des Malerischen durchbrechende Subjektivismus eines Vincent van Gogh, das »unbegreiflich uns Verwandte«, das »Saishafte der Welt«,[80] das uns in diesen Bildern entgegentritt, aber auch z.B. die auf ein »innerst Intensives«[81] deutende »mystische Schwere«[82] in den Landschaften und Stilleben eines Paul Cézanne, die ihn dazu verleiten, am

---

78 Ebd., S. 41.
79 Ebd., S. 45.
80 Ebd., S. 46.
81 Ebd.
82 Ebd.

Impressionismus bereits Ausdrucksqualitäten aufzufinden und zu konstatieren, die proto-expressionistisch sind und daher eine stilgeschichtliche Brücke zum Expressionismus schlagen.

Zur Charakterisierung dieses Übergangs und zur gleichzeitigen Kennzeichnung des Unterschieds zwischen beiden Stilrichtungen bemüht Bloch den Begriff der »Anamnese« und einer seelischen »Füllesteigerung« im Expressionismus, die in dieser Form in dem rein auf die Empfindung und Gefühlswelt des Individuums eingeschränkten Subjektivismus des Impressionismus noch nicht vorhanden war. Bloch zeigt dies u.a. an einem Vergleich zwischen der Expressivität van Goghs und der mythischmystischen Ausdrucksschwere der expressionistischen Malerei: »Wies van Gogh noch aus uns heraus, sprechen bei ihm noch die Dinge, so heftig sie auch sprechen, doch scheinbar nur von sich und nicht als Echo des Menschen, so hallen nun plötzlich wir allein noch von ihnen zurück, so ist umgekehrt von dem neuen Expressionismus ab allein noch der Mensch eine Kaspar-Hauser-Natur, wie sie die Gegenstände lediglich als Erinnerungszeichen ihrer verstockten Abkunft oder als Punktierzeichen zum Behalten und Aufbewahren ihrer fortschreitenden Wiedererinnerung verwendet.«[83]

Dieser Satz verdeutlicht, warum der Autor des *Geistes der Utopie* den Expressionismus als eine Ausdruckskunst der »allertiefsten subjektiven Inwendigkeit«, aber auch des »Wirproblems« in der zugleich gesellschaftsbezogenen wie kosmischen Nach-Außen-Wendung dieser Subjektivität so über alle anderen zeitgenössischen Kunstrichtungen – und letztlich auch den Impressionismus – stellt: Diese Anspielung des Expressionismus auf die »Kaspar-Hauser-Natur« des Menschen berührt die philosophischen Grundfragen des jungen Bloch nach der »Gestalt der unkonstruierbaren Frage«[84] und den künstlerischen Ausdrucksformen der »universalen Selbstbegegnung«.[85]

In diesem Zusammenhang erscheint es unerläßlich, auch auf die *persönlichen* Verbindungen Blochs zur expressionistischen Bewegung hinzuweisen, der dieser im übrigen – in einer polemischen Auseinandersetzung mit Ziegler (alias Alfred Kurella) und Lukács – auch »Volksnähe« (allerdings in einem mit den Auffas-

---

83 Ebd., S. 47.
84 Ebd., S. 209.
85 Ebd., S. 332.

sungen der NS-Propaganda absolut unvereinbaren Sinne) bescheinigt.[86] Nun ließe die Zitierung der Namen Theodor Däublers,
Franz Marcs und Wassily Kandinskys im *Geist der Utopie*[87] vermuten, daß Bloch, was die Malerei angeht, vor allem die Gruppe
»Der blaue Reiter« und, was die Dichtung betrifft, vor allem jenen
Kreis von Schriftstellern frequentierte, die, wie etwa Theodor
Däubler oder Franz Werfel, die »Wiedergeburt« eines neuen befreiten Menschentums aus der »Innerlichkeit der Seele« propa-
gierten. Und sind nicht die motivisch-thematischen Querverbin-
dungen zwischen vielen Denkmotiven und stilistischen Wendungen Blochs im *Geist der Utopie* und dem Motiv des »Verströ-
mens« der »Alleinheit des Subjekts mit dem Kosmischen und Sozialen« sowie dem Werfelschen Pathos nach »Stiftung einer neuen
und dennoch uralten Menschlichkeit, die Liebe, Demut, Ehr-
furcht, Reinheit, Friede und Bruderschaft heißt«, geradezu ver-
blüffend? Das biographische Material führt jedoch auf eine andere Spur: Offenbar viel wichtigere und persönlich tiefergehende
Kontakte als mit den Vertretern dieser beiden Richtungen – und
anderer Tendenzen wie den Gruppen »Die Brücke«, »Die Aktion«,
»Der Sturm« – hat Bloch im Jahrzent des Expressionismus mit
den Schriftstellern René Schickele und dem so schillernden und
widersprüchlichen Hugo Ball geführt.

Während über Blochs Kontakt und Verhältnis zu René Schickele nur wenig bekannt ist (ein Briefwechsel zwischen beiden ist
nicht erhalten), läßt sich das Verhältnis zu Hugo Ball im wesentlichen aus zwei Quellen erschließen: (a) aus dem Motiv- und The-
senvergleich im politischen Journalismus beider Autoren in der
Freien Zeitung zwischen 1917 und 1919 und (b) aus dem Briefwechsel zwischen Ernst Bloch und Wilhelm Muehlon in den Jahren 1918-1919.[88] Nimmt man Blochs Artikel in der *Freien Zeitung*[89], ergänzt durch die politischen Aussagen im *Geist der Utopie*, und vergleicht sie mit den gesellschaftskritischen Auffassun-

---

86 Ders.: *Erbschaft dieser Zeit,* S. 274.

87 Ders.: *Geist der Utopie* (1923), S. 41.

88 Die Originale dieses Briefwechsels befinden sich im Nachlaß Muehlon im Münchener Institut für Zeitgeschichte (Archiv-Nr.: ED 142).

89 Insbesondere die Artikelserie »Was schadet und was nützt Deutschland ein feindlicher Sieg?«, in: *Freie Zeitung*, Oktober 1917; zusammengefaßt ist sie in die Gesamtausgabe der Werke Ernst Blochs aufgenommen worden in *Politische Messungen, Pestzeit, Vormärz*, GA 11, S. 34.

gen, die Hugo Ball in seinem Buch *Zur Kritik der deutschen Intelligenz* (1919) entwickelt, ergibt sich in der Tat eine erstaunliche Übereinstimmung in vielen Punkten: Diese erstreckt sich nicht nur auf die Gemeinsamkeit in der moralischen Verurteilung Deutschlands und der Kriegsziele des Kaiserreichs im Ersten Weltkrieg, sondern auch auf den Vorstellungsbereich einer sowohl moralischen wie auch religiösen Wiedergeburt, einer religiös motivierten revolutionären Erneuerung Deutschlands aus dem Geist der Mystik und des wahren, nicht der Kirche verpflichteten Christentums. Ist für beide der preußisch-protestantische Militärstaat aus dem Geist des Junkertums die Inkarnation der absoluten politisch-staatsgewaltlichen Gegenutopie, so eignet beiden der bewundernde Blick für Frankreich als dem Land der Aufklärung und der großen bürgerlichen Revolution, für die religiös-moralischen Wurzeln in den Lehren des französischen Frühsozialismus (Saint-Simon, Leroux) und der Urväter des religiösen deutschen Kommunismus (Thomas Münzer, Weitling). Wenn es bei Hugo Ball heißt: »Das Reich der Realität und der Fakten, das Hegel befürwortet hat, lassen Sie es uns ablösen durch ein neues Reich der Utopie und der Imagination, der Mystik und der Kunst, daß dieses letztere Reich dem andern überlegen sei«[90], so liest sich dies fast als Paraphrase des Satzes von Bloch im *Geist der Utopie*, in dem die »irreligiöse Erloschenheit«[91], die unchristliche »Geistlosigkeit« des Zeitalters bitter beklagt und zugleich postuliert wird, daß die Marxsche Sozialutopie der klassenlosen Gesellschaft in die »utopisch überlegene Liebeswelt Weitlings, Baaders, Tolstois [... und] in den Adventismus der Ketzergeschichte«[92] einzubringen sei. Heißt es bei Ball: »Eine religiöse Auffassung des Lebens ist nötig, um den Fanatismus der Gegenpartei zu brechen«,[93] so steht diese Meinung in erstaunlicher Nähe zu Bloch, wenn dieser mit Blick auf Thomas Münzers Rolle im deutschen Bauernkrieg dessen propagierte Utopie einer »geistlichen Revolution«, einer »Welt der Wärme und des Durchbruchs, des breit aus dem Mascheninnern herausbrausen-

---

90 Vgl. Ball, Hugo: »Abbruch und Wiederaufbau« (Vortrag, den Ball am 1.7.1920 vor der Ortsgruppe Hamburg der »Deutschen Friedensgesellschaft« gehalten hat; im Nachlaß Hugo Balls befindlich und erstmals veröffentlicht im *Hugo-Ball-Almanach* der Stadt Pirmasens 1980, S. 1-37, hier: S. 34.)
91 Bloch, Ernst: *Geist der Utopie* (1923), GA 3, S. 12.
92 Ebd., S. 306.
93 Ball, Hugo: »Abbruch und Wiederaufbau«, S. 35.

den Lichts«, herausstellt.[94] Bezeichnenderweise assoziieren beide
– Bloch wie Hugo Ball – die Begriffe »Wiederaufbau«, »Erneuerung« und »Revolution« mit Mystik, Licht, Wärme, Brüderlichkeit; bezeichnenderweise stellen sich beide in eine Linie mit Münzer und Weitling *gegen* Luther, Kautsky und eine das Fernziel in
den Nahzielen nicht mehr sehen wollende, sich als nur allzu staats-
loyal entpuppende und einem naiven Fortschrittsbegriff verpflich-
tete Sozialdemokratie.

Ein Unterschied fällt auf. Bloch folgt Balls Vorstellungen von
»Wiedergeburt« und politisch-sozialer-religiöser »Erneuerung« in
einem Punkte nicht: in seiner harten Kritik an *Hegel*, der für Ball –
einem weitverbreiteten Vorurteil entsprechend – nichts weiter ist als
der große preußische Staatsphilosoph, der »die Hierarchie der My-
sterien des Mittelalters« durch »eine Hierarchie der Wissenschaften«[95] zu ersetzen suchte, der »Berlin für den Sitz der Weltsee-
le« und somit den »zynischsten Staat der Welt« zum »Gipfel gött-
licher Selbstoffenbarung«[96] erklärt habe; wohingegen Bloch den
Lehrmeister der dialektischen Methode, den er später verehren und
feiern wird[97], in dieser Zeit entdeckte.[98] Und auch gegenüber Hugo
Balls Verbindung des mystischen Gedankens mit Weltaskese[99] sowie
seiner Tendenz, den Marxismus als Philosophie der Revolution aus
diesem mystisch-religiösen Wiedergeburtsdenken auszugrenzen, hat
Bloch Vorbehalte angemeldet. Dieses progressive Ausscheren Balls
zum immer weiter abgewandten Propagandisten eines »byzantini-
schen Christentums«[100] führte schließlich – in Verbindung mit
Blochs verständlicher Empörung über antisemitische Äußerungen
Balls in einem Artikel der *Freien Zeitung* vom November 1918 –
zum Bruch der Freundschaft, wie ein Brief Blochs an Wilhelm
Muehlon belegt. Wörtlich heißt es dort über Ball:

»Ich schrieb Ball sogleich, daß die Art seines Antisemitismus
skandalös ist; ganz gleich wie er gedacht ist (ich kenne die tieferen

94 Bloch, Ernst: *Thomas Münzer als Theologe der Revolution* (1921), GA 2, S. 229.
95 Ball, Hugo: »Abbruch und Wiederaufbau«, S 35.
96 Ebd., S. 21.
97 Vgl. Ernst Bloch, *Subjekt-Objekt. Erläuterungen zu Hegel*, GA 8, Frankfurt/Main
   1962 (1951).
98 Eine erste ausführliche Auseinandersetzung mit Hegel (im seinem Gegensatz zu
   Kant) findet sich in der Ausgabe des *Geists der Utopie* von 1923, vgl. Bloch,
   Ernst: ebd., GA 3, S. 219ff.
99 Vgl. Ball, Hugo: »Abbruch und Wiederaufbau«, ebd. S. 34.
100 Vgl. ders.: *Byzantinisches Christentum*, München-Leipzig 1923.

und, wie oft bei Ball, bedeutend verkürzten Zusammenhänge). Es kommt darauf an, wie es die Uneingeweihten und nun gar die Schweizer Lölis lesen. Und so sieht es aus, als ob Ball ein entsprungener Rohling aus dem Verein Deutscher Studenten, und die F. Z. [*Freie Zeitung*, A. M.] ein Pogromblatt wäre ... «[101]

Für Bloch war dies sogar der Grund, gegenüber dem Begründer und Herausgeber der *Freien Zeitung*, Hans Schlieben, mit dem Ende seiner Mitarbeit an diesem Publikationsorgan zu drohen, falls solche Artikel Balls in Zukunft nicht unterblieben, und er verband diese Drohung kurze Zeit später mit der zusätzlichen Forderung, zwei weitere Mitarbeiter der *Freien Zeitung*, Rösemeier und Stilgebauer, ebenfalls »auszuschiffen«.[102] Die Drohung wurde von Bloch schließlich auch wahrgemacht, fiel jedoch zeitlich ohnehin zusammen mit seinem Entschluß, die Schweiz zu verlassen und nach Deutschland zurückzukehren,[103] um nach dem Sturz des Kaisers und der Ausrufung der Republik als kritischer Intellektueller am geistigen Wiederaufbau Deutschlands mitwirken zu können. Zu diesem Zweck trug er sich zeitweilig auch mit dem Gedanken, eine eigene Zeitschrift herauszugeben, für die er schon von Dezember 1918 an nach Finanzierungsmöglichkeiten suchte und die unter dem Titel *Rot und Gold* alle Kräfte der »sittlichgeistigen Erneuerung« des neuen »Lebens durch Philosophie« um sich scharen sollte. Die Verwirklichung dieses Plans scheiterte jedoch an einer mangelnden Finanzierung, nachdem Bloch im Frühjahr 1919 zunächst nach Berlin, dann nach München zurückgekehrt war. Gewiß haben diese Querelen mit Hugo Ball, die noch begleitet wurden durch Verständigungsschwierigkeiten mit René Schickele,[104] Bloch zeitweilig in große Bedrängnis gebracht – so wie jeder Verlust von Freunden ihn schmerzlich berührte. Seine positive geistig ideelle

---

101 Brief Ernst Blochs an Wilhelm Muehlon vom 22.11.1918, Nachlaß Muehlon, Institut für Zeitgeschichte (München), ED 142.

102 Vgl. den Brief Ernst Blochs an Wilhelm Muehlon vom 16.12.1918, in: Bloch, Ernst: *Briefe 1903-1975*, Bd. 1, S. 246; Bloch bittet in diesem Brief Muehlon um Geld, um die Rückreise nach Deutschland bezahlen zu können.

103 Vgl. Ernst Blochs Brief an Wilhelm Muehlon vom 11.2.1918, in: ebd., S. 242-245.

104 Vgl. Ernst Blochs Brief an Wilhelm Muehlon vom 22.11.1918; Bloch berichtet Muehlon von einem Zusammentreffen mit René Schickele, der ihn offensichtlich von der Notwendigkeit einer sofortigen Rückreise nach Deutschland hatte überzeugen wollen, und seinem Zögern, sich, zusammen mit Hugo Ball, als »Begleiter« diesem »Odysseus« anzuvertrauen.

Verbindung zum Expressionismus insgesamt wurde durch diese persönlichen Konflikte jedoch, wie die spätere Auseinandersetzung mit Ziegler und Georg Lukács zeigte,[105] nicht beeinträchtigt. Bloch dachte, schrieb, lebte – als Mensch, als Künstler und als Philosoph – noch lange Zeit weiterhin im weltanschaulichen Dunstkreis, im sprengenden, überschäumenden Stilgefühl und im subjektivistisch-kosmischen Pathos des Expressionismus. Erst in den 30er und 40er Jahren wirkte die zunehmende Einbindung in die materialistische Philosophie des Marxismus allmählich etwas bändigender auf seinen Stil und seine Schreibhaltung. Insofern ist Adornos Feststellung, daß Blochs Philosophie zwar »objektiv intendiert« sei, jedoch »unverändert expressionistisch« rede[106] und »ihr innerstes Motiv mit dem literarischen Expressionismus gemein«[107] habe, von unverrückbarer Gültigkeit.

---

105 Bloch, Ernst: *Erbschaft dieser Zeit*, S. 255ff.
106 Adorno, Theodor W.: *Noten zur Literatur*, Bd. II, S. 145.
107 Ebd., S. 146.

IX. »Lenin, der ›rote Zar‹«. Bloch als Journalist im Schweizer Exil (1917-1919)

Nachdem Bloch in geduldiger Arbeit in Grünwald bei Garmisch bis zum Winter des Jahres 1916/1917 das Manuskript der Erstfassung von *Geist der Utopie* fertiggestellt hatte, kam es im Leben des Liebespaares Bloch-Else von Stritzky im Frühjahr 1917 zu einem jähen Einschnitt. Bloch faßte damals den Entschluß, Deutschland umgehend zu verlassen und sich – zusammen mit seiner kranken Frau – auf den Boden der neutralen Schweiz zu begeben. Warum dieser plötzliche Entschluß zur Ausreise?

Für dieses freiwillige Exil waren im wesentlichen zwei Gründe verantwortlich: zum einen die allgemeine Verschlechterung der Lebensverhältnisse für die deutsche Zivilbevölkerung ab dem dritten Kriegsjahr, die u.a. die deutsche Reichsregierung bereits im März 1915 dazu veranlaßt hatte, als Folge der von den Alliierten verhängten Blockade die Rationierung aller lebenswichtigen Grundnahrungsmittel anzuordnen; und zum anderen Blochs Befürchtung, trotz seiner vorübergehenden Freistellung vom Wehrdienst zum Krieg eingezogen zu werden. Zwar war Bloch bei einer ersten Musterung im Jahre 1916, nicht zuletzt, weil Karl Jaspers intervenierte, wegen seiner Kurzsichtigkeit »zunächst« vom Militärdienst zurückgestellt worden; aber nach der »Schlacht an der Somme«, bei der fast eine Million Soldaten (500.000 alliierte und 500.000 deutsche) ihr Leben ließen, hatte sich im Winter des Jahres 1916-1917 die militärische Situation Deutschlands so weit verschlechtert, daß erwogen wurde, im Notfall auch noch auf die »Reserven« zurückzugreifen. Hauptgründe für Blochs Fortgehen aus Deutschland waren jedoch seine grundsätzliche Ablehnung der Außenpolitik des Deutschen Reiches sowie sein fester Entschluß, diese Politik vom neutralen Boden der Schweiz aus zu bekämpfen. Dies brachte ihn nicht nur dazu, mit der demokratisch-antimonarchistischen Opposition im Deutschen Kaiserreich zu sympathisieren, sondern auch Kontakte mit kaiserfeindlichen Journalisten, Politikern und Intellektuellen im Ausland zu knüpfen. Eines der wichtigsten Zentren für die Verbreitung der politischen Propaganda und Information gegen die Kriegsziele des deutschen Kaiserreichs in deutscher Sprache befand sich in Bern, wo die *Freie Zeitung*, das kultur-politische Organ der Anti-Kaiser-Deutschen im Exil, erschien, in deren Redaktion ententefreundlich eingestellte Journalisten, Intellektuelle und Schriftsteller tonangebend waren. Angesichts von Blochs klarer, ablehnender Haltung gegenüber dem deutschen Kaiserreich und der nationalistischen und »imperialistischen« Politik Kaiser Wilhelms II. war die *Freie Zeitung* in Bern die gleichsam natürliche ideologisch-politische Plattform, die Bloch mit der Gewißheit ansteuern konnte, daß dort seine politischen Ideen geteilt wurden. Angesichts des Mißtrauens der deutschen Behörden gegenüber allen Männern im wehrpflichtigen Alter, die ins Ausland reisen wollten, benötigte Bloch jedoch zunächst einmal einen plausiblen Vorwand für den Erhalt eines Ausreisevisums. Glücklicherweise sprang ihm hier Emil Lederer (1862-1939), der bekannte Heidelberger Sozialökonom und Mitherausgeber des *Archivs für Sozialwissenschaften und Sozialgeschichte*, hilfreich zur Seite. Lederers Empfehlungsschreiben war so verfaßt, daß es die Schweizer Konsularbehörden in München offenkundig beeindruckte, denn Bloch erhielt das Einreisevisum für die helvetische Republik Ende März 1917. Die Reise ging zunächst mit der Eisenbahn von München über Innsbruck und Zürich nach Bern und von dort nach Locarno in der italienischen Schweiz, wo sich Bloch mit seiner Ehefrau von April bis September 1917 aufhielt. Von September 1917 bis Mai 1918 wohnte er in Thun in der Nähe von Bern, von Mai 1918 bis März 1919 schließlich in Interlaken am Vierwaldstättersee.

Bloch stieß in der Schweiz im April 1917 – zu einem Zeitpunkt, als sich die marxistisch-revolutionäre russische Opposition um Lenin, ebenfalls im Zürcher Exil, auf die Revolution in Rußland vorbereitete – auf eine Kolonie deutscher Intellektueller, Künstler und Schriftsteller, die aus ähnlichen Gründen Deutschland verlassen und sich wegen des politisch-neutralen Status des Landes in die Schweiz geflüchtet hatten. Unter ihnen waren René Schickele, Else Lasker-Schüler, Ludwig Rabiner, Claire und Yvan Goll, Albert Ehrenstein, Ferdinand Hardekopf, Gershom Scholem und Walter Benjamin. Darüber hinaus gehörten dieser ziemlich heterogen zusammengesetzten Gruppe von Künstlern, Schriftstellern und Philosophen im Exil auch einige ehemalige Mitglieder des deutschen diplomatischen Korps an, die mit der deutschen Reichsregierung gebrochen hatten – wie z. B. Hans Schlieben, der nun Herausgeber der *Freien Zeitung* wurde. Zu ihm stieß später auch Wilhelm Muehlon, der ehemalige Direktor der Krupp-AG, der aus Protest gegen die von der Konzernleitung eingeschlagene Politik 1917 aus dem Konzern ausgeschieden war. Was aber repräsentierte und wollte die *Freie Zeitung* in Bern?

In einem Gespräch hat Ernst Bloch 1976 rückblickend unterstrichen, daß der politische Konsens der Berner *Freien Zeitung* ausschließlich ein demokratischer war, d.h. kein sozialistischer oder gar revolutionär-marxistischer, und daß ihre Mitarbeiter vor allem den Idealen der Amerikanischen und der Französischen Revolution anhingen und mehrheitlich bestrebt waren, »die Tradition der bürgerlich-demokratischen Opposition des Jahres 1848 gegen Preußen und Österreich« fortzuführen. »Da gab es noch keinen Platz für Marx.«[108] Der einzige gemeinsame Nenner dieser politisch engagierten oppositionellen Journalisten war »ihre Opposition gegen Preußen und die aggressive preussische Ideologie«[109]. Dies hieß aber auch, daß die Zeitung nach der militärischen Niederlage Preußens und dem Friedensschluß von Versailles keine Existenzberechtigung mehr hatte: Sie stellte im Laufe des Jahres 1919 ihr Erscheinen ein. Innerhalb dieser Journalistengruppe war Ernst Bloch nahezu der einzige linkssozialistisch orientierte Intellektuelle. Hugo Ball, die andere hervorragende Persönlichkeit dieses Kollektivs und Mitbegründer des Züricher »Dadaismus«, tendierte zum Anarchismus, bevor er sich einige Jahre später dem Katholizismus und obskuren mystischen Ideen zuwandte. Auch Hermann Hesse stand damals diesen Anarchistenkreisen sehr nahe, weshalb Bloch ihn öfter einen »latenten Bakunisten«[110] nannte. Von diesen zwei großen Ausnahmen abgesehen gehörte jedoch die große Mehrheit der Mitarbeiter der *Freien Zeitung* zu Bern, die sich öfter auch im Züricher Literaten-Café »Voltaire« trafen, zur »linksbürgerlichen Opposition«.

Bloch traf im April in der Schweiz ein. Sein erster in der *Freien Zeitung* veröffentlichter Artikel erschien allerdings erst im Oktober 1917. Da wurde dann beschlossen, ihn zum festen freien Mitarbeiter zu machen, und Bloch entwickelte sich zu einem politischen Journalisten von außerordentlich großer Produktivität. Insgesamt nicht weniger als 106 Artikel veröffentlichte er zwischen Oktober 1917 und Dezember 1918. Um gegenüber den deutschen Behörden seine wahre Identität zu verbergen, benutzte er dabei mehrere Pseu-

---

108 Vgl. Korol, Martin: *Deutsches Präexil in der Schweiz 1916-1918*, Bremen/Tartu 1999, S. 10.
109 Ebd., S. 11.
110 Ebd., S. 12.

donyme wie z.B. Dr. Fritz May, Ferdinand Aberle und Eugen Reich. Nur eine kleine Zahl von Artikeln war mit vollem Namen – Dr. Ernst Bloch – gezeichnet. Bloch tippte sie in der Regel selbst auf seiner Schreibmaschine und schickte sie von seinem Wohnort Thun bzw. später Interlaken mit der Post an die Redaktion der *Freien Zeitung* in Bern. (Auch noch nach Blochs offiziellem Ausscheiden aus der Redaktion erschienen einige kleinere Beiträge von ihm, so u.a. sein »Aufruf zur Unterstützung von Georg Lukács« vom 27. August 1919.)[111]

Es ist nicht schwer zu erraten, daß die politische und journalistische Tätigkeit der deutschen Emigranten in der Schweiz von den deutschen Behörden »aus der Ferne« überwacht wurde, vornehmlich durch den Geheimdienst des Außen- und Kriegsministeriums. Einem dieser Geheimberichte zufolge sollte H. Rösemeier, einer der politischen Redakteure der *Freien Zeitung*, beim Betreten des deutschen Bodens sofort verhaftet und gemäß Artikel 160, Abs. 57 des Militärstrafgesetzbuches wegen »Landesverrats« verurteilt werden.[112] Wie ein Geheimdokument der Stellvertretenden Militärkommandatur von Berlin vom 13. Oktober 1918 belegt, das sich im Archiv des Außenministeriums in der Akte »Frankreich, V., Bd. 90« befindet, wurde das Ministerium durch einen V-Mann, d.h. einen Spitzel, über eine »von der Entente großzügig finanzierte Propagandaaktion« in der Hauptstadt der Schweiz informiert, deren Zentrum ein gewisser Haguenin sei und deren hauptsächliche Mitarbeiter die deutschen Emigranten Schlieben, der Herausgeber der *Freien Zeitung*, Hugo Ball und der »Doktor Bloch« seien.[113] Aufgrund dieser Spitzelberichte wurde im Ministeriuim eine Liste »reichsfeindlicher« Emigranten im Ausland (in der Schweiz) erstellt, die auch noch nach Kriegsende benutzt wurde und die sich später auch die Nazis zu eigen machten, um gegen diese »deutschfeindliche« Gruppe vorzugehen. So wurde z.B. Wilhelm Muehlon, der von 1917 an die *Freie Zeitung* in Bern hauptsächlich finanzierte, im November 1933 von den Nazis und dem Innenministerium des Landes Preußen unter Anklage gestellt und offiziell des »Landesverrats« im Ersten Weltkrieg beschuldigt. Als zweimal wöchentlich erscheinende deutschsprachige Zeitung, die sich offiziell »unabhängiges politisches Organ demokratischer Politik« nannte,

---

111 Vgl. ebd., S. 36.
112 Vgl. ebd.
113 Ebd.

wurde die *Freie Zeitung* überwiegend durch finanzielle Zuwendungen aus England und vor allem Frankreich finanziert, zum kleineren Teil auch von Anti-Kaiser-Deutschen und der Politik des Deutschen Reichs feindlich gesonnenen Schweizern. Der genaue Nachweis ist jedoch schwer zu leisten, da diesbezügliche Akten leider unauffindbar sind. Obwohl die Zeitung in Deutschland verboten war, wurde sie vor allem im angrenzenden Südwestdeutschland verbreitet, jedoch heimlich und meist auszugsweise in Form von Flugblättern, die mit Flugzeugen über den deutschen Schützengräben abgeworfen wurden.[114] Darüber hinaus erhielten sie die deutschen Kriegsgefangenen. Später äußerte sich Bloch darüber folgendermaßen:

»Also wir waren eine Gruppe gegen Ludendorff und Hindenburg und gegen den preußischen Krieg und gegen Belgien und alles, was da an Schandtaten vor sich gegangen ist [...], in Gesellschaft von René Schickele, Annette Kolb, auch Hermann Hesse, vor allem auch Hugo Ball, Grumbach, Epictète Colmar, später, aus Paris, und was an Gutem und Teurem damals noch lebte, auch mit freundlichen Beziehungen zu Engländern, Amerikanern und Franzosen.«[115]

Und weiter:

»Als Mitarbeiter der *Freien Zeitung* und des schweizerischen *Freien Verlags* war ich natürlich als ›Anti-Kaiser-German‹ verrufen, verkehrte aber in einer guten Gesellschaft; ich kannte auch einige Leute von der französischen Gesandtschaft und hatte mit ihnen interessante Unterhaltungen. Dann gab es noch einen bayerischen Gesandten in Bern, der ein hervorragender Mann war, gegen Preußen, gegen Wilhelm eingestellt. Dieser Mann hat mir sehr viel geholfen und unter anderem verhindert, daß ich in der Schweiz als Emigrant in ein Internierungslager gekommen bin. Dann gab es Schweizer aus altem Schrot und Korn, prachtvolle Gestalten aus Interlaken, mit denen mich eine herzliche Freundschaft verbunden hat, die gegen Ludendorff und gegen Wilhelm opponierten bis zum Exzeß. Sie verkörperten die gute alte schweizerische Tradition aus dem Blut von Wilhelm Tell unter dem Stauffacher. Mit denen stand ich sehr gut, sie haben mich über Wasser gehalten, haben mich mit Geld unterstützt, obschon von meinen Emigrantenfreunden keiner

---

114 Vgl. ebd., S. 30.
115 Zitiert nach: ebd., S. 177.

es für möglich hielt, daß ein Schweizer Geld hergibt. Aber sie haben es getan, und das habe ich nie vergessen.«[116]

Die *Freie Zeitung* war, wie gesagt, nicht die intellektuelle Plattform einer sozialistisch oder marxistisch ausgerichteten Opposition: Ihr Hauptziel war die Erneuerung der bürgerlich-demokratischen Opposition von 1848 gegen Preußen und Österreich. »Alle uneingelösten Versprechungen von 1848 haben hier ihre Abschiedsvorstellungen gegeben. Es war wieder der linke Flügel: (Robert) Blum, erschossen 1848, in die Reihe gehört das. Marx kam nicht vor.«[117] Dies mag hinreichend erklären, warum die ententefreundliche *Freie Zeitung* so uneingeschränkt die Politik des »Tigers« Clémenceau unterstützte. Obwohl gelegentlich in den Spalten der Zeitung auch einmal der USPD-Standpunkt zu Worte kam, war die von der Zeitung verfolgte politische Zukunftsutopie für Deutschland, nach dem erhofften Sturz der Hohenzollern-Monarchie, die westlich-liberale Demokratie nach französischem Muster, mit ihren Idealen von »Freiheit, Gleichheit und Brüderlichkeit.« Es war die »Weltdemokratie«, wie Bloch es in einem seiner politischen Aufsätze aus dem Jahre 1918 unterstrich, und nicht die »sozialistische Weltrevolution«.

Das Redaktionskollektiv der *Freien Zeitung* in Bern hatte die folgenden politischen Ziele zum Programm ihrer Informations- und Propagandaarbeit gemacht:[118]

1. Die Anerkennung der Hauptschuld des Deutschen Kaiserreichs am Ausbruch des Ersten Weltkriegs. (Bloch: »Dieser Krieg war von Preußen (in Potsdam) vorbereitet worden, was Preußen jedoch bestreitet.«)
2. Die Forderung, daß das endgültig besiegte Deutschland diese Schuld eingesteht und die dafür verantwortlichen Politiker und Militärs bestraft.
3. Die Forderung nach dem Sturz der Deutschen Reichsregierung und der Beseitigung der Monarchie. (Preußen war Hauptfeind und Haupthindernis – neben dem zaristischen Rußland – für eine demokratische Neuordnung in Europa.)
4. Die Unterstützung von Kurt Eisner, der auf der Sitzung der »Sozialistischen Internationale« im Februar 1919 in

---

116 Münster, Arno (Hrsg.): *Tagträume vom aufrechten Gang*, S. 42.
117 Korol, Martin: *Deutsches Präexil in der Schweiz 1916-1918*, S. 10.
118 Vgl. ebd., S. 262.

Bern mutig die These von der Hauptschuld Deutschlands am Ausbruch des Ersten Weltkriegs verteidigt hatte.

5. Die Kritik an all denen, die im August 1914 der »Burgfriedenpolitik« von Kaiser Wilhelm II. zugestimmt und ihre früheren Parteitagsbeschlüsse verraten bzw. vergessen hatten. (Kritik an der Politik der Mehrheitssozialdemokratie und ihrer »Kapitulation« vor dem deutschen Nationalismus im Rahmen ihrer Zustimmung zur Landesverteidigung.)

6. Die Forderung nach einer gründlichen Demokratisierung Deutschlands auf der Basis einer Reform des Wahlgesetzes (Abschaffung des preußischen »Drei-Klassen-Wahlrechts«) und der Schaffung einer pluralistischen, demokratisch-parlamentarischen Verfassung nach angelsächsisch-französischem Vorbild.

7. Die Zustimmung zum 14-Punkte-Plan Wilsons.

8. Die Verurteilung des vom Deutschen Reich gegen die Kriegsflotten Großbritanniens und Frankreichs begonnenen unbegrenzten U-Boot-Krieges.

9. Die Verurteilung der vom Deutschen Reich in Belgien und in Nordfrankreich begangenen Kriegsverbrechen.

10. Die Verhaftung Kaiser Wilhelms II., der führenden Mitglieder der Obersten Heeresleitung (OHL) und der Hauptverantwortlichen für diesen Krieg im deutschen Außen- und Kriegsministerium.

11. Die Unterstützung der demokratischen Novemberrevolution in Deutschland im Jahre 1918.

Die demokratisch-westlich orientierte politische Generallinie der *Freien Zeitung* hatte auch zur Folge, daß die Redaktion gegenüber der Oktoberrevolution in Rußland eine eher zwiespältige und meist negative Haltung einnahm. Zwar begrüßte sie zunächst den Sturz des autoritär-autokratischen Zarenregimes als Ereignis von allererster Bedeutung für die Menschheit und für die Befreiung des russischen Volkes von den Ketten einer repressiven und unerträglichen halbasiatischen Despotie. Dies war jedoch keineswegs eine Parteinahme für den Revolutionsführer Lenin und die Bolschewiki, denn kaum waren die ersten Nachrichten über die von den Bolschewiki nach der Erstürmung des Petersburger Winterpalais und der Vertreibung des Zaren von der Macht ergriffenen Maßnahmen und die Methoden der neuen Machthaber durchgesickert, da wurden die Rußland-Kommentare der Redakteure der *Freien Zeitung* (Ernst Bloch inbegriffen) sehr skeptisch, und natürlich wurde dieser Skeptizismus noch zusätzlich durch die ablehnende Haltung der führenden bürgerlichen Politiker der Westmächte gegenüber der allzu deutschfreundlichen Außenpolitik der Sowjetmacht verstärkt. Die Lektüre der von Ernst Bloch verfaßten Artikel in der *Freien Zeitung* zeigt, daß Bloch, der von Oskar Negt vertretenen These von Bloch als »dem deutschen Philosophen der Oktoberrevolution« zum Trotz, von Oktober 1917 bis Januar/Februar 1919 ein ausgesprochener Gegner und Kritiker von Lenins Politik war. Politisch stand er in dieser Periode der USPD nahe, und zwar jenen Kreisen in der USPD, die – gruppiert um Rosa Luxemburg, Karl Liebknecht und den linken Flügel der aus einer Spaltung der SPD im Frühjahr 1917 hervorgegangenen Partei – zwar den Sturz des Zarenregimes in Rußland begrüßten, gleichzeitig jedoch die Entartung der neuen von den Bolschewiki eingesetzten revolutionären Sowjetmacht in eine bürokratische sozialistische Parteidiktatur fürchteten. Dies auch deshalb, weil – so Bloch schon damals – eine »wirkliche sozialistische Revolution nicht möglich ist ohne eine vorherige bürgerliche«, die in Rußland ausgeblieben war. Der Journalist Bloch war äußerst skeptisch gegenüber der Absicht der Bolschewiki, diese Zwischenphase zu überspringen und auf den Ruinen des beseitigten Zarenregimes mit dem Aufbau einer sozialistisch-kommunistischen Gesellschaft der Gleichheit sofort zu beginnen; und er war – wie Rosa Luxemburg – irritiert durch den viel zu schnellen Abbau der in der Oktoberrevolution entstandenen Volksorgane direkter Demokratie, d.h. der lokalen Arbeiterräte, und über die rasche Umwandlung der Herrschaft der Bolschewiki in ein Regime mit neo-jakobinischem Zentralismus.

»Es gibt keine sozialistische Revolution ohne ein 1789« sagte Bloch später pointiert.[119] Außerdem – und auch dies ist ein bestimmender Faktor – war Bloch ein entschiedener Gegner der »Zimmerwalder Konferenz« der Sozialistischen Internationale aus dem Jahre 1915, wo auf Druck der bolschewistischen Fraktion unter Lenin eine Resolution verabschiedet worden war, in der der Erste Weltkrieg als Konflikt zwischen mehreren imperialistischen Weltmächten um die Hegemonie und Weltherrschaft interpretiert wurde. Da der ententefreundliche Bloch sowie die Journalisten der *Freien*

---

119 Ebd., S. 44.

Zeitung hingegen fest von der deutschen Alleinschuld am Ausbruch des Ersten Weltkriegs überzeugt waren, kritisierten und verurteilten sie die Zimmerwalder Beschlüsse als einen unhaltbaren »Neutralitätsbeschluß«, der letztendlich nur den Interessen Deutschlands diene. Außerdem setzten sie nicht auf Lenin und die Bolschewiki, sondern auf den amerikanischen Präsidenten Wilson, dessen politische und militärische Strategie die große Hoffnung der Anti-Kaiser-Deutschen in der Schweiz war. (Bloch: »Wilson verkörperte den Erfolg und das Bewußtsein von 1789.«)[120] Allerdings, so räumt Bloch gleichzeitig ein, wurde diese Hoffnung später durch »den Tiger Clémenceau anläßlich des Versailler Friedensvertrags« enttäuscht.[121]

Angesichts solcher Kritik Blochs an der französischen Siegerpolitik mit ihrer aggressiven Revanchehaltung gegenüber dem militärisch besiegten und daniederliegenden Deutschland, die von der Redaktion der von der französischen Gesandtschaft mitfinanzierten *Freien Zeitung* nicht geteilt wurde, ist es mehr als wahrscheinlich, daß Blochs Ausscheiden aus der Redaktion der Zeitung Ende Dezember 1918 nicht nur durch die Differenzen und den Konflikt mit Hugo Ball bedingt war, sondern auch durch den Umstand, daß die *Freie Zeitung* einer Nachkriegspolitik uneingeschränkt ihre Zustimmung gab, deren Ziel die Erniedrigung des besiegten Deutschland war, worin man den Keim für einen neuen Krieg vermuten konnte. (Genau diese Befürchtung war ausschlaggebend dafür, daß die Vereinigten Staaten von Amerika den Friedensvertrag von Versailles als einzige am Krieg beteiligte Großmacht nicht unterzeichneten.) Dies zeigt auch, daß Bloch, obwohl er die militärische Niederlage des deutschen Kaiserreichs, den Sturz Kaiser Wilhelms II. und der Hohenzollern-Monarchie sowie die Auflösung der Habsburger Donaumonarchie begrüßt und intensiv herbeigewünscht hatte, gleichzeitig gewisse Vorbehalte gegenüber den Exzessen der französischen Deutschenfeindlichkeit hatte, die in der Politik Clémenceaus zum Ausdruck kam, wie z.B. in der Politik der Reparationszahlungen an Frankreich und der Besetzung des Rheinlandes. Im Gegensatz zu Hugo Ball, der die französische Politik uneingeschränkt unterstützte, stand Bloch auf dem Standpunkt, daß eine militärische Präsenz der West-Alliierten nach der deutschen Niederlage im November 1918 auf deutschem Boden weder nötig noch opportun sei, da deren

---

120 Ebd.
121 Ebd.

unvermeidliche Folge es wäre, daß die Deutschen für das englische und französische Kapital arbeiten müßten.[122] Zu erinnern wäre auch noch daran, daß Ernst Bloch im Laufe des Jahres 1918 in einer großen Anzahl von Artikeln in der *Freien Zeitung* entschieden für eine Beendigung der deutsch-preußischen Annexionspolitik in Osteuropa eingetreten war, auch dafür, daß sich »ganz Osteuropa revolutionär entflammt« solange, bis »der preußische Militärmoloch untergeht.«[123] Deshalb war Bloch auch ein strikter Gegner des von den Bolschewiki unterzeichneten Friedensschlusses von Brest-Litowsk, der Rußland erniedrigte.

Charakteristisch für die kritische Haltung Blochs gegenüber den Bolschewiki in den Jahren 1917 bis 1919 ist der von Bloch am 27. Februar 1918 unter dem Pseudonym »Ferdinand Aberle« veröffentlichte Artikel »Lenin, der ›rote Zar‹«, in dem Bloch seine Vorbehalte gegenüber der Politik der »russischen Maximalisten« (d.h. der Bolschewiki) vor allem hinsichtlich der Einberufung der »Konstituierenden Versammlung« zum Ausdruck bringt und gegen die Art und Weise, in der die bolschewistische Führung nach der Oktoberrevolution ihren Machtwillen in eine Diktatur umgewandelt hat, »die durch ihre Mittel das Ziel trübt und es stellenweise sogar vergessen läßt, wenn sich seiner ein autokratisches Regiment bemächtigt.«[124] Die Kritik Blochs betrifft die Methoden der »Roten Garden« im Januar 1918 sowie – allgemein – den Umgang der Bolschewiki mit »revolutionärer Gewalt«. Damit leugnet Bloch aber keineswegs, daß alles zunächst mit einer großen Befreiungs- und Emanzipationsbewegung begann.

»Es war wie ein unendlich glückseliger, vollkommen unwahrscheinlicher Traum, als man im März vorigen Jahres lesen konnte, wie die Zuchthäuser und sibirischen Katorgen geöffnet wurden, wie die alte, furchtbare Welt des Zwangs und der zaristischen Willkür mühelos und fast ohne Anwendung der Waffen vor dem neuen Geist zerbrach. Dieses war Osten, war Tolstoi, war Rußland; alles geschah von innen her, fast gewaltlos, die revolutionäre Idee wirkte selbst der brutalsten Autokratie gegenüber, die je die Welt gesehen

---

122 Vgl. Interview Blochs mit Michael Landmann vom 22. Dezember 1967, in: *Bloch-Almanach*, 4/1984, S. 15-40.

123 Vgl. den Artikel Blochs in der *Freien Zeitung* vom 20. März 1918, der mit dem Pseudonym »Dr. Fritz May« gezeichnet ist. Vgl. ders. *Kampf, nicht Krieg*, S. 212-213.

124 Bloch, Ernst: *Kampf, nicht Krieg*, S. 196.

hatte, nicht tötend wie ein Schwert, sondern vertreibend, in ihr Nichts auflösend, satanvertreibend wie ein Amulett. Aber nunmehr erscheint eine ›Rote Garde‹ auf dem Plan; das wirkt zunächst wie ein Kinderschreck [...], es wirkt aber auch wie eine Erinnerung an die ›schwarzen Hundert‹ des verflossenen Zaren.«[125]

Es ist nicht weiter verwunderlich, daß Bloch bei seiner Kritik der politischen Praxis der Bolschewiki in Rußland im gleichen Atemzuge auch ein von Lenin der Pariser *L'Humanité* gegebenes Interview vom Dezember 1917 zur Zielscheibe nimmt, in dem Lenin erklärt hatte, daß »genauso wie 150 Tausend Gutsbesitzer ehemals 130 Millionen russische Bauern beherrschten, [...] jetzt 200 Tausend Mitglieder der maximalistischen Partei den Massen ihren proletarischen Willen auf[legen], dieses Mal aber im Interesse dieser Massen selber.« Hier, so schlußfolgert Bloch, »blickt also der Gedanke durch, daß man die russischen Bauern wider ihren Willen zu ihrem Glück zwingen müsse; aber es ist nichts gut, es bleibt nichts gut, selbst wenn es abstrakt ein Gutes sein mag, was nach Weise dieses wiedergeborenen ›aufgeklärten Absolutismus‹ erzwungen, wider den Willen der Mehrheit eines Volkes getan werden muß. Jedoch selbst die Ausrede, daß Rußland noch nicht genügend durchproletarisiert sei, um proletarische Politik selbsttätig zu treiben, bleibt dabei eine bloße Ausrede: denn es besteht die alte Einrichtung des Mir, das ist der halb kommunistischen Dorfgemeinschaft, noch ungebrochen genug, um daran anschließend durchaus im Einklang mit dem Willen der Mehrheit des russischen Volkes die ihm einzig vorgezeichnete *agrarproletarische* Politik treiben zu können.«[126]

Die politische Position, die Bloch zu diesem Zeitpunkt vertritt, ist also die eines revolutionären demokratischen Sozialisten, der der USPD nahesteht – sie hatte sich 1917 aus Protest gegen die Unterwerfung der SPD unter die Militärpolitik Kaiser Wilhelms II. von der Mehrheitssozialdemokratie abgespalten. Bloch äußert auch die Besorgnis, die von Lenin und den Bolschewiki nach ihrem Sieg durch die Oktoberrevolution praktizierte Politik des »revolutionären Avantgardismus« könne zu sehr umstrittenen Formen neuer autoritärer Macht führen, auch wenn dies im Namen sozialer Gerechtigkeit und einer »guten Sache« geschehe. In der Sowjetunion,

---

125 Ebd., S. 196-197.
126 Ebd., S. 197.

so Bloch, könne dies deshalb geschehen, weil »die Freiheit so abrupt [kam], daß ein eigentlicher Übergang, eine Methode, eine westliche ›Zivilisation‹ zur Freiheit noch immer fehlt.«[127] Bloch meint nämlich – und dies ist gewissermaßen Devise seiner politischen Philosophie von 1917 bis 1919 –, daß »*jedes Volk* [...] *nur denjenigen Sozialismus zu erwarten [hat], den es nach Maßgabe seiner bürgerlichen Freiheit, seines Liberalismus verdient.*«[128]

Hier verdient auch der Weitblick Blochs erwähnt zu werden, welcher in kritischen Gedanken zu einer bürokratisch-terroristischen Entartung der von den Bolschewiki errichteten Sozialdiktatur zum Ausdruck kommt: welch Verhängnis es wäre, wenn sich preußische Disziplin und die Idee eines zentralistisch-autoritären Staatssozialismus verbänden – geäußert dreißig Jahre vor Gründung der DDR. Diese Verbindung, so unterstreicht Bloch, kann der sozialistischen Revolution »keine echte Freiheit und Demokratie bringen. Sie wird vielmehr, wie Lenin, die pure Machtgebärde erben und, schlimmer noch als dieser, jenes ›große Zuchthaus‹ bringen, als welches sich bezeichnenderweise nicht nur die Bürger, sondern auch die akademischen Staatssozialisten in Deutschland den Organisationszauber genossenschaftlich geregelter Produktions- und Konsumtionswirtschaft vorstellen.«[129] Das politische Ziel, für das Bloch in diesem Artikel vom 27. Februar 1918 eintritt, kann daher nur durch eine Doppelstrategie erreicht werden: einerseits Kampf für die wahre Demokratie, zu führen gegen den Hauptfeind, den »zentralmächtlichen, rein kreatürlichen, widerchristlichen Macht-Materialismus« des deutschen wilhelminischen Kaiserreichs, andererseits Kampf gegen die pseudo-proletarische Sozialdiktatur der Bolschewiki.

In einem weiteren Artikel Blochs vom 22. Mai 1918 wird seine Kritik am preußischen Militärdespotismus noch durch die Kritik an der Mentalität der Deutschen allgemein ergänzt, die, so Bloch, für die Revolution unbegabt und zu sehr an psychologischen Unterwerfungsformen orientiert seien – Begriffe, mit denen Bloch auf die deutsche Autoritätshörigkeit anspielt. Dennoch hält Bloch an seiner Hoffnung auf die Möglichkeit einer demokratischen Erneuerung Deutschlands »an Haupt und Gliedern« fest; Voraussetzung dafür

---

127 Ebd.
128 Ebd., S. 198.
129 Ebd.

aber sei die militärische Niederlage seiner Generäle und der Sieg der »Entente«.

»Ludendorff hat dem ausgebluteten Leib durchaus den Willen, das Ich, den empörungsfähigen Charakter exstirpiert: *und ehe nicht dieser Mann gestürzt ist, ehe nicht die Westoffensive zum vollen Sieg der Ententeheere geworden ist, bleibt keine Wiederbelebung des deutschen Volkes, der deutschen Demokratie, dieses bloßen fühllos gewordenen Objekts militärischer Vergewaltigung, zu hoffen.* Der Sieg der Entente kann allein die Sache wenden.«[130]

Die Entente stehe zwar »*im Kampf, aber sie führt nicht Krieg* [...]; *sie führt Kampf gegen den Krieg, sie steht auf den Barrikaden gegen das System des Krieges, sie ist sich gründlich, grundhaft wehrender Pazifismus und, mit voller Paradoxie des Wortes, kämpfende Christenheit, ecclesia militans.*«[131] Infolgedessen kann nur die militärische Niederlage des kaiserlichen Deutschlands zu diesem angestrebten Ziel eines »deutschen 1789 statt 1917« führen, d.h. zu einer »deutschen Volkssouveränität«, die Vertrauen einflößt und die in der Lage ist, »den Bastillensturm dieses Krieges ab-[zu]kürzen«[132] – wie es in einem unter dem Pseudonym Jakob Bengler veröffentlichten Artikel Blochs heißt.

In einem weiteren Artikel mit dem Titel »Die letzten Tage der Bolschewiki« bringt er seine Besorgnis über die politische und soziale Entwicklung in Rußland nach der Machtergreifung durch die Bolschewiki erneut zum Ausdruck. Anlaß war ein höchst skandalöser Zwischenfall: die Verhaftung einer in Moskau zu Besuch weilenden Delegation der »Entente« im Juli 1918. Dieser spektakuläre Bruch der »bisherigen scheinbaren Neutralität«[133] der Bolschewiki wird von Bloch scharf verurteilt, u.a. mit der kritischen Erinnerung daran, daß »die russische Revolution, einschließlich der Bolschewiki«, ohne die Heere und Siege der Entente »schon längst vernichtet« worden wäre. Lenin, so unterstreicht Bloch in diesem Artikel, habe einfach – und dies sei ein schwerer Fehler gewesen – infolge seiner »Zimmerwalder« Position unter Verweis auf den »Imperialismus« der Westmächte die militärische Hilfe der Entente abgelehnt, gleichzeitig aber die Unterstützung Deutschlands in seinem Kampf gegen die Gegenrevolutionäre in Rußland angenommen,

---

130 Ebd., S. 248.
131 Ebd., S. 317 (Artikel vom 17. August 1918).
132 Ebd., S. 292 (Artikel vom 27. Juli 1918).
133 Ebd., S. 318 (Artikel vom 17. August 1918).

und das »obwohl Deutschland in vollster *Realität* sechzig Millionen russische Sozialisten annektiert hat, überall die Freiheit zertrat, zehntausend ukrainische Bolschewiki bei Taganrog ersaufen ließ, den Rest Rußlands zwecks vollständiger Verelendung türkischen und anderen Horden überantwortete, obwohl also Deutschland in Großrußland schlimmer als die Pest gehaust und das Land Tolstois als schwarzen Erdteil behandelt hat.«[134] Ohne Berücksichtigung dieser Tatsachen habe Lenin aber die Verhaftung der Vertreter Deutschlands abgelehnt und gleichzeitig drohende diplomatische Noten an England und die Vereinigten Staaten gesandt. »Er gefällt sich in der souveränsten Skepsis des Marxisten, der überall nur Kapitalsinteressen, sonst nichts sieht, und macht den Engländern das Protektorat über das ferne Ägypten zum Vorwurf. [...] Dagegen die Deutschen wurden nicht behelligt. Man tauschte mit den Erwürgern Rußlands Besuche; und je toller sie es trieben in der nahen, russischen Ukraine, nicht im fernen Ägypten, desto demütiger und freundschaftlicher gaben sich die Bolschewiki.«[135]

Wie radikal Bloch Lenins deutschlandfreundliche Haltung kritisiert und daß er es ablehnt, sich Lenins Imperialismus-Kritik und seine scharfe Kritik am britischen und französischen Kolonialismus zu eigen zu machen, kommt noch einmal in einem weiteren Artikel, überschrieben »Das falsche Geleise Zimmerwalds«, zum Ausdruck, in dem Bloch pathetisch das westliche Ideal der »sozialen Demokratie« gegen das Übel der »bolschewistischen Sozialdiktatur« verteidigt:

»Sozialismus ohne weitgehende Auflockerung der Verbände, ohne weitgehendste Demokratie auch des Einzellebens ist lediglich ein Preußentum anderer Ordnung. Und es liegt auf der Hand: daß die Mißachtung der westlichen Freiheiten [...], daß die harmlose Verdächtigung jeder Idee [...] das entsetzliche Elend des deutschen Zwangs und der deutschen praktischen Gottlosigkeit nicht aufheben kann. 1789 wird gewiß nicht über den Sozialismus siegen [...]. Aber 1789 und *nur* 1789, kein Feudalismus und kein Gottesstaat, wird den Sozialismus, den echten, mit tausendfach korrigiertem Marx, als *Konsequenz* haben: und die neu zu gewinnende wirtschaftliche Freiheit, Freiheit vom Wirtschaftlichen, wird die großen Ideale der *bürgerlichen* Demokratie begeistert bewahren, wird sie

---

134 Ebd., S. 318-319.
135 Ebd., S. 319.

nicht brechen, bespeien und in bolschewistischer Sozialdiktatur untergehen lassen, sondern zu den vollkommenen Idealen der *sozialen* Demokratie steigern.«[136]

In seinem Artikel »Erkrankter Sozialismus« vom 16. November 1918 verschärft Bloch diese Kritik noch einmal und vergleicht die Revolution in Rußland polemisch sogar mit der »Gegenrevolution und der Reaktion«.

»Nicht viel anders stützt sich aber auch der russische Bolschewismus auf zuchtlosen und selbstverständlich völlig unproduktiven Soldatenpöbel; und diesen gibt er nun als das schaffende Proletariat aus, dem Karl Marx das Erbe der deutschen Philosophie, die Verwirklichung der höchsten Menschheitsziele übertragen wollte. Solches Tun ist jedoch weder Revolution noch Sozialismus im ersehnten und begriffenen Sinn dieses Worts; so weithin sich auch bolschewistische Bewegung damit mischen mag, so unzweifelhaft auch Landaufteilung und andere kommunistische Taten der Bolschewiki eine alte und sogar nicht-marxistische Tradition im russischen Sozialismus haben. [...] ehemalige hungernde und plündernde Soldaten sind keineswegs das erwachende *Weltproletariat*«, von dem Marx träumte; dies genügt vollauf, meint Bloch, um daraus den Schluß zu ziehen, daß »Marxens Diktatur des Proletariats und auch die genossenschaftliche Verewigung des Fabriksystems [...] kaum die Formen und Ziele des *Weltsozialismus* sein [können]. Die Proletarier der Welt haben nicht viereinhalb Jahre lang, immer gründlicher begreifend, gegen Preußen, für die Weltdemokratie gekämpft, um bei der kommenden Erringung ökonomisch-sozialer Demokratie die Freiheit preiszugeben und die demokratische Linie, den Stolz der westlichen Kulturen, plötzlich zu verlassen.«[137] Diese »bolschewistische Perversion« der Marxschen Theorie der Emanzipation des Proletariats sei dafür verantwortlich, daß sich der Sozialismus – nach dem Sturz des Zarenregimes und der Errichtung eines bolschewistischen Regimes der (neo-blanquistischen) »Berufsrevolutionäre« in Rußland – der Weltöffentlichkeit nunmehr als »erkrankter Sozialismus« darbiete; denn, so Bloch, »niemals hätte man es als Sozialist, bei aller Verehrung Wilson gegenüber, für möglich gehalten, daß die Sonne Washingtons derart die einst erwartete Sonne Moskaus übersteigt; daß aus dem noch kapitalistischen

---

136 Ebd., S. 390 (Artikel vom 6. November 1918).
137 Ebd., S. 399-400.

Amerika die Freiheit und Reinheit, aus dem Rußland der sozialistischen Revolution aber nichts als Gestank, Verrottung, neuer Dschingis-Khan mit den Gebärden des Völkerbefreiers, mit den mißbrauchten Insignien des Sozialismus kommt.«[138] Allzu lange sollte Bloch jedoch an dieser anti-leninistischen, in vielem Rosa Luxemburgs Kritik an den undemokratischen Maßnahmen der Bolschewiki[139] noch übertreffenden Position nicht festhalten. Unter dem Einfluß seines Freundes Georg Lukács schwenkte Bloch im Laufe des Jahres 1919 auf die marxistisch-leninistische Linie des historischen und dialektischen Materialismus ein.

Lukács wird im Juli 1919 aktiv als »Volkskommissar für Bildung« an der ungarischen Räteregierung von Bela Kun teilnehmen, was ihm nach der Niederschlagung der sozialistisch-revolutionären Regierung Verhaftung und Verfolgung einbringt. Bloch setzt sich in einem Solidaritätsaufruf für ihn ein – nur knapp entgeht er der Exekution. Sein 1923 veröffentlichtes Buch *Geschichte und Klassenbewußtsein*, das den endgültigen Bruch mit seiner romantisch-»präexistenzialistischen« Frühphilosophie besiegelte, wurde schnell zu einem Klassiker der marxistischen Theorie. Für Bloch hingegen wird erst sein Buch *Thomas Münzer als Theologe der Revolution*, das 1921 erscheint, die Wende zum Marxismus und schließlich auch zu Lenins Positionen klar zum Ausdruck bringen.

---

138 Ebd., S. 399.
139 Vgl. Luxemburg, Rosa: »Die Russische Revolution« (1918), in: dies.: *Politische Schriften*, Bd. III, Frankfurt am Main/Wien 1968.

X. Aufenthalte in Berlin und in München
(1919-1921)
– *Thomas Münzer als Theologe der Revolution*

Im September 1919 kehrt Ernst Bloch endgültig nach Deutschland zurück. Er erlebt ein Wiedersehen mit einem Land, das schwer unter der militärischen Niederlage vom November 1918, den erniedrigenden Bedingungen des Versailler Friedensvertrags und den verheerenden wirtschaftlichen und sozialen Kriegsfolgen leidet. Hinzu kommt, daß Hoffnungen enttäuscht wurden, die durch den Sturz des Kaisers und die Ausrufung der Republik geweckt worden waren und insbesondere durch den »Spartakus«-Aufstand, der im Januar 1919 scheiterte. Danach setzte schnell ein Restaurierungsprozeß der bürgerlichen Gesellschaft ein, an dem (indirekt) die Sozialdemokratie beteiligt war, da sie einem Volksfront-Bündnis mit den Kommunisten mißtraute und einem Mitte-Links-Bündnis mit dem bürgerlichen »Zentrum« den Vorzug gab. Zuvor hatten die vom sozialdemokratischen Reichspräsidenten Friedrich Ebert tolerierten Noske-Truppen den »Spartakus«-Aufstand blutig niedergeschlagen, und die Freikorps hatten die wichtigsten Vertreter der deutschen Arbeiterbewegung, Rosa Luxemburg und Karl Liebknecht, ermordet.

Die Bürgerkriegstage in Berlin hatte Bloch mit großer Anteilnahme noch von seinem Schweizer Exil aus verfolgt und dann den Entschluß gefaßt, nach Berlin zurückzukehren. Im Oktober 1919 machte er zunächst in München und in Köln Zwischenstation, nicht zuletzt deswegen, weil er mit Max Scheler Verbindung aufgenommen hatte. Schon im November 1916 hatte er ihn persönlich kennengelernt und mit seiner Unterstützung – allerdings vergeblich – versucht, an der Kölner Universität eine Dozentur bzw. eine Stelle als außerordentlicher Professor zu finden. Die Initiative Blochs ist um so verwunderlicher, als es sich bei Scheler um einen katholischen Philosophen handelte, dessen konservative politische Ideen er scharf kritisiert hatte. (Scheler hatte auf einen militärischen Sieg der Mittelmächte über die Entente im Ersten Weltkrieg gesetzt und vertrat zudem die Politik des kaiserlichen Deutschland als Gesandter des Auswärtigen Amts in der Schweiz und den Niederlanden.) In seinem in der *Friedens-Warte* vom Oktober 1917 erschienenen Aufsatz »Der

Weg Schelers«[140] hatte Bloch Schelers *Der Genius des Krieges und der Deutsche Krieg* (1915) »eine Schande« und »eine Verruchtheit« genannt. So war es wohl allein seiner materiellen Situation zuzuschreiben, daß er trotzdem versuchte, Scheler, dem er zugute hielt, sich 1917 »gewandelt« zu haben, für seinen Plan einer Dozentur für Philosophie an der Universität Köln zu gewinnen. In einem Brief an Max Scheler vom 3. September 1919 gab er seinem Wunsch »nach einer Sinekure« Ausdruck, »um (sein) System schaffen zu können.« »Zuerst aber möchte ich«, schreibt er in diesem Brief, »einen Kathedel; aber habilitieren als Privatdozent möchte ich mich nicht, das ist mir zu armselig, da fange ich lieber gar nicht an, ich möchte sogleich auf ein Extraordinariat berufen werden, wenn kein Ordinariat zu haben ist.«[141] Als »Eintrittsbillet« zu dieser akademischen Laufbahn wollte er seine inzwischen fertig gestellte »Logik«, d.h. die Arbeit *Probleme der formalen Logik*[142] vorlegen, an der er parallel zum Manuskript von *Geist der Utopie* seit dem Jahre 1912 gearbeitet hatte. Dieser Plan zerschlug sich jedoch bald. Vermutlich hat Max Scheler auch auf den Brief Blochs nicht geantwortet. Unverrichteter Dinge mußte Bloch nach Berlin weiterreisen.

Bloch hatte in Berlin umgehend Kontakt zu dem Verleger Samuel Fischer aufgenommen. Da ereignete sich sechs Monate später – im März 1920 – der »Kapp-Putsch«, ein von monarchistisch-reaktionär gesonnenen republik- und demokratiefeindlichen Militärs (unter dem Baron von Lüttewitz) angezetteltes Komplott zum Sturz der von den Sozialdemokraten geführten Regierung, das nur abgewendet werden konnte, weil die Gewerkschaften den Generalstreik ausriefen. Die erste deutsche Republik war damit gerettet, aber dennoch hatte der Kapp-Putsch einen erheblichen Rechtsruck in der deutschen Öffentlichkeit und Gesellschaft zur Folge, der u.a. bewirkte, daß der S. Fischer-Verlag den mit Ernst Bloch bereits abgeschlossenen Vertrag über die Veröffentlichung seines Buches *Thomas Münzer als Theologe der Revolution* wieder löste. Zu groß war offenbar der Druck der Konservativen auf die Verlagsleitung geworden. Das Manuskript wurde in einem Verlag, der u.a. Thomas Manns Werke in hoher Auflage publizierte, also Opfer einer Zeiten-

---

140 Bloch, Ernst: *Kampf, nicht Krieg*, S. 441-445.
141 Ders.: *Briefe 1903-1975*, Bd. I, S. 254.
142 Das Manuskript ist verschollen. Vgl. aber ders.: *Logos der Materie*, Frankfurt/Main 2000.

wende, die auch im kulturellen Leben insgesamt immer spürbarer wurde. In Der Malerei zeigte sich dies etwa in der Ablösung des Expressionismus durch die Bewegung der »Neuen Sachlichkeit«, die die revolutionären Gehalte der Begründer des Expressionismus verwarf und sowohl politisch wie auch ästhetisch wesentlich konformistischere Positionen vertrat.[143]

Bloch war über diese Entwicklung und vor allem die Restaurierung des alten »preußischen Geistes« durch die neuen »Ordnungsmächte« in der Reichshauptstadt höchst besorgt. Mit der Niederschlagung der »Spartakus«-Revolte war die Flamme der sozialen Revolution in Deutschland erstickt worden, und der neu ausbrechende Kult um Ludendorff und Hindenburg wurde zum Gradmesser des unglückseligen Wiedererstarkens der Gesinnung des preußischen Militarismus. Bloch faßte den Entschluß, Berlin erst einmal wieder in Richtung München zu verlassen. Es war so, als zöge es ihn unweigerlich in die Alpenlandschaft und die Gegend der bayerischen Barockkirchen und Seen, wo er bereits sein erstes Buch *Geist der Utopie* geschrieben hatte. Erst im Sommer/Herbst des Jahres 1921 kehrte Bloch wieder nach Berlin zurück. Diesmal hatte er das Manuskript des *Thomas Münzer* im Gepäck. In intensiver Arbeit hatte er – in der ersten Hälfte des Jahres 1921, sechs Monate nach dem Tode seiner Frau Else –, die Biographie abgeschlossen; er schickte das Manuskript an den Verleger Kurt Wolff in München, der es im Herbst 1921 veröffentlichte.

Die ersten Skizzen und Entwürfe dazu hatte Bloch bereits 1919 während der letzten Monate seines freiwilligen Exils in der Schweiz angefertigt, wo er neben seinen politischen Artikeln in der *Freien Zeitung* und seinen Forschungen über »Utopien und politische Programme in der Schweiz« (für das Heidelberger *Archiv für Sozialwissenschaft*) sich zusätzlich noch in die Lektüre der Schriften von Marx, Kautsky und Rosa Luxemburg vertieft hatte. Damit fiel die Entstehung des Buches mit seiner Hinwendung zum Marxismus zusammen und war auch geprägt durch den zeitgeschichtlichen Kontext – die Revolution in Rußland (1917), die Ausrufung der Republik in Deutschland (1918), das Scheitern des »Spartakus«-Aufstandes (1919) und den Zusammenbruch der ungarischen Räterepublik im Juli 1919. Offenbar stimulierten Bloch diese

---

143 Im *Geist der Utopie* von 1923 hat Ernst Bloch dieses Umschwenken eines Teils der expressionistischen Bewegung zur »Neuen Sachlichkeit« scharf kritisiert.

Ereignisse ebensosehr wie die Lektüre der Studien von Engels und Kautsky zum »deutschen Bauernkrieg«, wie Bloch später im Gespräch mit José Marchand meinte: »Nahezu alle Bücher über Thomas Münzer sind in Perioden großer politischer Ereignisse erschienen«.[144] »Es hängt zusammen mit Marxismus und mit Revolution«[145] – und wurde durch diese politischen Ereignisse zweifellos befeuert. Dies erklärt auch den Stil, in dem das Buch geschrieben ist: aus einer pathetischen und über weite Strecken noch deutlich expressionistischen Haltung heraus. Gleichzeitig ist das Buch auch durch den Willen des Autors geprägt, das Ereignis, das Blochs Leben so plötzlich verdunkelt hatte, den Tod seiner Frau, zu bewältigen, die am 2. Januar 1921 in einer Münchener Klinik verstorben war. Die Sätze, mit denen dieses Buch beginnt (»Wie zu lesen sei«), spiegeln die tiefe Trauer wider, in der Bloch mehrere Monate lang nach dem Verlust der von ihm so geliebten Else von Stritzky verharrt hatte.

»So blicken wir auch hier keineswegs zurück. Sondern uns selber mischen wir lebendig ein. Und auch die anderen kehren darin verwandelt wieder, die Toten kommen wieder, ihr Tun will mit uns nochmals werden. Münzer brach am jähesten ab und hat doch das Weiteste gewollt. Der ihn tätig Betrachtende also hat das Heute und das Unbedingte daran abgehaltener, überblickbarer als im allzu schnellen Erlebnis, und doch gleich ungedämpft. Münzer vor allem ist Geschichte im fruchtbaren Sinn; er und das Seine und alles Vergangene, das sich lohnt, aufgeschrieben zu werden, ist dazu da, uns zu verpflichten, zu begeistern, das uns stetig Gemeinte immer breiter zu stützen.«[146]

Obwohl Blochs »Münzer«-Buch sich durchweg wie eine Monographie liest, in der die Lebensgeschichte des Allstedter Predigers, die aufs engste mit dem deutschen Bauernaufstand zu Beginn des 16. Jahrhunderts verbunden ist, in allen Stationen nachgezeichnet wird, sprengt es doch in seiner Konzeption den Rahmen einer bloßen Biographie: Bloch stellt von vornherein seine Studie in den theoretischen Kontext der marxistischen Theorie sozialrevolutionärer Bewegungen, die den Klassenkämpfen des 19. und 20. Jahrhunderts vorausgehen, und ist dementsprechend um den Aufweis der objektiv revolutionären

---

144 Vgl. Münster, Arno (Hrsg.): *Tagträume*, S. 45.
145 Ebd., S. 46.
146 Bloch, Ernst: *Thomas Münzer als Theologe der Revolution*, GA 2, Frankfurt/Main 1969, S. 9.

Funktion häretisch-religiöser Strömungen bemüht, deren soziale Basis die plebejische bzw. bäuerische Bevölkerung in Deutschland im 15. und 16. Jahrhundert war. Hier sind vor allem die sogenannten »Ketzerbewegungen« der Hussiten, Taboriter, Chiliasten, Millenaristen, Anabaptisten zu nennen sowie die Bauernrevolte in Deutschland von 1521 bis 1525, die nicht zuletzt aufgrund des Einflusses von Thomas Münzer zum Konvergenzpunkt eines durch die unerträglichen Lebens- und Arbeitsbedingungen ausgelösten plebejisch-bäuerischen Aufstands mit einer religiös-protestantisch-revolutionären Strömung wurde, die sich am linken Rand der lutherischen Reformationsbewegung gebildet hatte.

So ging notwendigerweise die Abfassung dieses Buches über den deutschen Bauernkrieg im Laufe des Jahres 1920 durch Bloch, der inzwischen u.a. in der Münchener Bayerischen Staatsbibliothek die wichtigsten Studien zu diesem Thema eingesehen hatte[147] – einher mit dem Versuch, entgegen den dogmatischen Tendenzen, die im Marxismus seiner Epoche herrschten, das komplexe Verhältnis von Marxismus und Religion erneut zu untersuchen. Dies geschah zu einem Zeitpunkt, als Deutschland in äußerst schwieriger Situation ein neues politisches Gleichgewicht suchte. Bloch ging es hier darum, die symbolische Bedeutung dieser blutig niedergeschlagenen Bauernrevolution im 16. Jahrhundert für das Verständnis der aktuellen politischen Probleme Deutschlands hervorzuheben. Dafür kam Blochs Münzer-Buch durchaus rechtzeitig: Die bürgerliche Welt war in ihren Grundfesten erschüttert, und Gustav Landauers *Aufruf zum Sozialismus*[148] zirkulierte noch in den Kreisen der Arbeiterschaft und der linken Intelligenz, ein Buch, in dem die Gestalt Thomas Münzers gegenwärtig war.

Die unmittelbare Anregung zu seinem Werk dürfte Bloch aus der Lektüre von Friedrich Engels' *Deutschem Bauernkrieg* (1850),[149] aus Wilhelm Zimmermanns dreibändiger *Allgemeiner*

---

147 Vgl. das Münzer-Kapitel in: Kautsky, Karl: *Vorläufer des neueren Sozialismus*, Bd. II, Stuttgart 1920. Vgl. ferner die Thomas-Münzer-Studien: Hinrichs, C.: *Thomas Münzers politische Schriften*, Halle 1950; Smirin, M.: *Die Volksreformation Thomas Münzers und der große Bauernkrieg*, Berlin 1952; Meusel, A.: *Thomas Münzer und seine Zeit*, Berlin 1952; sowie – auf Französisch – die ausgezeichnete Studie von Marianne Schaub: *Münzer contre Luther*, Paris 1984.

148 Vgl. Landauer, Gustav: *Aufruf zum Sozialismus,* München 1907.

149 Vgl. Engels, Friedrich: *Der deutsche Bauernkrieg,* MEW 7, Berlin 1976, S. 330-413.

Geschichte des Bauernkrieges (1841-43) – deren erster Band für Engels selbst von großer Bedeutung war, nicht nur als Quelle, sondern auch wegen der dort schon vorhandenen kritischen Seitenblikke auf die politische Situation in Deutschland nach 1848 – und aus den einschlägigen Kapiteln über die »soziologischen Grundsätze der Sektentheologie« in Ernst Troeltschs *Soziallehren der christlichen Kirchen* (1919) bekommen haben; darüber hinaus natürlich auch aus Kautskys vieldiskutiertem Münzer-Kapitel im zweiten Band der *Vorläufer des neueren Sozialismus* (1920), in dem bereits, im Gegensatz zu anderen Darstellungen, »der freundlichere Blick, die revolutionäre Wertbeziehung in Auslese und Gruppierung des Materials sowie vor allem die ökonomisch-historische Methode«[150] vorherrschen.

Was die Kenntnis der Originalpredigten, -pamphlete und -schriften Münzers anlangt, so war Bloch vor allem auf die von Jordan und Danner 1900 bzw. 1908 edierten Münzertexte sowie die von Enders 1893 bei Niemeyer in Halle herausgegebenen Texte des Allstedter Predigers angewiesen, die sich in der Anthologie *Aus dem Kampf der Schwärmer gegen Luther* fanden.[151]

Obwohl Bloch, angeregt durch diese Quellen und Vorbilder und zum Teil noch in der Tradition einer historiographischen Darstellung des Lebens und Werks, die einzelnen Stationen der Lebensgeschichte des Allstedter Predigers in einer revolutionär beflügelten Sprache des »Nach-Oktober« nachzeichnet, geht es Bloch nicht primär um das Porträt einer großen Gestalt der reformatorischen Bewegung und des deutschen Bauernkrieges oder um eine Monographie im engeren Sinne, sondern der Autor greift über die empirisch gegebenen und neu durchleuchteten Materialien weit hinaus, es geht ihm um die geschichts- und religionsphilosophische Einordnung einer Gestalt, die in der Arbeiterbewegung wie in der Theologie einzigartig dasteht. Blochs Münzer wird zu einem »unter die fortwirkenden revolutionären Begriffe«

---

150 Bloch, Ernst: *Thomas Münzer als Theologe der Revolution*, GA 2, S. 12.
151 Noch nicht zur Verfügung standen ihm die erst 1931 von Böhmer und Kirn herausgegebenen Briefe Münzers sowie die von C. Hinrichs zusammengestellte Anthologie *Thomas Münzers Schriften* (Halle 1950). Wichtige Münzer-Texte wie z.B. die Schrift »Ausgetrückte Emplössung des falschen Glaubens« oder die »Hoch verursachte Schutzrede« wurden daher von Bloch nach Jordan und Danner bzw. nach Georg Theodor Strobels Buch *Leben, Schriften und Lehren Thomä Müntzers, des Urhebers des Bauernaufruhrs in Thüringen* (1795) zitiert.

gestellten Symbol »begriffener Geschichte«, einer Geschichte, die allerorten »zur Legende getrieben und durchleuchtet, [...] unverlorene Funktion in ihrer auf Revolution und Apokalypse bezogenen Zeugenfülle [wird]«.[152]

Die Gestalt Thomas Münzers erscheint hier also, mit expressionistischer Sprachglut ins feurige Licht des expressionistischen Weltenaufbruchs getaucht, erhoben zum übergeschichtlichen, transhistorischen Symbol des »Rebellen in Christo« und zugleich eingebunden in jenes »produktive Schema des Eingedenkens« im Sinne des »Selbst- und Allbetroffenseins« als dem Grundtenor von *Geist der Utopie.*

Zunächst jedoch läßt Bloch die bewegte, ja geradezu abenteuerliche Lebensgeschichte Thomas Münzers, des 1489 in Stolberg im Harz geborenen Wanderpredigers, revolutionären Theologen, des Mit- und schließlich Gegenstreiters Martin Luthers, vor uns auferstehen. Wo Bloch das von Strobel und Seidemann[153] aufgearbeitete biographische Material beleiht, tut er dies in größter Nähe zu Engels, indem er wie dieser die wechselseitige Verschränkung des aktiven Theologen mit dem Politiker, der Ideologie »mit der rein religiösen Idee«[154], des Mystisch-Chiliastischen mit dem Klassenbewußt-Kämpferischen hervorhebt. »Es ist hieran auch dieses erstaunlich und wirkt als Zeichen großer Schärfe und Tiefe des Instinkts«, formuliert Bloch, »daß Münzer zwar alle Gottlosen erbarmungslos auszurotten befiehlt, jedoch den Klassenkampf im Innern allem voranstellt, die fremden Nationen entweder curae posteriores bleiben läßt oder aber die Internationalität des Geistes mit den Auserwählten unter ihnen betont«.[155]

Wie Engels, der sich vornehmlich auf die entsprechenden Stellen in Zimmermanns *Allgemeiner Geschichte des großen Bauernkrieges* stützt, sieht Bloch in Münzer primär den »plebejischen Revolutionär«, den Initiator einer gewiß von Luther zunächst in Gang gesetzten, dann aber verratenen »populären Bewegung« – kurzum: den politischen Agitator mit religiösem Charisma, »dem das Volk von allen Seiten zulief«, weil ihm aus dem Munde dieses rebelli-

---

152 Ebd., S. 14.
153 Seidemann, Johann Karl: *Thomas Münzer, eine Monographie, nach den im Königlich Sächsischen Hauptstaatsarchiv zu Dresden vorhandenen Quellen bearbeitet,* Dresden/Leipzig 1842.
154 Bloch, Ernst: *Thomas Münzer als Theologe der Revolution,* S. 21.
155 Ebd., S. 28-29.

schen, im Geiste der chiliastischen Mystiker geschulten Theologen zum ersten Mal verkündet wurde, daß das »Reich Gottes« hic et nunc, unter den jetzigen irdischen Verhältnissen zu verwirklichen sei und nicht erst – was den Herrschenden natürlich bequemer wäre – in einem unbestimmt fernen Jenseits.

»Unter dem Reich Gottes aber«, führt Engels aus, »verstand Münzer nichts anderes als einen Gesellschaftszustand, in dem keine *Klassenunterschiede,* kein *Privateigentum* und keine den Gesellschaftsmitgliedern gegenüber selbständige, fremde *Staatsgewalt* mehr bestehen. Sämtliche bestehenden Gewalten, sofern sie sich nicht fügen und der Revolution anschließen wollten, sollten gestürzt, alle Arbeiten und alle Güter gemeinsam und die *vollständigste Gleichheit* durchgeführt werden. Ein Bund sollte gestiftet werden, um dies durchzusetzen, nicht nur über ganz Deutschland, sondern über die ganze Christenheit; Fürsten und Herren sollten eingeladen werden, sich anzuschließen; wo nicht, sollte der Bund sie bei der ersten Gelegenheit mit den Waffen in der Hand stürzen oder töten«.[156]

Bloch schreibt in deutlicher Nähe zu dieser Einschätzung: »Den großen deutschen Aufstand wollte Münzer von Allstedt aus in Gang bringen, ›die rechte Besserung, welche geschieht, wenn sich die heilige Christenheit vom Anbeten der gezierten Bösewichter abwendet mit allem Gemüt und Kräften‹. Die Junker- und Kuttenwirtschaft sollte mit gleicher Bewegung evangelisch ausgehoben werden; was die Konspiration aber rein politisch unter dem Evangelium verstand, darüber sagte Münzer, peinlich befragt, späterhin aus: ›Ist ihr Artikel gewesen und haben's auf die Wege richten wollen, omnia sunt communia, und sollte einem jeden nach seiner Notdurft ausgeteilt werden, nach Gelegenheit.‹«[157]

Mit sprachgewaltiger Eindringlichkeit betont Bloch dabei stärker noch als Engels das eigentümliche Ineinandergehen des Prophetischen und Agitatorischen mit dem Asketisch-Religiös-Reformatorischen, des Umstürzlerischen mit dem ewige Liebe und Brüderlichkeit Verheißenden in der Gestalt Münzers und hebt hervor: »Liebe, Brudertum, geheimer Bund, deutsches Kirchenamt, Aufruhr, Fürstenpredigt, Grimm der Vertreibung, leuchteten die phantastischen Feuer einer allernächst vermuteten

156 Engels, Friedrich: *Der Deutsche Bauernkrieg*, MEW 7, Berlin 1960, S. 354.
157 Bloch, Ernst: *Thomas Münzer als Theologe der Revolution*, S. 35.

Zukunft, in der sich dann doch nur, hart und dunkel, die Bahn eines Blutzeugen verlor. Damals aber schienen sich in der Tat die Zeiten erfüllt, von denen Israel seit Anbeginn träumte; der Abstand wich, und die fernste Weissagung deckte sich den Verschworenen Gottes plötzlich mit der seiendsten, durch sie selber repräsentierten Politik und Tat«.[158]

Bloch stimmt mit Engels schließlich auch in der Einschätzung der historischen Funktion und Bedeutung Münzers als Organisator einer ganz Süd- und Mitteldeutschland, von der Schweizer und französischen Grenze bis Thüringen sich erstreckenden revolutionären, anti-feudalen, anti-hierarchischen, auf soziale Gleichheit zielenden und in der Substanz urchristlich-kommunistischen Volksbewegung überein: »Bereits doch zuckten die ersten Flammen empor, kräftig sprang der Bogen von der Schweiz bis nach Sachsen, dem Bergsegenland, dem proletarischen Arsenal und Zentrum, es mehrten sich Weissagung und Glossolalie. Nun mündet Münzers Leben von selber in die Tat ein, in den Verzweiflungsausbruch der Bauern, in den Krieg, von ihm gerufen, von ihm zu bedeutendem Teil geistig gefärbt und geleitet; Münzer als Erscheinung und Begriff determiniert sich schließlich vollkommen durch Verlauf und Ausgang, Konfliktsinhalt und Idee der großen deutschen Revolution«.[159]

Obwohl diese Flamme nach der historischen Niederlage der aufständischen Bauern bei der Schlacht von Frankenhausen im Jahre 1525 brutal unterdrückt worden war, ist sie – daran will Bloch erinnern – in verändertem gesellschaftlichen Kontext neu entzündet worden, zunächst in den Jahren 1848-49, und ein gutes halbes Jahrhundert später zwischen November 1918 und Januar 1919 wiederum, diesmal mit neuem Klasseninhalt. Nun vereinten sich der Marxismus und die flammenden Predigten und Aufrufe des Allstedter Predigers im »gleichen Gang und Feldzugsplan«, um zu einer Kraft zu werden, die all dem ein Ende setzt, wo »der Mensch ein gedrücktes, ein verächtliches, ein verschollenes Wesen war«[160] und wo diese chiliastische Kraft dazu benutzt wird, um den Durchbruch des Reichs zu erkämpfen.

Derart war Münzer zusammen mit den Chiliasten aus dem Umkreis von Joachim de Fiori der erste Propagandist dieser zugleich

158 Ebd., S. 38.
159 Ebd., S 50.
160 Ebd., S. 229.

ethischen, religiösen und sozialen Revolution im Deutschland der Reformationszeit. Und mit der Begeisterung für dessen Sache wurde Ernst Bloch zum Prophet der Münzerschen Revolte im 20. Jahrhundert.

Blochs mit revolutionärem Elan geschriebenes Thomas-Münzer-Buch bezeugt jedoch nicht nur in authentischer Form seine definitive Hinwendung zum Marxismus in den Jahren 1919-1920, sondern es ist auch ein Beleg für seine besondere Stellung – als marxistischer Philosoph – gegenüber Religion. Obwohl er sich inzwischen Marx' Revolutionstheorie sowie dessen Lehre von der revolutionären Aufhebung der Entfremdung im kapitalistischen Arbeitsprozeß zu eigen gemacht und offenbar das Marxsche Postulat von der »Aufhebung der Philosophie durch das Proletariat und der Aufhebung des Proletariats durch die Philosophie« übernommen hat; und obwohl er auch mit Marx und Engels in der Einschätzung der Religion als Teil des ideologischen Überbaus der bürgerlichen Gesellschaft, als Ausdruck der Entfremdung des Menschen von der ökonomischen, politischen und gesellschaftlichen Wirklichkeit übereinstimmt, widersetzt Bloch sich der Idee und der im Marxismus weit verbreiteten Anschauung, Religion sei Aberglaube oder, wie Marx es ausdrückte, »Opium des Volkes«. Denn auch wenn er, wie Marx und Engels, die Kirche als Institution des Glaubens wegen ihrer Intoleranz und Feindschaft gegenüber der Aufklärung ablehnt, bezeugt Bloch doch ein klares Interesse an jenen »utopischen« und »proto-revolutionären« Formen des religiösen Bewußtseins. Diese hatten sich, von der Kirche als »ketzerisch« verdammt und verfolgt, an den Rändern der großen monotheistischen Religionen und hier insbesondere des Christentums im Laufe des 15. und 16. Jahrhunderts und auch nach dem Ende der Renaissance herausgebildet und waren Ausdruck einer sozialen Revolte mit plebejischer Basis gegen das Feudalregime. In Blochs Sicht – und dies sollte er 1968 beim Erscheinens seines Buches *Atheismus im Christentum* auf spektakuläre Weise erneut vortragen – wäre ein großer Fehler, nicht nur für die Theoriegeschichte, sondern auch für die politische Praxis des Marxismus, würde man in unserer heutigen komplexen Gesellschaft die Bedeutung jener oppositionell kritischen Randströmungen im Christentum unterschätzen. Auch wenn Thomas Münzer in der Tat in der Religionsgeschichte zur Zeit der Reformation Martin Luthers und Johann Calvins die große Ausnahme war und für die überwiegend konservative evangelischlutherische Kirche kaum repräsentativ ist (gestützt auf den Römerbrief des Apostels Paulus lehrt sie Unterwerfung und Gehorsam gegenüber der Obrigkeit), ist es doch unbezweifelbar, daß Münzer in der ersten Hälfte des 16. Jahrhunderts herausragte als Begründer, Mentor und Organisator einer gegenüber der Obrigkeit dezidiert rebellischen Bewegung, die dann in den 60er und 70er Jahren des 20. Jahrhunderts in Lateinamerika unter den katholischen Priestern der vom Massenelend betroffenen Regionen in Gestalt der »Befreiungstheologie« eine unerwartete Wiedergeburt erleben sollte. Wie die Bewegung um Thomas Münzer verfolgte sie – die sich im übrigen auch auf Ernst Blochs *Prinzip Hoffnung* berief – das Ziel der sozialen Emanzipation.[161]

In dem Maße, wie Bloch also schon 1921 mit der Veröffentlichung seines *Thomas Münzer als Theologe der Revolution* eine alternative Bibellektüre und Auslegung mit der sozialen Emanzipationstheorie von Karl Marx verband, waren in gewisser Weise die Weichen dafür gestellt, daß Bloch als Autor des *Prinzips Hoffnung* vierzig Jahre später von der modernen Befreiungstheologie als Kronzeuge und wichtiger Verbündeter im Kampf für die gesteckten Emanzipationsziele und religiöse Erneuerung aufgeboten wurde. Letztlich ging von Blochs *Thomas Münzer als Theologe der Revolution* im Jahre 1921 eine doppelte Botschaft aus: zum einen in Richtung der Arbeiterbewegung und der marxistischen Parteien in der vorrevolutionären Situation in Deutschland und in Italien in den Jahren 1920-1921; und zum anderen in Richtung einer Befreiungstheologie, die erst vierzig Jahre später – im Kontext der sozialen Kämpfe in Lateinamerika – reale Gestalt annehmen sollte.

---

161 Zu unterstreichen ist in diesem Zusammenhang das große positive Echo der Thesen Blochs bei den Theoretikern der Befreiungstheologie Gustavo Gutierrez (Peru), Ernesto Cardenal (Nicaragua) und den Brüdern Leonardo und Clovis Boff in Brasilien (Rio de Janeiro, Petropolis). Vgl. hierzu auch Michael Löwy: *La Guerre des Dieux. Religion et politique en Amérique Latine*, Paris 1998.

Dritter Teil

Dritter Teil

XI. Mit Kracauer und Benjamin in Paris – Reise nach Südfrankreich und Tunesien (1926) – Begegnung mit Karola Piotrkowska in Heidelberg (1927)

In Berlin geriet der verhinderte Dozent Bloch, für den Max Scheler in Köln sich nicht hatte einsetzen wollen, schnell in den Strudel des hektischen Kulturlebens der deutschen Hauptstadt. Zu dieser Zeit, so ergibt die Rekonstruktion von Blochs philosophisch-politischem Werdegang zwischen 1921 und 1929, also in der Epoche, in der die Weimarer Republik durch schwere ökonomische Krisen und das Erstarken rechts-konservativer und nationalistischer Kräfte geschwächt wurde, führte er das sehr unstete Leben eines »entwurzelten« Intellektuellen: Er fühlte sich im preußischen Berlin nie richtig wohl, verließ deswegen immer wieder sporadisch die deutsche Hauptstadt, reiste nach Süddeutschland aber auch nach Frankreich und Italien, dabei buchstäblich die Städte und »die Länder häufiger wechselnd als die Schuhe« (Bertolt Brecht), immer auf der Suche nach neuen Perspektiven, neuen Ideen, neuen Dialogpartnern unter den führenden Vertretern des intellektuellen und künstlerischen Lebens dieser Zeit. Es handelt sich hier um die schwierigen »Lehrjahre« des jungen Philosophen, die Bloch 1924 zum zweiten Mal nach Italien führten und zwei Jahre später, im Frühjahr-Sommer 1926, nach Paris und Südfrankreich. In Paris erfolgte dann auch, vermutlich im September 1926, überraschend die Aussöhnung mit Siegfried Kracauer, mit dem er nach einem scharfen Verriß seines Buches *Thomas Münzer als Theologe der Revolution*, erschienen 1922 in der *Frankfurter Zeitung*, in Streit geraten war und gebrochen hatte. Wie Bloch in den *Tagträumen* berichtet, erfolgte sie eines Nachmittags in einem Café am Pariser »Place de l'Odéon«. Bloch, der Kracauer sofort erkannt hatte, ging einfach auf ihn zu und sagte: Guten Tag, Herr Doktor Kracauer. »Kracauer blieb die Spucke weg, daß ich nach einem solchen Angriff von ihm auf mich und nach meinen Reaktionen darauf, die auch nicht von Pappe waren, zu ihm ging und ihm die Hand entgegenstreckte.«[1] Bloch setzt sich zu ihm. »Ein Wort gab das andere, und seit diesem Abend waren wir dicke

---

1 Vgl. Münster, Arno (Hrsg.): *Tagträume*, S. 47.

Freunde.« Schließlich besiegeln die beiden im Beisein von Kracauers Gattin das Wiedersehen mit einem vorzüglichen Abendessen im Pariser Restaurant »Les Nymphes«, gegenüber dem »Jardin du Luxembourg«[2]. Ein typisches Beispiel dafür, wie spontan Bloch in »Grenzsituationen« handeln und überraschend sozusagen einen dialektischen Umschlag herbeiführen konnte. Die andere wichtige Wiederbegegnung in Paris war diejenige mit Walter Benjamin, befördert u.a. dadurch, daß Bloch, Benjamin und Kracauer 1926 im gleichen Pariser Hotel wohnten: im »Hôtel du Midi« am Place Denfert-Rochereau, wo die Allee zum Parc Montsouris beginnt. Blochs Freundschaft mit Walter Benjamin war zwar wesentlich solider als die mit Kracauer, aber auch nicht frei von Trübungen. Dies hing nicht zuletzt mit Benjamins Melancholie und Selbstmordtendenzen zusammen, die Bloch dem Freund immer wieder – aber vergeblich – mit seinem »militanten Optimismus« auszutreiben versuchte, aber auch an der ständigen Befürchtung Benjamins, Bloch schreibe von ihm ab. Gleichwohl reist Bloch im August 1926 mit Benjamin nach Sanary-sur-Mer, jenem stillen, idyllisch in der Bucht von Toulon gelegenen Fischerhafen, der im Laufe der 30er Jahre – nach der Machtergreifung der Nazis – zum bevorzugten Zufluchtsort antifaschistischer deutscher Schriftsteller, Künstler und Intellektueller werden sollte. (Nach März 1933 lebten und arbeiteten dort Lion Feuchtwanger, Thomas, Heinrich, Klaus und Erika Mann, Stefan und Arnold Zweig, Bertolt Brecht, Kurt Weill und viele andere.)[3]

Von dem nahegelegenen Hafen der Stadt Marseille aus besteigt Bloch dann Anfang September 1926 das Schiff zur Überquerung des Mittelmeers und reist nach Tunis: Bloch wollte offenbar die Städte aus der Nähe sehen, in denen Averroës und Avicenna, die beiden neu-aristotelisch orientierten arabischen Philosophen, gelehrt hatten, für deren Schriften er sich, vor allem unter dem Aspekt des Materiebegriffs, interessierte. Leider gibt es keinerlei Zeugnisse dieser Reise. Dennoch dürfte sie Bloch entscheidend dazu motiviert haben, seine Studie über *Avicenna und die aristotelische Linke* noch im gleichen Jahr in Angriff zu nehmen, eine wichtige Vorstudie zum Projekt seines Materialismus-Buchs.

---

2 Ebd.

3 Die Namen dieser Schriftsteller befinden sich auf der an einer Felswand am Hafen von Sanary angebrachten Gedenktafel, die 1974 vom Rat der Stadt zur Erinnerung an die Emigranten angebracht wurde.

Zurückgekehrt nach Berlin Ende September 1926, zieht Bloch in eine von Künstlern und Schriftstellern frequentierte große Wohnung, von denen es in der Kleiststraße mehrere gab. Zu den Intellektuellen, die er hier kennenlernt, gehören u.a. Bertolt Brecht, Alfred Kantorowicz, Kurt Weill und auch Theodor W. Adorno sowie der Dirigent Otto Klemperer, der von dem musikphilosophischen Kapitel im *Geist der Utopie* äußerst angetan war und das Manuskript dem Verlag Duncker & Humblot zur Veröffentlichung empfohlen hatte.

In einer dieser Wohnungen fand Ende 1926 auch die erste Begegnung Blochs mit der polnischen Studentin Karola Piotrkowska statt, die damals mit Alfred Kantorowicz verlobt war, den sie im Sommer des Jahres 1922 an der Ostsee kennengelernt hatte. Kantorowicz war zu dieser Zeit ständiger Mitarbeiter der *Vossischen Zeitung*, einer der meistgelesenen großen Tageszeitungen. Wie Karola Bloch später in ihren Memoiren berichtet, war Kantorowicz – in der Regel nur beim Kurz- und Kosenamen »Kanto« genannt – »groß und hager, das Gesicht markant und sensibel«; er war »arm und ziemlich bedürfnislos, aber ehrgeizig. Er träumte davon, Romanschriftsteller zu werden.«[4] Politisch stand Kantorowicz noch den Sozialdemokraten nahe, sollte dann aber Anfang der 30er Jahre zur KPD überwechseln. Prägendes Erlebnis für sein antifaschistisches politisches Engagement waren wohl seine negativen Erinnerungen an die Umtriebe der zumeist »völkisch-national« und antisemitisch eingestellten Studenten an der Erlanger Universität. Seine antifaschistische Grundeinstellung war sicherlich auch die bestimmende Motivation für sein künftiges Engagement in den Internationalen Brigaden im Spanischen Bürgerkrieg. Als Bloch Karola Piotrkowska kennenlernte, gab es Heiratspläne zwischen Kantorowicz und der polnischen Architekturstudentin, aber die schweren Bedenken von Karolas großbürgerlicher polnischer Familie, vor allem diejenigen ihres Vaters, eines reichen Industriellen und Fabrikbesitzers aus Lodz, der auf einer »standesgemäßen« Heirat beharrte, standen dem entgegen. Auch gab es gewisse politische Differenzen zwischen Karola und Kanto. Um das gute Verhältnis nicht zu zerstören, zeigte Karola Bereitschaft, trotz ihrer Zuneigung für Kantorowicz dem Druck ihrer Familie, von der sie auch materiell vollständig abhängig war, »schweren

---

4 Bloch, Karola: *Aus meinem Leben*, S. 38.

Herzens« nachzugeben. In dieser Situation lernte sie im November 1926 bei einem Ball Ernst Bloch kennen. Auch Bloch war zu diesem Ball nicht allein gekommen, sondern in Begleitung seiner zweiten Frau, der Malerin Henriette Linda Oppenheimer, die er am 22. Juli 1922 geheiratet hatte. Nach der Heirat in Frankfurt war er mit ihr in ein Haus in Berlin-Zehlendorf gezogen. Doch die Ehe war alles andere als glücklich. Sie blieb kinderlos, und da Bloch als freischaffender Autor und Philosoph von Verlegern und Zeitungen nur unregelmäßig Honorare erhielt, drückte auf die Stimmung auch chronischer Geldmangel, gemildert nur durch den Anteil am Erbe von Else von Stritzky, der Bloch zustand – mehrere tausend Reichsmark. Auf einer Reise nach Riga im November 1922 hatte Bloch Elses Bruder getroffen und erreicht, daß er ihn ausbezahlt hatte. Nach fünfjähriger Ehe mit der Frankfurter Malerin kam Bloch zu dem Schluß, daß Linda Oppenheimer nicht die ideale Lebenspartnerin sei. Im Januar 1927 trennte man sich, die Scheidung folgte im Juli 1928.

Ein erstes zufälliges Zusammentreffen mit Bloch scheint auf Karola Piotrkowska noch keinen größeren Eindruck gemacht zu haben. »Er war in Nordafrika gewesen«, schreibt sie »und trug einen Burnus und arabische Pantoffeln. Ich tanzte mit ihm, wie mit andren auch. Zu einem Gespräch, das mir in Erinnerung geblieben wäre, kam es nicht. Ich liebte Alfred so sehr, daß mich andre Männer nicht nachhaltig zu interessieren vermochten.«[5]

Wenige Monate später, im Frühling 1927, sollte sie jedoch den Philosophen völlig unerwartet wiedersehen, und zwar in Heidelberg. Diese zweite und entscheidende Begegnung kam durch Umstände zustande, an denen zu ermessen ist, wie sehr hier »das Schicksal« seine Hand im Spiel hatte. Auf einer Rückfahrt von Südfrankreich wollte Karola Piotrkowska[6], die in Begleitung ihres Bruders Izio reiste, unbedingt in Mannheim Zwischenstation machen, um Kantorowicz wiederzusehen, der seit Jahresbeginn 1927 als Journalist beim *Mannheimer Morgen*, einer der SPD nahestehenden Zeitung, arbeitete. Sie stieg jedoch nicht in Mannheim aus dem Zug, sondern im benachbarten Heidelberg, wo sie in einem im Stadtzentrum der südwestdeutschen Universitätsstadt gelegenen Hotel übernachtete. Von ihrem Verlobten erfuhr sie, daß auch Ernst

5 Ebd., S. 40.
6 Ebd., S. 43.

Bloch – aus Ludwigshafen kommend, wo er seinen alten Schulfreund Max Hirschler und sicherlich auch seine eigene Familie kurz besucht hatte – sich gerade in Heidelberg aufhielt. Kantorowicz schlug Karola und Izio vor, sich mit Ernst Bloch gemeinsam in einem Terrassen-Café auf einem von Heidelbergs Hügeln zu treffen, von dem aus man einen wunderbaren Blick auf die Altstadt, den Neckar, die Neckarbrücke und das Heidelberger Schloß hatte. Bloch erzählte von seinen Reisen nach Italien, Südfrankreich und Tunesien. Kantorowicz mußte sich vorzeitig verabschieden, um zu seiner Zeitungsredaktion zu gelangen; Bloch aber erzählte weiter und zog mit seinen Erzählungen und Geschichten alle seine Zuhörer (einschließlich Karola) magisch in seinen Bann. Sein Erzähltalent machte ihn zu einem »séducteur«, seine Zuhörer waren völlig fasziniert.

»Mein Bruder und ich«, so Karola, »hörten weiter mit angehaltenem Atem zu. Izio flüsterte mir polnisch zu: ›Was für ein ungewöhnlicher Mensch! So einen Erzähler habe ich noch nie erlebt.‹ Ich war zu verzückt, um etwas zu antworten. Wie verblaßten alle Gestalten, die ich bis dahin in meinem Leben getroffen hatte, im Vergleich mit diesem Vulkan von einem Menschen. Ich spürte das Gewicht, das diese Begegnung für mich hatte, und auch Bloch schien nicht unbeeindruckt.«[7] Schließlich verabredeten Bloch und Karola sich noch einmal für den nächsten Tag, allerdings diesmal allein.

Es wurde zu einer Begegnung, die ihr Leben vollständig veränderte. Sie verliebten sich ineinander, und die Beziehung Karolas zu Kantorowicz war ernsthaft gefährdet. Nach den Sommerferien wollten sie sich in Berlin wiedersehen.

Karola Bloch, die so also ihr »Herz in Heidelberg« verloren hatte, wurde am 22. Januar 1905 in Lodz geboren, einer großen polnischen Industriestadt südwestlich von Warschau, die damals noch zu »Russisch-Polen« gehörte.[8] Ihre Geburt fiel zusammen mit dem »blutigen Sonntag« von Lodz, der gewissermaßen der Auslöser der russischen Revolution von 1905 war. An jenem Sonntag wurde ein in Lodz ausbrechender Arbeiterstreik von der Polizei und den russischen Kosaken blutig niedergeschlagen. Lodz war damals die nach Warschau und Krakau drittgrößte Stadt

---

7 Ebd., S. 44.
8 Ebd., S. 7.

Polens mit einer überwiegend in der Textilindustrie beschäftigten Arbeiterbevölkerung. Es hatte eine der größten jüdischen – überwiegend jiddisch sprechenden – Gemeinden im östlichen Mitteleuropa: auf 500.000 Einwohner kamen 100.000 Juden. Karolas Vater war der Eigentümer und Direktor einer großen Textilfabrik, die in Karolas Geburtsjahr genau einhundert Arbeiter beschäftigte. Karola war das vierte und letzte Kind der Ehe von Maurycy Piotrkowski mit Jelena, geborene Engelmann, aus der zwei Jungen und zwei Mädchen hervorgegangen waren. Einer seiner Söhne, Dadek Piotrkowski, starb plötzlich im Sommer 1926 während einer Ferienreise der Familie in der Normandie an akutem Herzversagen. Karolas Eltern waren keine orthodox-traditionalistischen, nach streng jüdischem Gesetz lebenden Juden, aber da ihr Großvater väterlicherseits ein gläubiger Jude gewesen war, wurden in ihrer großbürgerlichen Familie noch jüdische Traditionen respektiert, wie z.B. die jüdischen Feste und der Schabbat, an dessen Vorabend der Vater die sieben Kerzen auf der »Menora«, dem jüdischen Leuchter, entzündete und dazu ein Gebet auf Hebräisch sprach. Bei den jüdischen Familien dieser Gegend Polens, die nördlich vom eigentlichen »Jiddischland« in Galizien lag und wo man sowohl Polnisch als auch Jiddisch, Russisch und Deutsch sprach, war es immer noch üblich, die Söhne in die »Cheder«, d.h. die jüdische Elementarschule, zu schicken, wo ihnen ein Rabbiner (mit langem Backenbart) nach der ziemlich autoritären »Pil-pul«-Methode die Grundbegriffe des Talmud und der Thora beibrachte. Lodz war jedoch – wie Ludwigshafen in Deutschland – eine ziemlich häßliche Industriestadt, ohne besonderen Charme und ohne größeres Kulturleben. Wie Karola Bloch anmerkt, gab es in dieser Stadt eine kleinere deutsche Gemeinde und sogar – wie auch in einer Reihe anderer polnischer Städte – ein deutsches Gymnasium, da Ende des 19. Jahrhunderts deutsche Einwanderer in Lodz verschiedene Textilspinnereien gegründet hatten.[9] Aber ebenso wie in Litauen, weiten Gebieten Weißrußlands und der Ukraine sprachen im katholischen Polen Juden und Christen nicht miteinander. Die Juden lebten beinahe ghettoisiert in Enklaven inmitten einer polnisch-katholischen, stark antisemitischen Gesellschaft. Die Arbeiter der Lodzer Textilindustrie waren überwiegend jüdisch und gewerkschaftlich im

---

9 Ebd., S. 12.

»Bund«[10] (der jüdischen Arbeiterpartei Polens, Litauens und Rußlands) organisiert, der im Jahre 1897 von Wladimir Medem begründet worden war. Die Juden aus der Stadt Lodz und aus der ländlichen Umgebung, 164.000 Menschen, wurden ab 1940 fast ausnahmslos im dort errichteten Ghetto zusammengetrieben, wo sie umkamen oder von wo aus sie in Vernichtungslager deportiert wurden. Unter ihnen befanden sich auch die Eltern Karolas. 1945 gab es in Lodz nur wenige Überlebende, die in Armut lebten. Als Folge des Holocaust gab es in dieser einstigen Hochburg des jüdischen Lebens nach dem Kriege keinen einzigen Rabbiner mehr. Aber der jüdische Friedhof der Stadt ist erhalten geblieben.

Als Tochter eines begüterten Vaters und Fabrikbesitzers hatte Karola in Lodz die übliche bürgerliche Erziehung erhalten. Früh erwachte jedoch in ihr das Bewußtsein für ihre privilegierte Lage und für die großen sozialen Ungerechtigkeiten, die um sie herum herrschten. Hinzu kam, daß die Ehe ihres Vaters keineswegs glücklich war. Sie war – wie damals unter den Juden üblich – durch Heiratsvermittlung zustande gekommen. Der Vater hatte nur wenige gemeinsame Interessen mit seiner Frau. Er war vom Charakter her eher autoritär; die wesentlich sanftere Mutter wurde von ihm patriarchalisch beherrscht. Ihre privilegierte Herkunft erlaubte es Karola, auf eine Privatschule zu gehen, Klavierstunden zu nehmen und frei von materiellen Sorgen studieren zu können. Die Familie wohnte im angesehensten bürgerlichen Viertel der Stadt Lodz in einer hochherrschaftlichen Villa, die regelmäßig von den Armen und den Bettlern der Stadt aufgesucht wurde.

---

10 Der »Bund«: Bezeichnung für die sozialistische »Vereinigung jüdischer Arbeiter Litauens, Polens und Rußlands«, also die jüdische Arbeiterpartei, die seit ihrer Gründung im Jahre 1897 unter den Bedingungen des zaristischen Regimes in Rußland für die wirtschaftliche, politische und soziale Emanzipation des jüdischen Proletariats kämpfte. Während der russischen Revolution von 1905 stand der »Bund« auf der Höhe seiner organisatorischen Macht und seines politischen Einflusses. Nach der Spaltung der SDPR (der Sozialdemokratischen Partei Rußlands) im Jahre 1912 in Menschewiki und Bolschewiki blieb der »Bund« eine autonome jüdische Arbeiterorganisation innerhalb der Menschewiki. Gleichermaßen verfolgt von Stalin wie von den Nazis, wurden nahezu alle Grundorganisationen des »Bunds« im Zweiten Weltkrieg zerstört; die »Bundisten« wurden verhaftet, deportiert und ermordet. Als »Jüdische Sozialistische Arbeiterpartei« existierte der »Bund« jedoch offiziell noch bis zum Jahre 1948. Vgl. dazu die Schriften von Wladimir Medem, dem Begründer des »Bunds«, sowie die ausgezeichnete Studie von Enzo Traverso: *Les marxistes et la question juive*, Paris 1997, S. 53-76.

Während ihres Ferienaufenthalts im Schwarzwald wird die Familie Piotrkowski am 1. August 1914 von der Meldung überrascht, der Erste Weltkrieg sei ausgebrochen. Da die Stadt Lodz als Teil von Russisch-Polen bereits in den ersten Kriegswochen von deutschen Truppen besetzt wurde, konnte die Familie aus den Sommerferien nicht mehr in ihre Heimatstadt zurückkehren. Ihr russischer Paß erlaubte ihnen jedoch die Einreise nach Rußland. So wird Karolas Familie im Herbst des Jahres 1914, nach einem kurzen Zwischenaufenthalt in Berlin, in Moskau ansässig, wo Karolas Vater als Geschäftsmann bis zum Sommer 1918 tätig war. Im September 1918 kehrt die Familie zurück nach Lodz. Da sie während dieser vier Jahre in einer gutbürgerlichen Wohnung in der Uliza Miasnitzkaja, der Straße mit dem größten Postamt der russischen Hauptstadt, im Zentrum Moskaus wohnt, werden Karola, ihre Eltern und Geschwister Augenzeugen der heftigen Straßenkämpfe, die sich Anhänger und Gegner der Bolschewiki in den dramatischen Tagen und Wochen der Oktoberrevolution des Jahres 1917 liefern. Ihre Straße wird oft mit Gewehrsalven, mit Artilleriefeuer und mit Granatwerfern beschossen. Dank eines Warnsystems können sich jedoch die Bewohner rechtzeitig bei Ausbruch der Kämpfe in den Keller flüchten.

In ihren Memoiren berichtet die spätere Gattin Blochs, wie sie in jenen stürmischen Tagen, die »die Welt bewegten«, trotz des Verbots ihrer Mutter, in Begleitung ihres Bruders Izio zu den von den Bolschewiki organisierten Massen-Meetings ging und wie sie sich, sobald die Maschinengewehre zu knattern anfingen, immer wieder auf der Straße auf den Boden legen mußten.[11] Auch erzählt sie, wie sie sich als Kinder damals ahnungslos in den umkämpften Straßen Moskaus herumtrieben und es nur einem Wunder zu verdanken hatten, daß sie nicht von einer Gewehrkugel oder von Granatsplittern getötet wurden.[12] Schnell macht sich die von dieser Revolution spontan begeisterte Karola mit den Namen der russischen Revolutionsführer vertraut, vor allem mit Lenin, Trotzki, Kamenjew und Sinowjew. Auch beobachtet sie vom Trottoir aus eines Tages das Defilee einer Kompanie weißgardistischer Offiziere, denen die »Roten Garden« die Epauletten abgerissen hatten: »Das Bild erfüllte uns mit Befriedigung. Denn die Weißgardisten waren

---

11 Ebd., S. 19.
12 Ebd., S. 20.

in unseren Augen Ausbeuter, die das Volk bedrängten und seine Armut verursachten.«[13] Nach dem endgültigen Sieg der Bolschewiki am 7. November 1917 – nach dem Sturm auf das »Winterpalais« und die Eremitage in St. Petersburg – bemühte sich Karolas Vater, der als Geschäftsmann und Fabrikbesitzer der von den Bolschewiki geführten sozialistischen Revolution in Rußland gegenüber feindlich eingestellt war, um die baldige Rückkehr der Familie nach Polen, die jedoch erst im September des Jahres 1918 möglich war, unter äußerst schwierigen und z.T. dramatischen Umständen. Da die Eisenbahnverbindung von Moskau nach Brest-Litowsk und Warschau unterbrochen war, mußte die Familie gut zweitausend Kilometer in Regen und Kälte im Pferdewagen zurücklegen. So dauerte die Rückkehr nach Polen vierzehn Tage, wobei die Reisenden auf Bauernhöfen übernachteten und im Stall schliefen. Die Lebensmittel, die die Familie auf der Reise bei sich hatte, reichten nicht aus, und es war nicht einfach, bei den russischen Bauern und Kleinhändlern für Nachschub zu sorgen, so daß sie sich zeitweise von Schwarzbrot und Milch ernähren mußten. Schließlich erreichten sie erschöpft das von Piłsudski regierte Polen und ihre Heimatstadt Lodz, wo ein Onkel ihr Haus in den vier Kriegsjahren gut bewacht hatte.[14] Die inzwischen 13jährige Karola wird in eines der besten Gymnasien der Stadt Lodz geschickt. Immer wieder kommt es in dieser Zeit im überwiegend antisemitischen Polen zu Übergriffen und sogar Pogromen gegen die jüdische Bevölkerung, wie etwa in Lwow (Lemberg), wo im Jahre 1919 mehrere hundert Juden von fanatischen polnischen Katholiken umgebracht werden.[15] Karola zieht die Konsequenzen und bittet ihre Eltern, das bürgerlich-polnische Gymnasium verlassen und in das jüdische Gymnasium von Lodz eintreten zu dürfen. Um die Aufnahmeprüfung zu bestehen, wird sie von einem Hauslehrer einige Monate lang in Hebräisch unterrichtet. Karola bleibt auf diesem Gymnasium drei Jahre und verläßt es im Jahre 1921, mit glänzend bestandenem Abitur.

Die deutschfreundliche Einstellung ihres Vaters und Karolas Wunsch, Malerei und Architektur zu studieren, führen dazu, daß die Familie noch 1921 beschließt, nach Berlin umzuziehen. Ihr Vater kauft ein Bürgerhaus in Berlin-Charlottenburg (Lietzenburger Str. 7),

---

13 Ebd., S. 19-20.
14 Ebd., S. 20.
15 Ebd, S. 56.

wo Karola sich auf die Aufnahmeprüfung an der »Berliner Akademie der schönen Künste« am Steinplatz vorbereitet. Karola ist 17 Jahre alt, als sie an der Kunstakademie unter der Leitung von Professor Böhm zu studieren beginnt. Bald sollte sie im dortigen Künstlermilieu die Bekanntschaft eines der künftigen Meister aus dem Dessauer »Bauhaus« machen: Xanti Schawinsky. Ihr wird bewußt, daß ihre eigentliche Begabung eher auf dem Gebiet der Architektur liegt. Deshalb gehen Karolas Pläne bald in Richtung Technische Hochschule, wo das Fach Architektur gelehrt wird. Um sich dort immatrikulieren zu können, muß sie jedoch das deutsche Abitur nachholen, das polnische wurde in Deutschland nicht anerkannt. Danach widmet sie sich intensiv dem Architekturstudium und der Vorbereitung auf das Diplom in diesem Fach. Im Sommer 1923 macht Karola dann die Bekanntschaft des Journalisten Alfred Kantorowicz, der sie in das Milieu der Berliner progressiven Kulturschaffenden einführt.

In den Jahren ihres Architekturstudiums an der Technischen Hochschule Berlin (1924-1927) unternimmt Karola – in der Regel in Begleitung ihrer Eltern bzw. ihres Bruders Izio – auch eine Reihe von Reisen ins Ausland, zunächst 1926 nach Paris und Vichy, nach Berchtesgaden, nach Lugano im Tessin, wo sie einige Wochen im Lungensanatorium von Agra verbringt, und schließlich im Frühjahr 1927 nach Nizza und Menton in Südfrankreich. Hier wird auf der Rückreise ihr Aufenthalt in Heidelberg zum schon erwähnten Wendepunkt. Die affektive Bindung zu Ernst Bloch wird bald so groß, daß sie sich von Kantorowicz trennt. Karola reist dann über Berlin zurück nach Lodz, um ihre Eltern, die inzwischen nach Polen zurückgekehrt sind, wiederzusehen, während Ernst Bloch nach Italien fährt, genauer: in den Badeort Positano bei Neapel, wo er die Bekanntschaft von Frida Abeles macht, die nicht ganz folgenlos bleibt.

In Lodz informiert Karola ihre Eltern über die Trennung von »Kanto« und ihre neue Beziehung zu Dr. Bloch: keine leichte Aufgabe angesichts des Problems, daß die materielle und berufliche Situation ihres neuen Lebenspartners kaum besser ist als diejenige von Kantorowicz. Offenbar gelingt es Karola jedoch, ihre großbürgerlichen Eltern zu einer verständnisvolleren Haltung zu bewegen; schließlich faßt das Liebespaar den Entschluß, im Juli 1927 gemeinsam eine Ferienreise nach Italien zu unternehmen. Zielpunkt dieser von Karolas Eltern mitfinanzierten Reise ist zunächst

Genua, wo Ernst Bloch sie am Bahnhof abholt, und schließlich der Badeort Santa Margherita an der ligurischen Küste, wo sie zusammen »wunderbare Ferien« verbringen. Aber auch in diesen Ferien bleibt der philosophische Schriftsteller Ernst Bloch nicht ganz untätig; in Santa Margherita nämlich vollendet er sein drittes Buch *Spuren*, das drei Jahre später publiziert werden sollte; am selben Ort entwirft er auch die ersten Skizzen zu seinem Buch *Erbschaft dieser Zeit*,[16] das im Nazi-Deutschland nicht mehr, jedoch 1935 im Schweizer Exil erscheint. Karola Piotrkowska nützt diese Ferien, um sich mit dem philosophischen Werk ihres künftigen Mannes anzufreunden. Ihre Ferienlektüre ist Blochs *Geist der Utopie* (in der Ausgabe von 1923) und *Thomas Münzer als Theologe der Revolution*. Während sie offensichtlich einige Schwierigkeiten hat, Blochs expressionistisch-mystisch gefärbte Sprache und Metaphysik der Innerlichkeit im *Geist der Utopie* zu verstehen, nimmt sie das Buch über Thomas Münzer mit Begeisterung auf. Zu diesem Zeitpunkt sympathisiert sie bereits mit dem Marxismus und bewunderte die aus der Oktoberrevolution der Bolschewiki hervorgegangene Sowjetunion. Im Gegensatz zu ihrer vorausgegangenen Beziehung zu Kantorowicz, der der SPD nahestand und mit dem sie politische Differenzen hatte, verstand sie sich im Bereich der Politik mit Ernst Bloch spontan wesentlich besser, der ja mit seinem Buch *Thomas Münzer als Theologe der Revolution* auf die Linie des Marxschen Klassenkampfes und der sozialen Emanzipation eingeschwenkt war.

Vermutlich neigte Karola schon damals dazu, sich den Kommunisten anzuschließen, überzeugt davon, daß die Sozialdemokraten wohl nicht in der Lage sein würden, sich der Reaktion und dem drohenden Faschismus effizient zu widersetzen. Andererseits gab es auch Aspekte in der kommunistischen Parteiorganisation, die sie bedenklich stimmten. Und so dauerte es noch Jahre, bis sie der Partei tatsächlich beitrat.

Der gemeinsame Sommerurlaub mit Bloch in Italien hatte ihre Beziehung zu dem Philosophen der »messianischen Idee der Utopie« so gefestigt, daß sie schon im Herbst/Winter 1927/28 eine dauerhafte Lebenspartnerschaft mit Bloch schloß. Als sie ihn im Januar 1928 – nach einigen Wochen der Trennung – in Berlin wiedersieht, ist sie bereits die treue Lebensgefährtin und »Kameradin«, die fest an seiner

---

16 Vgl. Bloch, Ernst: *Erbschaft dieser Zeit* (1935), GA 4.

Seite steht und ihm auch materiell durch die großzügige finanzielle Unterstützung, die ihr seitens ihrer Eltern zuteil wird, hilft. Bis dahin hatte sich Bloch ja als »freier Autor« nur mühselig über Wasser halten können. Wirtschaftskrise und Inflation trugen zudem zur Verarmung vieler freischaffender Intellektueller, Künstler und Autoren bei.

In diesen überwiegend in Berlin verbrachten Jahren von 1928-1933 machte Bloch auch die Bekanntschaft mit einer Reihe von Intellektuellen, denen er fortan freundschaftlich verbunden war, u.a. Bertolt Brecht, Kurt Weill und Otto Klemperer, der ab 1927 die berühmte »Kroll-Oper« leitete, deren Programm – im Gegensatz zur Berliner »Staatsoper unter den Linden« – ausgesprochen avantgardistisch und politisch-progressiv war.

In diese bewegte Zeit fiel auch das für Bloch überraschende Ereignis der Geburt seiner außerehelichen Tochter Mirjam am 11. April 1928 in Ascona. Sie war die Folge eines sentimentalen »Intermezzos« in Italien im Juli 1927, einer »Ferienbekanntschaft« und -liaison mit Frida Abeles, die Bloch kurz nach seiner Begegnung mit Karola in Heidelberg im italienischen Badeort Positano kennengelernt hatte. Frida Abeles, die in Ascona im Tessin lebte, hatte nicht den Mut, Bloch direkt über die Geburt ihres gemeinsamen Kindes zu informieren. Die Nachricht erreichte ihn seltsamerweise über Else Lasker-Schüler, die Bloch in einem Brief Ende April 1928 mitteilte, daß er nun ein »ganz entzückendes Baby« habe.

Die Mutter zog das Kind in Ascona allein auf. So kam es, daß Bloch seine Tochter erst fünf Jahre später zum ersten Male sah. Von Zürich aus, wo er ab März 1933 als antifaschistischer Emigrant lebte, hatte er einen Ausflug ins Tessin gemacht. Bei einem Besuch in Ascona stieß er in einem Schuhgeschäft ganz zufällig auf Frida Abeles und seine gerade sechsjährige Tochter. Während seines Exils in den USA unterhielt er brieflichen Kontakt mit Mirjam, zu einem Wiedersehen mit ihr kam es jedoch erst Anfang der 50er Jahre in Ostberlin und dann in den 60/70er Jahren, als Bloch in Tübingen lehrte und Mirjam verheiratet mit dem Schweizer Bildhauer Hans Josephsohn in Zürich lebte.

XII. Auf der Suche nach den messianischen *Spuren*: Ernst Bloch im Berlin des Jahres 1930

Bloch hatte Ende 1928 Berlin verlassen und verbrachte fast das ganze Jahr 1929 – das Jahr der großen Wirtschaftskrise und der Inflation – in Wien, einer Stadt, in der er sich einerseits wohl fühlte, die ihn andererseits aber vor allem wegen des zunehmenden Antisemitismus abstieß. Anfang 1930 kehrte er – wie Walter Benjamin war er seit 1928 regelmäßiger Mitarbeiter bei der *Frankfurter Zeitung* – wieder nach Berlin zurück, wo er nun mit kürzeren Unterbrechungen bis März 1933 wohnen sollte. Schnell bewegt er sich wieder im wohlbekannten Milieu seiner alten Berliner Freunde: Bertolt Brecht, Hanns Eisler, Siegfried Kracauer… Und hier in Berlin erlebt er auch mit Freude das Erscheinen seines dritten Buches im Verlag Paul Cassirer mit dem Titel *Spuren* – ein Werk, dem die Leser und Rezensenten wesentlich gewogener waren als dem mit apokalyptisch-revolutionärem Elan niedergeschriebenen Thomas-Münzer-Buch. Entworfen als eine Art »Kontrapunkt« zu Walter Benjamins *Einbahnstraße* (1928), stellt dieses Buch so etwas wie eine literarisch-philosophische Sammlung von diversen Motiven, Symbolen und Schlüsselbegriffen dar, die den Lesern den Zugang zu rätselhaften und geheimnisvollen Seiten des menschlichen Lebens und der menschlichen Existenz ermöglichen sollen. Sie stehen im Gegensatz zur »entzauberten« Welt der Moderne, die durch Ausbeutung, Klassenkampf, Sinnkrise und den Verlust des Lebenssinns charakterisiert wird. Die *Spuren*, die Bloch im Titel des Buches anspricht, sind eine nicht systematische Sammlung jener Motive der Fremdheit, des Erstaunens, des Erwachens und damit zusammenhängender philosophischer Motive, die in Parabeln, Kurzgeschichten und anderen Formen der Erzählung (wozu Rabbinergeschichten und Erzählungen des Chassidismus gehören) den Sinn des Daseins der modernen Existenz im Alltagsleben erhellen. Nach dem Literaturwissenschaftler Hans Mayer, Blochs Freund und Kollege aus dem zweiten Schweizer Exil und aus der Zeit in der DDR, erweist sich Bloch in diesem Buch dem Leser als ein »umgekehrter Voltaire«, da hier die vom Erzähler dargebotenen Geschichten selbst Philosophie sind, allerdings ohne jegliche begriffliche oder paradigmatische Explikation. Die erzählten Geschichten, von denen einige die Ausmaße von Novellen haben, sind so angelegt, daß sie beim Leser

Staunen auslösen. Dieses »Staunen« hat bei Bloch jedoch eine entschieden andere Funktion als zum Beispiel in der platonischen Philosophie, wo es der wahre Anfang alles Philosophierens ist; hier handelt es sich um ein Staunen, das sich wie ein »wunderbares und radikales Erwachen« manifestiert und zugleich die relative Harmonie der bestehenden sozialen Ordnung erschüttert. Es geht hier um ein Staunen, das notwendigerweise zur Entstehung eines kritischen Bewußtseins und einer kritischen Praxis führen muß, die selbst wiederum an den Grundlagen des wirtschaftlichen, politischen und gesellschaftlichen Systems rüttelt.

In seiner in der *Frankfurter Zeitung* vom 17. Mai 1931 veröffentlichten Besprechung der *Spuren* bezeichnet Siegfried Kracauer dieses Buch als ein »modernes Märchen«, als eine Sammlung postnietzscheanischer Novellen und Aphorismen, als einen »kleinen Schatz« mit Geschichten und Erzählungen aus dem Alltag, die seltsamen Glanz haben und gleichzeitig vom großen schriftstellerischen Talent des Philosophen zeugen. Das Buch »*Spuren* wird sich schwerlich dazu eignen, in hochherrschaftlichen Bibliotheken aufgestellt zu werden«, urteilt der Rezensent; und er fährt fort: »Ein weiterer Beitrag, der zur Stabilisierung unserer Epoche dienen könnte, ist mit diesem Buch nicht gegeben.«[17] Zweifelsohne handelt es sich hier auch um ein Buch, das, schon wegen des persönlichen Stils, Zeugnis ablegt von dem unsteten Leben des Autors, das ihn während der Abfassung quer durch Deutschland, nach Süditalien, Frankreich, sogar nach Tunesien, zurück nach Berlin und erneut nach Italien geführt hatte, und dies nicht etwa, weil der Autor wie Marcel Proust »auf der Suche nach der verlorenen Zeit« war, sondern vielmehr weil er ständig Ausschau hielt nach neuen menschlichen Begegnungen, neuen Freundschaften, philosophischen Theorien und Sinnkonstellationen.

Das große Projekt eines Systems der axiologischen Philosophie, auf das sich Bloch mehrmals in seinem Briefwechsel[18] mit Georg Lukács bezogen hatte, hatte er inzwischen offenbar fallengelassen. Statt dessen macht sich der Philosoph nun intensiv auf die Suche nach den »messianischen« Spuren, dies in einer Welt, die ihrerseits permanent auf der Suche nach Selbstidentität ist. Die Aufmerksam-

---

17 Kracauer, Siegfried: »Blochs Spuren«, in *Frankfurter Zeitung. Literaturblatt*, 63. Jg., Nr. 20, 17. Mai 1931.

18 Vgl. Blochs Brief an Georg Lukács vom 19. Juli 1911; in: Bloch, Ernst: *Briefe 1903-1975*, Bd. I, S. 45-49.

keit, die der Autor dem »Nebenbei«, den scheinbar unbedeutenden »kleinen Dingen«, den »kleinen Perzeptionen« (Leibniz) sowie der Photographie einer in ständiger Veränderung begriffenen Gegenwart schenkt, nimmt darin einen kaum geringeren Platz ein als in Walter Benjamins *Einbahnstraße*. In seinem Gespräch mit José Marchand weist Bloch direkt darauf hin, daß in diesem Buch grundsätzlich zwischen »zweierlei Arten von persönlichen kleinen Erfahrungen und Geschichten, auch Kalendergeschichten unterschieden werden muss. Die einen sind so beschaffen, daß sie behaglich zu Ende gelesen werden, im Bett, in der Nacht, vor dem Einschlafen. Die Geschichte ist zu Ende, alles ist gelöst, man knipst das Licht aus und schläft den Schlaf des Gerechten, auch wenn man keiner ist. Es gibt aber Geschichten die nicht zu Ende sind, wenn sie erzählt sind, die einen Überschuß haben, ein ›Merken‹, wie Hebel sagt, das die Deutung dieser Geschichte ermöglicht. [...] Bei Hebel, dem allergrößten Geschichtenerzähler, den des überhaupt gibt [...], gibt es auch solche Geschichten, die aber nicht unbedingt dahin gehen, daß das ›Merke‹ die Sache auflöst, sondern im Gegenteil etwas Starres zurückbleibt. Da ist doch eine Spur von etwas, und Spur im Stile von einer Wild-West-Geschichte, im Stil von Cooper, Karl May[19] und Gerstäcker. Da ist an einem Baum die Rinde beschädigt, und das gibt dem Sherlock Holmes, der dann ›Old Shatterhand‹ heißt oder der ›Rote Freibeuter‹ bei Cooper, sehr viel zu denken. Da war doch jemand, da ging doch etwas vor, das bedeutet doch etwas; da ist eine Spur von etwas geblieben.« In diesem Sinne, fährt Ernst Bloch fort, »ist das Buch eine Sammlung von Erzählungen. Es gibt bei mir offenbar einen dunklen Erzähltrieb, eine Sammlung von Erzählungen mit einem ›Merke‹ darin. Dort sind zum Beispiel Phänomene behandelt wie das Motiv des Scheidens. [...] Es gibt eine schöne Geschichte von Gerstäcker, die gar keine größere Bedeutung zu haben scheint; aber hier lernt man kennen, was scheiden ist, und das steht in den *Spuren* drin.«[20]

Auf der anderen Seite bestätigt der Anfang des Buches – und hier vor allem das Kapitel »Situation« – Blochs marxistische Perspektive, die sich zum einen im besonders sensiblen Blick des

---

19 In Gesprächen und Interviews hat Bloch immer wieder von seiner Faszination durch Karl Mays Romane wie *Old Shurehand*, *Winnetou* oder *Durch das wilde Kurdistan* berichtet. Einen anderen Karl-May-Titel, *Durch die Wüste*, wählte Bloch als Überschrift für eine Zusammenstellung seiner frühen kritischen Aufsätze.

20 Münster, Arno (Hrsg.): *Tagträume*, S. 57-58.

Erzählers auf die Armen, die Marginalisierten, die Elenden und Ausgebeuteten der Großstädte ausdrückt und zum anderen in der Beschreibung eines Zwischenfalls in Paris am Abend des französischen Nationalfeiertags am 14. Juli: Bloch[21] beschreibt die heftigen Reaktionen des auf den Boulevards der Hauptstadt tanzenden Volks von Paris, als ein bürgerlicher Automobilist es wagt, mit seinem Auto in die fröhlich tanzende Menge zu fahren; Blochs marxistischer Blick auf die Dinge kommt auch in der Novelle am Ende desselben Kapitels zum Ausdruck, wo er die Rede eines zugleich militanten wie desillusionierten Kommunisten wiedergibt, der sich darüber wundert, daß man in der marxistischen Arbeiterbewegung nach dem Sieg des Sozialismus der »Utopie des neuen Menschen« so wenig Beachtung schenkt, und zugleich daran erinnert, wie sich bereits während der Französischen Revolution hinter dem »citoyen« der »bourgeois« verbarg. »Aber was im Genossen steckt, das steckt dann wirklich in ihm und nicht in Verhältnissen, die die Menschen noch schiefer machen als sie sind.«[22] Wer Blochs Werk auch nur halbwegs kennt, sieht sofort, daß sich in dieser Formulierung ein wichtiges Motiv seines nächsten Buches *Erbschaft dieser Zeit* (1935) ankündigt, in dem die von den marxistischen Parteien im Deutschland der Weimarer Republik begangenen Fehler in der Epoche des Aufstiegs des Faschismus ausführlich behandelt werden. Es geht dort um das Problem der »Unterernährung der sozialistischen Phantasie« in der politischen Propaganda der Linksparteien, einen Umstand, der indirekt sicherlich zur Niederlage der Linken angesichts der demagogischen und terroristischen Propagandamaschine der Nazis beigetragen hat. So hat diese Episode die Funktion eines Brückenschlags zum nächsten Buch des Autors, eine Technik, die typisch ist für das Vorgehen von Ernst Bloch und Walter Benjamin als Erzähler. Beide legten sie es darauf an, das folgende Werk in einer kleinen »Annonce« verschlüsselt anzukündigen.

Eine andere wichtige Dimension der *Spuren*, das auch ein Buch voll talmudischer Weisheit ist, mit einem besonders verständnisvollen Blick für all jene, die vom Schicksal verlassen in dieser Welt schrecklich leiden,[23] findet ihren Ausdruck in den chassidi-

---

21 Vgl. Bloch, Ernst: Spuren, GA 1, S. 23-25.
22 Ebd., S. 32.
23 Vgl. die Geschichte vom unglücklichen Mädchen in der Erzählung »Kein Gesicht«; in: ebd., S. 39-40.

schen Erzählungen, für die die Novelle »Fall ins Jetzt« geradezu ide-altypisch ist. Hören wir einmal dem Geschichtenerzähler Bloch zu:
»Man hatte gelernt und sich gestritten, war darüber müde ge-worden. Da unterhielten sich die Juden, im Bethaus der kleinen Stadt, was man sich wünschte, wenn ein Engel [der Messias] käme. Der Rabbi sagte, er wäre schon froh, wenn er seinen Husten los wäre. Und ich wünschte mir, sagte ein Zweiter, ich hätte meine Töchter verheiratet. Und ich wollte, rief ein Dritter, ich hätte über-haupt keine Töchter, sondern einen Sohn, der mein Geschäft über-nimmt. Zuletzt wandte sich der Rabbi an einen Bettler, der gestern abend zugelaufen war und nun zerlumpt und kümmerlich auf der hinteren Bank saß. ›Was möchtest du dir denn wünschen, Lieber? Gott sei es geklagt, du siehst nicht aus, wie wenn du ohne Wunsch sein könntest.‹ – ›Ich wollte‹, sagte der Bettler, ›ich wäre ein gro-ßer König und hätte ein großes Land. In jeder Stadt hätte ich einen Palast, und in der allerschönsten meine Residenz, aus Onyx, San-del und Marmor. Da säße ich auf einem Thron, wäre gefürchtet von meinen Feinden, geliebt von meinem Volk, wie der König Salo-mon. Aber im Krieg habe ich nicht Salomons Glück; der Feind bricht ein, meine Heere werden geschlagen und alle Städte und Wälder gehen in Brand auf. Der Feind steht schon vor meiner Re-sidenz, ich höre das Getümmel auf den Straßen und sitze im Thron-saal ganz allein, mit Krone, Szepter, Purpur und Hermelin, verlas-sen von allen meinen Würdenträgern und höre, wie das Volk nach meinem Blut schreit. Da ziehe ich mich aus bis aufs Hemd und werfe alle Pracht von mir, springe durchs Fenster hinab in den Hof. Komme hindurch durch die Stadt, das Getümmel, das freie Feld und laufe, laufe durch mein verbranntes Land, um mein Leben. Zehn Tage lang bis zur Grenze, wo mich niemand mehr kennt, und komme hinüber, zu andern Menschen, die nichts von mir wissen, nichts von mir wollen, bin gerettet und *seit gestern abend sitze ich hier.*‹ – Lange Pause und ein Chok dazu, der Bettler war aufge-sprungen, der Rabbi sah ihn an. ›Ich muß schon sagen‹, sprach der Rabbi langsam, ›ich muß schon sagen, du bist ein merkwürdiger Mensch. Wozu wünschst du dir denn alles, wenn du alles wieder verlierst? Was hättest du dann von deinem Reichtum und deiner Herrlichkeit?‹ – ›Rabbi‹, sprach der Bettler und setzte sich wieder, ›ich hätte schon etwas, ein Hemd.‹«[24] »So geht die Sache also mit

---

24 Ebd., S. 98-99.

einem Witz aus«, kommentiert Bloch dies in dem Gespräch mit José Marchand, und er fährt fort: »Aber es steckt da etwas anderes drin, das ist eben das ›Merke‹, das Aufpassen, das Spurenlesen, die merkwürdige Form, in der es erzählt wird. Es fällt auf, daß gefragt wird: ›Was würdest du dir wünschen, wenn der Messias zu dir käme?‹ Die Antwort lautet: ›Ich wollte, ich wäre ein großer König und hätte ein großes Reich.‹ Das ist auch grammatisch ein Wunschmodus. Dann geht es weiter ins historische Präsens: ›Das Volk verlangt nach meinem Blut, ich stürze aus dem Fenster‹, nicht: ›Ich bin aus dem Fenster gestürzt, das Volk verlangte nach meinem Blut‹; nicht Imperfekt, sondern es ist ein historisches Präsens, das nun weiterläuft, ungestört weiterläuft bis zum Schlußsatz: ›Und seit gestern abend bin ich hier.‹ Echtes Präsens, Bezeichnung der Gegenwart.«[25]

Die Darstellung Blochs ist ein unmißverständlicher Hinweis auf die Vergangenheit-Gegenwarts-Dialektik, welche den messianischen Sinn dieser Rabbinergeschichte des Chassidismus in den *Spuren* bestimmt, jedoch auch für die Erzählstruktur anderer großer Werke der Weltliteratur, wie z.B. den Romanzyklus *Auf der Suche nach der verlorenen Zeit* von Marcel Proust oder den *Jean Christophe* von Romain Rolland charakteristisch ist. Nur daß es Bloch eben nicht wie bei Proust darum geht, diesen »Sprung ins Präsens unmittelbar aus dem aktuellen Gegenwärtig-Erlebten heraus« zu vollziehen, wie in *Le Temps retrouvé* (*Die wiedergefundene Zeit*), dem letzten Roman der *Recherche*, wo jede Handlung der Gegenwart nur vor dem geschichtlichen Hintergrund des Ersten Weltkriegs ihre Konturen erhält. Es ist gerade umgekehrt.»In dieser unscheinbaren, kleinen ost-jüdischen Geschichte, die keinen Klang hat und auch sonst keinen großen literarischen Wert besitzt, beginnt etwas, das sonst gar nicht vorkommt, was hauptsächlich in entlegenen Gegenden zu finden ist, nämlich, daß eine umgekehrte Bauart wie die aller anderen Häuser vorliegt, nicht nur anderer Romane. Man könnte dies in etwa mit dem Dogen-Palast in Venedig vergleichen, wo unten im Parterre sozusagen der Zierat ist (die Arkaden) und oben die Mauer, statt die Mauer unten und oben die reich verzierte Pracht, in der sich der poetische Ausbau breitmacht. Wir haben hier einen poetischen und nicht nur poetischen, sondern einen auf Wünsche, auf Tagträume eingestellten Unterbau, und

25 Münster, Arno (Hrsg.): *Tagträume*, S. 59.

oben beginnt die Mauer: ›Seit gestern abend bin ich hier.‹ […] Das ist ein kleines Exempel für eine Spur. Es finden sich bedeutend einfachere und philosophisch weniger spannende darin, die mit Kleinigkeiten anfangen und mit einem seltsamen Gefühl enden. Woher weiß dieser Vorgang das von mir? Das wäre es, was über die *Spuren* annäherungsweise zu sagen ist und weshalb sie *Spuren* heißen. Hier bewegt sich etwas bzw. bewegt sich etwas weiter, so daß man nicht einfach die Nachttischlampe auslöscht und sich bequem auf die Seite legt und zufrieden einschläft, sondern es hat etwas geritzt, es ist ein Stachel in der Geschichte. Der Stachel ist natürlich noch deutlicher, wenn er existentiell ist, wenn er uns unmittelbar betrifft, und nicht nur unsere Gedanken, wie in dieser Geschichte, die den Titel führt ›Landung im Jetzt‹.«[26]

Wie in der *Einbahnstraße* von Walter Benjamin, die Bloch vermutlich als Vorbild gedient hatte, waltet in diesen Geschichten eine geheime, geheimnisvolle Symbolik, eng verwandt der »Zeichensymbolik« in den Allegorien, die Benjamin in seinen Schriften so häufig erwähnt: Zeichen, die nur schwer entzifferbar und schwer verständlich sind für den Menschen der Modernität, der im Labyrinth dieser Welt umherirrt und dessen Versuche, diese Zeichen zu entziffern, ebenso fruchtlos bleiben wie die vergeblichen Anstrengungen des Landvermessers K. in Kafkas *Schloß*, endlich das »Gesetz« der Schloßregierung ausfindig zu machen. Tatsächlich gibt es im Text von Blochs *Spuren* eine ganze Reihe von Indikatoren, die diese Affinität belegen oder zumindest nahelegen, und dies obwohl der Einfluß der *Einbahnstraße* auf den sehr philosophischen Erzählstil Blochs viel größer und wesentlich bestimmender war als der Einfluß von Kafkas Romanen. Was die *Chassidischen Erzählungen* betrifft, so wandelt Bloch hier unverkennbar in den Fußstapfen Martin Bubers, dessen *Chassidische Erzählungen und Geschichten vom Baal-Schem-Tow* der junge Bloch schon während seiner Studienjahre in Würzburg und Berlin in der Zeit vor dem Ersten Weltkrieg entdeckt und gelesen hatte.[27]

Wie bei Kafka sind die Figuren dieser Erzählung der *Spuren* von der Sehnsucht nach Sinnerfüllung und Sinngebung in einer absurden Welt geprägte Menschen und Gestalten, die im »Haus der Welt«

---

26 Ebd., S. 60.
27 Zum Werk von Martin Buber vgl.: Misrahi, Robert: *Martin Buber, Philosophe de la relation*, Paris 1968; sowie: Münster, Arno: *Le Principe Dialogique. Essais sur M. Buber, E. Lévinas, F. Rosenzweig et G. Scholem*, Paris 1997.

mehr schlecht als recht eingerichtet sind, sich in ihr nicht zurechtfinden und die unter der Macht eines bösen Geschicks stehen, dessen wahre Schreckensdimension sie nur dumpf erahnen und mit schreckhaft geöffneten Augen erleiden können. Alle ihre Versuche, einen Ausweg aus dem Labyrinth zu finden, scheitern zumeist an ihrem Unvermögen, den Sinn der »Chiffre« und des »Zeichens«, der geheimnisvollen, die Schloßwelt regierenden »Codes« zu erkennen. Als Fremde wandeln sie unter Fremdlingen in einer ihnen immer fremder werdenden, dem Zugriff ihres subjektiven Vermögens sich entziehenden Welt; dennoch sind sie aber im Unterschied zu Kafkas Romangestalten mit dem dumpfen, unbewußten Gefühl unterwegs, daß manches noch Erkennbare auf dem Weg nur verschüttet, daß der Weltsinn aus dem ständig »gärenden Weltprozeß« noch nicht voll herausgebracht ist. So wird der hier wie in einer Fermate festgehaltene subjektive Seinszustand des »Dunkels des gelebten Augenblicks« im Labyrinth dieser Weltwege zu etwas wie einem Vorhof, in den die gebrochenen Strahlen eines neuen utopischen Seins hineinscheinen.

Prinzipiell jedoch dominiert in den *Spuren* nicht so sehr das Erlebnisgefühl der Ankunft oder der Erwartung des noch fernen Utopia, sondern eher das Unterwegs. Nicht zufällig – darauf wies Kracauer[28] schon hin – nimmt hier das Reisen, das den Leser durch mehrere Länder Europas und gelegentlich sogar bis nach China führt, einen so breiten Platz ein. Das existentielle Grunderlebnis der »Bahnhofshaftigkeit« des Daseins – ein Lieblingswort von Ernst Bloch und auch von Walter Benjamin in jenen »Wanderjahren« – findet hier eine breite erzählerisch-aphoristisch-metaphorische Ausgestaltung. Bestechend wirkt die Genauigkeit, mit der Bloch an einer Stelle alle Empfindungsebenen solch typischer Abreiseerlebnisse auslotet:

»Bereits die offenbare Unfähigkeit aller Menschen, auch der vertrautesten und innerlich reichsten, sich bei der Abfahrt vom Eisenbahnwagen zum Bahnsteig herab oder umgekehrt zu unterhalten, beruht darauf, daß der Zurückbleibende aussieht wie ein Ei, der Abfahrende dagegen wie ein Pfeil, daß sich beide also schon in verschiedenen Räumen aufhalten, fast schalldicht voneinander abgeschlossen, mit anderen Inhalten, Krümmungen und Gestalten. Dazu ist, wer abreist, meist stolz, wer zurückbleibt, meist wehmütig

28 Vgl. Kracauer, Siegfried: »Blochs Spuren«.

gestimmt. Bei der Ankunft sind beide in gleicher Lage und Laune, doch dadurch variiert, daß der Gast noch vom neuen Tag geblendet ist, während es dem Gastfreund vergönnt scheint, ihn zu belehren. Sieht man völlig fremder Ankunft zu, etwa der eines großen Schiffs, mit dem man niemand erwartet, so mischt sich in die mögliche Leere der Enttäuschung doch ebenfalls ein sonderbares, uns mitbetreffendes Phänomen. Denn der Stolz der Abreise, in dem bereits das Glück, der Stolz des Sterbens mitschwang, wird hier deutlich von irgendeinem Triumph der Ankunft erfüllt. Vor allem, wenn das Schiff mit Musik ankommt; dann verbirgt sich in dem Kitsch (dem nicht kleinbürgerlichen) etwas vom Jubel der (möglichen) Auferstehung aller Toten.«[29]

Zum Verhältnis von »Reisen« und dem in der *Tübinger Einleitung in die Philosophie* genannten »Reiseplan des Wissens« schreibt Silvia Markun: »Bloch hat verschiedentlich die Gleichung von *Fahren* und *Erfahren* aufgemacht, hat ausdrücklich Erfahrung als Er-Fahrung, wörtlich im geographischen wie metaphorisch im geistigen Sinne, verstanden: Fausts Weltfahrt hat er der Erfahrungsfahrt des Geistes in Hegels ›Phänomenologie‹ gleichgesetzt und die Vorgeschichte dieses Gedankens bis in die Mysterienkulte zurückverfolgt. Schillers ›Spaziergang‹ – nicht der Spaziergang des Flaneurs, sondern der Gang durch die Welt, die den Anblick ihrer Geschichte gibt – wird für Bloch zum Gleichnis: ›Ein Mensch nimmt sich mit, wenn er wandert. Doch ebenso geht er hierbei aus sich heraus, wird von Flur, Wald, Berg reicher [...]. Schlecht wandern, das heißt, als Mensch dabei unverändert bleiben. Ein solcher eben wechselt nur die Gegend, nicht auch sich selber an und mit ihr. Je bedürftiger aber ein Mensch ist, sich erfahrend zu bestimmen, desto tiefer (nicht nur breiter) wird er auch durch äußeres Erfahren berichtigt werden. [...] Und wie er selber auf jeder Fahrtstufe sich erneuert und berichtigt, so geht in wechselseitiger Subjekt-Objekt-Beziehung Er-fahrenes als ferner oder näher antwortendes Gegenbild des Inneren auf.‹«[30]

Nach der Skizzierung dieser dialektischen »Phänomenologie« in den *Spuren* – mit steter Erweiterung des subjektiven Erlebnisraums und fortschreitender Sinnerhellung der Existenz in einer fremd gewordenen Welt – schließt Blochs Buch im Rückgriff auf den Anfang

---

29 Bloch, Ernst: *Spuren*, S. 131.
30 Markun, Silvia: *Ernst Bloch in Selbstzeugnissen und Bilddokumenten*, Reinbek 1977, S. 36-37.

mit Betrachtungen über das »Staunen«: seit Plato Grundfrage aller Philosophen, eine Frage, die sowohl das Sein betrifft wie das Nichts. Die von Bloch in den *Spuren* vorgestellte Antwort nimmt bereits die zwanzig Jahre später im *Prinzip Hoffung* eröffnete Perspektive vorweg, wo das »Staunen« als Vorstufe des erwachenden Bewußtseins erscheint: Nur dann kann es ein wichtiger Faktor für die Praxis werden, wenn es sich als kritisches Bewußtsein manifestiert, das – mittels der Kategorie »Möglichkeit« – sich mit einem im Weltprozeß noch herauszubringenden »Noch nicht« verschränkt. Nicht Hellseher, Elfen oder Erzengel sind es, sondern ein einfacher Grashalm oder der Ast einer Fichte, worin sich für den Bloch der *Spuren* der philosophische Sinngehalt des Staunens zum Ausdruck bringt: »Gibt der Ast nicht nach wie vor genau so namenlos viel zu denken, dies Stück Alles, das man nicht nennen kann? Hängt er mit seinem ›Sein‹ nicht genau so gut ins ›Nichts‹ über, in dem er nicht wäre oder nicht so wäre, und das ihn doppelt befremdend macht? Geht die Frage des schlichten Staunens nicht ebenso in dies ›Nichts‹ hinaus, in dem sie ihr All zu finden hofft? – mit dem Chok, wie unsicher und dunkel der Grund der Welt ist, mit der Hoffnung, daß gerade deshalb noch alles anders ›sein‹ kann, nämlich so sehr unser eigenes ›Sein‹, daß man keine Frage mehr braucht, sondern diese sich im Staunen völlig stellt und endlich ›Glück‹ wird, ein Sein wie Glück. Die Philosophen sind hierin etwas betroffener als richtige oder okkulte Wissenschaft, das Staunen ist ihnen seit Plato eine ausgemachte Sache oder der Anfang: aber wieviele haben auch hier die Wegweisung des Anfangs behalten? […] Immerhin war der Anfang philosophisch nie ganz auszutreiben; er klingt in den großen Systemen bedeutend nach, ist, was den Metaphysiker von den bloßen Rechnungsräten der Welterklärung unterscheidet. Auch verbindet er Philosophie immer wieder mit der Jugend, macht Metaphysik an jedem Punkt wieder unruhig, gewissenhaft: Weisheit des Alters in der frühen, unbetrüglichen Frische siebzehnjährigen Urstaunens. So möchte man die paar beiläufigen Worte zwischen dem Mädchen und dem Mann durchaus, von Zeit zu Zeit, als eine Art morgendlicher Übung des Instinkts meditieren. Dann werden die vielen großen Rätsel der Welt ihr eines unscheinbares Geheimnis nicht gänzlich zudecken.«[31]

---

31 Bloch, Ernst: *Spuren*, S. 217-218.

XIII. Ernst und Karola Bloch im
»Roten Block« von Berlin (1930-1933)

Nach einem mehrmonatigen Aufenthalt in Wien im Jahre 1929 und einer Schiffsreise auf der Donau nach Budapest, um dort Georg Lukács zu besuchen, kehrt Ernst Bloch im September 1930 nach Berlin zurück. Zusammen mit seiner neuen Lebensgefährtin Karola wohnt er zunächst im Haus von Arthur Koestler, bevor er Ende 1930 in eine preiswerte, speziell für Künstler, Autoren und andere Kulturschaffende von der »Vereinigung deutscher Schriftsteller« gegründeten Siedlung zieht: den am Laubenheimer Platz (heute Ludwig-Barnay-Platz) in Berlin-Wilmersdorf gelegenen »Roten Block«. Das Ehepaar Bloch sollte dort bis zum März 1933 wohnen, in unmittelbarer Nachbarschaft von Peter Huchel, Gustav Regler, Alfred Kantorowicz (der dort mit seiner neuen Gemahlin, einer Berliner Schauspielerin, lebt), Ernst Busch, Wolfgang Leonhard und Alfred Sohn-Rethel.

Das Zusammenwohnen im Alltag erleichterte es den sozialdemokratischen, kommunistischen oder schlicht parteilosen Bewohnern des »Roten Blocks«, sich gegen die Nazis zu verteidigen, und es führte auch nach dem berüchtigten »Schwarzen Freitag« an der New Yorker Börse im November 1929 mit seinen katastrophalen wirtschaftlichen und politischen Auswirkungen für Deutschland zu einem solidarischen Zusammenschluß. Die großen Stimmengewinne der Nationalsozialisten bei den Reichstagswahlen vom Dezember 1929 waren die Folge einer erheblichen Verschlechterung der wirtschaftlichen Situation, verschlimmert noch dadurch, daß Deutschland weiterhin Reparationszahlungen in Milliardenhöhe an Frankreich zu leisten hatte. Zugleich zeichnete sich ab, daß die durch interne Fraktionskämpfe geschwächten deutschen Kommunisten nicht in der Lage waren, allein und ohne Zusammenschluß mit ihren feindlichen Brüdern von der SPD erfolgreich den Nazis Widerstand zu leisten.

Wie Karola Bloch[32] in ihren Memoiren unterstreicht, war der »Rote Block« eine »fröhliche, Sozialisten, Kommunisten und Parteilose vereinigende Gemeinschaft«. Alle waren gewerkschaftlich organisiert und bildeten, als es zu Überfällen der Nazis auf Kom-

---

32 Vgl. Bloch, Karola: *Aus meinem Leben*, S. 68-70.

munisten und Sozialdemokraten kam, Agitprop-Gruppen, die in die Arbeiterviertel zogen und dort mit den Bewohnern diskutierten. Auf den Dächern des »Roten Blocks« wurden die rote Fahne und die schwarz-rot-goldene Fahne der Weimarer Republik gehißt – im Gegensatz zu den Häusern des benachbarten Bezirks Friedenau, aus denen Hakenkreuz-Fahnen hingen. Die Bewohner des »Roten Blocks« entfalteten alle große kulturell-politische Aktivitäten, die aus diesem Wohnblock eine Bastion des antifaschistischen Widerstands machten. Problematisch war allerdings ihre recht große Isolierung in einem überwiegend kleinbürgerlichen Umfeld und zum Zeitpunkt des gefährlichen Anstiegs der »braunen Flutwelle«, der auch in Berlin, wo die KPD außerordentlich stark war, immer spürbarer wurde. So hatte die NSDAP bei den Reichstagswahlen vom 14. September 1930 im Vergleich zu den Wahlen des Jahres 1929 noch kräftig zugelegt: Sie war inzwischen – nach der SPD – die zweitstärkste Fraktion im Reichstag. Für politische Beobachter der Ereignisse in Deutschland war dies ein Alarmzeichen, es müsse endlich etwas geschehen, um den Vormarsch der Nazis aufzuhalten. Aber trotz des starken Drucks der Basis waren die Führungseliten der beiden großen Arbeiterparteien, der SPD und der Kommunisten, nicht in der Lage, die Gefahr der Stunde zu erkennen, setzten ihren Bruderstreit fort und unterschätzten die Gefährlichkeit Hitlers und seiner Gefolgsleute. Nicht daß es gänzlich an Widerstandsorganisationen gegen den Naziterror gefehlt hätte; aber in der politischen Praxis rivalisierten hier das sozialdemokratisch geführte »Reichsbanner« und der kommunistische »Rote Frontkämpferbund«, dessen Widerstandsaktionen durch zum Teil widersinnige Direktiven der Komintern geschwächt wurden, wie etwa der verordneten Denunziation der Sozialdemokraten als »Sozialfaschisten«. Den Sozialdemokraten jedoch wurden ihre zu naive Fortschrittsgläubigkeit und ihre Bündnispolitik mit Kräften der bürgerlichen Mitte zum Verhängnis, d.h. ihre ausschließlich reformistisch orientierte »Realpolitik«, die letztendlich zur Legitimierung der bestehenden Verhältnisse im Namen des Fortschritts geführt hatte. Deshalb tendierte die politisch fortschrittliche Intelligenz in Deutschland – trotz aller Fehler der kommunistischen Führung – eher zu einem politischen Engagement auf Seiten der KPD. Brecht, Eisler und auch Ernst Bloch gehörten zu ihnen. Auch Kantorowicz, der lange Zeit mit der SPD sympathisiert hatte, trat 1931 der KPD bei, in der Überzeugung, daß einzig der politisch organisierte Widerstand an der Seite der Kommunisten in der Lage sei, den Faschismus einzudämmen. Aus denselben Gründen wurde auch Karola Piotrkowska im März 1932 Mitglied der KPD. Die Tatsache, daß die Führung der SPD – entgegen dem Willen der Mehrheit ihrer Mitglieder – gegen diesen verfassungswidrigen Gewaltakt nicht zum gewaltsamen Widerstand aufrief, wurde in der politischen Öffentlichkeit Deutschlands wie eine Kapitulation der Sozialdemokraten vor den Nazis aufgenommen. Nach ihrem Beitritt zur KPD und zur kommunistischen Zelle des »Roten Blocks«, die ihre Versammlungen in der Wohnung des Vorsitzenden der Zelle, Kantorowicz, abhielt, wurde Karola schnell ein aktives Parteimitglied. Wöchentlich traf man sich zur politischen Lagebesprechung. Einer strengen Parteidisziplin unterworfen, kümmerte sie sich primär um die »Rote Hilfe« für in Not geratene Arbeitslose und andere Opfer des Kapitalismus, der Krise und der Weimarer »Klassenjustiz«. Ernst Bloch war der Partei nicht beigetreten. Mit den meisten der hier verbreiteten politischen Ideen und Ziele sympathisierte er, allerdings aus einer gewissen intellektuellen Distanz. Angesichts der zentralistischen und ziemlich autoritären Organisationsstruktur der KPD befürchtete er sicherlich nicht zu Unrecht, für den Fall seines eigenen Parteibeitritts bürokratische Einschränkungen der Autonomie seines Denkens als Schriftsteller und Philosoph hinnehmen zu müssen. Er konnte sich nur allzu gut an das Beispiel von Georg Lukács erinnern, der nach der Veröffentlichung von *Geschichte und Klassenbewußtsein* (1923) von der ungarischen Parteileitung und der Komintern zur »Selbstkritik« gezwungen worden war. Nach vielen Gesprächen mit Karola, Brecht und Eisler zog er es jedenfalls vor, sich, als Sympathisant, aus der kommunistischen Parteiorganisation herauszuhalten, überzeugt davon, daß er mit seinen Artikeln und Buchpublikationen der guten Sache des Kampfes für eine »bessere Welt« besser dienen könne als unter den Bedingungen einer ordentlichen Parteimitgliedschaft. Auch war Bloch der Meinung, daß sich der Parteibeitritt von Georg Lukács im Jahre 1918 negativ auf den philosophischen Stil des ungarischen Philosophen ausgewirkt und ihn dazu geführt hatte, in der Marxismus-Debatte der 20er und 30er Jahre dogmatische Positionen zu vertreten.

Während dieser Berliner Jahre von 1930 bis 1933 traf Ernst Bloch nicht nur mit Kracauer, Brecht, Helene Weigl, Adorno und Benjamin zusammen, sondern auch mit Carl von Ossietzky, dem

Mitherausgeber der *Weltbühne*, der schon 1932 wegen angeblichen »Landesverrats« zu einer Haftstrafe verurteilt und dann, nach der Machtergreifung der Nazis, erneut verhaftet und im März 1933 in ein Konzentrationslager eingeliefert wurde. Im KZ Oranienburg erhielt er 1936 den Friedensnobelpreis der Schwedischen Akademie. Ossietzky war es, der 1931, anläßlich der »Plagiat-Affäre« um Ernst Bloch, die durch einen Artikel im *Berliner Tageblatt* ausgelöst wurde und wonach Bloch von einem gewissen Bohdan eine Novelle des *Börsenkuriers* kopiert haben sollte, entschieden für Ernst Bloch eintrat und die Vorwürfe als »absurd« zurückwies. Dies war gleichzeitig die erste größere öffentliche Würdigung von Blochs Philosophie und Werk. Zwei Jahre später wurde Ossietzky zum ersten großen intellektuellen Märtyrer der Nazis. Es besteht nicht der geringste Zweifel, daß Ernst Bloch das gleiche Schicksal ereilt hätte, wenn er nicht im März 1933 fluchtartig Deutschland verlassen hätte.

Im April 1932 unternimmt Bloch in Begleitung von Karola erneut eine kleinere Italienreise; über München geht es zunächst zwei Wochen zur Erholung an den Gardasee, dann fahren sie weiter über Verona nach Venedig. Nach einigen Tagen Aufenthalt in der »Serenissima« besichtigen sie noch Brescia, dann besteigen sie den Zug nach Rom, wo Karola die Gelegenheit wahrnimmt, ihr kunst- und architekturgeschichtliches Studium zu vertiefen. Bloch spielt in Rom mit dem Gedanken einer neuerlichen Nordafrika-Reise; schließlich wird dieser Plan jedoch fallengelassen, statt dessen reisen sie im Mai 1932 zurück nach Berlin.

In der Hauptstadt des Deutschen Reichs hatte sich die Lage inzwischen zugespitzt. Bald darauf wurde die sozialdemokratische Regierung Preußens unter Otto Braun durch den Reichskanzler Franz von Papen abgesetzt. Es häuften sich die Übergriffe der Nazis gegen Kommunisten, Sozialisten, Gewerkschafter und Juden. Auch die Bewohner des Wilmersdorfer »Roten Blocks« waren immer öfter solchen Übergriffen ausgesetzt. Um sich gegen diese besser verteidigen zu können, bildete sich eine bewaffnete Selbstschutzorganisation. Erneut traten die Agitprop-Gruppen in Aktion, um mit der Bevölkerung und vor allem den Arbeitern zu diskutieren.[33] Dank der Mobilisierung aller fortschrittlichen »Arbeiter der Kultur« – allen voran Bertolt Brecht, Helene Weigl, Hanns Eisler,

---

33 Vgl. Bloch, Karola: *Aus meinem Leben*, S. 75.

Ossietzky, Tucholsky, Kantorowicz und Ernst Bloch – gelang es der KPD sogar, im Laufe des Jahres 1932 die »braune Flut« in Berlin und im Großraum Berlin einzudämmen. Die Arbeiterviertel, vor allem die Bezirke Kreuzberg und Wedding, wurden zu wahren Bastionen des Widerstands gegen die »braune Pest«. Berlin blieb rot, auch noch einige Monate nach der Ernennung Adolf Hitlers zum Reichskanzler am 30. Januar 1933 durch Hindenburg.

Im Jahr 1932 schrieb Ernst Bloch viele Artikel für die *Weltbühne* und eine Reihe von weiteren Beiträgen zur Analyse des Aufstiegs der Nazis und ihrer Lügenpropaganda, die später in das Buch *Erbschaft dieser Zeit* (1935) aufgenommen wurden. Bloch unterschätzte die Gefährlichkeit Hitlers und seiner »Braunhemden« keineswegs, sondern warnte davor; fast aus jeder Zeile von Blochs politischen Aufsätzen aus jener Zeit spricht die Überzeugung, daß die drohende Nazi-Diktatur nicht nur eine Bedrohung für Deutschland und seine Demokratie, sondern für die gesamte Menschheit sein würde.

Damit stand er im Gegensatz zur Position der führenden Repräsentanten der Linksparteien, die die von Hitlers Ernennung zum Reichskanzler ausgehende Gefahr für die Demokratie und die parlamentarische Republik unterschätzten, sie in ihren Presseverlautbarungen herunterspielten und die Meinung vertraten, Hitler sei nur ein »kleines Zwischenspiel«, ein politisches »Intermezzo« von kurzer Dauer. Der Reichstagsbrand vom 27. Februar 1933 machte dieser Illusion ein schnelles Ende. Bei der danach ausgelösten systematischen Treibjagd auf Kommunisten, Sozialdemokraten, Gewerkschafter und Juden wurden bereits im Februar 1933 Hunderte ermordet, drangsaliert, gedemütigt oder verletzt. Im März 1933 – einen Tag nach der Reichstagswahl, bei der die Nazis eine relative Mehrheit erhielten, wurde dann das erste Konzentrationslager errichtet. Hunderte und schließlich Tausende von Kommunisten, Sozialisten, Gewerkschaftern, Juden wurden aus ihren Wohnungen heraus oder von der Straße weg verhaftet, verschleppt und in Lager eingeliefert. Gegen diesen stetig zunehmenden Nazi-Terror organisierte sich – zumindest in Berlin – ab Februar 1933 der kommunistische Widerstand, und der »Rote Block« war eines seiner Hauptzentren. Die Bewohner wurden zu einer solidarischen Kampfgemeinschaft zusammengeschweißt, die den gewalttätigen Aktionen der Nazis bis zuletzt widerstand und die ihre politisch-moralische Überlegenheit auch dann noch bewahrte, als der Naziterror so stark war, daß viele Genossen oft schon auf der Straße angegriffen, überfallen oder zu Tode geprügelt wurden.

Um diesem Klima mit bürgerkriegsähnlichen Ausschreitungen zu entkommen, reist Ernst Bloch Ende Februar 1933 nach Ludwigshafen zu seinen alten Freunden Max und Lene Hirschler. Dieser plötzliche Abschied von der deutschen Hauptstadt mit ihrem intensiven politischen und kulturellen Leben sollte, wie sich bald zeigt, Bloch das Leben retten und ihn vor den schlimmsten Verfolgungen durch die Nazis bewahren.

Eines der größten politischen Hindernisse zur Gründung einer antifaschistischen Einheitsfront, die in der Lage gewesen wäre, den Nazis den Weg zur Macht zu versperren, war fraglos die Spaltung der deutschen Arbeiterbewegung in zwei antagonistische, unversöhnliche und feindliche Blöcke. Gewiß war sie die fast unvermeidliche Folge des Bruchs zwischen Sozialdemokraten und Kommunisten im Januar 1919, der die reformorientierten demokratischen Sozialisten und die revolutionären Kommunisten, die in der Oktoberrevolution in Rußland das Fanal für die sozialistische »Weltrevolution« sahen, zu unversöhnlichen Rivalen und Gegnern machte. Zusätzlich trugen noch so folgenschwere Ereignisse wie etwa Friedrich Eberts Mobilisierung der Noske-Truppen zur Niederschlagung des »Spartakus«-Aufstands in Berlin im Januar 1919, die Ermordung von Rosa Luxemburg und von Karl Liebknecht durch die Freikorps am 15. Januar 1919 sowie die blutige Unterdrückung der Kampf-Demonstration kommunistischer Arbeiter im Bezirk Kreuzberg am 1. Mai 1929 durch den sozialdemokratischen Polizeipräfekten Zörgiebel erheblich zur Diskreditierung der Politik der SPD in den Jahren der Weimarer Republik bei. Auf seiten der Kommunisten wurde dagegen der schwere Fehler begangen, die Sozialdemokraten als »Sozialfaschisten« zu denunzieren und sie – und nicht etwa die Nazis – zum »Hauptfeind der Arbeiterklasse« zu erklären. Dies wiederum lieferte den Sozialdemokraten den Vorwand, die deutschen Kommunisten als »Lakaien Moskaus« und als »Agenten der Sowjetunion« zu kritisieren und zu verdammen. In diesem politischen Kontext waren die Versuche einiger parteiunabhängiger Intellektueller, die KPD und SPD als die beiden »feindlichen Brüder« der Linken doch noch zusammenzubringen, von vornherein zum Scheitern verurteilt. Wie Karola Bloch zurecht anmerkt, verhallten die Aufrufe von Käthe Kollwitz und Heinrich Mann zur »Gründung einer Einheitsfront gegen die Nazis« und der ähnliche Aufruf der

Weltbühne wie Rufe in der Wüste.[34] Das Scheitern der letzten sozialdemokratisch geführten Regierung unter Reichskanzler Müller im September 1932 hatte zudem in eine Periode großer politischer Instabilität in Deutschland geführt, die durch die Auswirkungen der Weltwirtschaftskrise noch verstärkt wurde. Die Zunahme der Arbeitslosigkeit, die Verelendung der Massen und eine Reihe von äußerst unpopulären Erlassen der Übergangsregierung Brüning waren Wasser auf die Mühlen der immer aggressiver werdenden Propagandamaschine der Nationalsozialisten, die nun sprunghaft von Wahl zu Wahl an Stärke zunahmen und schon im November 1932 zur stärksten Fraktion im Reichstag wurden. Dennoch hatte die NSDAP bei den Wahlen vom 9. November 1932 im Vergleich zu den vorausgegangenen Reichstagswahlen an Stimmen verloren; und infolge der langsamen Verbesserung der wirtschaftlichen Situation ab Dezember 1932 erschien es ungewiß, ob die Nazis es schaffen würden, bei den nächsten Reichstagswahlen die absolute Mehrheit zu gewinnen. Gleichwohl waren die Sozialdemokraten, Kommunisten und das bürgerliche Zentrum in der Weimarer Republik nicht mehr in der Lage, die nationalsozialistische Flutwelle einzudämmen, die nun mit verstärkter Kraft über Deutschland hinwegrollte und die zusätzlich durch das große demagogische und rhetorische Talent des charismatischen Führers dieser Bewegung verstärkt wurde, der mit seinen stundenlangen Reden, bei denen er sich als der künftige Messias und Erretter des gedemütigten Deutschland und als Protagonist der »nationalen Wiedergeburt und Revolution« aufspielte, offensichtlich die Massen faszinierte.

Die Ernennung Hitlers zum Reichskanzler durch Hindenburg am 30. Januar 1933 versetzte all jenen einen schweren Schlag, die durch den Aufruf zu einer antifaschistischen Volksfront die Machtergreifung der Nazis verhindern wollten. Hinzu kam, daß der von SPD-Funktionären beherrschte ADGB (Allgemeiner Deutscher Gewerkschaftsbund) sich Ende Januar 1933 nicht in der Lage sah, wie im Jahre 1920 anläßlich des Kapp-Putsches, den Generalstreik auszurufen. Unschlüssig und zögernd ging der ADGB geradezu ahnungslos in die ihm von den Nazis gestellte Falle. Im Bewußtsein ihrer ungebrochenen Stärke organisierten sie wie üblich die Großdemonstration zum 1. Mai. Tags darauf wurden in einer Nacht- und Nebelaktion alle Gewerkschaftsführer, die die Nazis schon seit

---

34 Vgl., Bloch, Karola: Ebda, S. 80.

langem auf Listen erfaßt hatten, verhaftet und in Konzentrationslager verschleppt.

Die Erlangung der Mehrheit im Reichstag und die Bildung einer von der NSDAP erstmals vollständig beherrschten Regierung war jedoch für die Nazis nur eine Etappe auf dem Weg zur Gründung des »totalen NS-Staats«, der keinerlei demokratische Opposition mehr duldete. Deshalb setzte der neue Reichskanzler Adolf Hitler sofort nach seiner Amtseinführung alles daran, die noch bestehenden »Überreste« der parlamentarischen Demokratie, das Weimarer Parteien-System, die Linksparteien und den parlamentarischen Verfassungsstaat zu beseitigen, mit dem Ziel der Errichtung eines totalitären korporatistischen faschistischen Staats nach dem Vorbild des »stato totalitario« Mussolinis. Um diesem Ziel näher zu kommen, inszenierten die Nationalsozialisten am 27. Februar 1933 den Reichstagsbrand und gaben den Kommunisten die Schuld daran. Mit Hilfe der Polizeikräfte des von ihnen kontrollierten Innenministeriums und der SA veranstalteten sie bereits einen Tag nach dem Reichstagsbrand in den Straßen Berlins und der meisten anderen deutschen Großstädte regelrechte Treibjagden auf Juden und Kommunisten, in deren Verlauf mehrere Reichstagsabgeordnete der KPD von der SA und der NS-»Hilfspolizei« belästigt, brutal zusammengeschlagen und zum Teil auch direkt ermordet wurden. Soweit sie verhaftet wurden, lieferte man sie in die KZs Buchenwald und Dachau ein.

Da die Nazis den »Roten Block« in Berlin-Wilmersdorf schon seit langem im Visier hatten, wurde bereits am Morgen des 28. Februar der Wohnblock am Laubenheimer Platz von den SA-Milizen umstellt. Wie Karola Bloch in ihren Memoiren schreibt, wurden sie an diesem Tag um 6 Uhr morgens von Johannes R. Becher geweckt, der an allen Wohnungstüren läutete, um die Bewohner über die bevorstehende Aktion der Nazis zu informieren und sie vorzuwarnen. Karola hatte gerade noch die Zeit, die marxistischen Bücher von Blochs Privatbibliothek wegzuräumen, alle Manuskripte Blochs in zwei großen Koffern zu verstauen und einen Genossen zu bitten, sie an einem sicheren Ort zu verwahren. Als dieser dann kam und an der Wohnungstür läutete, war der Laubenheimer Platz jedoch schon vollständig von bewaffneten SA-Leuten mit Hakenkreuz-Armbinden umstellt, die ihre Gewehrläufe auf die Fenster des Wohnblocks richteten. So gab es keine andere Lösung als die Koffer mit Blochs Manuskripten – in Erwartung einer Hausdurchsuchung – auf dem

Boden zu verstecken. Da läutete es auch schon an Karolas Wohnungstür, und ein von einem Polizisten begleiteter SA-Mann präsentierte den Durchsuchungsbefehl. Hier Karola Blochs Erinnerungsbericht von diesem dramatischen Augenblick:

»»Wir müssen ihre Wohnung durchsuchen.‹ Sie gingen an jeden Schrank, an jedes Regal. Gottlob waren die verdächtigen Bücher weg, aber sie fanden Tolstojs *Über die Religion*, und argwöhnisch nahmen sie das Buch mit. ›Wo ist denn Dr. Bloch?‹ fragten sie. ›Er ist auf Reisen, ich weiß nicht, wo er sich zur Zeit aufhält.‹ Die Männer nahmen alle meine Wäschestücke heraus, suchten Verdächtiges zwischen Unterkleidern, fanden nichts. Ich dachte schon, ich sei über dem Berg, als der SA-Mann sagte: ›Jetzt zeigen Sie uns noch Ihren Dachboden.‹ Die Stufen, die ich nach oben stieg, waren wie Stufen aufs Schafott. Nun werden sie dich verhaften, wenn sie die Manuskripte finden. Mein Gehirn arbeitete konzentriert: Wie kannst du dich retten? Da fiel mir ein, daß an meinem Schlüsselbund auch der Schlüssel zum Boden von Peter Huchel hing. Wir hatten bei ihm eine mittelalterliche Holzplastik, eine Madonna mit Kind, untergebracht, die auf unserem Boden keinen Platz mehr gefunden hatte. Ruhig öffnete ich das Vorhängeschloß an dieser Bodentür. Ich wußte, daß er, unpolitisch wie er war, nichts Verdächtiges bei sich hatte – und die Madonna mit dem Kind lächelte uns heiter entgegen. Die Männer verabschiedeten sich sogleich, die Manuskripte waren zunächst gerettet, ich auch. ›Madonna hat geholfen‹, schrieb Ernst später in einem Aufsatz.«[35]

Diese Haussuchung hatte die Risiken für Ernst Bloch und Karola deutlich gemacht. Und die systematische Verfolgung der Juden und Kommunisten war jetzt unübersehbar, die Gefahr, von der SA verhaftet, von der Gestapo gefoltert und schließlich in ein KZ verschleppt zu werden, greifbar. Und da der Name Ernst Blochs neben denen vieler weiterer linker Intellektueller auf der »schwarzen Liste« der Nazis stand, blieb kein anderer Ausweg mehr als die sofortige Flucht ins Ausland. Karola stürzte nach der gerade noch glimpflich verlaufenen Hausdurchsuchung und dem Abzug der SA vom Laubenheimer Platz zum Telefon. »Packe alle Deine Sachen in zwei Koffer, gehe zum Bahnhof und nimm sofort den nächsten Zug in die Schweiz! Ich komme später nach!« Ernst Bloch befolgte diesen Rat, packte noch am Vormittag des 6. März 1933 seine Koffer

---

35 Ebd., S. 81.

und stieg in Mannheim in den Expreß-Zug nach Zürich, wo er in Sicherheit war und notfalls um politisches Asyl bitten konnte. Karola Piotrkowska blieb trotz der wachsenden Gefahr noch bis Mitte April 1933 in Berlin, wo sie an der Technischen Hochschule Architektur studierte und weiterhin für die »Rote Hilfe« tätig war. Dann traf auch sie am Züricher Hauptbahnhof ein. Sie hatte zwei Koffer bei sich, in denen Blochs unveröffentlichte Manuskripte verstaut waren. Von März bis Ende April wohnten die beiden zunächst in einem kleineren Hotel im Stadtzentrum von Zürich; danach mieteten sie eine Zwei-Zimmer-Wohnung in Küsnacht am Züricher See, bevor sie wieder in eine andere Wohnung in der Stadt Zürich umzogen. In den von Karola überbrachten Manuskript-Koffern fehlte allerdings das Manuskript von *Erbschaft dieser Zeit*, also genau der Text, den Bloch als sein nächstes Buch veröffentlichen wollte. Bloch hatte es versehentlich in Ludwigshafen zurückgelassen. Dank der Mithilfe einer deutschen Philosophiestudentin aus Heidelberg gelang es ihm, das Manuskript zurückzuerhalten. Die Studentin brachte es unversehrt über die Grenze nach Zürich. Verloren ging jedoch in diesen Wirren das Manuskript von Blochs *Logik*, das Ernst Bloch vor seiner Abfahrt aus Berlin im Februar 1933 einem Mitglied der jüdischen Gemeinde von Berlin anvertraut hatte.

Bereits in den ersten Wochen seines zweiten Schweizer Exils fand Bloch in »Oprecht & Helbling« ein Züricher Verlagshaus, das *Erbschaft dieser Zeit* Anfang 1935 veröffentlichte. Wie immer verbrachte Bloch sehr viel Zeit mit erheblichen Änderungen und Zusätzen bei der Korrektur der Druckfahnen, bevor er der endgültigen von ihm autorisierten Fassung sein »Imprimatur« gab. Zunächst aber verfaßte er in diesem ersten Jahr in Zürich seine »Geographica«, d.h. jene genuinen Studien über verschiedene europäische Regionen, Landschaften und Städte, die später in den neunten Band der Gesamtausgabe, die *Literarischen Aufsätze*, Eingang fanden. Auch schrieb er in dieser Zeit viele Briefe an seine inzwischen über verschiedene Länder Europas verstreuten Freunde, so an Siegfried Kracauer, der seit Januar 1933 in Paris im Exil lebte.

Die überwiegend jüdischen Flüchtlinge aus Deutschland fanden im Jahre 1933 in der Schweiz ein völlig anderes politisches Klima vor als in der Zeit des Ersten Weltkriegs. Sie wurden alles andere als freundlich aufgenommen. Binnen kurzer Zeit fanden Ernst Bloch und seine Lebensgefährtin Karola jedoch in Zürich Verbündete und den Kontakt zu anderen Emigranten aus Deutschland. Zu ihnen zählte Theo Pinkus, der angesehene Buchhändler aus Zürich, der 1933 in der Züricher Altstadt eine *Studienbibliothek der Arbeiterbewegung* gegründet hatte, sowie der Philosoph und Kunstgeschichtler Joachim Schumacher, der bald zu einem der engsten und treuesten Freunde Blochs werden sollte; mit ihm unterhielt Bloch nun einen viele Jahre des Exils andauernden Briefwechsel.[36]

36 Vgl. Bloch, Ernst: *Briefe 1903-1975*, Bd. 2, S. 457-616 (Briefe von und an Joachim Schumacher).

XIV. Verhaftung in der Schweiz als »Komplize« einer »Agentin der Komintern« (1933)

Aufgrund der völlig veränderten Weltlage stand dieser zweite Exilaufenthalt Blochs in der Schweiz von Anfang an unter einem wesentlich ungünstigeren Stern als sein erster. Im Jahre 1933 fürchteten die auf ihre Neutralität so stolzen Schweizer in erster Linie um ihre eigene Sicherheit und versuchten deshalb, einen Konflikt mit Hitler-Deutschland zu vermeiden. Die Generallinie der Schweizer Außenpolitik war, ungeachtet der inzwischen eingetretenen politischen Veränderungen die gut nachbarschaftlichen Beziehungen sowohl zu Frankreich als auch zu Deutschland fortzusetzen – zum Wohle der Unabhängigkeit und der Prosperität des Landes. Deshalb waren die Schweizer Behörden außerordentlich mißtrauisch und sogar offen feindselig eingestellt gegenüber denjenigen, die diese politische Strategie stören könnten. Zahlreiche deutsche und deutsch-jüdische Emigranten, die sich nach der Machtergreifung Hitlers in die Schweiz geflüchtet hatten, wurden sofort unter polizeiliche Überwachung gestellt. Eine ordentliche Aufenthaltsgenehmigung wurde ihnen verwehrt, und außerdem wurden in den Jahren 1933/34 mehrere hundert deutsche Antifaschisten bereits an der deutsch-schweizerischen Grenze von den Schweizer Behörden nach Deutschland zurückgeschickt, wo sie zumeist von der Gestapo verhaftet wurden. Eine Reihe solcher Emigranten wurde von den helvetischen Behörden interniert, unter ihnen vor allem diejenigen, die, wie etwa Hans Mayer oder Boris Fränkel, offen »kommunistischer Umtriebe« verdächtigt wurden. Ernst Bloch und Karola Piotrkowska, wie übrigens die Mehrzahl der politischen Flüchtlinge aus Deutschland, hatten praktisch keinerlei Chance, den Verfolgungen und Razzien der Schweizer Fremdenpolizei zu entgehen. Eine kleinere Unvorsichtigkeit im täglichen Leben genügte oft, um in die Falle zu gehen. Und so passierte es denn auch im Juli 1933 während der Sommerferien, als Bloch und Karola eine kleine Reise ins Tessin nach Ascona machten und Bloch seine sechsjährige Tochter Mirjam das erste Mal sah. Dort müssen Spitzel der Schweizer Fremdenpolizei Bloch und Karola in diskretem Abstand auf dem Nachhauseweg gefolgt sein. Als sie den Bahnhof von Ascona erreicht hatten, um den Zug zurück nach Zürich zu besteigen, näherten sich ihnen zwei Polizisten in Zivil, die sie am

Bahnsteig verhafteten. Im Polizeiauto wurden sie – ohne Angabe von Gründen – zum nächstgelegenen Polizeikommissariat gebracht, wo Ernst und Karola getrennt verhört wurden. Der Grund für die Verhaftung kam beim Verhör Karolas zum Vorschein. Auf die Frage, wie viele Fremdsprachen sie denn spreche, hatte Karola – wahrheitsgemäß – geantwortet: »Sechs«. Darauf erhielt sie zur Antwort: »Ja, ja, Sie sprechen so viele Sprachen. Sie sind eine Agentin der Komintern.«[37] Und als Beweis zückte der verhörende Beamte einen Brief von Gustav Regler an Karola, der sich in Karolas Handtasche befunden hatte, die sie unglücklicherweise beim Einkaufen in einem Obstgeschäft vergessen hatte. Statt diese aufs Fundbüro zu bringen, hatte der Besitzer des Obstladens sie zum Hauptkommissariat der Polizei gebracht, wo sie von Polizisten gründlich durchsucht wurde. Dabei stießen die Beamten auf mehrere als postlagernd adressierte Briefe, die Karola vom Hauptpostamt in Ascona abgeholt hatte; darunter befand sich auch derjenige von Gustav Regler, dem legendären Vorsitzenden der Sektion der saarländischen KPD. Der hatte ein altes polnisches Sprichwort zitiert, das lautet: »Der Mensch schießt, aber Gott lenkt die Kugel!« und dem das deutsche »Der Mensch denkt, Gott lenkt« entspricht.[38] Die polnische Version interpretierte der mit der Untersuchung des Vorfalls beauftragte Schweizer Polizeibeamte als Codewort (der Komintern) für ein terroristisches Attentat. Auf jeden Fall genügte hier schon der unbegründete Verdacht, um über Ernst Bloch und Karola Piotrkowska eine zeitlich befristete Haftstrafe zu verhängen. So wurden beide »kommunistischer Umtriebe« verdächtigten Exilanten zunächst 24 Stunden im Gefängnis von Ascona in einer verwanzten Zelle inhaftiert, am nächsten Tag in das Zentralgefängnis des Kantons Tessin in Bellinzona überführt und dort erneut zum Verhör gerufen »Sind Sie Kommunistin?« fragt der Beamte Karola. Antwort: »Ich bin Antifaschistin, ich hoffe, Sie auch«. Der Beamte: »Sie haben recht, ich bin Sozialdemokrat. Ich lasse Sie frei. Sie können nach Zürich zurückfahren. Aber die ganze Sache muß nach Bern gehen und wird dort entschieden. Außerdem werden Sie in Zürich unter Polizeiaufsicht stehen.«[39]

Als Folge dieser Denunziation durch einen sozialdemokratischen Schweizer Polizeibeamten erhielten Bloch und seine Gefährtin nach

---

37 Vgl. Bloch, Karola: *Aus meinem Leben*, S. 88.
38 Ebd., S. 89.
39 Ebd., S. 90.

ihrer Rückkehr nach Zürich von nun an regelmäßigen Besuch von den Beamten der Schweizer Fremdenpolizei, während die Zentralbehörde der helvetischen Fremdenpolizei in Bern eifrig und in engster Zusammenarbeit mit dem Schweizer Innenministerium ihre Ausweisung aus der Schweiz betrieb. Diese wäre höchstwahrscheinlich noch Ende des Jahres 1933 erfolgt, wenn einflußreiche Freunde Blochs unter den Deutsch-Schweizern nicht zu ihren Gunsten interveniert hätten, um zu erreichen, daß ihre provisorische Aufenthaltsgenehmigung, die abgelaufen war, zumindest noch so lange verlängert würde, bis Ernst Blochs Lebensgefährtin Karola Piotrkowska ihr Architektur-Studium an der Eidgenössischen Technischen Hochschule in Zürich mit der Diplom-Prüfung abgeschlossen hätte. Auch Ernst Bloch benötigte eine Verlängerung dringend, da er inzwischen den zweiten Fahnenabzug seines Buches *Erbschaft dieser Zeit* erhalten hatte, den er dringend korrigieren mußte. Dazu benötigte er viel Zeit.

So kam es dann auch, daß genau an dem Tag, an dem Karola Piotrkowska ihr Architektendiplom erhielt, d.h. Anfang Juli 1934, Ernst und Karola brieflich von der helvetischen Fremdenpolizei die Mitteilung erhielten, sie müßten die Schweiz spätestens bis zum 15. September 1934 verlassen. Ernst Bloch war empört und setzte all seine Schweizer Freunde und Bekannten in Bewegung, um die Ausweisung rückgängig zu machen. Vergebens. Sein am 28. August 1934 eingereichter Einspruch wurde mit der Begründung abgelehnt, daß er »für die einwandfreie Beobachtung der Toleranzbedingungen keine genügende Gewähr biete.«[40] Mit anderen Worten: Bloch hatte »das Land auf den festgesetzten Termin zu verlassen.« Da gegen diese Entscheidung kein weiterer Einspruch mehr möglich war, verließen Ernst Bloch und Karola Anfang September 1933 die Schweiz endgültig. Karola fuhr zunächst zurück nach Polen (Lodz), um ihre Familie wiederzusehen, Ernst Bloch nach Italien, genauer: an den Comer See. Ihre letzten Wochen in der Schweiz hatten Bloch und Karola im Engadin in der Nähe von St. Moritz verbracht, in enger Nachbarschaft zu dem führenden KPD-Mitglied Heinz Neumann und seiner Frau Margarethe. Ein Wiedersehen erfolgte wenige Wochen später in Österreich, in Wien im Herbst 1934.

---

40 Ebd., S. 92.

XV. Die Vermählung mit Karola in Wien (1934), der »roten« Hauptstadt eines von innen wie außen vom Faschismus bedrohten Österreichs

Auch wenn Bloch mit Elias Canetti, Anna Mahler (der Tochter von Gustav Mahler) und dem Komponisten Ernst Krenek dort gute Freunde hatte, war die Wahl der österreichischen Hauptstadt zum Domizil im Oktober 1934 eine für Ernst Bloch und seine polnische Gefährtin nicht ganz risikolose Entscheidung. Das Schicksal der politisch zwischen den Sozialisten und ultra-konservativ-klerikal-faschistischen Kräften zerrissenen Republik Österreich nach dem Sieg des Faschismus in Italien und in Deutschland war ungewiß, ebenso wie dasjenige aller anderen mitteleuropäischen Nachbarstaaten Nazi-Deutschlands. Die Besonderheit Österreichs bestand jedoch darin, daß in der Bevölkerung seit der Gründung der Republik Österreich im Jahre 1919 eine sehr starke Strömung für einen Anschluß an Deutschland votierte – einen Anschluß, der ausdrücklich durch die Verträge von Saint-Germain-en-Laye und Trianon (1919) untersagt war, die die Aufteilung der österreichisch-ungarischen Donaumonarchie und die Gründung einer autonomen österreichischen Republik mit einer demokratisch-parlamentarischen Verfassung vorgeschrieben hatten. Die österreichischen Sozialisten, die wesentlich radikaler waren als die deutschen Sozialdemokraten, hatten hier dagegen anzukämpfen, von einer doppelten Bewegung – von innen (vom Austro-Faschismus) wie von außen (von Nazi-Deutschland) – überwältigt zu werden, wobei Deutschland zielstrebig auf den Anschluß Österreichs hinarbeitete. Der gescheiterte Putsch der »Heimwehr« (austro-faschistischer Milizen) am 13. September 1931 sowie die Ausrufung einer christlich-sozialen-austro-faschistischen Regierung in Wien unter Dollfuß im Mai 1932 waren das Alarmzeichen für den unaufhaltsamen Aufstieg des Faschismus in einem zu 99 Prozent katholischen Land, dessen Höhepunkt die Einsetzung des autoritären Schuschnigg-Regimes nach der von den Nazis betriebenen Ermordung von Dollfuß am 25. Juli 1934 war.

Nach einem persönlichen Treffen mit Adolf Hitler am 12. Februar 1934 in Berchtesgaden hatte Schuschnigg die Amnestie der in Österreich verhafteten Nazis beschlossen und zwei prominente Nationalsozialisten, Arthur Seyß-Inquart und Guido Schmidt, in seine Regierung aufgenommen. Dies war jedoch nur das Vorspiel zum seit langem von Hitler-Deutschland gewünschten Anschluß der Republik Österreich, der dann vier Jahre später, am 13. März 1938 Wirklichkeit wurde, angeblich um einem von Schuschnigg geplanten Referendum zuvorzukommen. Vergeblich hatten die im »Schutzbund« organisierten sozialistischen Arbeiter Österreichs diese Machtübernahme durch die Austrofaschisten zu verhindern gesucht, indem sie am 12. Februar 1934 von den roten Arbeiterbastionen Wiens aus, u.a. dem »Marx-« und dem »Engelshof«, aus Protest gegen die Suspendierung der demokratischen Grundrechte durch die Dollfuß-Regierung den bewaffneten Aufstand gegen dieses Regime probten. Mehrere Tage lang leisteten die bewaffneten Kampfgruppen des »Schutzbunds« der österreichischen Armee Widerstand. Auf ihre Niederlage folgte sechs Monate später die Installierung der von den Nazis favorisierten Schuschnigg-Regierung, die de facto ein Kollaborationsregime mit NS-Deutschland war und alle politischen Parteien verbot. All diese politischen Veränderungen in Österreich waren begleitet von einer ständigen Zunahme des Antisemitismus, der vor allem in Wien spürbar war, wo es eine sehr große jüdische Gemeinde gab.

Mitten in dieser bedrohlichen politischen Entwicklung und der Verunsicherung, die von ihr ausging, heirateten Ernst Bloch und Karola Piotrkowska am 12. November 1934 in Wien. Die Eheschließung erfolgte sowohl religiös wie standesamtlich. Nach dem vorherrschenden Aschkenasim-Ritus fand die religiöse Zeremonie in einer Synagoge der Wiener Altstadt statt; danach ließen sie sich im Rathaus des 3. Wiener Stadtbezirks zivil trauen. Mit der Heirat wechselte – entsprechend den damaligen Gesetzen – Blochs Ehefrau automatisch in die deutsche Staatsangehörigkeit. Für Karola, die auf ihre polnische Herkunft sehr stolz war, war dies ein großes Opfer, das sie ihrem Ehemann Ernst brachte. Mit finanzieller Unterstutzung durch Karolas Eltern bezieht nun das frisch getraute Ehepaar eine neue, in der Wiener Altstadt – in der Herrengasse, in der Nähe des Michael-Platzes – gelegene Wohnung. Über ein Jahr lang lebt und schreibt Bloch hier weiter als freier Schriftsteller, Philosoph und Autor; er korrigiert die letzten Fahnenabzüge von *Erbschaft dieser Zeit*, das 1935 in Zürich erscheint, und schreibt eine große Anzahl von kultur-politischen Artikeln für die jetzt in Prag erscheinende *Neue Weltbühne* sowie für die Emigrationszeitschrift *Die Sammlung*. Auch nimmt er regen Anteil an dem reichen Wiener Kulturleben der Epoche. Ungewiß bleibt, ob er in jenen Jahren nicht doch einmal in diesem stets noch von der Sehnsucht nach der alten Donau-Monarchie unter Kaiser Franz Joseph I. geprägten Wien dem Vater der Psychoanalyse Sigmund Freud begegnet ist, vor Freuds endgültiger Abreise aus Wien im Jahre 1938. Einiges spricht dafür, wenn man bedenkt, wie intensiv-kritisch Bloch sich später mit der Freudschen Psychoanalyse im ersten Band des *Prinzips Hoffnung* auseinandergesetzt hat. Belegt sind jedoch lediglich Zusammentreffen Blochs mit Elias Canetti, dem »Spezialisten« der Massenpsychologie, mit Joachim Schumacher, dem Autor des Buches *Die Angst vor dem Chaos*, sowie mit dem Wiener Komponisten Ernst Krenek. Es kann nicht ganz ausgeschlossen werden, daß vor allem Schumachers sehr pessimistische Berichte über die Lage in der Sowjetunion unter Stalin dazu beigetragen haben, daß Bloch und seiner Gemahlin die Idee eines künftigen Exils in der Sowjetunion nicht ganz geheuer war; dennoch unternahm in der Wiener Zeit Karola Bloch weiterhin von Wien aus – auf Wunsch der KPD – eine Reihe von nicht ungefährlichen »Kurierreisen«, vor allem nach Polen, wohin sie 1934 und Anfang 1935 mehrmals im Parteiauftrag mit falschen Papieren geschickt wurde, um wertvolle, streng geheime Informationen über die Haltung der polnischen Regierung zu Nazi-Deutschland und zur UdSSR zu erkunden. Aufgrund ihrer polnischen Herkunft galt sie innerhalb der Komintern für Treffen mit geheimen Informanten in Posen und in Warschau als die ideale Person. Auf diese Weise gelangte sie mittels der damals bei den Geheimdiensten üblichen Techniken an eine Reihe von »top secret«-Informationen, die von Wien aus nach Moskau weitergeleitet wurden. Auch wenn Ernst Bloch oft sehr besorgt war wegen des persönlichen Risikos, das Karola mit diesen Kurierdiensten einging, duldete er sie in der Überzeugung, daß es ja doch »der guten Sache« diene. Offenbar hegten Ernst und Karola Bloch damals noch große Illusionen bezüglich der Sowjetunion und wollten den Gerüchten und den in der bürgerlichen Presse verbreiteten Meldungen über die Mißachtung der Menschenrechte in der Sowjetunion Stalins, über die stalinistische Verfolgung der Linksopposition und die Einrichtung von Arbeitslagern im Lande Lenins und der Oktoberrevolution nicht glauben. Hätte der Freund Joachim Schumacher die Blochs nicht immer wieder eindringlich vor den Vorgängen in der UdSSR gewarnt, so hätten Karola und Ernst Bloch 1935 durchaus – ebenso wie es Georg Lukács getan hatte – den Entschluß fassen können, ins Exil nach Moskau zu gehen, und nicht nach Paris, Prag und schließlich die USA. Dennoch wollten Ernst und Karola Bloch noch lange Zeit danach nicht so richtig gewußt haben, was sich in der offiziell als »Bastion gegen den Faschismus« gefeierten Sowjetunion unter Stalin wirklich abspielte.

XVI. *Erbschaft dieser Zeit* – Das Buch eines philosophisch-politischen Zeitzeugen (1935)

Wenige Tage nach dem Neujahrsfest 1935 erreichte Bloch in Wien Anfang Januar die freudige Nachricht vom Erscheinen seines Buches *Erbschaft dieser Zeit* in Zürich. *Erbschaft dieser Zeit* war eines der ersten im Exil veröffentlichten Bücher, das nach den wirklichen Gründen des Aufstiegs des Faschismus in Deutschland in den 30er Jahren suchte und auch einige kritische Bemerkungen zur Politik der deutschen Linksparteien, sowohl der Sozialdemokraten wie der Kommunisten, enthielt, die in der Zeit vor wie in der Zeit nach der Ernennung Adolf Hitlers zum Reichskanzler nicht in der Lage gewesen waren, den Nazis den Weg zur Macht zu versperren. Eines der Hauptmotive in diesem Werk war für den jungen marxistischen Intellektuellen Bloch damals ohne Zweifel der Schock und die Scham darüber, daß die Nazis in Deutschland gesiegt hatten und daß die Arbeiterbewegung und die Linke zerschlagen wurde in den Wochen und Monaten, die auf den Reichstagsbrand vom 27. Februar 1933 folgten. Es ging nun darum, die tieferen Gründe dieser Niederlage zu reflektieren: warum der Widerstand der organisierten Arbeiterbewegung gegen die Nazis zwischen Februar und Mai 1933 so schwach war, warum die Gewerkschaften keinen Generalstreik auszurufen vermochten und die Nazis beinahe widerstandslos die Organisationsstrukturen der KPD, der SPD und des ADGB zerschlagen konnten. Seit Januar/Februar 1933 verfügten die Gestapo und das von den Nationalsozialisten geleitete Innenministerium über Listen von Personen, die aus politischen Gründen verhaftet werden sollten, Listen, die von langer Hand vorbereitet worden waren und mit deren Hilfe nach der Aussetzung der Grundrechte und der verfassungsmäßig garantierten Rechte der Bewegungsfreiheit und der Unverletzlichkeit der Wohnung im Februar/März 1933 Tausende von Mitgliedern der Linksparteien verhaftet und in KZs verschleppt wurden. Der Name Ernst Bloch stand auf einer dieser Listen.

Waren die Gründe dieser verhängnisvollen Niederlage allein, wie manche Historiker glauben machten, in den beinahe vorprogrammierten Konsequenzen des Versailler Vertrags zu suchen, also im sorgfältig genährten Ressentiment der deutschen Bevölkerung gegen die Erniedrigung, die ihr insbesondere das Frankreich

Clémenceaus auferlegt hatte, und die konsequente Ausbeutung dieses Ressentiments durch die Nazi-Propaganda? Oder eher in der Weltwirtschaftskrise und ihren katastrophalen Auswirkungen? Oder im fatalen Zusammenwirken der beiden Elemente? Oder eher in der Zerbrechlichkeit (von Anfang an) der Weimarer Republik, sprich in den schwerwiegenden politischen Fehlern der Menschen und Parteien, die regiert hatten? Konnte man – im Januar 1932 – alles mit der geheimen Vereinbarung zwischen Hitler und den Großindustriellen von der Ruhr (Krupp und Thyssen) erklären? Oder sollte man das Gewicht auf die - indirekte - Verantwortung der Westmächte legen, die die (demokratische) Weimarer Republik über Gebühr geschwächt hatten durch ihre Reparationsforderungen und die Besetzung des Ruhrgebiets (1920)? Wurden gleichzeitig nicht auch seitens der Führung der SPD und der Komintern schwere Fehler gemacht, die den Aufstieg des Nationalsozialismus beförderten? Hatte Ernst Thälmann, der Vorsitzende der KPD, nicht unmittelbar nach den Reichstagswahlen vom September 1930, bei denen die Nationalsozialisten 6,4 Millionen Stimmen erhalten hatten, erklärt, daß der »Faschismus hiermit seinen Höhepunkt erreicht hat, daß sein baldiger Niedergang bevorsteht und dadurch der Weg zur proletarischen Revolution freigemacht wird«?[41] Oder mußte die Erklärung zum Aufstieg des Faschismus in der Rückständigkeit Deutschlands – als der »verspäteten«, zu spät (1871) geeinten Nation –, im »deutschen Charakter«, der Tradition des Protestantismus und der »Ordnungsliebe« der Deutschen gesucht werden? War es nötig – so wie es die Gründungsväter der »Frankfurter Schule«, Adorno und Horkheimer,[42] taten –, Begriffe aus der modernen Sozialpsychologie und der (Sozio)-Psychoanalyse aufzubieten, um den politischen Erdrutsch zugunsten der Nationalsozialisten und den Sieg der »national-sozialistischen Revolution« zu erklären?

Wir werden sehen, daß sich der von Bloch gewählte theoretisch-begriffliche Ansatz zur Erklärung dieses Phänomens von den ande-

---

41 Zitiert nach: Trotzki, Leo: *Wie wird der National-Sozialismus geschlagen?* (1933), Frankfurt am Main/Köln 1968, S. 43.

42 Vgl. Horkheimer, Max / Adorno Theodor W.: »Elemente des Antisemitismus«, in: dies.: *Dialektik der Aufklärung* (1944), Amsterdam 1947. In ihrer Analyse des Antisemitismus legen Adorno und Horkheimer besonderen Nachdruck auf den Aspekt der Entstehung des Judenhasses aus einem paranoiden Projektionsmechanismus, durch den die »Triebe, die das Subjekt nicht als die seinen akzeptiert, auf das Objekt, das potentielle Opfer, übertragen werden.«

ren soziologisch, ökonomisch und sozial-psychologisch orientierten Erklärungsversuchen des Faschismus unterscheidet, wenngleich Bloch sich gelegentlich der psycho-soziologisch-materialistischen Analyse Max Horkheimers annähert. Es ist die Analyse eines marxistischen, den politischen Positionen der Kommunisten nahestehenden Intellektuellen, der klarsichtig genug ist zu begreifen, daß die Ereignisse in Deutschland zwischen 1929 und 1933 ein Überdenken der Strategie im Kampf gegen den Faschismus nötig macht und die Linksparteien in der Weimarer Republik aus den Fehlern lernen müssen, die Hitlers Sieg ermöglicht hatten.

Das Vorwort von Bloch, 1934 in Locarno verfaßt, spiegelt jedoch auch noch die Hoffnung wider, daß die im Oktober 1934 von der Komintern eingeleitete Wende, mit der die »Sozialfaschismus«-Theorie beerdigt und zu einem Bündnis mit den Sozialisten und bürgerlich-demokratischen Kräften gegen den Faschismus aufgerufen wurde, nicht nur zur internationalen Isolierung der bestehenden faschistischen Regime in Italien und in Deutschland, sondern auch zu ihrem Sturz beitragen könnte; auf jeden Fall aber eröffnete sie die konkrete Perspektive für die Bildung antifaschistischer Einheitsfronten in den Ländern Westeuropas, mit deren Hilfe das weitere Vordringen des Faschismus in Europa eingedämmt und diese Regime durch die revolutionäre Organisierung des Proletariats von innen heraus beseitigt werden könnten. Für Deutschland war diese Hoffnung allerdings vergebens, da die Nazis mit ihrem Terror die Organisationsstrukturen der Gewerkschaft (ADGB), der SPD und der KPD schon zerschlagen hatten, mit Ausnahme kleinerer Widerstandsgruppen in Berlin, Hamburg und Bremen, die jedoch nicht in der Lage waren, gegen Hitlers terroristischen SS-Staat wirksam Widerstand zu leisten. Im Vorwort zitiert Bloch ausdrücklich die von der Komintern im Oktober 1934 ausgegebene Losung von der »bewaffneten Niederschlagung der Faschisten«; im Einklang mit der von der Komintern verbreiteten Meinung, daß der Faschismus in Deutschland und in Italien nur »der Anfang vom Ende der Bourgeoisie und des Sieges der sozialistischen Revolution« sei, beschließt Bloch sein Vorwort mit den Worten: »Das Buch trage seinen Teil dazu bei, Länge und Breite der bürgerlichen Endfahrt zu bestimmen, damit sie wirklich eine Endfahrt sei.«[43]

---

43 Bloch, Ernst: *Erbschaft dieser Zeit*, GA 4, S. 20.

Als Bloch diese Sätze schrieb, ahnte er nicht, daß es noch mehr als zehn Jahre dauern würde, bis dieser Wunsch zumindest teilweise in Erfüllung ging; zehn unvorstellbare Jahre faschistischen Terrors, dem zig Millionen von Menschen (darunter sechs Millionen Juden) zum Opfer fallen sollten, ehe die Stunde der Befreiung schlug. Aber dieser »militante Optimismus« gegen Fatalität und Resignation, der ein Leitmotiv des späteren *Prinzips Hoffnung* werden sollte und der zu den eher pessimistisch-apokalyptischen Visionen des melancholischen Marxismus[44] eines Walter Benjamin und zum »Zivilisationspessimismus« des späten Horkheimer und Adorno im Kontrast stand, ist unbestreitbar ein Charakteristikum der Blochschen Philosophie.

Im Gegensatz zu den meisten anderen kritischen Faschismus-Studien operiert Bloch bei der Erklärung dieses modernen politischen Phänomens mit einem Theorem, das von den meisten anderen Spezialisten vernachlässigt bzw. ganz ignoriert wird: dem Begriff der »Ungleichzeitigkeit«. Am Rande war dieser Begriff in Blochs *Spuren* und im *Geist der Utopie*[45] aufgetaucht, und zwar immer dann, wenn vom »Alltagsbewußtsein« im Kapitalismus die Rede war. »Ungleichzeitig« in diesem Sinne ist alles Denken, Meinen, Handeln, Fühlen etc., das sich nicht auf der Höhe der »ungleichzeitigen Widersprüche« des Kapitalismus der jeweiligen Epoche befindet: ein Bewußtsein, das »quer« steht zum geistig-kulturellen Überbau wie er dem jeweiligen Entwicklungsstand der Produktivkräfte und der kapitalistischen Produktionsverhältnisse entspricht. »Ungleichzeitigkeit« bezeichnet also Bewußtseinsformen, in denen sich z.T. vorindustrielles, vorkapitalistisches Denken auch noch lange Zeit nach der Liquidierung von dessen ökonomischen Voraussetzungen weitererhält und in denen sich sowohl konservative Rückwärtsgewandtheit und Fortschrittsfeindlichkeit, wie sie häufig im Denken der bäuerlichen Bevölkerung und der Kleinbürger anzutreffen sind, als auch Sehnsüchte, unterdrückte Wünsche und Phantasien ausdrücken, deren Potential nicht unbedingt dem Faschismus zugute kommen muß, sondern das eventuell auch von einer revolutionär-sozialistischen Bewegung genutzt werden kann. Das Profil solcher Ungleichzeitigkeiten pflegt vor allem

44 Vgl. Münster, Arno: *Progrès et catastrophe. Walter Benjamin et l'histoire*, Paris 1996.
45 Vgl. Bloch, Ernst: *Geist der Utopie*, GA 3, S. 58.

in Zeiten der Krise, des Aufbruchs, der ökonomischen Verunsicherung und stürmischer Übergangszeiten hervorzutreten, in denen die alten Klassenverhältnisse aus den Fugen geraten und die herrschende Klasse ernsthaft um ihr Überleben, um die Erhaltung ihrer Machtpositionen bangen muß. Als typisches Beispiel einer Erscheinungsform dieses reaktionären, rückwärts gewandten, »ungleichzeitigen« Bewußtseins zitiert Bloch – sich hierbei teilweise auf Kracauer[46] stützend – das Bewußtsein der Angestellten im Deutschland der Weimarer Republik. »Die Angestellten haben sich in der gleichen Zeit verfünffacht, in der sich die Arbeiter nur verdoppelt haben. [...] doch ihr Bewußtsein hat sich nicht verfünffacht, das Bewußtsein ihrer Lage gar ist völlig veraltet. Trotz elender Entlohnung, laufendem Band, äußerster Unsicherheit der Existenz, Angst des Alters, Versperrung der ›höheren‹ Schichten, kurz, Proletarisierung de facto – fühlen sie sich noch als bürgerliche Mitte. Ihre öde Arbeit macht sie mehr stumpf als rebellisch, Berechtigungsnachweise nähren ein Standesbewußtsein, das keinerlei reales Klassenbewußtsein hinter sich hat; nur mehr die Äußerlichkeiten, kaum mehr die Gehalte eines verschollenen Bürgertums spuken nach.«[47]

Hierin liegt ein wichtiger Grund dafür, warum in den Tagen der Agonie der Weimarer Republik über ein Drittel der Angestellten bei den Nationalsozialisten ihre politische Heimat suchte und fand.

Doch »ungleichzeitig« ist in Blochs Soziologie keineswegs ausschließlich synonym mit Rückständigkeit und Reaktion. »Ungleichzeitigkeit« kann auch durchaus das Aufscheinen von Zukunftsträchtigem im Vergangenen beinhalten. Bloch verweist in diesem Zusammenhang immer wieder auf den deutschen Bauernkrieg, dessen Vermächtnis trotz der historischen Niederlage weit nach vorn in eine nicht mehr vom Herr-Knecht-Verhältnis bestimmte Zukunft hineinleuchtet. »›Geschlagen ziehen *wir* nach Haus', unsere Enkel fechten's besser aus.‹ Das heißt, der Bauernkrieg ist noch nicht zu Ende, er ist selbst geblieben als etwas, was als Vermächtnis, als unsere Pflicht übrig bleibt, weil's nicht gelungen ist.«

Der große Fehler der Propaganda und politischen Massenarbeit der marxistischen Parteien im Deutschland der 20er und 30er Jahre, vor allem der Kommunisten, bestand Bloch zufolge darin, dieses im

---

46 Vgl. Kracauer, Siegfried: *Die Angestellten*, Berlin 1928.
47 Bloch, Ernst: *Erbschaft dieser Zeit*, GA 4, S. 33.

ungleichzeitigen Bewußtsein nicht nur der bäuerlichen Bevölkerung, sondern auch der anderen neu- oder semiproletarischen Schichten (z.b. des Kleinhandwerks und der Angestellten) sich manifestierende Wunsch- und Sehnsuchtspotential für etwas noch nicht näher bestimmtes Anderes nicht erkannt und für die Propagandaarbeit genutzt zu haben. Wenn aber die Agitations- und Propagandaarbeit der »revolutionären Partei der Arbeiterklasse« in einer so entscheidenden Phase so *sehr* an den Sehnsüchten des kleinen, vom Großkapital erniedrigten und ausgebeuteten Mannes, an dessen kleinbürgerlichen Wunschträumen und angestauten und unterdrückten Nostalgien vorbeizielt, dann besteht die große Gefahr, daß dieses Potential, mit dessen Hilfe ein Thomas Münzer die thüringischen Bauern zu revolutionären Aktionen gegen die Fürsten anstachelte, der Gegenseite, der Reaktion, im schlimmsten Falle dem Faschismus, zugute kommt. Bloch: »Die Nazis haben die Ungleichzeitigkeit [...] mit größter Schwindelhaftigkeit ausgenutzt, aber sie hatten auch die gleichzeitigen ökonomischen Verhältnisse für sich, nämlich das mächtige deutsche Monopolkapital, das durch den Sozialismus bedroht war. Schwindelhaft betrogen sie die dumpfe antikapitalistische Sehnsucht, die aus der Ungleichzeitigkeit stammte, und nahmen auch scheinrevolutionäre Parolen zum Zwecke des Betrugs auf.«[48]

Schon die ersten Kapitel zeigen Blochs großes Talent der Beobachtung und Analyse, wenn er die diesbezüglichen Täuschungs- und Trugmanöver der Nationalsozialisten enthüllt und die Erbärmlichkeit des von den Nazis aufgebotenen revolutionären Schein-Inventars vorführt, dessen Massenwirksamkeit in dem Maße stieg wie die reaktionäre faschistische Bewegung Formen, Rituale und z.T. auch die Emblematik belieh, die jetzt nur mit neuen, konterrevolutionären Inhalten gefüllt wurde: »Man stahl zuerst die rote Farbe, rührte damit an. Auf Rot waren die ersten Kundgebungen der Nazis gedruckt, riesig zog man diese Farbe auf der schwindelhaften Fahne aus. [...] Die Fahne selbst trug ohnehin von Anfang an ihr schief gewickeltes, schräg verdrehtes Zeichen, und nach ihm, nicht nach der Farbe, ist sie ja benannt. Doch als ein tüchtiger Arbeiter das Hakenkreuz aus ihr herausschnitt, blieb meterweise roter Schein an dem Tuch noch übrig. Nur mit einem Loch in der Mitte, aufgerissen wie

---

48 Ders.: »War Allende zuwenig Kältestrom?« (Gespräch mit Arno Münster), in: Traub, R. / Wieser, H. (Hrsg.): *Gespräche mit Ernst Bloch*, S. 225.

ein Maul und völlig leer. [...] Dann stahl man die Straße, den Druck, den sie ausübt. Den Aufzug, die gefährlichen Lieder, welche gesungen worden waren. Was die roten Frontkämpfer begonnen hatten: den Wald von Fahnen, den Einmarsch in den Saal, genau das machten die Nazis nach. [...] In Offenbach errichtete man den Maibaum, das alte jakobinische Freiheitszeichen, tanzte um ihn weißgardistisch, ja Hindenburg persönlich feierte den Weltfeiertag des Proletariats. [...] Das Profitleben stahl dem Arbeiter auch noch seinen Festtag, fügte so zum Trumpf den Hohn.«[49] Unmittelbar nach dem 1. Mai 1933 wurden ja alle Gewerkschaftsführer anhand vorbereiteter Listen verhaftet, was der Auftakt der systematischen Zerschlagung der Gewerkschaftsbewegung in den Wochen danach war. Fälschung, Falschmünzerei und Mißbrauch wurde, unterstreicht Bloch, mit den Grundtermini marxistischer Begriffsbildung getrieben: Aus »Arbeiterklasse« machten die Nazis das in teutonischen Ohren besser klingende Wort »Arbeitertum«, einen »außerordentlich kordialen Brei«, mit dem »der Grundwiderspruch zwischen Kapital und Arbeit [...] vollends verschmiert«[50] wurde, und die politische Agentur des verbrecherischen »Spießerkönigs«, wie Bloch Hitler bezeichnete, nannte sich, den Massenbetrug ins Gigantisch-Zynische steigernd, sogar »National-Sozialistische – deutsche Arbeiterpartei«, geschaffen, »damit die Mörder und ihre Opfer sich als Genossen grüßen«, indem sie »die Marx'sche Aufhebung des Proletariats mit Erschießungen und Konzentrationslagern praktiziert«, gleichzeitig damit sich aber als den »wahren Jakob des Sozialismus« ausgibt.[51] Diebstahl also in den größten Ausmaßen wurde hier getrieben, wobei in dieser falschmünzerischen Unternehmung nicht nur der Marxismus von der Nazi-Propaganda »beerbt« wurde, sondern auch die chiliastisch-christlichen Ketzerbewegungen des 13., 14. und 15. Jahrhunderts, wie etwa die Lehren des Joachim von Fiore, dessen utopisch-prophetische Lehre vom »Millenarium« von den Nazis zur Staatsutopie des »Dritten Reichs« pervertiert wurde – selbstverständlich ohne alle urchristlich-kommunistischen Ansätze des Vorbilds.

Bloch verdanken wir heute übrigens die Einsicht, daß die Lehre vom »Dritten Reich« ursprünglich einen ganz anderen christlich-mystisch-revolutionären Bedeutungsinhalt hatte, dessen Sinn erst

---

49 Ders.: *Erbschaft dieser Zeit*, GA 4, S. 70-71.
50 Ebd., S. 71.
51 Ebd.

Jahrhunderte später, im 20. Jahrhundert, durch Moeller van den Bruck (auf den die Nazis sich beriefen) reaktionär gewendet wurde.

»Der Terminus ›Drittes Reich‹ hat fast alle Aufstände des Mittelalters begleitet oder wie man es damals nannte: ›Das Reich des dritten Evangeliums‹ – es war ein leidenschaftliches Fernbild und führte ebensoviel Judentum wie Gnosis mit sich, ebensoviel Revolte der Bauernkreatur wie vornehmste Spekulation. Nach dem Evangelium des Vaters im Alten Testament, nach dem Evangelium des Sohnes im Neuen kommt das Dritte Evangelium, als das des heiligen Geistes: so hatte der Abt Joachim von Fiore im XIII. Jahrhundert, ja bereits Origines [...] die bessere Zukunft verkündet, und so war die Weissagung in den Bauernkriegen lebendig geblieben. Heute lebt davon nur die Phrase, doch im selben Maß wie die Not in den alten Schichten gestiegen ist, auch wie Bierdunst explosibel wurde, hat die Phrase gezündet, und ein Geisterzug pervertierter Erinnerungen zieht durchs halbproletarische ›Volksgedächtnis‹.«[52] »Die abstrakte Rohheit wird vielmehr stärker und gibt dem Mythos Drittes Reich einen Blutgeruch, der seiner Verderbnis entspricht. Uralte Gebiete der Utopie werden so von Veitstänzen besetzt, die germanische Blutromantik ist beim Kleinbürger angekommen, hat sich ein ganzes Heer von Fememördern und ›Kronenwächtern‹ [eine Anspielung auf den berühmten Roman von Achim von Arnim, A. M.] erblasen.«[53] Daß den Nazis diese Täuschung durch Diebstahl an Symbolen und Formen der Propaganda, aber auch durch die Mobilisierung von Kräften der Ungleichzeitigkeit so perfekt gelingen konnte, lag, so Bloch, nicht nur an ihren demagogischen Fähigkeiten, sondern auch daran, daß die offiziellen Repräsentanten des Marxismus an dieser Front »nicht genügend Wache gestanden hatten«, daß sie die auch ins Revolutionäre wendbaren Impulse dieser ungleichzeitigen Manifestationen des Irrationalen nicht erkannten und dieses Feld gleichsam kampflos dem Gegner überlassen hatten. Auf diesem Gebiet erwiesen sich die Nazis mit ihrer »Ästhetisierung des Politischen« als Meister, während die Propaganda der Linken in weiten Kreisen der Bevölkerung wenig fruchtete. Allzuleicht gelang es den Nazis – darauf spielt Bloch in den zitierten Passagen an, beispielsweise wenn er auf den Mythos des »Dritten Reichs« zu sprechen kommt –, die Massen zu täuschen, nicht nur durch illegiti-

52 Bloch, Ernst: *Erbschaft dieser Zeit*, GA 4, S. 63.
53 Ebd., S. 65.

me Übernahme bestimmter Symbole und Formen der Agitation und Propaganda, die ursprünglich zur Linken gehörten, sondern auch durch demagogische Ausbeutung von ungleichzeitigen Bewußtseinsformen (die insbesondere in der Mittelklasse, aber zum Teil auch im Proletariat anzutreffen waren); dies aber darf nach Bloch nicht nur mit den demagogischen Fähigkeiten der Nazis erklärt werden, sondern es geht auch zulasten der Führer der damaligen marxistischen Parteien, die allzusehr von der „wissenschaftlichen" Wahrheit der marxistischen Kritik an der politischen Ökonomie fasziniert und zu sehr auf die magische Kraft von Zahlen und Statistiken fixiert waren. Bloch zufolge hätte die KPD bei den Massen im Zweifelsfall auch außerhalb der traditionellen Organisationsstrukturen eine Art von revolutionärer Begeisterung entfachen müssen, die die Massen gegen den Faschismus und für die Sache des Sozialismus mobilisiert hätte. Ein Schritt in diese Richtung bestand etwa im Einsatz von Bertolt Brecht, Kurt Weill und Hanns Eisler an der »Kulturfront«. Vor allem die Aufführung der *Dreigroschenoper* von Brecht / Weill war im Berlin der 30er Jahre und in ganz Deutschland ein Riesenerfolg, aber auch die von Hanns Eisler in den Sportstadien von Berlin aufgeführten revolutionären Kantaten und Chöre.

In einem Interview hat Bloch das Dilemma, in dem sich die marxistische Propaganda jener Zeit befand, durch die folgende Anekdote illustriert. Sie handelt von einer politischen Propagandaveranstaltung in Berlin Anfang der 30er Jahre, bei der zuerst ein Kommunist, dann ein Naziredner im Sportpalast auftraten: »Es gab zwischen den beiden Herren einen höflichen Wettstreit, wer zuerst sprechen soll. Der chevalereske – scheinbar chevalereske – Nazi hat den Kommunisten gebeten, zuerst zu sprechen, was der als Auszeichnung empfunden hat, der Dummkopf; und fing nun an zu reden. Da kam alles vor: der Grundwiderspruch und die Durchschnittsprofitrate, die schwierigsten Partien aus dem *Kapital* und immer neue Zahlen. Die Versammelten aber verstanden kein Wort und hörten ihm nur sehr gelangweilt zu. Der Beifall war mäßig und mehr als matt. Dann kam der Nazi, der sprach am Anfang sehr höflich: ›Ich danke dem Herrn Vorredner für seine lichtvollen oder für die meisten hier nicht so sehr lichtvollen Ausführungen. Und daraus können sie schon etwas gelernt haben, bevor ich gesprochen habe. Was tun Sie denn, soweit Sie zum Mittelstand, zum kleinen Mittelstand gehören, in Büros arbeiten, z.B. als Buchhalterinnen oder

Buchhalter, – was tun Sie denn den ganzen Tag? Sie schreiben Zahlen, addieren, subtrahieren usw., und was haben Sie heute gehört von dem Herrn Vorredner? Zahlen, Zahlen und nichts als Zahlen. So daß der Satz unseres Führers wieder eine neue Bestätigung gefunden hat, von einer unerwarteten Seite: Kommunismus und Kapitalismus sind die Kehrseiten der gleichen Medaille.‹ Dann eine wohleinstudierte Pause. Als die zu Ende war – sie hat ziemlich lange gedauert –, reckte sich der Bursche auf, in Nachfolge Hitlers hat er das gemacht, warf mit einem Male die Arme in die Höhe und schrie mit Stentorstimme ganz langsam ins Publikum hinein: ›Ich aber spreche zu Euch in höherem Auftrag!‹ Sofort war der Stromkreis geschlossen: der Übergang zu Hitler! Das war die neue Propagandasprache, die man übrigens nicht erst im Sportpalast kennenlernen konnte, sondern überall, wo politisch verführt werden sollte.«[54]

Obwohl die politischen Reden der meisten *kommunistischen* Parteiredner einen solchen viel zu großen theoretischen und rhetorischen Abstand zu den Massen aufwiesen, sieht Bloch auch löbliche Ausnahmen. So beschreibt er in demselben Gespräch das Auftreten des kommunistischen Agitators Bruno von Salomon auf Massenveranstaltungen der KPD in Thüringen und in Hessen: »In Thüringen sprach er Münzer-Texte, vierhundert Jahre alte Texte von Thomas Münzer, fast ohne Kommentar. Und die Bauern in zurückgebliebenen oder besser: entlegenen Gebieten haben ihn verstanden. In Hessen, vor allem in Oberhessen, las er aus Georg Büchner vor, aus dem ›Hessischen Landboten‹, also zu der Zeit immerhin auch über hundert Jahre alt, und die Bauern haben ihn verstanden. Also eine alte Sprache, die der alten Ungleichzeitigkeit entspricht, während die andere, die übliche Parteisprache (das Parteichinesisch, wie es damals sehr bedeutungsvoll genannt worden ist) keinen Zuhörer, kein Verständnis, keinen Adressaten gefunden hat.«[55] Mehrere solcher Agitatoren, so Bloch, wären nötig gewesen. Aber noch nötiger wäre es wohl gewesen – was Bloch in seinem Buch nicht sagt, obwohl es durchaus in der Konsequenz seiner Argumentation liegt –, spätestens 1932 die antifaschistische Einheitsfront zu bilden. Die Folgen sind bekannt.

---

54 Bloch, Ernst: »Über Ungleichzeitigkeit, Provinz und Propaganda« (Gespräch mit Rainer Traub und Harald Wieser), in: Traub, R./Wieser, H. (Hrsg.): *Gespräche mit Ernst Bloch*, S. 198f.
55 Ebd., S. 197f..

Blochs Einschätzung zufolge waren also vor allem die »Unter-ernährung der sozialistischen Phantasie« in Theorie und Praxis und die gefährliche Nähe des Sowjetmarxismus zu einer fast positivistisch verstandenen Wissenschaft der Polit-Ökonomie (Bloch erkannte neben Gramsci diese Tendenz als erster) die entscheidenden Faktoren für die Niederlage. Was aber nicht heißt, daß der Marxismus grundsätzlich nicht an Ratio und dialektischer Vernunft ausgerichtet sein müßte.[56]

»Wahrhaft marxistische Vernunft richtet und berichtigt sich im gleichen Akt wie ihr Gegenspiel: die Windbeutelei, den Mystizismus. Von diesem lebten die Nazis, doch sie konnten eben nur deshalb so ungestört mit ihm betrügen, weil eine allzu abstrakte (nämlich zurückgebliebene) Linke die Massenphantasie unterer-nährt hat. Weil sie die Welt der Phantasie fast preisgegeben hat ohne Ansehung ihrer höchst verschiedenen Personen, Methoden und Gegenstände [...] ohne rechte Differenzierung zwischen dem Mystiker Eckart und dem ›Mystiker‹ Hanussen oder Weissenberg.«[57]

Indem eben diese Linke die geheime Verbindung zwischen spät-mittelalterlicher Mystik, Chiliasmus, radikalen Ketzerbewegungen, dem Wiederaufleben urchristlicher Ideen und den frühen revolutionären Bewegungen des Bürgertums unerkannt beiseite schob, indem sie diese in der Geschichte der frühen Klassenkämpfe in Deutschland so wichtige *mystische* Linie der Zerbrechung von Knechtschaftsverhältnissen, die den temporären Erfolg der Bewegung eines Thomas Münzer erklärt, übersah bzw. nicht richtig zur Kenntnis nehmen wollte, begab sie sich der Möglichkeit, dieses im ungleichzeitigen Bewußtsein weiterhin vorhandene und bebaubare Feld der Utopien dialektisch-produktiv zu besetzen. Ein »Zuviel des Fortschritts im Marxismus von der Utopie zur Wissenschaft« (Bloch) und die weitgehende Ersetzung der Lebendigkeit und Selbsterneuerungskraft der Marxschen dialektisch-materialistischen Methode durch positivistische Wissenschaftsgläubigkeit behinderte die marxistische Bewegung in der ersten Hälfte des 20. Jahrhunderts gerade dort, wo ihre historischen Durchsetzungschancen am größten zu sein schienen.

Für eine reale soziale Revolution wäre es nötig gewesen, unterstreicht Bloch, das auch in den Mittelschichten latent vorhandene

---

56 Vgl. Bloch, Ernst: *Erbschaft dieser Zeit*, GA 4, S. 149.
57 Ebd.

antikapitalistische Bewußtsein zu stärken, das Gebiet der Sehnsüchte und Träume zu besetzen, den sie einhüllenden mystischen Nebel zu zerreißen. Es wäre erforderlich gewesen, an diesen Träumen und frühen Utopien mit dem Licht der dialektischen Ratio den konkretutopischen Kern der marxistischen Lehre herauszuarbeiten. Dies hätte bedeutet, den Übergang von jenen Formen des rein »subjektiven Bewußtseins« (in Märchen, Prophetien, Phantasmagorien etc.) zu den utopischen Fermenten, die die Geschichte zu einem Prozeß permanenter Erneuerung machen, herzustellen und die Parallelität der marxistischen Hoffnung mit der Latenz-Tendenz jener mystisch gespeisten Hoffnungen, Utopien und »Reichsträume« zu vermitteln. Die Funktion der marxistischen Ratio wäre dabei, nach Bloch, nicht nur das bloße »Durchschauen« der Verhältnisse, sondern auch das Mitdenken und Mitproduzieren des Moments der »Erfüllung«. »Die sozialistische Revolution ist von den vorhergegangenen durch Wissenschaftlichkeit und Konkretheit, durch proletarischen Auftrag und klassenloses Ziel unterschieden, jedoch ebenso grundsätzlich ist sie mit ihnen durch das Feuer und den humanen Inhalt des revolutionären Antriebs und intendierten Freiheitsrechts verbunden. Die so wenig verwirklichten Träume dieses Reiches greifen nach wie vor in die Gegenwart ein, damit sie konkret berichtigt und erfüllt werden.«[58]

Gerade deshalb besteht Bloch bei der Entfaltung seiner Vision einer anderen politischen und philosophischen Praxis eines erneuerten Marxismus auf der notwendigen Einheit von Dialektik, konkreter Praxis und Antizipation utopischer Gegenentwürfe einer »besseren, humaneren Welt«; dieses Moment, wurde, wie Bloch dreißig Jahre nach der Publikation seines Buches mit kritischem Rückblick auf die DDR nicht ohne Verbitterung feststellen wird, vom Sowjetmarxismus und seiner bürokratischen Praxis des »real-existierenden Sozialismus« völlig verkannt. Grundvoraussetzung für die neue sozialistische Praxis wäre, meint Bloch, dieser »Unterernährung der sozialistischen Phantasie« so schnell wie möglich ein Ende zu setzen. »Leitartikel und Parteiprogramme allein genügen da nicht. Es muß eine neue Melodie gespielt werden. Die Instrumente dazu besitzen wir bereits, es fehlt nur die Partitur.«[59] Daraus erklärt sich auch die große Sympathie, die Ernst

58 Ebd., S. 152.
59 Bloch, Ernst: »Über Ungleichzeitigkeit, Provinz und Propaganda«, S. 203.

Bloch Ende der 60er Jahre dem »Prager Frühling« wie auch der Mai-Revolte 1968 in Paris entgegenbrachte, wo an den Wänden der Sorbonne und auf dem Campus der Universität in Nanterre der Slogan zu lesen war: »Die Phantasie an die Macht!« (»L'imagination au pouvoir«). Allerdings kann diese »neue Melodie« eines Sozialismus der Phantasie und der konkreten Utopie letztendlich nur durch die Freisetzung der schöpferischen Fähigkeiten und Potenzen all jener Menschen komponiert werden, die für die Ideen des Sozialismus ansprechbar sind und mit denen allein er realisiert werden kann. Deshalb muß dieser »Mut zum Neuen, zum Novum« zum entscheidenden Moment einer neuen Praxis als »Freude am Experiment« werden.

Unter keinen Umständen war Bloch bereit, auf diesen militanten Optimismus, auf diesen Glauben an ein Aufblühen der utopischen Keime im Gesellschaftsprozeß und auf die Möglichkeit ihrer Herausprozessierung zu verzichten, sah er doch darin allein die Möglichkeit zur Humanisierung unserer inhuman gewordenen Moderne (mit ihren Städten aus Stahlbeton, der Tristesse ihrer Industrielandschaften, ihrer Überproduktion, ihrer Gewalt, ihren Atomkraftwerken und ihrer Luftverschmutzung), selbst wenn – wie der nüchterne Blick auf die uns umgebende Wirklichkeit beweist, und wie Bloch selbst es im allerletzten Abschnitt des letzten Kapitels von *Erbschaft dieser Zeit* unterstreicht – wir in der Tat heute noch sehr weit von diesem Ziel entfernt sind.

»Je mehr der Alltag stimmen wird, desto fragwürdiger bleibt der Tod, der ins Leben hereinfällt und seine Ziele bleicht; desto vermittlungswerter der Raum, worin menschliches Leben emportreibt. Er kann entsetzlich leicht verfehlt werden, ja, hier haben sich nicht nur namentlich-fascistische Molochs aufgetan. Daher die Losung, kraft des utopischen Gewissens und Wissens, das auf der Wacht steht, dem Abgezielten immer wieder seinen unverwechselbaren Weg zu beziehen, den dialektischen zum menschlichen Haus, das sich dem Weg selber unabdinglich mitteilt, damit er einer sei. Davon kann aber nicht nur moralisch, sondern im gleichen Zug metaphysisch nicht groß genug gedacht werden, genau in Ansehung des Glaubens ohne Lüge, des Wozu, das ebenso in die exakte Phantasie greift. Mit jener alten Aufklärung, die den Menschen am wenigsten ausließ, und jener neuen, endlich fälligen, die sich beim Licht gerade auch aufs Latente versteht, ohne Auslassung seiner dunkleren Tiefen. Es gibt riesige Täuschung der Unwissenheit, Betrug an falscher

Phantasie, Weihrauch über durchschaubaren Gefühlen. Doch es gibt auch rote Geheimnisse in der Welt, ja nur rote.«[60]

Wie die ersten Reaktionen auf die Erstveröffentlichung von *Erbschaft dieser Zeit* im Jahre 1935 zeigen, war nur eine kleine Minderheit von Blochs Zeitgenossen in der Lage, die hier vorgestellte Theorie der »roten Geheimnisse« und der »Unterernährung der sozialistischen Phantasie« richtig zu verstehen und nachzuvollziehen. Das Buch wurde von der Kritik eher kühl aufgenommen. Wie Bloch in den *Tagträumen*[61] anmerkt, hat vor allem das »Erbproblem« Widerspruch erregt. Eine Ausnahme machte lediglich die Rezension von Ernst Krenek, der in seiner in einer Wiener Zeitschrift im Frühjahr 1935 erschienenen Besprechung dem Buch geradezu enthusiastisches Lob zollte. Die meisten der wenigen Besprechungen jedoch waren sehr kritisch. Lukács stieß sich explizit an der Theorie der Ungleichzeitigkeit, Bloch entferne sich hier vom historischen Materialismus, und selbstredend war er auch mit der Kritik, die Bloch ihm in dem der Expressionismus-Debatte gewidmeten Kapitel des Buches zuteil werden ließ, nicht einverstanden. In den Presseorganen der Sowjetunion wurde das Buch, das übrigens keinerlei Huldigung an Stalin enthielt, schlicht übergangen.

Enttäuscht vom Mißerfolg schickt sich Bloch denn auch an, noch im Frühjahr 1935 Österreich zu verlassen und, nach einer Reise nach Kroatien und Venedig im April/Mai 1935 (in Venedig macht er eine Woche Urlaub, und dort erhält er auch endlich das Autorenhonorar, das ihm sein Schweizer Verleger für *Erbschaft dieser Zeit* versprochen hat), nach Paris ins Exil zu gehen. Im Zug von Venedig nach Paris führt er zwei mit Manuskripten gefüllte Koffer mit sich...

---

60 Bloch, Ernst: *Erbschaft dieser Zeit*, GA 4, S. 408-409.
61 Vgl. Münster, Arno (Hrsg.): *Tagträume*, S. 60.

Geburtsstadt Ludwigshafen, um 1900

Bloch, 1912

Lukács

Promotion über
Heinrich Rickert.

Rickert

Kolloquien in Berlin
bei Georg Simmel,
in Heidelberg
bei Max Weber,
auf Vermittlung des
Studienfreundes
Georg Lukács.

Simmel

Weber

Bloch bei der Arbeit in Garmisch-Partenkirchen, 1913

»Darum also tragen wir
den Funken des Endes durch
den Gang. Wie wir wandern,
so will die Welt selber in unserer
Wanderschaft zu Ende wandern.«

Geist der Utopie

In Garmisch-Parten-
kirchen und München
entstanden und Else
Bloch-von Stritzky
zugeeignet:
Geist der Utopie, 1918.

Else Bloch-von Stritzky

Kaiser Wilhelm:
stand einer
»Reformatio
Germaniae in
capite et membris«
im Weg.

Lenin – für
Ferdinand
Aberle alias
Bloch der
»rote Zar«.

Die Freie Zeitung

Lenin, der „rote Zar".

Von Ferdinand Aberle.

Exilblatt »Freie Zeitung«, Bern

Karl Jaspers,
Philosoph und
Arzt, schrieb für
Bloch das Attest,
das ihn vor dem
Kriegsdienst
verschonte.

Ernst Bloch 1924,
Portrait von Willi Geiger

Im Umkreis
der Surrealisten
und Hugo Balls.

Die Wilmersdorfer Künstlerkolonie am Laubenheimer Platz, um 1930
(heute Ludwig-Barnay-Platz)

Verbündete
aus der Zeit des
»Roten Blocks«.

Bertolt Brecht

Ernst Bloch

Otto
Klemperer

Peter
Huchel

Karola Piotrkowska

Alfred Kantorowicz

Gustav Regler

Walter Benjamin

Im tschechoslowakischen Exil:
Ernst und Karola Bloch mit Sohn Jan Robert,
geboren 1937 in Prag.

Verlesung des Urteils
vor Soldaten der Sowjetarmee:
Die Moskauer Prozesse 1936-38
gegen Nikolai Bucharin und andere.
Bloch beurteilte sie positiv,
was später seine Chancen
für eine Beschäftigung
im US-Exil schmälerte.

Stalin

Bucharin

Arthur Kaufmann:
Die geistige Emigration,
1938-40

Prominente Emigranten
im US-Exil: die Freunde
Otto Klemperer (6) und
Paul Tillich (7), die
Schriftsteller Günther
Anders (3), Oskar Maria
Graf (9), Arnold Zweig
(12), Ernst Toller (19)
sowie Heinrich (5),
Thomas (15), Klaus (14)
und Erika Mann (16),

der Künstler George Grosz (10), der Physiker Albert Einstein (13), die Komponisten Arnold Schönberg (11) und Kurt Weill (17) und die Regisseure Fritz Lang (2), Erwin Piscator (8) und Max Reinhardt (18), sowie der Maler des Tryptichons Arthur Kaufmann (1) und Ernst Bloch (4).

»Schlafen Sie gut,
Herr Meier.«
Den ersten Geburtstag
von Jan Robert am
10. September 1938
feierten die Blochs
mit Eislers und
Schumachers im Garten
ihrer Unterkunft in
Valley Cottage nördlich
von New York.

Bloch mit Sohn Jan Robert

Horkheimer   Adorno

Eine Hoffnung, die trog:
Das *Institut für
Sozialforschung* stellte
Bloch nicht ein.

Karola, Jan Robert und
Ernst Bloch in Cambridge,
Massachusetts

»Dad, I don't know what to do.« –
»*I* know.«

Von tausenden Manuskript-
seiten wurden in der Exilzeit
auf deutsch nur 200 Seiten
veröffentlicht:
*Freiheit und Ordnung.
Abriß der Sozialutopien*,
im New Yorker Exilverlag
»Aurora«.

VIII. Leipzig, DDR

Freiheit und Ordnung war auch der erste Titel, der im Nachkriegsdeutschland erschien, Aufbau-Verlag 1948.

Tagung der Geistesschaffenden in Berlin, 1954

Eintreten für den humanen Sozialismus: Karola Bloch in der DDR

Das offizielle Bild des Nationalpreisträgers

In Leipzig wurde Bloch Professor, aber auf den Höhepunkt seines Ruhms, die Verleihung des Nationalpreises 1955, folgte schon bald der Schlußpunkt. Ein gutes Jahr später wurden Walter Janka und Wolfgang Harich, die zu einer oppositionellen Gruppe gehörten, verhaftet, Bloch zunehmend isoliert und in die innere Emigration getrieben.

Ulbricht

Wolfgang Harich

Walter Janka

Vom Mauerbau wurde Bloch
überrascht, als er sich auf einer
Vortragsreise nach Tübingen
und Bayreuth befand. Bloch
und seine Frau beschlossen, in
Tübingen zu bleiben, wo sie
eine Parterrewohnung am
Neckar bezogen.

Bloch in Bayreuth

Nachhaltig unterstützt
wurde Bloch beim
Neubeginn durch
seinen Verleger
Siegfried Unseld.

»Titanen im Glauben an die Menschheit«
Eric Hobsbawm über Klemperer und Bloch

X. Würdigungen und Engagements

Bloch mit Hans Mayer und Walter Jens

In Tübingen holte
Ernst Bloch der Ruhm
des weltberühmten
Philosophen ein.
Alte und neue
Verbündete: Hans
Mayer, Walter Jens,
Martin Walser.
Viele Ehrungen –
u.a. der Friedenspreis
des deutschen
Buchhandels (1967).

In der Paulskirche

Bloch mit Martin Walser

Demonstration gegen die
Notstandsgesetze (1968)

Kritik an den Notstands-
gesetzen in der zweiten
Hälfte der 60er Jahre.

Kongreß »Notstand der Demokratie« (1966)

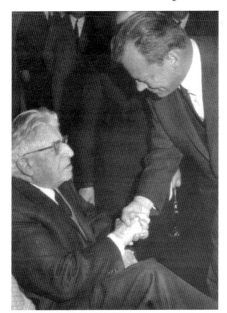

»Was man nicht weiß,
macht einen nicht heiß.
So haben es die Lauen
auch mit Marx gehalten,
tun gern dumm.«

Ernst Bloch anläßlich
des 150. Geburtstags
von Karl Marx

Bloch, Brandt, Mai 1968 in Trier

Bloch spricht auf
der Demonstration
gegen Vietnam
in Stuttgart (1968).

Lukács

Jugendfreunde und
streitbare Weggefährten:
Zu Georg Lukács plante Bloch
sein letztes Seminar.

»Die Enkel fechten's
besser aus«: Karola
und Ernst Bloch,
Rudi Dutschke.

Angesichts der Berufsverbote gegen Kommunisten: »Wann ist ER dran?«, fragten Studenten bei der Verleihung der Ehrendoktorwürde durch die Universität Tübingen (1975).

Das Schaufenster zum 90. Geburtstag: Die Buchhändlerin Julie Gastl hatte für Bloch den Weg nach Tübingen geebnet.

Bei Bloch ein letzter Prominenter: der soeben aus der DDR verstoßene Wolf Biermann (1977).

Hinter dem Sarg:
Universitätspräsident
Adolf Theis, Walter
Jens (halb verdeckt),
Jan Robert und Karola
Bloch, Blochs Tochter
Mirjam Josephsohn;
ganz rechts: Siegfried
Unseld

»Ein kleines
Peut-être«:
Blochs Grabstein
im Zeichen des
Überschreitens.

Von Studenten
umbenannt:
Einen Tag lang
war Tübingens Alma
Mater die »Ernst Bloch
Universitaet«.

XVII. Das Pariser Exil (1935) – Der antifaschistische Kongreß zur Verteidigung der Kultur (Juni 1935) – Vorbereitung der »Volksfront« – Blochs Arbeit am *Materialismusproblem* (1936-1938)

Als Ernst und Karola Bloch im Juni 1935 aus Venedig kommend in Paris eintrafen, holte sie Siegfried Kracauer, der schon seit März 1933 in Paris im Exil lebte, vom Gare d'Austerlitz ab. Gerade war die französische Hauptstadt Schauplatz einer der größten Mai-De-monstrationen ihrer Geschichte gewesen: einer Mai-Demonstration der Einheit, bei der Kommunisten zum ersten Mal seit langer Zeit Seite an Seite mit Sozialisten demonstrierten, galt es doch, endlich die Lehren aus der verhängnisvollen Spaltung der deutschen Arbei-terbewegung zu ziehen, die 1933 in Deutschland die Nazis an die Macht gebracht hatte. So fiel Blochs Ankunft in Paris zeitlich mit den Vorbereitungen der französischen Linksparteien und verschie-dener fortschrittlicher Intellektueller zum »Congrès international des écrivains pour la défense de la culture« (Internationaler Schrift-stellerkongreß zur Verteidigung der Kultur)[62] zusammen, der im Juni 1935 in der Pariser »Mutualité« stattfinden sollte. Der Kon-greß war eine Demonstration mit internationaler Ausstrahlung, die gegen die Verfolgung antifaschistischer Künstler, Geistesschaffen-der, Intellektueller, Schriftsteller und Philosophen und gegen die von den Nazis systematisch betriebene Zerstörung avantgardisti-scher Kunstwerke in Nazi-Deutschland ein Zeichen setzen wollte; die Weltöffentlichkeit sollte über die öffentlichen Bücherverbren-nungen, darunter Werke von Karl Marx, Heinrich Mann, Erich Kästner, Kurt Tucholsky und Carl von Ossietzky, in Kenntnis ge-setzt werden; ebenso über die von den Nazis in München organi-sierte Ausstellung *Entartete Kunst*, bei der viele Bilder der Expres-sionisten und anderer Avantgarde-Künstler dem Spott und der Ver-höhnung preisgegeben wurden; sowie über die Ausbürgerung zahl-reicher Intellektueller, Schriftsteller, Philosophen und Journalisten aus rassistischen Gründen. Die Anwesenheit von André Gide, André Malraux, Henri Barbusse und vielen anderen Repräsentanten des französischen Geisteslebens war ein deutliches Zeichen dafür,

---

62 Zu diesem Schriftstellerkongreß vgl.: Münster, Arno: *Antifaschismus, Volksfront und Literatur*, Hamburg 1977.

daß die Mobilisierung der Intellektuellen gegen die kulturpolitische Barbarei der Nazis in Deutschland inzwischen auch in Frankreich zu einem wichtigen Faktor im Kampf gegen die faschistische Gefahr geworden war. Die faschistische Gefahr von innen hatte sich in Frankreich bereits im Vorjahr gezeigt, vor allem im Februar 1934, als auf der Place de la Concorde versammelte Milizen und Stoßtrupps der »Action Française« und der »Croix de feu« (Feuerkreuzler) und andere paramilitärisch organisierte rechtsextreme Gruppen versucht hatten, die Nationalversammlung zu stürmen. Der Pariser Polizei und der »Garde Mobile« gelang es, dies zu vereiteln und die rechtsextremen Demonstranten zu zerstreuen, ihrer Loyalität war es letztlich zu verdanken, daß die parlamentarische Demokratie in Frankreich erfolgreich verteidigt worden war. Trotzdem gab es in Frankreich in der Bevölkerung weiterhin nationalistische und antisemitische Latenzen, die unter entsprechenden Umständen schnell zum Ausbruch kommen konnten. Größte Wachsamkeit war also geboten, auch hier war eine »nationale Revolution« nach deutschem bzw. italienischem Beispiel in Reichweite. Am Kongreß zur Verteidigung der Kultur nahmen viele deutsche Intellektuelle aus dem Exil teil: Bertolt Brecht, dem von Saalordnern, die ihn nicht erkannten, beinahe der Zutritt verwehrt worden wäre, Anna Seghers, Heinrich Mann und Lion Feuchtwanger. Auch Ernst Bloch ergriff dort das Wort. Sein Vortrag mit dem Titel »Marxismus und Dichtung«[63] würdigte Brecht und dessen hohe Kunstfertigkeit in marxistischer Dialektik, die sich besonders in den Gedichten zeige; denn »die Entzauberung der Lügen, die Abtrennung des Scheins vom möglichen ästhetischen Vor-Schein können einer Dichtung, die sich selber als Produktivkraft fühlt, ihre Funktion nur erhöhen und selber immer wesentlicher machen«. Der Marxismus, so unterstreicht Bloch, habe hier die Funktion, »beide, Welt wie Innen, neu wechselwirkend aus ihrer Entfremdung, Verdinglichung heraus[zu]heben«.[64] Bloch war ja nicht das erste Mal in der französischen Hauptstadt, hatte im Jahre 1926 mit Benjamin Paris besichtigt, war dann nach Marseille, Sanary-sur-Mer und Menton weitergereist. Jetzt, in den 30er Jahren, war das Leben als deutsch-jüdischer Emigrant in Paris beschwerlich. Nur in den seltensten Fällen erhielt man von den französischen Behörden eine provisorische Aufent-

---

63 Vgl. Bloch, Ernst: »Marxismus und Dichtung«, in: ders.: *Literarische Aufsätze*, GA 9, Frankfurt/Main 1969, S. 135-143.
64 Ebd., S. 142-143.

haltsgenehmigung, die mit erniedrigenden Spießrutenläufen und stundenlangem Schlangestehen vor der Pariser Polizeipräfektur verbunden war. Da Emigranten jegliche Arbeitserlaubnis verweigert wurde (eine Ausnahme bildeten nur Lektoren an einer französischen Universität), hatte die Mehrheit ums materielle Überleben zu kämpfen. Um einen von Lion Feuchtwanger geprägten Begriff aufzugreifen: Sie lebten alle im »Wartesaal«, und zumeist war Frankreich nur das Durchgangsland, in dem sie monatelang auf ihr Einreisevisum in ein anderes Land warteten. Einige versuchten sich mit Deutschunterricht in Schulen oder als Hauslehrer; andere verkauften Krawatten. Dem Mißtrauen des französischen Staates und der Behörden entsprach eine ausgesprochene Reserviertheit der französischen Bevölkerung insgesamt, gegenüber Emigranten aus Deutschland waren die starken Ressentiments aus der Zeit des Ersten Weltkriegs noch wach. Hinzu kam der offene Antisemitismus eines Teils der französischen Bevölkerung, in ihren Augen hafteten an den deutsch-jüdischen Emigranten gleich zwei Makel. Auch wurden sie oft verdächtigt, deutsche »Agenten« oder Spitzel zu sein. Trotzdem scheinen sich Ernst und Karola Bloch in den ersten Wochen ihres Paris-Aufenthalts recht wohlgefühlt zu haben. Sie bewunderten das Zentrum der französischen Hauptstadt, flanierten die Quais der Seine und am Louvre entlang und begingen das alte jüdische Viertel von Paris, das »Marais«. Nicht zu stillen war Ernst Blochs Hunger, die historischen Kulissen der großen Französischen Revolution von 1789 in Augenschein zu nehmen: den Louvre, den Place de la Révolution (Place de la Concorde), die Bastille, das »Hôtel de Ville«, den Justizpalast. Kein Zweifel, daß Bloch ein Freund dieses Landes war, das als erstes in Europa die absolutistische Monarchie gestürzt hatte. Schon während seines ersten Schweizer Exils von 1917 bis 1919 hatte er mit Frankreich sympathisiert.[65] Im Artikel »Schadet oder nützt Deutschland ein feindlicher Sieg?« hatte er die Meinung vertreten, daß für die deutschen Demokraten ein militärischer Sieg der »Entente« im Ersten Weltkrieg die bessere Lösung wäre, was ihm den Ruf eines »Vaterlandsverräters« eingebracht hatte. So war es kein Zufall, daß das erste Museum, das er nach seiner Ankunft in Paris im Juni 1935 besichtigte, das »Musée Carnavalet« war, wo das Original der »Erklärung der Menschenrechte« und andere Dokumente zur Französischen

---

65 Vgl. Kap. IX.

Revolution ausgestellt sind. In dieser Zeit wohnten Ernst Bloch und Karola im »Hôtel Helvétia« in der Nähe des »Odéon«-Theaters, in dem eine Zeitlang auch Siegfried Kracauer und Walter Benjamin abgestiegen waren, danach in einer Zwei-Zimmer-Wohnung im südlichen Vorort Montrouge, die ihnen der ehemalige kommunistische Abgeordnete im Reichstag Bruno von Salomon überlassen hatte. Während dieser sechs Monate in Paris hatte Bloch nur wenig Kontakt zu französischen Intellektuellen und Künstlern. Der französischen Sprache nicht mächtig – in Ludwigshafen hatte er nur Latein und Griechisch gepaukt –, war Bloch fast ausschließlich mit anderen deutschsprachigen Emigranten zusammen. Ein Versuch, mit André Malraux zu sprechen, scheiterte; auf den freundlichen Brief, den Bloch ihm im Juni 1935 geschrieben hatte, antwortete Malraux nicht einmal. Der einzige französische Schriftsteller, mit dem er gelegentlich mit Karola als Dolmetscherin zusammentraf, war Henri Barbusse. Wie Walter Benjamin besuchte Bloch in dieser Zeit mehr oder weniger regelmäßig die Pariser Nationalbibliothek in der Rue de Richelieu, wo er die Werke der französischen Materialisten des 18. Jahrhunderts, insbesondere die Schriften von Diderot, d'Holbach, d'Alembert und La Mettrie, finden konnte, die für sein in statu nascendi begriffenes Materialismusbuch wichtig waren.

1935 trat Ernst Bloch nach dem Vortrag in der »Mutualité« nur noch einmal öffentlich auf, am 26. August im »Deutschen Klub«, wo er einen Vortrag zum Thema »Dichtung und sozialistische Gegenstände« hielt, der thematisch mit dem Mutualité-Vortrag eng verwandt war. Ob dadurch Diskussionen unter den deutschen Emigranten ausgelöst wurden, ist nicht bekannt. Bloch hatte auch kurz nach seiner Ankunft Kontakt mit dem »Lutétia-Kreis« aufgenommen (benannt nach dem Treffpunkt »Hôtel Lutétia« im 6. Arrondissement von Paris), dessen Präsident Heinrich Mann war. Nachweislich bestanden auch Kontakte zur »Notgemeinschaft der deutschen Wissenschaft und Kunst im Ausland«, der »Freien Deutschen Hochschule«, die 1934 in dem südfranzösischen Badeort Sanary-sur-Mer (in der Nähe von Toulon, im Département Var gelegen) gegründet worden war, und zur »Deutschen Freiheitsbibliothek« in Paris. Unter den Intellektuellen aus der deutschen Emigration, die Bloch hier in mehr oder weniger regelmäßigen Abständen traf, befanden sich auch Egon Erwin Kisch, der kommunistische Funktionär aus dem Saarland Gustav Regler, Lion Feuchtwanger (der dann nach Sanary-sur-Mer ging), Alfred Kantorowicz und Walter Fabian.[66]

Der prominenteste unter ihnen war zweifellos Heinrich Mann, der sich mit Nachdruck, aber zunächst ohne größeren Erfolg für die Gründung einer »Deutschen Volksfront« einsetzte, eines Bundes aus Kommunisten, Sozialdemokraten, antifaschistischen bürgerlichen Demokraten etc. Dies gipfelte in dem vom »Lutétia-Kreis« im Dezember 1936 veröffentlichten »Aufruf ans deutsche Volk!«, der auch die Charta der zukünftigen Verfassung eines von der Hitler-Diktatur befreiten Deutschlands enthielt. Ernst Bloch hatte diesen Appell unterzeichnet, ebenso wie Heinrich und Klaus Mann, Lion Feuchtwanger, Egon Erwin Kisch, Johannes R. Becher, Oskar Maria Graf und Arnold Zweig. Wie Albrecht Betz[67] in seinem Buch *Exil und Engagement* zu Recht unterstreicht, war dieser »Aufruf ans deutsche Volk« neben dem berühmten »Lutétia-Symposium« vom 2. Februar 1936 die mit Abstand wichtigste politische Äußerung. Er war das Ergebnis der Vereinigung zahlreicher nach Frankreich emigrierter Vertreter der SPD, der KPD und der SAP, was erklärt, warum der Aufruf gleichzeitig von Wilhelm Pieck und Willy Münzenberg (für die KPD) und Willy Brandt und Walter Fabian für die »Sozialistische Arbeiterpartei« (SAP) unterzeichnet wurde, einer im Jahre 1930 erfolgten linken Abspaltung von der SPD. Die Tatsache, daß dieser Aufruf von so vielen Persönlichkeiten aus Politik und Kultur unterzeichnet wurde, war auch eine Folge der von der Komintern im Oktober 1934 eingeleiteten Wende, auf der die »Sozialfaschismus«-These zurückgezogen und grünes Licht für die Bildung einer breiten antifaschistischen Einheitsfront gegeben wurde, die alle »fortschrittlichen und demokratischen Kräfte« der Gesellschaft umfassen sollte.

Daß Bloch diesen Aufruf zur Bildung einer deutschen Volksfront und den neuen Kurs der Komintern uneingeschränkt unterstützte, geht auch aus einem 1937 veröffentlichten Artikel mit dem Titel »Wiederkehr der Ideale« hervor, der mit etwas Verspätung in der Prager *Neuen Weltbühne* erschien, Bloch hatte da Frankreich bereits verlassen und wohnte schon in Prag. Der Artikel bezieht sich direkt auf den »Lutétia-Aufruf« und die ausgegebene Losung von

---

66 Vgl. Fabian, Ruth / Coulmas, Corinna: *Die deutsche Emigration in Frankreich nach 1933*, München 1978.

67 Betz, Albrecht: *Exil und Engagement. Deutsche Schriftsteller im Frankreich der 30er Jahre*, München 1986, S. 114-115.

der »Volksfront« für »Brot, Freiheit und Frieden«, die in diesem Artikel als »der revolutionären Strategie von Karl Marx konform« gelobt wird.

»Volk, Glück, Friede, Freiheit, Gleichheit, Brüderlichkeit«, schreibt Ernst Bloch, »waren lange genug Vagheiten, stellenweise Mittel zum Betrug; doch die Sache strahlt in ihrer ehrlichen Gestalt desto heller. Marx hat zwar gesagt, die Revolution habe keine Ideale zu verwirklichen; dieser Satz aber wandte sich, wie dargestellt, ausschließlich gegen die subjektivistischen Verblasenheiten, gegen die irrealen Revoluzzer, welche ihre Einbildungen bereits für Wirklichkeit hielten. Der Satz wandte sich nicht gegen den – Marxismus selbst, das heißt gegen den endlich begriffenen Weg zur Beförderung der Humanität. Nichts ist legitimer, als Ideale zu verwirklichen, wenn sie Tendenzen, Latenzen in der Wirklichkeit selbst, folglich realisierbare geworden sind.«[68]

Der Artikel enthält auch einen Passus, der Blochs Kritik an Revisionismus, Sektierertum und Dogmatismus vieler Marxisten erhellt und die »Volksfront« als gutes Heilmittel dagegen preist.

»So ermöglicht sich in der Volksfront ein Ausgleich werktätiger Schichten, der den Bolschewistenschreck mancher, die Sektiererei dort auflockern dürfte. Mehreren Marxisten mag es nicht leicht gefallen sein, Worte wie Volk, Vaterland, gar Glaube in ihre Gedanken einzuflechten und in ihre Theorie-Praxis. Die Berührung mit diesem ursprünglich so revolutionären Erbsubstrat, sofern es wieder im Zusammenhang mit der Freiheitsgöttin sich sehen lassen konnte, hat aber wohlgetan, hat manchen Marxisten die schematische Gewohnheit beseitigt. Nicht im Sinn einer Verwischung oder Abschwächung marxistischer Grundsätze, erst recht nicht im Sinn eines neuen Revisionismus à la Bernstein; der sei ferne. Die Arbeit der Revisionisten bestand aus Weglassungen, besonders der Hauptsache, des dialektischen Materialismus; die Arbeit in der Volksfront dagegen befördert die Ausführung und Erweiterung dessen, was im Marxismus vorhanden ist.«[69]

Aus heutiger Sicht könnten diese Bemerkungen durch den Hinweis ergänzt werden, daß die Strategie der Volksfront durchaus eine recht weitgehende Abschwächung marxistischer Prinzipien bedeutete. So wurde von der früheren Generallinie »Klasse

---

68 Bloch, Ernst: *Politische Messungen, Pestzeit, Vormärz*, GA 11, S. 197.
69 Ebd., S. 196.

gegen Klasse« und vom Ziel einer sozialen, proletarischen Revolution abgerückt. Allerdings war die »Volksfront« als Verteidigungsbündnis mehrerer Gesellschaftsklassen gegen den Faschismus konzipiert, was – aus rein taktischen Gründen, wie Bloch unterstreicht – zwangsläufig zu einer vorübergehenden Abkehr davon führen mußte, sollte doch vor allem die Mittelschicht bei der Stange gehalten werden, die als unerläßlicher Bündnispartner galt. In seinen in der *Neuen Weltbühne* veröffentlichten Artikeln zeigt Bloch sich als Wortführer dieser neuen Strategie und vertieft diese Position noch, ebenfalls in der von Hermann Budzislawski herausgegebenen Prager *Neuen Weltbühne*, in einem kurzen Essay über die »Fabel des Menenius Agrippa« (1936) und in der stilistisch glänzenden »Methodenlehre der Nazis«, worin die Lügen und demagogischen Manöver der Nazis nach dem Reichstagsbrand seziert werden.[70] Das dem deutschen Volk ausgestellte Zeugnis liest sich ziemlich ernüchternd: »Vielleicht läßt sich kein Volk so leicht einschüchtern wie das deutsche«, meint er, und »die Mittel der Einschüchterung [sind] hier die schärfsten, geübtesten, erbarmungslosesten.«[71] Aber eben weil es sich so leicht einschüchtern ließ, war eine besonders raffinierte Technik nötig, um tief verdrängte Instinkte in der Masse der Deutschen wach zu rufen und sie für die nationalsozialistische »Revolution« begeistern zu können. So haben, schreibt Bloch, die Nazis »nicht nur die real vorhandene wirtschaftliche Verzweiflung der Bauern und Kleinbürger ausgenützt«, sondern präsentierten ihnen auch Hitler als »Erretter« und »Messias« und beuteten die »antikapitalistischen Sehnsüchte der proletarisierten Kleinbürger«, die nichts vom Kommunismus wissen wollten, aufs äußerste aus. Wenn dies den Nazis so gut gelang, dann vor allem, weil ihnen die einzige Alternative, der Marxismus, »so kalt und erloschen« erschien »als wäre er – abstrakter Idealismus«.[72] Und so fiel, schließt Bloch, »das Kalb in den Brunnen, und die riesige Nazilüge machte Musik dazu; das übliche dürre Partei-Schema blieb trotzdem unbewegt«.[73] Es fehlte der »Wärmestrom« in der Propagandaarbeit der deutschen Kommunisten, wie Bloch später im *Prinzip Hoffnung* genauer ausführte. Bloch zählt hier die von den deutschen Links-

---

70 Ebd., S. 176-184.
71 Ebd., S. 182-183.
72 Ebd., S. 183.
73 Ebd.

parteien in den 30er Jahren begangenen Fehler auf, kritisiert an der Politik der Sozialdemokratie den Pragmatismus und daß sie das revolutionäre Erbe Marxens verdrängt habe, und schließt diese Liste der von den Nazis erfolgreich eingesetzten Lügen dennoch mit der optimistischen Feststellung: »Das lebendige Feuer der Volksfront, das in Frankreich angegangen ist, dieses Feuer, wenn es noch stärker und heller wird, wenn es sich nicht davor hütet, mehr als bisher in die Phantasie zu greifen und den echten Traum, den nach vorwärts, zu heizen und zu erleuchten, macht dem Blendwerk ein Ende. Es bringt die Mehrheit auf den rechten Weg, es verhindert, daß die Proletarisierten ihre Mörder decken und ihre Retter schlachten, es schafft endlich klare Fronten. Die Lügen des Faschismus haben dann ausgespielt, sein Gaukelsack wird leer, die Verführung geht zu Ende, die Vermissung, worauf sie basiert, kann von anderem als vom Schema beantwortet werden. Das Subjekt braucht dann kein Opium mehr; selbst Manna erscheint als das, was es bestenfalls war: Ersatz.«[74]

Wir wissen heute, wie illusionär diese 1937 geäußerte Hoffnung war; nicht nur, weil sich inzwischen das faschistische Regime Mussolinis in Italien und die NS-Diktatur in Deutschland innenpolitisch stark gefestigt hatten, sondern auch, weil der Elan, der die Wahlen vom Mai 1936 und den Sieg der Volksfrontregierung Léon Blums in Frankreich zunächst begleitet hatte, bald erlahmte, insbesondere wegen der von der französischen Linksregierung eingeschlagenen Politik der »Nicht-Intervention« im spanischen Bürgerkrieg und auch wegen der 1937-38 eingeschlagenen Politik der Austerität, durch die viele soziale Errungenschaften, die von den Arbeitern während der großen Streiks und Fabrikbesetzungen vom Juni 1936 erkämpften worden waren, wieder zunichte gemacht wurden. Es erstaunt, daß der Verlust solcher Illusionen und die Enttäuschung darüber in keinem einzigen zwischen 1936-1938 geschriebenen Text von Bloch seinen Niederschlag findet, die Begeisterung ungebrochen ist und Bloch zweifellos weiterhin an den Erfolg der Volksfront glaubte. Allerdings, als sich im Mai 1936 nach dem Wahlsieg des »Linkskartells« die große Euphorie legte, weilte er schon längst nicht mehr in Paris. Dort hatte er noch die Vorbereitungen erlebt, von Prag aus, also seit Oktober 1935, sah er die große Streikwelle nur noch als Betrachter aus der Ferne, wenngleich er die politische

---

74 Ebd., S. 184.

Entwicklung in Frankreich nicht nur durch die in Prag erhältlichen deutschsprachigen Zeitungen und im Radio mitverfolgte, sondern durch Siegfried Kracauer, der weiterhin in Paris war, auch direkt informiert wurde.

In den Monaten davor, von Mai bis September 1935, hatte Bloch, nur unterbrochen durch kurze Ferien in Sanary-sur-Mer im August, mit großer Konzentration die Arbeit an seinem Materialismusbuch fortgesetzt, die nur selten unterbrochen wurde durch ein Treffen mit Freunden oder Bekannten und durch Artikel für die *Neue Weltbühne*, für die er ein bescheidenes Honorar erhielt. Allein die Tatsache, daß er ganze dreieinhalb Jahre – von 1935 bis 1938 – in Paris und Prag die Forschungen zum Materialismus, insbesondere zu dessen geschichtlichen Anfängen in der Philosophie der griechischen Antike und den materialistischen französischen Philosophen des 18. Jahrhunderts, betrieb, zeigt, wie wichtig sie ihm waren. Hier sollte das theoretische Gebäude seines Denkens fundiert werden: wohlgemerkt, eines neuen »spekulativen« Materialismus. Durch die Rekonstruktion der Geschichte des Materialismus innerhalb der Philosophiegeschichte, so das ehrgeizige Projekt, sollte allen vulgär-materialistischen Irrwegen und ihren negativen Folgen für Geschichte und Aktualität des Marxismus entschieden entgegengetreten werden. Bloch verfolgte dieses Ziel auf zweierlei Art: Zum einen durch die systematische Kritik aller mechanistischen Materiekonzeptionen, die der Wissenschaftsoptimismus der Aufklärung im Laufe des 17. und vor allem 18. Jahrhunderts hervorbrachte, zum anderen durch den – im Sinne eines undogmatisch verstandenen Materialismus – Versuch einer Neubestimmung des Verhältnisses von erkennendem Subjekt zum Aktinhalt des Objekts. Er leistete dies im Rahmen einer materialistischen Ontologie des Noch-Nicht-Seins, in der die Beziehung des Subjekts zur objektiven Welt als Manifestationsmodus des Objektiv-real-Möglichen bestimmt wird. Bloch geht es dabei darum, den materialistisch-marxistischen Begriff der Materie von allen vulgär-materialistischen Entstellungen einer »Klotz«-Materie zu befreien, die vor allem der Materialismus des 19. Jahrhunderts hervorgebracht hatte. Dem setzt Bloch die dynamische Auffassung der Materie als »unabgeschlossene Entelechie« und eine Neubegründung des Materiebegriffs als »offener, utopischer Materie« entgegen: Materie als »Substrat der objektiv-realen Möglichkeit«.

Das breite Forschungsvorhaben schließt auch Materie-Theorien mittelalterlicher Philosophen, der sogenannten »aristotelischen Linken«, Averroës und Avicenna, ein. Insbesondere der Krypto-Materialismus von Averroës, bei dem die klassische aristotelische Unterscheidung von Form und Materie schon aufgeweicht ist und die Materie (Hyle) als »Möglichkeit und Substrat einer möglichen ›Materie nach vorwärts‹« bestimmt wird, begeistert Bloch. Der folgende Passus aus dem »Materialismusbuch« ist dafür charakteristisch:

»Das Hinüberführen des Möglichen zum Wirklichen nun beginnt schon im Möglichen, indem es als solches ein Schoß ist. In der Materie reifen die Formen selber als dispositionelle, latente heran, und der Aktus (zuhöchst als Weltbeweger gedacht) kann keine einzige neue hervorbringen, er verwirklicht nur. Im großen Kommentar zur Aristotelischen Metaphysik macht das Averroës (bei Erläuterung von Arist. Metaph. XII, 3) ganz deutlich: Die Bewegungsursache gibt den Dingen nicht ihre Formen, sondern ist *der bloße Eductor der Formen*, sie bringt die in der Materie liegenden Formen nur ans Licht (non dat, sed extrahit). Folglich sind auch die Seelen und Gedanken als Formen in der Materie schon angelegt, und zwar derart, daß dieses wie alles Angelegtsein eine nicht bloß passive, sondern suo genere aktive Möglichkeit einschließt. Die damit bedeutete Fähigkeit: Formen bis zu ihrer Aktualisierung, das heißt bis zum Sprung des Wirklichwerdens auszureifen, erweitert den Begriff des Möglichen sehr stark; Möglichkeit als aktive Disposition wird Inkubation, wird Schoß einer natura naturans. Zugleich zieht diese Erweiterung nicht nur die Formen, sondern gerade auch das Aktualisierende an ihnen in die Aristotelische dynamis herein. Im Griechischen hat dynamis bereits den passiv-aktiven Doppelsinn: Possibilität und Potenz, Möglichkeit und Vermögen zu sein. So scharfe Logiker wie Avicenna und Averroes haben diesen Doppelsinn (er wiederholt sich im Arabischen) ohnehin bemerkt, sie sind ihm nicht etwa, als einer bloß sprachlichen Mehrdeutigkeit, zum Opfer gefallen. (Averroës unterscheidet – in der ›Widerlegung des Gazali‹ – ausdrücklich die beiden dynamis-Bedeutungen: ›Dieses Ding kann vollbracht werden‹ und: ›Zaid kann dieses vollbringen‹.) Weit enfernt von undurchschauter Äquivokation hat also Averroës, in Ansehung der dynamis-Materie, den passiv-aktiven Doppelsinn durchaus akzeptiert. Eben die spezifische ›Potenz‹ zur Formreifung schwingt nun in der generellen ›Potentialität‹ der

Materie und macht die dynamis-Materie zum Schwangerschaftsort der ungewordenen, doch heranreifenden Formgestalten.«[75]

Weiterer Schwerpunkt sind die französischen Materialisten des 18. Jahrhunderts (Diderot, d'Holbach, Helvétius, La Mettrie, d'Alembert). Das Besondere an dieser Denkrichtung ist für Bloch, daß sie – vom Standpunkt einer materialistischen Philosophie des Fortschritts aus – die Metaphysik des Idealismus, der Mystik und der Dogmen, wie sie auch von der (christlichen) Religion gestützt wurde, kritisch herausgefordert und widerlegt hat. Ihre Theoretiker knüpfen dabei an den (pantheistischen) Monismus Spinozas in seinen materialistischen Konsequenzen, an die radikale Unterscheidung der Substanzen bei Descartes und an das implizit Materialistische im englischen Empirismus an. So betont Bloch, daß d'Holbachs philosophische Argumentation gegen den neo-aristotelischen Thomismus in einem wahrhaften Rationalismus begründet ist und seine Grundbegriffe – »Tugend«, »Vernunft« und »Wahrheit« – wie bei Diderot mit einem konsequent mechanischen Naturbegriff korrelieren. Zugleich zeigt Bloch, daß die französischen Materialisten des 18. Jahrhunderts alle aus der Theologie entlehnten Vorstellungen von einem Vermögen oder einer schöpferischen (göttlichen) Instanz jenseits der organischen Natur zurückweisen, was etwa La Mettrie dazu bringt, den Menschen als ein gänzlich autonomes nach seinen ureigenen mechanischen Gesetzen funktionierendes Wesen zu begreifen: als den »Maschinen-Menschen« (»L'homme-machine«), analog zu Diderots mechanischer Theorie der Natur als »perpetuum mobile«. Für La Mettrie, so macht Bloch deutlich, ist die Materie Ursache (und Ursprung) aller Bewegung aufgrund ihrer natürlichen Immanenz. Organisches Leben und Bewußtsein werden nun nicht mehr als von einem außermenschlichen (göttlichen) Willen geschaffene »Attribute« aufgefaßt, sondern als das Ergebnis einer äußerst komplexen Zusammensetzung der Materie und ihrer Partikel. Daraus folgt, daß das Denken als Ausdrucksform des menschlichen Bewußtseins auf eine innere Eigenschaft der ›res extensa‹ zurückgeführt wird und die Seele (des Menschen) auf elektrische Schwingungen im Gehirn. Die sich erhaltende und nach den Gesetzen des »suum esse conservare« sich reproduzierende Natur gleicht hier einer gewaltigen Uhr, die sich selbst aufzieht, und die

75 Bloch, Ernst: *Das Materialismusproblem, seine Geschichte und Substanz*, GA 7, S. 532-533.(»Anhang/ Avicenna und die Aristotelische Linke«, 1952).

»Triebfeder der vorliegenden Welt« ist nichts anderes als der »materielle Egoismus«.[76]

Der anthropologische Materialismus Feuerbachs, so Bloch weiter, ist im Vergleich zu diesen mechanistischen Theorien der französischen Materialisten des 18. Jahrhunderts dann schon wesentlich »intelligenter«, auch wenn er noch stark von den sensualistischen Theorien der französischen Schule beeinflußt ist. Was wiederum der Grund sein könnte, daß aus dem Materialismus à la Feuerbach[77] (der ebenfalls stark religionskritisch ausgerichtet ist) im Laufe des 19. Jahrhunderts immer mehr ein biologischer Materialismus wird, der in Frankreich in den sogenannten »Wissenschaftsmaterialismus« eines Broussais, de Rochoux, Le Dantec mündete und in Deutschland in den eines Ludwig Büchner, Karl Vogt und Ernst Haeckel. Daß der Materialismus des 19. Jahrhunderts diese Ausprägung hatte und in der zweiten Hälfte des Jahrhunderts in den positivistischen Materialismus der Wissenschaftsphilosophie übergehen sollte, hat Bloch zweifellos besonders motiviert zu einer ebenso systematischen wie radikalen Kritik des Vulgärmaterialismus.

Weiterhin ist es bezeichnend für Blochs Aufnahme der Marxschen Kritik am Feuerbachschen Materialismus wie für seine Adaption der dialektischen Methode und seine Auslegung des Marxschen historischen und dialektischen Materialismus, daß er in diesem Zusammenhang von »Hochzeit der Materie mit der Dialektik« spricht. Damit bezieht er Position gegenüber vulgär-materialistischen Vorstellungen von der Materie als »starrer Stofflichkeit«, oder wie Bloch anschaulich sagt: als »Klotzmaterie«. »Der Stoff hört damit völlig auf, ein starrer zu sein, auch wenn das Medium, wodurch das erkannt wird, bei Hegel pausenlos Geist und nichts anderes als Geist heißt. Doch eben die Dialektik kam dadurch zum Begriff Materie und dieser kam endlich zu ihr, genauer, im historisch-dialektischen Materialismus wurde diese glückliche Begegnung besiegelt, den Idealisten eine Torheit, marxistischen Materialisten vielleicht allzu sehr eine Selbstverständlichkeit.«[78]

Die geschichtlich und gesellschaftlich so folgenreiche Verbindung von materialistischer Erkenntnis und geschichtlicher Dialek-

---

76 Bloch, Ernst: *Das Materialismusproblem*, S. 180-181.
77 Vgl. Feuerbach, Ludwig: *Das Wesen des Christentums* (1840).
78 Bloch, Ernst: *Das Materialismusproblem*, S. 255.

tik, unterstreicht Bloch, war »ihren beiden Gliedern keineswegs an der Wiege gesungen [...]. Die Dialektik fand sich bis dahin, sieht man von Heraklit ab, ausschließlich bei Idealisten, bei Platon, Proklos, Abälard, Nikolaus von Cusa, Jakob Böhme, Fichte, vollends bei Hegel; der Materialismus dagegen gab sich bis Marx fast ausschließlich als physisch-statisch, selbst dort, wo er sich als natürliche Entwicklungsgeschichte darbot, doch auch dann mit ewig-ehernen Gesetzen.«[79]

»*Dialektischer* Materialismus«, so betont Bloch, sei »statt dessen die glücklichste wie realistischste Hochzeit, gerade indem die Materie nach und über ihren physikalischen Daseinsformen nicht idealistisch verduftet, sondern ökonomisch-technisch die Schlüsselstellung in ihr selbst und zu ihr selbst erst recht einnimmt und behauptet. Gegen das mechanistische Nivellement der Natur erhebt sich die qualitative Stufung, dergestalt, daß die höhere Stufe die frühere berichtigt und die Wahrheit der früheren darstellt. Statt des ausschließlich physikalischen Materialismus ist auf diese Weise die ganze Unterbau-Überbau-Relation des ökonomisch-historischen Materialismus überhaupt erst möglich; das heißt, es gab, statt der totalen Reduktion auf Atome und Atomverbindungen, auch menschliche Wirtschaft und Gesellschaft als materielles Verhältnis – auf höherer, relativ selbständiger Stufe.«[80]

Bloch geht dann noch einen Schritt weiter, indem er nicht nur mit der Formel von der »Hochzeit der Materie mit der Dialektik« die Weichen für die endgültige Überwindung des physikalistischen Materialismus durch den dialektischen stellt, sondern in bezug auf den Begriff der Natur postuliert, der Begriff der »natura naturans«, der sich selbst generierenden Natur, werde durch den einer »natura supernaturans«, einer gleichsam über sich hinausgehenden Natur ersetzt, die mit dem »ökonomisch-historischen Menschsubjekt [...] als Subjekt des Prozesses«[81] zusammenfalle. Hier ist dann die Brücke geschlagen zu Blochs – marxistischer – Geschichtsauffassung, nach der (vgl. das Schlußkapitel des *Prinzip Hoffnung*) der eigentliche Grund und die Wurzel des Geschichtsprozesses der arbeitende, Materie und Welt verändernde Mensch ist, damit – nach der Überwindung der »Entfremdung in realer Demokratie« – in der Welt

79 Ebd., S. 255-256.
80 Ebd., S. 256.
81 Ebd.

etwas entstehe, »das allen in die Kindheit scheint und worin noch niemand war: Heimat.«[82]

Dieses Buch, das in seinem Schlußkapitel Blochs zentrale These von der Materie als aktivem »dynamei on« und als »unvollendeter Entelechie«[83] noch einmal aufgreift, das Bloch später seinem »Jugendfreund Georg Lukács« gewidmet hat und dessen ursprüngliche Fassung schon in Prag, Anfang 1938, vollendet war, wurde erst 35 Jahre später, 1972, bei Suhrkamp als Band 7 der Gesamtausgabe veröffentlicht. Das Manuskript, das er vor den Nazis rettete, weil er es im Koffer auf dem Schiff nach Amerika mit sich führte und das er auf der Rückreise 1949 erneut im Gepäck hatte, enthielt schließlich eine ganze Reihe von Änderungen und Zusätzen. 1969 bis 1971 kam es zu einer gründlichen Überarbeitung, an der sein Assistent Burghart Schmidt maßgeblich mitwirkte. Im Anhang zum Materialismusbuch findet sich der wichtige Aufsatz über »Avicenna und die Aristotelische Linke«[84], der um 1926/27 entstand, als Bloch sich zum ersten Mal mit Avicenna und Averroës befaßte. In diesem Aufsatz, der das Materialismusbuch nun zugleich abrundet, zeigt Bloch, wie eine »aristotelische Linke« die Philosophie von Aristoteles verändert hat und – vor allem hinsichtlich der Bestimmung des Verhältnisses von Form und Materie – modernere und revolutionäre Konzeptionen lange vor ihrer Zeit vorwegnahm.

---

82 Ders.: *Das Prinzip Hoffnung*, Bd. III, GA 5, S. 1628.
83 Ders.: *Das Materialismusproblem*, S. 545-546.
84 Vgl. ebd., S. 479-546.

XVIII. Prag: Blochs letzte Exilstation in Europa – Die *Neue Weltbühne* und die »Moskauer Prozesse« (1936-1938)

Im November 1935 verlassen Ernst und Karola Bloch Paris. Ziel ist nun Prag. In einem seiner Koffer führt Bloch inzwischen gut hundert Seiten seines *Materialismus*-Manuskripts mit sich. Um den Zugkontrollen der Nazis zu entgehen, umgehen sie die direkte Strecke, die im Schnellzug täglich vom Gare de l'Est über Straßburg, Stuttgart und Nürnberg führt, und fahren vom Gare d'Austerlitz erst einmal in die Schweiz nach Basel, von dort über Zürich, Innsbruck und Wien und kommen schließlich 48 Stunden später in der Hauptstadt der tschechoslowakischen Republik an. Paris stand für ein reiches Kulturleben, für die Museen und eine lange glorreiche Geschichte; die Entscheidung, Paris nach nur sechs Monaten schon wieder zu verlassen, war den Blochs nicht leicht gefallen. Der entscheidende Impuls kam von außen. In der Komintern, die die Aktivitäten der kommunistischen Parteien in Europa koordinierte, war man der Ansicht, Paris sei für Karolas geheime Missionen in Polen ein ungünstiger (und zu gefährlicher) Standort. Deshalb hatte »Paul«[85], Karola Blochs »Mittelsmann« zum sowjetischen Geheimdienst, der vermutlich für die »Rote Kapelle« arbeitete, Karola immer wieder gedrängt, nach Prag zu gehen, von wo aus Polen schneller und leichter zu erreichen war. Ernst Bloch war anfangs von dieser Idee wenig begeistert, doch schließlich siegte das Pflichtbewußtsein, und Karola und ihr Mann beschlossen, der »Empfehlung« des Genossen »Paul« nachzukommen, der regelmäßig und ohne Voranmeldung bei den Blochs im Pariser Vorort Montrouge aufgetaucht war. Neben dem strategischen Vorteil, den die Nähe der tschechischen Hauptstadt zur polnischen Grenze bot, sprachen für den Wechsel ins »goldene Prag« auch die wesentlich günstigeren Arbeitsbedingungen für den Publizisten Bloch: In Prag wurde damals noch sehr viel Deutsch gesprochen. Es erschienen nicht weniger als fünf Zeitungen in deutscher Sprache, es gab mehrere deutschsprachige Gymnasien, zwei deutsche Theater und eine kleine deutschsprachige Universität. Die zahlreichen Emigranten aus Deutschland trafen sich im Prager »Bertolt-Brecht-Club«. Und

---

85 Vgl. Bloch, Karola: *Aus meinem Leben*, S. 119.

die *Neue Weltbühne* schätzte sich glücklich, ihren engen Mitarbeiter Ernst Bloch nun in der Nähe zu wissen. In dieser Hinsicht war Prag angenehmer als Paris, wo die Emigranten aus Deutschland überall auf Sprachbarrieren und Ressentiments stießen und von ihren Ersparnissen zehren mußten. Bloch etwa hatte vom Autorenhonorar gelebt, das ihm sein Schweizer Verlagshaus Oprecht & Helbling in Zürich im Laufe des Jahres 1935 überwies, also von zwei- bis dreitausend Schweizer Franken, die für das Pariser Hotel und die Wohnung in Montrouge schnell ausgegeben waren. Karola Bloch hatte sich in dieser Zeit vergeblich darum bemüht, eine Anstellung im Architekturbüro von Le Corbusier zu erhalten, gegen die französischen Konkurrenten konnte sie sich nicht durchsetzen. Und Walter Benjamin und Siegfried Kracauer befanden sich, wie Karola Bloch wußte, finanziell in einer noch schwierigeren Lage.

Insgesamt also präsentierte sich Prag freundlicher, Aufenthaltserlaubnisse wurden hier großzügiger erteilt. Und die unterschiedlichen Volksgruppen, die mehr oder weniger gleichberechtigt nebeneinander lebten, verliehen der tschechischen Metropole einen ausgesprochen internationalen Charakter. Auf dem Territorium Tschechiens lebten damals 46 Prozent Tschechen und 28 Prozent Deutsche. Das friedliche Miteinander wurde jedoch zunehmend durch Umtriebe unter den Sudetendeutschen im Westen der Republik gestört, die mit dem Nazi-Regime und dessen aggressiver Expansionspolitik sympathisierten. (Der Führer der Sudetendeutschen, Henlein, setzte sich offen für den Anschluß des Sudetenlandes an Deutschland ein.) Trotz der Zugeständnisse, die die tschechische Regierung unter Masaryk und Benesch an die deutsche Minderheit machte, bedrohte diese immer mehr das politische Gleichgewicht und die Unabhängigkeit der Tschechoslowakischen Republik. Dennoch hatten sich zwischen 1933 und 1938 viele deutsche Antifaschisten nach Prag geflüchtet, wo sie relativ schnell so etwas wie eine »zweite Heimat« fanden. Als Ernst und Karola Bloch in den ersten Novembertagen des Jahres 1935 in Prag eintrafen, wurden sie vom Hermann Budzislawski am Bahnhof abgeholt; eine kleine Wohnung stand nahe der Prager Altstadt für sie bereit, und als regelmäßige Besucher des Prager »Bertolt-Brecht-Clubs« schlossen sie schnell Freundschaft mit anderen Emigranten. Zu ihnen zählten die Schriftsteller Friedrich Carl Weiskopf, Friedrich Burschell, Arnold Zweig, Hanns Eisler sowie Wieland Herzfelde, der Gründer des fortschrittlichen Berliner Malik Verlags, der mit

Bloch befreundet war. Angelangt in ihrer neuen Wohnung in der Prager Straße Šárecká Nr. 33, gelang es den Blochs sogar, aus Berlin den Steinway-Flügel kommen zu lassen, den Ernst Bloch von seiner ersten Frau Else geerbt hatte und der in Berlin zurückgeblieben war. Wenn Bloch nicht gerade schrieb, setzte er sich wie in früheren Zeiten an den Flügel.

Bald gründete Karola in Prag ihr eigenes Architekturbüro und verwirklichte damit ein Projekt, mit dem sie sich schon in Paris getragen hatte. Bloch schrieb in den folgenden zwei Jahren (1936-1938) im Schatten der Prager Hofburg »Hradschin« vierzig Kapitel seines »Materialismusbuchs«, und darüber hinaus zahlreiche politische Artikel, die regelmäßig in der Prager *Neuen Weltbühne* erschienen. Allein 1937 veröffentlichte er dort nicht weniger als zehn Artikel, die der Analyse des Nazi-Regimes und der politisch-intellektuellen Mobilisierung dagegen dienten, darunter »Die Frau im Dritten Reich«[86], »Der Nazi und das Unsägliche«[87] oder »Vom Hasard zur Katastrophe«[88]. Die *Neue Weltbühne* erschien einmal wöchentlich, der Herausgeber war Hermann Budzislawski, und außer Ernst Bloch arbeiteten für die Zeitschrift Walter Mehring, W. Hildebrand, Oskar Maria Graf, Friedrich Carl Weiskopf, der Autor einer *Neuen Verfassung für das nach-faschistische Deutschland* Willi Bredel, Johannes R. Becher, Willi Münzenberg, Rudolf Leonhard, der Kritiker Alfred Kerr sowie die Schriftsteller Heinrich und Klaus Mann, Ilja Ehrenburg, Lion Feuchtwanger, Stefan Heym und Arnold Zweig.

Manche seiner damals veröffentlichten Artikel lassen aufmerken durch ihren polemischen Ton, vor allem aber zeugen sie davon, daß Bloch sich die Wahrheit über den wirklichen Zustand der Sowjetunion – es war die Zeit der Stalinschen Säuberungen (Tschistka), der Verfolgung der linken (trotzkistischen) Opposition und der Moskauer Prozesse – nicht eingestehen zu wollen schien. Es verwundert schon, daß Bloch, der Anfang der 30er Jahre in *Erbschaft dieser Zeit* noch die Fehler in der Propagandaarbeit der Kommunisten kritisiert hatte, jetzt, im Frühjahr 1937, vor allem in seinem im März erschienen Artikel »Kritik einer Prozeßkritik (Hypnose, Mescalin und die Wirklichkeit)« der offiziellen Stalin-These vom »Hitler-Trotzkismus« offensichtlich auf den Leim geht, in der der

---

86 Bloch, Ernst: *Politische Messungen, Pestzeit, Vormärz*, GA 11, S. 106-113.
87 Ebd., S. 185-192.
88 Ebd., S. 213-219.

Fraktion um Trotzki unterstellt wird, sie mache (indirekt) mit den Nazis gemeinsame Sache. In diesem Artikel, der auf die Kritik eines (namentlich nicht genannten) französischen Beobachters der Moskauer Prozesse eingeht, der im Januar 1937 am Prozeß gegen Pjatakow, Sokolnikow und Radek teilgenommen hatte, überrascht uns Bloch durch eine – im wesentlichen auf die offizielle von der Nachrichtenagentur *Tass* verbreitete Anklageschrift gestützte – »Empörung« über die Stalin-Kritiker und durch seine Verteidigung der Stalinschen Politik. Die ziemlich heftige Ablehnung der linken (trotzkistischen) Opposition in der UdSSR, die gewagt hatte, die terroristischen Methoden von Stalins »Apparat« zu kritisieren, geschieht offenbar in völliger Unkenntnis darüber, daß Stalin doch, mit den Säuberungen zwischen 1929 bis 1937, inzwischen in der Sowjetunion zum absoluten Diktator geworden war, der das Land wie ein Zar mit eiserner Hand regierte, seine innenpolitischen Feinde von der geheimen Staatspolizei NKWD rücksichtslos verhaften, deportieren oder in Schauprozessen zum Tode verurteilen ließ, oft aufgrund von Geständnissen, die durch Einschüchterung und ab 1936 auch durch Folter erzwungen wurden. Die Verhaftung von mehreren Zehntausenden, schließlich Millionen sowjetischer Bürger, angeklagt wegen »konterrevolutionärer Aktivitäten«, der »Zusammenarbeit mit dem Feind« oder schlicht wegen »anti-sowjetischer Aktivitäten« war, als Bloch diese überraschende Apologie der Moskauer Prozesse schrieb, bereits traurige Wirklichkeit in einem Staat, der sich immer noch »sozialistisch« nannte, aber nichts mehr weiter verkörperte als eine »verratene« Revolution. Die Weigerung, sie zur Kenntnis zu nehmen (hier hätte es ja genügt, einen Blick in die westlich-liberale Presse zu werfen) bringt Bloch sogar dazu, sich die These – eine völlig abwegige Lüge – zu eigen zu machen, die Trotzkisten verfolgten die Absicht, mit »Unterstützung der Nazis« von außen in der Sowjetunion den Kapitalismus wiederherzustellen. »Wie glaubhaft hier Sabotage, Schädlingsarbeit, selbst Abtretung der Ukraine: der Sturz der Stalinbürokratie adelt jedes Mittel, treibt den Trotzkismus zum Feind seines Feindes, rechtfertigt ihm heute ein nochmaliges Brest-Litowsk.«[89] Die falsche Einschätzung der wahren politischen Realitäten in der Sowjetunion bringt Bloch schließlich sogar dazu, diesen monströsen

---

89 Bloch, Ernst: *Vom Hasard zur Katastrophe. Politische Aufsätze (1934-1939)*, herausgegeben und mit einem Nachwort versehen von Oskar Negt, Frankfurt/Main 1972, S. 178f.

Prozeß jenseits allen internationalen Rechts und bar jeder Achtung der Menschenrechte zu rechtfertigen; denn, so Bloch: »Es ist die vereinigte Energie der Nazibestie, des japanischen Raubstaats, des trotzkistischen Hasses; den Prozeß gegen die Umtriebe dieses Dreigetüms zu bagatellisieren, gar zu verhöhnen, gar zu verleumden, dazu gehört eine Unbedenklichkeit, die in der Geschichte der politischen Emigration vergebens nach einem Gegenbeispiel sucht. Das Endergebnis der trotzkistischen Tätigkeit wäre selbstverständlich nicht die Weltrevolution (welche rechtsbürgerliche Emigranten ja kaum auch erhoffen). Das Ergebnis wäre trotz allem die Einführung des Kapitalismus in Rußland und, falls dieses Ereignis unsere Rechtsemigranten nicht genügend erschrecken sollte, im Gegenteil, so läßt sich deutlicher sagen: Der Effekt wäre deutscher Faschismus in Moskau. Rußland würde dann zu dem, als was es Rathenau geträumt hat: zur riesigen Ostkolonie, zum deutschen Indien. Das sind die ›Anlässe‹, das sind die wenig rätselhaften Hintergründe des Prozesses: Der Schlüssel zur konspirierenden Spelunke liegt hier. Und das Moskauer Verfahren hat sie, soweit die Staatssicherheit dies erlaubte, öffentlich genug aufgeschlossen.«[90]

Beachtung verdient in diesem Zusammenhang auch der Umstand, daß diese Zeilen von demselben Philosophen geschrieben wurden, der noch 1918 in den Spalten der Berner *Freien Zeitung* die Politik der Bolschewiki in Rußland scharf kritisiert und Lenin sogar einen »roten Zaren« genannt hatte. Was war hier vorgegangen? Wie ist die Wende Blochs zum Stalinismus – noch dazu zu einem Zeitpunkt, wo die Bevölkerung der UdSSR schon stark unter dem Terror Stalins zu leiden hatte – zu erklären?

Die einzige Erklärung, die sich anbietet, ist, daß bei Bloch zu dieser Zeit – und da war er nicht allein: man könnte auch Brecht, Hanns Eisler oder Hans Mayer nennen – ein ziemlich dogmatisches politisches Denken die Oberhand gewonnen hatte, das in seiner humanistischen nicht-dogmatisch marxistischen Philosophie keinerlei Entsprechung fand und das völlig bestimmt war von der Befürchtung, daß eine eventuelle Unterstützung der trotzkistischen Opposition in der UdSSR die Sowjetunion (das »Vaterland des Sozialismus-Kommunismus«) soweit schwächen könnte, daß sie zu wirksamem Widerstand gegen die faschistisch-nazistische Bedrohung nicht mehr in der Lage wäre. Deshalb, so Blochs Schlußfolgerung,

---

90 Ebd., S. 179.

mußte man Stalin (und nicht Trotzki) unterstützen, denn nur Stalin war in der Lage, Hitler auszumerzen. In dieser seltsam anmutenden Dialektik gab es dann keinen Platz mehr für einen dritten – trotzkistischen – Weg, der Kapitalismus und Stalinismus gleichermaßen bekämpft hätte. Daß ein marxistisch-humanistischer und zutiefst antifaschistischer Philosoph wie Ernst Bloch ernsthaft gedacht hat, der Preis, den man jedenfalls zu zollen habe, sei die – zeitweilig notwendige – Verteidigung einer kriminellen Politik (die sich zudem in ihren Methoden immer mehr bei denen der Nazis bediente), mag sicherlich verwundern. Zu erklären ist es nur durch eine vorübergehende Verblendung des Philosophen, und man darf nicht vergessen, daß der tiefere Grund seiner politischen Parteinahme für den Sowjet-Kommunismus der damaligen Epoche in seinem radikal antifaschistischen Engagement lag.

Wie Karola Bloch dem Autor dieser Biographie 1982 in Tübingen in einem privaten Gespräch sagte, gab es wegen der Moskauer Prozesse 1937 in Prag zwischen den Eheleuten Bloch Streit. Sie habe Zweifel und Befürchtungen geäußert über die Art der Prozeßführung, wo die Angeklagten zu öffentlicher »Selbstkritik« gezwungen wurden, und zwar unter höchst erniedrigenden Umständen und womöglich unter dem Einfluß von Drogen oder nach vorheriger Einschüchterung während der Haft. Trotz der Vorbehalte seiner Gattin habe Ernst Bloch Stalin damals verteidigt und weiter die »Wühlarbeit« der »trotzkistischen Verschwörer« scharf kritisiert. Immer wieder habe er darauf verwiesen, daß die Prozesse »notwendig« seien, damit die Sowjetunion unter Stalin die Hauptbastion gegen den Hitler-Faschismus bleibe. Dabei war nicht er, Bloch, das Mitglied der KPD, sondern seine Frau, die auch das ganze Jahr 1937 über im Auftrag der Partei gefährliche Kurierdienste nach Polen ausführte. Und Bloch war durch den mit ihm befreundeten Joachim Schumacher, der 1937 von einer Reise aus der Sowjetunion zurückkehrte, freimütig über die wirklichen Vorgänge in Rußland und die Degeneration der Sowjetherrschaft in eine bürokratische Diktatur informiert worden. Dem aber wollte Bloch zu diesem Zeitpunkt keinen Glauben schenken. Oder wollte er sich Ärger mit seinen Freunden von der (den Kommunisten nahestehenden) *Neuen Weltbühne* ersparen und war dafür bereit, sich eine Art Selbstzensur aufzuerlegen? Das stünde im Widerspruch zu seinem durch und durch rebellischen Wesen und seinem Eintreten für das Ideal eines demokratischen Sozialismus.

Sicher, Bloch hat später, zwanzig Jahre nach seiner Veröffentlichung, diese seine dogmatische Stellungnahme zugunsten Stalins sehr bereut, was erklärt, daß er bei der Zusammenstellung der Artikel zum Band *Politische Messungen, Pestzeit, Vormärz*, der »Karola, der moralischen und politischen Kameradin« gewidmet ist, im Winter 1968-69, den Artikel nicht in das Buch aufnehmen wollte. Zu deutlich zeugte er von seinen politischen Irrtümern in jener Epoche. Kritische Leser verglichen die Artikel in den *Politischen Messungen* mit den Originalen aus den 30er Jahren und machten Bloch zum Vorwurf, sie nachträglich einer Zensur unterworfen zu haben, mit dem durchschaubaren Ziel, seine damalige Haltung zu Stalin (vor allem gegenüber seinen Studenten) zu verschleiern. So geriet Bloch plötzlich ins Zentrum einer Auseinandersetzung, die offen ausgebrochen war, nachdem der Rezensent Hans Albert Walter Bloch diesen Vorwurf im Feuilleton der *Frankfurter Rundschau* öffentlich gemachte hatte.[91] Bloch hielt in seiner Antwort dagegen, von Selbstzensur könne keine Rede sein, er sei lediglich der Ansicht gewesen, dieser Artikel sei für eine Veröffentlichung in der Gesamtausgabe nicht geeignet. Der Vorfall führte dazu, daß der Suhrkamp-Verlag zwei Jahre später einen anderen Band mit dem Titel *Vom Hasard zur Katastrophe*[92] veröffentlichte, in dem nun alle politischen Artikel Blochs aus der *Neuen Weltbühne* ungekürzt und in unveränderter Fassung nachzulesen waren.

Soviel ist sicher, Bloch hat mit seiner Apologie der Moskauer Prozesse einen schweren politischen Fehler gemacht, der ihn viele Sympathien kostete. Zugute halten kann man Bloch aber nicht nur, daß auch großen Philosophen (hier könnten ganz andere Namen genannt werden) ein Recht auf Irrtum haben, sondern vor allem, daß der besagte Artikel in der Gesamtheit von Blochs damaligen philosophischen und politischen Schriften das einzige von seiner marxistischen Philosophie stalinistisch abweichende Dokument ist und zudem ein eher marginaler Text.

In die Zeit von Blochs Prager Exil fiel auch ein glückliches Ereignis privater Natur: Am 10. September 1937 wurde sein Sohn Jan Robert geboren, dem Ernst Bloch zwanzig Jahre später die philosophische Trilogie des *Prinzips Hoffnung* widmen sollte. Jan – vielleicht hatte der Vater bei der Namensgebung an Jan Hus gedacht? –

---

91 In einem Artikel vom 12. Dezember 1970.
92 Vgl. Bloch, Ernst: *Vom Hasard zur Katastrophe. Politische Aufsätze (1934-1939)*

sah seinem Vater sehr ähnlich. Bloch und seine Frau hatten sich das Kind sehr gewünscht, und so wurde das Neugeborene nun nicht nur von den Eltern und näheren Bekannten, sondern auch von Blochs intellektuellen Freunden geradezu verehrt. Hanns Eisler, der Komponist der »Lenin«-Kantate, des »Solidaritätslieds« und revolutionärer Massenchöre, der linke Schüler von Arnold Schönberg und persönliche Freund Ernst Blochs, schrieb zum ersten Geburtstag von Jan Robert Bloch (da waren sie schon in Amerika) ein Stück für Klavier, Violine und Chorgesang, mit einem Refrain, der lautete: »Schlafen Sie gut, Herr Meier«. Herr Meier war der Kosename für Jan Robert Bloch.

Ein politisches Ereignis sollte die Harmonie im Prag des Frühjahrs 1938 trüben. Am Abend des 12. März 1938 hatte Bloch wie gewohnt Radio Wien eingestellt und wurde so Zeuge des Einmarsches der Nazitruppen in Österreich. Wie Karola Bloch[93] sich lebhaft erinnerte, verfolgten sie mit Entsetzen die Nachrichten, wo sie erfuhren, daß in den Wiener Gassen die Stiefel der Nazis hallten und diese die sogenannte »Heimkehr Österreichs« ins »Deutsche Reich« feierten, also den »Anschluß« der bis dahin (gemäß den Verträgen von Saint-Germain-en-Laye und Trianon 1919/1920) unabhängigen demokratischen Republik Österreich an Deutschland. Die Regierung Schuschnigg, der bereits drei Nazi-Minister angehörten (u.a. Arthur Seyß-Inquart, der spätere Reichsstatthalter in Österreich), hatte eine Volksabstimmung beschlossen, in der die österreichische Bevölkerung darüber abstimmen sollte, ob ihr Land unabhängig bleiben oder sich Deutschland anschließen sollte. Daß es hier Unregelmäßigkeiten gebe, nahm Hitler zum Vorwand für den Einmarsch in Österreich (ein klarer Verstoß gegen die gültigen internationalen Verträge). Damit wollten die Nazis vollendete Tatsachen schaffen. So kam es, daß die Republik Österreich kein unabhängiger Staat mehr war und eine von Berlin aus regierte Provinz (»Ostmark«) »Großdeutschlands« wurde, die am 13. März 1938 offiziell ausgerufen wurde. Ernst und Karola Bloch begriffen sofort, daß das nächste Opfer von Hitlers Aggressionspolitik die Tschechoslowakei sein würde, wo die Sudetendeutschen mit ihrem »Führer« Henlein an der Spitze schon seit längerer Zeit den Anschluß des Sudetenlandes ans Deutsche Reich forderten und eine immer drohendere Haltung an den Tag legten. Tags darauf, nachdem sie die

---

.93 Vgl. Bloch, Karola: *Aus meinem Leben*, S. 126.

Zeitungen gelesen hatten, berieten sich die Blochs mit ihren Freunden und faßten dann innerhalb weniger Stunden den schweren, aber unwiderruflichen Entschluß, die tschechische Hauptstadt in Richtung Amerika zu verlassen. Briefe, die sie von Joachim Schumacher und von Hanns Eisler erhalten hatten, die schon in die Vereinigten Staaten ausgewandert waren, machten ihnen dafür Mut.

Die größte Schwierigkeit bei diesem Vorhaben bestand darin, daß die amerikanischen Konsularbehörden von den potentiellen Emigranten, die einen Antrag auf Einreise stellten, eine Garantie verlangten, daß sie nicht mittellos waren und genügend Devisen bei sich hatten, um mehrere Monate in den USA leben zu können. Ein schwieriges Problem für freie Autoren, Schriftsteller und freie Mitarbeiter an Zeitungen und Zeitschriften, die – wie Ernst Bloch – nur unregelmäßig geringe Honorare bezogen. Ernst Bloch wandte sich dann an seinen früheren Verleger Feilchenfeldt, der tatsächlich für ihn zu bürgen bereit war, und glücklicherweise konnten Karolas Eltern in Lodz, die kein Geld mehr außer Landes schicken durften, die Überfahrt auf einem polnischen Schiff nach Amerika übernehmen. Nach Vorlage dieser Unterlagen erhielten Ernst und Karola im Juni schließlich vom amerikanischen Konsulat die Einreisevisa. Ende Juni reisten sie mit dem Zug von Prag über Lodz und Warschau nach Danzig, und in Gdynia, der polnischen Hafenstadt bei Danzig, bestiegen sie am 3. Juli 1938 den polnischen Luxusdampfer »Piłsudski«, auf dem sie mit vielen anderen, meist jüdischen Emigranten aus Osteuropa die Ost- und Nordsee und dann den Nord-Atlantik überquerten. Eine Woche später erreichten sie den Hafen von New York.

Karolas Eltern waren aus Lodz nach Gdynia gekommen, im Hafen gab es zum Abschied Tränen. Es sollte ein Abschied für immer werden. Karola Bloch hat ihre Eltern nie wieder gesehen: Sie wurden 1942 ins Ghetto von Lodz gesperrt und später im KZ Treblinka ermordet.

Vierter Teil

XIX. »Wir wollen und werden leben.«
Das *Prinzip Hoffnung* entsteht –
Ernst Bloch im Exil in den USA (1938-1949)

Als der polnische Luxusdampfer »Piłsudski« am 10. Juli 1938 den Hafen von New York erreicht, Anker wirft und am Hafenkai von Manhattan anlegt, wird die Familie Bloch von den Freunden Hanns Eisler und Joachim Schumacher erwartet. Das Wiedersehen nach all diesen Monaten, die Erleichterung, Hitlers Schergen und den Konzentrationslagern entkommen zu sein und sich unter Schicksalsgenossen wiederzufinden, führt zu ergreifenden Szenen.

An jenem 10. Juli herrschte in New York und an der gesamten amerikanischen Ostküste große Hitze mit Temperaturen bis zu 35°C. Nach der Kontrolle des Einreisevisums, der Abfertigung durch den Zoll und der für Emigranten obligatorischen Unterschrift unter einen Fragebogen, in dem sie sich unter anderem verpflichteten, nicht der Kommunistischen Partei der USA beizutreten und den amerikanischen Präsidenten nicht zu ermorden[1], reisen die Blochs nach einer kurzen Besichtigung vom New Yorker Stadtzentrum nach Valley Cottage weiter, einer am Hudson gelegenen Kleinstadt im Bundesstaat New York, wo sie durch Vermittlung von Joachim Schumacher eine Mrs. Petersen in ihrem Haus aufnimmt. Sechs Tage später faßt Ernst Bloch seine ersten Eindrücke aus Amerika in einem Brief an Wieland Herzfelde, den ebenfalls in die USA emigrierten früheren Leiter des Malik Verlags, zusammen:

»Was New York angeht, so ist der erste Eindruck, von den Wolkenkratzern abgesehen (man geht auf dem Broadway fast dauernd an Kölner Dom-Türmen vorbei) durchaus nicht so, daß einem die Spucke wegbleibt oder auch nur eine ›fremde Zone‹ erscheint. Der Sprung von Zürich nach Genua ist weit größer. Auf Schritt und Tritt Ähnlichkeit mit Berlin, sogar mit belebten Außenvierteln von Paris. Ganz erschlagend wirkt nur die Lichtreklame; hier springt die ungeheure Quantität fühlbar in eine andere Qualität. Doch wie gesagt, das ist alles nur erster, sehr subjektiver Eindruck. Prachtvoll die langen, schweren Zigarren, ausgezeichnet der Pfeifentabak.«[2] Im gleichen

---

1 Vgl. Bloch, Karola, *Aus meinem Leben*, S.131.
2 Brief Ernst Blochs an Wieland Herzfelde vom 16. Juli 1938, in: Bloch, Ernst / Herzfelde, Wieland: *»Wir haben das Leben wieder vor uns.«* Briefwechsel 1938-1949, hrsg. von Jürgen Jahn, Frankfurt/Main 2001, S. 18.

Brief bedauert Bloch das sehr hohe Preisniveau in den USA und äußert sich skeptisch darüber, ob er und seine Familie unter diesen Umständen wirklich länger als zwei Jahre in Amerika würden bleiben können. »Gelingt nichts«, so Bloch lakonisch, »dann zurück nach Europa. Aber man hat in dem Jahr viel gelernt.«[3]

Blochs Befürchtungen betrafen die finanziellen Mittel, über die sie verfügten und die sie in Prag nur mit größter Mühe zusammengebracht hatten. Sie stammten aus den Autorenhonoraren, die Bloch von seinen Verlegern Paul Cassirer und Emil Oprecht für *Geist der Utopie*, *Spuren* und *Erbschaft dieser Zeit* noch vor seiner Abreise aus Europa erhalten, und aus der Bürgschaft, die der Prager Verleger für Ernst Bloch übernommen hatte, und beliefen sich auf ganze 7000 Dollar, womit eine kleine Familie in den USA vielleicht zwölf Monate überleben konnte, und dies auch nur bei bescheidenster Lebensführung. So stand sofort die große Frage im Raum, wovon Bloch, seine Frau und sein Kind leben sollten, wenn die Rücklagen erschöpft sein würden.

Im Haus in Valley Cottage am Hudson machte sich Bloch – nach alter Gewohnheit – sofort an die Arbeit. Schon während der Atlantik-Überquerung, wo er auf der Reise in die »neue Welt« wiederum zwei mit Manuskripten gefüllte schwere Koffer mit sich führte (u.a. das inzwischen fertiggestellte Manuskript von *Das Materialismusproblem* sowie Fragmente eines geplanten Buches über *Rechtsphilosophie und Naturrecht*), hatte Bloch sich erste Skizzen zu einem großen philosophischen Werk gemacht, das er *Träume vom besseren Leben* nennen wollte. Es war kein Buch der »Sehnsucht« nach vergangenen besseren Zeiten, auch keine tiefenpsychologische Studie der Traumanalyse im Sinne Freuds, sondern gedacht als Enzyklopädie der Wünsche und der von antizipierendem Bewußtsein hervorgebrachten »Wunschbilder«. Die ersten Wochen in den USA lebte Bloch jetzt auf dem Land 60 km nördlich von New York relativ isoliert und schrieb im Garten des Hauses von Mrs. Petersen an den ersten Kapiteln des später *Prinzip Hoffnung* genannten Werks. Völlig abgeschnitten war er in Valley Cottage jedoch nicht, denn regelmäßig erhielt er Besuch von Joachim Schumacher und von Hanns und Lou Eisler, und weitere Bekanntschaften zu amerikanischen Autoren, Komponisten, Musikwissenschaftlern, Filmregisseuren und Schriftstellern wurden bald

---

3 Ebd.

geschlossen (darunter mit dem Filmemacher Joris Ivans). Bloch zögerte nicht, sie ab und zu um finanzielle Unterstützung zu bitten, zumal es keine Aussicht auf Besserung gab. Im Dezember 1938 – Bloch wohnte da schon in Manhattan – schrieb er an seinen Freund Wieland Herzfelde: »Ich habe noch keinen Cent auftreiben können, weder durch Artikel noch durch Vorträge. [...] Aber wir wollen und werden leben.«[4]

Für Philosophen und Schriftsteller boten sich Arbeitsmöglichkeiten in der Tat nur dann, wenn sie die Landessprache beherrschten. Bloch hielt sich hier nicht nur für besonders unbegabt, sondern hier stecke »vielmehr eine Neurose. Es arbeitet in ihr das intensive Nicht-Wollen, Nicht-erinnertwerden-Wollen an meine (entsetzliche) Kindheit und Schulzeit«. Später in Tübingen konnte er, gut aufgelegt, in Anekdoten darüber scherzen. Hier, nach fünf Monaten USA, war ihm nicht danach zumute. »Könnte ich das verfluchte Englisch«, schreibt er weiter, »dann wäre auch vieles einfacher. Aber selbst wenn ich es könnte: was unsereiner in einer fremden Sprache sagen kann, ist doch nur ein Schatten seiner selbst. Exposés kann ich schon etwas schreiben, fast fehlerfrei, aber nicht sprechen und nichts verstehen; das ist ein Kreuz.«[5]

Drei Monate später noch einmal an Herzfelde: »Könnte ich englisch halbwegs sprechen [...], dann hätte ich vermutlich längst irgendeine Lehrstelle an einem College. So aber habe ich gar keine Aussicht, etwas zu verdienen, und in einem halben Jahr weiß ich nicht, wie es mit uns aussehen wird. Wenn also Karola und gar das Kind hungern werden, hängt das mit meiner linguistischen Unlust zusammen – eine erbärmliche und schuldhafte Kausalität.«[6]

Als Bloch 1946 amerikanischer Staatsbürger werden wollte und für die endgültigen Einwanderungspapiere, die »second papers«, zahlreiche Verhöre über sich ergehen lassen mußte, erzählte er in einer Art Prüfung zur amerikanischen Verfassung so packend von den Befreiungskriegen, daß der Prüfer seine Kollegen herbeirief und meinte, sie dürften das nicht verpassen.[7] Bloch hatte also doch noch englisch sprechen gelernt. Zu Beginn waren die Sprachkenntnisse allerdings ein Problem, das vor ihm stand wie ein gewaltiger Berg.

---

4 Brief Blochs an Herzfelde vom 9. Dezember 1938, in: ebd., S. 29f.
5 Ebd., S. 29.
6 Brief Blochs an Herzfelde vom 3. März 1939, in: ebd., S. 44.
7 Davon berichtet Karola Bloch in: Bloch, Karola: *Aus meinem Leben*, S. 176.

Glücklicherweise hatte Karola Bloch damit absolut nicht zu kämpfen, im Gegenteil: Sie beherrschte bereits als Studentin in Berlin fünf Fremdsprachen fließend (Russisch, Deutsch, Englisch, Französisch, Italienisch). Schon deshalb mußte hauptsächlich sie die Familie ernähren. Sie konnte allerdings nicht wie gewünscht sogleich als Architektin arbeiten. Die Amerikaner gaben Einheimischen den Vorzug, selbst wenn Emigranten besser qualifiziert waren. Manchmal arbeitete sie als Kellnerin oder übernahm Aushilfsarbeiten, zeitweise immerhin auch in Architekturbüros.

Unglücklicherweise war bei Ankunft der Blochs die ökonomische Situation in den USA sehr angespannt. Ende der 30er Jahre kam es infolge einer rigorosen Deflationspolitik zu einem starken Rückgang der industriellen Produktion. Im »Land der unbegrenzten Möglichkeiten« gab es plötzlich sieben Millionen Arbeitslose. Das verringerte die Chancen für die zigtausend Emigranten aus allen Ländern Europas, die in den USA eine neue Heimat suchten und Arbeit, die sie ernähren konnte. In den USA, pflegte Bloch zu scherzen, kann ein Tellerwäscher ein Millionär werden und ein Philosoph ein Tellerwäscher. Es gab zwar einige humanitäre Hilfsorganisationen wie die »American Guild for German Culture and Freedom« oder das »German-American Emergency Committee« (mit Büro in New York), aber deren tatsächliche Möglichkeiten, den Emigranten zu helfen, waren sehr begrenzt. Bloch etwa bekam in den ersten sechs Monaten als Einstiegs- und Übergangshilfe in den USA von der »Guild« nur 50 Dollar pro Monat und danach noch zwei weitere einmalige Zuwendungen von ebenfalls je 50 Dollar.[8]

Die finanzielle Situation während der Zeit des Exils in den USA von 1938 bis 1949 verschärfte sich noch aufgrund der fehlenden solidarischen Unterstützung durch eine Institution, auf die Bloch während der Vorbereitung auf das amerikanische Exil in Prag seine besonderen Hoffnungen gesetzt hatte: das über Genf und Paris inzwischen nach New York ausgewanderte Frankfurter »Institut für Sozialforschung«. 1936 hatte es an der New Yorker Columbia-University Zuflucht gefunden. Die ersten brieflichen Kontakte mit Max Horkheimer, Theodor W. Adorno und Herbert Marcuse gehen auf Mai 1936 zurück, und die von Horkheimer und Marcuse 1936/37 an Bloch gerichteten Briefe, als er noch in Prag war, zeigen ein deutliches Interesse an Artikeln von ihm für die *Zeitschrift für Sozialfor-*

---

8 Vgl. Bloch, Ernst: *Briefe 1903-1975*, Bd. 2, S. 529, Anm. 8.

schung des Instituts. So bemüht sich beispielsweise Herbert Marcuse in einem Brief vom 6. Mai 1936 um die Mitarbeit Blochs an einem zum philosophischen Materialismus (von der griechischen Antike bis zum Materialismus des 19. Jahrhunderts) geplanten Sonderband der Zeitschrift und teilt ihm die thematischen Schwerpunkte mit: »Leid und Elend in der Geschichte, Sinnlosigkeit der Welt, Unrecht und Unterdrückung, Kritik der Religion und Moral, Verbindung der Theorie mit der geschichtlichen Praxis, Forderung einer besseren Organisation der Gesellschaft usw. Der Stoff soll unter folgende Haupttitel gegliedert werden: Die Aufgabe der Theorie, Geschichte, Mensch und Natur, Mensch und Mensch. Die Forderung nach Glück, Ideologie-Kritik. Die Person des Materialisten.«[9]

Dieser Brief war Ernst Bloch auf einem Umweg zugestellt worden – über den noch in Paris weilenden Walter Benjamin, eingelegt in einen Brief von Max Horkheimer (selben Datums), worin dieser die Bitte Herbert Marcuses ausdrücklich unterstreicht und Bloch gleichzeitig zu größter Diskretion anhält, wie es heißt aus Furcht, daß »der Gedanke in diskreditierender Weise von anderer Seite in die Tat umgesetzt und ausgebeutet wird.«[10]

In seiner Antwort vom 10. September 1936 teilte Bloch Horkheimer mit, daß er die Idee zu einem solchen Projekt schon 1935 während seines Exils in Paris hatte, und daß ein solcher Band u.a. Texte von Jean-Baptiste Robinet (1735-1820), Giordano Bruno (1548-1600), Avicebron (Salomon Ben Jehuda Ibn Gabirol, 1020-1070, Auszüge aus dessen Hauptwerk *Fons vitae*) und Averroës (1126-1198) enthalten sollte. Gleichzeitig schrieb er Horkheimer, daß er damals einen Pariser Freund (höchstwahrscheinlich Walter Benjamin oder Siegfried Kracauer) gebeten habe, aus der *Fons vitae* von Avicebron zu exzerpieren, und daß er auch die Absicht habe, ein Vorwort zu diesem Band zu schreiben.[11] In der Zwischenzeit hatte Bloch sich jedoch Gedanken darüber gemacht, ob es nicht sinnvoller wäre, die Grundthematik dieses »Vorworts« zu einem »Theorie-Praxis der Materie« betitelten Buch auszubauen. Offensichtlich handelte es sich dabei in nuce um die »Urfassung« des *Materialismusproblems, seine Geschichte und Substanz*, dessen Manuskript Bloch im Frühjahr 1938 in Prag gerade zum Abschluß

---

9 Brief Herbert Marcuses an Bloch vom 6. Mai 1936, in: ebd., S. 674.
10 Brief Horkheimers an Bloch vom 6. Mai 1936, in: ebd., S. 676.
11 Brief Blochs an Horkheimer vom 10. September 1936, in: ebd., S. 676-677.

brachte, bevor er die tschechische Hauptstadt dann Anfang Juli 1938 verließ. Deshalb konnte er auf seine Exzerpte, Skizzen und Vorstudien zum Thema »Geschichte des Begriffs Materie« damals nicht verzichten und sie dem »Institut für Sozialforschung« zur Verfügung stellen. Gleichzeitig nannte er Horkheimer jedoch Quellen, die ihm für das Projekt förderlich schienen. In seiner Antwort vom 2. Oktober 1936 teilt Horkheimer Bloch mit, daß Walter Benjamin eine Rezension von *Erbschaft dieser Zeit* verfaßt habe, die in der Nr. 1/1937 der Zeitschrift für Sozialforschung erscheinen werde, und fordert Bloch auf, doch ebenfalls Rezensionen von Büchern zu schicken, die er empfehlen könne.

Einige Monate später hatte Bloch, der über diese ersten Briefkontakte besonders erfreut war, sehr auf die Unterstützung des »Instituts für Sozialforschung« gebaut, es war für ihn – wie für Walter Benjamin, der von Paris aus unablässig dramatische Hilferufe an Max Horkheimer in New York sandte – der rettende Strohhalm. In einem Brief aus Prag vom 23. Februar 1938 schrieb Bloch an Horkheimer, daß er nicht mehr in der tschechischen Hauptstadt bleiben könne. »Prag ist bedroht, wie Sie wissen; vielleicht geht die Welle diesmal noch zurück, desto stärker wird sie, wenn nicht etwas geschieht, wieder kommen. Daß etwas dagegen geschieht, ist nach dem letzten Londoner Ereignis nicht so wahrscheinlich wie früher.«[12] Bloch spielte hier auf die fatalen Wirkungen der britischen Außenpolitik unter Chamberlain an, der Deutschland damals nicht als Gefahr für den Weltfrieden, sondern als »Bollwerk gegen den Kommunismus« betrachtete und sich weigerte, scharf gegen Hitler-Deutschland vorzugehen. Da Blochs ursprüngliches Vorhaben es war, über Paris zu emigrieren und dort die Papiere für die Einreise in die USA zu organisieren, und Paris wiederum mit Ausreisedokumenten in die USA leichter zu erreichen war, fügt er demselben Brief die Bitte hinzu, Horkheimer möge ihm doch schriftlich bestätigen, daß er in den USA als Mitarbeiter des »Instituts für Sozialforschung« tätig sein werde.

Die Antwort, die Bloch am 10. März 1938 erhält, zeugt von Entgegenkommen und Zurückhaltung gleichermaßen. Horkheimer bekundet zwar grundsätzlich seine Bereitschaft, Bloch in der Reihe der künftigen Mitarbeiter des »Instituts für Sozialforschung« zu nennen, bezweifelt gleichzeitig aber, daß ein Brief des

---

12 Brief Blochs an Horkheimer vom 23. Februar 1938, in: ebd., S. 680.

Instituts den erwünschten Effekt haben würde. Denn, schreibt er, »der Brief des Instituts wird ja bei aller Wärme ziemlich allgemein gehalten sein müssen. Es kann wahrheitsgemäß Ihre künftige Mitarbeit an der Zeitschrift bestätigt werden. Für äußerst wünschenswert hielte ich es jedoch, auch noch andere Stellen zu interessieren, wobei ich Ihnen gerne behilflich sein will.«[13] Diese Antwort war insofern enttäuschend, als jetzt nicht mehr die Rede davon war, daß Bloch als Professor oder hauptamtlicher Mitarbeiter im »Institut für Sozialforschung« an der Columbia-University eingestellt werde, während Bloch in seinem Brief vom 6. März 1938 doch klar gefragt hatte, ob es möglich sei, »daß ich in Ihrem Institut ankommen könnte oder: wissen Sie sonst eine Möglichkeit? Da mein Englisch noch detestabel ist, stehen nur Vorlesungen oder Seminarübungen in Deutsch vorerst zur Diskussion.«[14] Bloch erhielt jetzt also lediglich die vage Zusage, an der Zeitschrift für Sozialforschung mitarbeiten zu können, also als Autor von Artikeln oder Rezensionen, was ihm keine regelmäßigen und ausreichenden Einkünfte garantierte und die Einreise in die USA erschweren mußte.

In einem weiteren Brief vom 17. März 1938 nennt Horkheimer die Gründe für seine Zurückhaltung. Das Institut stehe »gegenwärtig miserabel da.« »Wir müssen die meisten unserer Stipendien in Amerika und Europa kündigen, ja selbst freie Mitarbeiter entlassen. Das hängt mit der Wirtschaftskrise zusammen. Da wir als gemeinnützige Gesellschaft und zudem als ein Institut, das mit der Universität verbunden ist, eingehender Kontrolle unterstehen, können wir natürlich Ihre Mitarbeit nur soweit bestätigen, wie sie tatsächlich stattfindet. Sie wird sich auf die Zeitschrift beziehen. Ein offizieller Brief, der dies in geeigneter Form zum Ausdruck bringt, steht gerne zur Verfügung, meiner Erfahrung nach wird er jedoch recht wenig nützen. Einen, wenn freilich heute ebenfalls problematischen Wert hätte nur ein offizieller, durch Schreiben von der Universität gestützter Anstellungsvertrag über fünf Jahre, den ich Ihnen leider unmöglich geben kann. Die Konsequenzen für mich wären unzweideutig, ohne daß der Nutzen für Sie auch nur einigermaßen sicher wäre. Ich werde nach besten Kräften versuchen, eine Möglichkeit hier für Sie zu erspähen. Im Augenblick sehe ich keine.«[15]

---

13 Brief Horkheimers an Bloch vom 10. März 1938, in: ebd., S. 683.
14 Brief Blochs an Horkheimer vom 6. März 1938, in: ebd., S. 682.
15 Brief Horkheimers an Bloch vom 17. März 1938, in: ebd., 683f.

Horkheimers Argumente sind zumindest ambivalent. Zwar befanden sich die USA 1937 in einer Wirtschaftkrise mit hohen Arbeitslosenzahlen, aber andere – wie z.b. Karl August Wittfogel, trotz theoretischer Differenzen mit Horkheimer und Adorno – erhielten, in Form eines Stipendiums, dennoch die volle Unterstützung des Instituts, und so war zunächst nicht begreiflich, warum sie Bloch und auch Kracauer nicht ebenfalls zukam. Der mit Kracauer befreundete Germanist und Schriftsteller Richard Plant, der sich an diese Zeit genau erinnerte, glaubte jedenfalls an diese Begründung nicht.[16] »Sie haben sich Kracauer gegenüber, und das sage ich nun, wo sie alle tot sind, meiner Ansicht nach ebenso schäbig benommen wie gegenüber Ernst Bloch, denn sie hatten Geld. Sie hatten immer Geld, sie hatten in New York Geld und sie hatten in Kalifornien Geld. Bloch ging beinahe betteln, und wir haben für ihn gesammelt. Und Kracauer hat sich furchtbar durchgeschlagen, so schlecht durchgeschlagen, also mir ging es besser und ich war ein Niemand.«[17] Der Grund mag zunächst auch schon darin gelegen haben, daß »Bloch für Horkheimer [damals] wesentlich ein ›romantischer‹ Denker mit bohèmehaften Zügen war, dessen ›spekulativer Kopf‹ wenig Gemeinsamkeit versprach mit Horkheimers Ratio, mit dessen an Schopenhauer geschultem Skeptizismus«.[18] Bestimmt aber waren es dann die politischen Differenzen entlang der Trennungslinie »Marxismus und Sowjetunion«,[19] die den Ausschlag gaben. Im Unterschied zu Horkheimer sah Bloch weiterhin in der Sowjetunion Stalins die »einzige Hoffnung zur Zerschlagung des Faschismus«. Zudem hatte Bloch im März 1937 in der Prager *Neuen Weltbühne* seinen aufsehenerregenden Artikel publiziert und die »Moskauer Prozesse« gegen Radek, Sokolnikoff und Pjatkin gerechtfertigt. Von führenden Mitgliedern des Instituts und ihrem Direktor, der 1937 mit seinem programmatischen Aufsatz »Traditionelle und kritische Theorie« theoretisch zur existierenden Arbeiterbewegung und ihren politischen Führern deutlich auf Distanz gegangen war, war dieser Artikel und die Haltung, die sich darin zeigte, mit Unverständnis und Bestürzung aufgenommen worden. Es dürfte, schreibt Adorno

---

16 Vgl. ebd., S. 673; vgl. auch J. Bundschuh, in *Text + Kritik*, Heft 68, München 1980, S. 8.

17 Ebd.

18 Bloch, Jan Robert, in: Bloch, Ernst: *Briefe*, Bd. 2, S. 672 (»Vorbemerkung« zum Briefwechsel Horkheimer-Bloch).

19 Ebd.

im August 1938 an Walter Benjamin, »seine Chance bei der Zeitschrift nicht allzu günstig sein. Max ist über den Bucharinaufsatz in die gleiche Wut geraten wie Sie und ich. Es ist eben bei Menschen vom Typus Blochs ganz unvermeidlich, daß sie sich in die Nesseln setzen, wenn sie anfangen schlau zu werden.«[20] Am Jahresende kommt er ein weiteres Mal auf Bloch zu sprechen: »Ernst Bloch haben wir einige Male gesehen. Der Eindruck war ungemein negativ. Der Umschlag der Volksfrontkorruption in betriebsame Dummheit läßt sich bei keinem deutlicher studieren als bei ihm.«[21]

Auch wenn Blochs politische Haltung im Jahre 1937 in den Briefen, die Horkheimer oder Marcuse an ihn schrieben, niemals direkt angesprochen wird, ist doch stark anzunehmen, daß der Artikel und Blochs damalige politische Nähe zur KPD dafür ausschlaggebend waren, daß das Direktorium des Instituts in New York, in dem Adorno, Horkheimer, Löwenthal und Marcuse saßen, es für politisch riskant hielt, Bloch als Mitarbeiter in das »Institut für Sozialforschung« fest einzubinden (trotz des »Verständnisses«, das Max Horkheimers für die schwierige materielle Situation Blochs und seiner Familie aufbrachte). Mit anderen Worten: Ernst Bloch lag nicht auf der politischen Linie des Instituts, das in seiner sprichwörtlichen »splendid isolation« von amerikanischen Geldgebern abhing, die antikommunistisch eingestellt waren, und dessen Existenz auf keinen Fall aufs Spiel gesetzt werden durfte: Hätte sich das Institut von dieser Befürchtung freigemacht, wäre Blochs materielle Lage in den USA gesichert gewesen, und er hätte in den Jahren 1938-1949 seine Freunde und Briefpartner nicht immer wieder um finanzielle Unterstützung bitten müssen. Statt dessen wurde Bloch mit Almosen abgefunden, vom Institut für Sozialforschung in einer auf nur sechs Monate befristeten monatlichen Zuwendung von ganzen 50 Dollar, mit denen man vielleicht in Europa, nicht aber in den USA einen Monat lang auskommen konnte.[22]

Er war, so sah es für Bloch aus, zur Armut verdammt, weil ihm Adorno, Horkheimer und Löwenthal die Unterstützung versagten, während diese zur gleichen Zeit satte Professorengehälter bezogen und in relativem Wohlstand lebten. Das schlug sich bei Bloch in Verbitterung nieder, zuweilen in regelrechten Aggressionen gegen

---

20 Lonitz, Henri (Hrsg.): *Adorno / Benjamin. Briefwechsel 1928-1940*, Frankfurt/Main 1994, S. 372 (Brief vom 10. November 1938).
21 Ebd. S. 347 (Brief vom 2. August 1938).
22 Vgl. Bloch, Ernst: *Briefe 1903-1975*, Bd. 2, S. 444, Anm. 1.

die Frankfurter Philosophen, deren Institut er jetzt gerne »Institut für Sozialfälschung« nannte. Die Verbitterung wurde noch größer, als Horkheimer und Adorno es ablehnten, Blochs Manuskript über Naturrecht und Rechtsphilosophie zu veröffentlichen, das Bloch 1941 vollendet hatte und das dann, mit einer Reihe von Ergänzungen, erst zwanzig Jahre später und dreizehn Jahre nach Blochs Rückkehr aus den USA veröffentlicht werden sollte. In einem Brief an Joachim Schumacher macht Bloch seiner Entrüstung über diese Ungerechtigkeit so richtig Luft: Adorno »wie Horkheimer wollen mein Buch ›Naturrecht und Rechtsphilosophie‹ (Manuskript, 500 S., dem Institut übergeben) in einem Tag und einer schicksalsvollen Nacht in einem Zug durchgelesen haben – sie sind sehr attachiert. ›Aber glaube mir, es liegt beim Institut nicht am Wollen, es liegt am Können. Wer Dir anderes sagt, kennt die Verhältnisse nicht.‹ Das sagt der wohlhabende Wiesengrund, auch im Namen Horkheimers, der sich in Kalifornien ein Haus gebaut hat.«[23]

Bloch stieß auf taube Ohren – dies war auch der Ursprung für ein schwerwiegendes Mißverständnis zwischen Adorno und Bloch. Es kam Ende November 1942 auf und führte zu einem Zerwürfnis, das die gesamte Zeit im Exil überdauern und auch später das Verhältnis noch bis in die späten 50er Jahre hinein trüben sollte. Was war hier vorgefallen?

Die Gründe, die damals zum Bruch mit Adorno und Horkheimer führten, dürften die folgenden sein: In einem Brief vom 18. September aus Cambrigde, Mass., an Adorno (stets nannte er den Freund aus frühen Berliner Zeiten bei seinem Spitznamen: »Teddy«) hatte Bloch nochmals die Aufmerksamkeit der Direktoren des in New York ansässigen »Instituts für Sozialforschung« auf seine besonders prekäre materielle Lage lenken wollen und beschrieb sie in dramatischen Worten:

»Als Tellerwäscher bin ich entlassen, weil ich mit dem Tempo nicht mitkam. Zähle und bündle jetzt Papiere, verschnüre sie und bringe sie auf einen Wagen. Achtstundentag, macht mit Hin-, Rückfahrt und 1 Stunde Mittagspause 11 Stunden, bis ich wieder nach Hause komme. Von irgendeiner Art eigener Arbeit ist, wie sich versteht, keine Rede mehr. Da ich das Bündeln in einem finsteren Loch allein mache, bin ich, obwohl die Arbeit proletarisch ist, auch nicht

---

23 Brief Blochs an Joachim Schumacher vom 14. Oktober 1942, in: ebd., S. 530-531.

unter Proleten. In Wahrheit freilich ist die Arbeit lumpenproletarisch. Etwas anderes habe ich nicht gefunden. ›Artikel‹, die ich zu schreiben versucht habe, des niedersten mir möglichen Niveaus, wurden zurückgeschickt. […] ich vermeide Prostitution. Falle keinen Strich von meinen Direktionen ab. Letzteres ist das einzige, das mir noch konkret von meinem philosophischen Dasein geblieben ist. Bisher konnte Karola mich und das Kind etwas über Wasser halten. Sie war Kellnerin geworden, hatte außerdem kleine Zeichnungen für Kücheneinrichtungs-, Haushalts-Maschinen-Kataloge im Auftrag. Da sie an den Ovarien laboriert, fällt die Kellnerin weg. Der Katalog ist fertig, neue Aufträge sind nicht da. […] Ich verdiene jetzt, mit Hingabe meiner ganzen Existenz sozusagen, 20 D[ollar] die Woche; davon leben wir zu dritt und zahlen die Miete.«[24] Und der Brief endet damit, daß Bloch schreibt: »also könnt Ihr vielleicht die Lage, von der ich berichtet habe, mit subjektiv-objektivem Anteil darstellen. Mein Brief ist ja nicht sehr pathetisch, also übertragbar.«[25]

Dieser Brief war aus einer gewissen Ratlosigkeit heraus geschrieben und, wie Bloch es offen anspricht, »mit der Bekundung einer letzten Absicht«, die inzwischen weniger darin bestand, im »Institut« doch noch eine Anstellung zu finden (Bloch war kurz vorher mit 100 Dollar abgefunden worden und hatte den Eindruck, das Institut habe ihn »gewogen und zu leicht befunden«[26]). Vielmehr wollte er, daß sein alter Freund Adorno mit dem ebenfalls im amerikanischen Exil lebenden Gründer und Stifter des Instituts, Felix Weil, sprach und ihm nicht nur Blochs sehr schwierige Lage schilderte, sondern diesen auch von der immensen Bedeutung Blochs als Philosoph überzeugen könnte; auf Adornos Urteil gab Bloch sehr viel. In früheren Berliner Tagen hatte Adorno geäußert, der *Geist der Utopie* habe auf ihn eine Wirkung gehabt, die bis in seine Knabenzeit zurückreiche – und der Ausdruck der Wertschätzung, der darin lag, blieb Bloch sein Leben lang präsent.

Allerdings war Bloch – wie Karola Bloch dem Autor dieser Biographie in einem persönlichen Gespräch im Jahre 1987 versicherte – nicht tatsächlich Tellerwäscher gewesen und hat auch nie, wie es in dem Brief heißt, »in einem schwarzen Loch Papiere gebündelt«. Der Brief sollte Adorno vielmehr – in dieser seltsamen Mischung

24 Brief Blochs an Adorno vom 18. September 1942, in: ebd., S. 443.
25 Ebd., S. 444.
26 Ebd.

aus Bitternis, Selbstironie und Galgenhumor – den Teufel an die Wand malen. Adorno hatte auch durchaus verstanden, leider aber in ganz anderer Weise, als Bloch es sich erhofft hatte. Bloch hätte es schon ahnen können, durch eine Solidaritätsaktion, von der er kurz darauf über mehrere Ecken von Joachim Schumacher erfuhr. Dieser schreibt: »Wir hören eben von Lou (die es von Wiesengrund hat), daß Ernst ›Teller waschen und Papier falten muß‹; daß ›die Institutsschweine nicht interessiert‹ seien und sie (Lou) an alle Freunde von Ernst schreibe mit der Aufforderung, je $ 5 per Monat zu geben, um diesem unerträglichen Zustand abzuhelfen.«[27] Mit den Eislers war der Kontakt – nach einer Auseinandersetzung über die Politik der Sowjetunion unter Stalin – seit zwei Jahren unterbrochen. Die Aktion von Lou Eisler nennt Bloch einen »schönen Zug« und setzt sarkastisch hinzu: »Sie hat ihren Haß gegen Stalin jetzt offenbar auf Horkheimer und dergleichen umadressiert; ein immerhin angenehmer Wandel.«[28]

Adorno hatte also – wie ihn Bloch in seinem Brief ja auch bat – dessen Lage »dargestellt«; offenbar allerdings nicht oder nicht nur gegenüber Weil, sondern gegenüber Dritten, und dies nicht nur auf persönlichem Wege, sondern auch öffentlich, nämlich in der Nr. 48 vom 27. November 1942 der Exil-Zeitschrift *Aufbau*, mit einem »Spendenaufruf« zugunsten von Ernst Bloch. Damit tat er etwas, womit Bloch absolut nicht einverstanden war; das hatte er zuvor schon gegenüber Leo Löwenthal, dem Literatursoziologen des »Instituts für Sozialforschung«, deutlich gemacht, als dieser ihm ein ähnliches Ansinnen vorschlug. Bloch fühlte sich durch den »Spendenaufruf« erniedrigt und schrieb am 30. November 1942 an Adorno spitz: »Es war Dir wohl nicht bekannt, daß ich Leo [gegenüber] schon vor Wochen [... einem solchen] Plan nicht zustimmte und bat, von ihm abzusehen. Meine Negation war ganz eindeutig. Ich wünschte, daß die Angelegenheit unter uns bleibt, daß sie keineswegs zu einer öffentlichen gemacht werde und ich zu einem Präparat, an dem ein Fall konstatiert wird.«[29] Und er fügt hinzu: »Es tut mit sehr leid, daß ich auf Deine Freundes-Geste so reagieren muß. In jener falschen Öffentlichkeit, die ich gerade vermeiden wollte.

27 Brief Blochs an Herzfelde vom 6. Oktober 1942, in: Bloch, Ernst / Herzfelde, Wieland: *»Wir haben das Leben wieder vor uns.« Briefwechsel 1938-1949*, S. 87.
28 Ebd., S. 87f.
29 Brief Blochs an Adorno vom 30. November 1942, in: Bloch, Ernst: *Briefe 1903-1975*, Bd. 2, S. 445f.

Aber es geht nicht anders. Ich kann mich auch nicht als Sündenbock ansehen, dem die Emigration all ihr Elend aufgeladen hat. Es gibt viele Tausende, denen es ebenso wie mir und schlimmer geht. Auch ist ›Emigration‹ als Schuldiger und Schuldner hier ein Abstraktum, worunter ich mir nichts denken kann. […] Wie bemerkt, ich hatte Leo meine Zustimmung zu einem solchen Unternehmen im ›Aufbau‹ äußerst klar verweigert. Und es ist schade, daß Du mir vorher von Deiner Absicht nicht geschrieben hast. Sonst hätte ich gleichfalls postwendend Danke sehr und nein gesagt.«[30] Bloch schickte seine persönliche Richtigstellung direkt an die Redaktion des *Aufbaus*, die, Blochs Bitte entsprechend, in der Nummer vom 4. Dezember 1942 die folgende Notiz veröffentlichte: »Dr. Ernst Bloch bittet uns mitzuteilen, daß er den Aufsatz T. W. Adornos ›Für Ernst Bloch‹ (27. XI. 1942) nicht inspiriert habe, und daß die Ausführungen, so dankenswert ihre herzlich-kollegiale Gesinnung, nicht in seinem Sinn seien.«[31] Die Reaktion Adornos auf diese Richtigstellung, in der Bloch gleichzeitig jegliche Form »scheinheiliger Barmherzigkeit« zurückweist, ist nicht bekannt; jedenfalls hatte Bloch nach »seinem grotesken Bloch-Hilfeschrei«[32] mit Adorno keinen Kontakt mehr, und man darf annehmen, daß die Abfuhr, die Bloch Adorno aus verletztem Stolz erteilt hatte, unter die freundschaftliche Beziehung, die im Berlin der zwanziger Jahre begonnen und beinahe zwanzig Jahre gedauert hatte, de facto den Schlußpunkt setzte. Noch in den späten 50er Jahren, beide waren längst nach Europa zurückgekehrt – Adorno (mit Horkheimer) nach Frankfurt, Blochs nach Leipzig –, galten die Beziehungen zwischen Bloch und den Frankfurter Philosophen als stark belastet, Bloch war immer noch »persona non grata« im Institut.[33] Erst Ende der 50er kam es wieder zu einer Begegnung mit Adorno, anläßlich des Kongresses der Internationalen Hegel-Gesellschaft in Frankfurt. Bloch hatte in der Zwischenzeit lediglich 1951 eine kurze strenge Bemerkung zu Adornos Buch *Philosophie der neuen Musik* geschickt, und zwar adressiert an den »Herrn Professor Dr. Theodor Wiesengrund-Adorno« und ohne weitere Anrede. Adorno wollte Bloch denn auch auf dem Hegel-Kongreß 1958 nicht begegnen. Bloch indes besuch-

---

30 Ebd., S. 446f.
31 Ebd., S. 446.
32 Brief Blochs an Herzfelde vom 18. Mai 1946, in: Bloch, Ernst / Herzfelde, Wieland: »*Wir haben das Leben wieder vor uns.*« *Briefwechsel 1938-1949*, S. 198.
33 Habermas in: *DIE ZEIT* vom 4. September 2003

te Adornos Vortrag, und als dieser den Saal verließ, stellte er sich ihm in den Weg und sagte einfach: »Na, Teddy, wie geht's denn?«.[34] Damit war das Eis gebrochen. Ein nächstes, im Oktober 1961, drei Monate nach Blochs Weggang aus der DDR geplantes persönliches Zusammentreffen Blochs und Adornos kam zwar nicht zustande. Im Jahr darauf aber gratuliert Bloch Adorno auf einer Postkarte zur Neuausgabe von dessen früher Kierkegaard-Studie[35] und gibt das von ihm so geschätzte Kompliment von der Wirkung »bis in die Knabenjahre« zurück, mit diesem Buch gehe es ihm »mutatis mutandis, also ähnlich«[36] wie Adorno mit dem *Geist der Utopie*, worauf Adorno antwortet: »Mit dem Geist der Utopie läßt es sich an Größe des Zugs nicht vergleichen, und während ich für das Schmeichelhafte des Vergleichs nicht unempfänglich bin, meine ich doch, Dir schuldig zu sein, das crûment auszusprechen.«[37] Und weiter spricht Adorno von »sachlichen Ansprüchen«, die er mit ihm, Bloch, ungeachtet ihrer beider »empirischen« Fähigkeiten als Personen, gedanklich anzugehen in der Lage sei, wogegen er bei anderen wie etwa Siegfried Kracauer, »aber dies natürlich strickt nur unter uns beiden«[38], ob deren Lobhudelei sich kaum mehr etwas zu sagen traue. Kein Zweifel, das Verhältnis war wiederhergestellt, und so innig, daß Bloch in seinem Geburtstagsbrief zu Adornos 60. Geburtstag am 11.9.1963 keinerlei Blatt vor den Mund nehmen mußte; »Was ist ›eigentlich‹ geschehen«, fragt er, »daß wir älter Gewordenen nicht mehr die Alten zueinander sind. Zwar wenn wir uns sehen, durchaus, doch in dem, was die Geschichte der Philosophie aufbewahren mag, durchaus nicht.«[39] Die Narben, die von dem, was Adorno »in Amerika – nicht getan« hat, zurückgeblieben sind, und der »Hohn«, mit dem Adorno in einem Aufsatz die *Spuren* überschüttet hat, verschweigt Bloch nicht, allerdings erinnert er auch noch einmal an das »Knabenzeit«-Lob und fragt Adorno schließlich, was denn wohl dazu geführt habe, daß das zwar »durchaus

---

34 Vgl. Markun, Silvia: *Ernst Bloch in Selbstzeugnissen und Bilddokumenten*, Reinbek 1977, S. 100.

35 Adorno, Theodor W.: *Kiergegaard. Konstruktion des Ästhetischen*, Frankfurt/Main 2003.

36 Brief Blochs an Adorno vom 15. Juli 1962, in: Bloch, Ernst: *Briefe 1903-1975*, Bd. 2, S. 449.

37 Detlev Claussen: *Theodor W. Adorno. Ein letztes Genie*, Frankfurt/Main 2003, S. 405.

38 Ebd.

39 Bloch, Ernst: *Briefe 1903-1975*, Bd. 2, S. 450f.

gebliebene« »utopische Gewissen« sich (»vor 1933 las man's anders«) in die Nebenlinien seines Werks verflüchtigt habe, und er endet mit der als Aufforderung zu verstehenden Parole: »Da könnte wohl, ganz ohne re-, etwas reflektiert«,[40] also zurechtgebogen werden, und zwar nicht zurück, sondern nach vorn. Von Adorno ist kein Antwortbrief bekannt. Aber den Ball hat er aufgenommen: Ein halbes Jahr später kam es zwischen Bloch und Adorno zu einem Rundfunkgespräch, das der Südwestfunk aufnahm und am 6. Mai 1964 in seinem Nachtstudio sendete. Thema: »Über die Widersprüche der utopischen Sehnsucht«.[41]

Wenn Ernst Bloch damals, unter diesen äußerst schwierigen materiellen Bedingungen seines US-amerikanischen Exils, wo er oft an der Grenze zur absoluten Armut war und sich durch Briefe an seine Freunde immer wieder ein paar Dollarscheine zusammenbetteln mußte, seine philosophischen Studien und Buchprojekte fortsetzen und vollenden konnte, so vor allem deshalb, weil es seiner Ehefrau Karola trotz der schlechten Wirtschaftslage in den USA immer wieder gelang, einige Aufträge zu ergattern, mit deren Einkünften sie mehr schlecht als recht die kleine Bloch-Familie gerade noch ernähren konnte. Von einem amerikanischen Professor aus New York bekam sie die anspruchsvollste Aufgabe übertragen – den Bau seines Eigenheims, für das Karola den Bauplan ausarbeitete; auch wurde ihr die Leitung und Überwachung des Baus vor Ort übertragen. Vorher hatte sie einige Monate lang als Angestellte im Architekturbüro des New Yorker Architekten Charles Meyer gezeichnet. Gelegentlich arbeitete sie auch als Vertreterin für eine amerikanische Versicherungsgesellschaft.

Nach dreimonatigem Aufenthalt in Valley Cottage, wo die Blochs im Haus von Mrs. Petersen lebten, zogen sie am 1. Oktober 1938 nach New York City, nicht downtown, wo die Mieten viel zu hoch waren, sondern in das fast ländliche Riverdale nördlich von Manhattan, 515 West 236th Street. Das bedeutete Befreiung aus relativer Isolation in der Provinz und brachte Bloch geographisch den Herzfeldes näher, mit denen sich ein reger Austausch auch praktischer Art entspannt hatte. Herzfeldes benutzten in New York die Möbel der Blochs, beherbergten in ihrer Wohnung nicht nur Bloch

---

40 Ebd.
41 Traub, Rainer / Wieser, Harald (Hrsg.): *Gespräche mit Ernst Bloch.*

bei häufigen Besuchen, sondern auch einen Großteil von dessen Privatbibliothek. Herzfelde schenkte Bloch auch ein Radio, so daß er sich über die Weltlage auf dem Laufenden halten und klassische Musik hören konnte.

Während des Aufenthalts Blochs in New York erweiterte sich erneut der Bekanntenkreis, und wieder waren es Emigranten, die Bloch kennenlernte. Darunter zählte der Theologe Paul Tillich, ein christlicher Sozialist, der von den Nazis 1933 Berufsverbot erhalten hatte, im selben Jahr in die USA emigrierte und inzwischen Professor war; und es kam zur Wiederbegegnung mit dem Dirigenten Otto Klemperer (1885-1973), der in New York einige Konzerte dirigierte und den Bloch noch aus den Zeiten der »Kroll-Oper« in Berlin kannte, deren Generalmusikdirektor Klemperer gewesen war. In Amerika fand Klemperer, der wie Bloch jüdischer Abstammung war, einen neuen Tätigkeitsbereich als Dirigent des Los Angeles Philharmonic Orchestra, dem er von 1933 bis 1939 vorstand. Bloch traf auch seinen Jugendfreund aus Ludwigshafen, den Chirurgen Max Hirschler wieder, der ihm mehrfach zu Hilfe eilte, wenn es wieder einmal materielle Schwierigkeiten gab. Ferner machte er die Bekanntschaft mit dem Wiener Historiker Leo Katz und seiner Ehefrau Bronia, die Mitglied der Kommunistischen Partei Österreichs war.

Hier in New York ereilte Ernst und Karola Bloch auch die Nachricht, daß die Tschechoslowakei im März 1939 durch Nazi-Deutschland besetzt worden war; ein Ereignis, das Karola Bloch so bewegte, daß sie sich für jene Antifaschisten einsetzte, die Prag nicht mehr rechtzeitig hatten verlassen können und jetzt so schnell wie möglich ein Ausreisevisum in die Schweiz oder nach England erhalten mußten. Indem sie unter falschem Namen der KP der USA beitrat, gelang es ihr, das Betätigungsverbot, das ihr seit ihrer Ankunft in New York im Juli 1938 auferlegt worden war, zu unterlaufen und Kontakt zu amerikanischen Genossen aufzunehmen, die trotz ihrer politischen Randständigkeit in einer von Antikommunismus und Liberalismus geprägten politischen Landschaft die Sowjetunion als das »Vaterland des Sozialismus« unterstützten, eine Sowjetunion, die dann wenige Jahre später im Rahmen der Anti-Hitler-Koalition zum militärischen Verbündeten der USA im Krieg gegen Deutschland und die Achsenmächte werden sollte.

In Riverdale wohnten Ernst und Karola Bloch nur gute sechs Monate. Am 15. Mai 1939 zogen sie in die Nähe des Bauplatzes, wo

Karola arbeitete; den Sommer über schrieb Ernst Bloch größtenteils in Maine bei den Hirschlers, und nachdem das Haus des Professors in New Jersey fertiggestellt war, zogen Ernst und Karola Bloch im September in ein winziges Einzimmer-Appartement am Broadway. Am Abend des 1. September 1939 erfuhren sie dort bestürzt im Radio, daß in Folge von Hitlers Überfall auf Polen der Zweite Weltkrieg ausgebrochen war. Fern von Europa konnten sie sich schwer die katastrophalen Auswirkungen der militärischen Besetzung vor Augen führen: Eine der ersten Maßnahmen des von den Nazis eingesetzten Generalgouverneurs bestand darin, im zum deutschen Protektorat umgewandelten Polen die jüdische Bevölkerung in den Städten Warschau, Krakau und Lodz in Ghettos zu pferchen – die Vorstufe zur Massenvernichtung jüdischen Lebens in Osteuropa. Diese Maßnahme betraf, wie schon bemerkt, auch Karolas Eltern in Lodz und die Familie ihres Bruders, die ab Oktober 1939 in das Ghetto von Lodz deportiert und danach, 1943, im KZ Treblinka ermordet wurden. Allein die Schwester, ihr Mann und deren Sohn konnten sich retten. Nach einer langen Odyssee waren sie zunächst über die grüne Grenze nach Wilna gelangt und von dort weiter über Moskau nach Odessa, von wo sie ein Dampfer nach Haifa ins damalige britische Mandatsgebiet Palästina brachte.[42] Für Karolas Eltern jedoch waren die Fluchtwege abgeschnitten. Aus Briefen aus dem Ghetto, die Karola von ihnen immer noch erhielt und die immer alarmierender wurden, konnten die Blochs ahnen, daß Karolas Familie in akuter Lebensgefahr schwebte. Trotz solcher Befürchtungen hegten sie bis zuletzt die Hoffnung, das Schicksal könnte Karolas Eltern verschonen – eine Hoffnung, die 1943 in barbarischer Weise enttäuscht werden sollte, als die Nazis mit der »Endlösung der Judenfrage« begonnen hatten. Unterdessen schrieb Ernst Bloch tagtäglich weiter, füllte wie ein Besessener[43] ein Heft nach dem anderen, viele Stunden am Tag und besonders in der Nacht, um das Manuskript von den *Träumen vom besseren Leben* zu Ende zu bringen. Tagsüber las er Zeitung und traf Freunde, mit denen er Fragen aus Philosophiegeschichte, Theologie, Politik und Musik diskutierte.

Zu den besonders wichtigen Begegnungen zählen hier zweifellos diejenigen mit Paul Tillich, denn aus ihnen bezog Bloch ent-

---

42 Vgl. Bloch, Karola: *Aus meinem Leben,* S. 145.
43 Brief Blochs an Herzfelde vom 30. November 1943, in: ebd., S. 93.

scheidende Impulse für die Begründung seiner eigenen Religionsphilosophie und für eine »andere« kritische Lektüre der Bibel (besonders für seine Interpretation des Alten Testaments), womit Bloch
sich im dritten Band des *Prinzips Hoffnung* und in seinem Buch
Atheismus im Christentum (1968) befaßte. Tillich, der Autor des
Buches *Das protestantische Prinzip und die Situation des Proletariats* (1931) und der 1933 erschienenen *Sozialistischen Entscheidung*,
schätzte nicht nur Ernst Blochs hervorragende Bibelkenntnisse,
sondern er half ihm auch materiell, indem er eine große Zahl von
Empfehlungsschreiben schrieb. Insbesondere bemühte er sich um
ein Forschungsstipendium, das Bloch allerdings nicht gewährt
wurde. Wie Karola Bloch sich erinnert, war es auch Paul Tillich, der
Ernst Bloch später mit Adolph Lowe bekannt machte. Lowe war
von 1930 bis 1931 Professor für Wirtschaftstheorie und Soziologie
an der Universität Kiel, erhielt dann einen Ruf an die Universität
Frankfurt, wo er zeitweise Verwaltungsdirektor des »Instituts für
Sozialforschung« war, und mußte im April 1933 wegen seiner jüdischen Abstammung ins Exil gehen. Er emigrierte zunächst in die
Schweiz und anschließend nach England, wo er sieben Jahre lang
als Lehrbeauftragter für Ökonomie und politische Philosophie an
der Universität Manchester tätig war. Aus Furcht vor einer möglichen Besetzung Englands durch Nazi-Deutschland ging er 1941 in
die USA, wo er zum Professor für »Politische Ökonomie« an die
»New School for Social Research« berufen wurde. Im selben Jahr
lernte er auch Bloch kennen, woraus sich eine langjährige Freundschaft entwickelte und ein umfangreicher Briefwechsel entstand.[44]

Sicher, auch dieser Briefwechsel zeugt von Blochs prekärer materieller Situation im Exil, aber die Schwerpunkte sind: die Probleme mit dem Leiter der New Yorker Filiale der Oxford University
Press, wo Bloch zunächst versuchte, das Manuskript der *Träume
vom besseren Leben* in englischer Übersetzung unter dem Titel
Dreams of the Better Life zu veröffentlichen, sowie die Musik:
Bloch versucht, seinem der klassischen Musik ebenfalls sehr zuge-
tanen Freund seine eigene »Philosophie der Musik« als »autochtone
Poiesis sui generis« und »als dauernd experimentierte – Sprache in
der Musik«[45] zu erklären. Dieser Briefwechsel ist aufschlußreich

---

44 Vgl. Briefwechsel Ernst Bloch / Adolph Lowe, in: Bloch, Ernst: *Briefe 1903-
1975*, Bd. 2, S. 729-823.

45 Brief Blochs an Adolph Lowe vom 5. März 1944, in: ebd., S. 731.

auch hinsichtlich Blochs Einstellung zur Zwölftonmusik von Arnold Schönberg, die der überwiegend der klassischen und romantischen Musik zuneigende Ernst Bloch hier akzeptiert als ein musikalisches Genre, das »seinen eigenen Ausdruck« hat, »einen der Weite, der Schweifung, der Unrepetiertheit«[46], ohne daß Bloch damit seine eigene musikalische Ausdruckslehre aufgeben oder relativieren würde. Bloch: »Es gibt reine Gesetzesmusik, gewiß, und gute Musik ist nur solche. Aber eben diese gute Musik hatte auch allemal Ausdruck – in ihrem erarbeiteten Prädikat, versteht sich, nicht in ihrem Subjekt ante rem.«[47]

Die Leidenschaft für die klassische Musik und seine Freundschaft mit Komponisten und Dirigenten brachte Bloch auch kleinere Vorteile; so wurde er Anfang des Jahres 1940, in einer Situation, wo er die Miete für sein New Yorker Ein-Zimmer-Appartement wieder einmal nicht bezahlen konnte, von Otto Klemperer gerettet, der es ihm durch die Vermittlung eines Freundes ermöglichte, nach Merrywood umzuziehen, bei Marlboro im Staat New Hampshire. In das dortige Landhaus, wo die Blochs nun erst einmal wohnten, kam Klemperer öfters zu Besuch, und Bloch konnte mit ihm ausführlich über dessen einzigartige und von Bloch so geschätzte Interpretation der Sinfonien Ludwig van Beethovens reden. Auch dort sah er des öfteren Wieland Herzfelde und gelegentlich auch den »Arbeiter-Schriftsteller« Hans Marchwitza, den Karola Bloch schon aus der Zeit des Pariser Exils im Jahre 1935 kannte und der in der Nachkriegszeit zusammen mit Willi Bredel von der DDR-Regierung gefördert und zum proletarischen Vorzeige-Dichter gemacht wurde. Bloch schrieb auch in Merrywood unentwegt weiter: am zweiten Band der *Träume vom besseren Leben*.

Inzwischen trafen aus Europa und vor allem aus Frankreich immer schlechtere Nachrichten ein. Im Juni 1940 war es nämlich der von Hitler kommandierten deutschen Wehrmacht gelungen, im Rahmen einer Großoffensive, deren Ausmaß und Organisation den Generalstab der französischen Armee überraschte, die französischen Verteidigungsstellungen im Norden und im Osten Frankreichs zu überrennen, die als unüberschreitbar geltende »Maginot«-Linie zu durchbrechen und auf Paris loszumarschieren. Als der französische militärische Widerstand allmählich zusammenbrach und die franzö-

---

46 Ebd.
47 Ebd., S. 732.

sischen Verbände sowohl im Norden wie im Osten vor der Wehrmacht zurückwichen, unterzeichnete Marschall Pétain die Kapitulation und mußte in die Teilung Frankreichs in zwei Zonen einwilli-
gen: eine »Nord-Zone« (die von den Deutschen besetzt blieb) und
eine »Süd-Zone«, die der Autorität und autonomen Verwaltung der
Vichy-Regierung unterstellt wurde und die unter dem Ministerpräsidenten Laval für eine Politik der Kollaboration mit Nazi-Deutschland stand. Die Grenze zwischen den beiden Zonen verlief ungefähr
entlang der Loire, was bedeutete, daß Paris unter deutsche Militär-
verwaltung kam. Diese Kapitulation löste in den folgenden Wochen
eine große Fluchtwelle der französischen Bevölkerung vom Norden
und aus der Hauptstadt Paris nach Süden aus und hatte schlimme
Folgen auch für die Emigranten, die 1933 nach Paris ins Exil geflüchtet waren. Schon im September 1939 – nach der Kriegserklärung an Deutschland – wurden die deutschen und deutsch-jüdischen
antifaschistischen Emigranten, die in Frankreich lebten, in Lagern
interniert – entweder im »Camp du Vernet« in den Pyrenäen oder im
»Camp des Milles« bei Aix-en-Provence. Darunter befanden sich
auch Walter Benjamin, Alfred Kantorowicz, Anna Seghers und Lion
Feuchtwanger. Einige von ihnen konnten noch rechtzeitig aus diesen
Lagern freikommen, nicht zuletzt aufgrund der Hilfsaktion des amerikanischen »Emergency Rescue Committee«, dessen von Varian
Fry geleiteter Filiale in Marseille es gelang, vielen noch rechtzeitig
ein Ausreisevisum und etwas Geld zu besorgen, damit sie per Schiff
– in der Regel über Lissabon – in die USA emigrieren konnten. Lion
Feuchtwanger, Kantorowicz und Anna Seghers, die später nach Mexiko emigrierte, wurden so in den Monaten Juni-Juli-August 1940
gerettet – leider aber nicht Walter Benjamin, der sich, völlig erschöpft von einer langen und waghalsigen Überquerung zu Fuß über
die Pyrenäen, in der Grenzstadt Port-Bou im September 1940 das
Leben nahm.

Ein in Marlboro geschriebener Brief Ernst Blochs an Thomas
Mann vom 23. Juni 1940[48] zeugt von der großen Bestürzung Blochs
über diesen neuerlichen »Blitzsieg« Nazi-Deutschlands über Frankreich, verschlimmert durch die Befürchtung, daß es wohl nicht mehr
möglich gewesen war, alle antifaschistischen Emigranten aus Frankreich zu retten. Heinrich Mann, dessen Name auf der Liste der

---

48 Brief Blochs an Thomas Mann vom 23. Juni 1940, in: Bloch, Ernst: *Briefe 1903-
1975*, Bd. 2, S. 703.

wegen »Vaterlandsverrat« bei ihrer Ergreifung sofort zu erschießenden Personen stand, und Golo Mann war es gelungen, aus dem Lager »Camp du Vernet« zu fliehen und zu Fuß über die Pyrenäen und durch Spanien nach Lissabon zu gelangen, von wo aus sie sich nach New York einschifften und am 13. Oktober 1940 wohlbehalten in New York eintrafen. Von ihnen erfuhr Ernst Bloch mündlich vom Tod Walter Benjamins. Seine Trauer und Erschütterung kommt in einem in Marlboro (im Bundesstaat New Hampshire) geschriebenen Brief an Adorno vom 16. Oktober 1940 zum Ausdruck. Bloch schreibt, daß die Schreckensmeldung ihn fünf Tage lang sprachlos gemacht habe: »Ich sehe die höchste Verzweiflung, die Montagnacht, den Dienstag bis zum Abend: allein, verlassen, sterbend. ›Er wurde Mittwoch Nachmittag, als wir schon im Zug nach Barcelona waren, begraben.‹«[49] Natürlich dachte Bloch hier auch an die unveröffentlichten Manuskripte, die Benjamin hinterlassen haben mußte, und bescheinigt Adorno: »Du bist am nächsten dazu berufen, die Schriften, soweit sie nur immer gerettet sind, Gedrucktes, Ungedrucktes und besonders Fragmente, herauszugeben. Es ist in Ordnung, daß ich mich daran beteilige.«[50] Danach erinnert Bloch sich an seine erste Begegnung mit Walter Benjamin im Jahre 1919 in Bern. »Das Erste, was mir der Bleibende, als ich ihn durch Emmy Hennings 1918 kennen lernte, zeigte, waren farbige Kupfer aus der Zeit des popularisierten Vergrößerungsglases: Wassertropfen, Fliegenköpfe, Staub und andere verworfene Ecksteine. Das erste Gespräch ging über die seltsamen römischen Geschäfts- und Abstrakt-Götter, über Jupiter Pistor und die Göttin Parsimonia. Und als Inschrift entwarf sich einmal der Bleibende: ›Hier ruht der außerordentliche Professor der ordentlichen Philosophie.‹ Bitte schreibe mir bald. Ach, lieber Teddy. Herzlichst Dir und Gretel Euer Ernst.«[51]

Trotz dieser Schreckensbotschaften vertraute Bloch weiterhin fest darauf, daß sich am weltgeschichtlichen Horizont, wie er in einem Brief an Thomas Mann vom 23. Juni 1940 schrieb, »ein neues 1812 [ab]zeichnet«, und, fügt er hinzu, »es wird eines werden, sollte selbst Hitler (was der Himmel verhüten möge) auch England besiegt haben. Die Bestie wird auf alle Fälle nach einem solchen Angriff ziemlich geschwächt sein. Alles kommt darauf an, daß man ihr dann keine Zeit gibt, sondern sofort den Genickfang. Ich

49 Brief Blochs an Adorno vom 16. Oktober 1940, in: ebd., S. 442.
50 Ebd.
51 Ebd.

hoffe, Amerika und Rußland gehen bald zusammen; damit kann das München von 1938 noch gutgemacht werden.«[52]

Bevor diese Anti-Hitler-Koalition, die den Faschismus in Deutschland und Italien dann endgültig besiegen sollte, zustande kam, ereigneten sich erst noch zwei weitere Katastrophen großen Ausmaßes: Hitlers Überfall auf die Sowjetunion vom 22. Juni 1941 (trotz des deutsch-sowjetischen Nicht-Angriffspaktes) und der Überraschungsangriff der japanischen Luftwaffe auf Pearl Harbor vom 7. Dezember 1941, durch den die dort stationierte amerikanische Flotte von der japanischen Luftwaffe schwer getroffen und fast völlig außer Gefecht gesetzt wurde. In der Folge führte dies zum Kriegseintritt der USA und zur Kriegserklärung Washingtons an Deutschland, Italien und Japan.

Die Entscheidung wurde von den Emigranten in den USA begrüßt, die sich dadurch eine militärische Wende erhofften. Sie hatte allerdings auch negative Folgen. Völlig zu Unrecht von heute auf morgen als »putative Verbündete des Feindes« eingestuft, verfügten die US-Behörden eine Beschränkung ihrer Bewegungs- und Reisefreiheit. Nun durften sich die Emigranten nicht weiter als 50 Meilen von ihrem Wohnort entfernen, für Reisen darüber hinaus benötigten sie eine besondere behördliche Erlaubnis. Immerhin wurden sie, im Gegensatz zur Praxis anderer Länder, nicht interniert und blieben weiterhin im Besitz ihrer bürgerlichen Freiheiten und Rechte. Die Zuwanderung weiterer Emigranten aus Deutschland wurde allerdings beschränkt, aus Furcht, es könnten sich Naziagenten daruntermischen.

Trotz der militärischen Allianz der USA mit der Sowjetunion Stalins, die Anfang 1942 politische Realität wurde, und trotz der Gründung einer »Gesellschaft für amerikanisch-sowjetische Freundschaft« blieb Amerika weiterhin stramm auf antikommunistischer Linie, und in den konservativen Kreisen der USA herrschte nach wie vor antikommunistische Hysterie. Deren Speerspitze war das schon im Jahre 1938 gegründete »Komitee gegen anti-amerikanische Aktivitäten«, in dem später, in den fünfziger Jahren, der erzkonservative Senator McCarthy den Vorsitz hatte. Verstärkt wurde der Antikommunismus durch die ebenfalls sehr konservative Lobby der Amerikaner deutscher Abstammung, von denen eine Minderheit offen mit dem Nazi-Regime in Deutschland sympathisierte.

---

52 Brief Blochs an Thomas Mann vom 23. Juni 1940, in: ebd., S. 703.

Hauptopfer der Hexenjagd, die nach Kriegsende erst richtig anlaufen sollte, waren die Filmemacher und Schauspieler in den Filmstudios von Hollywood, die Journalisten und Schriftsteller und weiter die Emigranten aus Deutschland, die kommunistischer Umtriebe oder Sympathien verdächtigt wurden. Bertolt Brecht, Hanns Eisler und Ernst Bloch mußten deshalb regelmäßig im Immigration Bureau oder direkt vor dem »Komitee gegen anti-amerikanische Aktivitäten« erscheinen und lange politische Verhöre über sich ergehen lassen, mit denen man ihnen das Eingeständnis abpressen wollte, sie arbeiteten für die Sowjetunion – und somit gegen die Sicherheit der USA (angesichts der sowjetisch-amerikanischen Militärallianz vom Dezember 1941 war das eine etwas seltsame Logik). Im Falle von Hanns Eisler und Bertolt Brecht verfolgten die Nachforschungen, Bespitzelungen und Verhöre das Ziel, dieses inquisitorische Procedere bis zur Ausweisung aus den USA weiterzutreiben; infolgedessen mußten Eisler und Brecht die USA 1948 verlassen.

Was Ernst Bloch betraf, so wurde offenbar der gesamte Briefverkehr mit seinen antifaschistischen Freunden und insbesondere seine Kontakte zu kommunistischen und antifaschistischen Exil-Verlagen in den USA und Zeitschriften wie dem in Mexiko-City erscheinenden *Freien Deutschland* ab 1942 von Agenten des amerikanischen Geheimdienstes ständig überwacht, die, wie nicht schwer auszumalen ist, eng mit dem »Committee against anti-american activities« zusammenarbeiteten.

Karola Bloch merkt in ihren Lebenserinnerungen[53] an, daß Ernst Bloch von den ermittelnden Beamten des Bostoner Immigrationsbüros als »Premature Antifashist« eingestuft worden war, d.h. als eine Person, die schon *vor* dem japanischen Überfall auf Pearl Harbor eine antifaschistische Einstellung hatte, was in den Augen dieser Ermittler erschwerend ins Gewicht fiel. Vermutlich war dies der Grund, weshalb die amerikanischen Immigrationsbehörden so lange zögerten, auch Bloch die amerikanische Staatsangehörigkeit zu gewähren, die er 1941 beantragt hatte. Seine Frau Karola erhielt ihren amerikanischen Paß schon im Jahre 1944; dem amerikanischen Geheimdienst war es also entgangen, daß sie unter falschem Namen der KP der USA beigetreten war. Ernst Bloch dagegen wurde immer wieder zur politischen Überprüfung durch Beamte in Boston vorgeladen, bis ihm eines Tages der Geduldsfaden

---

53 Vgl. Bloch, Karola: *Aus meinem Leben,* S. 175.

riß und er lautstark dagegen protestierte, daß man ihm, dem Philosophen, der anderes zu tun hatte, als seine Zeit bei den Behörden zu vertun, die amerikanische Staatsbürgerschaft verweigern wollte! Danach ließ man Bloch nur noch die schon erwähnte Prüfung in US-amerikanischer Geschichte ablegen, und so kam es, daß der seit seiner Ausbürgerung durch die Nazis Staatenlose im Jahre 1946 doch noch seinen amerikanischen Paß erhielt, nachdem er zum großen Erstaunen der Prüfer des Immigrationsbüros – in Boston so glänzend davon zu erzählen wußte.[54]

---

54 Vgl. Anm. 7.

XX. Der Krieg geht zu Ende –
Freiheit und Ordnung wird publiziert

Bloch arbeitete trotz aller Hürden weiterhin unermüdlich und bis zu
zwölf Stunden und mehr am Tag – seit Oktober 1942 in einer Wohnung in Cambridge, Massachusetts, 69 Vassal Lane, in der Nähe
von Boston – an der Fertigstellung des dritten Bandes des *Prinzips
Hoffnung* (»Wunschbilder des erfüllten Augenblicks«), zugleich
auch am Manuskript seines Hegelbuchs (*Subjekt-Objekt. Erläuterungen zu Hegel*) sowie am späteren Werk über Rechtsphilosophie
(*Naturrecht und menschliche Würde*). Die Arbeitswut glich der
eines Titanen. Von sprühender Gedankenflut fortgetragen, vergaß er
schreibend regelmäßig die Grenzen seiner physischen Belastbarkeit
und saß bis in die Morgenstunden am Schreibtisch. Es gleicht
einem Wunder, daß er diesen sich selbst auferlegten Arbeitszwang
jahrelang so unbeschadet durchstand und den Pakt erfüllte, den er
mit seiner Frau geschlossen hatte: Er hatte die Verpflichtung, alles
zu tun, um die große Trilogie zu einem Ende zu bringen, Karola er-
nährte unterdessen die Familie.

»Wäre keine Utopie«, schreibt Bloch einmal an Herzfelde, »so
wäre nichts da als das Dagewesensein.«[55] Ernst und Karola Bloch
konnten diese schwierige Zeit nicht zuletzt deswegen durchstehen,
weil sie inzwischen daran gewöhnt waren, das Prinzip Hoffnung in
der Praxis als ein »Prinzip Trotz alledem« zu interpretieren. Dies
gab ihnen die Widerstandskraft fürs Überleben und die Fortsetzung
der Arbeit, wozu ihren unerläßlichen Teil die moralische Unterstützung durch die Eislers, durch Joachim Schumacher und Paul
Tillich und vor allem die durch Wieland Herzfelde beitrug, der
Bloch nicht nur immer wieder beherbergte und ihm regelmäßig
etwas Geld schickte, sondern der jetzt vor allem als Verleger in den
Vordergrund rückte. Bei Herzfelde begannen die Pläne für einen
deutschen Verlag der Exilautoren, der damals noch »Tribüne« genannt werden sollte, konkreter zu werden. Bloch bittet er Mitte August um viererlei: »1) um ein Manuskript, das Dir für die Schriften-
reihe geeignet erscheint, 2) um Anregungen zum Verlagspro-
gramm«, und weil sich trotz vielfältiger Bemühungen für dieses

---

55 Brief Blochs an Herzfelde vom 31. Januar 1944, in: Bloch, Ernst / Herzfelde,
Wieland: *Briefwechsel 1938-1949*, S. 96.

Projekt kein zahlungskräftiger Mäzen gefunden hatte, »3) um Zeichnung eines oder einiger Verlagsanteile« sowie »4) um Adressen, an die wir uns unter Berufung auf Dich wegen Anteilszeichnung wenden dürfen«[56], wobei ihm klar gewesen sein dürfte, daß Bloch hinsichtlich der beiden letzteren Anliegen nicht der richtige Adressat war. In diesem Sommer 1942 hatte Bloch die Niederschrift des zweiten Bandes von *Das Prinzip Hoffnung* beendet, und er schlägt Herzfelde vor, aus dem zweiten Teil seines Hauptwerks einige in sich relativ abgeschlossene Kapitel zu publizieren, die er auch schon anderweitig, und bislang vergeblich, zur Veröffentlichung angeboten hatte: »Du fragst nach einem Manuskript [...] Ich denke: der Überblick über die Sozialutopien aus den ›Träumen v[om] b[esseren] L[eben]‹ wäre gut geeignet. Ich habe kein Duplikat hier, will es mir aber gleich von Lieber schicken lassen. Auch der Umfang ist für eine Broschüre gerade richtig. Sobald ich das Duplikat habe, schicke ich es Dir zur Einsicht zu.«[57]

Die Stunde seiner Gründung sollte der Verlag dann im Oktober 1943 erleben. Da teilt Herzfelde seinem Freund Bloch mit: »Dies ist sozusagen ein offizieller Brief. Der Verlag ist nun endlich eine beschlossene Sache.«[58] Als Mitglieder des Gründungskollektivs fungierten die folgenden Schriftsteller: Heinrich Mann, Ernst Bloch, Bertolt Brecht, Ferdinand Bruckner, Lion Feuchtwanger, Oskar Maria Graf, Stefan Heym, Berthold Viertel, Ernst Waldingen und F. C. Weiskopf[59]. Weil den Gründungsmitgliedern der Name »Tribüne« nicht gefiel, hatten sie sich »nach monatelanger Hin- und Herschreiberei«[60] auf den Namen »Aurora Verlag« geeinigt. Die »Aurora«-Symbolik verwies untergründig auf Nietzsches *Morgenröte*, vor allem aber auf den Panzerkreuzer »Aurora«, der den Blindschuß abfeuerte, auf dessen Signal hin das Winterpalais in St. Petersburg erstürmt wurde, womit 1917 die russische Oktoberrevolution begonnen hatte; Bloch weist in seinem Brief vom Dezember 1943 an Wieland Herzfelde außerdem darauf hin, daß »die erste (und dunkelste) Schrift Jakob Böhmes ›Aurora oder Morgenröte im Aufgang‹« heißt.[61]

---

56 Brief Herzfeldes an Bloch vom 16. August 1942, in: ebd., S. 78.
57 Brief Blochs an Herzfelde vom 7. Juli 1942, in: ebd., S. 74.
58 Brief Herzfeldes an Bloch vom 23. Oktober 1943, in: ebd., S. 91.
59 Ebd., S. 91-92.
60 Ebd., S. 91.
61 Brief Blochs an Herzfelde vom 10. Dezember 1943, in: ebd., S. 94.

Herzfelde, dem Bloch in dieser Zeit einmal schrieb, er sei »fast der Einzige, der mich entschuldigt, daß ich ein Denkgeschäft habe und es nicht aufgebe«[62], und der sich selbst als Autor von Erzählungen und Novellen versuchte – Bloch ließ er *Vogel Rock* und *Der holländische Kaufmann* zur Beurteilung zukommen – war von Blochs Vorschlag naturgemäß leicht zu überzeugen. Bis es allerdings zur Veröffentlichung von *Freiheit und Ordnung. Abriß der Sozialutopien* kam, mußten noch eine ganze Reihe von Hindernissen gemeistert werden. Etwa mußte Blochs Manuskript abgeschrieben werden, was 40 Dollar kostete, die Bloch nicht aufbringen konnte; und der Aurora Verlag hatte zwar prominente Gründungsmitglieder, aber seine Finanzlage war trotzdem prekär, und das Startkapital reichte zunächst nicht aus, um die ersten geplanten Bücher deutscher Exilautoren drucken zu können (unter ihnen Brecht, Feuchtwanger, Heinrich Mann und Anna Seghers[63]). Es war ein Kampf über viele Monate, und noch im Frühsommer 1944 schreibt Herzfelde: »Dem Verlag fehlt jetzt ›nur‹ noch das Geld«.[64] So zog sich die Veröffentlichung von *Freiheit und Ordnung* hin. Die Zwischenzeit nutzte Bloch zu Zusätzen – der *Abriß der Sozialutopien* wird ergänzt um einen Einschub zur Frauenbewegung und ein Kapitel über Fichtes *Geschlossenen Handelsstaat*. Daneben plagt ihn bei der Arbeit an den *Träumen vom besseren Leben* (»ich bin mitten in dem Musik-Kapitel des dritten Bands«) eine Neuralgie wie eine Art »Zahnschmerz um die linke Augenbraue herum«,[65] und dann wird auch noch die alte Schreibmaschine, auf der Bloch mehrere Kapitel des *Prinzips Hoffnung* selbst geschrieben hatte, durch die letzte Reparatur à la Amerika »hoffnungslos gebrauchsunfähig«.[66] All dies übersteht Bloch mit einer Mischung aus Lakonie und Zuversicht: »Draußen liegt tiefer Schnee, Außenweltschnee, leicht geblaut, drinnen ist Zelle, worin die Lampe freundlich brennt, Karola ist heiter, der Junge hat seinen

---

62 Brief Blochs an Herzfelde vom 30. November 1943, in: ebd., S. 93..

63 Brecht, Bertolt: *Furcht und Elend des III. Reiches. 24 Szenen*, New York: Aurora Verlag, 1945; Feuchtwanger, Lion: *Venedig (Texas): und vierzehn andere Erzählungen*, New York: Aurora Verlag 1945; Mann, Heinrich: *Morgenröte. Ein Lesebuch für Kriegsgefangene*, New York: Aurora Verlag 1947; Seghers, Anna: *Der Ausflug der toten Mädchen und andere Erzählungen*, New York: Aurora Verlag 1946.

64 Brief Herzfeldes an Bloch vom 18. Juni 1944, in: Bloch, Ernst / Herzfelde, Wieland: *Briefwechsel 1938-1949*, S. 98.

65 Brief Blochs an Herzfelde vom 29. März 1945, in: ebd., S. 118.

66 Brief Blochs an Herzfelde vom 16. Mai 1945, in: ebd., S. 121.

Helm auf und zeichnet Kriegsschiffe. Im Ganzen ein friedlich-warmer Kontrapunkt.«[67]

In diesem Mai 1945 erhält die Ausgabe von *Freiheit und Ordnung* für den Aurora Verlag auch noch einen neuen Schluß, der endet wie später der dritte Band des *Prinzips Hoffnung*: mit »unserem Lieblingswort: Heimat«.[68]

Schon gegen Ende des Jahres 1942 waren zum ersten Mal Nachrichten über den Kriegsverlauf vor allem von der russischen Front eingetroffen, welche die antifaschistischen Emigranten wieder Hoffnung schöpfen ließen. Die militärische Offensive von Hitlers Wehrmacht war im Herbst 1942 vor Stalingrad praktisch zum Stillstand gekommen. Im Winter 1942/43 war es der roten Armee nach monatelangen erbitterten Kämpfen gelungen, die deutschen Truppen vernichtend zu schlagen und – am 2. Februar 1943 – den Oberbefehlshaber Generalleutnant Paulus zur Kapitulation zu zwingen. Dies brachte die Wende im Zweiten Weltkrieg, und als die Emigranten – unter ihnen Bloch, Brecht und Eisler – davon aus den amerikanischen Zeitungen erfuhren (Bloch las in der Bibliothek von Boston öfter den *Boston Globe*, den *Boston Herald* und den *Christian Science Monitor*), wuchs die Zuversicht, daß es mit der »Hitlerei« nun bald zu Ende sein würde.

Die Freude darüber wurde jedoch – noch bevor die militärische Niederlage Nazi-Deutschlands zur unumstößlichen Gewißheit werden sollte – zerstört durch Nachrichten, die die Blochs aus Polen erreichten: die Meldung von der Zerstörung und endgültigen Vernichtung des Warschauer Ghettos, nachdem am 19. April 1943 ein Aufstand ausgebrochen war. Bewaffneter jüdischer Widerstand hatte der Schließung des Ghettos mehrere Wochen lang Gegenwehr geleistet. Nazi-Truppen unter SS-General Jürgen Stroop gingen gegen die Einwohner des Ghettos mit äußerster Brutalität Straße um Straße, Haus um Haus vor, konnten jedoch erst wieder die Kontrolle erlangen, als sie das Ghetto in Brand setzten. Nach der Zerstörung des Ghettos wurden die Überlebenden in Konzentrationslager deportiert und in Treblinka oder Auschwitz umgebracht. Über 350.000 polnisch-jüdische Bewohner des Warschauer Ghettos wurden Opfer dieser in der Geschichte einmaligen Vernichtungsaktion, drei Millionen waren es in Polen insgesamt.

---

67 Brief Blochs an Herzfelde vom 7. Januar 1945, in: ebd., S. 115.
68 Brief Blochs an Herzfelde vom 16. Mai 1945, in: ebd., S. 122.

Auch Karola Blochs Eltern und Schwestern waren unter den Opfern der barbarischen Nazi-Verbrechen, durch die die jüdische Bevölkerung Polens ausgerottet wurde. Karola ahnte wohl, was dies für sie und ihre Familie bedeutete; dennoch aber hatte sie noch bis zuletzt die Hoffnung gehegt, Mitglieder ihrer Familie nach Kriegsende unter den wenigen Überlebenden wiederfinden zu können. Diese Hoffnung wurde zerstört.

Während ungenaue Nachrichten über die Vorgänge in ihrer polnischen Heimat in die USA dringen, tritt Karola Bloch, ermutigt durch die deutsche Niederlage in Stalingrad, vom Frühjahr 1943 an verstärkt bei öffentlichen Veranstaltungen der Kommunistischen Partei der USA auf, wo sie von den westlichen Verbündeten die sofortige Eröffnung einer zusätzlichen militärischen Front gegen Hitler-Deutschland fordert. Auf diesen Veranstaltungen prangert sie immer wieder die von den Nazis vor allem während des Rußland-Feldzugs an der jüdischen, polnischen und russischen Bevölkerung begangenen Verbrechen an; und immer wieder erinnert sie daran, wie sehr Hitlers Hegemoniebestrebungen die Existenz der gesamten Menschheit bedrohen. Bei diesen in mehreren amerikanischen Großstädten gehaltenen Reden erhielt sie offensichtlich immer sehr viel Applaus von der Zuhörerschaft. Auch Paul Tillich tat etwas und wandte sich zu dieser Zeit in Radiobeiträgen ans deutsche Volk, ebenso wie Thomas Mann, dessen Ansprachen über Kurzwelle von der »Stimme Amerikas« nach Europa gestrahlt wurden. In Nazi-Deutschland war es riskant, diese Sendungen zu hören, denn ein Reichsgesetz aus dem Jahre 1942 verbot allen Deutschen explizit, sogenannte »Feindsender« zu hören – in erster Linie waren damit die deutschsprachigen Sendungen der BBC gemeint; Sendungen der BBC auf Mittelwelle zu hören wurde zusätzlich erschwert durch Störsender der Nazis. Dennoch wurden sie gehört – von einer Minderheit, von Mitgliedern des Widerstands. In diesem Jahre 1943 wurde Tillich, der vom US-Präsidenten Roosevelt mehrmals ins »Weiße Haus« in Washington eingeladen worden war und der ihn persönlich kannte, einer der Mitbegründer des »Council for a Democratic Germany«.

Ernst Bloch reiste in diesem Jahr mehrmals nach New York, um Vorträge über seine »Enzyklopädie der Hoffnungsinhalte« zu halten. Im selben Jahr beginnt auch seine Freundschaft mit Arnold Metzger (1892-1974), einem Phänomenologen, der 1941 zunächst nach Frankreich und dann nach England und Amerika emigriert war. Trotz gewisser theoretischer Differenzen entwickelte sich zwischen den beiden ein reicher philosophischer Briefwechsel. Auch nach seiner Rückkehr nach Deutschland im Jahre 1950 blieb Metzger Bloch bis zu seinem Tode im Jahre 1974 freundschaftlich verbunden.[69]

Das Attentat von Claus Graf Schenk von Stauffenberg gegen Hitler vom 20. Juli 1944 wurde von Bloch und den antifaschistischen Emigranten mit großer Anteilnahme registriert, obwohl sie wußten, daß sein Scheitern und die dadurch ausgelöste Zerstörungswut der Nazis noch Tausende Menschen das Leben kosten würde. Allerdings, spätestens nach dem 6. Juni 1944, also nach der Landung der alliierten Truppen in der Normandie, war man der festen und unerschütterlichen Überzeugung, daß Nazi-Deutschland den Krieg verloren hatte – eine Überzeugung, die täglich bestätigt wurde durch Nachrichten von den Kriegsschauplätzen in Europa und Nordafrika, wo die Achsenmächte nun auf dem Rückzug waren. Inzwischen hatten die sowjetischen Truppenverbände schon die Grenzen Ostpreußens erreicht, so daß Deutschland jetzt von Osten, Westen und Süden her eingekreist war. Durch Bombardements der Royal Air Force wurden die deutschen Großstädte zerstört und in Ruinenfelder verwandelt.

Am 8. Mai 1945, dem Tag der bedingungslosen Kapitulation Nazi-Deutschlands, hatte Bloch den dritten Band beinahe abgeschlossen und die große Trilogie der *Träume vom besseren Leben*, die dann *Das Prinzip Hoffnung* heißen sollte, so gut wie vollendet. Das Ziel vor Augen, redigierte er fieberhaft an den Schlußkapiteln. Doch am Abend dieses 8. Mai steht er zusammen mit seiner Frau Karola auf dem größten Platz der Stadt Boston inmitten einer enthusiastischen Volksmenge, die singend und tanzend den Sieg über Deutschland feiert. Mit Tränen in den Augen fallen sich die Menschen in die Arme, denn sie wissen: Jetzt ist Schluß mit dem Krieg und seinen Entbehrungen und Leiden, auch wenn er für die Vereinigten Staaten offiziell noch nicht beendet ist; Japan an der Pazifik-Front sollte erst im August 1945, nach den Atombombenabwürfen über Hiroshima und Nagasaki, kapitulieren. Für Bloch und seine Familie ist dies jedoch vor allem der Sieg über die Nazibarbarei, hat das Prinzip Hoffnung seine entscheidende Schlacht gewonnen. Nun sollte es darauf ankommen, das in Ruinen danie-

---

69 Vgl. Bloch, Ernst / Metzger, Arnold: *»Wir arbeiten im gleichen Bergwerk«. Briefwechsel 1942-1972*, hrsg. von Karola Bloch, Ilse Metzger und Eberhard Braun, Frankfurt/Main 1987.

derliegende Europa wiederaufzubauen – und zwar möglichst demokratisch und sozialistisch.

Indes, im Mai des Jahres 1945 zögerten die Blochs noch. Die Schreckensmeldungen über die Vernichtung und Ausrottung der europäischen Juden durch die Nazis, die sie jetzt erreichten, waren Bilder einer apokalyptischen Gegenutopie – im Mai 1945 zeigten amerikanische Wochenschauen zum ersten Mal die Leichenberge, die von den US-Soldaten bei der Befreiung des Konzentrationslagers Buchenwald aufgefundenen worden waren. Damit verflüchtigte sich für Karola auch die letzte Hoffnung, ihre geliebten Eltern könnten der Deportation entgangen und nicht in Treblinka vergast worden sein.[70]

Zehn Tage nach der bedingungslosen Kapitulation Nazi-Deutschlands, also am 19. Mai 1945, ist es dann so weit: Bloch bringt, acht Jahre nach seiner Ankunft in der amerikanischen Emigration, einen Teil der *Träume vom besseren Leben*, das Manuskript von *Freiheit und Ordnung*, zur Post, und schickt es dieses Mal nicht mit unbestimmtem Ausgang zur Prüfung an irgendeinen Verlag, sondern an Wieland Herzfelde, den Geschäftsführer des Aurora Verlags – zur Drucklegung (Satztypen und die Größe des »Durchschusses« waren schon vorher besprochen worden). Allerdings hatte Bloch in der maschinenschriftlich vorgelegten Fassung viele handschriftliche Korrekturen, Änderungen und Verbesserungen vorgenommen, so daß Herzfelde mit der Vorbereitung dieses Manuskripts für die Druckerei arge Mühe hatte und sogar gezwungen war, viele Seiten noch einmal abschreiben zu lassen. Eigentlich hatte der Aurora Verlag dafür kein Geld, doch gelang es damals Oskar Maria Graf gerade, Geld aufzutreiben, und ein weiterer, sehr glücklicher Umstand sollte mithelfen, daß *Freiheit und Ordnung. Abriß der Sozialutopien* dann Anfang 1946 im Aurora Verlag erscheinen konnte: der Umstand, daß Wieland Herzfelde Ende Mai 1945 einen begüterten deutsch-amerikanischen Buchhändler namens Paul Müller, Leiter der »French and European Books Inc.«-Buchhandlung in New York, gefunden hatte, der bereit war, die Produktion des Aurora Verlags zu finanzieren. »Mit dieser Krücke wird Aurora vermutlich aufsteigen«, kommentiert Bloch dies.[71] Anfang Juli 1945 erhält er auch einen ordentlichen

---

70 Vgl. Bloch, Karola: *Aus meinem Leben*, S. 171-172.
71 Brief Blochs an Herzfelde vom 6. Juni 1945, in: Bloch, Ernst / Herzfelde, Wieland: *Briefwechsel 1938-1949*, S. 128.

Vertrag über die Veröffentlichung von *Freiheit und Ordnung*, in dem ein kleiner, aber durchaus ungewöhnlicher Honorarvorschuß in Höhe von 100 Dollar vorgesehen war, den Herzfelde sogar noch auf das Doppelte erhöhen konnte. Für die erste Auflage waren dreitausend Exemplare vorgesehen; kartoniert sollte das Buch zwei Dollar, als gebundene Ausgabe drei Dollar kosten.[72] Der Vertrag über dieses zentrale Stück des *Prinzips Hoffnung* war gewissermaßen das Geschenk, das Wieland Herzfelde seinem Autor Bloch zum 60. Geburtstag machte. Den feierte Bloch am 8. Juli 1945 entgegen den Wünschen seiner Freunde nur im kleinen Kreise, eine große Geburtstagsfeier lehnte er ab: »Das Einzige, was ich persönlich wünsche, ist: noch mindestens zwanzig Jahre zu leben, damit ich eine gewisse Fülle der Geschichte und Erkenntnisse unter Dach und Fach bringen kann. Dann, wenn beim Aurora Verlag meine zwanzig Bände ›Gesammelte Werke‹ sauber gebunden erschienen sind und auf dem Tisch stehen, dann wollen wir zwei einen öffentlichen Geburtstag feiern, der sich gewaschen hat. Vorher nichts.«[73]

Es sollte noch fast zwanzig Jahre dauern, bis dieser Wunsch Blochs in Erfüllung ging, und nicht beim Aurora Verlag, der schon 1948 seine Produktion einstellte, auch nicht beim Ostberliner Aufbau-Verlag, der 1947 in der »Sowjetisch Besetzten Zone Deutschlands« eine Lizenzausgabe herausbrachte und bei dem 1954 der erste Band von *Das Prinzip Hoffnung* erscheinen sollte, sondern bei Suhrkamp in Frankfurt am Main.

Nachdem große Teile des Manuskripts von *Freiheit und Ordnung* bereits im Juli in New York gesetzt worden sind, erhält Bloch Anfang August 1945 die ersten Fahnenabzüge. Immer wieder sollte Herzfelde an diesen Druckfahnen endlos lange Korrekturen, Einschübe und Veränderungen vornehmen müssen, trotz aller Bitten, doch möglichst die stilistischen und textlichen Änderungen »auf ein äußerstes Minimum zu beschränken«.[74] Bei aller Freundschaft ist Bloch solchen Ermahnungen nie nachgekommen; er streicht Passagen, verbessert andere, formuliert Sätze und stellt Satzgefüge um, treibt seinen Verleger zur Verzweiflung, aber die Sache ist ihm wichtig genug, daß er Herzfelde sogar anbietet, die Korrekturkosten von seinem bescheidenen Honorar abziehen zu lassen.[75] Eine

72 Brief Herzfeldes an Bloch vom 15. Juni 1945, in: ebd. S. 135.
73 Brief Blochs an Herzfelde vom 2. Juli 1945, in: ebd., S. 139.
74 Brief Herzfeldes an Bloch vom 3. August 1945, in: ebd., S. 150.
75 Vgl. Brief Blochs an Herzfelde vom 25. August 1945, in: ebd., S. 156.

Korrektur, im Kapitel über die »Technischen Utopien«, geht allerdings auf eine Anregung von diesem selbst zurück: Nach den Atombombenabwürfen über Hiroshima und Nagasaki am 6. und 9. August, die Japan zur Kapitulation zwingen, will Herzfelde, daß er in die Passagen über Utopien der Atom-Energie, die sich so schnell und »unter so wenig utopischen Machtverhältnissen«[76] verwirklicht hatten, die Atombombe aufnimmt. Kurz darauf meldet Bloch Vollzug: »Die Atombombe ist ins Mskript einkorrigiert. Leider auch sonst manches (ich hatte [...] viel Zeit, Korrektur zu lesen).«[77]

Das Erscheinen des Buches verzögert sich. Weitere Briefe mit weiteren Korrekturen gehen hin und her, die letzten Korrekturen an den Druckfahnen datieren vom Dezember 1945, dann erteilt Bloch Herzfelde schließlich seine Imprimatur.[78] Im von Bloch im November 1945 konzipierten Klappentext für *Freiheit und Ordnung* soll dieses Buch folgendermaßen angekündigt werden:

»Zwei Jahrtausende denkerischen Bemühens werfen durch dieses Buch Licht auf die grundlegenden Probleme unserer Epoche. Die mannigfaltigen Wunschbilder und Pläne einer besseren menschlichen Gesellschaft – von Platon, der Stoa, den Propheten und Augustin, von Morus, Campanella, Owen und Saint-Simon bis auf die Gegenwart – darstellend, behandelt Bloch die Grundtypen: Freiheit und Ordnung, Liberalismus und Organisation und die wissenschaftliche Aufhebung dieser Gegensätze. Eigene Beachtung finden Jugendbewegung, Frauenbewegung, Zionismus – in ihren mehr oder minder utopischen Programmen. Keiner der raschen ›Beiträge zu den sozialen und politischen Aufgaben unserer Zeit‹ kann besser als dieses Buch Klarheit über gesellschaftliche Grundbegriffe und Auseinandersetzungen schaffen, die nicht erst von heute sind.«

Und im hinteren Klappentext ist zu lesen:

»Seit 1938 in USA schrieb Bloch ›*Die Hoffnung*, ihre Funktion und ihre Inhalte‹, eine Untersuchung des utopischen Bewußtseins und Darstellung seiner sozialen, technischen, künstlerischen, religiösen Gestalten. Das Werk umfaßt die Bände: 1. Psychologie des utopischen Bewußtseins, 2. Grundrisse einer besseren Welt, 3. Wunschbilder des erfüllten Augenblicks. ›Freiheit und Ordnung‹ ist ein Teil des zweiten Bandes.«[79]

---

76 Brief Blochs an Herzfelde vom 13. August 1945, in: ebd., S. 152.
77 Brief Blochs an Herzfelde vom 25. August 1945, in: ebd., S. 156.
78 Brief Blochs an Herzfelde vom 15. Dezember 1945, in: ebd., S. 162-163.
79 Brief Blochs an Herzfelde vom 9. September 1945, in: ebd., S. 157-158.

Freiheit und Ordnung erschien im New Yorker Aurora Verlag am 15. März 1946. Da das Buch in einem deutschsprachigen Exilverlag herausgekommen war, fanden sich in den US-amerikanischen Zeitungen keinerlei Rezensionen.

Die Odyssee des Exils machten die Glücksgefühle Blochs über die Veröffentlichung dieses sozialphilosophischen Kernstücks seiner philosophischen Trilogie zu ganz besonderen: Hier war ihm auch gelungen, nach dem Erscheinen von *Erbschaft dieser Zeit* in Zürich im Jahre 1935, nach einer kriegsbedingten Unterbrechung von elf Jahren also, überhaupt wieder ein neues Buch zu veröffentlichen. Der Auszug *Freiheit und Ordnung* war sicherlich ein bescheidener Anfang – gemessen an den 1650 Druckseiten, die das Werk später umfassen sollte – und entsprach mit seinen 190 Seiten gerade einem guten Drittel des zweiten Bandes von Blochs monumentaler Trilogie. Aber gewiß war dies auch ein großer Erfolg für einen Autor, der den Nazis und den KZs entkommen war, der im amerikanischen Exil täglich stundenlang und in aller Stille an seinen philosophischen Manuskripten gesessen hatte und dessen Publikationsgeschichte dort im wesentlichen aus Absagen bestand. Bloch hatte ja in diesen elf Jahren noch an einigen weiteren Werken gearbeitet: am über 600 Manuskriptseiten starken Materialismusbuch, das er druckreif schon bei der Ankunft im Gepäck gehabt hatte, am noch unabgeschlossenen Buchmanuskript über die »Rechtsphilosophie«, und am Hegelbuch, das er parallel zu den *Träumen* in Angriff genommen hatte und das bald ebenfalls auf einen Gesamtumfang von über 500 Manuskriptseiten anwuchs. Für letzteres in amerikanischer Übersetzung sollte sich ein Jahr nach dem Erscheinen von *Freiheit und Ordnung* in New York der Verleger David McKay in Philadelphia interessieren, der es in der Reihe *The Living Thoughts Library* zu veröffentlichen gedachte.[80] Dort hatten viele antifaschistische Emigranten eine Veröffentlichungsmöglichkeit gefunden; 1939 schrieb Heinrich Mann einen Band über *The living thoughts of Nietzsche*, Leo Trotzki im selben Jahr über Karl Marx, Paul Valery 1947 über Descartes. Nach flüchtiger Durchsicht beurteilte McKays Manager Blochs Manuskripts in der vorliegenden Gestalt als »unpublizierbar«, forderte grundlegende Änderungen und meinte, daß eine »bedächtige Kürzung noch

---

80 Vgl. Bloch, Karola: *Aus meinem Leben*, S. 177-178.

keinem Manuskript geschadet«[81] habe. Kurz: Aus Blochs Hegelbuch ließ sich keine amerikanische Einführung in Hegel machen, und so wurde das Übersetzungsprojekt aufgeschoben. Eine andere Publikationsmöglichkeit ergab sich durch die Vermittlung eines spanischen Philosophieprofessors namens Wenceslao Roces, der, um Franco zu entkommen, 1939 nach Mexiko emigriert war. Durch ihn war Bloch in Kontakt mit dem Verlagshaus Fondo de Cultura Económica in Mexico City gekommen, das Roces mit der Übertragung ins Spanische beauftragte.[82] Die Übersetzung – *El pensamiento de Hegel* – erschien kurz vor Blochs Abreise nach Europa im März 1949. 1951, zwei Jahre danach, sollte die Studie dann im Ostberliner Aufbau-Verlag unter dem Titel *Subjekt-Objekt. Erläuterungen zu Hegel* veröffentlicht werden; nach dem Nachdruck von *Freiheit und Ordnung* im Aufbau-Verlag war dies Blochs zweite Publikation im Nachkriegsdeutschland und sein erstes Buch in der soeben gegründeten DDR.

Am 13. März 1948 wurde Blochs Arbeitsstille in Cambridge/ Massachusetts, wo das *Prinzip Hoffnung* und das Hegelbuch geschrieben worden waren, plötzlich gestört. An diesem Tag erhielt er ein Schreiben von Werner Krauss aus Leipzig, noch aus der »Sowjetisch Besetzten Zone Deutschlands« (SBZ), in dem der bekannte Romanist Ernst Bloch aufforderte, einen Ruf an die Leipziger Universität anzunehmen. Dort sei man sowohl an der philosophischen wie auch an der neu gebildeten gesellschaftswissenschaftlichen Fakultät zur Besetzung des Lehrstuhls für Philosophie und Geschichte der Philosophie auf der Suche nach einem renommierten Wissenschaftler, der zudem für seine antifaschistische und demokratische Einstellung bekannt sei. In dem Brief hieß es:

»Wir sind alle davon überzeugt, daß der verwaiste philosophische Lehrstuhl von Ihnen besetzt werden müßte. [...] Es wäre Ihnen natürlich unbegrenzte Freiheit gelassen. [...] Hinter mir stehen also zwei Fakultäten mit ihrer Bitte: die philosophische und die gesellschaftswissenschaftliche, die je einen Lehrstuhl für Sie freihalten, wobei Sie sich aber nicht zerteilen müßten! Die gesellschaftswissenschaftliche ist als Kristallisationspunkt der neuen Universität gebildet. Sie besteht fast nur aus einer Elite von Arbei-

---

81 Zit. nach Karola Bloch, ebd., S. 178.
82 Ebd., S. 178.

terstudenten [...] Alle Ihre denkbaren Forderungen sind sozusagen im voraus bewilligt.«[83]

Krauss Zusicherung, Bloch werde auch unter den herrschenden Bedingungen der sowjetischen Besatzung in Ostdeutschland »unbegrenzte Freiheit gelassen«, wie auch die weiterhin prekäre materielle Situation in den USA brachten die Blochs schnell zu der Überzeugung, daß es wohl geboten sei, auf das Angebot einzugehen. Bloch schrieb wenige Tage später an Werner Krauss zurück, das Angebot ehre ihn, er sei bereit, die Professur zu übernehmen. Dies bedeutete konkret: Rückkehr nach Europa, ins zerstörte, wirtschaftlich, militärisch und moralisch daniederliegende Deutschland, aber auch: intellektuell-politisches Engagement beim antifaschistisch-demokratischen Wiederaufbau Deutschlands, in der von der Sowjetarmee besetzten Zone. Aber es gab durchaus nicht nur Seiten, die zur Freude Anlaß gaben. Die Rückkehr war mit dem Risiko verbunden, in ein vom Krieg und von den alliierten Bombardements völlig zerstörtes Land einzureisen, in dem die Versorgung der Bevölkerung mit Grundnahrungsmitteln mangelhaft war. Noch im Jahre 1949 waren in der SBZ sämtliche Lebensmittel nur in kleinen Rationen gegen entsprechende Marken zu bekommen, so daß die Blochs bei ihrer Ausreise auch an Nahrungsmittel aus den USA – Fleischkonserven, Trockenmilch etc. – denken mußten. Zweitens war Bloch, der die deutsche Staatsbürgerschaft verloren hatte, administrativ gesehen inzwischen US-Bürger und mußte als solcher um die entsprechenden Einreisepapiere ersuchen (erst nach Gründung der DDR am 7. Oktober 1949 konnten er und seine Frau die Wiedereinbürgerung beantragen). Und schließlich war da das Problem der Finanzierung der Rückreise, die erneute Atlantik-Überquerung per Schiff, dieses Mal in umgekehrter Richtung.

Was die »Rückfahrkarte« Blochs nach Europa, d.h. das Schiffsbillet für die Reise von New York betraf, so erinnerte sich Karola Bloch nicht mehr, wer sie bezahlt hatte. »Vielleicht waren es die sowjetischen Behörden«, schreibt sie[84], denn für das Einreisevisum in die sowjetische Besatzungszone war Bloch nach New York gefahren und war mit dem damaligen UN-Botschafter und späteren sowjetischen Außenminister Andrei Gromyko zusammengetroffen. Das Billet, das Bloch erhielt – für den polnischen Dampfer »Batory« –

---

83 Zitiert nach dem Brief Blochs an Herzfelde vom 13. Februar 1948, in: Bloch, Ernst / Herzfelde, Wieland: *Briefwechsel 1938-1949*, S. 252-253.

84 Bloch, Karola: ebd., S. 187.

galt nur für ihn persönlich; seine Frau Karola und sein Sohn Jan Robert mußten vorerst in den USA zurückbleiben. Es wurde vereinbart, daß sie einige Monate später ebenfalls die Rückreise nach Europa antreten sollten.

Am 8. April 1949 bestieg Ernst Bloch im Hafen von New York den polnischen Dampfer. Zum letzten Mal warf der inzwischen 63jährige Philosoph einen Blick zurück auf Manhattan und die Freiheitsstatue, bevor das Schiff in See stach. Der Zielhafen war Gdynia (Gdingen) bei Danzig in Polen. Drei Monate später – am 18. Juli 1949 – kamen Karola und Jan Robert Bloch dann auf demselben Dampfer nach.

XXI. Vom »Tellerwäscher« zum Nationalpreisträger – Ernst Blochs Ankunft in der DDR (1949-1956)

Ernst Blochs Rückkehr nach Europa im April 1949 ist die »Heimkehr« eines Gelehrten, Philosophen und Schriftstellers nach äußerst entbehrungsreichen Jahren des Exils. Nun konnte er die Früchte seiner hartnäckigen Arbeit an seinem immer umfangreicher werdenden philosophischen Werk ernten. In den sechzehn Jahren Abwesenheit aus Deutschland hatte sich Bloch »in Einsamkeit und Freiheit« eine riesige philosophische »Vorratskammer« angelegt; darüber hinaus erwarteten noch viele andere, von Bloch in Exilzeitschriften veröffentlichte Artikel ein neues deutsches Lesepublikum, das durch die zwölf Jahre Nazi-Diktatur, die zu einer kulturellen »Finsternis« ohnegleichen geführt hatten, auf dem Gebiet der Kultur und der Philosophie stark »ausgehungert« war und nun endlich Zugang zu den großen im Exil entstandenen Werken in deutscher Sprache fand. Waren es doch gerade die, denen die Nazis die deutsche Staatsangehörigkeit aberkannten, die Ausgebürgerten und Exilanten, die durch ihr Wirken im Ausland die deutschsprachige Kultur vor dem Untergang in die Barbarei bewahrt hatten. Für seine Rückkehr nach Deutschland – ein Deutschland, dessen Städte nur noch Ruinen waren – hatte sich Bloch in den letzten Jahren seines Exils in den USA gut vorbereitet. Um zu verhindern, daß bei seiner Rückkehr im Falle einer Schiffskatastrophe seine Unterlagen mit ihm selbst verlorengingen, hatte er schon Ende 1948 all seine maschinenschriftlich vorliegenden Manuskripte an den Aufbau-Verlag in Ostberlin geschickt, in dem der erste Band des *Prinzip Hoffnung*, dieser großen philosophischen Trilogie, 1954 dann erscheinen sollte. Zusätzlich brachte Bloch in seinen Koffern jetzt weitere Manuskripte, Skizzen und Entwürfe mit, die für die jetzt schon von ihm konkret ins Auge gefaßte Gesamtausgabe seiner philosophischen Werke nützlich sein sollten.

Nach einem kurzen Zwischenaufenthalt in Berlin, wo er im Hotel »Adlon« untergebracht war, wurde Ernst Bloch nach seinem Eintreffen in Leipzig vom Rektor der Leipziger Universität, Georg Mayer, freundlich begrüßt, der die Nachfolge von Hans-Georg Gadamer an der Spitze der Universität angetreten hatte. Mayer stellte ihm sogleich einige seiner neuen Kollegen an der Leipziger Universität vor, wie etwa den renommierten Romanisten Werner Krauss, dessen Initiative es zu verdanken war, daß Bloch den Ruf nach Leipzig erhalten hatte. Auch hatte man ihm bereits eine Wohnung bereitgestellt: in der Kleiststraße im Leipziger Stadtteil Gohlis.[85] Und wenige Tage später – Ende Mai 1949 – erfolgte die offizielle Amtseinführung als Professor für Geschichte der Philosophie und Direktor des Leipziger Instituts für Philosophie. Unterstützt wurde er von seiner Sekretärin Ruth-Eva Schulz sowie von zwei Assistenten – Lothar Kleine und Jürgen Teller –, die an allen seinen Lehrveranstaltungen, Vorlesungen wie Seminaren, teilnahmen.

Nachdem Bloch mit den größten Ehren durch die sowjetische Militäradministration in Deutschland (SMAD) und die Universität in sein Amt eingeführt worden war, setzte er alles daran, aus diesem Institut so schnell wie möglich ein auch international angesehenes Studien- und Forschungszentrum für Philosophie zu machen. Innerhalb weniger Monate gelang es ihm, das Institut personell-wissenschaftlich zu erneuern, indem er Lehrkräfte und Mitarbeiter einstellte, die nicht nur eine solide philosophische Ausbildung hatten, sondern auch antifaschistisch eingestellt sein mußten. Bald übernahm er zusammen mit Wolfgang Harich, der an der Berliner Humboldt-Universität Sozialwissenschaften lehrte, die Leitung der *Deutschen Zeitschrift für Philosophie*, und es gelang ihm als Institutsdirektor der Karl-Marx-Universität Leipzig in relativ kurzer Zeit, das Leipziger Institut für Philosophie zu einem Lehr- und Forschungsinstitut von großem Prestige umzubauen, das den Ehrgeiz hatte, zum Hauptzentrum der Forschungen über den philosophischen Materialismus zu werden, in der DDR und möglichst in ganz Deutschland. Allerdings war Blochs Tätigkeitsbereich in Leipzig von vornherein auf den Bereich »Geschichte der Philosophie« beschränkt, während der Lehrbereich »Historischer und dialektischer Materialismus« im Fachbereich »Gesellschaftswissenschaften« von Rugard Otto Gropp wahrgenommen wurde, der im Gegensatz zu Ernst Bloch aktives Mitglied der SED war und dem bei den Spannungen, die Ende der 50er Jahre unter den Kollegen der DDR-Universitäten auftraten, eine besondere ideologische Rolle zufiel.

Daß Bloch offiziell mit der Koordinierung des Bereichs »Geschichte der Philosophie« beauftragt war, konnte für ihn nur ein zusätzlicher Ansporn dafür sein, sich sofort in gründliche und systematische Studien zur Geschichte der Philosophie (von der griechi-

---

85 Bloch, Karola: *Aus meinem Leben*, S. 192.

schen Antike bis zur neuesten Zeit) zu stürzen. Das Ergebnis dieser Bemühungen und Forschungen – Bloch fühlte sich sein ganzes Leben lang als »ewiger Student« – war der große Vorlesungszyklus zur Philosophiegeschichte der Jahre 1950 bis 1956, der 1985 postum in vier Bänden unter dem Titel *Leipziger Vorlesungen zur Geschichte der Philosophie* erschien.[86] Der erste Band dieser Vorlesungen behandelt die Philosophie der griechischen Antike; der zweite die mittelalterliche Philosophie und die Philosophie der Renaissance; der dritte die neuzeitliche (von Descartes bis Rousseau) und der vierte die des deutschen Idealismus (Kant, Fichte, Schelling, Hegel) und des 19. Jahrhunderts. Das große, Hegel gewidmete Kapitel dieser *Leipziger Vorlesungen* stellt zweifelsohne den Höhepunkt der Arbeit dar, hier hatte Bloch den wohl höchsten Grad der Perfektion als Philosophiehistoriker erreicht.

Die zunächst im Sommersemester Mai-Juli 1949 von Ernst Bloch am Leipziger Institut für Philosophie gehaltene Vorlesung »Grundfragen der Philosophie« beschäftigte sich u.a. mit der philosophischen Grundfrage des »Staunens« in der griechischen Philosophie der Antike sowie mit dem Problem der »Skepsis«; die darauf folgende vom Wintersemester 1949/50 trug den Titel »Dialektik und Wahrheit«. Eine weitere im selben Wintersemester gehaltene Vorlesung »Materie und reale Möglichkeit« stützte sich auf seine schon in den 30er Jahren in Paris und in Prag begonnenen Forschungen zur Geschichte des Begriffs Materie und zum Materialismus; hier las er aus dem noch unveröffentlichten Manuskript seines Buches *Das Materialismusproblem, seine Geschichte und Substanz.*

Bevor Bloch jedoch seine Vorlesungen im Sommersemester 1949 beginnen konnte, mußte noch ein weiteres wichtiges Problem gelöst werden: die Habilitation. Nach den Statuten und dem immer noch gültigen alten Universitätsgesetz war eine Berufung als ordentlicher Professor an eine Universität des Landes Sachsen nur für einen »habilitierten Doktor der Philosophie« möglich, der dadurch den Titel eines Privatdozenten erworben hatte. Dieses Habilitationsdiplom fehlte Bloch, der zwar im Jahre 1908 bei Oswald Külpe in Würzburg promoviert hatte, dessen Bemühungen – ähnlich wie diejenigen Walter Benjamins –, sich danach an einer anderen Univer-

---

86 Vgl. Bloch, Ernst: *Leipziger Vorlesungen zur Geschichte der Philosophie*, hrsg. von Ruth Römer und Burghart Schmidt, 4 Bde., Frankfurt/Main 1985.

sität (bei Max Scheler an der Universität Köln) zu habilitieren, jedoch nicht zuletzt am offenen oder latenten Antisemitismus vieler
damaliger Ordinarien gescheitert waren. Andererseits wurde sein in
der Emigration geschaffenes philosophisches Werk allgemein gewürdigt, so daß sich dieses institutionelle Hindernis meistern ließ.
Anfang Juni 1949 wurde offiziell vom Dekan und Rektor der Leipziger Universität in Abstimmung mit dem Ministerium für Hochschulen und Wissenschaft beschlossen, *Das Prinzip Hoffnung* nachträglich als Habilitationsschrift anzuerkennen und Bloch für diese
in jeder Hinsicht außergewöhnliche Leistung die Habi-
litationsurkunde der philosophischen Fakultät der Universität Leipzig und damit auch die Venia legendi für das Fach Philosophie zu
verleihen. Bloch durfte sich ab sofort Professor der Philosophie
nennen und in dieser Funktion Lehrveranstaltungen in Form von
Vorlesungen, Seminaren und Kolloquien abhalten.

Dennoch unterschied sich Blochs Stil als inzwischen mit allen
akademischen Ehren versehener Hochschullehrer von dem seiner
Kollegen und dem der meisten Lehrstuhlinhaber und Dozenten seiner Zeit entscheidend: Er nahm sich Freiheiten, die mit der Tradition brachen. Er sprach gerne frei, anstatt wie andere Dozenten an
seinem vorbereiteten Vorlesungstext zu kleben, und benutzte oft
auch nur kleine, eng beschriebene Handzettel, auf denen er diverse
Namen und Begriffe rot, grün oder blau unterstrichen hatte. Sie hatten die Funktion von Gedächtnisstützen bei der Entfaltung eines
philosophischen Diskurses, der dadurch lebendiger und weniger abstrakt wurde und auch schon einmal die Form einer »marxistischen
Predigt« annehmen konnte. Das bedeutete von Anfang an einen
Bruch mit den traditionellen Praktiken und dem traditionellen Lehr-
stil der deutschen Universität.

Die offizielle Anerkennung seiner langjährigen Arbeit – als
Bloch in Leipzig zum Philosophieprofessor ernannt wurde, war er
bereits 64 Jahre alt und stand nach den alten Universitätsgesetzen
ein Jahr vor Erreichen des Pensionsalters – bewirkte, daß er seine
Lehrtätigkeit in Leipzig mit großem Enthusiasmus begann: Er war
der Überzeugung, daß er damit zur demokratischen und antifaschistischen Erneuerung Deutschlands nach dem Ende des Nazi-Regimes konkret beitragen könne, und hier vor allem zur Erziehung
der deutschen akademischen Jugend in neuem demokratischem, revolutionärem und antifaschistischem Geiste. Es war unumstritten
der Glaube an diese Erneuerung, an diesen »Aufbruch«, der ihn in

260

den ersten Jahren seiner Lehrtätigkeit in der DDR in der trügerischen Hoffnung bestärkte, es könnte womöglich gelingen, dieses Ziel im Einklang mit den von der Sozialistischen Einheitspartei Deutschlands (SED) proklamierten politischen Zielen zu erreichen. (Die SED war das Produkt der von der sowjetischen Militäradministration in Deutschland und somit von Stalin betriebenen Zwangsvereinigung von KPD und SPD im Jahre 1948, bei der alle Machtpositionen an die früheren Kader der KPD übergingen.) So kam es, daß Bloch, der inzwischen zu so etwas wie einem offiziellen »Staatsphilosophen« der DDR gekürt worden war, in den ersten Leipziger Jahren dazu neigte, zwar vorsichtig und stets auf seine intellektuelle Autonomie bedacht, sich dieser Parteilinie mehr oder weniger zu fügen.

Bloch befand sich seit seiner Ankunft in Leipzig in einer vielen anderen marxistischen Intellektuellen vergleichbaren Situation, die, wie er selbst, nach Kriegsende in die DDR gegangen waren. Er gehörte zu jenen Vorzeige-Intellektuellen, mit denen die DDR, der neue antifaschistische »Arbeiter- und Bauernstaat« (wie er sich stolz nannte), vor allem gegenüber Westdeutschland und dem westlichen Ausland demonstrieren wollte, daß sie das »bessere Deutschland« verkörperte, allein schon, weil die bekanntesten antifaschistischen Intellektuellen unter den Emigranten es nach dem Ende des Naziregimes vorgezogen hatten, in die DDR zu gehen und nicht nach Westdeutschland; dort betrieben die Amerikaner eine Politik der kapitalistischen Restauration; nach einer äußerst oberflächlichen und mangelhaften Entnazifizierungskampagne wurden Tausende von Nazis und sogenannte »Mitläufer« mit dem beginnenden kalten Krieg erneut als Staatsbeamte eingestellt – im Gegensatz zur DDR, wo der Staatsapparat viel gründlicher durchforstet wurde. In dieser Situation lieferten Bertolt Brecht, Hanns Eisler, Anna Seghers, Hans Mayer und Ernst Bloch allein schon durch ihre Anwesenheit in der DDR dem kommunistischen Regime in Ostdeutschland, das sich zugleich »antifaschistisch«, »sozialistisch« und »demokratisch« nannte, eine Art intellektuelle Rückendeckung. Sie halfen dem DDR-Regime indirekt, sich in internationalem Maßstab als das »progressivere Deutschland« ausweisen zu können, in dem man die Lehren aus der Geschichte gezogen habe. Es steht völlig außer Frage, daß Bloch sich in den ersten Jahren seines Aufenthalts, mit seinem ständig zunehmenden Prestige als Philosoph, ähnlich wie die anderen DDR-Intellektuellen für diese politischen Ziele der

DDR-Regierung einspannen ließ. Bloch hatte noch nicht verstanden (oder wollte nicht sofort verstehen), daß die marxistisch-leninistisch-stalinistisch ausgerichtete Politik der SED unter Walter Ulbricht und die blinde und geradezu bedingungslose Unterwerfung der DDR-Führung unter die Politik der Sowjetunion einen realen demokratisch-sozialistischen Neuaufbau der Gesellschaft im Osten Deutschlands von vornherein untergrub, allein schon deshalb, weil die nun nach dem Modell des Leninschen »demokratischen Zentralismus« geschaffenen Strukturen in dem neuen »Arbeiter- und Bauernstaat« jegliche Form realer Demokratie und jeglichen Pluralismus erstickten und dem von Walter Ulbricht, dem Generalsekretär des Zentralkomitees der SED, autoritär geleiteten bürokratischen Staatsapparat außerordentliche Machtbefugnisse einräumten. Es mußten erst dramatische politische Ereignisse in Osteuropa eintreten, bis Bloch seine in die DDR gesetzten Hoffnungen aufgab.

Allerdings begann ein langsamer Prozeß der Desillusionierung schon wenige Jahre nach Blochs Übersiedlung in die DDR. Im Dezember 1949 war Ernst Bloch stark verärgert über den plötzlichen Beschluß der Parteiführung der DDR, die von Alfred Kantorowicz herausgegebene Zeitschrift *Ost-West* zu verbieten. Anlaß für dieses Verbot war offenbar die zu große Meinungs- und Gedankenfreiheit, die in dieser Zeitschrift herrschte, der vorgeworfen wurde, in vielen Punkten von der offiziellen Parteilinie abzuweichen. Kantorowicz hatte gehofft, daß Bloch vielleicht hier zu seinen Gunsten intervenieren könnte; Bloch aber winkte ab, denn er wollte zu diesem Zeitpunkt – er war ja erst sechs Monate in der DDR – nichts riskieren, was seine Publikationsprojekte im Ostberliner Aufbau-Verlag hätte gefährden können, vor allem sein Hegelbuch und *Das Prinzip Hoffnung*. Ein anderer unangenehmer »Zwischenfall« ereignete sich im Jahre 1950, als die Partei das Beitrittsgesuch zur SED von Karola Bloch, die immerhin seit 1932 aktives Mitglied der KPD gewesen war, ablehnte. Wie Karola Bloch[87] in ihren Memoiren berichtet, war sie vorher von dem »Genossen« Matern, einem hochrangigen Mitglied des Zentralkomitees der SED, verhört worden, der ihr u.a. vorgeworfen hatte, während ihres Exils in den USA Hermann Field gekannt zu haben, jenen Hermann Field, der 1951 aufgrund der absurden Anschuldigung, »Agent des amerikanischen Geheimdienstes« zu sein, in Polen zu fünf Jahren Gefängnis verurteilt werden sollte.

---

87 Vgl. Bloch, Karola: *Aus meinem Leben*, S. 200-201.

(Field war völlig unschuldig, wurde 1956 aus der Haft entlassen, rehabilitiert und erhielt 40.000 Dollar als Entschädigung.)[88] Wäre Karola Bloch damals aufgrund ähnlich absurder Anschuldigungen etwa in die Field-Affäre mit hineingezogen worden – Field wurde auch vorgeworfen, Kontakte zur »Raijk«-Gruppe in Ungarn gehabt zu haben, die vom Rákosi-Regime mit den schlimmsten Methoden stalinistischen Terrors liquidiert wurde –, so hätte Ernst Bloch höchstwahrscheinlich wesentlich früher politische Schwierigkeiten in der DDR bekommen; trotz des – von einem Mißtrauen gegenüber jedermann geleiteten – Verhörs von Karlheinz Matern ließen die ermittelnden DDR-Behörden die Angelegenheit erst einmal auf sich beruhen. Es blieb aber dabei, daß Karola Bloch nicht Mitglied der SED werden durfte. Erst im Frühjahr 1956 – während der »Tauwetter-Periode« – erhielt sie ihr Parteibuch, das sie ein Jahr später allerdings als Gattin des inzwischen in Ungnade gefallenen Philosophen schon wieder verlor.

In den folgenden fünf Jahren konzentrierte sich Ernst Bloch fast ausschließlich auf seine Vorlesungen und Seminare an der Leipziger Universität sowie auf die Herausgabe seiner philosophischen Schriften in enger Zusammenarbeit mit dem Aufbau-Verlag. Im November 1949 war er in eine relativ luxuriöse »Dienstwohnung« in der Wilhelm-Wild-Straße Nr. 8 in Leipzig eingezogen, in eine im Stadtteil Schleußig gelegene Villa, wo er über sechs Zimmer, eine Terrasse, einen schönen Garten und einen geräumigen Keller verfügte. Bloch fühlte sich darin so wohl, daß er sie käuflich erwerben wollte, und so zahlte er sie in monatlichen Raten von 150 Mark ab. Geduldig auf die Veröffentlichung der ersten beiden Bände des *Prinzips Hoffnung* im Aufbau-Verlag wartend, wo die Parteibürokraten immer wieder die Drucklegung seiner Manuskripte verzögerten, widmete sich Ernst Bloch in dieser Zeit vor allem der Abfassung seiner Schrift über *Naturrecht und Sozialismus*, die allerdings wegen der bald sich überstürzenden Ereignisse in der DDR nicht mehr erscheinen sollte, sowie der Vorbereitung seines Hegelbuchs für den Druck, das 1951 schließlich in seiner deutschen Originalfassung unter dem Titel *Subjekt-Objekt. Erläuterungen zu Hegel* im Aufbau-Verlag erschien. 1952 brachte Bloch dann auch noch seine kleinere Studie über *Avicenna und die aristotelische Linke* – gewissermaßen eine Nachschrift und wichtige Ergänzung

---

88 Ebd., S. 202.

seines Materialismusbuchs – bei Rütten und Loening, einem anderen Ostberliner Verlag, heraus. Im gleichen Jahr gelingt ihm auch ein anderer wichtiger Durchbruch: Er erhält endlich vom Aufbau-Verlag den lang ersehnten Vertrag für die Veröffentlichung von *Das Prinzip Hoffnung*, dessen erster Band 1953 erscheinen sollte. Paradoxerweise war es nun jedoch Bloch selbst, der zumindest indirekt zur Verzögerung der Veröffentlichung dieses Buches um ein weiteres Jahr beitrug, denn – wie vormals schon bei Aurora – nahm er bei der Fahnenkorrektur wieder so viele Änderungen, Verbesserungen, Streichungen und Zusätze vor, daß das Manuskript des ersten und zweiten Bandes des *Prinzips Hoffnung* insgesamt dreimal (!) neu gesetzt werden mußte. So stark arbeitete Blochs Phantasie im ständig neuen Einsatz an der Front des »work in progress«.

Nachdem Bloch dergestalt den damaligen Lektor des Aufbau Verlags Walter Janka, mit dem er jedoch trotzdem freundschaftlich verbunden blieb, beinahe zur Verzweiflung gebracht hatte, erschien schließlich im Herbst 1954 der erste Band von *Das Prinzip Hoffnung*; im Jahre 1955 folgte der zweite Band, der den »Abriß der Sozialutopien« enthielt. Damit stand Bloch nun auf dem Höhepunkt seines philosophischen Ansehens und Ruhms in Ostdeutschland. Die Ereignisse des 17. Juni 1953 hatten sein Bild von der DDR jedoch bereits getrübt.

Am Nachmittag des 4. März 1953 erschienen in Ostberlin große Sonderausgaben des *Neuen Deutschland* (des damaligen Zentralorgans der SED) und auch aller anderen Zeitungen der DDR, die schwarz umrandet in riesigen Lettern und mit einem großen Porträtfoto auf der Titelseite den Tod von Josef Stalin, des »Vaters der Sowjetunion«, meldeten. Der Tod des Diktators, der Millionen von Menschen in sibirische Arbeitslager hatte deportieren lassen (unter ihnen auch Zigtausende von Mitgliedern der KPdSU) und der durch seine »Säuberungen« im Namen des Sozialismus, des Kommunismus und des Marxismus-Leninismus eine schwer faßbare Tyrannei errichtet hatte, führte wie in allen anderen »Volksdemokratien« der sowjetischen Einflußsphäre, auch in der DDR zu einer Reihe großangelegter offizieller Trauerfeierlichkeiten, die den in Prag, Warschau und Moskau veranstalteten entsprechenden Großdemonstrationen sehr ähnelten. So wurden in allen größeren Städten der Republik, hauptsächlich jedoch in Ostberlin, der Hauptstadt der DDR, auf Anordnung der SED und der Staats- und Parteiführung Demonstrationen abgehalten, bei denen Stalin als der charismatische Führer des »Vaterlands des Sozialismus«, als Held des »großen vaterländischen Kriegs« und als militärisches Genie gefeiert wurde, dem es – als dem großen Schüler Lenins – gelungen war, den Faschismus zu besiegen und aus der Sowjetunion eine Weltmacht zu machen, die sogar über die Atombombe verfügte. Bei diesen Großdemonstrationen in Berlin, Leipzig, Rostock etc. bemühten sich die führenden Politiker der DDR, die alle Stalin treu ergeben waren, selbstverständlich darum, dem sowjetischen »Brudervolk« zu zeigen, daß sie die wahren »Musterschüler« des sozialistischen Lagers waren. Andererseits stellte sich bald so etwas wie Erleichterung vor allem in jenen intellektuellen Kreisen und unter jenen Mitgliedern der SED ein, die mit den Ideen Rosa Luxemburgs sympathisierten und sich einen eigenen, vom sowjetischen Modell abweichenden Weg zum Sozialismus erhofften. Sie waren gewiß nur eine kleine Minderheit in der »Partei der Arbeiterklasse«, aber der Tod Stalins nährte bei ihnen die Hoffnung, daß eine neue Ära demokratischer Reformen eingeleitet werden könnte, die das Land dringend benötigte, um innenpolitisch und auch wirtschaftlich voranzukommen. Ernst Bloch und seine Frau gehörten dazu, ebenso wie Wolfgang Harich in Berlin; aber auch Bertolt Brecht und Hanns Eisler versprachen sich positive Veränderungen von einem »Tauwetter«. Obwohl die kritischen Stimmen innerhalb der Partei sofort wieder unterdrückt wurden und keinerlei Öffentlichkeit für sich in Anspruch nehmen durften, konnte die Parteiführung nicht ganz verhindern, daß an der Basis in sehr vielen SED-Bezirksgruppen der Wunsch nach Entstalinisierung und Liberalisierung immer lauter wurde. So war gewissermaßen vorprogrammiert, daß nach Beendigung der offiziellen monumentalen und in größter Unterwürfigkeit gegenüber Moskau organisierten Feierlichkeiten auch in der DDR Probleme entstanden.

Tatsächlich war es ein politisches Pulverfaß, auf dem die stalinistische Führung der DDR saß. Bezeichnend für ihre blinde Festlegung auf die Linie und die Direktiven Stalins aus Moskau und für ihr Unvermögen, die breiten Schichten der Bevölkerung für sich zu gewinnen, war der am 14. Mai 1953 vom Zentralkomitee der SED gefaßte höchst unpopuläre Beschluß einer Erhöhung der Arbeitsnormen um zehn Prozent ohne gleichzeitigen Lohnausgleich zur Steigerung der »sozialistischen Produktion«. Diese Maßnahme ließ ein Absinken des Lebensniveaus befürchten. Auch der »Neue Kurs«, mit dem die SED-Führung Anfang Juni eine Verbesserung der Versorgung mit Lebensmitteln und Konsumgütern versprach, konnte das Mißtrauen der Bevölkerung nicht ausräumen.

Als am 16. Juni in der Gewerkschaftszeitung »Tribüne« ein Artikel erscheint, der die Erhöhung der Arbeitsnormen rechtfertigte, treten die Bauarbeiter der Stalinallee – dem großen Vorzeigeprojekt im Zentrum von Ostberlin – in den Streik und bilden eine spontane Demonstration, die schnell anwächst und sich ausbreitet. Am Nachmittag findet vor dem Haus der Ministerien eine Kundgebung statt, auf der die versammelten Arbeiter lautstark die Rücknahme der Normerhöhung fordern. Aufgeschreckt erscheint der zuständige Minister für Industrie auf dem Balkon und verspricht der Menge die Rücknahme der Normenerhöhung. Jetzt war es jedoch zu spät, um den Gang der Dinge noch aufzuhalten. Am folgenden Tag, dem 17. Juni, zogen über 10.000 Beschäftige der Stahl- und Walzwerke Henningsdorf vom Norden Berlins in die Innenstadt. Streiks und Proteste breiteten sich lawinenartig in ganz Ostberlin aus und griffen schnell auf die anderen Großstädte der DDR über: Leipzig, Dresden, Magdeburg, Halle, Rostock, Bitterfeld und Jena. In Sprechchören forderten die Demonstranten immer wieder den Rücktritt von Walter Ulbricht, dem Generalsekretär der SED und treuen Statthalter Moskaus in der DDR.

Inzwischen hatte der im amerikanischen Sektor von Berlin beheimatete Sender RIAS, der auch in Ostberlin und in der DDR sehr viel gehört wurde, sein normales Programm unterbrochen und berichtete in Sondersendungen über die sich zuspitzende Lage in Ostberlin und in der DDR. Die Reporter des RIAS standen direkt am Brandenburger Tor und beobachteten von dort aus die Vorgänge auf der Straße Unter den Linden und an der Humboldt-Universität, und es verstand sich, daß diese Direktreportagen die Funktion hatten, die Bevölkerung der DDR nicht nur zu informieren, sondern auch zum Widerstand gegen das Regime zu ermuntern. Im Zentrum von Ostberlin gibt es z.T. chaotische Szenen, als erregte Passanten Funktionäre der SED, die offen das Parteiabzeichen im Knopfloch tragen, belästigen, schlagen, beinahe lynchen. In mehreren Städten der DDR werden die Gefängnisse von der aufgebrachten Menge gestürmt und die dort einsitzenden politischen Gefangenen befreit.

Es meldet sich auch der Rundfunk der DDR: Die Ostberliner Sender Berlin 1, 2 und 3 fordern in ihren Kommuniqués die Bevölkerung der DDR und der »Hauptstadt« zur Ruhe auf und denunzieren die »Wühlarbeit« vom »Westen eingeschleuster Agenten«. Sie verurteilen die »Einmischung Westdeutschlands« und der westlichen Medien (vor allem des Westberliner RIAS) in die »inneren Angelegenheiten der DDR«. Das Zentralkomitee der SED und sein Generalsekretär Walter Ulbricht gehen jedoch noch weiter. Aus Angst, von der Revolte, die sich weiter auszudehnen droht und von Stunde zu Stunde anschwillt, überrollt zu werden, wendet sich Ulbricht an Moskau mit der Bitte um umgehende militärische Intervention zur Niederschlagung der »konterrevolutionären« Revolte. Moskau kommt dieser Bitte sofort nach. Um 13 Uhr unterbricht der Ostberliner Sender Berlin 1 sein Programm und verbreitet ein Kommuniqué des sowjetischen Stadtkommandanten, in dem es heißt, ab sofort werde der Ausnahmezustand über den sowjetisch besetzten Sektor von Berlin und das gesamte Gebiet der DDR verhängt, und alle »Zusammenrottungen« von mehr als drei Personen seien verboten. Auf Zuwiderhandelnde werde geschossen. Noch am Spätnachmittag des 17. Juni rollen sowjetische Panzer auf das Stadtzentrum von Ostberlin zu, wo sie sporadisch auf einzelne Gruppen von Demonstranten schießen. Dabei werden neunzehn Menschen erschossen – die meisten im Sektor zwischen der Stalinallee und Unter den Linden. Im Verlauf dieser Revolte holen Demonstranten die rote Fahne vom Brandenburger Tor an der damaligen Sektorengrenze. Als sie später auch die schwarz-rot-goldene Fahne hissen wollen, nähert sich ein sowjetischer Panzer und schießt auf sie, derweil der Reporter des RIAS auf der anderen Seite des Brandenburger Tores die Szene beobachtet und kommentiert.

Wie die meisten DDR-Bürger verfolgt auch Ernst Bloch die dramatischen Ereignisse dieses Tages zu Hause in Leipzig am Radio. Die sich überstürzenden Meldungen hindern ihn, weiter an seinen philosophischen Manuskripten zu arbeiten. Aufgeschreckt durch die Vorgänge in Berlin, versucht er, wenigstens telefonisch seine engsten Freunde zu erreichen: Hans Mayer, Hanns und Lou Eisler, Alfred Kantorowicz und Werner Krauss. Bald aber werden infolge des Ausnahmezustands die Telefonleitungen unterbrochen. Der DDR-Rundfunk und das *Neue Deutschland* machen »aus Westdeutschland eingeschleuste Provokateure« sowie »von Westberlin aus agierende Agenten« für die Unruhen verantwortlich.

In der Zwischenzeit waren alle offiziellen Gebäude und Ministerien der DDR-Regierung abgeriegelt worden. Immer noch zogen aber kleinere versprengte Gruppen von Demonstranten durch das

Zentrum von Berlin-Mitte und andere Stadtviertel von Ostberlin, wo sie durch Panzersalven und Gewehrschüsse der sowjetischen Soldaten verjagt wurden. Auch im Zentrum von Leipzig kam es zu spontanen Demonstrationen, die sich jedoch relativ schnell wieder auflösten. Innerhalb weniger Stunden bricht der Volksaufstand zusammen. Ulbricht bleibt an der Macht, gerettet von den sowjetischen Panzern, die er zur Hilfe gerufen hatte.

Bloch war betroffen und wie gelähmt. Bereits im Mai 1953 hatte er in Leipzig einen Vortrag mit dem Titel »Marx und die bürgerlichen Menschenrechte« gehalten, in dem er sich nachdrücklich für ein »Kritikrecht«, ja sogar eine »Kritikpflicht« beim Aufbau des Sozialismus aussprach und die in der DDR erfolgte »Entzweiung zwischen Volk und Staat, Staat und Volk« kritisierte.[89] Dies hörte man in offiziellen Parteikreisen der DDR nicht eben gern, war es doch Wasser auf die Mühlen derjenigen, die z.T. auch innerhalb der SED für Demokratisierung eintraten und einen Verzicht auf die autoritären Methoden Ulbrichts forderten. Jetzt nahm er – vermutlich aus Furcht vor Repressalien – nicht öffentlich Stellung zur Niederwalzung des Aufstands durch sowjetische Panzer, obwohl diese Form der »Negativpropaganda« des Sozialismus ihn zutiefst erschütterte und obwohl er wie so viele andere Intellektuelle insgeheim die Hoffnung gehegt hatte, daß es eventuell an der Spitze der DDR-Regierung doch noch zu einer Ablösung Walter Ulbrichts kommen würde.

Dagegen hatte Bertolt Brecht, nachdem auf der Stalinallee Flugblätter verteilt worden waren, auf denen der Sekretär des Schriftstellerverbandes meinte, »daß das Volk das Vertrauen der Regierung verscherzt habe und es nur durch verdoppelte Arbeit zurückerobern könne«, immerhin den Mut, in einem ironisch-politischen Gedicht den Regierenden der DDR vorzuhalten, ob »es nicht einfacher [wäre], die Regierung löste das Volk auf und wählte ein anderes«. Karola Bloch allerdings sah sich veranlaßt, auf einen Brief des *Neuen Deutschland*, in dem sie dazu aufgefordert wurde, ihre Meinung zu den Ereignissen des 17. Juni zu äußern, zu antworten, daß »die Schuld an diesen Vorgängen allein in der falschen Politik der SED-Führung zu suchen sei, selbst dann, wenn die Westdeutschen alles getan hätten, um das Feuer zu schüren; ich wünschte«, schrieb sie, »der 17. Juni möge helfen, die verfehlte Partei-Politik zu än-

---

89 Vgl. Bloch, Ernst: *Politische Messungen, Pestzeit, Vormärz*, GA 11, S. 349-350.

dern.«[90] Es war abzusehen, daß diese kritische Stellungnahme vom *Neuen Deutschland* nicht veröffentlicht wurde, und Karola Bloch warf man in einem offiziellen Antwortschreiben vor, sie habe einen »großen Irrtum« begangen.[91]

Daß Ernst Bloch hier schwieg, könnte auch noch einen anderen Grund gehabt haben: die im Ostberliner Aufbau-Verlag vorgesehene Veröffentlichung der beiden ersten Bände von *Das Prinzip Hoffnung*, die er unter keinerlei Umständen gefährden wollte, sowie seine Mitherausgeberschaft der *Deutschen Zeitschrift für Philosophie*. Erst sollte sein Hauptwerk erscheinen, bevor er sich wieder verstärkt in die innenpolitischen Angelegenheiten der DDR einmischen würde. Aufgrund dieser Haltung blieb Ernst Bloch zunächst unbehelligt, und am 8. Juli 1955 – noch galt er als der Vorzeigephilosoph der DDR – wurde sein 70. Geburtstag gar mit einer offiziellen Gratulationscour in Leipzig gefeiert. Er erhielt Glückwünsche nicht nur vom Rektor der Leipziger Universität, sondern auch vom Kulturminister der DDR, Johannes R. Becher, und sogar vom Ersten Sekretär der SED, Walter Ulbricht. Zur Feier dieses 70. Geburtstags erschien in Leipzig auch eine Festschrift zu Ehren Blochs, die von Rugard Otto Gropp herausgegeben wurde, dem Kollegen Blochs aus dem Fachbereich Gesellschaftswissenschaften an der Karl-Marx-Universität Leipzig, der eineinhalb Jahre später auf Weisung der Parteileitung im *Neuen Deutschland* Blochs Philosophie als »revisionistisch« und »mystische Verirrung auf dem Gebiet des wissenschaftlichen Sozialismus« kritisieren und verurteilen sollte. Im Vorwort zu dieser Festschrift heißt es: »Seit Beginn Ihres öffentlichen Wirkens ist Ihre Arbeit dem Kampf gegen die imperialistischen Kräfte gewidmet. Während der Nazibarbarei aus Deutschland vertrieben, haben Sie sich in der Emigration für eine Neugeburt unseres deutschen Vaterlandes, unserer deutschen Kultur eingesetzt. Nach Deutschland 1949 zurückgekehrt, stellten Sie Ihr reiches Wissen und Ihr lebendiges Denken in den Dienst unseres Aufbaus, unseres Ringens um die friedliche Wiedervereinigung Deutschlands und unseres Kampfes um die Erhaltung des Weltfriedens. [...] In Schrift und Wort, durch Buch, Artikel und Vortrag fördern Sie den Kampf der Menschheit um eine glückliche Zukunft.«[92]

---

90 Bloch, Karola: *Aus meinem Leben*, S. 210.
91 Ebd.
92 Ebd., S. 213.

Die prominentesten Beiträge dieser Festschrift stammten aus der Feder von Hans Mayer, Hans Heinz Holz, Georg Lukács und Walter Markov, die alle Blochs antifaschistisches Engagement und seinen großen Beitrag zur Rettung der deutschen Kultur, zur zeitgenössischen Philosophie und zum Marxismus würdigten. Außerdem wurde Ernst Bloch in diesem Jahr zum ordentlichen Mitglied der »Deutschen Akademie der Wissenschaften zu Berlin« ernannt, was ihm das zusätzliche »Privileg« einbrachte, einen Reisepaß zu erhalten und ins Ausland reisen zu dürfen. Zudem erhielt er am 7. Oktober 1955, zum 6. Jahrestag der Staatsgründung, den »deutschen Nationalpreis II. Klasse für Wissenschaft und Technik«, eine der höchsten Auszeichnungen, die die Deutsche Demokratische Republik zu vergeben hatte. Damit hatte Bloch den Status eines lebenden Symbols der geistig-intellektuellen Stützen dieser Republik erworben, die sich seit ihrer Gründung dezidiert »antifaschistisch« nannte und die für sich beanspruchte, nach zwölf Jahren Nazi-Barbarei die authentisch demokratische Erneuerung Deutschlands zu verkörpern. Nach all diesen offiziellen Erfolgen und Ehrungen konnte Bloch nun halbwegs zuversichtlich die nächste Etappe seines publizistischen Wirkens angehen: die Veröffentlichung des dritten Bandes von *Das Prinzip Hoffnung*, die für das folgende Jahr 1956 geplant war. Bald traten jedoch neue politische Ereignisse ein, die dies verzögern sollten.

Ein wichtiger Einschnitt war die Veröffentlichung des »Chruschtschow-Berichts« im Februar 1956 über den »Personenkult und die Verbrechen Stalins«. Auch wenn das Dokument als »geheim« galt und nur in Auszügen veröffentlicht werden durfte, zirkulierten wichtige Teile dieser Abrechnung mit den Verbrechen der Stalin-Zeit inoffiziell doch in den osteuropäischen Ländern. Sie lösten Debatten aus und setzten die von der Parteispitze unterdrückte Diskussion um notwendige Reformen erneut in Gang. Am stärksten war diese Bewegung zunächst in Polen, wo schon im April/Mai 1956 Unruhen ausbrachen und es immer wieder – vor allem in Poznan (Posen), Gdansk (Danzig) und anderen polnischen Städten – zu Protestkundgebungen der Bevölkerung gegen die Anwesenheit der sowjetischen Truppen im Lande kam. Zwar wurden die Kundgebungen von der Polizei unterdrückt und aufgelöst; doch sah sich darauf die polnische Regierung genötigt, kleinere Zugeständnisse im Sinne einer Liberalisierung zu machen, und schließlich wurde im Oktober 1956 Gomulka, der Anhänger eines »Sozialismus mit menschlichem Antlitz«, zum ersten Parteisekretär der Vereinigten Arbeiterpartei Polens gewählt. Dies führte in Polen, das neben Ungarn vermutlich am stärksten von allen Satelliten der Sowjetunion unter der sowjetischen »Eiszeit« gelitten hatte, zu einer Tauwetter-Periode, die auch bei den westlichen (DDR) und südlichen (ČSSR) Nachbarn nicht unbemerkt bleiben sollte. So kam es auch in der DDR im Frühjahr und Sommer 1956 unter den Intellektuellen, vor allem in Ostberlin im Umfeld der Humboldt-Universität und in Leipzig im Umfeld des Instituts für Philosophie der Karl-Marx-Universität, d.h. im unmittelbaren Umkreis Blochs, zu Diskussionen, bei denen trotz hartnäckigen Widerstands der SED-Parteileitung immer wieder Forderungen nach einer Lockerung und Demokratisierung des Regimes laut wurden. Da Ernst Bloch von Anfang an – ebenso wie seine Frau Karola – mit diesem »polnischen Frühling« sympathisierte, nutzte der Philosoph die Gelegenheit, auf einem im März 1956 von der Deutschen Akademie der Wissenschaften in Ostberlin veranstalteten Symposium an die versammelten Akademiker und Studenten ein aktualitätsgebundenes »Schlußwort [...]. Schichten der Freiheit betreffend« zu richten, in dem er das grundlegende »Anliegen der Freiheit« unterstrich und in unmißverständlichen Formulierungen den stalinistischen Bürokratismus, Schematismus und Dogmatismus in der DDR kritisierte. Auch wandte sich Bloch in diesem Zusammenhang gegen die »mediokre Schulmeisterei unseren bildenden Künstlern und Musikern gegenüber«, der »dem Sozialismus und seiner Anziehung deutlichen Schaden zugefügt« habe.[93] »Echtes marxistisches Philosophieren«, unterstrich Bloch in diesem Appell, »hat die Eigenschaft des Adlers, sehr hoch zu fliegen, um gerade dadurch, mit erlangtem Weitblick, jederzeit ins Detail niederstoßen zu können und es zu packen – mit einem dialektischen Zugleich von Weitblick und Nähe, von Zukunftsperspektive und intensivster Zeitgenossenschaft. Gerade das Problem der Freiheit, dieses an seinem Anfang wie an seinem Ende überwiegend Anthropologische, verlangt Gedankenschärfe und politische Lebendigkeit nicht isoliert, sondern im Bund beider.«[94]

In seinem vorausgegangenen Vortrag und Grundsatzreferat mit dem Titel »Freiheit, ihre Schichtung und ihr Verhältnis zur Wahr-

---

93 Bloch, Ernst: *Politische Messungen, Pestzeit, Vormärz*, GA 11, S. 368.
94 Ebd., S. 367-368.

heit«, mit dem Ernst Bloch diese Tagung eröffnete, hatte er bereits unmißverständlich die Einschränkung der Freiheiten in der DDR und in den Ländern des »real existierenden Sozialismus« kritisiert und die »scharfe Luft der Freiheit«, d.h. jene Freiheit, die von der Französischen Revolution her weht, die »mehr Revolution [war] als bürgerlich«, was sie »dem Marxismus nahe« hält[95], verteidigt. Der Vortrag enthält außer der obligatorischen marxistischen Kritik der liberal-kapitalistischen Freiheitsidee unter den Bedingungen des Spätkapitalismus (mit seinem unerbittlichen egoistischen Konkurrenzdenken) und einer Kritik des Sartreschen, die »totale Freiheit« des Individuums postulierenden Existentialismus eine deutliche Kritik an der Unterdrückung der individuellen Freiheiten im staatsbürokratischen Sozialismus, insofern Bloch hier als marxistischer Philosoph das Freiheitsprinzip gegen das Ordnungsprinzip des autoritären Staats verteidigt. »Denn alle Freiheit«, unterstreicht Bloch, »macht sich kenntlich als Findung, nicht als Verlust unserer selbst und des Unseren. Sie macht sich kenntlich als gemeinsames Glück, nicht als einsames Unglück, als Zugehörigkeit und Haus, nicht als Losgelassenheit und Unbehaustheit in ohnehin bestehender Entfremdung. [...] Mit anderen Worten: daß mit ihr der Zwang wesenhaft unverträglich ist, ihr also unerträglich ist, daß aber qualitativ ganz andere Einfassungen, ja Bindungen mit ihr durchaus im Wechselverhältnis stehen können. Und zwar in all den oben angegebenen Schichten der Freiheit, vorzüglich gerade in der politischen und moralischen.«[96]

Charakteristisch für Blochs Argumentation zur Rettung und produktiven Einsetzung der Freiheitsidee im Sozialismus ist dabei sein expliziter Rekurs (und dazu gehörte schon etwas Mut, um dies in der DDR der 50er Jahre öffentlich zu sagen!) auf den »subjektiven Faktor« in der Praxis, der Bloch zufolge nur dann zu einer großen determinierenden Kraft werden kann, wenn er – nach den Gesetzen der »objektiv-realen Möglichkeit« – mit dem Gegenstand seiner Bestimmung dialektisch vermittelt ist, um schließlich dialektisch-revolutionär aufgehoben werden zu können.[97] Also Freiheit gegen Zwang! »Nichts ist falscher«, so unterstreicht Bloch, »als die Verwechslung der Notwendigkeit eines Gesetzes mit dem Zwang; denn ein Zwang muß zum höchsten Gewinn der

95 Bloch, Ernst: *Philosophische Aufsätze zur objektiven Phantasie*, GA 10, S. 578.
96 Ebd., S. 594.
97 Ebd., S. 595.

Freiheit zerbrochen werden, eine Gesetzmäßigkeit dagegen kann nur zum Schaden der Freiheit übersehen werden. Der Sozialismus hat zwar eine Reihe von Gesetzen der kapitalistischen Ökonomie durch neu geschaffene Produktions- und Distributionsbedingungen aufgehoben (so das Gesetz des Mehrwerts, der absoluten und relativen Verelendung, der Durchschnittsprofitrate, der Konkurrenz, der Krisen). Nicht aufgehoben, sondern in ihrer Gültigkeit nur eingeschränkt sind dagegen andere Gesetze der Warenwirtschaft, solche, die gerade dem Übergang vom Kapitalismus über den Sozialismus zum Kommunismus notwendig eigen sind [...]. Die Ordnung zuletzt [...] ist sozialistisch, gar kommunistisch der gebaute Raum um die Freiheit in Solidarität. Die bürgerliche Gesellschaft sieht im Nebenmenschen nur die Schranke der eigenen Kräfte, der individuellen Freiheiten. [...] Die klassenlose Gesellschaft dagegen sieht im Nebenmenschen die Garantie der eigenen Freiheit; wonach eben der Mensch, wie Marx sagt, seine eigenen Kräfte als gesellschaftliche Kräfte erkennt und organisiert. Ordnung wird so die *ungezwungene* Struktur der nichtantagonistischen Gemeinschaft schlechthin; sie gleicht der gelungenen Werkform im Verhältnis zu dem darin gelungenen und ausgedrückten Inhalt. Allemal freilich ist sie auf die Freiheit als diesen ihren Inhalt zurückbezogen und ist nur um seinetwillen da; denn der Topos Ordnung hat keinen eigenen Inhalt, nur der Wille Freiheit hat ihn. [...] Item: ›Konkretes Freisein ist Ordnung, als die seines eigenen Felds, konkretes Geordnetsein ist Freiheit, als die seines einzigen Inhalts.‹ (Das Prinzip Hoffnung, S. 621) Wirkliche Freiheit und wirkliche Ordnung sind folglich so wenig einander entgegengesetzt, daß sie vielmehr aufeinander korrelativ hinweisen. Und dieses Korrelative macht zugleich, daß ein Reichshaftes um die Freiheit kommt und bleibt, auch wenn, ja gerade wenn das Staatshafte verschwunden ist.«[98]

Und nach einigen weiteren Ausführungen über die dialektische Einheit von Freiheit, Wahrheit und Heimat im Sozialismus schließt Bloch – wie immer gegen Ende seine Stimme pathetisch hebend – mit den Worten: »*Die Praxis der Wahrheit ist der Sozialismus der Freiheit, die Theorie der Freiheit ist der Marxismus der Wahrheit.* Je breiter das endlich begriffen und erfahren wird, je unvermeidlicher die Decke über den Augen verschwindet, desto freundlicher könnte

---

98 Ebd., S. 595-596.

sich auch die immense Freundlichkeit des Marxismus durchsetzen; desto eher wird Tag.«[99]

Indem er in seiner Analyse ausdrücklich den Aspekt der Freiheit und der konkreten Utopie eines »Marxismus (Sozialismus) der Wahrheit« als »konkreter Theorie der Freiheit« betonte, hatte Bloch klug und geschickt und gleichzeitig doch militant die negative politische Entwicklung der ins Sowjetsystem wirtschaftlich und militärisch eingebundenen »Volksdemokratien« Osteuropas einschließlich der DDR benannt: die Nichtrespektierung der verfassungsmäßig garantierten individuellen Freiheit durch den Staat, die nicht vorhandene Meinungs- und Pressefreiheit in den Ländern des »real existierenden Sozialismus« prosowjetischer Ausrichtung, die allgegenwärtige politische Polizei, das Verbot der »Westkontakte« und der Reisen in den Westen sowie die totale ideologische Abkapselung als Folge eines allzu dogmatisch und bürokratisch verstandenen Marxismus und einer viel zu engen Anbindung an die UdSSR auf nahezu allen Gebieten – all diese Kritikpunkte galten für die DDR geradezu prototypisch. Deswegen wurde diese Rede Blochs in den offiziellen Medien der DDR (dem Rundfunk und der Presse) totgeschwiegen; war es Bloch doch darin gelungen, die von Chruschtschow ausgehenden »Tauwetter«-Ideen in eine Art philosophisch-politisches Manifest für einen »polnischen Frühling« auch in der DDR umzusetzen.

Beim Staatsapparat und bei Walter Ulbricht, der ohnehin einen prinzipiellen Argwohn gegenüber kritischen Intellektuellen hegte, weckte Bloch mit dieser Ansprache auf dem Ostberliner Kongreß Mißtrauen. Von der Dissidenten-Gruppe um Wolfgang Harich an der Ostberliner Humboldt-Universität wurden die Ideen und kritischen Stellungnahmen Blochs dagegen begeistert aufgenommen, sahen sie doch in dessen Plädoyer für einen »Sozialismus in Freiheit« eine Bestätigung und Ermunterung ihres eigenen Eintretens und Kampfes für demokratische Reformen im DDR-System. Auch Agenten des für Staatssicherheit damals zuständigen Innenministeriums waren an dieser Rede Blochs interessiert: Aufgrund ihrer Notizen und Mitschriften wurde sogleich eine »Akte Bloch« angelegt. In studentischen Kreisen und weit darüber hinaus wurden Blochs Ideen sehr positiv aufgegriffen und kommentiert.

---

99 Ebd., S. 598.

XXII. Der entwaffnete Prophet:
Das innere Exil in Leipzig (1956-1961)

Der XX. Parteitag der KPdSU vom Februar 1956 hatte auf die DDR durchaus interessante politische Auswirkungen, insofern, als sich infolge des »Tauwetters« auch in Ostberlin – ähnlich wie in Budapest der »Petöfi-Zirkel« – im Frühjahr 1956 um Wolfgang Harich ein kleiner Dissidentenkreis von Intellektuellen bildete, die in Opposition zum offiziellen Kurs der SED und vor allem zu deren Generalsekretär Walter Ulbricht standen. Zu diesem Kreis, der sich ab März 1956 regelmäßig in Wolfgang Harichs Ostberliner Wohnung traf, gehörten u.a. Bernhard Steinberger, Manfred Hartwig (der Redaktionssekretär der *Deutschen Zeitschrift für Philosophie*), Walter Janka, der Cheflektor des Ostberliner Aufbau Verlags, Heinz Zöger und Gustav Just, beides Redakteure und Journalisten der Ostberliner Zeitschrift *Sonntag*.[100] Die meisten von ihnen waren Mitglieder der SED und arbeiteten im Verlagswesen bzw. in der Presse; Harich war der einzige Hochschuldozent unter ihnen. Alle traten als Anhänger des »Reformer«-Flügels innerhalb der Partei – ermuntert durch den Chruschtschow-Bericht – entschieden für radikale demokratische Reformen in der DDR ein. Als entschiedener Anhänger eines »dritten Wegs« zwischen dem westlichen Kapitalismus und dem bürokratisch-diktatorischen Kommunismus sowjetischer Prägung hatte sich Harich im Frühjahr/Sommer 1956 an die Spitze der parteiinternen marxistischen Opposition innerhalb der SED gesetzt. Sie berief sich u.a. auf Rosa Luxemburg, trat für einen Sozialismus »mit menschlichem Antlitz« ein und sammelte sich um die theoretische Plattform »Reformkommunismus«. Ernst Bloch, der offiziell nicht zu dieser Gruppe gehörte, stand zwar in persönlichem Kontakt zu Harich und zu Janka, unterhielt mit ihnen jedoch überwiegend berufliche Kontakte. Da Bloch in Leipzig wohnte, nahm er auch an den regelmäßigen Treffen der Gruppe in Ostberlin nicht oder nur sehr selten teil. Die Ereignisse in Ungarn vom Oktober 1956 führten schnell zum offenen Konflikt der Harich-Gruppe mit der SED-Führung: Das automatische Einschwenken Ulbrichts auf die harte sowjetische Linie, in Budapest gehe es darum, eine »Konterrevolution« niederzuschlagen, an der maßgebliche Elemente des »ungari-

---

100 Vgl. Bloch, Karola: *Aus meinem Leben*, S. 220.

275

schen Faschismus« beteiligt seien, hatte den Widerstand der Gruppe gegen diese Politik geradezu provoziert. Deshalb lehnte sich die Harich-Gruppe im Oktober/November 1956 gegen diese Politik auf und betrieb Aufklärungsarbeit unter der Bevölkerung Ostberlins und der DDR (über Flugblätter, »Samisdats« und spontane Diskussionen), um sie davon zu überzeugen, daß Ulbrichts Tage gezählt seien und nun endlich mit den stalinistischen Methoden Schluß gemacht werden müsse. Als Reaktion auf diese mutige Initiative aus den Reihen einer Minderheit in der Partei wurde die Harich-Gruppe von Ulbricht sofort unter verstärkte Stasi-Überwachung gestellt. Ende Oktober 1956 wurde Harich aus der SED offiziell ausgeschlossen. Er blieb jedoch zunächst noch auf freiem Fuß.

Am 14. November 1956 bot sich für Harich nochmals eine Gelegenheit, sich Gehör zu verschaffen und seine kritischen Ideen in die Öffentlichkeit zu bringen. An diesem Tag war ein großer öffentlicher Vortrag von Ernst Bloch an der Ostberliner Humboldt-Universität aus Anlaß des 125. Todestages Hegels angesetzt. Der Titel des Vortrags war »Hegel und die Gewalt des Systems«. Bloch hatte ihn nicht zufällig gewählt; die darin enthaltene Anspielung auf staatliche und systemische Gewalt zielte auf die jetzt deutlich im Wachsen begriffene Kritik an der Entartung des DDR-Staats in eine bürokratische Diktatur der Apparatschiks. Harich, Janka und die anderen Mitglieder der Ostberliner Dissidentengruppe saßen in den ersten Reihen. Am Ende erntete Ernst Bloch frenetischen Beifall, vor allem als er zum Schluß ausrief:

»Doch ohne Hegel gäbe es keinen Anblick eines Baus, der uns trotz allem noch so nahe ist. Die Gewalt des Hegelschen Systems mahnt und lehrt, sie lehrt nicht zuletzt den Archetyp des Hauses im Philosophischen, ohne den kein Wandern auskommt und kein noch so offener Prozeß. Es gibt keine Freiheit ohne Ordnung, kein Weltexperiment ohne Stadien und Architekturen, keinen Reichtum ohne seinen ihm gemäßen Kristall. Und so neigen wir uns tief vor Hegel, ohne den Kultur nicht gedacht werden kann, vor dem mächtigen Genius und seinem Reich; auch aus dem Kelche dieses Geisterreiches schäumt uns die – Erfüllbarkeit.«[101] Blochs klug intendierte Abwandlung des Schlußsatzes von Hegels *Phänomenologie des Geistes* hatten viele Zuhörer wohl als Anspielung darauf verstanden, daß das Haus »Freiheit und Ordnung« auf die DDR bezogen

---

101 Bloch, Ernst: *Philosophische Aufsätze zur objektiven Phantasie*, GA 10, S. 500.

noch nicht im Sinne Hegels vollendet sei und folglich hinsichtlich der Freiheitsforderung noch ergänzt werden müsse.

Nach diesem Vortrag kam es noch zu einem offiziellen Empfang im Presse-Club der DDR, an dem Ernst und Karola Bloch, aber auch Wolfgang Harich und einige Professoren der Humboldt-Universität teilnahmen. Harich nutzte die Gelegenheit, um in einer improvisierten Rede auf die tragischen Ereignisse in Ungarn einzugehen und die blutige Niederschlagung der ungarischen Revolte durch die Sowjetunion und ihre offizielle Billigung durch die Regierung der DDR scharf zu kritisieren. Harich forderte auch lautstark den Rücktritt von Walter Ulbricht. Ernst Bloch zog es vor, darauf nicht zu reagieren; Karola Bloch hatte – allerdings vergeblich – versucht, Harich zurückzuhalten. Die Stasi-Informanten unter den Gästen dieses »Presse-Clubs« griffen zum Notizbuch. Nach dem Ende dieses Empfangs ging Harich noch weiter. Er bat darum, offiziell beim ersten Sekretär der SED und Staatsratsvorsitzenden der DDR, Walter Ulbricht, vorsprechen zu dürfen, und als er daraufhin einige Tage nach diesem Zwischenfall im Presse-Club der DDR tatsächlich zum »Genossen« Walter Ulbricht vorgelassen wurde, hatte er den Mut, ihn direkt aufzufordern, im »Interesse des Volkes, der Demokratie und des Sozialismus« zurückzutreten! Es wird berichtet, daß Ulbricht sich in seinem Büro die Kritiken Harichs an seinem Regierungsstil und dem DDR-System in aller Ruhe angehört habe, ohne etwas dagegen einzuwenden. Als Harich fertig war, drückte er auf einen Knopf. Harich dachte natürlich, dies bedeute, er werde jetzt sofort verhaftet und wegen »staatszersetzender« Tätigkeit inhaftiert werden. Statt dessen öffnete sich jedoch die Tür und eine Sekretärin servierte Kaffee. Natürlich wies Ulbricht die Kritiken Harichs und seiner »Plattform Reformkommunismus« zurück.

Harich konnte unversehrt das Gebäude im Ostberliner Stadtteil Pankow verlassen, in dem Ulbricht ihn in »Privataudienz« empfangen hatte. Wenige Tage später jedoch wurde er um vier Uhr morgens in seiner Wohnung verhaftet und ins Gefängnis gebracht. In den darauffolgenden Tagen – Anfang Dezember 1956 – wurden dann alle anderen Mitglieder der »Harich-Gruppe« in Ostberlin verhaftet. Unter ihnen befand sich auch Walter Janka. Drei Monate nach ihrer Verhaftung wurden Harich und Janka in einem politischen Prozeß unter Ausschluß der Öffentlichkeit, der den »Moskauer Prozessen« unter Stalin ähnelte, auf Antrag der Staatsanwaltschaft der DDR, realiter freilich auf Weisung Ulbrichts und ohne daß ein Anwalt der

Verteidigung zugelassen worden war, wegen »Bildung einer konspirativen, staatsfeindlichen Gruppe« zu zehn bzw. fünf Jahren Zuchthaus verurteilt und in das Staatsgefängnis der DDR für politische Gefangene in Bautzen in der Lausitz eingeliefert.

Ernst und Karola Bloch erfuhren von der Verhaftung Harichs erst mit Verspätung am 9. Dezember 1956, aus einem Artikel in der *Leipziger Volkszeitung*. Gerüchte darüber hatte es allerdings schon einige Tage früher gegeben, verbreitet vor allem von DDR-Bürgern, die heimlich den RIAS gehört hatten, der die Nachricht am 1. Dezember gesendet hatte. Am Vormittag des 9. Dezember wurde Bloch auch noch von drei Vertretern der Bezirksparteileitung Leipzig der SED persönlich informiert: Ohne Voranmeldung erschienen sie vor Blochs Wohnung in der Wildstraße 8 in Leipzig-Schleußig, um ihm »auszurichten«, daß Harich und seine konspirative Gruppe verhaftet und »ausgehoben« worden seien. Sollte vielleicht auch gleich noch Ernst Bloch mitverhaftet werden? Der unerbetene Besuch hatte offensichtlich jedoch nur die Funktion, Bloch einzuschüchtern. In der Tat traf diese Nachricht den unvorbereiteten Bloch sehr. Wie Karola Bloch berichtet, bekam er einen starken Zitteranfall, der mehrere Minuten lang anhielt.[102] Die Situation wurde noch dramatischer als Bloch kurz darauf einen alarmierenden Telefonanruf von Walter Janka aus Berlin erhielt, der ihn inständig bat, sofort beim Zentralkomitee der SED zu intervenieren, um die Freilassung Wolfgang Harichs zu erreichen. Das Telefongespräch war von der Stasi mitgehört und aufgezeichnet worden, die schon seit einiger Zeit Blochs Telefongespräche überwachte. Bloch schrieb einen dringenden Eilbrief ans ZK der SED in Berlin, auf den er jedoch nie eine Antwort erhielt. Als am selben Abend auch Janka verhaftet wurde, war auszurechnen, daß der nächste, der auf der Liste der zu verhaftenden Personen stand, kein anderer als Ernst Bloch selbst sein würde.

Diese Verfolgungswelle gegen die kritischen Intellektuellen der DDR verlief parallel zu der zunehmenden Verhärtung der Politik der Sowjetführung nach den tragischen Ereignissen in Ungarn im Oktober 1956, wo sowjetische Panzer mit großer Brutalität den ungarischen Volksaufstand gegen das stalinistische Rákosi- und Gerö-Regime niedergeschlagen hatten. Dabei war es vor allem bei den Straßenkämpfen in Budapest zu einem Blutbad gekommen, in dem

---

102 Vgl. Bloch, Karola: *Aus meinem Leben*, S. 221.

Tausende von Ungarn getötet worden waren. Dies bedeutete de facto das Ende der durch den Chruschtschow-Bericht eingeleiteten »Tauwetter-Periode«. Gleichzeitig sollte durch die spektakuläre Militäraktion der Sowjetunion auch die Bevölkerung ihrer Satellitenstaaten eingeschüchtert und ihre Bemühungen um Demokratie und Freiheit unterdrückt werden. Dies gerade war der Grund, weshalb der »Petöfi-Zirkel« in Budapest, dem auch Georg Lukács im Sommer 1956 beigetreten war, und die »Harich-Gruppe« in Ostberlin von der offiziellen kommunistischen Presse so lautstark als Zentren »konterrevolutionärer Verschwörung« gebrandmarkt wurden. Dies war auch der eigentliche Grund, weshalb Imre Nagy, der Ministerpräsident der im Oktober in Budapest ausgerufenen »Provisorischen Regierung«, nach dem Zusammenbruch des Volksaufstands Anfang November 1956 vom russischen Militär verhaftet, nach Rumänien deportiert und schließlich von einem Sondergericht zum Tode verurteilt und hingerichtet wurde. Georg Lukács, Blochs Jugendfreund aus der gemeinsamen Studienzeit in Berlin und Heidelberg, war von der Provisorischen Regierung zum Kulturminister ernannt worden. Nach der Entscheidung von Imre Nagy, den Warschauer Pakt zu verlassen, war er aus Protest gegen diesen seiner Ansicht nach irrigen Beschluß von seinem Amt zurückgetreten: Auch er wurde Anfang November 1956 in seiner Budapester Wohnung am Donaukai verhaftet und nach Rumänien deportiert. Das Schicksal von Imre Nagy blieb ihm nur deshalb erspart, weil er inzwischen als marxistischer Philosoph Weltruhm erlangt hatte. Nach mehrmonatiger Haft in einem Straflager wurde er wieder auf freien Fuß gesetzt und konnte nach Budapest zurückkehren, wo er jedoch weiterhin von der politischen Geheimpolizei diskret überwacht wurde.

Der Zufall wollte es, daß Ernst Bloch, als im Oktober 1956 die Ungarnkrise in ihr akutes Stadium trat, nicht in Leipzig war. Als Mitglied der Deutschen Akademie der Wissenschaften war ihm eine Reise nach Köln zur Teilnahme an einem Symposium der Deutschen Gesellschaft für Philosophie genehmigt worden. So konnte er sich in Köln aus der Zeitung und über den Westdeutschen Rundfunk über die dramatischen Ereignisse in Ungarn ausführlich informieren. Bloch war tief bestürzt über so viel neue Negativpropaganda des real existierenden Sozialismus, und zusätzlich war er sehr besorgt um das Schicksal seines Jugendfreunds Georg Lukács, der Gerüchten zufolge in den ersten Novembertagen verhaftet worden und seitdem verschollen war.

Deshalb ergriff Bloch sofort nach seiner Rückkehr die Initiative, um durch Intervention an »höchster Stelle« etwas für Lukács zu tun. Er setzte sich mit Johannes R. Becher, dem Kulturminister der DDR, in Verbindung und forderte, Lukács' Verleger Walter Janka solle nach Budapest fliegen, um Lukács »dort herauszuholen« und nach Berlin zu bringen. Dieses Ansinnen wurde von Becher freilich nicht ernst genommen. Als ein der Staatsraison der DDR verpflichteter Minister hatte er zu schweigen bzw. sich klar hinter Ulbricht zu stellen. Durch diesen Vorschlag und weitere Bemühungen, Lukács freizubekommen, wurde Bloch den Staatsorganen der DDR endgültig suspekt; und dieses Mißtrauen verstärkte sich, nachdem er sich mündlich lautstark über Bechers »Feigheit« beschwert und dabei einen kleineren Zornesausbruch gehabt hatte. (All dies wurde von beflissenen Denunzianten sofort weitergemeldet.) Da Bloch auf das »Tauwetter« und auf Demokratisierung des Regimes von innen gesetzt hatte (ohne allerdings den Sozialismus als solchen in Frage zu stellen), geriet er nun immer stärker ins Fadenkreuz der Stasi. Ganz unverhohlen verlangte der DDR-Staatsanwalt Melsheimer seine Verhaftung; und auch Karola Bloch sollte festgenommen werden.[103]

Ernst Blochs großes internationales Ansehen ließ die DDR-Behörden jedoch noch zögern. Statt ihn sofort zu verhaften, zog es das ZK der SED vor, zunächst politische und ideologische Maßnahmen gegen den Leipziger Philosophen vorzubereiten, im wesentlichen durch eine im Dezember 1956 gestartete Kampagne gegen Blochs Philosophie in den Zeitungen, Zeitschriften und Medien der DDR. So erhielt etwa Rugard Otto Gropp, SED-Mitglied und Kollege Blochs im Fachbereich Gesellschaftswissenschaften der Universität Leipzig, von höchster Stelle den Auftrag, im Rahmen eines Artikels im *Neuen Deutschland*, der am 19. Dezember 1956 unter der Überschrift »Idealistische Verirrungen unter antidogmatischem Vorzeichen«[104] erschien, Blochs marxistische Philosophie einer scharfen und systematischen Kritik zu unterziehen. Dort versuchte Gropp nachzuweisen, daß Blochs viel zu stark von »mystischen, idealistischen und spekulativen Einflüssen« geprägtes Denken unvereinbar sei mit der »Weltanschauung des wissenschaftlichen Sozialismus« und daß gerade deshalb seine Philosophie »gefährlich sei für die

---

103 Vgl. ebd., S. 213.
104 Vgl. *Neues Deutschland* vom 19.12.1956.

Jugend der DDR«. Letztendlich handele es sich bei Bloch – so meinte Gropp – um die »Verirrung eines krypto-mystischen und krypto-idealistischen Philosophen« auf das Gebiet des historischen und dialektischen Materialismus, letztendlich also um einen »Revisionismus«. Gropp hatte diesen Artikel auf Bestellung geschrieben, um eine geplante spätere Anklageerhebung gegen Ernst Bloch wegen »Revisionismus« und »Zugehörigkeit zur verschwörerischen Harich-Gruppe« vorzubereiten. Gestützt auf diesen von der Staats- und Parteispitze abgesegneten Denunziations-Artikel war es nunmehr leicht, Bloch fortan als »Abweichler« und »Revisionisten« des historischen und dialektischen Materialismus hinzustellen.

Die Veröffentlichung dieses Artikels war jedoch nur die erste Etappe der ideologischen, philosophischen und politischen Kriegserklärung der Partei gegen den marxistischen Philosophen aus Leipzig. Die zweite Etappe bestand in einem »offenen Brief«, den die Parteileitung der SED an der Universität Leipzig am 18. Januar 1957 direkt an Ernst Bloch richtete und der der Höhepunkt dieser Denunziationskampagne war. In diesem Brief legen die unterzeichnenden Akademiker, Kollegen und Parteimitglieder, die allesamt fest auf die vorherrschende Parteilinie eingeschworen waren, zunächst großen Wert auf die Feststellung, daß die Hauptaufgabe des Instituts für Philosophie an der Universität Leipzig darin bestehe, die marxistische Philosophie zu lehren, »forschend die marxistische Philosophie weiterzuentwickeln und Lehrer und Forscher der marxistischen Philosophie auszubilden. Da in unserem Staat der Sozialismus aufgebaut wird, kommt der wissenschaflichen Arbeit an der Philosophie eine sehr große Bedeutung zu. Dem entspricht der Umfang unserer gemeinsamen Verantwortung für das gute Gelingen unserer Arbeit. Erfahren wir auf der einen Seite durch die Partei der Arbeiterklasse und durch die Regierung alle nur wünschenswerte Förderung, so werden wir doch zugleich auf das heftigste angegriffen von der wohlorganisierten ideologischen Armee aller Feinde des Marxismus-Leninismus, vornehmlich in Westdeutschland. [...] Daher ist der Boden, auf dem wir stehen, weniger die Studierstube als der Kampfplatz, und die Arbeiterklasse erwartet von uns, daß wir uns auf diesem Kampfplatz bewähren, nicht nur die Stellungen halten, die uns die Arbeiterklasse mit erkämpft hat, sondern vorwärts gehen.«[105]

---

105 Zitiert nach: Caysa, Volker, u.a.: *Hoffnung kann enttäuscht werden*, S. 129-130.

Auf die besondere Problematik des Verhältnisses der Blochschen Philosophie zur Philosophie des »Marxismus-Leninismus«
eingehend, unterstreicht der offene Brief sodann den »Idealismus-
Verdacht«, dem sich diese Philosophie aussetze, insbesondere
durch die Postulierung eines hypothetischen »Natursubjekts« (über
das Bloch in der Tat in Anlehnung an Schelling im zweiten Band
von *Das Prinzip Hoffnung* Erwägungen anstellte) und durch die von
Bloch aufgestellte Behauptung, der »Marxismus werde in der Technik auch zum Unbekannten, in sich selbst noch nicht manifestierten
Subjekt der Naturvorgänge vordringen«.[106]

Schließlich wird Bloch in dem Schreiben, das im Ton immer
drohender wird, gar ermahnt: »Sie, Herr Professor, haben die Wahl,
marxistische Prinzipien zu Ihren eigenen zu machen oder nicht zu
machen. Nicht hingegen können wir Ihnen zubilligen, nicht-marxistische Prinzipien zu vertreten und gleichwohl den Anspruch zu erheben, marxistische Philosophie zu lehren. Ein solches Privileg
müßte zur Desorientierung innerhalb der Studentenschaft führen
und seine schädlichen Auswirkungen auf die Ausbreitung und Vertiefung des Marxismus-Leninismus überhaupt haben.« Die inquisitorische Absicht dieses »offenen Briefes« kommt auch darin zum
Ausdruck, daß Bloch von seinen dogmatischen Widersachern vorgeworfen wird, in seiner Praxis als Hochschullehrer am Philosophischen Institut Diplomarbeiten mit der Note 1 beurteilt zu haben, die
»Auffassungen vertreten haben, die zu den Prinzipien des Marxismus-Leninismus in Widerspruch stehen«, und in seinen Vorlesungen und Seminaren die offizielle philosophische Doktrin des
Marxismus-Leninismus in der DDR als »Schmalspurmarxismus«
kritisiert zu haben. All dies habe »reaktionären Forderungen, die
auf die Abschaffung dieses Studiums zielen, Auftrieb gegeben«.[107]

Die im dann folgenden Abschnitt enthaltene Anspielung auf die
Ereignisse vom Oktober 1956 in Polen und Ungarn – vor allem auf
die von den Autoren des offenen Briefs so scharf verurteilte »ungarische Konterrevolution« – zielt auf die von Bloch zuweilen privat
und in seinen Seminaren, gelegentlich aber auch öffentlich in seinen Vorträgen im Juli und im September 1956 in Ostberlin und in
Leipzig geäußerten Sympathien für Wladyslaw Gomulka, der aus
der Haft entlassen und dann zum Ersten Sekretär der Polnischen

---

106 Ebd.
107 Ebd., S. 133.

Arbeiterpartei gewählt worden war, sowie auf Blochs Hoffnung auf ein antistalinistisches »Tauwetter« in Ungarn. (Wie Karola Bloch unterstreicht, »verteidigte Ernst, solang es irgend möglich war, den ungarischen Aufstand, der für seinen ›humanen Sozialismus‹ warb«.)[108] Hier wird Bloch der Vorwurf gemacht, »die Lage in Polen [...] hauptsächlich aus dem Blickwinkel großer Teile der polnischen Intelligenz eingeschätzt und die Formel vom ›Frühling im Oktober‹ begrüßt«, d.h. einen ähnlichen Frühling für die DDR gefordert zu haben, »ohne auch nur hören zu wollen, daß die Lage in Polen mit der unsrigen nicht in eins gesetzt werden darf«.[109] Und was Ungarn betrifft, so wird er im gleichen Atemzug beschuldigt, »die Rolle der ungarischen Intelligenz beim Zustandekommen des konterrevolutionären Anschlags auf den Sozialismus« nicht anders gesehen zu haben »als unsere Feinde sie uns sehen machen wollten, ohne daß unsere Gegendarstellungen irgend einen Eindruck auf sie hätten machen können«; zusätzlich wird er bezichtigt, im Zusammenhang mit den ungarischen Ereignissen »um Herrn Professor Dr. Georg Lukács den Minister für Kultur, Genossen Dr. h. c. Johannes R. Becher, in gröblicher Weise beleidigt zu haben«.[110]

Dieses »Fehlverhalten« – so der Tenor des Briefs – könne in den Augen der Partei schon deshalb keine Gnade finden, weil Bloch im Falle Harichs die Ansicht vertreten habe, »ein Angeklagter sei bis zum Urteilsspruch ein Gentleman und kein Verbrecher«.[111] Zudem wird Bloch vorgeworfen, den Assistenten Handel (Mitglied der Parteileitung der Universität Leipzig) bei einer Sitzung des Wissenschaftsrates vom 16. Dezember 1956 durch einen »explosiven Ausbruch« mundtot gemacht zu haben. Aus diesen Gründen fühlten sich die Autoren des offenen Briefs – offensichtlich in Absprache mit höchsten Parteiinstanzen – berechtigt, Bloch zu attestieren, daß er das Vertrauen der Parteileitung für die Fortführung seiner Tätigkeit als akademischer Lehrer am Institut für Philosophie – einem Institut, das »der Ausbildung marxistisch-leninistischer Kader dienen soll – [...] nicht mehr besitze«.[112] Unterzeichnet ist dieser Brief vom ersten Sekretär der Parteileitung der Karl-Marx-Universität

---

108 Bloch, Karola: *Aus meinem Leben*, S. 222.
109 Vgl. Caysa, Volker, u.a.: *Hoffnung kann enttäuscht werden*, S. 134.
110 Ebd.
111 Ebd.
112 Ebd., S. 135.

Leipzig, Dr. Horn, dem Philosophieprofessor Helmut Seidel und sieben anderen Mitgliedern der SED.

In der Situation, in der er sich befand, entschloß sich Ernst Bloch, auf all diese Anschuldigungen und Unterstellungen ebenfalls mit einem offenen Brief zu antworten, den er nicht nur an die Parteibezirksleitung in Leipzig schickte, sondern zugleich auch an Wilhelm Pieck und Walter Ulbricht, an den Sekretär des Zentralkommitees der SED Kurt Hager sowie an den Rektor der Universität Leipzig, Georg Mayer, und an den Dekan der philosophischen Fakultät. Mit diesem Brief vom 22. Januar 1957, der eine ganze Reihe mißverständlicher, wenn nicht ihn heute politisch kompromittierender Formulierungen enthält, wollte Ernst Bloch offenbar zweierlei bewirken: die Widerlegung der im offenen Brief der Parteileitung gegen ihn erhobenen Vorwürfe und Beschuldigungen hinsichtlich seiner »Abweichung« und seines philosophisch-politischen »Revisionismus« und die »Entschärfung« des gegen ihn gerichteten Komplotts der Partei und der Stasi, um der akuten Gefahr, der er nun ausgesetzt war und die seit der Verhaftung Harichs wie ein Damokles-Schwert über ihm schwebte, zu entgehen; denn der letzte Abschnitt des offenen Briefs der Parteileitung, in dem in drohendem Ton festgestellt wurde, daß Bloch nicht mehr »das Vertrauen der Partei« genieße, ließ keinen Zweifel mehr daran aufkommen, was ihm konkret drohte. In der Tat hatte – wie erst in den 90er Jahren nach Öffnung der DDR-Archive bekannt wurde – die Stasi bzw. ihre Vorläuferorganisation von Anfang an, seit 1949 (verstärkt dann im Dezember 1956 und im Januar 1957) eine Akte angelegt und in Abstimmung mit der DDR-Regierung und der Staatsanwaltschaft ein politisches Verfahren gegen Bloch wegen seiner philosophischen und politischen Verstrickung mit der Harich-Gruppe vorbereitet. Bloch ahnte dies und mußte sich nun verteidigen, während die Lukács und die Harich-Gruppe betreffenden Andeutungen des offenen Briefs vom 18. Januar 1957 darauf hinauslaufen konnten, ihn als Professor und Direktor des Leipziger Instituts für Philosophie abzusetzen, ihn zu verhaften und ihn – wie Harich und Janka – wegen »republikfeindlicher Konspiration« zu einer mehrjährigen Haftstrafe zu verurteilen. Bloch sah sich schon in einer Zelle in Bautzen sitzen. So faßte er nach Abwägung aller Risiken und einem längeren Gespräch mit seiner Frau den Entschluß, zunächst noch einmal alle Argumente aufzubieten, die ihn politisch »entlasten« und das Schlimmste verhindern könnten. Zugleich wollte er sich aber auch gegen die infamen und absurden Anschuldigungen zur Wehr setzen, die gegen seine Ehre als Philosoph und Hochschullehrer gingen.

Dies alles könnte erklären, warum Bloch am Anfang seines zehn Seiten langen und in elf lange Absätze gegliederten Briefs zunächst in beschwichtigender und keineswegs überzeugender Form zu den Ereignissen in Ungarn im Oktober 1956 Stellung nimmt, die mit seiner wirklichen Position zur ungarischen Tragödie nicht im Einklang steht: So schreibt er etwa, er habe damals »die Vorgänge so gesehen, wie die Prawda in mehreren Artikeln sie gesehen hat«, oder stellt völlig wahrheitswidrig fest, er habe, »als das Horty-Entsetzen in Ungarn immer weiter stieg, im Institut für Philosophie zu dem geschäftsführenden Assistenten Wahl gesagt: ›Jetzt ist doch die allerhöchste Zeit, wann marschiert endlich die Rote Armee ein?‹«[113] All dies hat Bloch offenbar erfunden, um zusätzliche Beweise dafür aufzubieten, daß er nach wie vor als Marxist und Kommunist »fest an der Seite der Sowjetunion« stehe – auch zur Zeit des ungarischen Volksaufstands. Hier will Bloch sogar nicht einmal auf die Anmerkung verzichten, daß er die ihm »selbstverständliche Treue zur Sowjetunion auch zur Zeit der Moskauer Prozesse« gehalten und daß diese Treue es mit sich gebracht habe, »daß in Nordamerika von 1938 bis 1949 kaum ein Aufsatz, geschweige ein Buch« von ihm erscheinen konnte.[114] Daß er sich vor allem in seinen Ausführungen zu Ungarn hier absichtlich verstellte, daß er – aus Selbstschutz – eine dogmatisch moskautreue Haltung vortäuschte, die seiner wirklichen Meinung zu diesen Ereignissen völlig widersprach, sagt auch Karola Bloch[115] in ihren Memoiren, die berichtet, daß Bloch als Anhänger des Reform-Kommunismus die blutige Niederschlagung des ungarischen Volksaufstands durch sowjetische Panzer privat deprimiert verurteilt habe.

Hat Bloch sich also in diesem Brief bewußt verstellt, um seine potentiellen Verfolger zu beruhigen? Hat er sich hier – ausnahmsweise – der »Sklavensprache« bedient, um seine Verfolger zu täuschen, um sich zu retten bzw. um Zeit zu gewinnen? Oder war er wirklich bei den Oktoberereignissen in Ungarn 1956 zu der Ansicht gelangt, der ungarische Volksaufstand sei als »konterrevolutionär« zu verurteilen, weil sich unter die Beteiligten an diesem Aufstand

---

113 Ebd., S. 139.
114 Ebd., S. 141.
115 Vgl. Bloch, Karola: *Aus meinem Leben*, S. 222.

gegen das Rákosi-Regime auch reaktionäre und profaschistische Gruppierungen gemischt hatten? Da alle Zeugnisse aus Blochs Umgebung und auch alle verfügbaren mündlichen Äußerungen von ihm selbst bestätigen, daß er ein Anhänger der Entstalinisierung und der Demokratisierung war, ist anzunehmen, daß er in diesem Brief die Wahrheit zurechtbog, um sich vor seinen Gegnern aus der Staats- und Parteiführung der DDR, die ihn bedrohten, besser verteidigen zu können und um den gegen ihn vorbereiteten politischen Prozeß in letzter Minute abzuwenden. Als einzig plausible Erklärung kann nur Blochs durchaus realistische Befürchtung herhalten, nach der Verhaftung von Harich und Janka ebenfalls verhaftet zu werden. Aus Furcht, ganz in die »Harich-Affäre« hineingezogen zu werden, versucht er mit taktischen Wendungen diejenigen Punkte, die für ihn am gefährlichsten sind, herunterzuspielen; deshalb unterstreicht er in diesem Brief, daß er mit Harich als Mitherausgeber der *Deutschen Zeitschrift für Philosophie* auf rein beruflicher Ebene zusammengearbeitet und politische Differenzen mit ihm habe.[116] Tatsächlich verhielt sich Bloch reserviert gegenüber Harichs »revolutionärer Ungeduld«; das galt auch für Harichs Wunsch, sich Walter Ulbrichts zu entledigen, da Bloch – obwohl er keine Sympathien für Ulbricht und seine Methoden hatte – der Ansicht war, daß dies nicht mittels individuell-voluntaristischer Aktionen oder einer kleinen oppositionellen Gruppe zu bewerkstelligen sei. Einzig das Zentralkomitee der SED könne Ulbricht stürzen bzw. ablösen und einen anderen »Genossen« an die Spitze der Partei und Regierung stellen. Dies aber gehe auch nicht ohne die Zustimmung der Sowjetunion. Dafür aber hätten 1956 die Bedingungen innerhalb der DDR offensichtlich nicht bestanden. Folglich wäre es notwendig gewesen, diese politische Offensive gegen Ulbricht und sein bürokratisch-polizeistaatliches System besser und von langer Hand vorzubereiten. Mit dieser Abgrenzung zu Harich versuchte Bloch offenbar Zeit zu gewinnen, um auf die auf ihn zukommenden großen Schwierigkeiten besser reagieren zu können.

Nach dieser Reihe taktischer und eher nicht ernst zu nehmender politischer Zugeständnisse geht er im zweiten Teil seines Briefs zum Gegenangriff an der »philosophischen Front« über, wobei er seine Philosophie mutig gegen all jene Kritiker, die ihm »Idealismus« und »Irrationalismus« vorwerfen, verteidigt und

---

116 Vgl. Caysa, Volker, u.a: *Hoffnung kann enttäuscht werden*, S. 140.

deren Dogmatismus kritisiert. Bloch bemängelt, die Autoren des offenen Briefs der Parteileitung hätten offenbar übersehen, daß der »Traum« in seinem Hauptwerk, dem *Prinzip Hoffnung*, »nie als unterrationaler, gar irrationaler Nachttraum, sondern [...] stets als ein zum Hellen, Vernunfthaften ausgerichteter Tagtraum nach vorwärts untersucht und dargestellt wird«,[117] d.h. als Tagtraum unter dem Aspekt der die Welt verändernden Praxis, wesensverwandt dem, was Lenin »rationale Planung des revolutionären Kampfes« nennt: »hellstes Bewußtsein von der Notwendigkeit zu handeln«.[118] Unter Bezugnahme auf Gropps Artikel im *Neuen Deutschland* unterstreicht Bloch ferner, daß nicht weniger als sechs prominente Spezialisten des Marxismus sich klar gegen Gropps Auffassung der Dialektik ausgesprochen hätten und er nennt dabei die Namen von Jürgen Kuczynski und Auguste Cornu.[119] Und nach seiner ausdrücklichen Verurteilung der »Holzhammertechnik« engstirniger Funktionäre, die absolut nicht im Sinn des Marxismus sein könne,[120] protestiert Bloch schließlich gegen die »unbegreifliche, fast beispiellos häßliche und rohe Diskriminierung«, deren Objekt er in Leipzig geworden sei. »Ich werde behandelt, als ob ich ein Verbrecher wäre«, empört sich Bloch. Und er fügt hinzu: »Sollte meine Tätigkeit der Regierung und Partei aus irgendeinem Grund plötzlich nicht mehr als nötig erscheinen, dann gibt es, mit meinen bald 72 Jahren, den einfachen, legalen, üblichen, ehrenhaften Weg der Emeritierung.«[121] Und er fährt fort: »Die Ausführungen des Schreibens insgesamt zeigen bei unbefangener Betrachtung keine haltbaren Prämissen, aus denen die diskriminierende Schlußfolgerung seines letzten Satzes [...] sich begründet ergeben könnte. So lege ich gegen die Anwürfe in diesem Schreiben Protest ein. Nicht dagegen lege ich Protest ein, wenn ich, infolge länger schon eingetretener Überschreitung der Altersgrenze, von der Pflicht, Vorlesungen, Seminare, Prüfungen abzuhalten, entbunden werde.« Der Brief schließt mit dem Satz: »Die mir verbleibende Zeit werde ich weiter zur Fortführung meiner philosophischen Forschungen verwenden. Nicht zuletzt zur Beförderung der

---

117 Ebd., S. 146.
118 Ebd.
119 Ebd., S. 148.
120 Ebd., S. 149.
121 Ebd.

gemeinsamen Angelegenheiten: Frieden, Einheit, Sozialismus. Ernst Bloch.«[122]

Selbstverständlich schwächte Blochs von ihm selbst formuliertes Angebot seine Position, da er ja hiermit seinen staatlichen Verfolgern in der DDR einen Vorwand lieferte, ihn sozusagen mit seinem Einverständnis – wenn nicht sogar »auf eigenen Wunsch« – in den Ruhestand zu versetzen. War dies nicht bereits eine Kapitulation vor der Staatsmacht der DDR und ihren diskriminierenden Maßnahmen gegenüber dem nonkonformistischen marxistischen Philosophen Bloch, der nun offiziell des »Revisionismus« bezichtigt wurde? Warum hatte Bloch nicht den Mut, gegen die Parteidiktatur in der DDR schärfer und direkter vorzugehen? Gegen sie zu protestieren und nicht jenen Unterwerfungsakt unter die Parteiraison und die stalinistische Führungsgarde der Partei hinsichtlich der Ereignisse in Ungarn zu vollziehen? Vieles deutet darauf hin, daß er dies aus der Angst heraus getan hat, nicht nur diskriminiert und von seinem Lehrstuhl verjagt, sondern auch festgenommen und zu einer Gefängnisstrafe verurteilt zu werden. Bloch war realistisch genug, er war sich im klaren darüber, daß, im spezifischen politischen Kontext der DDR im Jahre 1957, d.h. nach der von den Sowjets und ihren Ostberliner »Musterschülern« nach dem ungarischen Volksaufstand eingeleiteten Unterdrückung jeglicher Opposition, er nicht (von seinen beiden Assistenten und engsten Freunden einmal abgesehen) mit der Solidarität seiner Leipziger Kollegen und der Mehrheit der Studenten rechnen konnte, die, eingeschüchtert, einfach »wegsahen«. Allerdings haben, was u.a. Sonia Combe[123] betont, diese staatlichen Angriffe und die gegen Bloch von der Partei gestartete ideologische Kampagne gegen seine »mystisch-idealistische und revisionistische« Philosophie in einer ersten Phase dennoch Proteste innerhalb des Philosophischen Instituts der Leipziger Universität ausgelöst. So berichtet Combe,[124] daß an der Universität die Parteizelle des Fachbereichs Philosophie zunächst die von Gropp gegen Bloch gerichteten Angriffe zurückgewiesen und eine öffentliche Entschuldigung Gropps gefordert hatte. Blochs Assistenten Teller und Kleine stellten sich mutig hinter ihren Professor und reagierten heftig auf diese Angriffe. Auch in anderen Fachbe-

---

122 Ebd.

123 Vgl. Combe, Sonia: *Une société sous surveillance. Les intellectuels et la Stasi*, Paris 1999, S. 123.

124 Ebd., S. 125.

reichen sollen mehrere Dozenten zunächst damit gedroht haben, ihre Lehrveranstaltungen auszusetzen. Nach der Intervention des Dekans ließen sie jedoch davon ab.[125] Die Versammlungen der Studenten und Dozenten wurden von der Stasi beobachtet, die Blochs Assistenten Jürgen Teller und Lothar Kleine denunzierte. Größere Proteste seitens der Studenten und Dozenten gegen diese Repressalien gab es offenbar aber nicht. Schließlich wußte man ja nur zu gut, daß in der DDR die »Partei immer recht hatte«.

Zwei Tage vor der Abfassung seines Antwortbriefes hatte Bloch am 20. Januar 1957 noch einen letzten Versuch gemacht, das ihn bedrohende Unglück abzuwenden, indem er zum einen um eine direkte Unterredung mit dem Rektor der Leipziger Universität bat, und zum anderen indem er mit dem Zug nach Berlin reiste, um im »Staatssekretariat für Hochschulwesen« in seiner eigenen Angelegenheit direkt bei Gerhart Harig vorzusprechen. Von beiden Seiten aber erhielt er den Bescheid, daß gegen den Beschluß der Partei nichts zu machen sei. Unverrichteter Dinge nach Leipzig zurückgekehrt, war der offene Brief mit der Unterwerfungsgeste dann das letzte Mittel.

Es scheint so, daß er die erhoffte Wirkung dann nicht gänzlich verfehlte. Ulbricht zögerte. Aus Angst vor großem internationalen Aufsehen zog er es schließlich vor, es bei Blochs Entfernung aus der Leipziger Universität, seiner Isolierung und »Kaltstellung« und seiner vorzeitigen Versetzung in den Ruhestand zu belassen. Letztere begann offiziell erst am 1. September 1957. In der Zwischenzeit wurde Blochs Wohnung unter verstärkte Stasi-Überwachung gestellt, seine Telefongespräche abgehört, alle, die sich zu seiner Wohnung begaben, überwacht. Im November 1957, Bloch war gerade in Berlin, kam es auch zu einer Hausdurchsuchung, bei der Stasimitarbeiter mehrere Briefe beschlagnahmten. Karola Bloch, die erst im Frühjahr 1956 Mitglied der SED geworden war, wurde in einem »Schnellverfahren« am 27. Januar 1957 wieder aus der Partei ausgeschlossen, nur weil sie die Ehefrau Ernst Blochs war.

In der Zwischenzeit bereitete die Staats- und Parteiführung der DDR bereits die nächste Stufe ihrer ideologisch-politischen Kampagne gegen Ernst Bloch vor. Am 5. und 6. April 1957 organisierte sie in Leipzig die sogenannte »zweite Anti-Bloch-Konferenz«, die die Funktion hatte, die im offenen Brief formulierte Kritik an

---

125 Ebd., S. 127.

Blochs »idealistischer, nicht-marxistischer und revisionistischer Philosophie« zu bekräftigen. Den Parteimitgliedern wurde fortan jeglicher Kontakt mit Ernst Bloch als »mit der Zugehörigkeit zur Partei unvereinbar« untersagt. Wegen Verstoßes gegen dieses Verbot wurden Blochs Assistenten Jürgen Teller und Lothar Kleine im Juli 1957 aus der Partei ausgeschlossen. Zugleich wurden sie auch von der Universität verwiesen.

Die gegen Jürgen Teller ergriffenen Sanktionen waren ein schwerer Schlag für Bloch, Teller war unbestritten sein treuester Schüler und Assistent in Leipzig. Er sollte sich – wie es im DDR-Jargon hieß – »in der Produktion bewähren«, wurde in eine Fabrik geschickt, die elektrische Geräte herstellte. Wenige Monate danach (im Oktober 1958) wird er Opfer eines schrecklichen Unfalls am Arbeitsplatz: Beim Reinigen einer der Maschinen wird ihm der linke Arm zerquetscht. Versehentlich war von einem anderen Arbeiter der Strom eingeschaltet worden; im Krankenhaus mußte der Arm amputiert werden. Ernst und Karola Bloch besuchten den »Untröstlichen« im Krankenhaus.

Je stärker die staatliche Repression in der DDR im Laufe der Jahre 1957 bis 1959 wurde, desto größer wurde Blochs Isolierung in Leipzig. Die Studenten wagten nicht aufzumucken. Die Leipziger Kollegen – mit der bemerkenswerten Ausnahme von Hans Mayer, Hanns Eisler und Werner Krauss – kannten ihn, den von der Partei Verfemten, plötzlich nicht mehr und wandten sich ab, wenn sie ihm auf der Straße begegneten. Sein Haus in der Wilhelm-Wild-Straße in Leipzig blieb weiterhin unter ständiger Überwachung. Zusätzlich zu seiner vorzeitigen Versetzung in den Ruhestand am 1. September 1957 wurde Bloch auch noch untersagt, die Gebäude der Universität, die Leipziger Universitätsbibliothek und das Rundfunkgebäude in Leipzig und in Berlin zu betreten. Ein unsichtbarer eiserner Vorhang hatte sich um ihn herum gebildet.

Unermüdlich arbeiten unterdessen die Organe der Stasi und der politischen Justiz der DDR weiterhin an Blochs Überwachung und an der Zusammenstellung von Dokumenten zu einer Anklageschrift, die seine aktive Mitwirkung an der »politischen Konspiration« von Wolfgang Harich unter Beweis stellen soll. Wie die in der »Akte Ernst Bloch« zusammengetragenen Dokumente, Schriftstücke, Überwachungsrapporte und insbesondere die Aktennotizen,[126] die sich mit

---

126 Vgl. die Stasi-Akte Bloch, Ernst: »Wild« – MfS AOP – 3215/87.

der Beziehung Blochs zu Harich und Lukács beschäftigen, belegen, sind bereits Ende 1957 wesentliche Teile dieser Anklageschrift fertig, in der Bloch der Mitwirkung an dem »staats- und parteifeindlichen Komplott« Harichs und der Konspiration gegen die Führung des »Arbeiter- und Bauernstaats« beschuldigt wird. Alles ist vorbereitet, um sie dem offiziellen Ankläger der Staatsanwaltschaft der DDR zu übergeben.[127]

Im Januar 1958 kommt es zur Vorentscheidung, Bloch offiziell wegen dieser »Delikte« unter Anklage zu stellen. In einem offiziellen Gutachten wird unterstrichen, daß Blochs Philosophie »revisionistisch« sei und absolut nichts mit dem historischen und dialektischen Materialismus zu tun habe. In der Anklageschrift, der zufolge Bloch nach Artikel 6 der Verfassung der DDR verurteilt werden soll, d.h. wegen »Boykotthetze« gegen den Staat und die Regierung der DDR, heißt es u.a.: »Er hat zunächst die DDR unterstützt, aber nach dem XX. Kongreß der KPdSU kam es zu einem entscheidenden Sinneswandel [...]. Er hielt verstärkt an dieser Meinung fest, auch nachdem die Partei sich seinen Irrlehren und Bestrebungen entgegengestellt hatte. Diese wurden immer feindlicher gegenüber der Partei, der Regierung und der gesamten gesellschaftlichen Entwicklung in der Deutschen Demokratischen Republik. Mit seinem Weggang von der Universität hat diese Tendenz ihren Höhepunkt erreicht. So erklärte er im Mai 1957, er könne dieses Regime nicht länger rechtfertigen, er werde für diesen Staat nichts mehr tun und er verstehe seine Entlassung als ›Befreiung‹; denn jetzt könne er sich endlich seiner Arbeit widmen. Seine Ansichten haben sich um die folgenden Äußerungen bereichert: ›Der Sozialismus verbindet sich mit preußischem Untertanengeist; was in der DDR vorgeht, das ist schlimmer als der Faschismus; in der DDR wird das Recht nicht respektiert; [...] der XX. Parteitag der KPdSU hat gezeigt, daß sich die UdSSR falsch entwickelt hat; das Leben unter der Führung der KPdSU und der SED ist unerträglich.‹«[128]

Der Text des Entwurfs dieser Anklageschrift stützt sich auf Dokumente der Stasi-Operation »Wild« (des Decknamens zur Überwachung Blochs), bei der mündliche kritische Äußerungen Blochs zur DDR als Beweise für seine »staatsfeindliche« Einstellung zugrunde gelegt wurden. Dabei handelt es sich vor allem um Abhör-

---

127 Vgl. Combe, Sonia: *Une société sous surveillance*, S. 127.
128 Zit. nach: ebd., S. 133.

protokolle von Ernst Blochs Telefongesprächen in der Zeit von Januar bis November 1957 sowie um andere, wahrscheinlich mit versteckten Mikrophonen in seiner Wohnung aufgezeichnete Äußerungen, die in der Zeit von November bis Dezember 1957 ebenfalls aktenkundig wurden.[129] Sie zeugen von der Desillusionierung des in Ungnade gefallenen marxistischen Philosophen und von seiner Verbitterung darüber, daß die DDR zu einem totalitären und diktatorisch-kommunistischen Staat geworden war. Sie belegen Blochs Meinungswandel (dem sich bald auch sein Leipziger Freund und Kollege Hans Mayer anschließen sollte), der nur die unvermeidliche Reaktion darauf war, daß die DDR sich seit ihrer Gründung in einen moskauhörigen zentralistischen Polizeistaat verwandelt hatte. Es ließ sich nicht mehr verdrängen, daß der Sozialismus des Ulbricht-Systems, in dem die »Partei immer recht hatte«, der »falsche Sozialismus« war.

Blochs Mißtrauen gegenüber Ulbricht war auch Motiv zusätzlicher Ausspionierung und somit einer zusätzlichen Anschuldigung, galt es doch, die Anklageschrift um den zusätzlichen Punkt der »Majestätsbeleidigung« des Generalsekretärs der Partei zu erweitern.[130] Den Zuträgern war es ein Leichtes, Beweise dafür zusammenzutragen, da Bloch in seinen privaten Äußerungen keinen Hehl aus seiner Antipathie machte gegenüber dem aus der Kälte kommenden Mann des Parteiapparats, den die Sowjets als Statthalter ihrer Interessen an der Macht hielten und der in der Bevölkerung der DDR äußerst unbeliebt war.

Ulbricht, 1893 in Leipzig geboren, von Beruf Tischler, war nach anfänglicher Mitgliedschaft in der SPD (1912-1918) Anfang 1919 der KPD beigetreten. Vier Jahre später (1923) rückt er bereits in die Führungsspitze der Partei auf. Als Anhänger der harten Linie des Marxismus-Leninismus arbeitet er von 1924 bis 1926 in der Moskauer Zentrale der Kommunistischen Internationale. 1926 zieht er für die KPD in den sächsischen Landtag ein; 1928 wird er Abgeordneter der kommunistischen Fraktion im Reichstag. Mitglied des Zentralkomitees seit 1927, wird er 1929 im Politbüro kooptiert. Im März 1933 flieht Ulbricht zunächst nach Frankreich; von 1936 bis 1938 betätigt er sich als Politkommissar der Brigade »Ernst

---

129 Vgl. die Stasi-Akte Bloch, Ernst: »Wild« – MfS AOP – 3215/87.
130 Dieses »Delikt« wurde nach dem damals geltenden DDR-Strafrecht mit zwei Jahren Gefängnis bestraft. Vgl. Hans Mayer: *Der Turm von Babel. Erinnerungen an eine Deutsche Demokratische Republik*, Frankfurt/Main 1991, S. 150.

Thälmann« im spanischen Bürgerkrieg und verfolgt als solcher – zusammen mit der GPU Stalins – Anarchisten und die Trotzkisten der POUM. 1939 geht er nach Moskau, wo er an der Seite von Wilhelm Pieck eine wichtige Funktion in der Exil-KPD bekleidet. 1942/43 ist er einer der Mitbegründer des in Moskau aus der Taufe gehobenen »Nationalkomitees Freies Deutschland«, einer antifaschistisch-kommunistischen Gruppe, die nach Hitlers Niederlage die Regierungsbildung für das nachfaschistische Deutschland vorbereiten soll. Nach seiner Rückkehr nach Deutschland Ende April 1945 wird Ulbricht eine der Hauptstützen der Sowjetischen Militäradministration in Deutschland (SMAD), mit deren Hilfe er 1946 die von der SPD-Führung nicht gewollte Zwangsvereinigung von SPD und KPD zur SED in der sowjetisch-besetzten Zone Deutschlands betreibt und dabei ausschließlich »verläßliche« Kader der KPD in die Schlüsselpositionen der neuen Verwaltung der Länder Ostdeutschlands bringt. In kurzer Zeit verwandelt Ulbricht mit seinen Gefolgsleuten die SED in eine streng zentralistisch geführte marxistisch-leninistische Kaderpartei, die bedingungslos auf die sowjetische Linie eingeschworen ist. Der unaufhaltsame Aufstieg Walter Ulbrichts zum starken Mann der DDR geht weiter: Nach der Staatsgründung am 7. Oktober 1949 bekleidet er bald gleichzeitig die Ämter des Generalsekretärs der SED und des stellvertretenden Ministerpräsidenten der DDR; durch die Gesamtkontrolle über den Parteiapparat, die ihm dadurch zufiel, wurde Ulbricht de facto zum »Diktator« der DDR. Mißtrauisch, vor allem gegenüber kritischen Intellektuellen, formte Ulbricht mit den ihm zur Verfügung stehenden Machtmitteln innerhalb weniger Jahre aus der DDR einen totalitären Einparteienstaat nach dem Vorbild der osteuropäischen »Volksdemokratien«. Mit den von Stalin übernommenen Methoden – Ulbricht bewunderte Stalin seit seiner Tätigkeit in der Komintern in den 20er Jahren – zögerte er keinen Moment, seine Kritiker und Rivalen auch innerhalb der SED durch »Säuberungen« auszuschalten, deren Opfer vor allem solche SED-Mitglieder waren, die mit Rosa Luxemburgs Ideen sympathisierten, sowie die Anhänger eines »menschlichen Sozialismus« bzw. eines »Sozialismus des dritten Wegs« à la Harich. Die Diffamierung und Kriminalisierung dieser Dissidenten und »Abweichler« sowie ihre Denunziation als »Revisionisten« und »Feinde des Sozialismus«, die aus der Partei ausgeschlossen und verurteilt werden sollten, waren die üblichen Mittel, mit denen Ulbricht sich seiner parteiinternen Widersacher entledigte.

Eines der ersten Opfer dieser Säuberungen im Stil Stalins wurde schon 1952 Franz Dahlem; nach der Revolte des 17. Juni 1953 fiel das Verdikt des Parteiausschlusses auf Wilhelm Zaisser und Rudolf Herrnstadt wegen »parteispalterischer Tätigkeit«. Und 1956 fällt diesen Säuberungen dann die »Harich-Gruppe« zum Opfer. Ernst Bloch wird »kaltgestellt«, dasselbe passiert 1958 den beiden »Abweichlern« Karl Schirdewan und Ernst Wollweber. Im Jahre 1960, nach dem Tode Wilhelm Piecks, des Staatspräsidenten der DDR, übernimmt Walter Ulbricht auch noch die Ämter des Präsidenten des Staatsrats (ist de facto also Staatschef) und des Präsidenten des »Nationalen Sicherheitsrats der DDR«. Schon als Bloch – Anfang der 50er Jahre – den »starken Mann der DDR« auf einem offiziellen Empfang in Leipzig zum ersten Mal aus der Nähe gesehen hatte, war er irritiert von den Allüren und Umgangsformen dieses Mannes, der immer mit einem sehr starken sächsischen Akzent sprach. Die Blochs weigerten sich auch, wie es die Partei wünschte, am 30. Juni jedes Jahres Ulbrichts Geburtstag zu feiern; darüber hinaus wird überliefert, daß Bloch sich privat in abfälliger Form über Ulbricht zu äußern pflegte; etwa bemerkte er, »der Mann habe keinerlei Sex-appeal«, oder: »Denkt man an Bebel oder Rosa Luxemburg, dann muß man sich schon fragen, in welche Hände die deutsche Arbeiterbewegung mit diesen Bürokraten gefallen ist, mit diesen Speichelleckern und Nullitäten à la Ulbricht.«[131] All dies wurde von Informanten immer an die Staatssicherheit weitergemeldet.

Gegen Bloch zögerte Ulbricht, mit ähnlicher Brutalität vorzugehen wie gegen die vorgenannten Opfer seiner Säuberungen. So antwortete Walter Ulbricht in einem an Ernst Bloch und gleichzeitig an den Rektor der Leipziger Universität gerichteten Brief vom 11. Februar 1957 zunächst persönlich auf Blochs »offenen Brief« vom 22. Januar 1957, in dem er unterstreicht, daß Blochs »philosophische Ansichten mit den grundlegenden Prinzipien der marxistischen Philosophie nicht übereinstimmten«. Blochs Vorwurf, es gehe in der DDR darum, von oben bürokratisch einen »Schmalspurmarxismus« durchzusetzen, wird zurückgewiesen.[132] Auch verzichtet Ulbricht nicht darauf, Bloch daran zu erinnern, daß seitens der Studenten einige Beschwerden ihn betreffend eingegangen seien. Seiner Machtstellung bewußt und offensichtlich stolz darauf, die

---

131 Zit. nach: Combe, Sonia: *Une société sous surveillance*, S. 136.
132 Zit. nach: Caysa, Volker, u.a.: *Hoffnung kann enttäuscht werden*, S. 152.

gesamte Macht in seinem »sozialistischen Staat« auszuüben, wechselt Ulbricht daraufhin in eine schärfere Tonart und wirft Bloch vor, sich »von dem Agenten Harich nicht distanziert zu haben«, der sich »die Unterminierung und Zerstörung unseres sozialistischen Staates zum Ziel gesetzt hatte«.[133] Bloch habe ihn sogar noch nach der Veröffentlichung des Kommuniqués des Generalstaatsanwalts der DDR als »Gentleman« bezeichnet.[134] »Eine solche Meinung«, so Ulbricht, »hat nichts mit Philosophie zu tun. Sie zeugt vielmehr von Mißtrauen gegen unsere Staatsorgane und ist schlecht mit den Pflichten eines Hochschullehrers zu vereinbaren.«[135] Und nach der Feststellung, daß ihm »die Ereignisse in Ungarn doch klargemacht haben müßten, wohin der Weg führt, den die Agentengruppe Harich in der DDR einschlagen wollte«, unterstreicht Ulbricht, daß es sich bei den gegenwärtigen Differenzen mit Bloch »nicht um [seine] philosophischen Anschauungen handelt, sondern um [seine] Stellung zur Politik unserer Arbeiter- und Bauernmacht«.[136]

Typisch für den in seinem Zynismus unnachahmlichen »Ulbricht-Stil« ist auch der letzte Absatz, in dem Ulbricht versichert, Bloch »auch weiterhin seine Hochachtung entgegenbringen« zu wollen und ihm gleichzeitig generös die Möglichkeit einräumt, »in Zeitschriften oder in öffentlichen Diskussionen [seine] philosophischen Anschauungen zu vertreten, so wie andere Wissenschaftler das Recht haben, diese zu widerlegen. [...] Hochachtungsvoll gez. W. Ulbricht«.[137]

In einem weiteren zwölfseitigen Brief der Parteileitung des Bezirks Leipzig vom 13. Februar 1957 wurden diese Anschuldigungen in ähnlichen Formulierungen wiederholt und durch den Vorwurf verschärft, Bloch habe angelegentlich der Affäre um Georg Lukács den Kulturminister der DDR, Johannes R. Becher, »gröblich beleidigt«.[138] Auf diese neuerlichen Anschuldigungen reagiert Bloch in einem Brief an den Rektor der Leipziger Universität, Georg Meyer, vom 26. März 1957, in dem er gegen die Verleumdungen und Lügen protestiert, die über ihn verbreitet werden, beispielsweise in einem diffamierenden Artikel der *Leipziger Volkszeitung* vom 20. März.

---

133 Ebd., S. 153.
134 Ebd.
135 Ebd.
136 Ebd., S. 152.
137 Ebd., S. 154.
138 Ebd., S. 157.

Ferner protestiert er dagegen, daß bei der am 22. März abgehaltenen Vollversammlung im Institut für Philosophie der stellvertretende Institutsdirektor Horn die Falschmeldung verbreitet habe, Bloch sei »beurlaubt« und »abgesetzt«, und daß »während der ganzen Versammlung [...] vor seinen Studenten, vor den Angestellten und vor dem bulgarischen Gastprofessor Polikaroff [...] sein Werk in gröblicher und kenntnisloser Weise herabgewürdigt« worden sei.[139] Darüber hinaus sei »ein Antrag aus der Versammlung, nun endlich wenigstens seine Antwort auf den ›offenen Brief‹ der Parteileitung vom 19.1.1957 bekanntzugeben, von Horn abgelehnt« worden, mit der Bemerkung: »›Das Andere ist nicht der Rede wert, es lohnt sich nicht, das vorzulesen.‹«[140]

»Ich habe meine Vorlesungen aus freien Stücken deshalb für einige Zeit ausgesetzt«, unterstreicht Bloch in dieser Richtigstellung, »um Unruhen an der Universität, mit ihren schwer übersehbaren Weiterungen, vorzubeugen. Nicht aber habe ich – im vollen Besitz der Rechte meines Lehrstuhls und der Institutsleitung – die Vorlesungen auf einen späteren Zeitpunkt verschoben, um den oben geschilderten Anmaßungen, Übergriffen und schweren Disziplinbrüchen einen Freibrief zu geben.«[141] Deshalb bittet Bloch abschließend den »hohen Senat« der Universität um Stellungnahme und um eine »wirksame Entscheidung«.[142]

Dieser Gegenzug Blochs war äußerst klug; was Blochs Position jedoch schwächte, war der Umstand, daß er in einem Brief vom 24. Januar 1957 aus den obengenannten Gründen darum gebeten hatte, die Ankündigung seiner Lehrveranstaltungen für den Rest des Wintersemesters 1957 vom Schwarzen Brett des Instituts für Philosophie zu entfernen. Dies bedeutete jedoch keineswegs seinen Verzicht darauf, weiterhin Lehrveranstaltungen am Institut für Philosophie abzuhalten: Wie Bloch in einem weiteren Brief an den Rektor der Leipziger Universität vom 15. April 1957 unterstrich, hatte er Ende März/Anfang April die Ankündigung einer neuen zweistündigen Vorlesung mit dem Titel »Geschichte der modernen Philosophie« für das Sommersemester 1957 an das Institut für Philosophie geschickt, die er wöchentlich freitags von 12 bis 14 Uhr abhalten wollte. Dazu sollte es allerdings nicht mehr kommen, da in der

---

139 Ebd., S. 166.
140 Ebd., S. 167.
141 Ebd.
142 Ebd.

Zwischenzeit das »Staatssekretariat für das Hochschulwesen« der DDR das Gesuch von Bloch, in den Ruhestand versetzt zu werden, angenommen hatte.[143] Daraufhin wurde seine Vorlesungsankündigung vom Sommersemester vom Rektorat annulliert. Realiter war dies die erste Etappe seines Verweises von der Universität; der zweite – offizielle – Akt war der Brief des »Staatssekretariats für das Hochschulwesen« vom 27. August 1957, in dem Bloch offiziell mitgeteilt wurde, daß er mit Wirkung vom 1. September 1957 »in den Ruhestand versetzt« sei. Gleichzeitig wurde sein Gehalt auf 50 Prozent seiner bisherigen Bezüge gekürzt. Daß die Verfolgung und Diskriminierung Blochs in der DDR mit diesen Sanktionen zunächst ihr Bewenden hatte und daß es nicht mehr – wie im Falle von Harich und Janka (die zu zehn bzw. fünf Jahren Zuchthaus verurteilt wurden) – zu einer offiziellen Anklageerhebung gegen ihn kam, ist also im wesentlichen auf die sehr viel vorsichtigere Haltung Ernst Blochs zurückzuführen, der auch weiterhin versuchte, die Situation zu entschärfen. Dabei ging Bloch sogar so weit, am 15. April 1958 eine Art von »Ergebenheitsschreiben« an das *Neue Deutschland* zu richten, das tatsächlich am 20. April im Zentralorgan der SED veröffentlicht wurde und in dem Bloch u.a. dagegen protestierte, daß die westdeutschen Medien und »Kriegshetzer« versuchten, seinen Namen für ihre politischen Zwecke zu mißbrauchen (womit Bloch wohl darauf anspielte, daß sowohl im RIAS wie in Springers *Welt* inzwischen Berichte über seine Schwierigkeiten verbreitet worden waren). Nach der Feststellung, daß keinerlei Diskussion sein Festhalten am Sozialismus, am Frieden und an der deutschen Einheit in Frage stellen könne, schließt er: »Es ist die Deutsche Demokratische Republik, auf deren Boden ich mich befinde, mit deren Anliegen ich übereinstimme, in deren Zentrum die Abschaffung der Ausbeutung von Menschen durch Menschen steht.«[144] Daß er verschont wurde, lag zum anderen an der zögernden Haltung von Walter Ulbricht selbst, der aus Angst vor einem großen internationalen Skandal sich mit Blochs Entfernung aus der Universität zufriedengab. Vermutlich wurde Bloch auch sein Brief ans *Neue Deutschland* als »entlastend« zugute gehalten.[145] Auch kann nicht ausgeschlossen werden, daß es innerhalb des Zentralko-

---

143 Ebd., S. 165.
144 Zit. nach: Combe, Sonia: *Une société sous surveillance*, S. 137-138.
145 Ebd., S. 138.

mitees der SED zu unterschiedlichen Einschätzungen der Bloch-Affäre gekommen war. Manches deutet darauf hin, daß etwa Prof. Dr. Kurt Hager (der Bloch in einem Artikel der Leipziger Volkszeitung vom 27.2.1957 als »Pirat unter falscher Flagge« bezeichnet hatte) trotz seiner theoretischen Feindschaft gegenüber Blochs Philosophie zu jenen gehört hat, die hier zur Vorsicht rieten und sich gegen weitere Verfolgungsmaßnahmen aussprachen. Dies alles führte jedenfalls dazu, daß noch im Laufe des Jahres 1958 die »Bloch-Affäre« zum Stillstand kam und eine Beruhigung der Lage eintrat. Als nunmehr gemiedener und institutionell entmachteter Prophet konnte Bloch nun in seinem späten und für ihn doch vorzeitigen Ruhestand sich wieder seinem Werk widmen.

Blochs Vorsicht in den Jahren 1957/58 war wohl auch dadurch motiviert, daß er unter keinerlei Umständen die Veröffentlichung des dritten Bandes von *Das Prinzip Hoffnung* im Ostberliner Aufbau-Verlag gefährden wollte, die nach dem bereits 1952 geschlossenen Vertrag vorgesehen und durch die Ereignisse verzögert worden war. Hier erwies sich Blochs taktisches Stillhalten letztendlich als erfolgreich, denn im Herbst 1959 brachte der Aufbau-Verlag den dritten Band von Blochs Hauptwerk auch tatsächlich heraus.

Trotz der Quarantäne, die man offiziell seit 1957 in der DDR über Ernst Bloch verhängt hatte, gelang es dem seitdem in die Stille verbannten Philosophen, seine Isolation teilweise zu durchbrechen. Kontakte zu »westdeutschen Imperialisten und Militaristen« wurden zwar mit größtem Mißtrauen betrachtet; Ernst Bloch konnte aber als Mitglied der Deutschen Akademie der Wissenschaften weiterhin zur Teilnahme an philosophischen Kongressen und Symposien ins westliche Ausland reisen. Auch kam es zu einem Briefwechsel zwischen Bloch und Verlegern in Westdeutschland. Seit 1958 stand Bloch mit dem Neske-Verlag in Pfullingen (bei Tübingen) in Kontakt, dem Verlag von Heideggers »Nietzsche-Studien«, der sein Interesse an der Veröffentlichung von Blochs philosophischer Trilogie *Das Prinzip Hoffnung* in einer westdeutschen Lizenzausgabe bekundete. Obwohl Bloch diesem Angebot gegenüber nicht abgeneigt war, wurde es nicht konkretisiert, weil der (nach der Verhaftung von Janka) von Klaus Gysi geleitete Aufbau-Verlag die Lizenz nicht an einen Verlag vergeben wollte, der Werke des »Nazis« Heidegger verlegt hatte, wie Karola Bloch in ihren Memoiren berichtet.[146] Von dieser Situation

---

146 Bloch, Karola: *Aus meinem Leben*, S. 230.

profitierte der Suhrkamp Verlag, der von Heidegger nichts gedruckt, dafür aber die Lizenz für die Herausgabe der gesammelten Werke von Bertolt Brecht beim Aufbau-Verlag erworben hatte. Suhrkamp erhielt die Lizenzrechte für die Veröffentlichung der drei Bände von *Das Prinzip Hoffnung* im Jahre 1959. Zusätzlich brachte Suhrkamp ein Jahr später Blochs *Spuren* heraus.

Im August des gleichen Jahres 1959 durfte Ernst Bloch auch nach Frankreich reisen, zur Teilnahme an dem Symposium »Genèse et Structure« im Schloß von Cerisy-la-Salle (in der Basse-Normandie), das von Lucien Goldmann und Maurice de Gandillac organisiert wurde.[147] Bloch und seine Frau Karola, die seit 1935 nicht mehr in Frankreich gewesen waren, fühlten sich überglücklich in der Atmosphäre dieses zum internationalen Kulturzentrum umgebauten Schlosses in der Normandie und waren auch sehr angetan von der Freundschaft, die ihnen durch Lucien Goldmann und Maurice de Gandillac (dem Übersetzer des *Thomas Münzer* und des Hegelbuchs ins Französische) zuteil wurde. Dem Vorschlag Goldmanns folgend, schloß Bloch am Ende dieses zehntägigen Symposiums noch einen kurzen Aufenthalt in Paris an. Lucien Goldmann beherbergte ihn in seiner Pariser Wohnung. Bloch erzählte von seinem Exilaufenthalt in Paris im Sommer 1935, seinen Gesprächen und Spaziergängen mit Walter Benjamin und Kracauer und seinen Studien zum Materialismusbuch. Vom Charme der französischen Hauptstadt angetan, fiel es ihm wenige Tage später ziemlich schwer, nach Leipzig und in die DDR zurückzukehren, wo »der Sozialismus alles grau in grau malt« und wo all seine Schritte staatlich überwacht wurden. Immer noch war für Bloch die DDR seine »Heimat« und somit die Stätte seines intellektuellen Wirkens. Doch immer wieder drängten ihn die dortigen Umstände zum Verreisen. Für den Monat Oktober beantragte er erneut eine Reiseerlaubnis – diesmal für eine größere Reise nach Südosteuropa, d.h. nach Rumänien und Griechenland (Athen); eine weitere Reise führte ihn nach Ägypten, wo er in Kairo das große ägyptische Museum besucht. Die Rückreise führte ihn u.a. in das »Land der Skipetaren«, d.h. in das von Enver Hodscha nach dem Vorbild Stalins diktatorisch regierte Albanien. Er besucht die Hauptstadt Tirana und die südalbanische Küstenstadt Vlora, ist jedoch schockiert von der Armut der Bevölkerung, dem gigantischen Personenkult um Enver

---

147 Ebd., S. 231.

Hodscha und der schlechten Versorgung des Landes mit Nahrungsmitteln.

Als Ernst und Karola Bloch schließlich Ende Oktober wieder nach Leipzig zurückkehren, erwartet sie gleich eine Reihe von schlechten Nachrichten. Sein zweiter Assistent Lothar Kleine sowie seine Studenten Engelmann und Teubner waren nach ihrem Ausschluß aus der Partei wegen ihres engen Verhältnisses zu Bloch inzwischen auch von der Universität verwiesen worden. Noch isolierter arbeitet Bloch ungerührt weiter an seinem Werk – diesmal unter den Bedingungen eines »inneren Exils«. Seine Arbeit gilt jetzt vor allem der Fertigstellung des Manuskripts von *Naturrecht und menschliche Würde*, an dem er schon in den letzten Jahren in Amerika gearbeitet hatte.

Im Dezember 1959 erhält Ernst Bloch die Einladung zu einem Vortrag an der Universität Tübingen für den Monat Mai 1960. Erfreut nimmt er die Einladung an und schlägt als Vortragsthema die »Ontologie des Noch-Nicht-Seins« vor. Der Vortrag im bis auf den letzten Platz besetzten Audimax der Tübinger Universität wird zu einem großen Ereignis. Unter den Zuhörern befinden sich Hunderte begeisterter Studenten, die den Autor von *Das Prinzip Hoffnung* unbedingt sehen wollen – so groß war inzwischen der Verkaufserfolg von Blochs Hauptwerk bei Suhrkamp. Auch die Kollegen verschiedener Fakultäten und Fachbereiche, von den Professoren der philosophischen und theologischen Fakultät (Ernst Käsemann) bis hin zu denjenigen der Fachbereiche Rhetorik (Walter Jens), Soziologie und Politikwissenschaft (Theodor Eschenburg) sind anwesend. Blochs Vortrag in Tübingen wird zu einem so großen Erfolg, daß er bereits wenige Wochen später – nach seiner Rückkehr nach Leipzig – eine erneute Einladung erhält: diesmal zu einer – zunächst allerdings nur auf ein einziges Semester befristeten – Gastprofessur im Wintersemester 1961 am Philosophischen Seminar der Universität Tübingen. Diese Einladung war allerdings innerhalb des Fachbereichs Philosophie der Universität Tübingen sehr umstritten: Mehrere, vor allem die der »phänomenologischen Schule« zugehörigen Professoren, die dem Marxismus prinzipiell ablehnend gegenüberstanden, sprachen sich dagegen aus. Walter Schulz, der weit über Tübingen hinaus als Spezialist Schellings, Hegels und Nietzsches bekannt war, mußte all seine rhetorischen Künste aufbieten, um die Einladung gegen die konservativen Mitglieder des Fachbereichs Philosophie durchzusetzen; schließlich fand sich dafür trotz der vehementen Proteste von Bruno von Freytag-Löringhoff, dem dogmatischen Tübinger Wortführer der Bloch-Gegner, eine Mehrheit. Bloch selbst überlegte eine Zeitlang, ob er diese Einladung annehmen könne; unvorhergesehene politische Ereignisse sollten ihn jedoch bald zu einer Zusage veranlassen.

Bei Blochs Publikumserfolg in Tübingen hatte Julie Gastl, die Inhaberin der in der Nähe der Tübinger Stiftskirche gelegenen »Universitätsbuchhandlung Gastl«, eine maßgebende Rolle gespielt. Als begeisterte Leserin von *Spuren* und *Das Prinzip Hoffnung* hatte sie Bloch im Mai 1960 zu einer Autorenlesung gebeten und damit zugleich den Anstoß für Blochs Vortrag gegeben. Seit diesem Ereignis war Bloch Julie Gastl in Freundschaft verbunden. In dieser Buchhandlung, in der seine Werke immer im Schaufenster lagen, konnte der Philosoph aus Leipzig auch noch eine andere wichtige Entdeckung machen. Ein junger Student der Naturwissenschaften namens Burghart Schmidt war, nach einem offenbar beeindruckenden Referat über »unvermeidliche Reste der Teleologie in den Naturwissenschaften«, von Bloch in dessen »Privatissimum« gebeten worden, zu dem er anfangs in den Theologie-Raum der Buchhandlung im ersten Stock lud. Und als Bloch bald nach seiner Übersiedelung nach Tübingen das Sehvermögen verließ, war es Julie Gastl, die vermittelte, daß Schmidt sein Privatassistent und engster Mitarbeiter an der Gesamtausgabe von Blochs Werken im Suhrkamp Verlag wurde.[148]

---

148 Vgl. Schmidt, Burghart (Hrsg.): *»Leben die Bücher bald?« oder Wie Ernst Bloch nach Tübingen kommt. Briefe von Ernst Bloch an Julie Gastl in den Jahren 1960 bis 1962*, Tübingen 1998, S. 27f.

XXIII. Der Bau der Berliner Mauer und ihre Konsequenzen für den »Verbannten« aus Leipzig

Der harte Kurs der Partei und der Staatsmacht der DDR nach der ungarischen Tragödie; verstärkte Repression gegen kritische Intellektuelle, die zum polizeistaatlichen System Ulbrichts in Opposition standen; das brüske Ende des »Tauwetters«; die negativen Folgen einer im Stil der Stalinschen »Entkulakisierung« durchgeführten Landreform, durch die der Großgrundbesitz der preußischen »Junker« enteignet und in landwirtschaftliche Produktionsgenossenschaften (LPG) umgewandelt worden war; die fortwährenden Schwierigkeiten bei der Versorgung der Bevölkerung der DDR mit Grundnahrungsmitteln; das mangelnde Funktionieren der zentralistischen staatlichen Planung von Produktion und Distribution; das unpopuläre allgemeine Reiseverbot in den Westen; die dadurch ständig wachsende Unzufriedenheit weiter Bevölkerungskreise der DDR mit dem Regime: All dies hatte dazu geführt, daß zwischen 1957 und 1961 immer mehr enttäuschte Bürgerinnen und Bürger dem »Arbeiter- und Bauernstaat« der DDR den Rücken kehrten und in den Westen flüchteten.

Nach einer ersten Fluchtwelle in den Monaten Juni bis September 1953 und einer zweiten nach den Ereignissen in Ungarn 1956, bei der Tausende von DDR-Bürgern ihr Land verließen, kam es schließlich 1960-1961 zu einer dritten noch größeren, bei der täglich Hunderte von DDR-Bürgern über die noch offene Grenze innerhalb der Stadtgrenzen von Berlin kamen und sich bei den Westberliner Behörden als »politische Flüchtlinge« meldeten. Zunächst kamen sie in ein Auffanglager; wenige Wochen später wurden die meisten von ihnen, nach Erledigung zahlreicher Formalitäten und nach ihrer offiziellen Registrierung als »DDR-Flüchtlinge«, vom Westberliner Flughafen Tempelhof aus nach Westdeutschland geflogen, wo sie sich dann in Hamburg, Hannover, Köln, Frankfurt oder München um eine neue Arbeitsstelle bemühen konnten. Dies führte im Frühjahr/Sommer des Jahres 1961 zu einer Ausblutung, die für die wirtschaftlich-politische Stabilität der DDR immer gefährlicher wurde. Tausende von DDR-Bürgern liefen einfach weg: Sie erschienen nicht mehr am Arbeitsplatz, ließen ihre Wohnungen zurück und reisten nur mit etwas Handgepäck. Darunter befanden sich viele hochqualifizierte Fachkräfte, die der DDR

nun fehlten. Im Laufe des Jahres 1960-1961 erreichte die Fluchtwelle ein solches Ausmaß, daß in vielen Krankenhäusern Ostberlins
und der DDR ein akuter Mangel an Ärzten und Fachpersonal
herrschte; in den Westen abgesetzt hatten sie sich vorzugsweise am
Wochenende. Auch viele an den Universitäten der DDR ausgebilde-
te Ingenieure und Lehrer befanden sich unter diesen »Republik-
flüchtigen«. In den Monaten Mai, Juni und Juli stiegen die Rekord-
ziffern ständig, allein etwa 47.000 waren es, die in den ersten zwei
Augustwochen flohen.

Auf diese Weise hatten seit 1949 fast drei Millionen Menschen
der DDR den Rücken gekehrt, und nichts deutete darauf hin, daß
sich die Situation ändern oder gar beruhigen würde. Da beschlossen
Anfang August 1961 der »Staatsrat der DDR« und sein Vorsitzender Walter Ulbricht, in enger Abstimmung mit der Sowjetunion,
dem Aderlaß, der einen baldigen wirtschaftlichen Zusammenbruch
der Republik absehbar machte, durch eine höchst unpopuläre Maßnahme Einhalt zu gebieten, die nach einem streng geheimgehalte-
nen Plan schon seit sechs Monaten in Vorbereitung war: durch den
Bau einer Mauer entlang der Sektorengrenze in Berlin, die fortan
den unkontrollierten Wechsel der DDR-Bürger von Ost nach West
unterbinden sollte. Mit der Errichtung der 155 Kilometer langen
militärisch befestigten Mauer, die von den DDR-Medien von nun
an »Staatsgrenze der DDR« bzw. »antifaschistischer Schutzwall«
genannt werden sollte, wurde in den frühen Morgenstunden des 13.
August 1961 begonnen. Unter dem militärischen Schutz der »Nationalen Volksarmee« (NVA) der DDR, aber auch von sowjetischen
Panzern, die an strategisch wichtigen Plätzen und Straßen aufgefah-
ren waren, »um jegliches Mißverständnis zu vermeiden, was hier
vorgeht«, wie Ulbricht sich im DDR-Rundfunk dazu unverblümt
äußerte, waren seit 6 Uhr morgens mehrere hundert ostdeutsche
Baubrigaden im Einsatz, um die Mauer quer durch Berlin zu errich-
ten. Vom Baulärm aufgeschreckt, kamen Hunderte Menschen der
angrenzenden Westberliner Wohnbezirke aus ihren Wohnungen, um
dem ungewöhnlichen Treiben zuzusehen. Noch am Vormittag des
13. August versammelten sich Tausende von Westberlinern am
Potsdamer Platz, in der Nähe des Reichstags und auf der westlichen
Seite des Brandenburger Tors und protestierten in Sprechchören
gegen die Absperrungen und den Bau der Mauer, die Stadtteile und
sogar Plätze in Berlin mittendurch schnitt. Vereinzelt – wie z.B. in
der Bernauer Straße – sprangen Ostberliner Bewohner aus den

Fenstern von Häusern, die dicht an der Grenze zu den amerikanischen, englischen oder französischen Sektoren standen, in für sie bereit gehaltene Sprungtücher im Westen. Der Westberliner RIAS unterbrach wieder einmal die Sendungen und schickte seine Reporter mit Übertragungswagen an die Brennpunkte im Zentrum Berlins, wie etwa zum Potsdamer Platz, wo der Ostberliner Mauerbau zügig Fortschritte machte. Wie vorher schon am 17. Juni 1953 lösten auch diese Sendungen viele spontane Demonstrationen aus, diesmal vor allem unter der Bevölkerung der westlichen Bezirke von Berlin, die nicht so richtig wahrhaben wollte, was da vor ihren Augen geschah. Seitens der westlichen Alliierten und »Schutzmächte«, und hier vor allem der USA, war jedoch keineswegs der politische Wille vorhanden, diesem Verstoß gegen das Berliner Vier-Mächte-Abkommen Einhalt zu gebieten. Die an die Zonengrenze geschickten Jeeps und Panzer der US-Armee hatten den Befehl erhalten, jeglichen Kontakt mit den sowjetischen Truppen auf der anderen Seite zu vermeiden und stillzuhalten. Niemand wollte wegen des Mauerbaus einen atomaren Krieg mit der Sowjetunion riskieren. Die Westberliner Polizei erhielt gar die Anweisung, die Westberliner Demonstranten möglichst von der Sektorengrenze fernzuhalten. So konnte Walter Ulbricht in aller Ruhe den Bau seiner Mauer quer durch Berlin vollenden.

An jenem denkwürdigen 13. August 1961 hielten sich Ernst und Karola Bloch nicht in Leipzig auf. Anfang August waren sie nach Tübingen gefahren, wo Bloch schon zweimal zu Vorträgen eingeladen worden war und wo sie nun Freunde besuchten. Siegfried Unseld holte sie dort ab und fuhr mit ihnen nach Bayreuth, wo sie im Jahr zuvor auf Einladung von Wieland Wagner bei den Bayreuther Festspielen Wolfgang Wielands moderne Neuinszenierung des *Ring des Nibelungen* unter der musikalischen Leitung von Rudolf Kempe gehört hatten. Dieses Mal hielt Bloch auch dort einen Vortrag. Das war am 12. August. Am Tag darauf fuhren sie zu ihren Freunden Ilse und Arnold Metzger nach München. Erst als diese sie vom Hauptbahnhof abholten, erfuhren sie, was sich seit den frühen Morgenstunden in Berlin zutrug. In der Wohnung von Arnold Metzger in München-Bogenhausen, wo die Blochs sich einige Tage aufhalten und dann in den Urlaub im oberbayerischen Marquartstein weiterfahren wollten, fragten sich Ernst und Karola Bloch besorgt, wie es ihrem Sohn ergangen war. Er sollte in diesen Tagen nach London zu einer Freundin reisen, bei der sie anriefen und wo er noch nicht eingetroffen war. Kurz darauf meldete er sich aus Westberlin. Am Abend des 12. August war er, buchstäblich in letzter Minute, von Ost- nach Westberlin gefahren. Von dort aus wollte er nun mit dem Flugzeug weiter nach London. Unabhängig von ihrer Entscheidung, sagte er ihnen, werde er nicht in die DDR zurückkehren.[150]

Viele ihrer Freunde und Bekannten rieten Ernst und Karola Bloch dazu, ebenfalls im Westen zu bleiben und nicht mehr nach Leipzig zurückzukehren. Bloch aber zögerte noch; obwohl er über den Mauerbau empört war, obwohl er scharf kritisierte, daß dadurch die Teilung Deutschlands verfestigt und die Bevölkerung der DDR durch die totale Unterbrechung der Westkontakte nunmehr hermetisch eingeschlossen war und obwohl klar war, daß die Arbeitsbedingungen in Leipzig für ihn nun noch eingeschränkter sein würden, fürchtete er gleichzeitig auch, im Falle einer Nicht-Rückkehr erneut seine Bibliothek, besonders aber die Manuskripte zu verlieren, die er in seiner Leipziger Wohnung in einem Schrank seines Arbeitszimmers aufbewahrt hatte. Bloch beschloß daher, erst einmal abzuwarten, war doch die Bundesrepublik Deutschland auch nicht gerade ein Paradies für Marxisten. Schließlich war er jedoch bereit, dem Drängen seiner Freunde – Arnold Metzger in München, Walter Jens und Julie Gastl in Tübingen, Siegfried Unseld in Frankfurt – nachzugeben, allerdings nur, sofern in der Angelegenheit seiner Manuskripte eine Lösung gefunden würde, bevor die Staatssicherheit während seiner Abwesenheit in seine Leipziger Wohnung eindringen konnte und sie beschlagnahmte. Sonst würde er nach Leipzig zurückkehren.

Einer Idee von Siegfried Unseld (der als Leiter des Suhrkamp Verlags inzwischen beschlossen hatte, Blochs philosophisches Werk in einer 16-bändigen Gesamtausgabe zu veröffentlichen) war es schließlich zu verdanken, daß die Manuskriptseiten gerettet wurden.[151] Die Gelegenheit dazu bot die alljährlich Anfang September in Leipzig stattfindende Buchmesse der DDR, zu der ein Bekannter Unselds, der Verleger Werner Dausien aus Hanau, schon akkreditiert war. Er war bereit, mit seinem VW-Käfer, mit dem er in die DDR einreisen durfte, und ausgestattet mit allen offiziellen Papieren (wie Einreisevisum, etc.) bei Blochs Wohnung in der Leipziger Wilhelm-Wild-Straße Nr. 8 vorbeizufahren, dort Blochs Manu-

---

150 Vgl. Bloch, Karola: *Aus meinem Leben*, S. 242.
151 Ebd., S. 243.

skripte herauszuholen und sie als Reisegepäck im Auto nach Frankfurt mitzubringen. Karola Bloch hatte ihm die Wohnungsschlüssel von Blochs Leipziger Domizil ausgehändigt sowie einen Lageplan des Arbeitszimmers und einen Schlüssel für den Schrank, in dem Blochs Manuskripte aufbewahrt waren. Dausien und seine Frau Margret betraten spät nachts mit einer Taschenlampe das Haus und luden die Manuskripte unbemerkt in den Kofferraum ihres Wagens. Den Argusaugen der Kontrolleure bei der Grenzkontrolle entging die wichtige Fracht, in Tübingen lieferten sie die Manuskripte ab. Sehr erleichtert vom Gelingen dieser Rettungsaktion konnte Bloch sich nun in Tübingen frei von Befürchtungen der Presse stellen und den herbeigeeilten Journalisten mitteilen, daß er beschlossen habe, nicht mehr in die DDR zurückzukehren.

Dies war jedoch nur der erste Akt seines offiziellen Abschieds von der DDR. Der zweite bestand darin, daß er, ebenfalls von Tübingen aus, einen Brief an den Präsidenten der Deutschen Akademie der Wissenschaften schrieb, in dem er unterstrich, daß er »nach den Ereignissen vom 13. August, die erwarten lassen, daß für selbständig Denkende überhaupt kein Lebens- und Wirkungsraum mehr bleibt«, nicht mehr gewillt sei, seine »Arbeit und sich selber unwürdigen Verhältnissen und der Bedrohung, die sie allein aufrecht erhalten, auszusetzen. Mit meinen 76 Jahren«, schreibt Bloch, »habe ich mich entschieden, nicht nach Leipzig zurückzukehren.«[152]

Als Reaktion auf diesen Brief wurde Ernst Bloch durch einen Schnellentscheid umgehend aus der Deutschen Akademie der Wissenschaften ausgeschlossen, ein Vorgehen, mit dem allerdings einige Mitglieder der Akademie nicht einverstanden waren.

Was Bloch nunmehr im Westen eine Perspektive bot, war vor allem die Einladung der Tübinger Universität, die ihm schon einige Monate vor dem Mauerbau zugegangen war, ab Wintersemester 1961/62 in Tübingen als Gastprofessor zu lehren. Sie war auf Initiative von Theodor Eschenburg, Professor für politische Wissenschaft an der Universität Tübingen, zustande gekommen, um Ernst Bloch, dem Opfer des totalitären DDR-Regimes, eine neue Lehr- und Wirkungsmöglichkeit im Westen zu verschaffen. Obwohl Eschenburg politisch gesehen eher »konservativ-liberal« war, setzte er sich auch beim Kultusministerium des Landes Baden-Württemberg dafür ein, daß Ernst Bloch als prominenter »Republikflüchtling« aus der DDR

---

152 Vgl. Bloch, Karola: *Aus meinem Leben*, S. 244.

einen Sonderstatus bekam, der es ihm ermöglichen sollte, auch noch im hohen Alter weiter zu lehren, zu forschen und an seinem philosophischen Werk zu arbeiten. Um jedoch Blochs Berufung als »Gastprofessor« an die Universität Tübingen – im Alter von 76 Jahren! – dauerhaft möglich zu machen, mußte erst das Universitätsgesetz des Landes Baden-Württemberg durch eine »lex Bloch« ergänzt und abgeändert werden, vor allem bezüglich der Altersgrenze, die Bloch um elf Jahre überschritten hatte: In der Tat befand Bloch sich ja in der paradoxen Situation, in einem Alter Lehrveranstaltungen abhalten zu wollen und zu müssen, in dem die meisten anderen Kollegen längst im Ruhestand waren. Glücklicherweise wurde dieses Problem jedoch vom damaligen CDU-Kultusminister im Land Baden-Württemberg, Gerhard Storz, der für Blochs Lage Verständnis hatte, gelöst. Das Blatt war gewendet. Ein neuer wichtiger (und letzter) Abschnitt von Blochs Leben und Wirken als akademischer Lehrer begann … Et incipit vita nova!

Fünfter Teil

XXIV. Neuanfang in Tübingen mit 76 Jahren
(1961-1977)

Der Abschied von Leipzig und der DDR im September 1961 bedeutete für Ernst Bloch, daß er jetzt in Tübingen, der kleinen schwäbischen Universitätsstadt vierzig Kilometer südlich von Stuttgart, im hohen Alter von 76 Jahren buchstäblich neu anfangen mußte. Die Haare waren inzwischen weiß, der Rücken krumm, und seine Augen verschwanden hinter dicken Brillengläsern. Aber er hatte den unerschütterlichen Willen, mit seiner akademischen Karriere im »freien Westen« jetzt wieder am Nullpunkt zu beginnen. Und es galt, weiter an der Gesamtausgabe seines philosophischen Werks bei Suhrkamp zu arbeiten.

Solidarisch halfen ihm seine neuen Tübinger Freunde. Schnell gelang es Bloch, dem damals prominentesten politischen Flüchtling aus der DDR, mit der neuen schwäbischen Umgebung vertraut zu werden, die in ihm hie und da Erinnerungen an seine in der Pfalz verbrachten Jugendjahre wachrief. Freunde halfen, für die Blochs eine neue Wohnung zu finden – gelegen »Im Schwanzer 35«, nach Blochs Tod wurde daraus die »Ernst-Bloch-Straße« – eine einfache 4-Zimmer-Wohnung im Parterre mit Balkon und Blick auf den Neckar.

Als von der Universität eingeladener Gastprofessor bereitete er sich sogleich nach dem Umzug auf seine Vorlesungen vor, die Mitte November begannen. Es handelte sich dabei um nichts anderes als um die *Tübinger Einleitung in die Philosophie*[1], einen Vorlesungszyklus, der im Wintersemester 1961/62 begann und im folgenden Semester fortgesetzt werden sollte. Die Antrittsvorlesung fand im Auditorium Maximum der Tübinger Universität statt, das bis auf den letzten Platz besetzt war. Hunderte von Studenten hatten sich dort versammelt, um den »Märtyrer der Hoffnung« (Joachim Kaiser) aus Leipzig, der nicht mehr in die DDR zurückkehren wollte, zu hören und zu sehen. Die Menschenmenge stand so dicht, daß es Bloch schwerfiel, sich einen Weg durch die Versammelten zu bahnen und ans Rednerpult zu gelangen. Er begann seinen mit Spannung erwarteten Vortrag mit den Worten »Meine Damen und Herren, ich freue mich, unter Ihnen zu sein. Hier möchte ich meine

---

1 Bloch, Ernst: *Tübinger Einleitung in die Philosophie*, GA 13.

Arbeit fortsetzen.« Schon mit diesen beiden ersten Sätzen erntete Bloch brandenden Applaus.

Dieser Vortrag war nicht nur der Beginn eines umfassenden Vorlesungszyklus, der weit über Tübingen hinaus von sich reden machen sollte, er enthielt zugleich die Essenz eines Denkens, das sich ein ganzes Leben lang der Hoffnung verpflichtet hatte. »Mitunter mochte man sich fragen«, schrieb Joachim Kaiser am 20. November 1961 in der *Süddeutschen Zeitung*, »ob da noch ein Schulphilosoph sprach oder nicht vielmehr ein Weiser, ein Mann, der Sokrates näherstand als Aristoteles, Schelling näher als Kant. So unternahm Bloch es, bei seinem schweren Neubeginn in Tübingen die Hoffnung zu verteidigen.«[2]

Bloch sprach also von Hoffnung, genauer von »aktiver Hoffnung«, die sich grundsätzlich von »blinder Zuversicht«, die keinen Zweifel kennt, unterscheidet. Ins Zentrum seiner Vorlesung stellte er damit zugleich ein Thema, das in dieser Zeit mit seiner Person und seinem Auftreten immer latent verbunden war: die weiterhin schmerzenden Erfahrungen, gemacht in der DDR, anders ausgedrückt: die Frage, ob es Formen von Erfahrung gibt, die die Hoffnung dementieren. All jene herausfordernd, die ihm vorwarfen, in seinen philosophischen Schriften die utopischen Gehalte der »Wunschbilder« und die Hoffnung in »übertriebener Form« herausgestellt zu haben, stellt Bloch in dieser Rede zunächst ganz schlicht fest, daß »jedes Leben voll von Träumen ist, die nicht gar werden«. Das sei »sogar unausweichlich bei Hoffen als bloßem wishful thinking« mit der – rein subjektiv-utopischen – Erwartung von »Luftschlössern«. Selbstredend geht es Bloch nicht nur um »Hoffnung« als landläufiges Phänomen. Dabei kann nicht stehengeblieben werden, sondern Hoffnung muß »aktive Hoffnung« werden, als »docta spes«, bei der sich das Hoffen nicht nur als »Affekt« manifestiert (mit der Furcht als ihr Pendant), sondern auch als »Methodikum Hoffnung« (mit dem Pendant Erinnerung, dem »Eingedenken«) im Gebiet eines »Noch-Nicht, einer noch währenden Unentschiedenheit des Eintritts wie vor allem auch des letzten Inhalts«. Mit anderen Worten, »aufs Enttäuschbare direkt bezogen: Hoffnung hat eo ipso das Prekäre der Vereitlung in sich: sie ist keine Zuversicht. [...] Dafür steht sie zu voll im Topos des objektiv-real-Möglichen, wie

---

2 Kaiser, Joachim: »Ernst Blochs Tübinger Antrittsvorlesung«, in: *Süddeutsche Zeitung*, 20.11.1961.

es auch als Gefahr, nicht nur als potentiell Rettendes das Vorhandene umgibt.«[3]

Nach diesen kategorial strukturierenden Überlegungen wird Bloch konkret und kommt auf die erlebte Enttäuschung »am rückfälligen, bis zur Unkenntlichkeit oder gar bis zur Kenntlichkeit veränderten Produkt« zu sprechen, womit der Sozialismus in der DDR gemeint ist. Auch zu diesem »Produkt« gehöre Hoffnung. Stelle man »Mißwachs« fest, so gelte es natürlich, diesem durch ökonomisch-gesellschaftliche Analyse auf den Grund zu gehen. Doch, so betont Bloch eindringlich, »in diesen Analysen des Woher muß ebenso unabdinglich (damit das Salz nicht dumm werde) das utopische Totum des Wozu anwesend sein«. Dieses höchste Ziel der Hoffnung heiße, so Bloch mit dem jungen Marx, alle Verhältnisse umzuwerfen, »worin der Mensch ein erniedrigtes, geknechtetes, verlassenes, verächtliches Wesen ist«. Dieser »älteste Wachtraum« der Menschheit habe sich zuletzt als »enttäuschbar« gezeigt, und zwar am Produkt«. Aber nur »qua Unnachlaßlichkeit«: zum »Hoffnungs-Verdikt« aber gehöre beides, Enttäuschbarkeit und Zielbezogenheit, nur wer am Ziel festhalte, könne enttäuscht werden, nur wer im Produktionsprozeß der Hoffnung stehe, könne Pervertierungen erkennen und gewinne die »Sprengkraft«, Enttäuschungen hinter sich zu lassen. »Item«, schließt Bloch, »die Hoffnung der Zukunft verlangt ein Studium, das die Not nicht vergißt und den Exodus erst recht nicht. Das Überschreiten hat viele Formen, die Philosophie sammelt und bedenkt – nil humani alienum – alle.«[4]

Wie der junge Martin Walser in einem zuvor in der *Süddeutschen Zeitung* veröffentlichten Artikel vom September 1959 geschrieben hatte, wird von Bloch »die Hoffnung marxistisch auf Kiel gelegt, erhält rote Segel, die Instrumente sind östlich geeicht, Bloch erfindet noch ein paar neue, schöne dazu: Die Fahrt kann beginnen! […] Aber diese Ausfahrt ist nicht Sightseeing, sie ist ›Konstruktion‹, sie ist Umfunktionierung des Alten in Noch-Brauchbares, Heraussprengung zukunftsträchtiger Kerne. Und da erweist es sich einige Male, daß Bloch ein seltsamer, ein so noch nicht dagewesener Marx ist. […] Aber was ihn über den Marxismus hinausträgt, das ist seine Sehnsucht nach dem Subjekt der Natur, das er mit dem Menschen vermittelt sehen will; der bürgerliche Dompteursstand-

3 Bloch, Ernst: *Literarische Aufsätze,* GA 9, S. 385-387.
4 Ebd., S. 391-392.

punkt [...] soll überwunden, eine natura naturans gefunden, die schöpferische Materie aus der Abstraktheit relativierter Gesetze erlöst und zur Mitproduktivität befreit werden. Natürlich ist sein ›Subjekt der Natur‹ in ein ebenso großes Inkognito gehüllt wie jeder eigentlich erwünschte Kern des Menschen, der mit diesem Natursubjekt vermittelt werden soll. [...] Heisenberg und Hölderlin in einer Person.«[5]

Der Vergleich konnte dem der bürokratischen Diktatur des »real existierenden Sozialismus« entronnenen Professor Ernst Bloch nur wohltun, dem man die angeblich »nicht-marxistische« Theorie des Natur-Subjekts in der DDR dort von offizieller Seite zum Vorwurf gemacht hatte und dem zuletzt keinerlei Anerkennung mehr zuteil geworden war. Nun war Bloch diesem Umfeld glücklich entronnen und konnte sich daran erfreuen, Hölderlin auch geographisch nahe zu sein und in der Nähe zu jenem berühmten Tübinger protestantisch-theologischen Stift arbeiten zu können, in dem der junge Hegel, der junge Hölderlin und der junge Schelling in Latein, Griechisch, Hebräisch, Philosophie und Theologie unterwiesen worden waren und wo sie im Juli 1789 – aus Sympathie mit dem Bastille-Sturm in Paris – den Freiheitsbaum gepflanzt hatten. Vom Hauseingang von Blochs Wohnung mußte man nur wenige Schritte gehen, um, besonders an sonnigen Herbsttagen, einen herrlichen Blick auf das hinter dem Neckar aufragende Tübinger Stift und auf den gelb getünchten Hölderlin-Turm zu werfen, in dem der Dichter in geistiger Verwirrung einsam seine letzten Lebensjahre verbracht hatte.

---

5 Walser, Martin: »Blochs *Prinzip Hoffnung*«, in: *Süddeutsche Zeitung*«, 26./27.9.1959.

XXV. *Naturrecht und menschliche Würde* (1961)

Bloch kam alles andere als mit leeren Händen nach Tübingen, denn sein Einzug in die Wohnung am Neckar und seine Antrittsvorlesung an der Universität fielen zeitlich zusammen mit dem Druck des letzten Buchmanuskripts im Suhrkamp Verlag, das er in der DDR redigiert und vollendet hatte: *Naturrecht und menschliche Würde.* Mit der Veröffentlichung dieses Buches genau in dem Jahr, in dem Bloch der DDR den Rücken gekehrt hatte, wollte er die marxistische Theorie um einen neuen, vom orthodoxen Marxismus stark vernachlässigten Aspekt bereichern: das Naturrecht. Vor dem Hintergrund des endgültigen Bruches mit dem Stalinismus und der vollständigen Isolierung Blochs in Leipzig nach seiner »vorzeitigen« Emeritierung ergänzt dieses Buch auf originelle Art Blochs philosophische Untersuchungen zum Utopischen im *Prinzip Hoffnung* durch eine Studie zur Geschichte und geschichtlich-philosophischen Funktion des Naturrechts, die den traditionellen philosophisch-politischen Konsens durch die Einführung einer neuen Perspektive herausfordert, die ernst genommen werden sollte: Sie ist gleichsam eine neue kritische Theorie des Rechts, der »menschlichen Würde« und des »aufrechten Gangs« und gleichzeitig eine Art »Kriegsschrei gegen alle zeitgenössischen Formen der Unterdrückung«. Diese marxistische Rechtslehre wurde nicht etwa für Juristen, Richter, Rechtsanwälte und all jene geschrieben, die traditionellerweise allein schon durch ihre Funktion im Justizapparat eher einer positiven Rechtsauffassung verhaftet sind, sondern vielmehr für die »Erniedrigten und Beleidigten«, mithin für all jene, die sich keineswegs immer auf die Rechtsprechung derjenigen verlassen können, die den staatlichen Justizapparat repräsentieren, sondern oft eher zu dessen Opfern zählen. Blochs Perspektive ist diejenige eines Rechtsbegriffs »von unten«, der an die fortschrittlichen Aspekte des »Naturrechts« anknüpft, die gemeinhin ignoriert werden von Rechtsphilosophie und positivem Recht, die ihrerseits weder Willens noch in der Lage sind, an den bestehenden Ungerechtigkeiten zu rütteln.

In der Form eines »historischen Beitrags« zur Erinnerung daran, »was rechtens und doch noch offen ist: zu den Problemen des aufrechten Gangs«, stellt Bloch hier »ein Juristikum eigener Art« vor, »mit fragend, fordernd gesuchter Mündigkeit beginnend, mit dem klassischen Naturrecht nicht endend«.[6] Die Leitmotive dieser philosophischen Rechtslehre sind zum einen das Aufzeigen der Amphibologie (Doppelfunktion) des Naturrechts in der Geschichte der Philosophie (d.h. seiner rückschrittlichen Funktion in der Philosophie des Mittelalters, z.B. in dem Begriff des »relativen Naturrechts« von Thomas von Aquin; sowie seiner revolutionären Funktion in der Philosophie der Aufklärung, und hier vor allem bei Rousseau und Kant), und zum anderen »die Aufgabe eines sozialistischen Erbes an diesen ehemals liberalen, nicht nur liberalen *Menschenrechten*«.[7] Bloch ist in der Tat der Überzeugung, daß es »keine wirkliche Installierung der Menschenrechte ohne Ende der Ausbeutung« geben kann und »kein wirkliches Ende der Ausbeutung ohne Installierung der Menschenrechte«.[8] Diese Bemerkung Blochs zielte« auf die Nichtrespektierung der Menschenrechte in den Ländern des »real existierenden Sozialismus«, die so stolz darauf waren, den Kapitalismus und die »Ausbeutung des Menschen durch den Menschen« beseitigt zu haben, die realiter jedoch die Menschenrechte verletzten. Das Postulat des »aufrechten Gangs« leitet sich vom Naturrecht her und hat, so Bloch, eine »Geheimgeschichte«, die nicht minder untersucht zu werden verdient als die Geschichte der Utopien. Waren letztere ein wesentliches Ferment revolutionärer Bewegungen und zielten auf das Glück der Menschen, so war das Naturrecht – sowohl in seiner rationalistischen Gestalt (bei Hobbes und Grotius im 17. Jahrhundert) wie in seiner »kontraktualistischen« Form (wie bei Rousseau im 18. Jahrhundert) – in seiner Art ebenso dringend und zielte auf »menschliche Würde«: »Einander ergänzende Anliegen im humanen Raum; getrennt marschierend, leider nicht vereint schlagend.«[9]

»Die Freiheit von der feudalen Ordnung war nicht eine bloße des Schreckens oder, wie Hegel sagt, eine ›Furie des Verschwindens‹, als welche den Repräsentanten der Bastille die Köpfe wegnahm; sie war gleich eilig die Freiheit zu dem Positivum einer neuen, zunächst bürgerlich geratenden Lebensordnung. Der Individualwille verringerte in dieser Ordnung die Nötigungen, die seiner Wahlfreiheit entgegenstanden; er gewann einen Rahmen, worin der Profitwille, aber auch – in der Konstruktion – die

---

6 Bloch, Ernst: *Naturrecht und menschliche Würde*, GA 6, Frankfurt/Main 1961, S. 14.
7 Ebd., S. 12.
8 Ebd., S. 13.
9 Ebd., S. 13-14.

Selbstbestimmung des mündigen Menschen sich zu bestätigen versuchte. Eben Rousseau formulierte dieses letztere oder Citoyen-Moment im Freiheitsruf der bürgerlichen Revolution dahin, daß ›der Bürger nicht in seiner Freiheit beschränkt sei, außer soweit dieses für die gleiche Freiheit der anderen notwendig sei‹.«[10] »Auch das Bürgertum mithin«, unterstreicht Bloch, »hat es mit seiner Freiheit nicht zum Citoyen gebracht, sondern eben nur zum ›Schein einer menschlichen Existenz‹; ganz dagegen lebte im revolutionär werdenden Proletariat das Ideal der Handlungsfreiheit fort, das Ideal nicht nur der Selbstbestimmung, sondern auch [...] der Geschichtsbestimmung.«[11]

Von großer Bedeutung ist hier die von Bloch vorgenommene Erweiterung des ursprünglich bürgerlichen Freiheitsbegriffs; sie war die Voraussetzung für die in der Französischen Revolution (sich zum ersten Mal mit Gracchus Babeuf artikulierende) Gleichsetzung des Freiheitsideals mit dem Gleichheitsideal des Sozialismus. Anders ausgedrückt: »Mit eigener Hand vielmehr mag der Sozialismus die sonstwo fallengelassene, die haltbare Fahne der alten Grundrechte aufheben; mit durchschauter Illusion, berichtigter Klassenideologie, vollzogenem Ernst der Sache«, wobei es darum geht zu »zeigen, daß es sich nicht um einen großen Gedankenstrich zwischen Vergangenheit und Zukunft handelt, sondern um die *Vollziehung* der Gedanken der Vergangenheit«, wie Marx in einem Brief an Ruge vom Jahre 1843 schrieb.[12] Gewiß war Marx' Vorbehalt, daß die Menschenrechte in erster Linie einen bürgerlichen Klassencharakter hätten und daß die Verteidigung des Privateigentums außerordentlich stark zur Entstehung der Menschenrechte beigetragen habe, berechtigt. Dennoch aber konnte – dies zumindest war Blochs Überzeugung – eine allzu dogmatische Interpretation dieser Theorie schädlich werden für den Marxismus selbst. Deshalb verwahrt sich Bloch gegen allzu voreilige Schlußfolgerungen und erinnert daran, namentlich im Abschnitt »L'homme und Citoyen bei Marx«[13], daß Freiheit bei Marx keineswegs kritisiert wird, sondern im Gegenteil »dasjenige Menschenrecht ist, durch dessen Glanz und Menschlichkeit Marx das Privateigentum selbst kritisiert. Von daher gerade die Marxschen Konsequenzsätze: nicht Freiheit des

---

10 Ebd., S. 178.
11 Ebd., S. 179.
12 Ebd., S. 215.
13 Ebd., S. 200-206.

Eigentums, sondern vom Eigentum, nicht Freiheit des Gewerbes, sondern vom Egoismus des Gewerbes; nicht Emanzipation des egoistischen Individuums von der bloßen Feudalgesellschaft, sondern Emanzipation aller von jeder Klassengesellschaft.«[14]

Bloch, der sich theoretisch auf die Marxsche *Kritik der Hegelschen Rechtsphilosophie* von 1843 und auf das »gesunde marxistische Mißtrauen« gegenüber der bestehenden Rechtsordnung stützt, die ja untrennbar mit der bürgerlichen Herrschaft und der Frage der »Klassenjustiz« verbunden ist, kommt dann auf den für ihn wesentlichen Punkt zu sprechen. Im 21. Kapitel von *Naturrecht und menschliche Würde* betont er, daß einzig in einer nicht-antagonistischen Gesellschaft der radikale Dualismus zwischen subjektivem und objektivem Recht, zwischen facultas agendi und norma agendi, aufgehoben werden kann:[15] »Das *letzte subjektive Recht* wäre so die Befugnis, *nach seinen Fähigkeiten zu produzieren, nach seinen Bedürfnissen zu konsumieren*; garantiert wird diese Befugnis durch die *letzte Norm des objektiven Rechts: Solidarität*. [...] Der tiefgehende Dualismus in der Rechtssphäre verschwände in einer Gesellschaft, die nicht nur eine nicht-antagonistische in ihren Interessen wäre, sondern ebenso die Staatsmächte nicht mehr nötig hätte, sowenig wie die Individuum-Reservate, die nötigen, gegen den Staat, gar als Polizeistaat.«[16] Als geschichtliches Beispiel führt Ernst Bloch die Pariser Kommune an, die ja keineswegs das herrschende bürgerliche Recht schlagartig durch ein neues »proletarisch-sozialistisches« ersetzt hatte, und er verteidigt hier die Ansichten des den Stalinschen Säuberungen zum Opfer gefallenen sowjetischen Juristen Evgenij Paschukanis[17], der gemeint hatte, zumindest für eine Übergangsperiode müßten die vom bürgerlichen Staat ererbten Rechtsnormen auch unter einer sozialistischen Regierung noch gültig bleiben; denn nach Paschukanis gebe es eben weder eine »allgemeine Rechtslehre schlechthin« noch ein »proletarisches Recht«. Bloch schreibt, es solle »kein sozialistisches [Recht] mehr geben, sowenig ›wie das Absterben der Kategorien des Werts, Kapitals, Profits und so weiter beim Übergang zum entfalteten Sozialismus das Auftauchen neuer, proletarischer Kategorien des Werts, Kapitals, der Rente und so weiter bedeuten

---

14 Ebd., S. 203.
15 Ebd., S. 252.
16 Ebd., S. 252-253.
17 Ebd., S. 253-254.

wird‹.«[18] Dies schon deshalb, weil das neue, sozialistische Recht nur im Prozeß des Verschwindens der alten und des Aufbaus der neuen Gesellschaft, der »klassenlosen Gesellschaft«, entstehen kann. Und wenn Bloch in diesem Zusammenhang so nachdrücklich auf das »Absterben des Staates« hinweist, das Marx und Engels am Ende dieser Übergangsperiode kommen sahen, so deshalb, weil die Länder des »real existierenden Sozialismus« ganz offensichtlich zu staatlichen Diktaturen der Apparatschiks verkommen waren, in deren Alltagspraxis die zentralistisch funktionierende autoritäre Staatsmacht allgegenwärtig war.

Im Anhang zu diesem Buch findet sich Blochs – schon 1953 in Leipzig geschriebene – Studie über Christian Thomasius, »einen deutschen Gelehrten ohne Misere«[19] aus Halle. Hier ehrte er noch einmal einen Juristen und Philosophen des 17. Jahrhunderts, der nicht nur mit der Tradition brach und als erster deutscher Gelehrter seine Vorlesungen an der Universität Halle in deutscher Sprache hielt: In gewisser Weise war er die typische Verkörperung des »aufrechten Gangs«: ein Mann, der als Jurist, als Philanthrop und Philosoph den Mut hatte, gegen die laufenden Hexenprozesse, die Inquisition und die Folterungen zu protestieren und der eine humanistische Ethik und eine »Moral des Glücks« lehrte. Bloch ehrte also einen Denker, der einen ganz »neuen Ton ins Naturrecht [brachte], um so mehr, als er *menschliches Glück* mit *menschlicher Würde* gerade *naturrechtlich* verband«.[20] Thomasius ist in Blochs Augen ein Philosoph, der in der Epoche der Frühaufklärung als ein Vorläufer des sozialistisch-utopischen Gedankens des »Rechts aller auf Glück« angesehen werden kann.

»Thomasius selber hat mit der einfachen Gleichung Glück und Würde jedenfalls einem vorzüglichen materialistischen Wesen Ausdruck gegeben. Wenn gestörtes Glück auch gewiß kein ›Deduktionsprinzip‹ der Rechts- und Staatsentstehung bildet, so enthielt das Gesellschafts-›Prinzip‹: Aufhebung des gestörten Glücks doch ein vortreffliches Richtmaß zur Beurteilung des vorhandenen Rechts, der vorhandenen Moral. Das statuierte Recht auf Glück, als Grundrecht, vertrug sich derart mit dem alten Gerüste des Unrechts

---

18 Ebd., S. 254. Bloch zitiert hier Paschukanis, Eugen (Evgenij): *Allgemeine Rechtslehre und Marxismus. Versuch einer Kritik der juristischen Grundbegriffe*, Wien 1929, S. 33-34.
19 Vgl. Bloch, Ernst: *Naturrecht und menschliche Würde*, GA 6, S. 315-356.
20 Bloch, Ernst: *Naturrecht und menschliche Würde*, GA 6, S. 338.

schlecht: Naturrecht dieser Art war zwar noch kein Simson, der die Säulen zertrümmert, wohl aber stand es auf als Stolz gegen leidend und auch darin entwürdigt machende Obrigkeit, als Haß gegen ihre Barbarei, als tätige Liebe zu ihren Opfern.«[21]

Blochs in diesem Buch vertretene Thesen fanden bei den Vertretern der offiziellen Rechtswissenschaft in der Bundesrepublik Deutschland wenig Gehör, doch in der westdeutschen und europäischen Öffentlichkeit wurde es von den meisten Rezensenten[22] und Kommentatoren zurecht als tiefgehende Kritik an der Staatsvergötzung interpretiert, die in den Ländern des »real existierenden Sozialismus« auch in der Zeit nach Stalin noch lange vorherrschte.

---

21 Ebd., S. 338-339.
22 Zur Rezeption von *Naturrecht und menschliche Würde* vgl. vor allem: Wagner, Hartmut: *Utopie, Menschenrechte, Naturrecht. Zur Rechtsphilosophie Ernst Blochs*, Baden-Baden 1995.

XXVI. Ein Philosoph, der die Stadt Tübingen revolutioniert – *Subjekt-Objekt.* *Erläuterungen zu Hegel* (1962)

Es ist nicht übertrieben zu behaupten, daß Blochs Einzug in Tübingen im Wintersemester 1961/62 über kurz oder lang das Gleichgewicht und die selbstzufriedene Harmonie dieser altangesehenen, ruhigen und sehr konservativen Universitätsstadt, die mit ihren nur 50.000 Einwohnern 20.000 Studenten beherbergte, zu stören drohte. Denn Tübingen, die am oberen Neckar gelegene »Hauptstadt« des Regierungsbezirks Württemberg-Hohenzollern, der zur ehemaligen französischen Besatzungszone gehörte, war zu diesem Zeitpunkt – ebenso wie Heidelberg – eine ausgesprochene Hochburg der Konservativen, der Christdemokraten und der schwäbischen Liberalen; auch hatte die Universität ähnlich wie die Universität Freiburg im Breisgau während der Nazizeit eine wenig rühmliche Rolle gespielt. Dort lehrte etwa der Hegel-Spezialist Theodor Haering, der 1933 der NSDAP beigetreten war, sowie der Romanist Kurt Wais, ein ebenfalls getreuer Gefolgsmann des »Führers«. Eine ganze Reihe von diesen Nazi-Professoren wurde – wie etwa Wais – nach einer gewissen Zeit der Beurlaubung und des Berufsverbots Anfang der 50er Jahre erneut in den Staatsdienst übernommen. Auch war Tübingen – ebenso wie Göttingen, Würzburg oder Heidelberg – damals eine Hochburg der studentischen Korporationen, der schlagenden und nichtschlagenden Verbindungen, die in den Häusern ihrer »alten Herren« am Österberg Fechtturniere und Trinkgelage abhielten. Überwiegend kamen diese Verbindungsstudenten aus der medizinischen und der rechtswissenschaftlichen Fakultät. Sie pflegten in traditioneller Kluft, mit Schärpe und Mütze durch die Straßen der Tübinger Altstadt zu ziehen und im Sommer Fahrten auf dem Neckar in den typischen Tübinger »Stocherkähnen« zu veranstalten.

Da Ernst Bloch mehr oder weniger der einzige Marxist war, der an dieser Universität lehrte, die in ihrem Elitismus und ihrer Romantik so etwas wie ein deutsches Cambridge oder ein deutsches Oxford war, konnte er zunächst nur eine ganz kleine Schar von Studenten, Freunden und Bewunderern um sich scharen. Schnell wuchs jedoch die Zahl der Studenten, die seine Vorlesungen regelmäßig hörten, und auch die Zahl seiner engeren Mitarbeiter und

Assistenten, von denen einige bald zu aktiven Mitarbeitern an der Vervollständigung seines philosophischen Werks werden sollten. Seine größte und solideste Stütze blieb jedoch in all diesen Jahren seine Frau Karola, die Ernst Bloch nicht nur zu allen seinen Vorträgen begleitete, sondern die auch – von Anfang an stets wesentlich stärker der Praxis als der Theorie zugewandt – in Tübingen den Verein »Hilfe zur Selbsthilfe« zur Förderung von Strafentlassenen gründete, mit dem sie ab 1970 einen wichtigen Beitrag zur Sozialarbeit dieser Region leistete. All dies spielte sich in einer in gewisser Weise typischen südwestdeutschen Kleinstadt ab, deren überwiegend kleinbürgerliche Einwohner kaum zur Kenntnis nahmen, daß in den Mauern dieser Stadt jetzt ein großer, weltbekannter marxistischer Philosoph lebte. Trotz großen Widerstands der Konservativen erweiterte sich Anfang der 60er Jahre der Kreis der Tübinger Freunde Ernst Blochs immer mehr – gewissermaßen proportional zur immer weiteren Verbreitung seiner Bücher. Dank der Unterstützung seiner Assistenten Eberhard Braun, Gert Ueding und Burghart Schmidt konnte er sich nun weiter dem Ausbau seines Werks widmen. So arbeitete er im Winter 1961/62 intensiv an der Niederschrift der *Tübinger Einleitung in die Philosophie*, deren erster Band im Frühjahr 1962 abgeschlossen wurde: Er erschien Anfang 1963, ihm folgte ein Jahr später der zweite, mit dem gleichen Elan verfaßte Band, der schließlich im Herbst 1964 ebenfalls bei Suhrkamp erschien.

Bevor aber die *Tübinger Einleitung in die Philosophie* erschien, wurde bei Suhrkamp zunächst der achte Band der Gesamtausgabe veröffentlicht: Blochs in der letzten Phase des US-amerikanischen Exils geschriebenes Buch *Subjekt-Objekt. Erläuterungen zu Hegel*[23], in einer Ausgabe, die gegenüber der in der DDR publizierten Fassung unverändert, aber um zwei Zusätze erweitert erschien. Bloch hatte noch in den letzten Monaten seines Aufenthalts in Leipzig speziell für die Westausgabe eine Nachschrift verfaßt, welche die Aktualität des Hegelschen Denkens in einem veränderten politischen Kontext heraushebt.

Diese Neuveröffentlichung des Buches in der Bundesrepublik Deutschland, der bald Übersetzungen ins Französische, ins Italienische und in andere Sprachen folgen sollten, war wegen seiner Publikationsgeschichte für Bloch von eminenter Bedeutung. Hier han-

---

23 Bloch, Ernst: *Subjekt-Objekt. Erläuterungen zu Hegel*, GA 8.

delte es sich um die Arbeit, die zwischen 1945 und 1947 in den USA entstanden und von einem US-Verlag großspurig zurückgewiesen, dann vom Manuskript aus ins Spanische übersetzt und 1949 in Mexiko veröffentlicht worden war, bevor sie 1951 im Ostberliner Aufbau-Verlag, als erste deutsche Erstveröffentlichung Blochs nach dem Krieg überhaupt, in ihrer ursprünglichen Fassung auf deutsch erschien. Für die Ausgabe, die Bloch jetzt für den Suhrkamp Verlag vorbereitete, hatte Bloch neben der Nachschrift ein großes Kapitel verfaßt, das fast am Ende in sein Hegelbuch eingefügt wurde: das 23. Kapitel, »Hegel und die Anamnesis; contra Bann der Anamnesis«. Dort betont er besonders nachdrücklich, daß Hegel in seiner Dialektik immer wieder »stillegt, was er doch ebenso, immer wieder, in Flüssigkeit versetzen will«,[24] wobei die dem dialektischen Prozeßdenken entsprungenen Tendenzfiguren, wie man sie bei Hegel selbst findet, eben nur »bestenfalls Lösungsfragmente« sind, »aber ohne Anamnesis archaischer oder historisch-stationierender Art«[25], d.h. Lösungsfragmente nur dann, wenn der Bann durchbrochen wird, der sie bei Hegel immer wieder angekettet hatte.

In seiner Nachschrift aus dem Jahre 1962 erklärt Bloch, daß »Hegel im Osten derzeit nicht mehr recht beliebt [sei], trotz des Satzes seiner Rechtsphilosophie, daß das Parlament nur die Aufgabe habe, dem Volk zu zeigen, daß es recht regiert sei«. In diesem Zusammenhang zitiert Bloch nun – man spürt die ironische Intention – einen Paragraphen des letzten und dritten Teils von Hegels *Grundlinien der Philosophie des Rechts* (1821). Hegel warnt darin die Regierung davor, »das unwesentlich Geltende in Schutz gegen das Wesentliche« zu nehmen. Dies habe dann nämlich zur Folge, daß sie »selbst von dem [vor]dringenden Geiste gestürzt« werde und – nach Auflösung der Regierung und des Volkes (so Hegel!) – eine »neue Regierung entsteht«.[26] Unüberhörbar klingt in dieser grandiosen Fundstelle die nur wenig verklausulierte Anspielung auf die Ereignisse vom 17. Juni 1953 durch, als Bertolt Brecht sich mit dem »freundlichen Rat« an die DDR-Regierenden gewandt hatte, es sei vielleicht besser, »die Regierung löse das Volk, das das Vertrauen der Regierung nicht mehr besitze, auf und wähle sich ein besseres.« Brechts ironischer Ratschlag hatte also bei Hegel eine Vorlage, die

---

24 Ebd., S. 474.
25 Ebd., S. 488.
26 Ebd., S. 13.

bei diesem freilich substantiell gemeint war. Bloch erinnerte also daran, daß es selbst noch in Hegels »reaktionärster Schrift«[27] ein Moment des Revolutionären zu beerben gab, das sich dialektisch als Waffe der Kritik gegen die autoritär-polizeistaatliche Entartung der sozialistischen Länder einsetzen ließ, die sich offiziell ja nicht nur auf Marx und Lenin, sondern auch auf die Hegelsche Dialektik beriefen.

Bloch war offensichtlich weiterhin der festen Überzeugung, daß nach dem Einfrieren des Hegel-Kults unter Stalin in den 40er und 50er Jahren (was sicherlich auch damit etwas zu tun hatte, daß das Bild des großen deutschen »Staatsphilosophen« zur Zeit der patriotischen Mobilisierung der sowjetischen Bevölkerung gegen die Armeen Hitler-Deutschlands im »Großen Vaterländischen Krieg« eher störte) eine neue Hegel-Renaissance sowohl im Osten wie im Westen unausbleiblich sei. War die Veröffentlichung von *Der junge Hegel* von Georg Lukács im Jahre 1948 – ein Buch, das von Ernst Bloch sehr positiv aufgenommen wurde – nicht ein erstes ermutigendes Zeichen in dieser Richtung? Und hatte Bloch nicht schon im Jahre 1947, also zwei Jahre vor seiner Rückkehr aus dem amerikanischen Exil nach Europa, geschrieben: »Wer beim Studium der historisch-materialistischen Dialektik Hegel ausläßt, hat keine Aussicht, den historisch-dialektischen Materialismus voll zu erobern«?[28]

In seinem Vorwort aus dem Jahre 1949, das mit nur geringfügigen Modifikationen den im Dezember 1947 in Cambridge/Mass. geschriebenen Text übernimmt, betont Bloch allerdings, daß seine Hegelstudie »nicht den Anspruch [erhebt], ein Buch über Hegel zu sein, sie ist eher eines zu ihm, mit ihm und durch ihn hindurch«.[29] Hegel ist für ihn ein »Lehrer«, der das »werdend Ganze« erkennt und der es uns durch den großen Reichtum seines Denkens ermöglicht, einerseits die »Notwendigkeit der Weltansicht auch im kleinsten Detail«[30] zu erfahren und andererseits zu erkennen, daß »die bisher gewordene Welt nicht abgeschlossen« ist, weil »die im dialektischen Prozeß anhängige Sache noch offen« steht.[31] Darüber hinaus aber widersteht Bloch nicht der Versuchung, das philosophi-

27 Ebd., S. 245.
28 Ebd., S. 12.
29 Ebd., S. 11.
30 Ebd.
31 Ebd.

sche Projekt Hegels auch direkt in seine eigene optimistisch-militante philosophische Weltsicht der demokratisch-revolutionären Veränderung der Welt nach der »Sonnenfinsternis« der zwölf Jahre faschistischer Diktatur mit einzubeziehen. Dies geht allerdings nur mit einem Hegelbild, das nichts mit demjenigen der konservativen Rechtshegelianer zu tun hat, die nach dem Tod Hegels dessen System nur perfektionieren wollten. Sondern hier ist der Rekurs auf *den* Hegel geboten, in dessen Dialektik der Übergang zu seinem Schüler Marx schon angelegt war, durch welchen dann die »Scheinprobleme des Philosophen, die Ideologien und Idealismen [von Hegels] sogenanntem Weltgeist«[32] zum Verschwinden gebracht wurden. Diese Beerbung Hegels geht daher den entgegengesetzten Weg zu jener anderen der Rechtshegelianer, die in Hegel den Apologeten des preußischen Restaurationsstaats verherrlichen (z.B. Richard Kroner oder Theodor Haering) und die in der Nazizeit einen höchst seltsamen Hegelkult der ganz anderen Art betrieben. Gegen sie bietet Bloch das Diktum von Friedrich Engels auf: »Wir deutschen Sozialisten sind stolz darauf, daß wir abstammen nicht nur von Saint-Simon, Fourier und Owen, sondern auch von Kant, Fichte und Hegel.«[33]

»Hegel«, unterstreicht Bloch, »ist ein Lehrer der lebendigen Bewegung im Gegensatz zum toten Sein. Sein Thema war das Selbst, das zur Erkenntnis kommt, das Subjekt, das mit dem Objekt, das Objekt, das mit dem Subjekt sich dialektisch durchdringt, das Wahre, das das Wirkliche ist. Und das Wahre ist kein stillstehendes oder ausgemachtes Faktum, so wenig wie Hegel selbst. Das Wahre als Wirkliches ist vielmehr Resultat eines Prozesses; dieser muß geklärt und gewonnen werden. Hegel ist dazu einer der wichtigsten bisherigen Zeugen, sowohl was Dialektik wie Umfang seiner Aussagen angeht. [...] Wer der Wahrheit nachwill, muß in diese Philosophie, auch wenn die Wahrheit: der lebendige, das Neue enthaltende Materialismus nicht dabei anhielt und anhält. Hegel leugnete die Zukunft, keine Zukunft wird Hegel verleugnen.«[34]

Bloch zufolge, für den jede große Philosophie einem Vermögen zu begreifen gleichkommt, ist der eigentliche Kerngedanke der Hegelschen Philosophie das sokratische »Erkenne dich selbst«. Hegel sei der erste gewesen, der dieses Prinzip gewisser-

---

32 Ebd., S. 12.
33 Bloch, Ernst: *Subjekt-Objekt*, S. 12.
34 Ebd.

maßen bis zu seinen letzten Konsequenzen getrieben habe: »Erst Hegel hat ihm kosmische, gleichsam ethikokosmische Durchführung einheitlicher Art gegeben.«[35] Anders formuliert: Das »gnothi seauton« hat hier »die Grundfarbe *begriffener Selbsterkenntnis, begriffener Subjekt-Objektivierung, geschichtlich hindurch verfolgter Subjekt-Objekt-Beziehung*, die Hegels ganzes Werk dialektisch erfüllt und immer wieder, höchst vieltönig, höchst einheitlich, durchschlägt«.[36] Dieser Kerngedanke wird jedoch, unterstreicht Bloch, noch durch einen anderen Leitgedanken, einen anderen Grundsatz, ergänzt: durch das Prinzip »Omnia ubique« (Alles ist überall), das »jede der zahlreichen Gruppen seiner dialektischen Subjekt-Objekt-Beziehungen erfüllt. Der Grundsatz kommt von Nikolaus Cusanus und von Leibniz, aber das darin ausgesprochene Spiegelwesen [...] garantiert noch allerletzt Hegels eigene Einheit in der dialektischen Mannigfaltigkeit.«[37] Nach dem Verweis darauf, daß bereits Hegels Jugendschriften »einen Kerngedanken, als dämmernd, als umkreist«,[38] enthalten (schon der Fünfzehnjährige notierte als Grundsatz seiner Dialektik »Jedes Gute hat seine böse Seite«[39]), hebt Bloch hervor, daß Hegel mit seiner Lobpreisung der Vernunft als »sachhaltige und konkrete« ganz in der Linie der Aufklärung stehe und sich »von den romantischen Reaktionären seiner Zeit, die Mondschein wollten, mit Ritterburgen darin«[40], klar unterscheide. Gleichzeitig sei Hegel aber auch – und hier denkt Bloch wohl vor allem an Hegels Rechtsphilosophie – mit seinem »Realismus« »ein Denker der Restauration, das ist, des relativen Siegs der alten geschichtlichen Mächte über die Jakobiner von 1793 und über das nicht eben überlieferungsfrohe Wesen der Aufklärung«.[41] Die Formulierung dieser These verbindet Bloch mit dem Vorbehalt, daß, selbst »wenn Hegels genetisch-historisches Verfahren der Restauration verbunden ist«, er deren »Lichtscheu« nicht teilt; denn »Hegel ist kein Romantiker, er steht noch mit allen Gewitterfarben des Gemüts [...] in Vernunft, in schwer

---

35 Ebd., S. 34.
36 Ebd., S. 35.
37 Ebd., S. 37.
38 Ebd., S. 35.
39 Ebd., S. 36.
40 Ebd., S. 40.
41 Ebd., S. 39.

geladener«.[42] Indem es sich in Analogie zu Goethe die »Anschauung des Verzehrens« zu eigen macht, zeichne das Hegelsche Denken, so meint Bloch, ein »entschieden nach außen gerichteter, wenn man will: katholisch-objektivistischer Zug«[43] aus. »Durchgehend bleiben bei Hegel Wissensdurst, Hunger nach Erkenntnis die Mittel, sich der Welt teilhaftig zu machen, sich über sie in all ihrem objektiven Reichtum hinzuziehen.«[44] »Die Tätigkeit des Geistes bei Hegel ist also als erzeugende gleichzeitig eine, die sich des erzeugten Inhalts bemächtigt, wie dieser sich des Subjekts bemächtigt.«[45] »Ich und Sache fallen darin zusammen, im Lakonismus des Glücks und der – theoretisch angegebenen – Versöhnung. Das ist«, schließt Bloch, »Selbsterkenntnis als Selbstwerden bei Hegel.«[46] Das Selbst ist bei Hegel jedoch nicht ein völlig auf sich selbst bezogenes Sein im Sinne des Solipsismus, unfähig in dieser Abgeschlossenheit mit der Außenwelt zu kommunizieren, oder gar eine »fensterlose Monade« im Sinne von Leibniz, sondern dieses Selbst ist »der arbeitende Mensch, der seine Produktion endlich begreift und sie aus der Selbstentfremdung herausführt«.[47] Folglich bleibt, so schließt Bloch, »Erbe am Lehrwort Hegels, was das Werden eröffnet, die Selbstentfremdung kritisiert, das Zusichkommen des Humanum befördert – in der ganzen Breite und Tiefe der Wirklichkeit«.[48]

Für Bloch ist Hegel also primär ein »Denker des Werdens« und Entdecker der »Entfremdung durch die Arbeit«. Weiterhin unterstreicht Bloch bezüglich der Gleichsetzung von Sein und Nichts in Hegels *Wissenschaft der Logik*, daß für Hegel das Nichts als Andersheit zur Sphäre des Widerspruchs oder der Differenz in der Mitte gehöre: »Das Sein gebärt selber das Nichts, als seine negative Bestimmtheit, der Geist läßt in der Differenz und gerade in ihr für sich arbeiten«, so daß »*die Folge der dialektischen Mittelglieder Hegels Geschichte des Nichts* [ist]. Das zur Antithese gewordene Nichts nimmt in Hegels panlogischem Gefüge die Stelle des *Kraftfaktors* ein und möchte ihn ersetzen. Das ist ›die ungeheuere Macht

42 Ebd., S. 40.
43 Ebd., S. 41.
44 Ebd.
45 Ebd., S. 42.
46 Ebd.
47 Ebd.
48 Ebd., S. 55.

des Negativen‹, als des Treibers, der die dialektische Entwicklung in Gang setzt und hält: das Negative ist hier der produktive Tod.«[49] Mit anderen Worten: Das Nichts ist eine Art »Nacht im Licht«, ein »objektiver Mephisto, der in der Welt reizt und schafft. Es wird ein Unsicherheits-Agens gegen ›das Festwerden der endlichen Bestimmtheiten‹. Es wird Erkenntnis- wie Realgrund des notwendigen Untergangs alles bestehend Positiven, des immer wieder Unvernünftigwerdens des Vernünftigen.« Mehr als alle anderen Hegel-Interpreten unterstreicht Bloch also den typischen Zug des Hegelschen »Panlogismus« zur Auflösung und Zersetzung aller Fixitäten und zur Verflüssigung aller festen Begriffe, die dazu führt, daß Hegel mit seiner Dialektik radikal jegliche Stabilität und jeglichen Immobilismus des Seins und somit (indirekt) auch jede festgefügte gesellschaftliche und politische Ordnung »subversiv« unterläuft. »Auf diese Weise wird das Nichts bei Hegel also gänzlich in die Bewegung des Seins eingespannt: kein Tohuwabohu, sondern, wie Hegel behauptet, eine an sich automatische Triebfeder gerade der Lebendigkeit.«[50]

Entlang der Richtschnur dieser spezifischen Auffassung der Dialektik analysiert Bloch in seinem Buch alle wichtigen Etappen und Phasen des Hegelschen Denkens, von den *Theologischen Jugendschriften* über die *Phänomenologie des Geistes* bis zur Rechts-, Kunst-, Geschichts- und Religionsphilosophie, bevor er im »Marx und die idealistische Dialektik« betitelten neunzehnten Kapitel auf die zentrale Thematik des Übergangs von der idealistischen Dialektik Hegels zur materialistischen Dialektik Marx' eingeht. Die zentrale These dieses Kapitels ist, daß Marx – offensichtlich unter dem großen theoretischen Einfluß der Linkshegelianer und Feuerbachs – bei seinem Auf-die-Füße-Stellen der Hegelschen Dialektik die entscheidende Wende vom »Geist« zum »Menschen« vollzogen hat: vom Kontemplativen zum Anti-Kontemplativen, von der Idee zum Bedürfnis und seiner gesellschaftlichen Zirkulation.[51]

»Konkret gewordene Dialektik leitet bei Marx seine sämtlichen Analysen, sie belegt, als Durchbruch des Neuen durch die Rinde, als bewahrendes Aufheben dessen, wovon noch Aufhebens zu machen ist, seine sämtlichen Hoffnungen. Sie befähigt ihn, zum Unterschied von den abstrakten Utopisten, im Elend nicht nur das Elend

---

49 Ebd., S. 153.
50 Ebd., S. 153-154.
51 Ebd., S. 415.

zu sehen, sondern ebenso den Wendepunkt. Sie überzeugt ihn, im Proletariat nicht nur die Negation des Menschen zu sehen, sondern eben deshalb, wegen dieser an die Spitze getriebenen Entmenschung, die Bedingung zu einer ›Negation der Negation‹. [...] Und was bei Marx weiter aufhört, ist das Hegelsche Antiquarium, das heißt: jener als Erinnerung doppelt vergeistigte Geist, der am dialektischen Geisterzug zwar leider nicht die Geister, wohl aber den Zug, den Prozeß oder, wie Marx sagt, den Produktionsraum Zeit zuletzt aufgehoben hatte.«[52]

Mit diesem entschiedenen Eintreten für dialektisch-materialistische Erkenntnis hat Marx, so unterstreicht Bloch, »den Hegelschen Logos, mit all seiner gebannten Unruhe, seiner unruhigen Starre, vom Thron gestoßen«[53] und dadurch die theoretischen Voraussetzungen geschaffen zur »bewußten Herstellung der Geschichte«, mit »aktiver Bezogenheit auf ein wirklich ganzes und als solches noch ausstehendes Totum«.[54] Dennoch aber ist und bleibt der Marxismus die Fortsetzung der Hegelschen Philosophie, insofern er ein »Novum – nicht nur gegenüber Hegel, sondern der gesamten Philosophie bis dahin [ist]; ein Novum, weil hier nicht, wie bisher, die Philosophie einer Klassengesellschaft, sondern einer Aufhebung der Klassengesellschaft erscheint.«[55] Aber ohne die Vermittlung der klassischen deutschen Philosophie wäre dieses Novum nicht da, und dies einfach schon deshalb nicht, weil für Marx – wie für Hegel – die Philosophie »ihre Zeit in Gedanken gefaßt« ist. Im Gegensatz zu Hegel ist für Marx jedoch »das grundlegende Subjekt niemals der Geist, sondern der wirtschaftende gesellschaftliche Mensch«.[56] Folglich drückt sich nach Bloch die Besonderheit der Marxschen Hegellektüre darin aus, daß bei Marx aus dem »Fürsichwerden des Geistes« und aus der »Selbsterzeugung des Menschen durch Arbeit« reale Geschichte wird.[57] Diese Geschichte ist materiell-dialektisch nur als »eine Geschichte von Klassenkämpfen« vorhanden, mit dem geschichtlichen Zielpunkt der »Emanzipation des Menschen«. Gleichermaßen verwandele sich Hegels »Selbsterkenntnis« in der *Phänomenologie des Geistes* in eine »nichtbetrach-

---

52 Ebd., S. 409.
53 Ebd., S. 410.
54 Ebd.
55 Ebd., S. 411.
56 Ebd., S. 412.
57 Ebd., S. 413.

tende«: »Sie wurde zu der des arbeitenden Menschen, der sich darin sowohl als Ware begreift, zu der er entäußert ist, wie als werterzeugendes Subjekt, das seinen aufgezwungenen Warencharakter revolutionär aufhebt.«[58] Folglich besteht das Wesen des Marxschen Auf-die-Füße-Stellens der Hegelschen Dialektik darin, daß sie nicht mehr kontemplativ bleiben darf. Schon Hegel hatte diesen aktiven Aspekt gesehen, allerdings im Rahmen einer noch rein idealistischen und abstrakten Dialektik, die erst bei Marx in eine materielle Kraft umgesetzt wurde. Im übrigen, merkt Bloch an, »lebt bei Marx der von Leibniz herkommende, von Hegel ihm überlieferte entwicklungsgeschichtliche Humanismus. Die ganze Welt ist hier ein offenes System dialektisch sich durcharbeitender Aufklärung. Ihre Pointe ist Humanität, sich gegenständlich unentfremdete, unter nicht mehr entfremdenden Gegenständen. Das ist das Leben Hegels bei Marx; eine andere Art Gesellschaft als die nach Hegel geistig niedergehende beansprucht das Erbe der deutschen klassischen Philosophie.«[59]

Angemerkt sollte noch werden, daß dieses große Hegelbuch Ernst Blochs nach seinem Erscheinen – im Jahre 1951 in Ost-, 1962 in Westdeutschland – sowohl von der deutschen[60] wie der internationalen Kritik[61] überwiegend gut, zum Teil begeistert aufgenommen wurde. Auch unter den Hochschullehrern, die Bloch wegen seines Engagements für den Marxismus eher skeptisch gegenüberstanden, erntete er Respekt für diese hochgelehrte Studie, mit der die Aktualität Hegels wiederhergestellt und viele alte Arbeiten über Hegel »entstaubt« wurden.

---

58 Ebd.
59 Ebd., S. 415-416.
60 Vgl. die Rezension von Iring Fetscher in: *Philosophischer Literaturanzeiger*, 1954/55, Nr. 7, S. 214-225; ferner den Artikel von H. Lübbe in: *Philosophische Rundschau*, 1954/55, Nr. 2, S. 54-60; sowie die Besprechung von Hans Heinz Holz in: *Deutsche Literaturzeitung*, 1952, Nr. 73, S. 517-521.
61 Vgl. die Rezension von Jean Greisch: »Bloch et Hegel. Pensée dialectique et transcendance«, in: *Recherches et Documents du Centre Thomas More*, 5, Nr.17, 1978, S. 13-24.

XXVII. Die *Tübinger Einleitung in die Philosophie* (1963-1964)

Kaum zwölf Monate nachdem *Subjekt-Objekt. Erläuterungen zu Hegel* erschienen war, bereicherte Bloch den philosophischen Büchermarkt um ein weiteres Werk. Anfang 1963 und im Herbst 1964 veröffentlichte Blochs Hausverlag Suhrkamp in seiner »editions«-Reihe je einen kleinen Band, den ersten bzw. zweiten Teil der Vorlesungsreihe, die Bloch ab November 1961 an der Universität Tübingen gehalten hatte. Später bildeten sie gemeinsam und etwas erweitert den Band 13 seiner Gesamtausgabe.

In sieben Abschnitte gegliedert (»Zugang«, »Erschwerungen«, »Methodisches Fahrtmotiv«, »Weisungen utopischen Inhalts«, »Substrat auf dialektischem Feuer«, »Logikum / Zur Ontologie des Noch-Nicht-Seins«, »Selbstproblem des Sinns«), spannt diese *Tübinger Einleitung in die Philosophie*, die zugleich eine Einführung in die Philosophie Blochs ist, einen philosophischen Bogen vom platonischen Anfang aller Philosophie, dem »Staunen«, bis hin zu den Forschungen zur »wissenschaftlichen Phantasie« und zur »Prozeßerkenntnis« als Momenten des Utopischen. Auch enthält sie eine Reihe von philosophischen Studien, die auf vorhergehende Werke Blochs verweisen: auf das Hegelbuch etwa die Studie über das »Faustmotiv« in Hegels *Phänomenologie des Geistes*, in dem sich für Bloch die gesamte Hegelsche Wissenschaft von der Erfahrung des Bewußtseins, angefangen bei der Erkenntnis als Selbstgewißheit bis hin zum absoluten Wissen, zusammenfassen läßt. In einer ganzen Reihe von Textteilen lassen sich Grundmotive aus dem *Prinzip Hoffnung* wiedererkennen, wie etwa das Problem der dialektischen Beziehung der utopischen Archetypen des »Noch-Nicht« zur Praxis, das Problem eines Brückenschlags von der Utopie zur Materie und das Problem des »Vermehrenden im Prozeß und seiner Gestalten«, oder auch das Leitmotiv »et incipit vita nova«. Zugleich weist die *Tübinger Einleitung* aber auch auf zwei andere Werke voraus, die die ersten fünf bereits erschienenen Bände seiner Gesamtausgabe später ergänzen sollten: *Tendenz-Latenz-Utopie*, mit kleineren Texten, die erst ein Jahr nach Blochs Tod erscheinen sollten, sowie *Experimentum Mundi*, das Buch, das als nachträgliches kategoriales Gerüst für Blochs zuvor in seinen Werken demonstrierte »offene, mehrschichtige Dialektik« innerhalb eines »offenen

Systems« gedacht war. Hier ein Auszug aus dem Schlußteil des 14. Kapitels, wo Bloch bezüglich einer Ontologie des »Noch-Nicht-Seins« ausführt:

»Dieses Noch-Nicht gibt dem Sichverändern in der Welt wie dem Veränderbaren darin überhaupt erst seinen Fluß- und Plus-Ort, eben den des Vor-sich-Seins nach objektiv-realer Möglichkeit. Das damit, darin und dahin verstandene Fieri (Möglichkeit ist die letzt-entdeckte Kategorie im Plus ultra der Philosophie) geschieht aber nur als ein dauerndes Herausproben, Modellgestalten, Gestaltmo-dellieren des ausstehend wahren Seins. So versuchend und voller Versuche geht daher vor allem das menschliche Fieri, das Fort-schreiten der Geschichte, geht nicht etwa einlinig vor sich, in sei-nem Verlauf, sondern polyrhythmisch und polyphon durchaus. Aus dem gleichen Grund ist ein möglicherweise regierender Bezie-hungspunkt des historischen Wohin nur in einem utopischen, nicht in einem bereits erreichten, festgelegten (herrlich weit gebrachten) Feld orientierbar. Es gibt nur eine unabdingbare *Richtung*, aber *viele Züge und Zeugen* im Experiment, das Geschichte heißt, und im Laboratorium, das die Welt ist.«[62]

Dieser Teil der *Tübinger Einleitung in die Philosophie* findet im übrigen seinen Abschluß mit einem Essay zu »Differenzierungen im Begriff Fortschritt«[63], der, weil er in seinen Betrachtungen und Analysen insbesondere das Verhältnis von Fortschritt und Ge-schichte so grundsätzlich in Frage stellt und neu aufgreift, wohl einer der wichtigsten Beiträge Blochs zur zeitgenössischen Philoso-phie sein dürfte und als Beitrag zur Diskussion um die Geschichts-philosophie gelesen werden kann, welche von den Thesen zum Be-griff der Geschichte von Walter Benjamin (aus dem Jahre 1940)[64] ausing und in den geschichts- und zivilisationspessimistischen Ar-beiten des späten Horkheimer und des späten Adorno ihre Fortset-zung fand. Zugleich sind Blochs Thesen auch ein höchst origineller Versuch zur Rettung eines Begriffs, dessen philosophische »Ero-sion« im Laufe des 20. Jahrhunderts unaufhaltsam schien und der hier in einer von der zivilisationskritischen der Kritischen Theorie sich unterscheidenden Perspektive gedeutet wird: in derjenigen eines »utopischen Marxismus«, der trotz all der Katastrophen in der

---

62 Bloch, Ernst: *Tübinger Einleitung in die Philosophie* (1963), GA 13 (neue, er-weiterte Ausgabe), Frankfurt/Main 1970, S. 117-118.
63 Ebd, S. 118-147.
64 Vgl. hierzu auch: Münster, Arno: *Progrès et Catastrophe*.

Moderne weiterhin an der Konkretion einer utopischen »Substanz« im dialektischen Weltprozeß, genauer: an deren *Möglichkeit* festhält. Der besondere Wert dieses höchst beachtenswerten Essays besteht darin, daß er das zeitgenössische Bild, das von der Fragwürdigkeit des »Fortschritts« und seinen »perversen« Nebeneffekten getrübt wurde, mit einer tiefergehenden Analyse von Begriff und Ziel der Geschichte konfrontiert. Darüber gelangt Bloch zur Theorie einer »elastischen Zeitstruktur« in der Geschichte (in Analogie zum Raumbegriff des Mathematikers Riemann). »Zeit ist nur Zeit dadurch, daß etwas geschieht, und nur dort, wo etwas geschieht.«[65] Deshalb kommt ihr Wesen erst durch die Struktur des Geschehens zum Ausdruck.

Folglich gibt es eine signifikante Differenz zwischen der subjektiv erlebten Zeit unserer Existenz und Erinnerung und der objektiven, metrisch-formalen Zeit, die, als Uhrzeit, nur die regelmäßige, rein mechanische Progression kennt; sie ist »völlig gleichgültig gegen die Inhalte«,[66] weil sie von der erlebten Zeit abstrahiert wurde und »hierbei auch abstrakt geworden« ist; »sie rektifiziert die erlebte [Zeit] durchaus, doch um den Preis formularer Starre«.[67] Dieser »neutralen«, mechanisch gemessenen Zeit, wie sie im Produktionsprozeß unserer modernen Gesellschaften veranschlagt wird, stellt Bloch eine »Tendenzzeit« entgegen, die im Unterschied zu jener eine »sehr qualitative also, keine an sich neutrale Uhrzeit«[68] ist. Als teleologische Zeit stellt dieser qualitative Zeitbegriff, so unterstreicht Bloch, den nur quantifizierten Zeitbegriff der mathematisch-physikalischen Wissenschaften in Frage. Denn letzterer erweitere den dreidimensionalen Raumbegriff zwar um eine »vierte« Dimension, die aber mit den anderen in nur »eindimensionaler« Weise verbunden ist, was bedeutet, daß »von eigentlich *naturhistorischer Zeit* als der *Daseinsweise eines tendierenden Geschehens* in der Physik nicht die Rede ist.«[69]

Die nur quantitative, mechanisch meßbare Zeit der modernen Chronometrie wird also bei Bloch durch einen teleologisch-tendenziellen und messianischen Zeitbegriff ersetzt, und dies geht bei Bloch einher mit der Ablösung des traditionellen Raumbegriffs

---

65 Bloch, Ernst: *Tübinger Einleitung*, S. 129.
66 Ebd., S. 130.
67 Ebd.
68 Ebd.
69 Ebd. S. 132.

(d.h. des euklidisch-geometrischen Raums bzw. des Raums als subjektiver Anschauungsform a priori bei Kant) durch einen Begriff des »elastischen Raums«, den Bloch dem Mathematiker Riemann entlehnt, den er in seinem ersten Buch *Geist der Utopie* (1918) mehrmals erwähnt hatte. Dieser »elastische Raum« ist variabel, und zwar derart, daß das »metrische Feld nicht ein für allemal starr gegeben ist, sondern in kausaler Abhängigkeit von der Materie steht und mit ihr sich verändert«.[70] Seine Variabilität ist eine Funktion der Bewegung der Materie. Wenn Bloch folglich derart den Riemannschen Begriff des »elastischen Raums« aufnimmt, so vor allem deshalb, um auf ein Defizit in der modernen Philosophiegeschichte hinzuweisen: daß die Variabilität und »Schreitungsrhythmik« der Zeit sowie die Auffassung der Zeit als »Daseinsmodus eines Prozeßinhalts« von ihr vollständig ignoriert werde. Zu erwähnen ist auch, daß Bloch in Analogie zum »gekrümmten Raum« Albert Einsteins auch einen Begriff der »gekrümmten Zeit suo modo«[71] einführt; diese neue, revolutionäre Definition der Zeit als »qualitative Erlebniszeit« weist zweifellos Verwandtschaften auf mit der eschatologischen, das Werden betonenden Zeitauffassung des jüdischen Messianismus (Jahwe ruft Moses hinter dem brennenden Dornbusch zu: »Ehje ascher ehje. Ich werde sein, der ich sein werde.«) wie auch mit der »Kairos«-Zeit Thomas Münzers, als »eine Zeit, die in sich ›einsteht‹, die ›erfüllt‹« ist.[72] Die Originalität Blochs besteht nun darin, diesen neuen Zeitbegriff – ähnlich wie Walter Benjamin in seinen geschichtsphilosophischen Thesen – in eine um diese metaphysische Zeitdimension erweiterte marxistische Geschichts- und Zeitauffassung einzubringen, die an der zugleich religiös-messianischen wie profanen Vorstellung orientiert ist, daß das »Telos der Geschichte« in der Zeitstruktur der Menschheitsgeschichte wirksam ist.

Ernst Bloch zufolge bleibt auch der geschichtliche Fortschritt von diesen teleologischen »Tendenzkräften« nicht unberührt. Den Vertretern der »neueren Ontologie«, des »Historizismus« und den Verfechtern des naiven Fortschrittsbegriffs des Positivismus à la Auguste Comte setzt Bloch einen dialektischen Fortschritts- und Geschichtsbegriff entgegen, der darauf insistiert, daß »der Fortschritt selber […] in keiner homogenen Zeitreihe« abläuft, sondern

---

70 Ebd., S. 133.
71 Ebd.
72 Ebd., S. 135.

»in verschiedenen unter-, übereinander liegenden Zeitebenen.« »Er läuft in einer sich erst noch vielfältig herausprozessierenden Humanum-Einheit des Ablaufs und Gewinns«[73], und »die wirklich gemeinsam einheitliche Zeit des Geschichts-, ja Weltprozesses [keimt] überall erst: als – Zeitform beginnender Identität, das heißt des Unentfremdeten in der Beziehung von Menschen zu Menschen und zur Natur«.[74]

Aus diesen Überlegungen zur »Tendenzzeit« und zum Fortschritt in der Geschichte zieht Bloch jene sieben Thesen, in denen er den Fortschritt als einen »der teuersten und wichtigsten Begriffe«[75] verteidigt. Die entscheidende dieser Thesen ist die vierte, in der Bloch außer seiner klaren Ablehnung der positivistischen und historizistischen Fortschrittstheorien die Notwendigkeit unterstreicht, den Fortschrittsbegriff endlich mit einem »breiten, elastischen, völlig dynamischen Multiversum, einem währenden und oft verschlungenen Kontrapunkt der historischen Stimmen«[76] dialektisch zu verbinden. Von derselben Absicht geleitet ist Bloch bestrebt, den »Zielinhalt« der Geschichte herauszustellen als »kein bereits definites, sondern einzig ein noch nicht manifestes, ein konkret-utopisches Humanum«.[77] Bloch zufolge ist dieses »Eschaton im Zielpunkt des Fortschritts« keineswegs deckungsgleich »mit dem bereits manifesten Menschen-Resultat und dem seiner kosmischen Umwelt«. Es kann sich nur »in der Verlängerungslinie auch des bisher weitest vorgeschobenen human-natürlichen Zielpunkts« manifestieren, »das heißt, es liegt in der fernsten, obzwar der wissenschaftlichen Antizipation nicht verschlossenen Immanenz realer Möglichkeit von Menschen und Natur«.[78]

---

73 Bloch, Ernst: *Tübinger Einleitung*, S. 137.
74 Ebd., S. 137-138.
75 Ebd., S. 146.
76 Ebd.
77 Ebd., S. 147.
78 Ebd.

XXVIII. *Atheismus im Christentum.*
Ernst Bloch und die Befreiungstheologie

Nach der Rückkehr aus den USA ging es Bloch darum, »die Ernte einzubringen«, wie er in Gesprächen immer wieder sagte. Dafür hatte er – um in der ruralen Metaphorik zu bleiben – in den kargen Jahren des US-Exils das Feld reichlich bestellt. Die Veröffentlichung des *Prinzips Hoffnung* und des Hegelbuchs war die erste Etappe dieses Ernte-Einbringens; die zweite bestand in der Ergänzung der Grund- und Eckpfeiler seines philosophischen Systems durch eine Vielzahl von Werken, deren Veröffentlichung im Rahmen der auf 16 Bände angelegten Gesamtausgabe Ernst Bloch in Tübingen von 1961 an mit Hochdruck betrieb. Im Jahre 1968 folgte ein Buch, das sofort nach seiner Veröffentlichung nicht unter den Philosophen, sondern vor allem unter den Theologen[79] großen Wirbel auslöste: das Buch *Atheismus im Christentum.* Dieses Adolph Lowe, dem Freund aus dem US-amerikanischen Exil, gewidmete Buch verdankt sich Blochs schon in den Jugendjahren vorhandenem Interesse für Bibel und Christentum, wovon Blochs *Geist der Utopie* (1918) und *Thomas Münzer als Theologe der Revolution* (1921) zeugen, aber auch seine intensiven Kontakte zu dem protestantischen Theologen Paul Tillich, dem Vertreter eines »religiösen Sozialismus«, mit dem Bloch im amerikanischen Exil des öfteren leidenschaftlich über die Bibelexegese diskutiert hatte. In seinen ersten Tübinger Lehrjahren entstanden dann neue Kontakte zu den Tübinger Theologen Käsemann, Küng und Moltmann. Viele Thesen dieses Buches, wie etwa Blochs Behauptung, »das beste an der Religion [sei], daß sie Ketzer hervorruft«,[80] wurden von vielen Christen beider Konfessionen als »provozierend« zurückgewiesen. Man sah darin so etwas wie einen radikalen Angriff auf die christliche Dogmatik von einem in der Tradition des Marxismus stehenden jüdischen Philosophen. Offensichtlich war es Bloch damit aber gelungen, die Selbstzufriedenheit der meisten Kirchgänger und einer an

---

79 Vgl. das Buch von H. Ratschow: *Atheismus im Christentum? Eine Auseinandersetzung mit Ernst Bloch*, Gütersloh 1972; sowie den Artikel von L.B. Gillon: »La joyeuse espérance du ›chrétien athée‹ selon Ernst Bloch«, in: *Angelicum*, Nr.48, 1971, S. 490-508.

80 Bloch, Ernst: *Atheismus im Christentum. Zur Religion des Exodus und des Reichs*, GA 14, Frankfurt/Main 1968, S. 15.

konservativen Werten festhaltenden offiziellen Theologie zu stören. In der Tat hat Bloch, seinen eigenen Äußerungen zufolge, dieses Buch verfaßt, um »aufzurütteln«, und zwar genau in der Form, wie die verzweifelten Fragen und Anklagen Hiobs uns bei der Lektüre des Alten Testaments aufrütteln können: nicht zuletzt durch die anklagenden Fragen, die das Leiden der Menschen und den Sinn der menschlichen Existenz im Kontext von Not und Leid betreffen, oder in Analogie zu der Art und Weise, wie ein Thomas Münzer den Konsens der Reformation Martin Luthers durch eine ausdrücklich revolutionäre Bezugnahme auf die Bibel und die Äußerungen der Propheten des Alten Testaments störte. »Störend« wirkte in den Augen der Christlich-Konservativen auch der Umstand, daß dieses Buch ausgerechnet von einem atheistisch-marxistischen Philosophen geschrieben worden war, der mit seinen Thesen einem Hegel, Feuerbach oder Marx doch näherstehen mußte als der religiösen Sphäre des Christentums und der mit seiner Parteinahme für eine andere Bibellektüre absolut keinen Hehl aus seinem Engagement für die Emanzipation der Unterdrückten, gegen den Kapitalismus und gegen die herrschende Wertordnung der bürgerlich-christlichen Gesellschaft in Westdeutschland machte. In der Tat war die von Bloch gewählte Methode zur Erschließung der religiösen Problematik und vor allem der Problematik der christlichen »Heilslehre« »ketzerisch«, bestand Blochs Absicht doch darin, »atheistische Elemente« in der christlichen Religion und Religionsgeschichte aufzuweisen. Allein dies schon wurde von den meisten Theologen der beiden großen christlichen Kirchen als »Fehlinterpretation« verworfen. Dem entgegnet der in der Kenntnis von Bibeltexten sehr beschlagene Bloch jedoch mit dem treffenden Hinweis, daß solche atheistischen Elemente bereits im Alten Testament auffindbar seien, vor allem im Buch Hiob, das, wie Bloch betont, »voll von Anklage ist, in dem der Mensch mit all seiner Not, seinen Geschwüren, seinem Leid, seiner Krankheit und seiner Sorge anklagend erscheint und unaufhörlich die Faust ballt – eine kommunistische Faust!«[81] Bloch zufolge gehe es hier also vor allem um »atheistische Elemente«, die nichts mit dem göttlichen Schöpfungsplan oder anderen Religionen zu tun hätten, da der »Prophet sich selbst usurpatorisch an die Stelle des Vaters setzt und ihn stürzt, indem er sagt: ›Ich bin Er.‹« Dies sind, wie Bloch hervorhebt, »atheistische Elemente,

---

81 Münster, Arno: (Hrsg.): *Tagträume*, S. 87.

Elemente der Erlösung, die keinen Sinn haben, wenn nicht etwas da ist, von dem man erlöst sein will. Dies aber kann nur die vorhandene Welt sein.«[82]

Mit einer solchen marxistischen Religionsphilosophie, die allerdings wesentlich differenzierter mit dem Phänomen der Religion umgeht als etwa Marx, der die Religion – in der theoretischen Nachfolge Feuerbachs – vor allem unter dem Motiv der »Entfremdung« und als »Opiums des Volks« faßt, formuliert Bloch im Grunde genommen nichts anderes als eine Art von non-konformistischer Hermeneutik der Inhalte des religiösen Bewußtseins. Sie ist von der Absicht geleitet, die verschiedenen Manifestationen eines religiös motivierten revoltierenden Bewußtseins herauszustellen, die in der Bibel, etwa im Buch Hiob, aufweisbar sind, jedoch von der offiziellen Theologie mehr oder weniger totgeschwiegen werden. Diese Vorliebe Blochs für eine »subversive« Bibellektüre könnte gewissermaßen als Fortsetzung des bereits von Baruch Spinoza in seinem *Theologisch-Politischen Traktat* im 17. Jahrhundert unternommenen Versuchs angesehen werden, eine den theologischen Dogmen gegenüber äußerst kritisch eingestellte, »andere« Bibellektüre zu begründen, bzw. als die Wiederaufnahme einer von dem linken, revolutionären Flügel der Reformation mit Thomas Münzer begründeten Tradition (an die auch Paul Tillich im 20. Jahrhundert wieder anschließt), wo es vor allem darum geht, die Prophezeiungen des Alten Testaments in den Dienst der Ermutigung der Unterdrückten in ihrer Revolte gegen ihre Unterdrücker zu stellen. Diese Logik spricht Bloch bereits im Vorwort von *Atheismus im Christentum* klar und deutlich aus, wo er Friedrich Engels zitiert und feststellt, daß der Materialismus vor allem darin besteht, die Welt aus sich selbst zu erklären: »Und jeder angebliche Himmel darüber, mit einem Gott als Herrn: er war hier nicht nur naturwissenschaftlich, sondern ideologiekritisch ad acta der bis heute dauernden menschlichen ›Vorgeschichte‹ gelegt, indem er das Herr-Knecht-Verhältnis, das die gesellschaftliche Heteronomie auf Erden selbst legitimierte, heiligte. Subversives kommt so zum letzten Spruch, gegen alles Heteronome, also auch gegen seine brauchbarste Illusion: das Theokratische (ganz von oben herab). Damit schien vielen die Rolle wie der Topos aller Religionen völlig erschöpft, es gäbe danach kein Rot darin, und ihr Ultraviolett

---

82 Ebd.

(wie übrigens jedes) schien dem Rot völlig von Übel. So wäre der Kreis geschlossen: kein Vater-Ich mehr, irdisch wie kosmisch Republik, das höchste Wesen für den Menschen der Mensch, – und Religiöses von alldem das durchschaute Gegenteil. Kein anders zu benennender Rest in keiner Religion, außer für schlecht Entzauberte oder für herrschende Tartuffes; ihre Wahrheit wäre so ihr voller Untergang.«[83]

Bloch führt hier einen theoretischen Zwei-Fronten-Krieg: einerseits gegen die theokratisch-orthodoxe Religionsauffassung und -praxis, die den Menschen seiner Autonomie beraubt und ihm in autoritärer Weise moralisch-religiöse Regeln, Normen und Verhaltensweisen aufzwingt; andererseits gegen die allzu einfache, freidenkerische Verbannung und Verachtung alles Religiösen durch einen dogmatischen atheistischen Vulgärmaterialismus und Vulgärmarxismus, der nicht in der Lage ist, die »atheistischen« und revolutionären Elemente in ganz bestimmten Manifestationen des religiösen Bewußtseins zu erkennen. Hierbei geht Bloch zweifelsohne das Risiko ein, sich mit seinen eigenen spezifischen Thesen zur Religion zwischen alle Stühle zu setzen. Andererseits aber gelingt es ihm damit, die innermarxistische Diskussion über die Religion, das Christentum und das Verhältnis des Marxismus zur Religion ganz erheblich zu bereichern: So schiebt er energisch die dogmatischen Trennwände beiseite, die diese Diskussion bislang unmöglich machten bzw. stark behinderten, und wirft vom Standpunkt eines humanistisch begriffenen und erneuerten Marxismus aus einen neuen kritischen Blick auf die christliche Religion, die Bibel und die bislang unterbelichtete subversive »Geheimgeschichte des Christentums«. Diese Entkrampfung des Verhältnisses zur Religion wird noch ergänzt durch den Willen Blochs, die traditionelle Einstellung des Marxismus zur christlichen Religion zu überprüfen, wenn nicht gar zu revidieren, gerade hinsichtlich der Kenntnisnahme bestimmter im Christentum vorhandener revolutionärer Tendenzen. Diese sind – trotz ihrer Verurteilung durch die Kirchenhierarchie – ein nicht zu leugnender Bestandteil der Geschichte eines von einer Minderheit von Gläubigen anders gelebten Christentums, für die der Marxismus sich durchaus interessieren sollte, handelt es sich dabei doch um mögliche Bundesgenossen im irdischen Kampf des Marxismus gegen kapitalistische Ausbeutung und soziale

---

83 Bloch, Ernst: *Atheismus im Christentum*, S. 20.

Ungerechtigkeit, die heutzutage vor allem in den Ländern der Dritten Welt schlimmste Formen angenommen hat.

Mit dieser Parteinahme für die »Biblia pauperum« (Bloch formuliert etwa: »Deshalb gibt es den entschiedensten Affekt in der Bibel genau gegen die oben mit ihrem Priestergott, gibt es nur hier Aufruf zur Revolte dagegen. Mit Krieg den Palästen, Frieden den Hütten, gegen den Schmuck der Altäre, und der Arme leidet bitteren Hunger.«[84]) kommt Bloch zu der in der Tat paradoxen Haltung, als materialistischer, marxistischer und bekennend atheistischer Philosoph für die Befreiungstheologie zu plädieren. Sie hatte sich, nachdem sie sich bereits im 16. Jahrhundert im von den Bauernkriegen geschüttelten Deutschland mit Thomas Münzer an der Spitze als eine religiös-politische Emanzipationsbewegung manifestiert hatte (gefolgt von der Revolte in den Cevennen in Frankreich am Anfang des 18. Jahrhunderts), im Laufe der 1960er Jahre vor allem in Lateinamerika und in anderen Regionen der Dritten Welt als Phänomen neben dem offiziellen Katholizismus, als »Ecclesia pauperum« etabliert und trotz der ablehnenden Haltung des Vatikans für die Revolte der vom Weltkapitalismus ausgehungerten Massen Lateinamerikas Partei ergriffen. (Das positive Echo, das dieses Buch in der Dritten Welt, und hier vor allem bei den peruanischen, nicaraguanischen und brasilianischen Repräsentanten der Befreiungstheologie wie Gustavo Gutierrez, Ernesto Cardenal und Leonardo Boff fand, konnte Bloch über die eher zwiespältige Aufnahme seiner Thesen in Westeuropa hinwegtrösten.)

Tatsächlich konvergieren die theoretisch-philosophischen Positionen Blochs mit denen der Repräsentanten der Befreiungstheologie in Lateinamerika vor allem in dem Punkt, daß angesichts der »von Himmel und Obrigkeit verhängten Religion«, die der Kirchengeschichte jahrhundertelang ihr Siegel aufgeprägt hat, einzig die »menschliche Hoffnung«, die »mit besserem Novum verbündete«, sich als »die stärkste Kritik gegen re-ligio als repressive, regressive Rück-Bindung«[85] erweist; als Ausdruck einer neuen Religiosität, die sich dem Kampf des Marxismus für die gesellschaftliche und wirtschaftliche Emanzipation der Armen und Ausgebeuteten anschließt. Und in der »sich selber so oft wider den Strich bürstenden biblischen Geschichte« finde man gerade, so Bloch, »das

---

84 Ebd., S. 21.
85 Ebd., S. 23

subversive, das antistatische Gegenstück [...]. Bis hin zu der Möglichkeit des Satzes: *Nur ein Atheist kann ein guter Christ sein, gewiß aber auch: nur ein Christ kann ein guter Atheist sein.*«[86]

Diese neue enttheokratisierte Vision der christlichen Religion geht für Bloch jedoch nicht nur einher mit der Revision des traditionellen Jesus-Bildes als »Gottessohn« zugunsten eines Jesus als »Menschensohn«, der sich weigert, mit »kyrios« (»Herr«) angeredet zu werden, und der es ablehnt, daß seine Lehre von den Herrschenden und Regierenden mißbraucht wird.[87] Auch die von Paulus zum ersten Mal formulierte und von Martin Luther in seiner Lehre von Sünde und Gnade wiederaufgenommene »Kreuzestheologie« (»theologia crucis«) wird radikal abgelehnt. Die Besonderheit von Blochs Radikalkritik der »theologia crucis« besteht darin, daß sie nicht etwa als ein diskutierenswertes Dogma, sondern als eine wirkliche »Provokation« aufgefaßt wird, weil der Gebrauch, der im Laufe der Geschichte durch die Herrschenden von diesem Dogma gemacht wurde, die wirkliche Natur und die wirkliche gesellschaftliche Funktion dieser Lehre entlarvt. »Den Herren hat Luther es nicht gesagt, bei denen es mit dem Leid ja auch nicht so sehr weit her war, mit dem äußeren Leid, was das schlimmste ist und mindestens das konkreteste ist für die meisten Menschen, die zum anderen gar nicht richtig kommen. Nun ist also hier die Frage, nachdem wir den stark gegenrevolutionären, restaurierenden, konformistischen, die Augen verschmierenden Gebrauch von Geduld über und über satthaben, [...] ob man mindestens empfindlich wird gegen die, sehr höflich gesagt, Mißverständnisse, die sich aus der Kreuzestheologie-Moral, nicht Theologie zur Kreuzestheologie-Moral ergeben haben. [...] Und mit diesem Motiv, daß die Sklaven ja sich nicht regen, zum Unterschied von der Stoa und auch von Aristoteles zum Teil, aber sicher von der Stoa, hat das Christentum sich deshalb auch als Reichsreligion empfohlen, da es die Sklaven bei der Stange hielt.«[88]

Diese Vorwürfe, die auch zentrale christliche Glaubens- und Lehrsätze betreffen, wie z.B. die paulinisch-protestantische Lehre von der »Sünde«, vom »Leid«, von der »Geduld« und von der »Unterwerfung« unter die irdische und die göttliche Autorität,

---

86 Ebd., S. 24.
87 Vgl. hierzu auch Ernst Blochs Gespräch mit Bernd Stappert »Vom Sinn der Bibel. Religion ohne Aberglauben?«, in: Traub, Rainer / Wieser, Harald (Hrsg.): *Gespräche mit Ernst Bloch*, S. 185.
88 Münster, Arno: (Hrsg.): *Tagträume*, S. 155.

zeigen die Spannweite der Kritik, die Bloch am offiziellen Christentum und seinen Dogmen übt. Seine Kritik zeugt zugleich von einer ungebrochen kämpferischen Haltung, mit der er, wie vor ihm einst Thomas Münzer, für unsere Gegenwart den prophetischen Anklagegestus eines Hiob und eines Thomas Münzer aktualisiert und für künftige Generationen nicht-konformistischer Christen die Fahne der Befreiungstheologie hochhält.[89]

---

89 Vgl. hierzu auch Blochs Diskussion mit den protestantischen Theologen Marsch und Moltmann, in: ebd., S. 154 ff.

XXIX. Ernst Bloch und die Studentenrevolte (1967-1968)

Die Veröffentlichung von *Atheismus im Christentum* (1968)[90] fiel allerdings bereits in einen ganz anderen innenpolitischen Kontext in der Bundesrepublik Deutschland, der alsbald ein günstigeres Klima für die Aufnahme von Blochs philosophisch-politischer Botschaft schaffen sollte. Denn nach den Anti-Vietnamkrieg-Demonstrationen an den amerikanischen Universitäten in den Jahren 1966-1968 schwappte der Geist der Revolte auch auf die westdeutschen und Westberliner Universitäten über. So wurde innerhalb weniger Monate der Fachbereich Soziologie an der Freien Universität Berlin, an dem der Student Rudi Dutschke eingeschrieben war, zum eigentlichen Zentrum einer sowohl antiautoritär wie marxistisch-revolutionär orientierten Studentenbewegung, der es unter Aufbietung eines Maximums an politischer Phantasie und politischem »Aktionismus« gelang, die vor allem moralisch motivierten Protestaktionen gegen den Krieg der Amerikaner in Vietnam mit dem Protest gegen die archaischen, hierarchischen und »mittelalterlichen« Strukturen der deutschen Universitäten zu verbinden. Der Tod des Studenten Benno Ohnesorg am 2. Juni 1967 in Berlin, verursacht durch einen Polizisten bei den Demonstrationen gegen den Besuch des Schahs von Persien, wurde zum entscheidenden Auslöser dafür, daß die bislang auf den Campus der Freien Universität beschränkte Protestbewegung zunächst auf das Zentrum von Westberlin und danach auf die meisten Universitäten in Westdeutschland übergriff. Der eigentliche organisatorische Kern und das koordinierende Zentrum der Studentenrevolte waren die Westberliner und die Frankfurter Sektionen des »Sozialistischen Deutschen Studentenbunds« (SDS). Dessen Mitglieder hatten sich geweigert, das »Godesberger Programm« der SPD anzuerkennen, das von ihnen als Kapitulation vor der Restauration des Kapitalismus in der Bundesrepublik Deutschland interpretiert wurde, und waren als Linksabweichler aus der SPD ausgeschlossen worden. In der parteiunabhängigen studentischen Organisation, in der sie sich seitdem zusammenfanden, koexistierten die

---

90 Bloch, Ernst: *Atheismus im Christentum. Zur Religion des Exodus und des Reichs*, GA 14, Frankfurt/Main 1968.

verschiedensten Strömungen der »Neuen Linken«: von den Anhängern der Kritischen Theorie der Frankfurter Schule, die Herbert Marcuse zu ihrem »Helden« und ihrer theoretischen Leitfigur erkoren hatten, über orthodoxe, der DKP nahestehende Marxisten und militante, auf die chinesische »Kulturrevolution« eingeschworene maoistische Marxisten-Leninisten bis hin zu den Trotzkisten der IV. Internationale (mit Ernest Mandel als theoretischer Leitfigur). Politisch am äußersten linken Rand beheimatet, bekannte sich der SDS zu der revolutionär-marxistischen Linie des »proletarischen Internationalismus« und kämpfte mit den Methoden der spontanen »direkten Aktion« im Bereich von Kultur und Politik, vor allem aber im Bereich der Hochschulen für »Basis-Demokratie«. Die demokratische Erneuerung der Gesellschaft sollte nicht innerhalb der Strukturen des parlamentarischen Systems geschehen, das als zu bürokratisch, »massenfern« und »undemokratisch« kritisiert wurde, sondern auf »außer-parlamentarischem« Wege. Zu diesem Zwecke propagierte der SDS u.a. das Modell der »Rätedemokratie« als Alternative zum repräsentativen parlamentarischen System. (Als Vorbild dienten die »Fabrikräte« in Turin bei den Massenstreiks in Italien 1921 oder die »Arbeiter- und Soldatenräte« während der Novemberrevolution in Deutschland 1918.) Entsprechend dieser »utopisch-revolutionären« Strategie, wie sie von den damaligen Führern des SDS, Rudi Dutschke, Bernd Rabehl und Hans-Jürgen Krahl, 1967/68 theoretisch begründet und propagiert wurde, sollten die westdeutschen Universitäten in »Laboratorien« der »direkten Demokratie« und der »Demokratisierung der Gesellschaft« umgewandelt werden. Nach dem Vorbild der unkonventionellen Methoden, welche die amerikanischen Studenten bei ihren Protesten gegen den Vietnamkrieg auf den Campus der Universitäten in den USA praktizierten, kam es im Laufe der Jahre 1967/68 auch an den Universitäten Westberlins und Frankfurts immer häufiger zu »Sit-ins« und »Teach-ins«, die dann auch auf andere Universitätsstädte übergriffen. Die studentischen Demonstrationen standen in einer gewissen Kontinuität mit vorausgegangenen Protesten der Gewerkschaften, der Friedensbewegung und der westdeutschen Kommunisten gegen die Wiederaufrüstung der Bundesrepublik Deutschland (ab 1952), gegen die Atombewaffnung der Bundeswehr (seit 1958) und die geplanten Sondergesetze für den Fall des nationalen Notstands (seit Mitte der 60er Jahre). Das studentische Mobilisierungspotential, das in der Folge immer radikalere Formen annahm, wodurch die Auseinandersetzungen mit der Polizei zunehmend eskalierten (vor allem in Westberlin und Frankfurt), verdankte sich in gewissem Sinne auch der wachsenden Unzufriedenheit in der westdeutschen »Wohlstandsgesellschaft«; dazu kam die politische Stagnation im Land, seit Dezember 1966 hatten CDU und SPD eine große Koalition unter Bundeskanzler Kurt-Georg Kiesinger gebildet. (Auch dessen NS-Vergangenheit spielte eine Rolle: Die engagierte Nazi-Aufklärerin Beate Klarsfeld hatte Kiesingers Rolle im Nationalsozialismus öffentlich gemacht und ihn auf einem CDU-Parteitag im November 1968 demonstrativ geohrfeigt.) Die Bereitschaft vieler Jugendlicher und Studenten, sich den politisierten Studentenorganisationen oder den linken (trotzkistischen oder maoistischen) »Splittergruppen« an den deutschen Universitäten anzuschließen, wuchs. Daneben führte die große Koalition auch zu einer Stärkung der Rechtsradikalen – den Neo-Nazis von der NPD gelang es, bei den Landtagswahlen ab Mitte der sechziger Jahre in sieben Bundesländern ins Parlament einzuziehen.

All diese Ereignisse verfolgten Ernst und Karola Bloch von Tübingen aus mit Aufmerksamkeit und Anteilnahme. Die Ereignisse weckten bei ihnen latente politische Energien, die zuvor schon einmal zum Durchbruch gekommen waren: Im Oktober 1966 hatte Ernst Bloch zusammen mit Hans Magnus Enzensberger und Gewerkschaftsführern des DGB an einer großangelegten Protestveranstaltung auf dem Frankfurter Römer teilgenommen und vor über zwanzigtausend Teilnehmern erklärt:

»Wir kommen zusammen, um den Anfängen zu wehren. Diese kennen wir bereits aus den ersten Sätzen der Notverordnung. [...] Der Artikel 48, den der Demokrat Hugo Preuß damals (in der Weimarer Republik), halb naiv, halb taktisch, in die Verfassung einfügte: wird er post festum Notstand feiern? Er wollte doch gleichfalls die bürgerliche Demokratie, den Worten nach, im Notfall schützen, und sie wurde an dem Paragraphen, der sie im Notstand gerade aufhob, juristisch aufgehängt, bis die Nazis sie wirklich aufgehängt haben [...]. Die Spuren also schrecken, wir wollen uns von ihnen endlich aufschrecken lassen. [...] Wir Wissenschaftler, die den Aufruf gegen den Skandal unterschrieben haben, rufen mit dem einsichtigen überwiegenden Teil der Gewerkschaften zum Protest auf, ehe es zu spät ist. Die alten Herren mit ihrem Artikel 48 haben bereits die Vergangenheit verspielt, die neuen Herren mit ihrem Notstandsunrecht sollen nicht unsere Zukunft verspielen.«[91]

Diese Stellungnahme Ernst Blochs gegen die Notstandsgesetze, die von der CDU-Regierung mit dem Ziel vorbereitet worden waren, im Fall eines Notstands rechtmäßig jede Form von parlamentarischer und außerparlamentarer Kontrolle umgehen zu können, zeigte, daß der Tübinger Philosoph, der in der DDR von 1957 bis 1961 Zielscheibe von staatlich-bürokratischen Schikanen seitens einer – in deren Selbstverständnis – antikapitalistisch-»sozialistischen« Staatsgewalt war, auch jetzt, nach der Emigration in die Bundesrepublik, an seinen gesellschaftskritischen Grundüberzeugungen festhielt. Damit enttäuschte er all jene bürgerlichen Kreise im Westen, die nach seinem Bruch mit dem Stalinismus darauf spekuliert hatten, Bloch werde nun schrittweise zum Marxismus auf Distanz gehen, sich dem Standpunkt des bürgerlichen Liberalismus nähern und womöglich gar zum aktiven Antikommunisten werden. Obwohl Bloch dem Westen und seiner Konsumgesellschaft zubilligte, daß er die bürgerlichen Freiheiten respektierte, blieb er ein kritischer Zeitgenosse und Beobachter, der den Kapitalismus verwarf und sich weiterhin an der Seite der Ausgebeuteten und Unterdrückten sah.

Auch für die Studentenrevolte bekundete Bloch Interesse und Sympathie, und im Herbst 1967 nahm er daher gerne den Vorschlag auf, mit Rudi Dutschke, dem »Cheftheoretiker« der außerparlamentarischen Protestbewegung, zusammenzutreffen, dessen Reden nicht zuletzt so mitreißend waren, weil er sich auf die Werke von Marx, Herbert Marcuse, Rosa Luxemburg und Ernst Bloch zu stützen pflegte. Die historische Begegnung des 82jährigen Philosophen mit dem revolutionär-marxistischen Studentenführer von der Freien Universität Berlin fand im Februar 1968 in Bad Boll statt,[92] einer schwäbischen Kleinstadt in der Nähe von Ulm, anläßlich einer Tagung der dortigen Evangelischen Akademie. Sie mündete sogleich in eine Freundschaft zwischen dem fast erblindeten, geistig aber so wachen Philosophen der »konkreten Utopie« und dem jungen geistigen Anführer der außerparlamentarischen Opposition und antiautoritären Revolte, der dank seiner großen rhetorischen Begabung

---

91 Zitiert nach Markun, Silvia: *Ernst Bloch in Selbstzeugnissen und Bilddokumenten*, Reinbek 1977, S. 106-109.
92 Zum Verhältnis Bloch-Dutschke vgl. auch: Miermeister, Jürgen: *Ernst Bloch · Rudi Dutschke*, Hamburg 1996.

und der phantasievollen »spontanen Aktionen« innerhalb weniger Monate zum Idol der studentischen Protestbewegung geworden war, die sich mehr und mehr zu einer Bewegung der radikalen Revolte gegen die gesamte bürgerlich-kapitalistische Gesellschaft entwickelte.

Rudi Dutschke wurde am 7. März 1940 in Schönfeld in der Nähe von Luckenwalde im Land Brandenburg geboren und wuchs in der Nachkriegszeit in der DDR als Sohn eines einfachen Postangestellten auf. Als Gymnasiast war er der »Jungen Gemeinde« der DDR beigetreten. Sein Vorhaben, an der Universität Leipzig Sportjournalismus zu studieren, scheitert u.a. daran, daß er als »Wehrdienstverweigerer« nicht zum Studium zugelassen wird. Ab 1960 fährt Dutschke mehrmals nach Westberlin, wo er, um an der Freien Universität als Student zugelassen zu werden, das Abitur an einem Westberliner Gymnasium nachholen muß. Nach dem Bau der Mauer im August 1961 kehrt er nicht mehr in die DDR zurück. Im November 1961 immatrikuliert er sich an der philosophischen Fakultät der Freien Universität Berlin im Fachbereich Soziologie. Zwei Jahre später tritt er dem SDS bei.[93] Im Laufe des Jahres 1965 wird dieser Fachbereich – nicht zuletzt aufgrund der von Rudi Dutschke und Bernd Rabehl dort entfachten Informationskampagne und politischen Agitation – zum theoretischen Zentrum der Berliner Studentenrevolte, wo auch die Idee einer »Kritischen Universität« mit ihren »Gegenveranstaltungen« zum offiziellen Lehrbetrieb (z.B. in der Form von Seminaren über die »Geschichte der Arbeiterbewegung«, den Marxismus, den Freudo-Marxismus Herbert Marcuses, über den Vietnamkrieg und den US-Imperialismus) aus der Taufe gehoben und zum ersten Mal in die Praxis umgesetzt wird.

Worin bestand das Wesen dieser Revolte und dieses »antiautoritären Aufstands« gegen die herrschenden Institutionen und die herrschende Politik? Auf diese Frage hat Rudi Dutschke in einer Sendung des Norddeutschen Rundfunks, die am 10. August 1967 unter dem Titel »Die Rebellion der Studenten« ausgestrahlt wurde, folgendermaßen geantwortet:

---

93 SDS: Sozialistischer Deutscher Studentenbund. Studentenorganisation der SPD, die sich nach Mißbilligung des »Godesberger Programms« von der Partei löste und wegen Linksabweichung aus der SPD ausgeschlossen wurde. Aus ihren Reihen entstand die radikal antikapitalistisch, antiimperialistisch und antiautoritär orientierte westdeutsche »Außerparlamentarische Opposition« (APO).

»Die Revolution, die wir wollen, ist die Revolution, die die Selbsttätigkeit der Massen in allen Bereichen des gesellschaftlichen Lebens weckt und erst dann die Veränderung in der Gesellschaft durchführt, wenn die Mehrheiten bereit sind, die Veränderung zu tragen.«

Mit dieser Erklärung hatte sich der Anführer der außerparlamentarischen Opposition, der damals schon schlimmsten Diffamierungen durch die Springer-Presse ausgesetzt war, eindeutig gegen Gewalt ausgesprochen und unterstrichen, daß »in den Metropolen, d.h. in den hoch-industrialisierten Ländern, Gewalt in der Form des Terrors gegen Menschen absolut konterrevolutionär und inhuman« sei. »Wir haben«, hob Dutschke hervor, einen »Punkt der gesellschaftlichen Entwicklung erreicht, wo man einen Menschen nicht mehr hassen kann. Ich kann nicht einmal Strauß oder Kiesinger hassen [...]. Und sie durch Terror zu bekämpfen wäre absolut absurd.«[94]

In einem anderen Interview vom Juli 1967 hatte Dutschke die Zielvorstellung einer »radikalen Demokratie« und einer sozialistischen Gesellschaft der »Selbstverwaltung« verteidigt, die sich auf die Selbsttätigkeit der Massen stützt, und die Propagierung dieser »Utopie« mit einer scharfen Kritik am Mangel an »wirklicher Demokratie« in der Gesellschaft und ihrem bürokratisierten Parteiensystem (bestehend aus CDU, SPD und FDP) verbunden. Gleichzeitig hatte er die Ziele der neu entstandenen »außerparlamentarischen Opposition« umrissen und gesagt, das erste angestrebte Ziel sei die direkte (Räte-) Demokratie, die es den Menschen ermögliche, ihre Vertreter direkt zu wählen, sie aber auch, falls sie ihre Funktion nicht erfüllten, abzuwählen, und dies stets auf der Grundlage »eines kritischen Bewußtseins gegen jedwede Form von Herrschaft«. »Dann würde sich«, so Dutschke, »die Herrschaft von Menschen über Menschen auf das kleinstmögliche Maß reduzieren.« »Und ich bin davon überzeugt«, sagte er abschließend, »daß diese Gesellschaft eines Tages nach einem langen Prozeß der Bewußtwerdung einer immer größer werdenden Zahl von Menschen den Zustand erreichen wird, wo die Menschen schließlich ihr Geschick in die eigene Hand nehmen werden, ohne ständig von der Bürokratie oder dem Parlament als a-politische Objekte manipuliert zu werden.«[95]

---

94 Vgl. Dutschke, Rudi: *Mein langer Marsch: Reden, Schriften und Tagebücher aus zwanzig Jahren*, hrsg. von G. Dutschke-Klotz, H. Gollwitzer und J. Miermeister, Reinbek 1980, S. 12.
95 Ebd., S. 13.

Bekanntlich wurde diese Hoffnung des charismatischen Anführers herb enttäuscht, nicht zuletzt, weil die große Masse der Deutschen (und die Mehrheit der Arbeiter, angeführt von ins System integrierten Gewerkschaftern und SPD-Politikern) sich gegenüber den Thesen der radikalen, internationalistisch, antikapitalistisch, antiimperialistisch und antiautoritär eingestellten Studenten indifferent oder sogar feindselig zeigte.[96]

Die Isolierung der radikal-revolutionären Linken in der westdeutschen Gesellschaft war jedoch nicht nur dem Mißtrauen einer Bevölkerung geschuldet, der in den Jahren des kalten Krieges, des wirtschaftlichen Wiederaufbaus und der »Amerikanisierung« unter Adenauer der Antikommunismus regelrecht eingeimpft worden war. Es war auch das Ergebnis einer einzigartigen Denunziationskampagne der Medien, in erster Linie der Zeitungen des der CDU nahestehenden Pressemagnaten Axel Springer, der mit seinen Boulevardzeitungen *Bild* und *BZ* und den Tageszeitungen *Die Welt* und *Berliner Morgenpost* alles daransetzte, die antiautoritäre Studentenbewegung zu diffamieren, zu verteufeln und – vor allem in der »Frontstadt« Westberlin – eine Art Pogromstimmung gegen sie aufzubauen. In der antikommunistischen Hysterie, die in diesen Zeitungen herrschte, ließen sich einige Leitartikler im Laufe des Jahres 1967 dazu hinreißen, Nachrichten zu manipulieren und die Angst vor den Bolschewisten zu schüren, so daß unter der Westberliner Bevölkerung ein völlig irrationaler Haß auf die demonstrierenden Studenten aufkam. Er führte dazu, daß der durchschnittliche Westberliner in den Studenten nur noch »Provokateure aus dem Osten«, »Anarchisten«, »Kommunisten« und eingeschworene Feinde der »freiheitlich-demokratischen Grundordnung« sah, nur noch «Rabauken«, »Krawallmacher« und »Radikalinskis«, denen die Stipendien entzogen werden sollten und die es dem »Volkszorn« auszuliefern und »unschädlich« zu machen galt.

Die verheerenden Auswirkungen der Hetzkampagne der Westberliner Presse ließen nicht lange auf sich warten: »Lyncht die Sau!«, »Schlagt ihn tot!«, »Kastriert das Juden-Schwein!«,

---

96 Dies gilt, auch wenn es hie und da Ende der 60er und Anfang der 70er Jahre zu Streiks kam, die, wie der Streik bei Hoesch in Dortmund, der »Herzkammer« der SPD im Zentrum des Ruhrgebiets, durchaus ernstzunehmende sozial-politische Ereignisse waren, auch wenn es unter den Arbeitern in Deutschland danach zu keinen weiteren Nachahmungen kam.

»Dutschke ins KZ!« – dies waren Ausrufe von Teilnehmern bei einer Gegenkundgebung zum Berliner Vietnam-Kongreß am 21. Februar 1968, für die die Gewerkschaft erfochten hatte, daß Arbeiter und Angestellte dienstfrei bekamen und in deren Verlauf »aufgebrachte Westberliner« mitten im Zentrum einen jungen Mann jagten, den sie irrtümlicherweise für Rudi Dutschke hielten. Der *Berliner Extra-Dienst* vom 24. Februar 1968, das damals einzige linke Presseorgan Westberlins, kommentierte die Vorgänge so: »Dutschke muß stündlich mit offener Lynchjustiz von den durch die Obrigkeit angefeuerten und gedeckten Faschisten rechnen.«[97]

Die Hetzkampagne wurde zusätzlich von den politischen Kommentatoren des RIAS, des SFB sowie von den führenden Repräsentanten des Westberliner Senats angeheizt. Darunter waren auch der von der SPD gestellte Regierende Bürgermeister Schütz und der Vorsitzende der Berliner SPD, Kurt Mattick, die die »Störer der öffentlichen Ordnung« und »Krawallmacher, die unsere Freiheit zerstören wollen«, bei jeder sich bietenden Gelegenheit öffentlich brandmarkten. Die gegen den Vietnamkrieg der USA protestierenden Studenten wurden immer wieder aufgefordert, doch »nach drüben«, also in die DDR zu gehen, wenn es ihnen nicht passe, wobei es nicht darauf ankam, daß die Studenten der APO und ihrer Umgebung dem DDR-Regime kritisch gegenüberstanden und mit der Diktatur der Apparatschiks in Ostberlin keineswegs identifiziert werden wollten.

Charakteristisch für die »Volksverhetzung«, die Westberliner Bürger und Studenten gegeneinander aufbrachten, war ein Flugblatt, das im März 1968 von einem »Bauarbeiter« verbreitet wurde: »Tod dem Kommunisten Dutschke und der Atheisten-Nutte!«, hieß es darin. »Dieser Lump wird unsere Kirchen zerstören. Die ›roten Ratten‹ im Ku'damm Nr. 140 [dem Sitz des Westberliner SDS; in diesem Haus wurde 1968 auch die Wohngemeinschaft »Kommune 1« gegründet, A. M.] müssen vernichtet werden. Rezept: mit Salzsäure gurgeln lassen und dann mit dem Bleirohr totschlagen. Dutschke, diese rote Ratte, ist lungenkrank, er ist eine Seuche, die muß beseitigt werden. Tod der roten Pest! Tod der roten Pest! Ich habe geschworen, dieses rote Schwein, Rudi, wie einen Hasen abzuknallen, und dabei bleibt es. Das Gleichen diesen Mahler und diesen Weisse. [...] Dies sind die letzten Worte der Bauarbeiter an den

---

97 Ebd., S. 122, vgl. S.189.

SDS. Am Sonntag bei einer Demonstration ist der rote Rudi, die ›Vietkong-Mistsau‹, ein toter Mann!«[98]

Das Attentat auf Rudi Dutschke, verübt am 11. April 1968 auf dem Kurfürstendamm, war nichts weiter als die Ausführung dieses Mordaufrufs und der zuvor geschürten Pogrom-Stimmung in Berlin, diesem gern so genannten »Schaufenster der freien Welt«. Es war die logische Folge der Medienkampagne: die Reaktion aufgestachelter, fehlgeleiteter, verängstigter Kleinbürger gegen diejenigen, denen sie vorwarfen, gegen die Amerikaner, den Kapitalismus und die »freie Welt« zu sein. So gesehen paßte es in die Westberliner Situation, daß der Autor des Attentats, der Münchner Anstreicher Josef Bachmann, nicht etwa ein Polizist oder das Mitglied einer rechtsextremistischen Organisation war. Er war ein Einzeltäter, der aus nächster Nähe mehrere Schüsse auf Rudi Dutschke abgab, kurz nachdem dieser aus dem Büro des SDS gekommen war. Er gehörte zu jenen »einfachen Menschen«, d.h. der Vielzahl jener anonymer *Bild-Zeitungs*-Leser, die vom entfachten Volkszorn aufgehetzt wurden. Das Attentat auf Dutschke löste in den darauffolgenden Stunden und Tagen einen Proteststurm aus, der weit über die Kreise der Berliner Studentenschaft hinausreichte. Das in der Nähe der Berliner Mauer gelegene Springer-Haus wurde belagert und mit Steinen beworfen, die Verbreitung der Zeitungen des Springer-Konzerns behindert; vor dem RIAS in Berlin-Schöneberg kam es ebenso zu Demonstrationen wie im Zentrum auf dem Kurfürstendamm.

Rudi Dutschke, der auf dem Bürgersteig des Kurfürstendamms blutüberströmt und bewußtlos liegengeblieben war, wurde schwer verletzt in ein Westberliner Krankenhaus eingeliefert. Ein Chirurg versuchte in einer Stunden dauernden Operation, zwei Kugeln aus dem Hinterkopf zu entfernen. Mehrere Stunden lang schwebte Dutschke in Lebensgefahr, während ganz Deutschland am Radio oder vor dem Fernseher saß, um letzte Meldungen über das Attentat und Dutschkes Gesundheitszustand zu erfahren. Wie durch ein Wunder überlebte er die Operation; die Kopfverletzungen waren jedoch so groß, daß er noch lange Zeit schwerbehindert war: Das Sprachzentrum war durch den Einschuß so schwer in Mitleidenschaft gezogen worden, daß er nur durch eine langwierige Therapie sein Sprachvermögen wiedergewinnen konnte. Nach seiner Entlas-

---

98 Zitiert nach: Dutschke, Rudi: *Mein langer Marsch*, S. 126-127.

sung aus dem Krankenhaus ging Dutschke zunächst mit seiner Frau Gretchen nach London; als ihn die englischen Behörden auswiesen, wurde Dänemark sein neues Exil, wo er am 23. Dezember 1979 in Aarhus in der Nähe von Kopenhagen an den Spätfolgen des Attentats verstarb: Während eines epileptischen Anfalls ertrank er in der Badewanne. Er hinterließ – mittellos – seine Frau Gretchen Dutschke, den Sohn Hosea Che, die Tochter Polly und den noch ungeborenen Sohn Marek.

Wie die meisten engagierten Intellektuellen in der Bundesrepublik Deutschland war Ernst Bloch tief betroffen, als er vom Attentat auf den damals 28-jährigen hörte. In Tübingen kam es zu Protestdemonstrationen, mit denen Bloch sich solidarisierte. Seine Frau Karola telefonierte stündlich nach Berlin, um sich nach Dutschkes Befinden zu erkundigen – sie sollte dann zusammen mit Helmut Gollwitzer zu jenen gehören, die Dutschkes Frau und seine Kinder in diesen und den folgenden schwierigen Zeiten moralisch wie finanziell unterstützten. Groß war die Erleichterung der Blochs, als sie nach langem Bangen erfuhren, Dutschke sei über dem Berg.

Möglicherweise hatte Ernst Bloch in seiner Tübinger Umgebung nicht alle Ausdrucksformen und Protestaktionen der antiautoritären, revolutionären »neuen Linken« sofort aufgenommen und mitgetragen, aber er fühlte sich diesen revoltierenden jungen Leuten verbunden, ganz so wie er – spontan und herzlich – mit Rudi Dutschke im Februar zuvor Freundschaft geschlossen hatte.

Sieben Jahre nach dem Attentat nahm Dutschke den 90. Geburtstag Ernst Blochs am 8. Juli 1975 zum Anlaß, um in einem längeren Artikel die theoretischen Affinitäten hervorzuheben, die für ihn zwischen dem humanistisch orientierten Marxismus Ernst Blochs und dem revolutionär, internationalistisch, Dritte-Welt-orientierten antiautoritären Marxismus der APO bestanden. Ernst Bloch nennt er dort »die philosophische Seele eines neuen Weges zum Sozialismus«[99], spricht von der Präsenz des Tübinger Philosophen in den »Klassenkämpfen der Unterdrückten« und davon, daß er konsequent in der alten dialektischen Tradition stehe, ohne ein Philosoph »ohne Standpunkt« zu sein; Bloch sei ein »Philosoph, der mit seinem sehr stark nach den Utopien ausgerichteten Denken vom philosophischen Standpunkt aus kritische Solidarität übt«.[100] Dutschke übersieht

---

99 Ebd., S. 157.
100 Ebd., S. 154.

nicht, daß Bloch auf seinem langen Weg auch politische Fehleinschätzungen unterliefen; »die Forderung nach Freiheit, konkreter
Wahrheit und realer Humanität als Kriterien sozialer Emanzipation«
habe zeitweise »vor den Toren Moskaus«[101] haltgemacht. In der
Grundeinstellung, einer radikalen Kritik aller Formen von Unterdrük-
kung, Ausbeutung und Entfremdung, wo »der Mensch ein erniedrigtes, geknechtetes, ein verlassenes Wesen« ist, war er sich mit Ernst
Bloch allerdings stets einig, auch darin, daß die Erneuerung des
Marxismus nur als ein freiheitlicher und demokratischer Sozialismus à la Rosa Luxemburg denkbar sei, wo beim Aufbau einer sozialistischen Gesellschaft die bürgerlichen Freiheiten respektiert
würden – denn »Freiheit«, sagte Rosa Luxemburg, »das ist immer
auch die Freiheit der Andersdenkenden.«[102]

Bei aller Sympathie, die Bloch für die Studentenrevolte zeigte, die er in einer Tübinger Studentenzeitung einmal den »Aufstand gegen die primäre Unterdrückung und die repressive Gewalt der bestehenden Machtverhältnisse« nannte, ging er jedoch
zu manchen Protestformen auf Distanz. Von Anfang an war er –
darin mit Dutschke völlig einig – ein strikter Gegner jeglicher
Form von Terrorismus. Dieser sei »nur der Ausdruck des Elends
und nicht eines Erwachens« und dürfe nicht mit der anderen
Form des Erwachens verwechselt werden, die »Gelehrsamkeit«
und »Wissenschaftlichkeit« für sich beanspruchen kann. Müsse
man denn immer »das zwar wichtige, aber ebenso armselige Wort
sagen ..., daß man kein Anarchist ist und mit dem nicht übereinstimmt«?[103] Bloch sagte deutlich, daß die in den Jahren 1973/74
von der »Roten Armee-Fraktion«, d.h. der »Baader-Meinhof-
Gruppe«, in Westdeutschland verübten Anschläge bzw. die Bank-
überfälle und Entführungen der »Roten Brigaden« in Italien der
Sache des Sozialismus/Kommunismus schadeten – sie hätten
»dem Rechtstrend doch einen äußeren Anlaß geliefert«[104]. (Hier
wurden Blochs Befürchtungen durch die dramatischen Ereignisse
im September 1977 bestätigt, d.h. durch die Entführung des
Arbeitgeberpräsidenten Hanns Martin Schleyer und die Flug-
zeugentführung einer Lufthansa-Maschine zur »Befreiung der

101 Ebd., S. 155.
102 Vgl. Luxemburg, Rosa: *Politische Schriften*, Bd. III, Frankfurt/Main 1970,
    S. 167.
103 Zit. in Zudeick, Peter: *Der Hintern des Teufels*, S. 281.
104 Ebd.

politischen Gefangenen« im Gefängnis von Stuttgart-Stammheim. Die terroristischen Aktionen der RAF schwächten die Linke insgesamt und trugen zu ihrer Isolierung innerhalb der Bevölkerung in starkem Maße bei.) Bloch rückte deshalb jedoch keineswegs von den Grundsätzen seines politischen Engagements ab, verurteilte den Faschismus in jeglicher Form und kritisierte die kolonialistische und imperialistische Gewalt in den Ländern der Dritten Welt. Zusammen mit Martin Walser nahm er etwa im März 1970 an einer Großdemonstration vor der Frankfurter Paulskirche gegen den Vietnamkrieg teil, wo er unter tosendem Applaus Tausender von Zuhörern daran erinnerte, daß die Nazis [bei den »Nürnberger Prozessen«, A. M.] zu hohen Strafen verurteilt wurden für Verbrechen, die denen der Amerikaner gegen das vietnamesische Volk sehr ähnelten. Was den Nahen Osten anbetrifft, teilte Bloch – anläßlich des Sechstagekriegs von Nassers Ägypten gegen Israel im Juni 1967 – die in Kreisen der radikalen Linken weitverbreitete Kritik an Israels Politik der Unterdrückung und Vertreibung der Palästinenser nicht. Er war entschieden der Meinung, daß aufgrund seiner Vorgeschichte das Existenzrecht des Staates Israel nicht in Frage gestellt werden dürfe – insbesondere nicht durch den ägyptischen Staatschef Nasser, der die Israelis ins Meer treiben wollte. Bloch am 27. Juni 1967 auf der deutsch-israelischen Kundgebung in Frankfurt am Main (»Zum Pulverfaß im Nahen Osten«): »Ein kleines Volk sollte und soll erwürgt werden. Schon seit 1948 ergehen tödliche Drohungen von den Arabern. Endziel klar und deutlich: Israel soll vernichtet werden. Endlösung diesmal nicht durch Gas, sondern wörtlich: ersaufen wie Ratten. Dazu werden die Israelis ins Meer geworfen; 60 Millionen gegen 2,5 Millionen. Der Ausgang schien diesmal sicher, das Opfer bleibt allein. [...] die Mächte, die einschließlich der Sowjetunion die Existenz des Staats Israel anerkannt hatten, schweigen. [...] Die blockierten, überall umstellten Israelis nun lockern den Würgegriff im letzten Augenblick, mit dem sonnenklaren Präventivgriff einer blitzschnell wegzerrenden Hand. Das nun heißt dann heimtückischer Angriff im Mund mächtiger, heimtückischer Männer. [...] ja das Ungeheuerliche geschieht, das millionenfache Opfer von ehedem, weil es *nicht wieder* eines werden will, wird mit seinem Mörder Hitler gleichgesetzt. Auch noch die Wiederkehr eines Nürnberger Gerichtshofes wurde ausgerechnet gegen Israel verlangt, von sehr autoritärer Seite.«[105]

»Nichts ist einer Gruppe, die sich ausweglos verfolgt fühlt, selbstverständlicher, als das Recht auf eine rechtlich gesicherte Heimstätte, und gar auf die, der fast zweitausend Jahre das Gebet galt: Nächstes Jahr in Jerusalem.«[106]

Obwohl Bloch einräumt, daß das Verhalten der Zionisten gegenüber den arabischen Flüchtlingen und der arabischen Minderheit im Land, nach Jean-Paul Sartre »Bürger zweiter Klasse«, »gewiß nicht fehlerfrei« war, verwahrt er sich dagegen, deshalb gegen die Israelis »aufzuputschen«. Die israelische Kolonisierung sei »kein Kolonialismus im bekannten Sinn, wo man ein *fremdes* Land erobert. Und wenn die Israelis ihr Jerusalem besitzen, so ist das nicht das gleiche, wie wenn die Engländer Hongkong besetzt halten. Ja, als beim Blitzkrieg gemeldet wurde, israelische Truppen hätten die Stadt Jericho eingenommen, fielen selbst dem ungeneigten Leser Posaunen ein, lang schon her, doch nie vergessen, die die Araber ja nicht geblasen hatten.«[107] Bloch verbindet allerdings seine eindeutige Parteinahme mit einer Kritik am Nationalismus der israelischen Rechten, der dem Nationalismus »der arabischen Monarchisten und Feudalen ebenso in die Hände arbeitet, wie er der Aggression Nassers gelegen kommt«.[108] Und er setzt im Gegensatz zu dieser zionistischen Rechten all seine Hoffnungen auf friedliche Koexistenz, auf die Möglichkeit eines friedlichen Zusammenlebens von Israelis und Palästinensern, auf ein »Dasein der Linken auf beiden Seiten und ihre durch Herren nicht mehr getrennte, sozialistisch, solidarisch sein könnende Zusammenarbeit […], um die mögliche Zündung eines neuen Weltkriegs zu entschärfen«.[109]

Nicht gerade volle Übereinstimmung bestand zwischen Ernst Bloch und den Theoretikern der »neuen studentischen Linken« hinsichtlich der Frage, ob anstelle des klassischen »Proletariats«, das den aufmüpfigen »kleinbürgerlichen« Studenten überwiegend den Rücken kehrte, die revoltierenden Studenten der APO – als gesellschaftlich aktive »Randgruppe« – inzwischen zum wichtigsten »revolutionären Subjekt« geworden seien. Zwar war Bloch realistisch genug zu erkennen, daß das Proletariat in den großen kapitalistischen Metropolen in Nordamerika und Europa mittlerweile nichts

---

105 Bloch, Ernst: *Politische Messungen, Pestzeit, Vormärz*, GA 11, S. 419-420.
106 Ebd., S. 422.
107 Ebd., S. 423.
108 Ebd.
109 Ebd., S. 424.

mehr von der revolutionären Kampfkraft besaß, die es im 19. Jahrhundert und noch in der ersten Hälfte des 20. Jahrhunderts ausgezeichnet hatte. Dennoch hält er hier weiterhin als treuer Marxist – und hier im Gegensatz zu Herbert Marcuse, den er 1968 bei Sommerkursen auf Korčula kennengelernt hatte – an der Idee einer Allianz von Arbeitern, revolutionären Intellektuellen und Studenten fest. Ziel sei es, einen neuen »historischen Block« zu formen, bei dem die revoltierenden Studenten eine allerdings wichtige Rolle spielen und dem Proletariat der Metropolen behilflich sein könnten, zum in den zwölf Jahren der Nazi-Diktatur ausgelöschten bzw. verlorengegangenen Klassenbewußtsein zurückzufinden. Die wichtigste Funktion, die die Studenten dabei zu erfüllen hätten, sei ihre »Pflicht zur Propaganda«.

XXX. »Widerstand und Friede«. Der Friedenspreis des deutschen Buchhandels für Ernst Bloch (1967)

Im Oktober 1967 wurde Bloch in der Frankfurter Paulskirche der Friedenspreis des Deutschen Buchhandels verliehen. Die Laudatio hielt Werner Maihofer, der spätere FDP-Bundesinnenminister der Koalition aus Sozialdemokraten und Liberalen, der damals Rektor der Universität Saarbrücken war. Bloch nutzte den Anlaß, um sich philosophisch-politisch zur Zeitlage zu äußern, dies vor einer Öffentlichkeit, die, nachdem seit zwei Jahren immer wieder Protestveranstaltungen stattgefunden hatten, auf den Vietnamkrieg in zunehmendem Maß sensibel reagierte. An sie richtete sich Bloch, indem er Kants Entwurf *Zum ewigen Frieden* neu interpretierte. Bereits der Titel evoziere »eine internationale Kodifizierung von Nicht-Krieg«, so daß, wenn sie gültig wäre, »auch bei weniger moralischer Anlage der Herrschenden die Politik keinen Schritt tun könnte, ohne zuvor der Moral gehuldigt zu haben. Das war«, so Bloch, zwar »rebus sic stantibus eine noch abstrakte Utopie (trotz wie wegen des erstmaligen Vorschlags eines Völkerbunds in dieser Schrift)«, denn es fehle noch »die ökonomische Analyse des Kriegtreibenden.«[110] Doch treffe »die Kantische Denunzierung des Gewalt-Besitzes«, also Macht um der bloßen Macht willen, ein »erzbellikoses Motiv, das zum ökonomischen hinzukommt, es sogar institutionell überholen kann. So unvernunfthaft, daß dann verbissen kriegführende Macht dessen, was sich als Militarismus verselbständigt hat, Ökonomisches eher als Ideologie denn als Unterbau in sich haben mag.«[111] Bloch rügt mittels Kant hier also eine egoistische Machtpolitik der Nationen und ihrer Herrscher, die – übertragen auf die gegenwärtige weltpolitische Situation der 60er Jahre und aktualisiert – vor allem die militärische Strategie der USA im Vietnamkrieg beleuchtet, die aus reinem Machtinstinkt und im Namen einer antikommunistischen Domino-Theorie einen Krieg führten, der schlicht als absurd anzusehen sei. »Marx hätte gerade heutzutage die Kantische Warnung kaum übersehen. Um des Friedens willen, der nicht aus purem Profittrieb, sondern aus der daraus entspringenden reinen Machthaberei beschädigt ist. Wozu uns im ersten und

---

110 Bloch, Ernst: *Politische Messungen, Pestzeit, Vormärz*, GA 11, S. 437-438.
111 Ebd., S. 438.

zweiten Weltkrieg Deutschlands, dann im so viel kleineren, doch konzentriert entsetzlichen Amoklauf Vietnam ein genügend absurdes Exempel anblickt. Verdinglichte Macht, gar mit dem bekannten Druck auf den Knopf, verdient mehr als je die Bitterkeit, womit Kant über einen Hauptfaktor geschrieben, der die Vernunft verdirbt.«[112] Gegen Ende seines Vortrags nutzt Bloch die Gelegenheit, um seine Philosophie der Hoffnung als »docta spes«, mit klarer Orientierung auf revolutionäre Umgestaltung inakzeptabler Verhältnisse in der Welt, gegen all jene zu verteidigen, die ihm wie Günther Anders vorwerfen, in einer von der atomaren Selbstvernichtung tödlich bedrohten Welt begnüge er sich mit »billiger Hofferei«:[113] »Hoffnung, vor allem Dialektik der Hoffnung hat zum Unterschied vom negativ Kapitulierenden das Stolze und vielsagende Unentsagende, daß sie bekanntlich auch am Grab noch aufgepflanzt werden kann, ja daß sich sogar wider die Hoffnung hoffen läßt. So leicht und wertlos kann sie aber als bloßes wishful thinking auch sein, daß der Satz dann stimmt: Hoffen und Harren macht manchen zum Narren. Denn begriffen vielsagend wird die Hoffnung erst als geprüfte, unabstrakte, dem objektiv-real Möglichen vermittelte. Dergestalt, daß danach gerade auch der Satz stimmt: Eine Landkarte, worauf das Land Utopia fehlt, verdient nicht einmal einen Blick.«[114] Und schließlich, bevor ein Beifallssturm auftost, endet Bloch mit einem Satz, den er in eine Variation auf sein Lieblingsbild bei Kant kleidet, wonach auf der Verstandeswaage die Gewichte auf dem Arme der Hoffnung schwerer wiegen:

»Die Weichen müssen neu gestellt werden, die Kraft zur Hoffnung erforscht, so daß die ›leichten Gründe‹, welche nach der großen Intuition Kants ›Spekulationen von an sich größerem Gewicht‹ zugunsten der Hoffnung in die Höhe ziehen, zweifach sehr viel schwerer werden. Indem das Engagement der Hoffnung erstens nicht mehr abstrakt an den Gang der Ereignisse herangebracht wird, und zweitens die Wissenschaft von der Welt dieser Ereignisse nicht mehr auf einen mechanistischen Sektor beschränkt wird, worin nichts Neues geschieht. Sondern wo die ›Anlage zur besseren Zukunft‹, […] die bloße Abgeschlossenheit einer Fakt- und Mechanismuswelt auch *konstitutiv* ›ergänzt‹, ja prozeßhaft-dialektisch

112 Ebd. S. 438-439.
113 Vgl. »›Brecht konnte mich nicht riechen.‹ Günther Anders im Gespräch mit Fritz J. Raddatz«, in: *DIE ZEIT*, Nr. 13, 22. März 1985.
114 Bloch, Ernst: *Politische Messungen, Pestzeit, Vormärz*, S. 443.

sprengt. [...] Unzufriedensein, nicht Zufriedenheit, leicht einzuwickkelnde, mißt auch der Hoffnung Frieden ihren wahren Rang in dieser Welt.«[115] »Und wenn die Verhältnisse die Menschen bilden, so hilft nichts als die Verhältnisse menschlich zu bilden; es lebe die praktische Vernunft.«[116]

Der Friedenspreis, der dem damals 82-jährigen Philosophen verliehen wurde, war allerdings nicht die erste Auszeichnung, die Ernst Bloch nach seiner Übersiedlung in die Bundesrepublik Deutschland erhalten hatte: Bereits 1964, drei Jahre zuvor, war er, zusammen mit dem Zeichner und Holzschneider Frans Masereel (1889-1972) mit dem Kulturpreis des Deutschen Gewerkschaftsbunds (DGB) ausgezeichnet worden.

---

115 Ebd., S. 444.
116 Ebd., S. 445.

XXXI. Der »Prager Frühling«: die politische Verwirklichung der »konkreten Utopie«? (1968)

Eine andere charakteristische Übereinstimmung zwischen Rudi Dutschke und Ernst Bloch lag in der Einschätzung der politischen Situation, die in den Ländern des »real-existierenden Sozialismus« in Osteuropa herrschte. Beide hatten im Frühjahr 1968 enthusiastisch für den »Prager Frühling« und für die Versuche der Reformkommunisten um Alexander Dubček und Eduard Goldstücker Partei ergriffen, in der Tschechoslowakei das kommunistische, aus der Stalinzeit ererbte Regime zu demokratisieren, dem Sozialismus endlich ein »menschliches« Antlitz zu verschaffen und die verlorengegangenen Freiheiten der Bürger wiederherzustellen. Bloch verfolgte eine Reise Dutschkes nach Prag und die Diskussionen, die er dort mit Intellektuellen und Studenten führte, mit reger Aufmerksamkeit und unterstützte das »Tauwetter« an der Moldau mit seinen Erklärungen an die Presse. Um so größer war der Schock, als er am 21. August 1968 von der Absicht der Sowjetunion unter Leonid Breschnew erfuhr, der Demokratisierungsbewegung an der Westgrenze ihres Imperiums mit einem militärischen Einmarsch ein brüskes Ende zu bereiten. Bloch hörte stündlich Nachrichten, auch sonst versuchte er, sich so genau wie möglich zu informieren über die Lage in Prag, wo er ja in den 30er Jahren im Exil gelebt und gearbeitet hatte. Er telefonierte mit den Tübinger Vertrauten Hans Mayer und Walter Jens, und als letzterer ihn bat, doch etwas zu dieser Niederwalzung des ersten großen demokratischen Experiments im Lager des real-existierenden Sozialismus zu schreiben, verfaßte er den folgenden Text, der in der Hamburger Wochenzeitung *Die Zeit* in der ersten Septemberwoche 1968 veröffentlichte wurde. Der Text im Stil eines Kommuniqués trug die Überschrift »Brüderliche Kampfesgrüße in Prag«.

»Das grauenvolle Prager Geschehen wird nie vergessen werden. Stalin war keine Person, er ist eine unüberwundene Einrichtung. Sie war bisher hauptsächlich aufs innere Leben in Rußland beschränkt, jetzt aber wütet sie penetranter und totaler als je in der neuen russischen Kolonie: Tschechoslowakei. Lüge über Lüge kommt hinzu, angebliche Rettung des Marxismus wird von denen ausgebrüllt, mit Panzern und Blutvergießen garniert, die in Wahrheit als seine schlimmsten Feinde und Diskreditierer vor den entsetzten Augen der Linken in der ganzen Welt tätig sind. Gewinn davon haben einzig die langsam resonanzloser gewordenen Matadoren des Kalten Kriegs und die Kollegen des russischen Überfalls am anderen Ende der Welt, in Vietnam. Wichtig ist nach wie vor zu betonen, daß die innertschechisch-slowakische, vom ganzen Volk begeistert wie begeisternd getragene Evolution zur sozialistischen Freiheit und Demokratie rein innerhalb des Sozialismus anging, blieb und bleibt. Die tschechoslowakische Intelligentia wirkte auf vorbildliche Weise aufklärend im Protest derer, die eine gemeinsame Not leiden. Zur Zeit hat die russische Hand die Intelligentia an der Gurgel, doch Vernunft schreit weiter, Zarismus war nicht der Inhalt der Oktoberrevolution. Diese hätte sich vielmehr genauso gegen das heutige Rußland in Prag gerichtet, gegen die sozialistisch maskierten Enkel der Ochrana[117] und sibirischer Katorga. Bewunderung dem tapferen sozialistischen tschechoslowakischen Volk. Die Zukunft gehört ihm.«[118]

Was den Marxismus anging, so meinte Bloch, was sich in Prag in den Jahren 1967/68 abspielte, sei »muterweckend und zeigt, daß hier eine Fahne an den Mast genagelt wurde, auch wenn das Schiff unterging. [...] Diese große Schändung des Sozialismus, dieser Überfall hat das sozialistische Gewissen aufgeweckt. Hier ist eine Parole gegeben worden.«[119] Sein Urteil ergänzte er noch um die Mahnung, diejenigen, die im Westen die Aggression der Warschauer-Pakt-Staaten gegen die Tschechoslowakei verurteilt und gleichzeitig im Namen des Antikommunismus den Krieg der Amerikaner in Vietnam gebilligt hätten, hätten sich ins Unrecht gesetzt, denn: »Wer Vietnam zugestimmt oder sich lau dazu verhalten hat, hat kein Recht, keine Legitimation, über die Aktion der Sowjetunion gegen Prag zu urteilen. Erst wer sich gegen den imperialistischen Kapitalismus in Vietnam gewandt hat, kann sich auch dazu äußern, was in Prag geschehen ist. Solange das nicht klar ist, muß die Sache im eigenen Lager, unter Marxisten, verhandelt werden. Die Bundesgenossen müssen angesehen werden. Viele sind keine Bundesgenossen, sondern Nutznießer eines Unglücks.«[120]

Blochs Haltung und Beurteilung der Lage entsprach ziemlich genau der Einschätzung, zu der die außerparlamentarische Oppo-

---

117 Name der politischen Polizei des Zarenregimes in Rußland.
118 Bloch, Ernst: »Brüderliche Kampfesgrüsse in Prag«, in: ders.: *Politische Messungen, Pestzeit, Vormärz*, GA 11, S. 418-419.
119 Traub, R. / Wieser, H. (Hrsg.): *Gespräche mit Ernst Bloch*, S. 126.
120 Ebd., S. 127.

sition in der Bundesrepublik Deutschland und deren führender Kopf Rudi Dutschke gekommen waren. Der Kampf um wahre Demokratie mußte notwendigerweise gleichzeitig an zwei Fronten erfolgen: im Osten gegen den Stalinismus, im Westen gegen den Kapitalismus, hier in erster Linie gegen die USA als Verkörperung eines aggressiven, weltweiten Hegemoniestrebens. Daraus abgeleitet wurde die Notwendigkeit, die Demonstrationen gegen den Vietnamkrieg fortzusetzen und nach Möglichkeit zu verstärken. Gefordert wurde weiter der Aufbau einer »neuen Internationale«, die nichts mehr zu tun hätte mit dem Pseudo-Internationalismus der Bürokraten der moskautreuen kommunistischen Parteien in Westeuropa, denn, wie Bloch es in einem Gespräch mit Barbara Codenhove-Kalergi formulierte, »was die Russen in Prag angestellt haben, war das Gegenteil von Marxismus. Es war das Gegenteil von dem, was die Oktoberrevolution gemeint hat. Sie hätte sich heute genauso gegen die Intervention in der Tschechoslowakei gewandt wie damals gegen die Intervention in der Sowjetunion.«[121]

Bloch war im übrigen davon überzeugt, daß »der Sieg des Schlechten auf die Dauer nicht die gleiche Wirkung haben [könne] wie das Schauspiel eines kleinen Volkes, das durchhält und nicht kapituliert vor dem großen und auf exemplarische und modellbildende Weise die Demokratie und den Sozialismus an einem Ort zu realisieren sucht«.[122] Auch vertrat Bloch die Meinung (war aber in diesem Punkte sicherlich viel zu optimistisch), daß die tragischen Ereignisse von Prag die europäische Sozialdemokratie – ebenso wie die kommunistischen Parteien – eventuell dazu bringen könnten, sich wieder auf ihre Anfänge zu besinnen: »auf den revolutionären Marxismus, den viele Sozialdemokraten als Ballast abgeworfen und den die Kommunisten im Stalinismus in sein Gegenteil verkehrt haben. Die Sozialdemokratie könnte sich auf ihre Anfänge besinnen, nicht in einem historischen Sinn, sondern sie könnte sich an das Gesetz erinnern, nach dem sie angetreten ist, an die Perspektiven, die am Anfang der Bewegung gestanden, die sie groß gemacht haben. Die Ereignisse könnten ihr zeigen: Das ist Fleisch von meinem Fleisch, Blut von meinem Blut. Die schöpferischen Ereignisse, die die Tschechen und Slowaken in Prag angefangen haben, könn-

---

121 Traub, R. / Wieser, H. (Hrsg.): *Gespräche mit Ernst Bloch*, S. 127-128.
122 Ebd., S. 128.

ten wieder lebendig machen, was in der Brautzeit des Sozialismus erhofft wurde.«[123]

Blochs Äußerungen wurden – ähnlich wie diejenigen Jean-Paul Sartres oder Louis Aragons in Frankreich – in breiten Kreisen der westdeutschen Öffentlichkeit vernommen und verstanden. Da Bloch immer häufiger auch in den westdeutschen Medien zu hören war – hier vor allem im Hessischen Rundfunk –, wurden seine Einschätzungen zur politischen Situation, sein Engagement für einen »demokratischen Sozialismus« in der ČSSR und seine Verbindungen zur antiautoritären Studentenbewegung sowie seine Kritik am Vietnamkrieg zum Teil auch wieder in der DDR bekannt. Überhaupt steigerte sich Blochs Bekanntheitsgrad in dieser Zeit entscheidend, so daß der Zustrom der Studenten, die Bloch an der Universität Tübingen hören wollten, immer größer wurde. Selbst das »Audimax« erwies sich oft als viel zu klein, um die Masse von Studenten aufnehmen zu können, die nun aus allen Gegenden Deutschlands nach Tübingen strömten, um die außergewöhnlichen Vorlesungen des »Propheten mit Marx- und Engelszungen« (Martin Walser) zu hören. Und der Zustrom von Philosophiestudenten zu Ernst Blochs Seminar im »Tanzsaal« des alten Universitätsgebäudes war so groß, daß, wer einen Sitzplatz bekommen wollte, eine halbe Stunde vor Beginn der Sitzungen da sein mußte. Für sein Privatkolloquium war Ernst Bloch jetzt gezwungen, eine strenge Auslese zu treffen; der Keller unter seiner Wohnung, der ihm als privater Hörsaal diente, war viel zu klein geworden, um alle Interessenten aufnehmen zu können. So wiederholte sich bei Bloch die Situation, die er vor dem Ersten Weltkrieg in den Kolloquien von Georg Simmel in Berlin und Max Weber in Heidelberg selbst durchlebt hatte. Und Tübingen wurde – nicht nur aufgrund des Interesses an dem philosophischen Lehrer Bloch, sondern gerade auch wegen dessen politischem Engagement, zu einer Art akademischem »Wallfahrtsort«, der Studenten und Akademiker bald auch aus dem Ausland anzog – ein Umstand, der Jean-Michel Palmier, welcher selbst zu den französischen »Wallfahrern« gehörte, einmal zu der Bemerkung veranlaßte, es wäre jetzt vielleicht an der Zeit, die Stadt Tübingen in »Blochingen« umzubenennen.[124]

123 Ebd., S. 128-129.
124 Vgl. Palmier, Jean-Michel: »Voyage à Blochingen«, in: *Les Nouvelles Littéraires*, 29.4.1976.

XXXII. *Philosophische Aufsätze zur objektiven Phantasie* (1969)

Ein weiterer bedeutender Baustein im Gebäude seiner Philosophie war für Ernst Bloch zweifellos die Veröffentlichung des Buches *Philosophische Aufsätze zur objektiven Phantasie*, der zehnte Band in der Gesamtausgabe seiner Werke. Von kurzen Texten oder Textfragmenten abgesehen, die hier wie auch sonst immer den Band eröffnen und in literarischer Form die existentielle Situation des Menschen als Fragenden ansprechen, findet man in diesem Band Beiträge zu Motiven der Blochschen Philosophie aus allen Zeitphasen. In der sechsten Sektion »Offenes im Realen, marxistische Colloquien« etwa finden sich die Texte aller großen Vorträge, die Ernst Bloch in den letzten Jahren seiner Lehrtätigkeit in der DDR in Leipzig und in Ostberlin gehalten hatte (»Aufsätze und Vorträge zur Philosophie Kants, Hegels und Marx'«). In der dritten Sektion des Buches (»Antizipierendes Bewußtsein / Objektive Phantasie«) finden sich eine ganze Reihe ergänzender Beiträge zum Grundthema des *Prinzips Hoffnung*, die sich oft mit Textpartien von dessen erstem Band überschneiden. Wenn sie sich derart, etwa die ersten Abschnitte dieses Kapitels (»Dunkles Jetzt« / »Das fortschreitende Meinen«), wie Variationen zum schon bekannten Thema des »antizipierenden Bewußtseins« im *Prinzip Hoffnung* ausnehmen, so zeugen sie doch nicht nur von der Entschlossenheit Blochs, die vielschichtigen Beziehungen des »Vorbewußten« und der »subjektiven Phantasie« zum Traum und zum Freudschen »Unbewußten« in seiner ganzen Komplexität auszuleuchten, sondern sie bieten, als Parallelstellen, vor allem wertvolle Interpretationshilfen für das *Prinzip Hoffnung*.

Was die Freudsche Traumtheorie und dessen Lehre vom »Unbewußten« und von der »Verdrängung« angeht, beschränkt sich Bloch auf die Feststellung, daß »sofern das Wunschleben der verdrängten Triebe sich vor allem im Traum kenntlich macht, dieser [für Freud] die via regis ins Unbewußte« ist. »Der Traum, in seiner symbolischen Wunscherfüllung, ist die Dichtung der Laien. Die Dichtungen der Kunst entspringen denselben Trieben und Symbolgebilden der Erfüllungen; sie sind die sublimierte Katharsis des Unbewußten und seiner Verdrängungs-Inhalte. Sonst überall erhebt sich in Freuds Menschen ›Widerstand‹ gegen das psychoanalytische Bewußtmachen seines Traumas, seiner Verdrängungen, seiner

Komplexe.«[125] In der *Traumdeutung* umreißt Freud beispielsweise »einen Bauplan des sensorisch-aktiven Menschen – aber nichts ist hier im Unbewußten, was nicht vorher in den bewußten Wahrnehmungen des Individuums war. Der Weg vom (inneren oder äußeren) Reiz bis zur motorischen Innervation läuft bei Freud über die ›Erinnerungsspuren‹ immer tiefer ins ›Unbewußte‹, um danach durchs ›Vorbewußte‹ ans aktive Bewußtsein der Erinnerung – und nur der Erinnerung – zu gelangen. Dies Unbewußte selbst ist als Abgesunkenes ein bloßes Produkt des Gedächtnisses, ebenso wie unser ›Charakter‹, der darin wohnt und auf nichts als ›auf den Erinnerungsspuren unserer Eindrücke beruht, vorzüglich denen der ersten Jugend, die fast nie bewußt werden‹.«[126] Da aber der Freudsche Traum nicht nach vorwärts gerichtet ist, sondern einzig eine »regrediente« Richtung hat, ist und bleibt die Psychoanalyse in den Augen Blochs »die Wissenschaft der aufgeholten Regression, sonst nichts«.[127] »Realität« ist für Freud »bei allem ›Unbehagen an der Kultur‹, einzig die bürgerliche Umwelt um 1900 [...] mit ihren großenteils mechanistischen Massen und Inhalten«.[128] »Auf Erhellung kommt es Freud an, ja die gesamte Regression ins Unbewußte geschieht am Ende nur dahin, daß es ›gedeutet‹ werde, damit es so bewußt wieder erinnert werden kann.«[129] Das Problem ist hier nur, daß »die Sperre vor einem Noch-Nicht-Bewußten« dem »spätbürgerlich normalen Bewußtsein am wenigsten überwindbar« ist. Aber immerhin war »Freud auch darin noch gut aufklärerisch, daß er aus dem Keller in die aufgeräumte Bel Etage helfen will.«[130] – Hier wiederholt Ernst Bloch im Grunde nur die Kritik an der Psychoanalyse, die er bereits in dem den »Tagträumen« gewidmeten Kapitel des ersten Bandes von *Prinzip Hoffnung*[131] formuliert hatte. Für die *Philosophischen Aufsätze* wurde diese Kritik noch etwas verfeinert und in einzelnen Aspekten ausgeführt.

Außer der Antrittsvorlesung Ernst Blochs an der Universität Leipzig vom Mai 1949 (»Universität, Marxismus, Philosophie«)

---

125 Bloch, Ernst: *Philosophische Aufsätze zur objektiven Phantasie*, GA 10, Frankfurt/Main 1969, S. 107-108.
126 Ebd., S. 109.
127 Ebd.
128 Ebd., S. 110.
129 Ebd.
130 Ebd.
131 Vgl. ders.: *Das Prinzip Hoffnung*, Bd. I., Kapitel 14 (»Grundsätzliche Unterscheidung der Tagträume von den Nachtträumen...«), GA 5, S. 86-128.

findet man in diesem Band auch Blochs wichtigen philosophischen Essay »Über den gegenwärtigen Stand der Philosophie«[132] von 1950, der zuvor in der DDR in der Zeitschrift *Aufbau* erschienen war. In diesem Essay zieht Bloch eine kritische Bilanz der Philosophie des 20. Jahrhunderts – und hier vor allem der vorherrschenden Strömungen im bürgerlichen Denken –, stellt gleichzeitig aber eine recht optimistisch anmutende Diagnose, was die realen Möglichkeiten angeht, im postfaschistischen Deutschland, wo in der Vergangenheit zahlreiche Intellektuelle zu Komplizen der Naziherrschaft geworden waren, unter nun veränderten geschichtlichen und politischen Vorzeichen die Lehre im Fach Philosophie an den Universitäten auf eine neue Grundlage zu stellen, und zwar in der Perspektive einer humanistisch-revolutionären, materialistischen, um die Dimension des »utopischen Antizipierens« bereicherten marxistischen Praxisphilosophie. Nach der Kritik des Simmelschen »Relativismus« und »Konfusionismus«, nach Bloch ein pluralistisches, letztendlich aber »fades« Denken, wendet er sich in diesem Aufsatz dem Hauptrepräsentanten der existential-ontologischen Phänomenologie seiner Epoche zu: Martin Heidegger, der von Bloch gerne polemisch-spöttisch »der Professor Angst und Sorge« genannt wird. Blochs Kritik an der Philosophie des »Einsiedlers« aus Todtnauberg entzündet sich nicht so sehr an Heideggers politischem Engagement im Nationalsozialismus, kulminierend in der Freiburger »Rektoratsrede« vom April 1933, sondern vor allem daran, daß Heidegger seine existential-ontologische Analyse des Daseins vornehmlich im Begriff der »Angst« gründen läßt. Dies aber sei einfach zu »nihilistisch«, weil das, was bei Heidegger »die Angst so hervorruft wie beinhaltet, [bei] ihm nicht der Kapitalismus in seinem letzten, menschenfeindlichen Stadium [ist], sondern das angeblich ewige Nichts in einem geschichtslosen Sein überhaupt«. So entstehe »um den sogenannten Existentialismus [ein] Nebel der Langeweile, der nach Heidegger unter allen Dingen wogt«, ein »Nebel der Scheinprobleme und des hoffnungslosen Inneseins, womit die Heideggerei entmutigt und ihren Kleinbürgern die Aussicht versperrt«.[133] Daß Nicolai Hartmann, jener andere Ontologe mit seiner »Talmilösung« (»das Nichts, das sich geistiges Sein nennt«) hierzu keinerlei überzeugende Alternative anbietet, kann

---

132 Ders.: *Philosophische Aufsätze zur objektiven Phantasie*, S. 292-317.
133 Ebd., S. 293.

die diesbezügliche »Verwirrtheit« und »Entstellung« nur noch verstärken.[134]

In den *Philosophischen Aufsätzen zur objektiven Phantasie*[135] findet sich auch ein Abschnitt über Nietzsche, in dem Nietzsches Philosophie wesentlich kritischer rezipiert wird als in Blochs frühen Schriften, etwa in seinem Essay aus dem Jahre 1913,[136] in dem er die »Empor-Tendenz« preist, die in Nietzsches neo-aristokratischem Entwurf des »Übermenschen« zum Ausdruck komme. Der Mißbrauch, den die Nazis mit Nietzsche getrieben hatten, auch Georg Lukács' vernichtendes Urteil über Nietzsche dürften Bloch inzwischen kritischer gestimmt haben. Aber selbst wenn er nun – wie Lukács in der *Zerstörung der Vernunft* – Nietzsche als den »Sprecher eines saturierten imperialistischen Bürgertums« bezeichnet, geht er doch nicht so weit, Nietzsche ebenso wie sein Budapester Jugendfreund in die Rubrik der »Apologeten eines kapitalistischen Imperialismus und Irrationalismus« einzuordnen und ihn zu einem philosophischen Vorläufer des Faschismus zu stempeln. Vielmehr akzentuiert Bloch im Gegensatz zu Lukács die bei Nietzsche nach wie vor aufweisbaren »materialistischen Denkelemente«, die von der marxistischen Rezeption seines Werks nicht ignoriert werden dürften. Nietzsche spiele den Leib gegen die Spiritualisierung aus, »ja der Aufklärungskrieg gegen Weihwasser und was damit zusammenhängt wirkt grell wie nie. Dionysos, ein nicht eben pfäffischer Gott, wird angerufen, sogar mit einem Anschein, als ob dieser Ruf gegen die Verkleinerung des Menschen gerichtet wäre, das ist gegen seine Verdinglichung und Entfremdung; mit Anschluß wenigstens an den Sturm und Drang zur Zeit der deutschen Aufklärung. Indes«, bemerkt Bloch zugleich kritisch, stand »hinter dem Dionysos Nietzsches [...] gesellschaftlich einzig das räuberische kapitalistische Individuum, auf dem Weg nicht nur zum ungestörten Ausleben, sondern zum ungehemmten Verbrechen. Wille zur Macht, dieses pure Stichwort für Weltraubpolitik, schmückte sich mit Rosenkronen, Tanzliedern, heiligem Lachen und ähnlichen Festivitäten aus Zarathustra; aber Dionysos, der Unbefreite, Großwollende, wurde am Ende nur die Maske für den Massenmörder. Und

---

134 Ebd.
135 Die objektive Phantasie wird bei Bloch hier, anders als etwa bei Kant, wo sie als der Schematismus definiert wird, der dem Begriff eine bildliche Gestalt gibt, als der Objektivierungsprozeß im Bewußtsein utopischer »Vorscheine« und Bilder gefaßt.
136 Vgl. Bloch, Ernst: *Durch die Wüste*, S. 107.

die Diesseitigkeit Nietzsches, dieses scheinbare Stück Feuerbach an ihm, ist in Wahrheit lauter unteres Jenseits, nämlich Abgrund voll Chaos geworden, und wie bald wurde er vom bloßen Abschaum benutzt. Da gilt in nichts mehr der durch Vernunft gezeigte Halt gegen den Mythos, konträr, Nietzsches Diesseits ist romantischer Rekurs auf den Unterwelt-Mythos selbst, auf animalischen Dampf und barbarisches Außersichsein. Nietzsches Intentionen waren primär auf eine große Empor-Tendenz gerichtet, und mit bedeutendem Ekel hat er die Gipsideale des Neukantianismus sowie des übrigen Bildungsphilistertums erniedrigt. Doch seine Tendenz war in facto von Blutsaugern bevölkert, und statt des Bildungsphilisters hat er den Spießernerv freigesetzt. Nicht das Opium, sondern den Humanismus im Christentum hat er bekämpft; so hat er auch vom Materialismus, diesem allzeit glückfreundlichen, auf Vernunft gestellten, entscheidend abgelenkt. Das Geschäft des Neukantianismus, das rein akademische, wurde dadurch für die Zwecke der Bourgeoisie nicht nur völlig armselig, sondern überflüssig. Die Linie der Irratio: Schopenhauer – Wagner – Nietzsche hat die Lichtlinie: Hegel – Feuerbach – Marx im bürgerlichen Bewußtsein verdrängt. Damit wurde zugleich die Fähigkeit wachsend zerstört, sich des Materialismus auch nur adäquat zu erinnern, gar die neue Gestalt, die er im Bewußtsein des Proletariats erlangt hat, die historisch-dialektische, zu begreifen. [...] Wille zum Leben, Wille zur Macht enthalten zwar noch einige materialistische Bezüge, doch nur, um Abschied von ihnen zu nehmen oder um sie zu ganz anderem zu verformen.«[137]

Blochs Urteil über Nietzsche klingt hier ganz anders als dasjenige in seinem Essay über den »Impuls Nietzsches« aus dem Jahre 1913, wo er noch den heroischen Kampf Nietzsches »gegen den kalten, undionysischen, unmystischen Menschen, gegen das Daseinsrecht und die Wahrheit der ›wissenschaftlichen‹ Wahrheit überhaupt, das heißt: ohne Subjekt und ohne Traum«[138], verherrlicht hatte. Aber auch wenn es inakzeptabel erscheint, daß Bloch in diesem 1950 in der DDR publizierten Essay (wie Lukács) Nietzsches Diktum vom »Willen zur Macht« zu einem Losungswort der aggressiven Hegemonie-Politik des deutschen Bürgertums in der Ära des Imperialismus werden läßt, muß doch angemerkt werden, daß

---

137 Ders.: *Philosophische Aufsätze zur objektiven Phantasie*, S. 298-299.
138 Ders.: »Der Impuls Nietzsches«, in: ders.: *Durch die Wüste*, S. 106.

er sich an einer globalen Verdammung von Nietzsches Philosophie, wie sie Lukács vorgenommen hatte und wie sie sicherlich opportuner gewesen wäre, nicht beteiligt hat.

In der bereits erwähnten Leipziger Antrittsvorlesung vom Mai 1949 wendet sich Ernst Bloch, für den es wirkliche philosophische Forschung nur da geben kann, wo »die Vernunft nicht verhindert ist, auf der Höhe der Zeit zu stehen, sich konkret zur Gegenwart und zu den andrängenden Tendenzen der Wirklichkeit zu verhalten«,[139] feierlich an die zu diesem Vortrag zahlreich erschienenen Studenten und ruft der so versammelten akademischen Jugend die kritische Botschaft ins Gedächtnis, die Kant in seiner 1784 veröffentlichten Schrift »Was heißt Aufklärung?« zum Ausdruck gebracht hatte:

»Liebe Kommilitonen, wir selber sind uns darin einig, nicht mehr freiwillig blind zu sein. Wir wollen die Zeit, worin wir leben, tätig begreifen. Aufgeschlossen für sie und ihre einzigartige Bewegung, mitverantwortlich dafür, daß die Bewegung nicht stockt. Jugend kann per definitionem nicht das Ewig-Gestrige sein. Sie kann nicht vorwärts gehen, mit dem Kopf im Nacken; es ist das ein unnatürlicher Zustand. Und Jugend, wenn sie sich nicht sperrt und um sich selbst betrügt, kann der heutigen Wendezeit besonders nahe sein und sich mit ihr vertraut machen. Das gilt auch für die bürgerliche Jugend, und zwar besonders für die akademische; denn sie ist zum Überblick imstande, zum Durchblick, zum lernenden Abtun von Vorurteilen imstande oder soll sich dazu instand setzen. Aufklärung, sagt Kant, ist Ausgang des Menschen aus selbstverschuldeter Unmündigkeit. Und der Zustand der Entfremdung, des Zur-Ware-Werdens aller Menschen und Dinge, den der Kapitalismus herbeigeführt hat, ergriff ja nicht nur das *Proletariat*, sondern – wenngleich lange in erträglicherer Form – ebenso die *bürgerliche* Klasse. Dieser Zustand rentiert sich heute seelisch-geistig auch dem Bürgertum nicht mehr. So mag und muß auch die bürgerliche akademische Jugend daran interessiert sein, die wirklichen Ursachen der von der Spätbourgeoisie gebrachten kulturellen Öde zu begreifen und aufzuheben, den Skeptizismus, Relativismus, Nihilismus, die unorientierte Haltlosigkeit. [...] Es ist also durchaus ratsam, die geschichtsphilosophischen Tendenzen unserer Zeit zu erkennen und ihnen gemäß zu handeln, ihrer wert zu sein. Vor uns liegt offene Fahrt, eine zu besserem Leben; sie ist so fällig und deutlich wie nirgends in

---

139 Ders.: »Universität, Marxismus, Philosophie«, in: ders.: *Philosophische Aufsätze zur objektiven Phantasie*, S. 270-291, hier S. 273.

der bisherigen Geschichte. Die Skeptizismen, Relativismen, Nihilismen einer untergehenden Gesellschaft, die schon 1919 begonnen und so viel Kenntnis des Rechten verhindert und verschüttet haben, sind hier zu Ende; und wenn der Westen sie weiter betreibt, so mögen die Toten ihre Toten begraben. Hierzulande wird ein den Schlaf übersteigendes, aus ihm herausreißendes Licht begründet [...].«[140]

Für Bloch, der hiermit seiner Begeisterung über den »demokratischen«, antifaschistischen und sozialistischen Neuaufbau Ausdruck verleiht, den die im Oktober 1949 gegründete DDR feierlich versprochen hatte, besteht nicht der geringste Zweifel, daß von nun an einzig und allein der als »Tendenzwissenschaft« definierte Marxismus in der Lage sein werde, die wahre wissenschaftliche Freiheit zu verkünden und zu praktizieren, und zwar als eine Freiheit, die »wahrhaft, ohne Einschränkung bis ans Ende geht, die radikal ist, indem sie die Sache an der radix, an der Wurzel faßt. Die auf Realitäten gerichtet ist und nicht in bloßen Ideologien stecken bleibt oder vor Illusionen abdankt. Liebe Kommilitonen, ein Meer begrenzter Möglichkeiten liegt vor uns; nötig ist ein lernendes Vertrauen zu denen, die die Seekarte kennen. Um sich dadurch selber zu dieser Kenntnis wachsend instand zu setzen. Die vorzüglichsten Mittel dazu sind Ökonomie und Philosophie, dialektisch-materialistische Philosophie. Letztere zu lehren und zu befördern, auf hiesiger Universität eines neuen Mittelpunkts, ist meines Amts. Es ist das Amt dieser Philosophie, immer weitere und tiefere Gebiete des Daseins mit ihr zu durchdringen. Es ist ihre Aufgabe, das gesamte Kulturerbe wachsend anzutreten und, im Unterschied zum Historismus, aktiv lebendig zu halten. Es ist ihr Anspruch und Postulat, den Satz bewähren zu können: Wer der *Wahrheit* nach will, muß in das mit Marx eröffnete Reich; es gibt sonst keine Wahrheit mehr, es gibt keine *andere*.«[141]

Die Antrittsvorlesung enthält auch einen Passus, der höchst bedeutsam ist für die neue Definition von Begriff und Inhalt der »klassenlosen Gesellschaft«; denn im Gegensatz zur orthodoxmarxistischen und dogmatischen Auffassung wird dieser Begriff von Bloch vor allem in einer praxis-philosophischen, die menschliche Entfremdung und Verdinglichung aufhebenden Dimension erfaßt. »Und es gibt keine Philosophie mehr ohne jenen Bezug auf

---

140 Ebd., S. 273-275.
141 Ebd., S. 276.

Praxis, der Herstellung der klassenlosen Gesellschaft heißt, das ist, Aufhebung der menschlichen Entfremdung und der Verdinglichung. Wo immer also Gewissen Wissen hat und Wissen Gewissen, gibt es keine Philosophie, erst recht keine Verwirklichung der Philosophie ohne Kampf gegen die Entfremdung. Revolution ist ja nicht nur Umwälzung eines falsch Bestehenden, sie bedeutet und bewirkt in dieser Umwälzung ebenso, daß der Mensch in der Geschichte sich endlich um sich selbst bewegt.«[142] Es versteht sich beinahe von selbst, daß dieser so neu als »Willen zum gut Kommenden«[143] definierte Marxismus nicht im »individuell-subjektiven Wunschwesen« aufgeht, sondern nur im kollektiven. Und als kollektiver Wille muß er stets »im Einklang mit den realen Tendenzen der objektiven Welt«[144] stehen.

In diesem noblen Entwurf der Weltveränderung zum Besseren darf die Vernunft nicht nur kontemplativ bleiben; sie muß zu einer Kraft, zu einem wirklichen Hebel bei der aktiven Umgestaltung der Welt werden. Hierbei vollzieht Bloch eine einzigartige Synthese zwischen dem kantischen Ideal einer »universell gültigen Sittlichkeit« und dem die Respektierung des Moralgesetzes fordernden »kategorischen Imperativ« der »praktischen Vernunft« mit dem Emanzipationsideal der marxistischen Praxisphilosophie – eine Synthese, die schon vor ihm von Vertretern des Austro-Marxismus (Max Adler) versucht worden war und die auch ungefähr auf der Linie des neukantianischen, von Hermann Cohen geforderten »ethischen Sozialismus« liegt.« »Moralität«, unterstreicht Bloch, »treibt danach hin, als Unwille, das Unrecht der bisherigen Klassengesellschaft noch weiter zu ertragen, zu dulden, gar gutzuheißen. Wozu so viele verehrungswürdige Sittenlehrer bisher ermuntert haben, damit wird im Sozialismus endlich Ernst gemacht. Von hier aus gesehen ist die klassenlose Gesellschaft wirklich das, was unter dem Namen Moral so lange vergebens gesucht worden ist. Vergebens gesucht, einmal wegen der bloß privaten Anrede und nur individuell betätigten Sittlichkeit, sodann wegen des Umstands, daß in einer klassenhaften, also antagonistischen Gesellschaft die sogenannte Maxime des Willens überhaupt kein sogenanntes Prinzip einer allgemeinen Gesetzgebung sein kann. Moralität gibt es also erst in Einheit mit *sozialistischer Theorie*, eben mit jener Radikalität der Forschung

---

142 Ebd., S. 278.
143 Ebd., S. 276.
144 Ebd., S. 277.

zusammen, die schulgerecht zum Marxismus führt [...].«[145] Indem Bloch unterstreicht, daß der Motor, die Hauptantriebskraft der materialistischen Dialektik in der Geschichte der Menschheit stets die Unzufriedenheit und die Hoffnung der Menschen im Zusammenhang mit unerfüllten Wünschen und Bedürfnissen ist, betont er, daß die Philosophie in der Epoche des Aufbaus des Sozialismus in erster Linie »*docta spes,* [...] *materialistisch begriffene Hoffnung*« sein müsse.[146]

Mit diesen Ausführungen hatte Bloch vor einer enthusiastischen studentischen Zuhörerschaft im Mai 1949 an der Universität Leipzig das Leitmotiv seiner großen philosophischen Trilogie *Das Prinzip Hoffnung* angekündigt, ein Werk, das diese neue marxistische Praxisphilosophie systematisch erläutern sollte, indem es die Ausdrucksgestalten des »antizipierenden Bewußtseins« in ihrer utopischen Vorscheinqualität untersuchte sowie die jeweiligen Zielinhalte der »Tagträume« im Horizont des Plans der radikalen Veränderung der Welt, die nur mittels der Kategorie »Möglichkeit« realisierbar sein werde, sowie durch das Festhalten an der von Karl Marx in den »Elf Feuerbach-Thesen« aufgestellten Losung, daß es fortan nicht mehr genüge, daß die Philosophen die Welt interpretieren, sondern daß es darauf ankomme, sie zu verändern.[147]

---

145 Ebd., S. 276.
146 Ebd., S. 291.
147 Vgl. ders.: *Das Prinzip Hoffnung*, Bd. I, GA 5, S. 288-334 (»Weltveränderung oder die elf Thesen von Marx über Feuerbach«).

XXXIII. *Politische Messungen, Pestzeit, Vormärz* (1970)

Als Ernst Bloch genau ein Jahr nach dem Erscheinen der *Philosophischen Aufsätze* bei Suhrkamp den elften Band seiner Gesamtausgabe unter dem Titel *Politische Messungen, Pestzeit, Vormärz* veröffentlichte, sollte dies zu einem literarisch-politischen Ereignis werden, das nicht unbeachtet blieb und einige unerwartete Wellen schlug. Karola Bloch, »der moralischen und politischen Kameradin«, gewidmet, vereinigt der Band nahezu alle politischen Aufsätze und Artikel Blochs von 1914 bis 1970 (mit Ausnahme der Mehrzahl der von Bloch zwischen 1917 und 1919 in der *Freien Zeitung* zu Bern veröffentlichten Artikel, die erst 1985 vollständig veröffentlicht werden sollten).[148] In diesen Artikeln spiegeln sich nicht weniger als 55 Jahre politischer Geschichte Deutschlands und Europas wider; und die meisten von ihnen waren von Ernst Bloch im Exil, in der Schweiz, in Österreich, in Frankreich, in der Tschechoslowakei und in den USA verfaßt worden. Diese Sammlung politischer Aufsätze belegt nicht nur Blochs scharfen Blick und sein großes Interesse für die wichtigsten Probleme der jeweiligen »Weltpolitik« (ein engagiertes Interesse, das sich zum ersten Mal sehr stark während Blochs erstem Schweizer Exil von 1917 bis 1919 zeigte), sondern sie legt auch, von geringen Ausnahmen einmal abgesehen, Zeugnis ab von der außerordentlichen Fähigkeit des marxistischen Philosophen, auch in wechselnden geschichtlichen und politischen Konstellationen stets die Grundpositionen seiner Philosophie eines militanten humanistischen Marxismus in einer Welt zu verteidigen, die mehr als je von blutigen Konflikten, Kriegen, Klassenantagonismen und Ungerechtigkeiten geprägt und die zusätzlich noch durch den Faschismus und andere Formen totalitärer Diktatur entstellt wurde.

Die Editionsstruktur des Bandes ist folgende: Die ersten Kapitel – »Ludendorff und Weimar« (1914-1930), »Durchbruch und Hölle der Nazis« (1932-1938) und »Götzendämmerung über den Nazis« (1938-1943) – versammeln zunächst eine Auswahl von dreizehn Artikeln, die Bloch zwischen 1917 und 1919 in der *Freien Zeitung* zu Bern veröffentlicht hatte; auf sie folgen

---

148 Vgl. Bloch, Ernst: *Kampf, nicht Krieg.*

dreiunddreißig kleinere und größere politische Artikel, die Bloch zwischen 1932 bis 1938 zunächst für die *Weltbühne* und – nach Hitlers Machtergreifung – für die nach Prag emigrierte *Neue Weltbühne* verfaßt hatte; gefolgt von neun Artikeln bzw. Vorträgen aus der Exilzeit in den USA, u.a. seine Ansprache auf dem »Congress of American Writers« in New York (1939),[149] sein Aufsatz über »Fichtes Reden an die deutsche Nation« (1943)[150] sowie sein in Boston gehaltener Vortrag »Über Wurzeln des Nazismus«[151] aus dem Jahre 1939. Die weiteren Kapitel vereinen die meisten von Bloch zwischen 1951 und 1956 in Leipzig bzw. Ostberlin gehaltenen öffentlichen Vorträge, so etwa den Text seiner Radioansprache im Deutschlandsender der DDR aus dem Jahr 1953 über »Marx und die bürgerlichen Menschenrechte«,[152] seinen im Mai 1956 an der Leipziger Karl-Marx-Universität gehalten Vortrag »Über die Bedeutung des XX. Parteitags«[153] sowie die meisten der in Tübingen von 1965 bis 1970 gegebenen Interviews, Vorträge und Radioansprachen. Wiederabgedruckt werden darin u.a. auch Blochs wichtige Ansprache vom Mai 1968 in Trier – anläßlich des 150. Geburtstags von Karl Marx – unter dem Titel »Marx, aufrechter Gang, konkrete Utopie«,[154] der Text eines Forumgesprächs mit Rudi Dutschke, Reblin und Marsch[155] sowie der Text des am 15. Juni 1962 der Tübinger Studentenzeitung *Notizen* gegebenen Interviews »Über Politik als Kunst des Möglichen«.[156] Darüber hinaus findet man in diesem letzten, »Widerstand und Friede« betitelten Kapitel der *Politischen Messungen* auch Blochs Artikel (vom September 1968) in der Hamburger *Zeit*[157] über den Einmarsch der Truppen des Warschauer Pakts in Prag vom 21. August 1968 (mit einer scharfen Kritik an der Restalinisierung der Tschechoslowakei nach dem Ende des »Prager Frühlings«) sowie den vollen Wortlaut seiner Ansprache[158] auf der »Deutsch-israelischen Kundgebung« in Frankfurt

---

149 Bloch, Ernst: *Politische Messungen, Pestzeit, Vormärz*, GA 11, S. 261-263.
150 Ebd., S. 300-312.
151 Ebd., S. 312-321.
152 Ebd., S. 342-350.
153 Ebd., S. 357-367.
154 Ebd., S. 445-458.
155 Ebd., S. 394-402.
156 Ebd., S. 409-418.
157 Ders.: »Brüderliche Kampfesgrüße in Prag«, in: ebd., S. 418-419.
158 Ders.: »Zum Pulverfaß im Nahen Osten«, in: ebd., S. 419-420.

am Main vom Juni 1967 aus Anlaß des Sechstagekriegs zwischen Israel und Ägypten.

Völlig unerwartet sollte die Veröffentlichung dieses Bandes im Herbst 1970 in der öffentlichen Meinung der Bundesrepublik Deutschland eine Debatte auslösen, vor allem aufgrund einer kritischen Rezension im Feuilleton der *Frankfurter Rundschau* vom 12. Dezember 1970, in der der Germanist Hans-Albert Walter[159] Bloch beschuldigte, einige seiner politischen Artikel der 30er Jahre nachträglich »zensiert« bzw. diese aus eindeutig politischen Gründen nur unvollständig wiederveröffentlicht zu haben. Gemeint waren vor allem einige politische Artikel Blochs aus der *Neuen Weltbühne* aus den Jahren 1934 bis 1938, auf deren Wiederveröffentlichung und Aufnahme in den Band seiner *Politischen Messungen* Ernst Bloch Walter zufolge deshalb verzichtet habe, weil ihr Inhalt nach Blochs Weggang aus der DDR und seinem Bruch mit dem Stalinismus politisch einfach zu »kompromittierend« gewesen sei. Durch den genauen Textvergleich der Originalfassung dieser Artikel mit der von Bloch in den *Politischen Messungen* 1970 veröffentlichten Version glaubte Walter den Nachweis darüber zu erbringen, daß Bloch »Fehleinschätzungen der innerdeutschen Situation« unterlaufen seien, weshalb er z.B. den Artikel »Monokel und Hakenkreuz« von 1938 gestrichen habe, in dem er behauptet hatte, daß die Entlassung der Generäle Fritsch und Blomberg durch Hitler vom Februar 1938 »der Anfang vom Ende der Nazis« sei. Was die Polemik jedoch anheizte und letztendlich Bloch einen Prestigeverlust einzubringen drohte, war die Anschuldigung, er habe noch weitere politisch höchst »zwielichtige« Artikel in der *Neuen Weltbühne* vom März 1937 absichtlich nicht in den Band der *Politischen Messungen* aufgenommen, zwei Artikel, die sich explizit mit den »Moskauer Prozessen«, und hier vor allem mit dem gegen Bucharin und Pjatkin angestrengten

---

159 Hans-Albert Walter schreibt, daß die unvollständige, selektive und von Selbstzensur geprägte Veröffentlichung dieser Aufsätze »eine Katastrophe« sei, d.h. eine Enttäuschung, die »nicht dadurch gemildert« wird, daß »in Blochs späteren Aufsätzen der Stalinismus kenntnisreich analysiert wird.« Der Umstand, daß diese Artikel weggelassen wurden, könne uns nicht gerade bereichern; dieses Prozedere des Weglassens sei ja gerade eine stalinistische Praxis gewesen. Und Walter schließt: »So bleibt nur eine Bitte: Ernst Bloch möge diesen Band zurückziehen und durch einen mit den kommentierten Vorfassungen ersetzen, unter Einschluß der hier ausgelassenen wichtigen Aufsätze. Damit ihm wieder geglaubt werde.«

Prozeß vom Januar 1937, beschäftigten, mit den Titeln »Kritik einer Prozeßkritik« und »Bucharins Schlußwort«. Darin hatte Bloch tatsächlich unter kritikloser Übernahme der offiziellen Moskauer Version und Berichterstattung, d.h. der von Stalin, der Komintern und der Moskauer *Prawda* darüber verbreiteten Lügen, die Abhaltung dieses politischen Gesinnungsprozesses verteidigt und gleichzeitig die Kritiken und Reportagen der westlichen, vor allem französischen Presse polemisch zurückgewiesen. Außerdem wurde Bloch von Walter noch zusätzlich beschuldigt, auch an einer Reihe von anderen Artikeln aus dieser Zeit »Retuschen« vorgenommen zu haben, und zwar jeweils an den Passagen, die die Sowjetunion und Stalin betrafen.

Ging es Bloch wirklich darum, im nachhinein bei seinen neuen Lesern in Westdeutschland und in Westeuropa das ihm inzwischen unerträglich gewordene Bild zu korrigieren, das man sich lange Jahre lang von ihm (vor allem in den 30er, 40er und auch noch Anfang der 50er Jahre) als einem Anhänger des Sowjetkommunismus, wenn nicht gar Stalins und später dann auch als dem »Vorzeigephilosophen« der DDR gemacht hatte? Dies wurde ihm zumindest von Hans-Albert Walter in der *Frankfurter Rundschau* unterstellt, der Bloch und den Suhrkamp Verlag aufforderte, den Band mit den »verstümmelten« oder »retuschierten« politischen Aufsätzen zurückzuziehen und die Aufsätze und Artikel »unzensiert« neu zu veröffentlichen. Die Vorwürfe wurden von Bloch jedoch zurückgewiesen. In seiner Antwort stellte er fest: »Die *Politischen Messungen* [sind] ein Beitrag zur politischen Philosophie im Rahmen der Ausgabe letzter Hand; daher wurden sie stilistisch überarbeitet, in gleicher Art wie die anderen Bände. [...] Hauptsache: an Gesinnung, Richtung und am Maß, mit dem hier gemessen wurde, wurde selbstverständlich nichts verändert...«[160]

Mit dieser bündigen Antwort war Bloch dem Hauptvorwurf Hans-Albert Walters in seiner kritischen Rezension ausgewichen. Und letztendlich konnte natürlich nicht alles in dieser Affäre durch den Hinweis auf die Notwendigkeit einer »stilistischen Revision« erklärt werden; denn diese hätte ja auch sehr leicht zum Vorwand dafür herhalten können, nachträglich gleich auch noch einige störende politische Fehlurteile aus dieser Zeit zu »korrigieren«, d.h.

---

160 Bloch, Ernst: »Skurrile Messungen«, in: *Frankfurter Rundschau* vom 15.12.1970.

Urteile, die nach Blochs definitivem Bruch mit dem Stalinismus dem unbedarften Leser immer noch als zu »stalinistisch« erschienen wären. Deshalb gab sich Hans-Albert Walter mit Blochs Antwort nicht zufrieden. Er bestand weiterhin auf seinen Vorbehalten und seiner Kritik und forderte vom Autor zusätzliche Erklärungen, denen sich Bloch jedoch verweigerte.

Die Tendenz von Walters Artikel provozierte auch eine Reihe von spontanen Stellungnahmen zugunsten Blochs. So nahmen in diesem Zusammenhang u.a. der Marx-Kenner und Politologe von der Universität Frankfurt, Iring Fetscher, der rebellische, im Dritten Reich zur den Nationalsozialismus kritisierenden »Bekennenden Kirche« gehörende protestantische Theologie-Professor Helmut Gollwitzer aus Berlin und der Philosoph und Soziologe Oskar Negt kritisch gegen Walters allzu »philologische Akribie« Stellung und verwahrten sich öffentlich gegen die politische Ausbeutung dieser Affäre. Schnell stellten sich weitere Bewunderer und Freunde Ernst Blochs schützend vor den Philosophen. Zwar stärkten diese Reaktionen und Sympathiebekundungen Bloch den Rücken – leider aber um den Preis, daß die längst fällige objektive Bestandsaufnahme und Analyse von Blochs politischen Irrungen und Wirrungen in der Stalin-Ära ein weiteres Mal vertagt wurde. Die sich bietende Gelegenheit zu einer exakten Erhellung der komplexen philosophisch-politischen Beziehungen Blochs zum Sowjetmarxismus und zum Stalinismus wurde nicht wahrgenommen. Dennoch hatte die ausgebrochene Debatte positive Folgen: Der Suhrkamp Verlag beschloß, 1972, zwei Jahre später, als Reaktion auf Walters Kritik, die politischen Aufsätze Blochs der Jahre 1934 bis 1938 (mit einem Nachwort von Oskar Negt) unter dem Titel *Vom Hasard zur Katastrophe* vollständig herauszugeben, diesmal auf der Basis der Originaltexte und ohne jede Kürzungen und Streichungen – womit Walters Forderungen also doch noch erfüllt wurden.

Sechster Teil

XXXIV. *Das Materialismusproblem, seine Geschichte und Substanz* (1972)

Die Betriebsamkeit, mit der Bloch an der Fertigstellung seiner *Werkausgabe* arbeitete – gemäß einem mit dem Suhrkamp Verlag schon 1961 abgeschlossenen Vertrag – führte dazu, daß in den 70er Jahren Blochs Tübinger Privatwohnung zu einer Art Werkstatt wurde, in der Artikel kompiliert und Manuskripte redigiert wurden, in der freiwillige Helfer und Assistenten geschäftig ein- und ausgingen und in der, in der Regel am Nachmittag, Journalisten von Radio und Fernsehen empfangen wurden. Bloch arbeitete unermüdlich, unterstützt wurde er von seinen Assistenten Schmidt, Ueding und Braun sowie von anderen nicht in Tübingen ansässigen Freunden aus ganz Europa.

Sein Nahziel war jetzt der siebte Band der Gesamtausgabe: die Veröffentlichung eines Werks, dem er größte theoretische Bedeutung beimaß: *Das Materialismusproblem, seine Geschichte und Substanz*.[1] Das über 500 Seiten dicke Buch vereinigte in der Tübinger Endfassung alle Studien Blochs zum Begriff und zur Geschichte des Begriffs Materie und des philosophischen Materialismus aus 35 Jahren. Für die ersten Skizzen und Entwürfe hatte er, manches Mal in Begleitung von Walter Benjamin, Mitte der dreißiger Jahre die Pariser Nationalbibliothek besucht und die Werke der französischen Materialisten des 18. Jahrhunderts studiert, Studien, deren Ergebnisse er dann hauptsächlich im Prager Exil niedergeschrieben hatte. Für den »ersten Kursus« zum Materiebegriff in der Antike und zur Funktion der Materie in der Philosophie der Moderne konnte Bloch sogar auf Vorstudien zurückgreifen, die zwischen 1932 und 1934 in Berlin und Wien entstanden waren (vgl. Kapitel XVII und XVIII).

Die Entstehungsbedingungen des Buches lebten wieder auf: wie Bloch von Paris nach Prag schon ganze Kapitel mitgebracht hatte, wie er bei der Flucht nach Amerika in einem seiner Koffer das auf 400 Seiten angewachsene Manuskript mit sich führte, wie es ihn auf allen Stationen seines nordamerikanischen Exils – New York, Boston, Marlboro/New Hampshire, Cambridge/Massachusetts – begleitete. Elf Jahre später auf der Rückreise hatte er die inzwischen

---

1 Vgl. Bloch, Ernst: *Das Materialismusproblem, seine Geschichte und Substanz*, GA 7.

angegilbten Blätter wiederum im Reisegepäck. Dann in der DDR Veröffentlichungspläne, die sich nach den Ereignissen in Ungarn 1956 für den Propheten im »inneren Exil« wiederum zerschlagen hatten. Später die Zeit der Ungewißheit nach dem Mauerbau, als sich das Manuskript unter denjenigen befand, die in Leipzig in einem Schrank seines Arbeitszimmers lagen und glücklicherweise gerettet wurden, bevor die Regierenden in Ostberlin sich Blochs Leipziger Wohnung bemächtigten. Erst jetzt in Tübingen, parallel zu den »Übungen zum Materialismusproblem« im Wintersemester 1969/70 und zur Fortsetzungsveranstaltung im darauffolgenden Sommersemester fand sich dann die Zeit zu gründlicher Durchsicht. Da die Sehkraft des inzwischen 85jährigen weiter nachgelassen hatte, konnte er die Korrekturen, Ergänzungen und stilistische Überarbeitung nicht mehr allein ausführen. In noch höherem Maß mußte er sich auf seinen Privatassistenten Burghart Schmidt verlassen, damit es gelang, aus dem Konvolut ein publizierbares Buchmanuskript zu machen.

Die ursprüngliche Fassung aus den 30er Jahren wurde um ein Vorwort und um drei ergänzende Kapitel erweitert, d.h. um die Kapitel 45 (»Was Metaphysik einmal war, als erstrebte Grundwissenschaft vom wahrhaft, wirklich Seienden«), 46 (»Nochmals Crux, Aporie, Antinomie; Bewußtsein, Qualität, Novum als Ausformung des materiellen Inhalts«) und 47 (»Die spekulative Weite; Logikum in der Materie; nicht nur Bewegung, erst recht Materie als unvollendete Entelechie«).[2] In den Anhang schließlich kam Blochs 1952 in der DDR publizierte philosophische Studie zu »Avicenna und die Aristotelische Linke«, in der u.a. der Einfluß Aristoteles' auf die Entstehung eines nicht-mechanistischen Materiebegriffs sowie die Wirkung der »Aristotelischen Linken« (Avicenna, Averroës) auf die »Anti-Kirche« untersucht wird.[3]

Als Motto stellte Bloch seinen Erläuterungen und Untersuchungen zum Materiebegriff und zum Materialismus einen Passus aus dem 18. Kapitel des *Prinzips Hoffnung* voran: »Übergang aus dem Reich der Notwendigkeit in das der Freiheit hat nur an unabgeschlossener Prozeßmaterie Land. Genau die bisher entferntest gehaltenen Extreme: Zukunft und Natur, Antizipation und Materie – schlagen in der fälligen Gründlichkeit des historisch-dialektischen

---

2 Ebd., S. 450-478.
3 Ebd., S. 479-546.

Materialismus zusammen. Ohne Materie ist kein Boden der (realen) Antizipation, ohne (reale) Antizipation kein Horizont der Materie erfaßbar.«[4]

Bloch, der hier also die Begriffspaare »Antizipation-Materie«, »Zukunft-Materie« und »Horizont-Materie« fokussiert, plädiert nicht nur für eine intelligentere, philosophischere, »klügere« und weniger dogmatische Auffassung des Materialismus im Marxismus; sondern er kritisiert damit auch das Vergessen, die Ausgrenzung des Materialismus durch eine weitestgehend verbürgerlichte Sozialdemokratie sowie seine »teils neukantianische, teils empiriokritizistische«,[5] teils subjektivistische Entstellung und Verformung. Darüber hinaus greift er die dogmatische Versteinerung des historischen und dialektischen Materialismus im kanonisierten »Marxismus-Leninismus« an, mit Tendenz zu einer (indirekt) positivistischen Verwissenschaftlichung der marxistischen Theorie. Hier lautet Blochs Vorwurf (im Vorwort von 1972), eine tiefergehende philosophische Analyse des Materiebegriffs vernachlässigt zu haben, und zwar vor allem dadurch, daß der »Weltbegriff Materialismus« ein »bloßer gestempelter Allerweltsbegriff, eine selbstverständlich gewordene Banalität, ein begrifflos geratenes Klischee« wurde.[6]

Blochs Anliegen ist es dagegen, dem Materialismus die »dauernde Frische« und den »Luftzug des schöpferischen Problems« wiederzugeben, und zwar durch die »Durchdringung [… der] Aporien im bisherig erschienenen Materialismus, genau aus Achtung vor seiner Totalität und dem Unschematischen, wozu diese verpflichtet«.[7] Dazu ist es, meint Bloch, unerläßlich, nicht nur dem Vulgärmaterialismus des 19. Jahrhunderts (Ludwig Büchner, Jacob Moleschott) keine Zugeständnisse zu machen, sondern sich auch kritisch mit dem französischen Materialismus (des 18. Jahrhunderts) auseinanderzusetzen und zudem an die Materie »›als Trieb, Lebensgeist, Spannkraft‹ bei – Jakob Böhme«[8] zu erinnern. Weiterhin müsse eine besondere theoretische Anstrengung unternommen werden, um alle mechanistischen Auffassungen der Materie zu widerlegen. »Die Auslassung der uralten Tiefe im Materiebegriff selber«, so Bloch, »hat sich auf die Dauer auch aufklärend nicht

---

4 Ebd., S. 13.
5 Ebd., S. 15.
6 Ebd., S. 16.
7 Ebd.
8 Ebd.

bewährt, allein schon zu bedenken könnte geben, daß das Wort Materie von mater herstammt, also von fruchtbarem Weltschoß und seinen durchaus experimentierten Formen, Figuren, Daseinsgestalten, Auszugsgestalten voll unabgeschlossener Tendenz, unerfüllter Latenz. Gerade die Immanenz nicht nur der Vorhandenheit, sondern vor allem der objektiv-realen Möglichkeit in der Welt ist jetzt materialistisch neu zu erlernen. In diesem Punkt ist nicht nur Hegel auf die Füße zu stellen, sondern in Ansehung der objektiv-realen Möglichkeit und Materie als ihrem Substrat noch immer Unbegriffenes an Aristoteles und der Aristotelischen Linken, wie sie von Avicenna bis zu jedem Philosophieren mit Latenz reicht.«[9]

Dafür zeichnet Bloch vor allem im großen zweiten »Kursus« seines Materiebuchs mit chronologischer Strenge die geschichtliche Entwicklung des Materiebegriffs nach, von seinen Anfängen in der antiken »Lebensmaterie« der Vorsokratiker über den Begriff der »bestimmten Materie in Gärung« bei Aristoteles bis zum Begriff der »schöpferischen Materie« in der »Aristotelischen Linken«. Nach der Untersuchung der Funktion und des Status der Materie in der Philosophie des 17. Jahrhunderts, namentlich der Untersuchung des Begriffs der »res extensa« bei Descartes, Galilei und Spinoza, geht Bloch zu einer ausführlichen Studie des Materiebegriffs bei den französischen materialistischen Philosophen des 18. Jahrhunderts über (Diderot, d'Holbach, d'Alembert, La Mettrie). Darauf folgt dann eine Auseinandersetzung mit dem Materiebegriff im deutschen Idealismus (Kant, Fichte, Schelling, Hegel), insbesondere mit Fichte, der in seiner *Wissenschaftslehre* Materie mit »Nicht-Ich« gleichsetzt; mit Schelling, dessen Begriff der Materie Bloch unter dem Aspekt des »Aufstiegs aus der Schwere kraft des Lichts – zum Leben« betrachtet; und schließlich mit Hegel und dessen »vergeistigter Materie« im »dialektischen Weltgeist«.

Bloch grenzt sich scharf ab von allen vulgär-materialistischen Theorien, die sich, wie er es spöttisch-drastisch ausdrückt, auf eine »Klotzmaterie« gründen, und verwirft damit zugleich alle reduktionistischen Materiekonzeptionen. Er unterstreicht – im Anschluß an eine Analyse von Feuerbachs Materieauffassung als einer »sinnlichen Wahrheit im Menschen« – die zentrale Bedeutung der qualitativen und dialektischen Bestimmung der Materie bei Marx durch Engels, wobei er bedauert, daß sich dies bei denjenigen, die die

---

9 Ebd., S. 17.

Marxsche Lehre fortentwickelten, nicht entsprechend niederschlug, etwa in Bernsteins sozialdemokratischem »Revisionismus«, aber auch bei vielen Theoretikern des »Marxismus-Leninismus« nach Lenin. Strikt gegen alle Vereinfachungen des Materialismus eingestellt, wobei, bei allem Lob für dessen »übermechanische« Konzeption der »Naturdialektik«, selbst Engels von kritischen Untertönen nicht ganz verschont bleibt,[10] wirbt er unablässig für eine intelligentere, reichere, lebendigere und schöpferischere Auffassung des Materialismus und hebt hervor, daß jede »wirklich materialistische Erklärung der Welt aus sich selbst nur dialektisch-sprunghaft, voll vermittelter Unterbrechungen, mit Platz für Neues gedacht werden« kann. Deshalb erinnert Bloch auch immer wieder daran, daß »materielle Karrieren wie die Materie selber [...] ab ovo usque ad finem offen prozessual, mithin realutopisch beschaffen«[11] sind.

Der vom Materie- zum Utopiebegriff geschlagene Bogen wird damit zum Schlüssel des Verständnisses und zur Erklärung der Blochschen Theorie der Objektivierung utopischer Wunschbilder im Rahmen einer Theorie der antizipierenden Aktivität des Bewußtseins, die so in ihren wesentlichen Aspekten in die Marxsche Theorie einer notwendigen Weltveränderung »zum Besseren« mündet, d.h. in die Theorie, wonach entfremdetes in ein revolutionäres Bewußtsein umschlägt, das durch seine Praxis – dialektisch – in den gesellschaftlichen Emanzipationsprozeß aktiv eingreift.

In diesem Buch über die Materie und Materialismus räumt Bloch dem philosophischen Idealismus und seinen unterschiedlichen Materie-Theorien einen breiten Platz ein. Dies geschieht nicht nur aus dem Interesse heraus, die – gewiß begrenzten, dennoch aber wesentlichen – theoretischen Wurzeln aufzuzeigen, die der historische und dialektische Materialismus in der Dialektik des objektiven Hegelschen Idealismus hat. Sondern Bloch tut dies auch aus der Überzeugung heraus, daß »der intelligente historische und dialektische Materialismus dem intelligenten Idealismus näher steht als dem vulgären Materialismus«. Und wenn, was Bloch für absolut unabdingbar hält, im Naturbegriff nicht nur Analytisch-Kaltes, sondern auch der »Wärmestrom« zum Zuge kommen soll, dann ist die Überwindung der Auffassung von der Materie als »Klotzmaterie« sowie aller anderen mechanistischen und physikalistischen

10 Vgl. ebd., S. 304-315 u. 359-372; Engels, Friedrich: *Anti-Dühring* (1894), MEW 20, Berlin 1975, S. 3-303.
11 Bloch, Ernst: *Das Materialismusproblem*, S. 19.

Materiekonzeptionen dafür die Voraussetzung, ebenso wie die Reaktualisierung des Begriffs der »schöpferischen Materie« (mater!) als dem Substrat objektiv-realer Möglichkeit.

Dies ist auch der Hauptgrund, weshalb Bloch dann Kurs nimmt auf einen Begriff der »spekulativen Materie«, der über eine bloß mechanistische Materieauffassung hinausgreift und mit der Vorstellung der reflektiert sich entäußernden Produktivität der Materie selber arbeitet (im Sinne des lateinischen Wortgebrauchs von »speculari«), die vor allem den Aspekt (1) der Aporie von Sein und Bewußtsein und ihre dialektische Struktur, (2) die dialektische Beziehung zwischen Basis und Überbau und (3) das noch nicht vollständig angetretene Erbe der (symbolisch in der Materie eingeprägten) Naturbilder herausstellt. Blochs – doch erstaunliches – Insistieren auf letzterem Aspekt dürfte vom bei ihm schon immer starken Interesse an der Naturphilosophie Schellings motiviert sein.

Nachdem Bloch die Erörterung all dieser Aspekte und Probleme letztendlich unter voller Ausschöpfung des Hegelschen Erbes auf das Problem des Umschlags von materiellem Sein in Bewußtsein und von Quantität in Qualität zugespitzt hat, geht er – selbst um den Preis, damit die orthodox-marxistischen Anhänger eines allzu »verwissenschaftlichten« Materialismus und Marxismus zu brüskieren – in seiner Verteidigung eines »spekulativen Materialismus« sogar noch einen Schritt weiter und konstruiert einen neuen offenen »Horizontbegriff« der Materie, der durch die Einführung eines Begriffs der »Materie nach vorwärts« noch ergänzt und erweitert wird und der wiederum die Annahme einer »offenen« und a priori »prozessualen« Materie voraussetzt sowie die Idee einer unabgeschlossenen Entelechie der Ausdrucksformen dieser Prozeßmaterie, die – Blochs Lehre zufolge – das Hauptcharakteristikum der »offenen Materie nach vorwärts«[12] und ihrer Funktion innerhalb eines »spekulativen Materialismus« ist.

Es wäre übertrieben zu behaupten, das Materialismusbuch habe eingeschlagen wie ein Blitz, wie Bloch bei seinem Erscheinen im Herbst 1972 insgeheim gehofft haben mag. Die Rezeption, die es fand, stand leider in keinerlei Verhältnis zum so weitgefächerten theoretischen Reichtum des Werks. Gewiß, die großen deutschen Tageszeitungen nahmen Notiz, und die philosophischen Fachzeitschriften – etwa die *Hegel-Studien* und die *Zeitschrift für philoso-*

---

12 Ebd., S. 20.

phische Forschung – widmeten ihm ausführliche Besprechungen.[13]
Aber die geringe Resonanz insgesamt begrenzte seine Wirkung und
Ausstrahlung doch. Und übersetzt wurde das Buch weder ins Fran-
zösische noch ins Englische. Es fand Beachtung und Würdigung
vor allem in Blochs wachsender Lesergemeinde in Tübingen und in
Westdeutschland, doch hielt es keinem Vergleich mit der Veröffent-
lichung der *Politischen Aufsätze* oder von *Atheismus im Christen-
tum* stand. Und in der DDR war seit Blochs Verbannung aus der
Universität im Jahre 1957 und nach der Veröffentlichung des dritten
Bandes des *Prinzips Hoffnung* 1959 die Verbreitung von Blochs
Ideen und Büchern ohnehin tabu, und der Name des offiziell des
»Revisionismus« geziehenen Philosophen durfte in keiner Fachzeit-
schrift der DDR mehr genannt werden. Einzige rühmliche Ausnahme im »sozialistischen Lager«, die den Boykott des marxistischen
Philosophen der konkreten Utopie unterlief, bildete Jugoslawien.
Gajo Petrović und der Kreis kritischer marxistischer Intellektueller
um ihn sowie die in Zagreb erscheinende Zeitschrift *Praxis* veröffentlichten – und dies war ein Zeichen der relativen »Liberalität«
des Regimes von Josip Bros Tito – weiterhin Artikel von Bloch in
serbokroatischer Übersetzung sowie Rezensionen seiner in der
Bundesrepublik Deutschland erscheinenden Bücher (und somit
auch des Materialismusbuchs). Ermöglicht wurde dies durch die
von Gajo Petrović durchgesetzte Kooptation Blochs in den Beirat
der Zeitschrift *Praxis* im Jahre 1962, vor allem aber durch den Umstand, daß Bloch inzwischen für all jene jugoslawischen Intellektuellen, die dem Sowjetmarxismus, dem autoritär-zentralistisch-un-
demokratischen System der Sowjetunion und ihrer »Satelliten«
sowie dem politisch-militärischen Hegemonialstreben der Sowjetunion kritisch und ablehnend gegenüberstanden, zu einer philosophischen Identifikationsfigur geworden war – im Kampf der Reformkommunisten um eine weitere Demokratisierung des Regimes.

---

13 Vgl. die Rezension von Heinz Kimmerle in *Hegel-Studien*, Nr. 9, 1974, S. 333-
341; sowie die Besprechung von H. Paetzold, in: *Zeitschrift für philosophische
Forschung*, Nr. 28, 1974, S. 474-480.

XXXV. »Zuviel oder zuwenig Wärmestrom?« Ernst Bloch und Salvador Allende oder Sozialismus auf friedlichem Wege

In den Jahren 1970-73 ereigneten sich außerhalb Europas politische Ereignisse, die Ernst und Karola Bloch von Tübingen aus mit großer Anteilnahme verfolgten, etwa die Wahl des Sozialisten Salvador Allende zum Staatspräsidenten in Chile, an der Spitze einer aus Sozialisten, Kommunisten und Linkschristen gebildeten »Volksfront-Regierung« (»Unidad Popular«) 1970. Die marxistisch-linkssozialistische Orientierung der Sozialistischen Partei Chiles mit ihrem charismatischen Führer Salvador Allende und die Begeisterung der chilenischen Volksmassen für diesen beinahe unerwarteten Machtwechsel hatte einen Mann in das höchste Regierungsamt gebracht, der als Vertreter eines humanistischen Sozialismus entschlossen war, dringend notwendige radikale wirtschaftliche und politische Reformen durchzuführen. Das Andenland an der Pazifikküste brauchte sie dringend, Bloch, wie auch weite Kreise der deutschen Linken werteten diesen Aufbruch als hoffnungsvolles, positives Zeichen für einen Umschwung in den Ländern der Dritten Welt: als Signal für den Versuch, sich von der US-amerikanischen Bevormundung zu lösen und auch wirtschaftlich und sozial den Weg der Emanzipation einzuschlagen. Während der ersten zwölf Monate der Allende-Regierung schienen die aus Chile eintreffenden Nachrichten zu bestätigen, daß die »Unidad Popular« im Begriff war, auf dem Wege friedlicher Reformen jene sozialistischen Ideen und Programme durchzusetzen, die in anderen Ländern wie Kuba auf revolutionärem Wege realisiert worden waren. So kam es, daß die Volksfront in Chile in der politischen Phantasie der fortschrittlichen Kräfte in Europa nach der Beendigung des »Prager Frühlings« und dem Ende der Mai-Revolte in Frankreich im Jahre 1968 eben den Platz besetzte, den vier Jahre zuvor die Tschechoslowakei unter Alexander Dubček als »Laboratorium des demokratischen Sozialismus« in Europa eingenommen hatte.

Auch Ernst und Karola Bloch setzten nach den Erfahrungen in der DDR und der Enttäuschung über den Einmarsch der Truppen des Warschauer Pakts in Prag ihre Hoffnungen auf dieses lateinamerikanische Land. Bloch fand teilweise sogar seinen alten »militanten Optimismus« wieder und begrüßte wie viele andere die von der Volksfrontregierung in relativ kurzer Zeit durchgesetzten Reformen, etwa die Verstaatlichung der Kupferminen, der Banken und die Agrarreform.

Bei seinem Studium der politischen und sozialen Prozesse, die sich in Chile in den Jahren 1972/73 vollzogen, war es ihm allerdings auch nicht entgangen, daß es einen Faktor gab, der das Experiment eines »demokratischen, sozialistischen Chiles« in Frage zu stellen drohte: die starke Opposition der chilenischen Oligarchie und Bourgeoisie, der Großgrundbesitzer (»latifundistas«), eines großen Teils der Mittelklasse sowie der Armee, die drohte, dem sozialistischen Experiment mit einem Staatsstreich ein jähes Ende zu setzen. Und als dann in der Tat in den Morgenstunden des 11. September 1973 der »golpe de Estado« erfolgte, als der Präsidentenpalast »La Moneda« in Santiago de Chile von der chilenischen Luftwaffe bombardiert wurde und der amtierende Präsident der Volksfrontregierung Salvador Allende sich in seinem Arbeitszimmer das Leben nahm, war der Schock gewaltig.

Zu den Ereignissen in Chile befragt,[14] verurteilte Bloch den blutigen Militärputsch des Generals Augusto Pinochet und der von ihm präsidierten Militärjunta in scharfer Form und analysierte zugleich die chilenischen Ereignisse im Lichte marxistischer Theorie, ohne zu vergessen, daß hier auch von der regierenden Volksfront eine Reihe von schweren Fehlern gemacht worden waren. Gewiß hatte sich die Allende-Regierung in den zwei Jahren, in denen sie in Chile an der Macht war, streng an die Mahnung Rosa Luxemburgs gehalten, daß »die Freiheit die Freiheit der Andersdenkenden« sei, was zur Folge hatte, daß sie – ganz entgegen den von der nordamerikanischen Presse verbreiteten Verleumdungen – während ihrer gesamten Amtszeit die Pressefreiheit skrupulös respektierte, auch dann noch, als die konservativen und nationalistischen Zeitungen und Radiostationen dazu übergegangen waren, nur noch Verleumdungen und Beschimpfungen der »Unidad Popular« zu verbreiten und die Militärs unverhohlen zu einem Putsch aufzufordern. Zweifellos hatten die konservativen und die direkt in die Vorbereitung des Militärputsches eingebundenen politischen Kreise Chiles von solcher Toleranz der linken Regierung profitiert, als sie im Laufe des Jahres 1972 und verstärkt in den sechs Monaten des Jahres 1973

---

14 Vgl. Bloch, Ernst: »War Allende zu wenig Kältestrom?« (Gespräch mit Arno Münster), in: Traub, R. / Wieser, H. (Hrsg.): *Gespräche mit Ernst Bloch*, S. 221-240.

vor dem Putsch mit den von ihnen kontrollierten und z.T. vom CIA mit US-Dollars finanzierten Medien eine Hetzkampagne entfesselten, die an Heftigkeit, Demagogie und offenen Aufrufen zur Sabotage jedes Vorstellungsvermögen übertraf. Realiter handelte es sich dabei um eine Kampagne, die die chilenische Bevölkerung – insbesondere deren Mittelschichten – auf den Militärputsch sozialpsychologisch vorbereitete, eine Stimmungsmache, die im Frühjahr/Sommer 1973 nur noch mit der Situation in Spanien vor und während des Bürgerkriegs vergleichbar war, als auch zwei diametral entgegengesetzte Weltsichten ideologisch-politisch aufeinanderprallten. Andererseits konnte man den Eindruck gewinnen, daß die führenden Politiker der »Unidad Popular«, mit Ausnahme einiger auf dem linken Flügel exponierter Sozialisten und Linkschristen, sich beinahe widerstandslos überrollen ließen von dieser Offensive der antikommunistischen Bourgeoisie, der Großgrundbesitzer und der Rechtsextremisten, welche die Parole »Djakarta« an die Häuserwände pinselten und offen drohten, sie würden in Chile ein ähnliches Blutbad wie dort anrichten.[15] Überzeugt davon, daß niemand den chilenischen republikanischen Verfassungsstaat und seine gewählten Repräsentanten antasten werde, und im naiven Glauben, daß die Armee sich loyal verhalten werde, so wie dies in der Vergangenheit stets der Fall war, vernachlässigten die führenden Politiker sträflich das Problem, wie sich die Arbeiter, die Organe der Arbeiterbewegung und letztendlich auch sie selbst sich im Falle eines Militärputsches verteidigen könnten. So beraubten sie sich selbst der Möglichkeit, aktiv Widerstand zu leisten gegen die verschworenen Militärs und die rechtsextremen Milizen. Selbst als ein erster, relativ schlecht vorbereiteter Putschversuch im Juni 1973 scheiterte, verzichtete Allende »großmütig« darauf, die Verantwortlichen, die sich in ausländische Botschaften geflüchtet hatten, zur Rechenschaft zu ziehen. Das Ergebnis dieser Politik[16] war dann, daß am Vormittag des 11. September 1973 die von General Augusto Pinochet befehligte Militärjunta bei ihrem Einmarsch in die Innen-

---

15 Die CIA finanzierte damals die »Operation Djakarta«, einen Plan zur systematischen Ermordung der Führer von Allendes Volksfront-Regierung. Der Name der Operation erinnerte an eine der blutigsten CIA-Interventionen, den Militärputsch von 1965 in Indonesien, bei dem eine Million Menschen hingemetzelt wurden.

16 Vgl. hierzu auch Münster, Arno: »Le Chili de l'Unité Populaire et l'affrontement de classes«, in: *Les Temps Modernes*, Nr. 317, Dezember 1972, S. 965-998.

stadt von Santiago de Chile und im Regierungspalast »La Moneda« auf keinerlei nennenswerten Widerstand stieß, nicht einmal in den »Cordones Industriales« an der Peripherie der chilenischen Hauptstadt, den eigentlichen Hochburgen der »Unidad Popular« in der Arbeiterschaft. In den verhängnisvollen Tagen und Wochen nach Beginn des Putsches wurden so Tausende von Mitgliedern der Gewerkschaft CUT und der Linksparteien verhaftet, in die Sportstadien der chilenischen Hauptstadt deportiert, gefoltert und erschossen. Einzig ein paar verstreute Heckenschützen leisteten einige Stunden lang bewaffneten Widerstand, in einer für die Linke bereits völlig ausweglosen und verlorenen Situation. Erneut war somit ein wichtiges Experiment des Aufbaus des Sozialismus auf demokratischem, friedlichem Wege gescheitert.

In dem Gespräch, das der Autor dieses Buches mit Ernst Bloch im März 1975 in Paris darüber führte, analysierte Bloch die Niederlage der Volksfront in einem Land, das nach der Meinung vieler Linker geradezu dazu prädestiniert gewesen war, das »zweite Kuba« in Lateinamerika zu werden (allerdings ein demokratischeres als dasjenige Fidel Castros!). Dies im Lichte seiner Theorie des »Kälte- und des Wärmestroms« im Marxismus. Eine soziale Revolution könne gewiß nicht gelingen ohne den »Wärmestrom«, den der Sozialist Salvador Allende in Chile verkörperte; andererseits dürfe dieser Wärmestrom kein isoliertes Phänomen bleiben. »Wenn nämlich der detektivische Kältestrom und die Kenntnis des Unterbaus fehlen und wenn die Aktion fehlt, die dann wissenschaftlich geleitet ihre Arbeit tut, dann ist die Revolution zum Untergang verurteilt. Und auch wenn der Kältestrom zu schwach im Fluß gehalten wird, kann der ergreifende, mitreißende Wärmestrom diesen Mangel schwerlich ausgleichen. Unzureichende Bedingungsanalyse wird von der Reaktion sofort aufs gründlichste und instinktsicher ausgenutzt, wie es das traurige und zugleich erhebende, zugleich dankbar stimmende und bedrückende Beispiel der chilenischen Revolution gezeigt hat. [...] Kältestrom mit seiner Orientierung an den realen Bedingungen tut not, darf aber nicht verwechselt werden mit dem Schandpragmatismus einer Anpassung an die Tatsachen. Die Tatsachen müssen als undurchschaute, verdinglichte Prozeßmomente mittels der realen Veränderungstendenzen hinweggeräumt werden. Und ›hinwegräumen‹ ist die neusprachliche Übersetzung für das lateinische Wort ›revolutio‹ = Umwälzung. Um sie zu vollbringen, muß man sich befähigen, die ökonomische

Grundlage zuerst zu betrachten, von hierher die Chance des Sieges, die Gefahren der Niederlage zu kalkulieren, damit am Schluß zumindest in Umrissen und Andeutungen herauskommt, was vom Anfang in jeweils gegenwärtigen Revolutionen gemeint war. Damit nicht ein Produkt herauskommt, das schließlich von all denen, die es hergestellt haben, wider ihren Willen hergestellt wurde.«[17]

Blochs Anspielung auf den »Schandpragmatismus einer Anpassung an die Tatsachen« und die Unfähigkeit, realistisch die Durchsetzungschancen und die Gefahren einer sozialen und ökonomischen Revolution zu kalkulieren, ist nicht nur eine unmißverständliche Kritik an sozialdemokratischem Pragmatismus, der vor den nicht hinnehmbaren Tatsachen des Kapitalismus kapituliert, sondern auch eine, wenn auch vorsichtig formulierte, Kritik an der von Salvador Allende und der »Unidad Popular« eingeschlagenen Reformpolitik aus marxistischer Sicht. »Wenn also der Wärmestrom ausgelassen ist, dann wird eine Revolution nicht gelingen, dann kommt das Gegenteil heraus, nach kurzer Zeit Langeweile, Ermattung, Klischees, Phrasen, Schematismus, Papier.« Auf Chile übertragen bedeutet dies: ökonomische Reformen wie Verstaatlichungen und Landreform genügen nicht, wenn nicht gleichzeitig eine reale Massenmobilisierung mit dem Ziel der Entmachtung der Bourgeoisie und Oligarchie und der Schaffung einer sozialistischen Basisdemokratie erfolgt und wenn die »Volksmacht« nicht gleichzeitig klare Vorbereitungen trifft, ihre sozialen Errungenschaften notfalls auch mit militärischer Gewalt zu verteidigen. Vorsicht geboten erscheint auch beim Gebrauch des Terminus »chilenische Revolution«, denn Salvador Allende errang 1970 nur einen knappen Wahlsieg bei den chilenischen Präsidentschaftswahlen – einen Wahlsieg allerdings, der aufgrund der sozioökonomischen Sonderbedingungen Chiles und des Charismas Allendes in einen vorrevolutionären Reformprozeß einmündete; dem gelang es zwar, die traditionelle Wirtschafts- und Gesellschaftsordnung des Landes zu destabilisieren, andererseits aber führte er zu keiner wirklichen sozialen Revolution. So hatten die von der »Unidad Popular« eingeleiteten Reformen, wie z.B. die Verstaatlichung der Banken und der Kupferminen von Chuquicamata und die Landreform, zwar die wirtschaftliche Macht des Bürgertums und des Auslandskapitals geschwächt, aber ihre Machtstellung

---

17 Bloch, Ernst: »War Allende zuwenig Kältestrom?« (Gespräch mit Arno Münster), in: Traub, R. / Wieser, H. (Hrsg.): *Gespräche mit Ernst Bloch*, S. 223.

war nicht gebrochen worden. Der Reformprozeß blieb stecken, und die Unentschlossenheit der politischen Führung und ihr nicht vorhandener Wille zur sozialen Revolution führte vor allem im Laufe des Jahres 1972 zu der von Bloch angeführten »Ermattung«. Auch gelang es der Volksfrontregierung nicht, mit ihren oft halbherzigen Maßnahmen die ideologische Vormachtstellung der chilenischen Oligarchie zu brechen. Die »Unidad Popular« machte sich zwar daran, einige private Rundfunkstationen aufzukaufen, tastete aber das konservative Monopol von Presse und Rundfunk nicht an. In den zwei Jahren der Regierung der Volksfront herrschte daher in Chile völlige Meinungsfreiheit – aber zu Ungunsten der Regierung und der Linken. Die »chilenische Revolution« war gewiß die Wunschvorstellung der Massen Chiles, der Fabrik- und Landarbeiter, der fortschrittlichen Intellektuellen und Studenten, die diese wirtschaftliche und soziale »Revolution« herbeisehnten, gleichzeitig aber war sie eine »Revolution«, die nicht stattgefunden hatte, nicht stattfinden durfte. Und das Umschwenken der Mittelschichten ins Lager der Reaktion im Laufe des Jahres 1972 sowie die Feindschaft der US-Regierung und der US-Trusts (allen voran des US-Konzerns ITT) waren weitere Gründe, weshalb das chilenische Experiment, das von Anfang an eine zu schmale gesellschaftliche Basis hatte, scheitern mußte.

Bloch und seine Ehefrau Karola hinderte die in diesem Zusammenhang vorgebrachte Kritik an den Fehlern der chilenischen Volksfrontregierung freilich nicht daran, nach dem Militärputsch des Generals Pinochet vom 11. September 1973 aktiv die Arbeit der zahlreich entstandenen Chile-Komitees in der Bundesrepublik Deutschland zu unterstützen. Und sie setzten sich ein für die politischen Flüchtlinge, denen es gelungen war, aus Chile nach Europa zu fliehen.

XXXVI. Blochs 90. Geburtstag.
Letzte Ehrungen durch die Universität Tübingen und die Pariser Sorbonne (1975)

1975 stand Bloch im Zenit seines Ruhms, und das Jahr brachte dem 90jährigen Bloch eine ganze Reihe weiterer Ehrungen und Würdigungen, die ihn – neben Denkern wie Heidegger, Adorno oder Sartre, nun endgültig in das Pantheon derjenigen eintreten ließen, welche die Geschichte der Philosophie im 20. Jahrhundert geprägt haben.

Bloch war bereits 1969 auf Anregung von Gajo Petrović zum Ehrendoktor der Universität Zagreb ernannt worden. Ein Jahr später wurde er Ehrenbürger seiner Geburtsstadt Ludwigshafen, eine Entscheidung, die einige Mitglieder der FDP-Fraktion im Stadtrat zwar verhindern wollten, die vom damaligen rheinland-pfälzischen Ministerpräsidenten und heutigen Altkanzler Helmut Kohl, ebenfalls in Ludwigshafen geboren, jedoch gebilligt, ja sogar unterstützt wurde. Fünf Jahre später folgten die Verleihung des »Sigmund-Freud-Preises« der Deutschen Akademie für Sprache und Dichtung sowie zwei weitere Ehrendoktorwürden, diejenige der Universität Tübingen, an der Bloch inzwischen seit 14 Jahren lehrte, und die der Pariser Sorbonne.

Bei der großen Feier zur Verleihung, die die Sorbonne am 7. März 1975 ausrichtete, erhielten zusammen mit Bloch der brasilianische Bischof Dom Helder Camara und der polnische Philosoph Adam Schaff diese hohe akademische Auszeichnung der bekanntesten und wichtigsten französischen Universität. Maurice de Gandillac, der Übersetzer des *Thomas Münzer* und des Hegelbuchs, hob in seiner Laudatio den großen Beitrag hervor, den Bloch mit seinem Werk, insbesondere mit dem *Prinzip Hoffnung,* zur Philosophie des 20. Jahrhunderts geleistet habe, wie auch zur Erneuerung des Marxismus, durch seine entschiedene Parteinahme für eine humanistische Auslegung, die alle Dogmen in Frage stellt.

Für die Feierstunde hatte die Sorbonne ihr Festtagsgewand angelegt: Das Grand Amphithéâtre war mit Blumen geschmückt, ein Kammermusikensemble spielte, dazu ein üppiges Buffet. Unglücklicherweise fiel die Feier auf einen Tag, an dem Bloch sich körperlich äußerst schwach fühlte. Die Anreise in Begleitung seiner Ehefrau und seines Arztes mit dem Schlafwagen aus Stuttgart hatte ihm stark zugesetzt, so dåß für ihn die Feier zu einer wahren Kraftanstrengung wurde. Die wenigen Meter, die das »Grand Amphithéâtre« der Sorbonne vom Festsaal für Empfänge trennten, wurden ihm zu lang, als daß er sie zu Fuß hätte zurücklegen können. So trugen ihn zwei Pedelle. Sein Arzt warnte, Blochs Cholesterolwerte seien viel zu hoch, plötzliches Herzversagen sei nicht auszuschließen. Bloch aber stand die kleineren Schwächeanfälle durch. Am Nachmittag des darauffolgenden Tages, als er uns in seinem Pariser Hotel empfing, war er wieder in ausgesprochener Hochform, dies – eine große Ausnahme – sogar bereits am Spätnachmittag, und er gab den versammelten Journalisten bereitwillig Auskunft. Am gleichen Abend erschien in *Le Monde* ein ausführlicher Artikel[18], in dem sein philosophisches Werk dem Ereignis entsprechend noch einmal gewürdigt wurde.

Wesentlich turbulenter ging es vier Monate später anläßlich der Verleihung der Ehrendoktorwürde der Eberhard-Karls-Universität in Tübingen an Bloch zu. Der von den Konservativen dominierte Fachbereich Philosophie der Universität hatte sich dazu nur widerstrebend mit sechs Ja-Stimmen bei fünf Enthaltungen entschließen können. Dennoch wurde dann, nach endlosen Intrigen und nachdem in der Lokalpresse (dem *Schwäbischen Tagblatt*) einige Artikel zu diesem »heiklen« Thema erschienen waren, beschlossen, die Feier am 8. Juli 1975 im Festsaal der Tübinger Universität abzuhalten. Vorgesehen waren Ansprachen des Rektors, eine offizielle Laudatio durch Helmut Fahrenbach sowie die übliche musikalische Umrahmung durch klassische Musik. Unter der Tübinger Studentenschaft kam es daraufhin zu Diskussionen über die Angemessenheit einer solchen, ganz in den traditionellen Formen – mit Talaren, Gummibaum und Orchester – organisierten Zeremonie für einen politisch so engagierten Professor wie Ernst Bloch. Und so entstand bei einigen Studenten der Plan, diese Veranstaltung »kritisch umzufunktionieren«. Nach der Ansprache des Rektors meldete sich aus der Zuhörerschaft heraus eine Tübinger Studentin zu Wort und forderte, einen von der Militärjunta des Generals Pinochet in Chile verfolgten marxistischen Professor auf einen Tübinger Lehrstuhl zu berufen.[19] Ernst Bloch stimmte dieser Forderung spontan zu, was ihm einen Beifallssturm seitens der anwesenden Studenten ein-

---

18 Vgl. Münster, Arno: »Ernst Bloch – philosophe de l'espérance«, in: *Le Monde* vom 7. März 1975.

19 Vgl. Zudeick, Peter: *Der Hintern des Teufels*, S. 289.

brachte. Kurz darauf meldete sich ein anderer Student zu Wort, der ebenfalls nicht auf der Rednerliste stand, der in einem improvisierten Redebeitrag Blochs politisches Engagement herausstellte und dabei auf Blochs Kritik an den Notstandsgesetzen und den inzwischen in der Bundesrepublik Deutschland eingeführten Berufsverboten hinwies. Daraufhin entrollten vor den Augen des Publikums zwei Studenten ein Spruchband mit der Aufschrift »Wann ist ER dran?«, womit auf die Praxis der Berufsverbote gegen Marxisten und andere »nicht auf dem Boden der freiheitlich-demokratischen Grundordnung« stehende Lehrer, Lehramtsanwärter und junge Akademiker in Westdeutschland hingewiesen werden sollte. Unter Tumult und Protesten verließen daraufhin einige der geladenen Honoratioren kopfschüttelnd den Festsaal. Ohne sich davon besonders beeindrucken zu lassen, erklärte ein weiterer studentischer Sprecher: »Ernst Bloch ehren, heißt der humanen sozialistischen Zukunft gedenken. In ihm ehrt die Tübinger Philosophie einen bedeutenden Marxisten. Dies geschieht zu einem Zeitpunkt, wo politisch Mächtige dieses Landes offensichtlich verhindern wollen, daß auch nur der Name ›Marxismus‹ an einer Universität noch genannt wird.«[20]

In seiner Dankesrede zeigte Bloch großes Verständnis für die studentische Kritik, äußerte aber auch Dank und Anerkennung dafür, 1961 als Flüchtling aus der DDR von der Universität Tübingen als Gastprofessor aufgenommen worden zu sein. In seiner Rede erinnerte er an die großen geistigen »Väter« und Vorfahren der Stadt Tübingen Hölderlin, Schelling und Hegel und beendete dann zum großen Erstaunen der anwesenden Honoratioren seine Rede, indem er unter frenetischem Beifall der Studenten den linken Arm mit geballter Faust hob. Der Südwestfunk, der von seinem Landesstudio in Tübingen aus die akademische Feier aufzeichnete, brachte später Ausschnitte aus der Veranstaltung: Gesendet wurde nur eine »Zusammenfassung«, bei der die studentischen Proteste und Interventionen unerwähnt blieben.

Am 8. Juli 1975 stand ganz Tübingen im Zeichen der Feierlichkeiten zu Blochs 90. Geburtstag. Bloch erhielt Hunderte von Briefen und Glückwunschtelegrammen, Blumensträuße und Geschenke. Am Nachmittag gegen 17 Uhr nahm ein kleines Orchester Aufstellung vor Blochs Haus und spielte als »Geburtstagsständchen«

---

20 Ebd.

eine Serenade von Mozart. Derweil drängten sich vor Blochs Wohnung die engsten Freunde des Philosophen. Unter ihnen befanden sich Walter Jens, Hans Mayer, Burghart Schmidt, Gert Ueding, Eberhard Braun und andere. Aus Frankfurt angereist war auch Siegfried Unseld vom Suhrkamp Verlag. Im Reisegepäck hatte er einige Exemplare des gerade in seinem Verlag erschienenen, von ihm herausgegebenen Gedenkbuchs zu Blochs 90. Geburtstag.[21] Nach alter akademischer Tradition zogen die Studenten Bloch zu Ehren am Abend dieses Tages mit Fackeln durch die Tübinger Innenstadt bis zu Blochs Haus »Im Schwanzer 35«.

Unter den zahlreichen eingegangenen Gratulationstelegrammen befanden sich auch die Glückwünsche des ehemaligen Bundespräsidenten Gustav Heinemann und des amtierenden Bundespräsidenten Walter Scheel, die Grüße des rheinland-pfälzischen Ministerpräsidenten Helmut Kohl und des Bundeskanzlers Helmut Schmidt sowie – erstaunlicherweise – auch die des CSU-Vorsitzenden und späteren bayerischen Ministerpräsidenten Franz Josef Strauß. Unter diesen Grüßen befand sich auch ein Telegramm aus Ostberlin: von Wolfgang Harich, Blochs unglücklichem Kollegen aus der DDR. Harich hatte sieben Jahre in dem berüchtigten Staatsgefängnis der DDR in Bautzen abgesessen, bevor er vorzeitig aus gesundheitlichen Gründen aus der Haft entlassen wurde. In seinem Glückwunschtelegramm schrieb Harich, der im Gefängnis ein, auch Selbstkritik enthaltendes, Buch mit dem Titel *Kritik der revolutionären Ungeduld* verfaßt und Blochs Weggang aus der DDR im Jahre 1961 tief bedauert hatte:

»Lieber Ernst, in der Hölle, Abteilung für Kommunisten, warten Brecht, Eisler und Lukács vorwurfsvoll auf Dich. Ihnen unter die Augen zu treten möge Gott, milder gestimmt dank Thomas Münzers Fürsprache, Dir noch lange ersparen. Für mich bleibt die Trennung von Dir ein chronisches Leiden, verschlimmert durch häufiges Lesen Deiner Bücher, gemildert durch den Zorn über Dein Weggehen aus Gegenden, die ohne Dich ärmer sind, als sie sein müßten. Es wird schwer sein, dies bis zu Deinem 150. Geburtstag wieder einzurenken. Trotz Bitterkeit darüber grüße ich Dich zu Deinem 90. in Verehrung und Liebe. Dein Wolfgang Harich.«[22]

---

21 Unseld, Siegfried (Hrsg.): *Ernst Bloch zu Ehren*, Frankfurt/Main 1975.

22 Zitiert nach: Markun, Silvia: *Ernst Bloch in Selbstzeugnissen und Bilddokumenten*, S. 120.

In einer Presseerklärung zwei Jahre später, aus Anlaß von Ernst Blochs Tod im August 1977, gab Harich nochmals seiner Überzeugung Ausdruck, daß Bloch die DDR nicht hätte verlassen und von Ost- nach Westdeutschland emigrieren sollen, weil, wie er schreibt, »nichts, kein Konflikt mit Ulbricht, keine Zwangsemeritierung, kein Mauerbau entschuldigen [kann], daß Bloch 1961, kurzsichtig resignierend, der DDR fernblieb«. Nach Harichs Ansicht war dies ein durchaus falscher Entschluß in einem Staat, der nun unnötig lange brauchen werde, um eines Tages seinen wichtigsten Philosophen wiederzuentdecken. Und es habe, meint Harich, »einen bis heute unheilvoll fortwirkenden Präzedenzfall geschaffen«.[23]

Bloch war gerührt von Harichs Glückwunschtelegramm, das ihm seine Frau Karola in Tübingen vorlas, einem Zeugnis trotz allen Unglücks erhalten gebliebener Freundschaft. Fast erblindet und altersschwach überließ er es Karola, Harich mit einigen Zeilen in Blochs Namen zu danken. Aber Bloch war getroffen. Hatte er etwas falsch gemacht? Hätte er – trotz allem, was ihm in der DDR an Unangenehmem widerfahren war – dennoch »drüben« bleiben sollen? Nun war es auf jeden Fall zu spät. Das Bewußtsein, die absolute physische Grenze erreicht zu haben, versetzte ihn in stoische und doch auch erwartungsvolle Ruhe.

---

23 Zitiert nach: Zudeick, Peter: *Der Hintern des Teufels*, S. 290.

XXXVII. Ein letztes Buch: *Experimentum Mundi* (1975) – Ein letzter politischer Aufruf (1977) – Blochs Tod

Im Jahr seines 90. Geburtstages, war es Ernst Bloch außerdem noch vergönnt, die Veröffentlichung seines letzten großen Werkes, *Experimentum Mundi*, zu erleben. Als Band 15 der *Gesamtausgabe* war dieses Buch – ein erneutes Produkt der fruchtbaren Zusammenarbeit mit seinem Privatassistenten Burghart Schmidt – einerseits in der Absicht verfaßt worden, Blochs marxistisch-utopische Philosophie eines »offenen Systems« durch ein neues Kategoriensystem zu vervollständigen, mit dessen Hilfe nicht nur die klassische, aristotelische und kantische Kategorientafel revidiert werden sollte, die für eine materialistische, auf die Antizipation der utopischen Gehalte und eine humanistisch-revolutionäre Praxis ausgerichtete Philosophie obsolet geworden war. Andererseits sollten die philosophischen Kategorien nicht nur als vermittelnde Instanzen zwischen dem reinen Verstand und dem Gegenstand der subjektiven Vorstellung, sondern gleichzeitig als »Prozeß-Gestalten« eines Seins im Werden neu bestimmt werden. Entworfen, um a posteriori die im ersten Band des *Prinzips Hoffnung* philosophisch begründete »Ontologie des Noch-Nicht-Seins« weiter theoretisch zu untermauern, haben die Kategorien in Blochs Denken vor allem eine wichtige Funktion als vermittelnde Instanzen beim dialektischen Brückenschlag zwischen den Anschauungsformen der rein subjektiven Erkenntnis mit den (objektiven) Erkenntnisinhalten der Welt der »objektiv realen Möglichkeit«.

Diese neue Kategorienlehre wird von Bloch in *Experimentum Mundi* dargestellt und erläutert. Im Unterschied zur Kategorientafel Kants in der Transzendentalen Analytik der *Kritik der reinen Vernunft* werden die Kategorien von Bloch nicht mehr in vier Sektionen aufgeteilt und als »reine Verstandesbegriffe« und »reine Ursprungsbegriffe der Synthese« nach Quantität, Qualität, Relation und Modalität unterschieden, sondern entweder in »dimensionierende Kategorien« (Rahmenkategorien) wie z.B. Raum als »Werkform des Gewordenseins« und Zeit als »Wegweise des Herausgehens«[24] aufge-

---

24 Vgl. Bloch, Ernst: *Experimentum Mundi. Frage, Kategorien des Herausbringens, Praxis*, GA 15, Frankfurt/Main 1975, S. 100-114.

teilt oder in »Transmissionskategorien«, d.h. »objektivierende Kategorien«,[25] bzw. als »manifestierende Kategorien« in Gestalt von »Auszugs-Figuren«.

Darüber hinaus erweitert Bloch die klassische Kategorienlehre durch die Einführung »kommunizierender und manifestierender Kategorien« als Vermittlungskategorien bei der Realisierung des Theorie-Praxis-Bezugs. Diese Erweiterung ist vor allem deshalb bedeutsam, weil die Praxis für Bloch allemal – wie auch für Marx – der »solideste Beweis der Wahrheit, contra Nihilismus«[26] und somit also in Blochs humanistisch-marxistisch-revolutionärer Weltsicht das wichtigste »Gegengift« gegen den Nihilismus ist; denn, so betont Bloch, »gegen allen so verzweifelten wie feigen Abbruch im Nihilismus besteht das mögliche Plus ungeschlossener, offener Perspektivität. [...] Gegen das wie immer drohende Nihil [...] setzt die tätige Treue eines zentralen Eingedenkens im thelisch subjektiven Faktor, mit utopischer Evidenz statt Gewordenheitsempirie, unnachlaßlich kraft Frontexistenz den möglichen Gewinn des Guten im Realexperiment des Überhaupt, bestimmbar als noch nicht gelungene, aber auch noch nicht vereitelte Heimfindung. Deren leitende Theorie ist nicht Erkenntnis über eine Wirklichkeit, sondern – im Zusammenhang des verstandenen Arbeitsprozesses – Selbsterkenntnis, besser: Selbsterfassung dieser Wirklichkeit selber, nach ihren realen Antrieben, ihrer realen Tendenz, ihrer realen Latenz. Darin ist die *Ethik der Wahrheit* in nuce enthalten, als nicht mehr individuelle, nicht mehr kontemplative, sondern als eine, welche den Sprung aus dem Reich der Notwendigkeit in das Reich unserer Freiheit theoretisch wirklich wägt, praktisch wirklich wagt.«[27]

In dieser Perspektive haben die Kategorien der fünften und sechsten Gruppe in Blochs System, d.h. die »kommunizierenden« und die der »Praxis«, die auf Kants Kategorientafel fehlen, die Funktion eines wichtigen »thelischen Ferments« beim Versuch der Veränderung der Welt zum Besseren: einer utopische Latenzen und Potenzen herausprozessierenden Praxis, die als permanentes Experiment mit und in der Welt definiert wird. In dem Maße, wie die Welt Frage ist, die auf eine Antwort wartet, ist sie Bloch zufolge Gegenstand eines unabgeschlossenen Prozesses des Experimentierens und des »Herausbringens«, bei dem die utopisch orien-

25 Ebd., S. 115-149.
26 Ebd., S. 248-253.
27 Ebd., S. 252-253.

tierte Theorie/Praxis eine ganz besonders wichtige Rolle spielt. Und wenn Bloch hierbei im Unterschied zu Kant wesentlich stärker den Akzent nicht etwa auf die logische Funktion der Kategorien, sondern vielmehr auf ihre »thelische« und »materielle« Funktion legt, so geschieht dies, weil er in der Tat der Überzeugung ist, daß die Kategorien ihrem Wesen nach vor allem die vermittelnden Begriffe bei der »materiell-dialektischen Entfaltung des Daß-Inhalts« sind, wo der »Daß-Anstoß« eines »Daß als Instanz im Sein im Werden« stets dialektisch verschränkt ist mit einem Was-Inhalt, in einem Seinsprozeß, der gleichzeitig ein Werdens-Prozeß ist.

In dieser Perspektive wird in Blochs Denken auch die Zeit – als messianische und erfüllte – zum Gegenstand einer in der zeitgenössischen Philosophiegeschichte ganz außergewöhnlichen Differenzierung. Die Zeit wird von Bloch nämlich weder – wie bei Kant – als Form der reinen Anschauung, die dem Prinzip der Sukzession unterliegt,[28] definiert noch als »geradliniges Nacheinander bloßer Uhrzeit«[29], sondern als prozessuelle und zugleich polyrhythmische Dimension. »Es schlägt im Jetzt, zieht in das Künftige, wohin allemal ein vorwärtsdrängendes Jetzt sich öffnet.«[30] In diesem Zusammenhang evoziert Bloch auch die Zeit als das, »worin dies Unmittelbare aus sich herausgeht, sich herausmacht, [als] etwas, dem sich stets die stoßende Quelle mitteilt; sie fließt nur, indem sie stets augenblickhaft pocht.«[31] Bei aller scheinbaren Nähe zu Henri Bergsons Zeitbegriff als »reiner und unteilbarer Dauer« steht Bloch, dem es fernliegt, sich die Bergsonsche Zeitauffassung als kontinuierliches und homogenes Fließen zu eigen zu machen, vor allem mit seinem Begriff des »Jetzt« viel eher Walter Benjamin nahe, der in seinen »Geschichtsphilosophischen Thesen« die jähe Unterbrechung der zeitlichen Kontinuität durch die blitzartige Kraft des »Jetzt« hervorhebt, in der sich zugleich eine messianische und revolutionäre Kraft ausdrückt. »Das Jetzt als immer wieder versuchter Augen-Blick des Daß auf sich selbst ist in der Gegenwart immerhin verschlossen merkbar, im Erlebnis des Nunc sogar durchschlagend präsent. Die Zeit ist derart in sich selbst differenziert und atomisiert; ja, wenn das Jetzt als dasjenige gefaßt wird, was, obwohl an

---

28 Vgl. Kant, Immanuel: *Kritik der reinen Vernunft* (1781), WA 3, Frankfurt/Main 1968, S. 78-86.
29 Bloch, Ernst: *Experimentum Mundi*, S. 93.
30 Ebd., S. 100-101.
31 Ebd., S. 101.

sich selber noch auf der Stelle tretend, sich außer sich doch ebenso in den nächsten Zeitzustand, in die Bewegung der Zukunft hineinbegibt und damit den eigentlichen Zeitweg begründet, dann läßt sich sagen: Der Moment, unbefriedigt jeden Augenblick und als dieser, bringt die Zeitform erst auf den Lauf, in das eigentliche Agendum darin.«[32] Diese Zeitauffassung, der zufolge die Zeit dadurch charakterisiert ist, daß sie stets »im Fluß« ist, wobei jedoch dieses Fließen durch ein »messianisches Jetzt« unterbrochen wird, tritt bei Bloch ebenso wie bei Walter Benjamin an die Stelle des leeren und homogenen Zeitbegriffs des Historizismus und des Zeitbegriffs der rein chronometrischen Messung der Naturwissenschaften; denn »ohne die Unruhe des Jetzt gibt es keine reale Dialektik«.[33] »Das Jetzt selber tritt eben an sich selber zwar noch auf der Stelle, es ändert sich noch nicht, hat noch keinen anderen Inhalt als die immer wiederholte Punktualität des Daß, hat noch kein Vergehen und Heraufkommen.«[34]

Mittels des kühnen theoretischen Brückenschlags von der so als messianisch und erfüllt definierten Zeit zur Hoffnung nähert sich Bloch nochmals stark der theologisch-philosophischen Auffassung Benjamins von der »messianischen Zeit«, vor allem indem er unterstreicht, daß die Kategorie der Zeit wesentlich die Kategorie ist, die eben »nicht nur die Furcht, sondern auch die Hoffnung nährt«. »Sie macht das Außen des Raums, das für sich allemal entspannte, extensive, zu einem Außen für die Spannung, Intensität.« So sagte schon Marx, daß die Zeit der »Raum der Geschichte«[35] sei. »Die Zeit ist also der Helfer einer objektiv-realen Möglichkeit, auch einer schlechten, gewiß, doch von Haus aus, das heißt, vom sich positiv gewinnen wollenden Jetzt her, ist sie der Fortschrittsraum zu möglich Gutem.«[36] Mit dieser Neubestimmung der Zeit hat Bloch nicht nur den Zeitbegriff entformalisiert und ihm gleichzeitig neue qualitative Eigenschaften und Dimensionen attribuiert, sondern er hat damit auch – was unter dem Aspekt der strengen Logik natürlich angezweifelt werden könnte – den Zeitbegriff stark »verräumlicht«. Die derart »verräumlichte Zeit« wird damit gleichzeitig zum Vehikel für die – in Blochs Perspektive – stets mögliche Realisierung

---

32 Ebd.
33 Ebd.
34 Ebd.
35 Ebd., S. 107.
36 Ebd.

des »Fortschritts zum möglich Besseren«, d.h. der Hoffnung auf die Durchsetzung einer gerechteren Gesellschaftsordnung nach dem Sieg über das Böse in der Geschichte. Und diese Verräumlichung des Zeitbegriffs geht einher mit der Substituierung des klassischen homogenen und an der Linearität orientierten Zeitbegriffs durch eine »ab ovo diskontinuierliche Zeit«, deren Kontinuität regelmäßig durch das blitzartige Niederzucken des messianisch erfüllten »Jetzt« unterbrochen wird, das – wie Walter Benjamin bereits in seinen Thesen »über den Begriff der Geschichte« unterstreicht – den Verlauf der Geschichte der nach Identität und Emanzipation strebenden Menschheit diskontinuierlich macht und gleichzeitig rhythmisiert.

Im Gegensatz zu dem Buch *Das Materialismusproblem* wurde *Experimentum Mundi* von der Presse und philosophischen Kreisen im In- und Ausland sehr positiv aufgenommen. Die im Laufe der Jahre 1975-1978 erschienenen Rezensionen in den großen deutschsprachigen Tages- und Wochenzeitungen sowie in den philosophischen Fachzeitschriften Europas waren außerordentlich zahlreich. Mehrere ausländische Verleger – vor allem in Frankreich und Italien – sicherten sich sofort die Rechte für die Übersetzung des Werks.

Das Jahr 1976 stand dann ganz im Zeichen der Vorbereitung eines Ergänzungsbands zur 16bändigen Gesamtausgabe seiner Werke. Wiederum erfolgte die Zusammenstellung der Texte zu diesem Buch in aktiver Zusammenarbeit mit seinem Assistenten Burghart Schmidt. Das schließlich Ende 1978 postum veröffentlichte Buch mit dem Titel *Tendenz-Latenz-Utopie* enthielt u.a. den Text von Blochs Inauguraldissertation an der Universität Würzburg sowie ein *Gedenkbuch für Else Bloch-von Stritzki* aus dem Jahre 1921, das er lange zurückgehalten hatte, wohl weil es sich hierbei um eine Art von »Journal intime« handelte, in dem er seinen privaten Empfindungen für seine erste, am 2. Januar 1921 in München verstorbene Frau Ausdruck verliehen hatte. Darüber hinaus wurde in den Band eine Reihe von Vortrags- und Interviewtexten aus den Jahren 1960 bis 1970 aufgenommen, u.a. der Text des wichtigen Gesprächs mit Fritz Vilmar über »ungelöste Aufgaben der sozialistischen Theorie«.[37] Damit waren aber längst noch nicht alle, hauptsächlich im Laufe der 70er Jahre gegebenen Interviews für den Rundfunk, das Fernsehen (nicht nur das deutsche, sondern auch das österreichische und das französi-

---

37 Vgl. Bloch, Ernst: *Tendenz-Latenz-Utopie*, GA Ergänzungsband, S. 194-209.

sche), Zeitungen und Zeitschriften veröffentlicht. Sie wurden auf Wunsch Blochs vom Autor dieser Biographie im Winter des Jahres 1976/77 zusammengestellt unter dem Titel *Tagträume vom aufrechten Gang. Sechs Interviews mit Ernst Bloch.* Alle diese Texte mußten ihm zunächst vorgelesen werden, bevor der schwierige Prozeß der Korrektur, der Zusätze und der Änderungen begann, auf denen Bloch immer bestand. Die Arbeitssitzungen begannen in der Regel um 17 Uhr nachmittags in seiner Tübinger Wohnung, allein deshalb, weil dies die Uhrzeit war, wo Bloch sich physisch in der besten Form befand. Er hielt diese Sitzungen dann gut drei Stunden lang durch, mit regelmäßig eingeschobenen Pausen, in denen er sich die Pfeife stopfte und lange an ihr zog.

Solange es ihm möglich gewesen war, hatte Bloch trotz seiner fast völligen Erblindung (er konnte nur noch hell und dunkel wahrnehmen) und obwohl er auf Andere angewiesen war, die ihn beim Gehen stützten und beim Betreten des überfüllten Seminarraums einen Kordon um ihn bildeten, immer sein Oberseminar im sogenannten »Tanzsaal« abgehalten, dem ehemaligen Auditorium Maximum des alten Universitätsgebäudes. Zum letzten Mal fand es im Wintersemester 1975/76 statt, in dem aber schon die Hälfte der Sitzungen ohne Bloch abgehalten wurde. Sein Thema war hier noch einmal das sozialphilosophische Kernstück aus dem *Prinzip Hoffnung* und zugleich derjenige Teil, mit dessen gesonderter Veröffentlichung Bloch die Exiljahre in den USA publizistisch beschlossen (1946) und die Jahre des Aufbruchs im Ostteil Deutschlands begonnen (1947) hatte: *Freiheit und Ordnung. Abriß der Sozialutopien.* Wie angekündigt, stand dieser Text Blochs im Mittelpunkt und war der Ausgangspunkt für die kritische Lektüre von Engels *Entwicklung des Sozialismus von der Utopie zur Wissenschaft* und für das Studium der mehr oder minder abstrakt utopischen Gesellschaftsmodelle von Thomas Morus und Tommaso Campanella, von Charles Fourier und Robert Owen selbst. Bloch referierte hier nicht – sein Assistent Uwe Opolka leitete die Sitzung, Arbeitsgruppen bereiteten Referate vor, und Bloch griff durch kürzere oder längere Statements in die Debatte ein. Manchmal gab er zu Anfang eine kürzere Einführung in die Thematik. Es ließ sich dann oft nicht vermeiden, daß die Seminarsitzungen in erhitzte Diskussionen mündeten, bei denen die Schüler und Assistenten Blochs untereinander wetteiferten und Aspekte oder Begriffe von Blochs Denken ebenso leidenschaftlich wie kontrovers diskutierten. Dem altersweisen Bloch fiel dann die Rolle zu, als »Schiedsrichter« in die Debatten einzugreifen und die Kontroversen – meist salomonisch – zu schlichten. Dabei sah sich Bloch dann gelegentlich auch zu längeren Ausführungen veranlaßt, die – immer wieder durch Pausen unterbrochen, in denen der über 90jährige an der Pfeife zog – sein enormes Wissen und sein legendäres Gedächtnis der Philosophiegeschichte unter Beweis stellten, begleitet von talmudischer Weisheit, prophetischen Gesten und gelegentlich auch von heiligem Zorn. Und immer sprach aus ihm nicht nur der Gelehrte, der mehrere Jahrhunderte abendländischer Philosophiegeschichte aufgearbeitet hatte, sondern zugleich der praktisch Eingreifende, der klar stand zu seinem politischen Engagement, was hieß, für die Sache der Ausgebeuteten und Unterdrückten Partei zu ergreifen.

Seit Anfang 1976 verschlechterte sich Blochs Gesundheitszustand zunehmend. Sein Herz wurde immer schwächer. Er mußte Interviews und Besuche von Journalisten absagen. Statt des Oberseminars fanden in den folgenden Semestern nur noch Privatkolloquien zum soeben erschienenen *Experimentum Mundi* statt. Anfang 1977 fühlte sich Bloch wieder besser, so daß er für das Wintersemester 1977/78 erneut ein Oberseminar im Tanzsaal ankündigte: zu Klassenbewußtsein und Ethik, einem Thema, dem sich der Jugendfreund Georg Lukács Anfang der 20er Jahre in mehreren Aufsätzen und vor allem in *Geschichte und Klassenbewußtsein* (1923) gewidmet hatte. Aber schon die letzten Sitzungen seines Privatkolloquiums im Sommersemester 1977 mußten schließlich abgesagt werden. Bloch spürte, wie der Tod immer näher kam; er erwartete ihn in Ruhe, aber auch mit einer gewissen Neugier. Der Tod, so hatte er immer gesagt, sei für ihn die letzte Entdeckungsreise.

In diesen letzten Wochen und Monaten seines Lebens wurde nur ein einziger neuer Gast in Blochs Tübinger Wohnung empfangen: der Liedermacher Wolf Biermann, der wie Bloch von dem System der DDR schwer enttäuscht war. Nach jahrelangem Auftrittsverbot in der DDR wurde er im Herbst 1976, als er in mehreren Städten Westdeutschlands auf Tournee war, ausgebürgert und gegen seinen Willen gehindert, in seine Ostberliner Wohnung in der Chausseestraße zurückzukehren; er ließ sich schließlich in Hamburg nieder, wo er weiterhin politische Lieder zur Begleitung auf der Gitarre dichtete und komponierte. Biermann trug Bloch ein soeben erst komponiertes Lied vor, in dem die Enttäuschung dessen thematisiert ist, der trotz festen Glaubens an den demokratischen Sozialismus die DDR, seine »Utopie«, verlassen muß und durchaus nicht darauf baut, in der Bundesrepublik Deutschland die bessere Heimat zu finden: »Und ich bin gekommen vom Regen in die Jauche«. Bloch war erst amüsiert, dann grantig, als sich der Refrain mehrmals wiederholte. Worauf Biermann den Refrain nur noch in zwei Strophen aufnahm und das Lied »Bloch-Lied« nannte.

Blochs zunehmende physische Schwäche hatte sich bis zuletzt nicht auf seinen Geist erstreckt, und sie hinderte ihn nicht daran, bis zur letzten Minute politisch kritisch und wachsam zu sein. Noch im Juli 1977 unterschrieb er einen Aufruf gegen das US-amerikanische Projekt der »Neutronenbombe«, die im Ernstfall Hunderttausende von Menschen töten sollte, ohne zugleich ihre Häuser zu zerstören. Bloch zufolge mußte alles daran gesetzt werden, das Projekt zu stoppen, es sei eine tödliche Bedrohung nicht nur für die Menschen in den Ländern des »real existierenden Sozialismus«, sondern für die ganze Welt. »Hitler« – so schloß Ernst Bloch seinen Aufruf in den *Blättern für deutsche und internationale Politik* vom Juli 1977 – »hat sechs Millionen Juden ermordet. Wie viele Menschen wird die Neutronenbombe töten?«[38] Dies war Blochs letzte öffentliche politische Stellungnahme.[39]

Am 8. Juli 1977 feierte Bloch mit seiner Frau Karola und seinem Sohn Jan Robert und den engsten Tübinger Freunden seinen 92. Geburtstag. An diesem Tage war es ungewöhnlich heiß. Diese sommerliche Hitze machte Bloch sehr zu schaffen, und alle körperlichen Bewegungen waren ihm ohnehin zur Qual geworden: Dennoch, gestützt von Karola erreichte er die festlich gedeckte Kaffeetafel.

In den ersten Augusttagen des Jahres 1977 häuften sich die Erschöpfungszustände. Doch keinesfalls wollte er im Krankenhaus sterben. Bis zuletzt wollte er in seiner Tübinger Wohnung und in der Nähe seiner Frau ausharren. Auch nur kleinere Spaziergänge waren zuviel, und bald war er auch nicht mehr in der Lage, noch aufzuste-

---

38 Zitiert nach Zudeick, Peter: *Der Hintern des Teufels*, S. 312.

39 Erinnert werden soll in diesem Zusammenhang daran, daß Bloch im Jahre 1969 zusammen mit Georg Lukács einen öffentlichen, von allen Nachrichtenagenturen verbreiteten Aufruf zur Rettung von Angela Davis unterzeichnet hatte, die als Afroamerikanerin und Mitglied der Kommunistischen Partei der USA vor einem kalifornischen Gericht mehrerer Delikte angeklagt war, auf die als Höchststrafe der Tod durch die Gaskammer drohte.

hen. Am 1. August arbeitete er sich ein letztes Mal zum Balkon seiner Wohnung vor und blickte auf den Neckar.

Am Abend des 3. August äußerte Bloch den Wunsch, Beethovens »Leonoren-Ouvertüre« in der Interpretation von Otto Klemperer zu hören. Karola legte die Schallplatte auf, und noch einmal schwang Bloch mit im Rhythmus der Beethovenschen Akkorde, in jener strengen Schreitungsrhythmik, die Beethovens Symphonien auszeichnet. Danach hörte er einige Chansons von Bertolt Brecht in der Interpretation von Gisela May, und einige Melodien von George Gershwin.

In der folgenden Nacht schlief Bloch außergewöhnlich tief und lang. Beim Erwachen am Morgen des 4. August fühlt er sich aber besonders schwach. Auch mit Karolas Hilfe gelingt es ihm kaum, aufzustehen. Sie ruft einen Nachbarn, sie stützen ihn von beiden Seiten und helfen ihm ganz langsam zum Wohnzimmer, wo er normalerweise frühstückte. Auf dem halben Weg bricht er in sich zusammen und fällt auf den Teppich; aufrichten kann er sich nicht mehr. Karola ruft sofort die Ärztin, die sich ins Auto stürzt und zu den Blochs fährt. Als sie ihr Stethoskop ansetzt, kann sie nur noch feststellen, daß Blochs Herz nicht mehr schlägt. Herzstillstand mit sofortiger Todesfolge. Zu spät war es, um ihn im Krankenwagen in die Intensivstation der Tübinger Universitätsklinik zu bringen. Ernst Bloch war tot. »Ich kann nicht mehr« – das waren seine letzten Worte.

XXXVIII. »Die konkrete Utopie wird Wirklichkeit«

Die Nachricht vom Tode Ernst Blochs verbreitete sich ab Mittag des 4. August 1977 wie ein Lauffeuer in der Stadt, in der Bloch sechzehn Jahre lang gelehrt hatte. Nachdem sein Tod auch vom Südwestfunk gemeldet worden war, versammelten sich noch um die Mittagszeit zahlreiche Studenten auf dem Gebrüder-Scholl-Platz zwischen dem Hauptgebäude der Universität und dem studentischen Clubhaus, um sich über das traurige Ereignis auszutauschen. Schnell wurde von einer kleinen Gruppe engagierter Studenten der Beschluß gefaßt, die Universität, die seit dem 15. Jahrhundert »Eberhard-Karls-Universität« heißt, umzutaufen in »Ernst-Bloch-Universität«. Mit einer Sprühdose wurde in der Nacht eine entsprechende Inschrift in großen, weithin sichtbaren Lettern über dem Eingangsportal zum Hauptgebäude der Universität angebracht, jedoch schon am Tag darauf auf Anordnung des Rektors der Tübinger Universität wieder entfernt; es blieb noch genügend Zeit, Photos von der umbenannten Universität zu machen, und in den Köpfen der progressiven Tübinger Studenten blieb es bei der Umbenennung. Im gegenüberliegenden Clubhaus wurde außerdem ein großes Spruchband angebracht, auf dem zu lesen war: »Genosse Bloch ist tot. Die konkrete Utopie wird Wirklichkeit.«

Bei der Beerdigung am Vormittag des 9. August 1977 auf dem Tübinger Hauptfriedhof versammelten sich mehr als zweitausend Personen, unter ihnen viele Trauergäste aus dem Ausland. Entsprechend dem Wunsch der Familie hielt der Tübinger Rhetorik-Professor Walter Jens bei dieser nicht-religiösen Bestattungszeremonie die Grabrede. In seiner Ansprache hob Jens die außerordentliche Originalität Blochs als Denker und Philosoph hervor: »Ein rätselhafter Mann, in der Tat. Ein Polyhistor, der in verwegenen Assoziationen Fakultätsgrenzen sprengte, Marx, den Tod und die Apokalypse in einem Atemzug nannte und sich dennoch nie im ›Arabeskenhaft-Ornamentalen‹ verlor.«[40] Gerade deshalb war Bloch, so unterstrich Walter Jens, »die letzte große Integrationsfigur unserer Zeit: ergreifend zu sehen, wie selbstverständlich das jesuanische ›mühselig

---

40 Jens, Walter: »Ein Segel in eine andere Welt«, in: Bloch, K. / Reif, A. (Hrsg.): *Denken heißt Überschreiten. In memoriam Ernst Bloch 1885-1977*, S. 271.

415

und beladen‹ mit dem Marxschen ›erniedrigt und geknechtet, verlassen und verachtet‹ korrespondiert. [...] Wir trauern um Ernst Bloch«, schloß Walter Jens seine Grabrede, »der für uns, seine Freunde und Schüler, zu gleicher Zeit ein König und ein Vater war; ein König, weil in seiner Nähe jeder Rangstreit endete – er lehrte, und wir wurden gelehrt; er gab, und wir taten, wenn's hoch kam, noch ein wenig dazu. Ein Vater, weil er uns Anteil nehmen ließ an dem, was ihn bewegte – ihn, den so viele zähmen wollten, und das ganz vergeblich. Den Dogmatikern sprach er vom Liebeskommunismus und vom Wärmestrom der Marxschen Tradition, den Konservativen hielt er ein Kolleg über die Tautologie der Begriffe Demokratie und Sozialismus, der realen Demokratie und dem wahren, dem Blochschen Sozialismus [...]. Er hatte Schmerzen, er war blind, er konnte nicht gehen, er wußte, daß er sterben mußte, aber er klagte nie; wenn er weinte, dann nicht über sich; er sprach viel vom Tod: was die Auferstehung des Fleisches angehe, hatte er vor Jahren gesagt, da hielte er es mit einem kleinen peut-être, nun, da er näher kam, der Tod, erzählte er uns von seiner Neugier; das wollte er denn doch auch noch sehen, wie das Licht oder das ganz andere sich ausnehme, verliebt ins Neue, wie er nun einmal sei; er sprach ruhig – eher heiter als besorgt. [...] Sein Werk weist in die Zukunft: ›ein Segel in eine andere Welt‹.«[41]

Auf der Trauerfeier im Festsaal der Tübinger Universität sprach auch Siegfried Unseld, beklagte, »daß wir ihn, seine Stimme, seinen Rat, seine Güte nicht mehr persönlich erfahren dürfen«, und er flocht in seine Rede die Erinnerung an ein Gespräch ein, das er am Todestag Adornos mit Bloch in Königstein über den Tod geführt hatte. »Uns bleibt«, schloß Siegfried Unseld, »Dank zu sagen. Dank zu sagen diesem unserem großen einfühlsamen Lehrer des liebenden Wissens und der wissenden Liebe. Diesem Mann, der wie kein anderer Würde und Geist in unserer Zeit verkörperte. Diesem Freunde, dessen Lebenssicherheit noch im Tode uns lebenssicher macht.«[42]

Von den Tübinger Kollegen Ernst Blochs im Fachbereich Philosophie sprach lediglich der als Spezialist der Existenzphilosophie geltende Professor Helmut Fahrenbach, der als einziger ein korrektes und freundschaftliches Verhältnis zu Bloch hatte. Walter Schulz,

---

41 Ebd., S. 272.
42 Unseld, Siegfried: »Warum sucht Ihr den, der da lebt, unter den Toten?«, in: ebd., S. 273.

der eigentlich vom Fachbereich dafür vorgesehen war, zog seinen Text im letzten Moment zurück; Bruno Baron von Freytag-Löringhoff, der als stellvertretender Direktor des Fachbereichs Philosophie an der Stelle von Professor Schulz hätte sprechen sollen, bekam jedoch nicht das Plazet der Familie Blochs zu einer Ansprache, da er als entschiedener Gegner der Blochschen Philosophie galt.

Im Gegensatz zu der nur sehr kurzen Ansprache des Rektors der Tübinger Universität verwies die Sprecherin der Studentenschaft auf Blochs politische Militanz und unterstrich, daß »Ernst Bloch weiterlebt, nicht etwa in den Bilanzen der Bewußtseinsindustrie, auch nicht in der Heuchelei der Herrschenden und der Manipulateure, nicht in privater, sondern in revolutionärer Hoffnung«.[43]

Für ein gewisses Aufsehen bei der Beerdigungszeremonie sorgte der aus seinem »Exil« in Dänemark herbeigeeilte Freund und Bloch-Verehrer Rudi Dutschke. In einer vielbeachteten Rede hob er hervor, daß Bloch »der Ausdruck der Negation der Resignation, gelebtes Prinzip Hoffnung, gelebter sozialistischer Standpunkt der Selbstveränderung und der Kontinuität des aufrechten Gangs« sei. »Die Geschichte der Produktion und des Wirkens von Ernst Bloch«, so fuhr Rudi Dutschke fort, »die Aufarbeitung des ungeheuren Werkes ist noch nicht geschrieben. Eines ist allerdings sicher: die Sozialisten, die ganze Neue Linke, alle Demokraten und Christen sind in ihrer kurzen Geschichte von der großen Lebens- und Denkgeschichte von Ernst Bloch nicht zu trennen. Zeichnet sich die offizielle DDR in diesen Tagen der Trauer durch Geschichtslosigkeit aus, so entdecken viele der herrschenden Figuren in den Parteien der BRD die ›Größe‹ von Ernst Bloch.«[44] Nach Dutschke war Bloch die Inkarnation der »Geschichte der subversiven Philosophie der konkreten Utopie«, die »von der Geschichte der Arbeiterklasse nicht zu trennen« sei; diese sei aber »gleichermaßen die über die Niederlagen der Klasse hinausragende philosophische Triebkraft des Prinzips Hoffnung für Werktätige der verschiedensten sozialen Schichten«. Und Dutschke beendete seine Grabrede mit den Worten: »›Die Internationale erkämpft das Menschenrecht.‹ Diese Forderung und Hoffnung der Unterdrückten und Beleidigten des 19. Jahrhunderts hat für Bloch nie an Aktualität verloren. [...] Ernst

---

43 Zitiert nach: Zudeick, Peter: *Der Hintern des Teufels*, S. 316.
44 Dutschke, Rudi: »*Der subversive Philosoph*«, in: Bloch, K. / Reif, A. (Hrsg.): *Denken heißt Überschreiten*, S. 284.

Bloch, der revolutionäre Denker und Sozialist, drückte und strahlte jahrzehntelang immer tiefer werdende Glaubwürdigkeit aus. Aus diesem Grunde lebt Ernst Bloch über sein großes unaufgearbeitetes Werk weiter.«[45]

Für Oskar Negt, den Vertreter des »Sozialistischen Büros«, der als nächster auf der Rednerliste stand, war Bloch der mit Abstand »produktivste Ketzer im Marxismus« des 20. Jahrhunderts und gleichzeitig eine sehr militante Gestalt. »Der aufrechte Gang, dieses sichtbarste Zeichen menschlicher Würde, ist das A und O der Philosophie Blochs. Er ist die Substanz seiner durch und durch politischen Philosophie.«[46] »Wie kein anderer hat er die verdrängten revolutionären Traditionen der deutschen Geschichte ans Licht gebracht, und nicht nur deren Misere, sondern ihr Unvollendetes, Unabgegoltenes. Nicht nur die Wahrheit, auch Hoffnung und Utopie sind konkret, ja das Konkreteste. [...] Bloch setzte auf die junge Generation, aber er hat sich zu keiner Zeit blenden und den Begriff des revolutionären Prozesses technisch und pragmatisch verkürzen lassen [...]. Dieser objektive und allgemeine revolutionäre Prozeß, auf dessen Maulwurfsarbeit Bloch nicht weniger vertraute als Hegel, bezieht seinen humanen Gehalt jedoch aus der Besonderheit, aus der Befreiung des einzelnen Menschen. Das Trompetensignal in *Fidelio* ist kein ästhetisierbares Symbol, es ist Ausdruck der Hoffnung eines bestimmten Menschen auf Befreiung aus dem Gefängnis, aus unmittelbarer Gewalt und Unterdrückung; und es ist gleichzeitig auch kategorischer Imperativ des einzig möglichen menschenwürdigen politischen Verhaltens, nämlich alle Verhältnisse umzuwerfen, in denen der Mensch ein erniedrigtes, ein geknechtetes, ein verlassenes, ein verächtliches Wesen ist.«[47] Nach der Würdigung der Leistung des engagierten Philosophen, der die Notstandsgesetze, den § 218, den Vietnamkrieg und die Berufsverbote in der BRD bekämpft habe, schloß Oskar Negt: »Blochs materialistische Philosophie ist Geburtshelfer und verläßliches Orientierungsmittel im Kampf für eine neue klassenlose, sozialistische Gesellschaft, dem organisierenden Zentrum und dem Zielinhalt aller Tagträume, der Utopien und Hoffnungen, wohl mit einem unvermeidlichen metaphysischen Bildrest in der Verwirklichung. Das Erbe Rosa Luxemburgs ist lebendig im Denken von Ernst Bloch.

---

45 Ebd., S. 285-286.
46 Negt, Oskar: *»Der produktivste Ketzer im Marxismus«*, in: ebd., S. 282.
47 Ebd., S. 282-283.

[...] Wenige haben so gründlich und ausdauernd wie er die Erbschaft dieser Zeit wahrgenommen und beschrieben. Er ist verpflichtende Erbschaft zum Weiterarbeiten.«[48]

Auch in der SPD, die in ihrer Politik Blochs radikale Philosophie eher »links liegen« gelassen hatte, meldeten sich Stimmen zum Tode des Philosophen. Willy Brandt schickte der Witwe Karola Bloch ein Beileidstelegramm, in dem er daran erinnerte, daß »seine grundsätzliche Orientierung auf die Verwirklichung der Würde des Menschen in Freiheit, sein unbeugsamer Bekennermut ihn mehrfach in Konflikte mit Regimen getrieben haben, denen seine Prinzipientreue unbequem war.« »Ernst Bloch«, so schloß Willy Brandt sein Telegramm, »wird als einer der großen deutschen Philosophen durch sein Denken, bestimmt durch Ehrlichkeit und Radikalität im besten Wortsinn, weiterwirken.«[49] Auch der damalige Bundeskanzler Helmut Schmidt, dessen Plan, wie er schrieb, es gewesen sei, mit dem Philosophen noch im September persönlich zusammenzutreffen, schickte ein Telegramm, in dem er Bloch als einen »kämpferischen, aufgeklärten Philosophen« würdigte. »Ernst Bloch war einer der herausragenden Beweger im europäischen Geistesleben. Er öffnete mit seinem Denken die Augen vieler für eine humanere Welt. Für das, was noch nicht ist, war er ein Philosoph des Aufbruchs in die Zukunft.«[50]

Aus Starnberg meldete sich Jürgen Habermas, der in einem Brief an Karola Bloch vom 12. August 1977 schrieb: »Dankbar müssen wir wohl sein, daß Ernst Bloch ein Alter erreicht hat, das das biblische weit übersteigt; daß er sein Werk, ein erratisches Gedankenmassiv, genug für Generationen zum Abarbeiten, vollendet hat. Aber je älter er wurde, um so mehr schien es zur Selbstverständlichkeit zu werden, daß wir in den intellektuellen, erst recht den politischen Auseinandersetzungen auf Blochs von weitem leuchtende Figur, auf seine Unbeirrbarkeit und Standhaftigkeit zählen konnten. Wir vermissen ihn jetzt, wir werden ihn noch sehr viel mehr vermissen.«[51]

Sechs Wochen nach Blochs Beerdigung in Tübingen ehrte ihn auch seine Geburtsstadt Ludwigshafen in einer Gedenkveranstaltung am 21. September 1977. Hier ging es primär darum, den international

---

48 Ebd., S. 283.
49 Ebd., S. 313.
50 Ebd., S. 312.
51 Ebd., S. 316.

bekannt gewordenen Ehrenbürger der Stadt zu ehren. Aus diesem Anlaß hielt Burghart Schmidt, Blochs langjähriger Schüler und Assistent, eine Rede »zum Werk Ernst Blochs«, in der er einerseits auf eine Reihe von Affinitäten zwischen dem Denken Walter Benjamins, Kracauers und Blochs hinwies, insbesondere bezüglich des philosophischen Motivs der »Mikrologien«,[52] der »kleinen Perzeptionen«, des »Eingedenkens« und des messianischen Zeitbegriffs, und andererseits auch zwischen existenzphilosophischen Denkmotiven bei Kierkegaard und der Metaphysik des frühen Bloch, vor allem hinsichtlich des Motivs des »Sich-selbst-in-Existenz-Verstehens« und der »Selbstbegegnung« im *Geist der Utopie*. Bezüglich des *Prinzips Hoffnung* wies Schmidt auf die außergewöhnliche Gelehrtheit und Genialität Blochs bei der Ausarbeitung einer »Enzyklopädie der Hoffnungsinhalte in Wunschlandschaften« hin, mit den »Hoffnungsbildern gegen den Tod« samt religiösen Utopien, die eine nachhaltige Diskussion um eine »revolutionäre Theologie der Hoffnung« und um den »sozialistischen Gedanken« im Christentum auslösten.[53] »Das antizipierende Bewußtsein«, unterstrich Burghart Schmidt in dieser Rede, »es setzt auf den Menschen als den Gestalter seiner Welt, nicht auf den Menschen als bloßes Suum esse conservare in der Lebensnot.«[54] Folglich hat Bloch »den Geist der Utopie an seine Verwirklichungsbedingungen gebunden, ohne ihn darauf zu beschränken. Er schlug den anderen bedeutend paradoxen ›Bogen von der Utopie zur Materie‹ und führte damit das antizipierende Bewußtsein in einen dialektischen Materialismus ein [...], der eingreifende Mensch«, betonte Schmidt, »ist die Potenz, die aktive Kraft des möglichen Werdens; ›Front, Novum, finales Ultimum‹ sind die Grundbestimmungen seiner Situation in der Welt. Seine Träume, sollen sie konkret werden, beziehen sich als die vorwegnehmende Gestaltung des Neuen auf die reale Front, an der das Handeln steht, in der ›Gegenwart als dem Ort der Entscheidungen‹, und sie tendieren auf das Ultimum letztmöglicher Sinnformung in der menschlichen Existenz.«[55]

Dieser Festakt in Ludwigshafen war auch die willkommene Gelegenheit für Hans Mayer, der bei Blochs Beerdigung in Tübingen nicht zu Wort gekommen war, dem großen Freund aus der Zeit der Emigration und der später gemeinsam in Leipzig verbrachten Zeit

---

52 Schmidt, Burghart: »*Zum Werk Ernst Blochs*«, in: ebd., S. 300.
53 Ebd., S. 304.
54 Ebd.
55 Ebd., S. 305.

die ihm gebührende Ehre und Würdigung widerfahren zu lassen. Mayer tat dies mit einer Ansprache in dem für ihn typischen Stil der »literarischen Causerie«, bei der er den Blochschen Zentralbegriff der »Heimat« in den Mittelpunkt stellte. Er hob hervor, daß der Begriff »Heimat« in Blochs Philosophie natürlich einen ganz anderen Stellenwert hat als bei den Denkern aus dem konservativen oder nationalistischen Lager, von welchen dieser Begriff bewußt zu einem Mythos hochstilisiert wurde, neben den Begriffen des heimatlichen »Bodens«, des »Bluts« und der »Rasse«. Wo immer »Heimat« in Blochs philosophischen Schriften auftauche, so unterstreicht Mayer, bedeute sie nicht etwa »Bodenständigkeit als unmittelbare Stickluft, wo nicht blasphemische Brutstätte von durchaus Teuflischem«, sondern nehme »stellvertretend, mittelbar [...] mit der Schwere ihres Flugs, am Besten teil, das es noch nicht gibt, nämlich an wirklicher Heimat«.[56] »Kein Zweifel, er trug ein Traumbild künftiger Heimat in sich sein Leben lang, dieser Pfälzer und Sohn eines königlich-bayerischen Beamten. Was ihm in die Kindheit schien, weiterleuchtete in dies sehr lange Leben hinein: das war ein Traumbild mit den realen Konturen der eigenen Herkunft und Landschaft. Für jeden, der Bloch kannte, ist es unverkennbar, daß ›Heimat‹ imaginiert wird als ein von Entfremdung und Selbstentfremdung befreites schönes Bauernland. Mit Weinbau natürlich.«[57]

Der letzte Satz des letzten Kapitels im dritten und letzten Band des *Prinzips Hoffnung* verwandelt diese Vision nachgerade in eine Apotheose:

»Marx bezeichnet als sein letztes Anliegen ›die Entwicklung des Reichtums der menschlichen Natur‹; dieser *menschliche* Reichtum wie der von *Natur* insgesamt liegt einzig in der Tendenz-Latenz, worin die Welt sich befindet – vis-à-vis de tout. Mit diesem Blick also gilt: Der Mensch lebt noch überall in der Vorgeschichte, ja alles und jedes steht noch vor Erschaffung der Welt, als einer rechten. *Die wirkliche Genesis ist nicht am Anfang, sondern am Ende*, und sie beginnt erst anzufangen, wenn Gesellschaft und Dasein radikal werden, das heißt sich an der Wurzel fassen. Die Wurzel der Geschichte aber ist der arbeitende, schaffende, die Gegebenheiten umbildende und überholende Mensch. Hat er sich erfaßt und das Seine ohne Entäußerung und Entfremdung in realer Demokratie begrün-

56 Mayer, Hans: *»Ernst Bloch und die Heimat«*, in: ebd., S. 294.
57 Ebd., S. 295.

det, so entsteht in der Welt etwas, das allen in die Kindheit scheint und worin noch niemand war: Heimat.«[58]

Von dieser »Heimat« besitzen wir also nur einen »Vorschein«, der uns »in die Kindheit scheint«. Mayer: »Es gibt unser aller Kindheitsträume von einem Besseren als dem Gegenwärtigen.«[59] Ferner ist Blochs Heimatbegriff, analog zu dem von Marx prophezeiten »Sprung aus dem Reich der Notwendigkeit in das Reich der Freiheit«, synonym mit der endlich wieder gewonnenen Identität in einer von Entfremdung und der Herrschaft des Menschen über den Menschen befreiten Gesellschaft und Welt. Gleichzeitig ist Hans Mayer bemüht, ein folgenschweres Mißverständnis auszuräumen: Obwohl es in Blochs Welt der Phantasie, des Traums und des utopischen Vorscheins auch einige romantische Motive gibt (z.B. Anspielungen auf Märchen, auf mittelalterliche Schlösser, auf Tieck und Novalis etc.), war Bloch, »dieser Vorwärtsdenker der uneingelösten Heimat«, das absolute »Gegenteil eines Romantikers«. »Das Modewort ›Nostalgie‹ gehörte nicht zu diesem Mann und seinem Werk. Hier liegen wohl die tiefsten Ursachen der Fremdheit zwischen Bloch und Heidegger.«[60] »Kein Romantiker mithin«, so Hans Mayer, »wohl aber, bis in die letzten Tage hinein, ein Schillerianer und ein Beethovenianer.«[61]

»Empfand sich dieser jüdische Pfälzer als Jude? Wohl kaum. Er wurde unwillig, wenn man sein Interesse für Geheimlehren der Kabbala als jüdisches Prophetentum mißverstand. In seiner Dankrede am 90. Geburtstag murrte er darüber mit dem Satz: ›Ich bin nicht Martin Buber!‹ Es gibt ein wunderbares Jugendbild von Ernst Bloch: gemalt von seinem Freund, dem expressionistischen Maler Willi Geiger. Schaut man es an, so wird der Blick, unmittelbar, durch einen jüdischen Intellektuellen erwidert. Dennoch wird es mir, und wohl allen, die mit Bloch seit seiner Rückkehr aus dem Exil zusammentrafen, damals war er 63 Jahre alt, geradezu unmöglich, diesen immensen Geist überhaupt als ›Intellektuellen‹ einzuordnen.«[62] Bloch, so beendete Hans Mayer seine Rede in Ludwigshafen, »lehrte uns, das ›Dunkel des gelebten Au-

---

58 Bloch, Ernst: *Das Prinzip Hoffnung*, Bd. III, GA 5, S. 1628.

59 Mayer, Hans: *»Ernst Bloch und die Heimat«*, in: Bloch, K. / Reif, A. (Hrsg.): *Denken heißt Überschreiten*, S. 295.

60 Ebd., S. 297.

61 Ebd.

62 Ebd., S. 297.

genblicks‹, wohl auch den erlebten ›unerträglichen Augenblick‹,
zu meditieren. Das bewirkte, trotz allbekannter tätiger Anteilnahme Ernst Blochs an den politischen und geistigen Forderungen
des Tages, daß ihm die Jugendträume wichtiger waren, und die
Spuren einer zukünftigen Heimat erst recht. So besaß er zweierlei:
die Heimat als Herkunft, und die Heimat als Aufgabe. Damit ließ
es sich leben und denken.«[63]

---

63 Ebd., S. 297-298.

Nachwort

Der Traum vom besseren Leben, an einem fernen »Nicht-Ort«, genannt »Utopia«, ist so alt wie die Menschheit selbst. Wird er der Idealwelt einer gesellschaftlich-staatlichen Organisation aufprojiziert, dann soll diese auf Prinzipien der Gerechtigkeit beruhen. In der Literatur- und Philosophiegeschichte, seit Platons Lehre vom idealen Staat, gab es derart immer wieder Entwürfe in Form von Staatsromanen und Utopien. Nie wären sie entstanden, hätten nicht ungerechte, ja unerträgliche Herrschaftsverhältnisse die Menschen gefangen gehalten in einer Situation, die sie dazu veranlaßte, den imaginären Sprung in eine bessere Welt zu wagen; so konnten sie ihrem Traum wenigstens symbolisch Ausdruck verleihen.

Der Bogen reicht von der *Utopia* des Thomas Morus bis zu Charles Fouriers *Phalanstère*, vom *Sonnenstaat* Tommaso Campanellas und Bacons utopisch-wissenschaftlichem Laboratorium der *Nova Atlantis* bis zu Zukunftsromanen, die in der Zeit nach Karl Marx erdacht wurden (Bellamy, William Morris, Carlyle, Henry George). Er umspannt architektonische Utopien wie die »Cités radieuses« ebenso wie ein utopisches »Buen Retiro« und Pastorale. Selbst in einer ausgesprochenen Anti-Utopie wie etwa George Orwells *1984*, selbst im Umschlag der Utopie ins radikal Negative, klingt ein Moment jenes ursprünglich nach vorn gerichteten wunschhaften Strebens dialektisch noch an.

Unter den Philosophen, die in der Moderne die Traditionslinie Hegel-Marx weitergeführt haben, ist Ernst Bloch zweifellos derjenige, der diesen utopischen Impuls am produktivsten aufgenommen und in seine Philosophie eingebaut hat, und zwar in eine materialistische Philosophie der Praxis. Zwar ist für Bloch – als Marxist – die Kritik der politischen Ökonomie als Grundlage unverzichtbar, doch ist es dann weit mehr das Moment einer solchen Antizipation, auf das er den Akzent legt.

Das Denken Ernst Blochs markiert einen bedeutenden Wendepunkt in der Geschichte der zeitgenössischen deutschen Philosophie. Es setzt an zu einer Zeit, als sich das europäische Denken durch den Ersten Weltkrieg in einer großen Sinnkrise befand. Damals triumphierte an den Universitäten der Neukantianismus, die Lebensphilosophien Nietzsches und Bergsons erlebten ihren Durchbruch, die expressionistische Revolte erschien auf der Bildfläche – und der Marxismus drang vorwärts. In letzterem verkörpert Blochs radikal auf die

Antizipation utopischer Auszugsgestalten des Bewußtseins ausgerichtetes Denken eine durchaus einzigartige Richtung. Im Neo-Marxismus des 20. Jahrhunderts zeichnet es sich, verglichen mit dem freudianischen Marxismus der »Frankfurter Schule« und dem italienischen Marxismus in der Linie Gramscis, durch seinen Materialreichtum aus und kann zugleich durchaus auch den Status einer originären, im Prisma der Utopien sich brechenden Spielart der »kritischen Theorie der Gesellschaft« für sich in Anspruch nehmen.

Nach dem vergleichsweise großen Echo, das Blochs Philosophie in den 70er und 80er Jahren des 20. Jahrhunderts in Deutschland und Frankreich, ja in der ganzen Welt, gefunden hatte, erlebte die Rezeption seines Denkens in den 90er Jahren einen gewissen Rückschlag, der mit dem Zusammenbruch des Sowjet-Kommunismus und der Sowjetunion zusammenhing, also mit dem jähen Ende der Hoffnungen und Illusionen, die in den Ländern des »real existierenden Sozialismus« gekeimt hatten, darunter auch die von Bloch bis zu seinem Lebensende genährte Hoffnung, die kommunistisch-autoritären Regime ließen sich in demokratisch-sozialistischer Gestalt erneuern. Die Bücher Blochs wurden in der Zeit danach deutlich seltener übersetzt. Und Denkströmungen und philosophische Schulen wie diejenigen des »logischen Positivismus«, der angelsächsischen analytischen Sprachphilosophie und der phänomenologischen Hermeneutik erlebten einen Siegeszug – die Kehrseite der plötzlich eingetretenen »Sonnenfinsternis« des Marxismus; dieser wurde nach dem Tode von Louis Althusser und Henri Lefebvre in Frankreich wie in Deutschland, ja in ganz Westeuropa, zunehmend marginalisiert.

Die Bloch-Rezeption ist dadurch vor allem in Frankreich ins Stocken geraten. Für uns war dies ein Anreiz, die etablierte Universitätsphilosophie mit ihren Scheuklappen erneut zu konfrontieren mit dem Werk eines Philosophen, welches – zumal da es ähnlich wie die Werke Walter Benjamins, Herbert Marcuses, Adornos und Horkheimers ein antifaschistisches Denken in der Emigration par excellence darstellt – viel größere Beachtung verdient hätte. (Nur Blochs großes fünfteiliges Hauptwerk *Das Prinzip Hoffnung* ist inzwischen nahezu weltweit publiziert.)

Davon abgesehen, daß aufgrund dieser Zeitlage weitere bedeutende theoretische Hauptwerke Blochs wie *Das Materialismusproblem, seine Geschichte und Substanz*[1] immer noch nicht ins

---

1 Ders.: *Das Materialismusproblem, seine Geschichte und Substanz*, GA 7, Frankfurt/Main 1972.

Französische übersetzt sind, fehlte in Frankreich vor allem eine Biographie, die alle wichtigen Etappen von Blochs Leben und Denken rekonstruiert und so zu dieser Philosophie einen angemessenen Zugang ermöglicht. Die vorliegende Biographie sollte diese Lücke schließen.

Die Originalität von Blochs Beitrag zur Geschichte der zeitgenössischen Philosophie und insbesondere zu einer Theorie des Materialismus besteht ohne Zweifel in der Erschließung utopischer Gehalte und eines damit korrespondierenden utopisch-antizipierenden Bewußtseins, dies im programmatischen Horizont einer Philosophie der Praxis. Im Gefolge von Marx und Engels lehrt diese die revolutionäre Überwindung der Entfremdung einer auf Privateigentum und soziale Ungleichheit gegründeten Gesellschaft.

Eben weil der Utopiebegriff in der deutschen Philosophiegeschichte des 17. bis 20. Jahrhunderts mehr oder weniger inexistent war, nimmt sich Blochs Hinwendung zur Utopie in den Jahren 1917/18 so spektakulär aus, ist sie doch zumindest »untypisch« zu nennen in der Geschichte des philosophischen Denkens in Deutschland, mit seiner Tendenz zu großen idealistischen, geschlossenen, durch und durch rationalen Systemkonstruktionen.[2]

Blochs Rehabilitierung des Utopiebegriffs im Bezugsrahmen eines erneuerten Marxismus ist übrigens keineswegs gleichzusetzen mit der deskriptiven Ausmalung alternativer Gesellschafts- und Staatsutopien im Sinne von Thomas Morus, Campanella, Fourier oder Cabet. Vielmehr zielt sie auf die Konzeption einer utopischen Ontologie (die allerdings keinesfalls im Sinne der Heideggerschen Existential-Ontologie zu verstehen ist); diese stützt sich auf die Theorie der »utopischen Funktion« des »antizipierenden Bewußtseins«,[3] die ihrerseits dialektisch verknüpft ist mit einer Theorie der Praxis und sich auf die Marxschen »Feuerbach-Thesen«[4] beruft.

Weil Bloch sich auf jene Aspekte des utopischen Denkens bezieht, die Konservative gern als »subversiv« (Paul Ricœur[5]) oder

---

2 Vgl. etwa das Werk von Hermann Cohen.

3 Vgl. Bloch, Ernst: *Das Prinzip Hoffnung*, Bd. I, GA 5, S. 49ff.

4 Vgl. ebd., S. 288ff. (»Weltveränderung oder die elf Thesen von Marx über Feuerbach«).

5 Vgl. Ricœur, Paul: *L'idéologie et l'utopie*, Paris 1997. Obwohl Ricœur prinzipiell eingesteht, daß die positive Funktion von Utopien in der Verwirklichung des Möglichen bestehen kann, legt er – polemisch – äußersten Nachdruck auf die Feststellung, daß Utopie letztendlich »Schimäre, Verrücktheit, (Welt)flucht und das Nicht-Realisierbare« bedeutet. (Vgl. auch ebd., Einleitung von G. H. Taylor, S. 9.)

»Spiel«[6] (Raymond Ruyer) bezeichnen, scheint es ganz so, als nähere er sich der Mannheimschen Bestimmung der Utopien als »seinstranszendenter Vorstellungen«[7]. Indem sie nach einer »besseren Welt« streben, bewirkten sie, zumindest vorübergehend, einen Bruch mit dem Seienden und durchbrächen so die Ordnung des Bestehenden. In diesem engeren Sinne drückt der Begriff der »Utopie« für Bloch wie für Karl Mannheim nicht nur den permanenten Menschheitswunsch nach Konkretisierung der Wunsch- und Traumbilder aus, sondern wird gleichzeitig auch zu einem wichtigen, wenn nicht gar zum Schlüsselbegriff der Geschichtsentwicklung, mit all ihren evolutionistischen und revolutionären Ausdrucksformen.[8]

Die vielgestaltigen Formen eines solchen »utopischen Bewußtseins« in der Geschichte und ihre Funktionen wurden zwar von der kritischen Soziologie des 20. Jahrhunderts untersucht. Aber erst durch Ernst Bloch wurden sie zum Leitgedanken und -prinzip eines humanistischen und revolutionären Marxismus; Ernst Bloch war es, der das von Marx und Engels noch durchaus kritisch beurteilte utopische Denken vom Dilemma befreite, daß es naiv in der projizierten Fiktion einer jenseitig besseren Welt verharrt, die Unterdrückten mit Traumkonstruktionen von einer besseren Zukunft nur vertröstet und dadurch vom irdischen Kampf um gerechtere Verhältnisse in der Welt hic et nunc vor allem ablenkt.

Bloch stemmt sich entschieden gegen die von Paul Ricœur und Hannah Arendt[9] genährte Befürchtung, Utopien und sonstige »Träume nach vorwärts« enthielten den Keim eines künftigen »Totalitarismus«. Die Utopie als »Prinzip« wird von ihm rehabilitiert, indem er den Nachweis erbringt, daß der viel beschworene »Geist der Utopie« sehr wohl in eine Praxis der Emanzipation umschlagen kann, die dann als die Selbstwerdung des entfremdeten, unterdrückten und ausgebeuteten Menschen und als die Wiederfindung seiner verlorengegangenen Identität bestimmt wird.[10] Er ergreift Partei für Wunschbilder, und dies in einer Weise, die es seinen Kritikern

---

6 Vgl. Ruyer, R: *L'utopie et les utopies*, Paris 1950.

7 Vgl. Mannheim, Karl: *Ideologie und Utopie*, Berlin 1929.

8 Ebd., S. 173.

9 Vgl. Arendt, Hannah: *The Origins of Totalitarism*, Bd. 3, New York 1951.

10 In diesem Zusammenhang ist es bezeichnend, daß Bloch im dritten Band des *Prinzips Hoffnung* so sehr den Akzent auf die Rekonstruktion der Auszugsgestalten dieser verlorenen und wiedergefundenen Identität legt. – Wir gestatten uns in diesem

schwer macht, sein Werk kurzerhand auf dem Konto der gescheiterten realsozialistischen Utopismen des 20. Jahrhunderts zu verbuchen.

Der positiv-utopische Elan, der von Blochs Denken ausgeht, wurde immer wieder gebremst durch den realen Einbruch totalitärer Anti-Utopien, wie sie Orwell erdachte; sie wurden im 20. Jahrhundert von den Gegnern des utopischen Denkens als »Beweise« für die Ambiguität des philosophisch-politisch utopischen Diskurses zitiert. Dies, ebensowenig wie die gewandelte zeitgeschichtlich-politische Konjunktur, die, als Bloch sein Werk vollendete, noch in weiter Ferne lag, konnte die weitere Verbreitung seines philosophischen Werks und Denkens letztlich nicht wirklich verhindern: In Gestalt des *Prinzips Hoffnung* eröffnet es nicht nur eine umfassende Enzyklopädie des menschlichen Wunschdenkens und der Wunschbilder, sondern hat zugleich auch das materialistische Denken des 20. Jahrhunderts bereichert. Den Kampf für einen erneuerten Marxismus durchzieht seither ein »Wärmestrom«, und vom sterilen Dogmatismus der Bürokraten und der Apparatschiks ist er befreit. Für die Öffnung zur Zukunft hin, in einer Welt, die heute als »Multiversum« und als großer »Bauplatz« betrachtet wird, auf dem utopischer Wille sich letztendlich konkretisieren und durchsetzen soll, setzt diese Philosophie ein mutiges Zeichen. Mit ihr verbindet sich ein konsequentes Eintreten für Humanismus und Antifaschismus; in ihr symbolisiert sich der Traum von Millionen von Menschen und die Möglichkeit des Aufbaus einer besseren, humaneren und gerechteren Welt; und sie hält an diesem Menschheitstraum, der die Überwindung des Kapitalismus einschließt, fest – trotz aller geschichtlichen Fehlentwicklungen und Entstellungen der Ideale des Sozialismus-Kommunismus im 20. Jahrhundert.

Das 20. Jahrhundert ist, mehr als irgendein Jahrhundert zuvor, durch den Rückfall der Menschheit in die Barbarei zutiefst entstellt worden. Als das Gegenteil von Resignation und Nihilismus ist und bleibt das Denken Ernst Blochs eine Herausforderung, die in der

---

Zusammenhang den Hinweis, daß Blochs Bezugnahme – im Rahmen seiner utopischen Naturphilosophie – auf die »Orient-Natur« des Menschen sowie seine damit kommunizierende Theorie vom »Allianzverhalten« des Menschen mit der Natur und der Technik durchaus beerbt werden könnten: von einer alternativen ökologischen Ökonomie, die sich der Politik einer skrupellosen Ausbeutung der Naturschätze durch den modernen Kapitalismus widersetzt. Bis dato scheint deren potentielle Bedeutung allerdings noch nicht erkannt worden zu sein.

Philosophiegeschichte des 20. Jahrhunderts unübertroffen ist. Die vorliegende philosophisch-politische Biographie (mit den eingeblendeten Darstellungen seiner Werke) soll Blochs Denken zugleich ehren und rekonstruieren.

Kurzbiographien

Johannes R. Becher (1891-1958): in München geborener revolutionärer Dichter und Schriftsteller, der 1919 der KPD beitritt. Emigriert 1935 nach Moskau; 1945 Rückkehr in die »Sowjetische Besatzungszone Deutschlands«; verfaßt 1949 den Text der »Nationalhymne der DDR«. Wird dort Präsident des »Kulturbunds zur demokratischen Erneuerung Deutschlands« und 1954 Kulturminister der DDR. Sein anfangs stark vom literarischen Expressionismus geprägtes Werk umfaßt Theaterstücke, Romane und politische Gedichte, die, neben scharfer Kritik des Bürgertums und des Faschismus, Überlegungen zur »neuen Ära des Sozialismus« enthalten.

Wolf Biermann: 1936 in Hamburg geborener politischer Liedermacher; Sohn eines von den Nazis ermordeten kommunistischen Arbeiters; verließ 1953 freiwillig die Bundesrepublik Deutschland und ließ sich in Ostberlin nieder. Wurde sehr schnell durch seine politischen Lieder und Balladen, in denen er die Spaltung Deutschlands und die Errichtung der Berliner Mauer beklagte, populär – sowohl im Osten wie im Westen. Nachdem er wegen seiner Kritik an den Zuständen in der DDR Auftrittsverbot bekommen hatte, wurde er während einer Tournee in Westdeutschland im Herbst 1976 aus der DDR ausgebürgert. Seitdem lebt er wieder in Hamburg. Wichtigste Werke: *Die Drahtharfe*, Berlin 1965; *Mit Marx- und Engelszungen*, Berlin 1968; *Deutschland – ein Wintermärchen (nach Heinrich Heine)*, 1972.

Willi Bredel (1901-1964): kommunistischer Arbeiter und Schriftsteller; im März 1933 von den Nazis in ein Konzentrationslager verschleppt, gelingt ihm 1934 die Flucht nach Prag. 1935 emigriert er nach Moskau, wo er – zusammen mit Lion Feuchtwanger und Bertolt Brecht – die Exilzeitschrift *Das Wort* herausgibt. Von 1937 bis 39 Teilnahme in den Reihen der »Internationalen Brigaden« am Spanischen Bürgerkrieg. Von Ostberlin aus leitet er von 1952 an die DDR-Zeitschrift *Neue Deutsche Literatur*. In seinen Romanen beschreibt er entsprechend der Theorie des »sozialistischen Realismus« das Leben der Proletarier in Deutschland vor dem Zweiten Weltkrieg (vgl. *Maschinenfabrik N&K* von 1930), wobei er die »Klassenjustiz« in der Weimarer Republik und die Verbrechen der Nazis schonungslos darstellt.

Elias Canetti (1905-1994): in Bulgarien geborener jüdischer Schriftsteller und späterer Literaturnobelpreisträger, der alle seine Werke in deutscher Sprache schrieb. Im Roman *Die Blendung* (1936) beschreibt er den Konflikt zwischen dem Geistesmenschen und der Welt. In der Emigration in London entsteht das Buch *Masse und Macht* (1960), in dem Canetti die sozialpsychologischen Mechanismen der Beziehung der Masse zu einem charismatischen Führer in einem totalitären Regime analysiert.

Hanns Eisler (1898-1962): Als Schüler von Arnold Schönberg und Anton von Webern stellt Eisler seine avantgardistische und revolutionäre Musik Ende der 20er Jahre in den Dienst der Sache der Emanzipation der Ausgebeuteten und Unterdrückten. Von 1928 bis 1933 arbeitet er eng mit Bertolt Brecht zusammen, komponiert »revolutionäre Arbeiterkantaten« und Kampflieder, die einen wichtigen Beitrag zum antifaschistischen Kampf an der »Kulturfront« darstellen. 1938 emigriert er in die USA, wo er zunächst als Professor für Musik an der New School for Social Research in New York lehrt. In den amerikanischen Exiljahren entstehen auch viele Kompositionen für den Film. Nachdem er vor das von Senator McCarthy geleitete »Komitee gegen unamerikanische Aktivitäten« zitiert worden ist, wird er 1948 aus den USA ausgewiesen. 1950 wird er Professor an der Hochschule für Musik in Berlin, komponiert die Nationalhymne der DDR und arbeitet und lehrt dort bis zu seinem Tode im Jahre 1971 in Ostberlin.

Erich Fried (1921-1987): in Wien geborener antifaschistischer Schriftsteller und Dichter, der 1938 nach London ins Exil ging. Übersetzer der Werke Shakespeares ins Deutsche, Autor einer Vielzahl von Bänden politischer Gedichte in deutscher Sprache (u.a. über den Vietnamkrieg und über Israel), die die moralische Empörung des Autors über den Faschismus und andere Formen kolonialistischer und imperialistischer Gewalt zum Ausdruck bringen.

Friedrich Gerstäcker (1816-1872): Hamburger Kaufmann und Schriftsteller, der die Erlebnisse seiner Weltumsegelung und Schiffsreisen nach Amerika, Australien und Ozeanien in einer Reihe von Abenteuer- und Reiseromanen zusammenfaßte, die sich im 19. Jahrhundert in Deutschland großer Beliebtheit erfreuten.

Helmut Gollwitzer (1908-1994): Professor für protestantische Theologie an der Freien Universität Berlin, dessen Denken sowohl vom Widerstandskreis der »Bekennenden Kirche« gegen Hitler wie auch von den Thesen der »Befreiungstheologie« bestimmt war. Durch sein politisches Engagement gegen die Wiederbewaffnung Deutschlands, gegen die atomare Aufrüstung und den Vietnamkrieg bekannt geworden, war Gollwitzer der einzige protestantische Theologe, der während der Studentenrevolte der 60er Jahre öffentlich in Berlin seine Solidarität mit der antiautoritären Studentenbewegung und ihrem führenden Repräsentanten Rudi Dutschke bekundete. Beim Begräbnis von Rudi Dutschke, der am Weihnachtstag des Jahres 1979 an den Spätfolgen des gegen ihn verübten Attentats in Aarhus/Dänemark verstorben war, hielt Helmut Gollwitzer die Grabrede. Wichtigste Veröffentlichungen: *Die marxistische Religionskritik und der christliche Glaube* (1962); *Krummes Holz, aufrechter Gang* (1970); *Befreiung zur Solidarität* (1978).

Oskar Maria Graf (1894-1967): engagierter, progressiv eingestellter bayerischer Schriftsteller, der 1919 – zusammen mit Kurt Eisner – die Münchner Räterepublik unterstützte. Über die Stationen Österreich, Tschechoslowakei, Sowjetunion emigrierte er in die Vereinigten Staaten. In seinen Romanen beschreibt er – oft mit sarkastischem Humor – den skurrilen Konservatismus bayerischer Kleinstädter.

Theodor Haering (1884-1964): Professor der Philosophie an der Universität Tübingen. Autor des Buches *Hegel. Sein Wollen und sein Werk* (2 Bde., Leipzig 1929 und 1938), in dem die Genese des Hegelschen Denkens und Werks streng chronologisch analysiert wird.

Wolfgang Harich (1923-1995): Der in Königsberg/Ostpreußen geborene marxistische Intellektuelle trat 1945 der KPD, nach Gründung der DDR 1949 der SED bei; von 1949 bis 1956 lehrte er als Dozent für Philosophie an der Humboldt-Universität Berlin; 1953 übernahm er zusammen mit Ernst Bloch die Leitung der *Deutschen Zeitschrift für Philosophie*.

Nicolai Hartmann (1882-1950): an der Universität Göttingen lehrender neukantianischer Philosoph – Schüler von Hermann Cohen und Paul Natorp –, dessen Denkentwicklung durch die zunehmende Verknüpfung des erkenntnistheoretischen mit dem ontologischen Ansatz gekennzeichnet ist. Wichtigste Werke: *Grundzüge einer Metaphysik der Erkenntnis* (1921); *Zur Grundlegung der Ontologie* (1935); *Neue Wege der Ontologie* (1941).

Wieland Herzfelde (1896-1988): Gründer des Malik Verlags und des Exilverlags Aurora, Schriftsteller und Publizist; Emigration über Prag und London in die USA, dort enger Freund Blochs; wurde nach dem Zweiten Weltkrieg an die Universität Leipzig als Professor für Literatur berufen. Er war Mitglied der Akademie der Künste und Präsident des PEN-Club der DDR.

Stefan Heym (1913-2001): in Chemnitz geborener antifaschistischer Schriftsteller; 1933 Emigration nach Prag, danach in die USA, wo er als Kriegsfreiwilliger in die Armee eintritt. 1945 Rückkehr nach Deutschland, wo die amerikanischen Besatzungsbehörden ihn mit der antifaschistischen Umerziehung der Deutschen beauftragen. 1947 wird er jedoch wegen seiner prokommunistischen Einstellung als Redakteur der *Neuen Zeitung* abgesetzt. Geht 1952 nach Ostberlin, wo er als Schriftsteller lebt. Dort darf sein *5 Tage im Juni* betitelter Roman, der von den Ereignissen des 17. Juni in Ostberlin handelt, nicht erscheinen. 1979 wird er wegen eines »Finanzdelikts« zu einer Geldstrafe verurteilt und aus dem Schriftsteller-Verband der DDR ausgeschlossen. Nach der deutschen Wiedervereinigung zieht er als direkt gewählter Abgeordneter der PDS ins deutsche Parlament ein und wird dessen Alterspräsident.

Ernst Käsemann (1906-1998): protestantischer Theologe; von 1959 bis 1971 Professor an der Universität Tübingen. Gestützt auf eine neue historisch-kritische Interpretation der Bibeltexte, bemühte er sich auch um den Aufweis der politischen Konsequenzen dieser Bibellektüre, der zufolge das Neue Testament vor allem als eine »Botschaft der Freiheit unter dem Kreuz Jesu« zu interpretieren sei. 1979 wurde seine Tochter Elisabeth Käsemann, die als Sozialarbeiterin in den Elendsvierteln von Buenos Aires tätig war, von einer »Todesschwadron« der argentinischen Militärdiktatur entführt und ermordet.

Alfred Kerr (1867-1948): bekannter Essayist und Theaterkritiker, der nach der Machtergreifung der Nazis 1933 zunächst nach Paris, später dann nach London emigrierte.

Siegfried Kracauer (1889-1966): Architekt, Philosoph, Soziologe und Journalist, der von 1921 bis 1933 das Feuilleton der *Frankfurter Zeitung* leitete. Mit Adorno, Löwenthal, Benjamin und Bloch befreundet, veröffentlicht Kracauer 1930 sein Buch *Die Angestellten*, mit dem er bekannt wird. Nach dem Reichstagsbrand als Redakteur entlassen, emigriert Kracauer im März 1933 nach Paris, wo er u.a. sein Buch *Jacques Offenbach* schreibt. 1941 emigriert er in die USA, wo er sich vor allem sozialpsychologischen Studien und der Soziokritik des Kinos widmet. Vgl. Kracauer, Siegfried: *From Caligari to Hitler. A Psychological History of the German Film* (1947; dt.: 1984).

Werner Krauss (1900-1976): als Professor für französische und spanische Literatur an der Universität Marburg wird Krauss 1941 wegen seiner antifaschistischen politischen Einstellung von den Nazis entlassen und mehrere Jahre lang inhaftiert. Nach Kriegsende wird er 1948 zum Professor für romanische Literaturwissenschaft an der Universität Leipzig ernannt. In dieser Funktion ergreift Krauss die Initiative, um eine Berufung Ernst Blochs an die Universität Leipzig zu ermöglichen.

Ernst Krenek (1900-1991): in Wien geborener Komponist, dessen Ausbildung sehr stark durch den Kreis um Alban Berg und Anton von Webern beeinflußt wurde. Emigrierte 1938 in die USA. Sein gleichzeitig von der Spätromantik, der Zwölftontechnik und Elementen des Jazz beeinflußtes – zu Unrecht zum großen Teil der Vergessenheit anheimgefallenes – großes musikalisches Werk besteht u.a. aus fünf Symphonien, vier Klavierkonzerten, Kompositionen für Chor und Orchester, Kompositionen elektronischer Musik und der 1927 in Wien mit großem Erfolg uraufgeführten Oper *Jonny spielt auf*. Krenek wurde 1945 amerikanischer Staatsbürger.

Richard Kroner (1884-1974): Hegelspezialist, der an den Universitäten Freiburg, Dresden, Kiel und Berlin lehrte. Autor des für den konservativen Neuhegelianismus der 20er Jahre in Deutschland charakteristischen und wegweisenden Buches *Von Kant bis Hegel*, 2 Bde. 1921-1924.

Oswald Külpe (1862-1915): Schüler von Wundt und Professor der Philosophie in Würzburg. Begründer der »denkpsychologischen« Schule des Neukantianismus. Wichtigste Werke: *Die Begründung der Psychologie* (1893); *Die Grundlagen der Ästhetik* (1921). Unter der Leitung von Külpe entsteht Ernst Blochs philosophische Inauguraldissertation *Kritische Erörterungen über Rickert und das Problem der modernen Erkenntnistheorie*. Das Rigorosum fand am 25. Juli 1908 an der Philosophischen Fakultät der Universität Würzburg statt.

Hans Küng: 1928 in der Schweiz geborener katholischer Theologe; seit 1960 Inhaber des Lehrstuhls für dogmatische und ökumenische Theologie an der Universität Tübingen.

Rudolf Leonhard (1889-1953): dem literarischen Expressionismus nahestehender engagierter Schriftsteller; Teilnehmer an der November-Revolution 1918 in Deutschland und an der Vereitelung des Kapp-Putsches im März 1920. Mitarbeiter der *Weltbühne* von Jacobsohn. Seit 1927 in Paris lebend, gründet er die »Vereinigung deutscher Schriftsteller im Exil«. Wie viele andere antifaschistische Exilanten in Frankreich wird er im September 1939 im Lager »du Vernet« interniert, aus dem ihm 1943 die Flucht gelingt. Leonhard schließt sich sofort dem französischen Widerstand an. 1950 Rückkehr nach Deutschland (Ostberlin). Sein literarisches Werk ist gekennzeichnet durch den Übergang vom Expressionismus zum Realismus.

Adolph Lowe (1893-1987): Professor für Wirtschaftstheorie an den Universitäten Kiel und Frankfurt/Main; von 1932 bis 1933 auch Verwaltungschef des Frankfurter Instituts für Sozialforschung. Nach seiner Emigration in die Schweiz, England und die USA lehrte er von 1941 bis 1963 als Professor für politische Ökonomie an der New School for Social Research in New York.

Horst Mahler: Rechtsanwalt; führendes Mitglied des SDS in Westberlin; wechselte später in die rechte Szene über.

Heinrich Mann (1871-1950): Bruder von Thomas Mann; wurde mit dem 1905 veröffentlichten Roman *Professor Unrat* berühmt. Von den Nazis als »anti-deutscher« Kosmopolit denunziert, geht Heinrich Mann 1933 – nach den Bücherverbrennungen in Deutschland – nach Paris ins Exil, wo er den »Lutétia-Kreis« gründet. Als Präsident des »Lutétia-Komitees« ergreift er 1935 die Initiative zur Gründung einer »deutschen Volksfront«. Seine König Heinrich IV. von Frankreich gewidmete Romantrilogie ist der Höhepunkt eines großen literarischen Werks.

Walter Mehring (1896-1981): in Berlin geborener Schriftsteller, der dem Expressionismus und dem Dadaismus nahestand. Geht 1933 als Journalist ins Exil nach Paris und nach Wien, bevor er 1938 in die USA emigriert. Wurde u.a. bekannt durch seine bedeutende Marx-Biographie *Karl Marx. Geschichte seines Lebens*, Leipzig 1918.

Julien Offray de La Mettrie (1709-1751): In Saint Malô – in der Bretagne – geborener französischer Arzt und Philosoph; Autor folgender, vom philosophischen Materialismus geprägter Bücher: *Traité de l'âme* (1745), *L'homme-machine* (1748), *L'homme-plante* (1748), *L'Anti-Sénèque ou Discours sur le bonheur* (1748), *L'art de jouir* (1751). Von der Kirche verfolgt, flieht La Mettrie 1748 an den Hof König Friedrichs II. von Preußen, dessen Hausarzt er bis zu seinem Tode bleibt.

Arthur Moeller van den Bruck (1876-1925): rechtskonservativer Publizist, der mit seinem Leitbegriff von der »konservativen Revolution« gleichzeitig den Liberalismus, die parlamentarische Demokratie und den Sozialismus/Kommunismus bekämpfte. Mit seinem 1923 veröffentlichten Buch *Das Dritte Reich* lieferte er den Nazis die Ideologie, mit deren Hilfe der terroristische SS-Staat aufgebaut wurde.

Jürgen Moltmann (geb. 1926): protestantischer Theologe. Als Professor für systematische Theologie an der Universität Tübingen lehrte er eine »Theologie der Hoffnung« bzw. eine »Theologie des Gottesreichs«, in der einzelne Begriffe von Blochs *Prinzip Hoffnung* kritisch rezipiert werden.

Willi Münzenberg (1889-1940): in Erfurt geborener kommunistischer Journalist und Agitator. Nachdem er als 27jähriger 1916 Lenin persönlich in Zürich kennengelernt hat, tritt er 1918 dem »Spartakus-Bund« und 1919 der frisch gegründeten KPD bei. Gründer der »Kommunistischen Jugend-Internationale« und der »Internationalen Roten Hilfe«. Als kommunistischer Abgeordneter im Reichstag (seit 1924) leitet er ab 1926 die Abteilung »Agitation und Propaganda« der KPD und wird Herausgeber der *Arbeiter-Illustrierten Zeitung*. 1933 gründet er im Pariser Exil den Exilverlag »Editions du Carrefour«. Wird 1937 wegen seiner Kritik an der Politik Stalins aus der Partei ausgeschlossen. 1940 wird seine Leiche unter ungeklärten Umständen aufgefunden.

Paul Natorp (1854-1924): zur Marburger Schule des Neukantianismus gehörender Philosoph, der insgesamt 40 Jahre in der kleinen nordhessischen Universitätsstadt lehrte. Als Anhänger eines kantischen Transzendentalismus vertrat Natorp philosophische Positionen, die denen seines Marburger akademischen Lehrers Hermann Cohen vor allem hinsichtlich der Moralphilosophie und eines humanistisch orientierten Rationalismus sehr nahestanden, in anderen Punkten (z.B. in der Rechtsphilosophie und der Psychologie) jedoch von Cohens Philosophie abwichen. Seine wichtigsten Werke sind: *Descartes' Erkenntnistheorie* (1882); *Einführung in eine kritizistische Psychologie* (1888); *Platons Ideenlehre* (1902); *Die logischen Grundlagen der exakten Wissenschaft* (1910).

Heinz Neumann (1902-1937): führendes Mitglied der KPD; von 1930-1932 kommunistischer Abgeordneter im Reichstag und Repräsentant der KPD bei der Komintern. Von den Nazis nach dem Reichstagsbrand verfolgt, geht Neumann 1935 ins Exil in die Sowjetunion, wo er als Opfer der Stalinschen Säuberungen in den Moskauer Prozessen des Jahres 1937 zum Tode verurteilt und hingerichtet wird.

Carl von Ossietzky (1889-1938): Als Journalist, Redakteur und Herausgeber der *Weltbühne* bekämpfte Ossietzky während der Weimarer Republik mutig die monarchistische Reaktion, den preußischen Militarismus und den aufkommenden Faschismus. 1931 wurde er im Zuge eines spektakulären politischen Prozesses wegen »Landesverrats« zu einem Jahr Gefängnis verurteilt. Es wurde ihm vorgeworfen, die im Widerspruch zu den Bestimmungen des Versailler Vertrags stehende heimliche Wiederaufrüstung der »Reichswehr« in einem Artikel der *Weltbühne* publik gemacht zu haben. Als Kämpfer für die »antifaschistische Einheitsfront« wurde er wenige Wochen nach seiner Freilassung aus der Haft im März 1933 – nach dem Reichstagsbrand – von den Nazis verhaftet und ins Konzentrationslager Elsterwegen (bei Oranienburg) eingeliefert. Dort erhält er 1936 den Friedensnobelpreis. Kurz nach seiner Freilassung – nach einer großangelegten internationalen Kampagne – stirbt Carl von Ossietzky 1938 an den Folgen seiner KZ-Haft.

Bernd Rabehl: 1940 in der DDR geboren, die er noch vor der Errichtung der Berliner Mauer verließ; Freund von Rudi Dutschke, rückte während der Westberliner Studentenrevolte schnell in die Position des zweitwichtigsten Theoretikers der antiautoritären Protestbewegung auf. Als marxistischer Soziologe lehrte er von 1975 bis 1987 an der Freien Universität Berlin.

Heinrich Rickert (1863-1936): Begründer der südwestdeutschen Schule des Neukantianismus, der vor allem auf der Trennung der Naturwissenschaften von der Geschichtswissenschaft und den Kulturwissenschaften bestand.

Burghart Schmidt (geb. 1942): von 1962-1967 Blochs Privatassistent in Tübingen. Lehrte ab 1982 als Professor für Ästhetik an der Wiener »Hochschule für angewandte Kunst« und an der Universität Hannover. Seit 1997 Professor an der Fachhochschule für Gestaltung in Offenbach. Autor zahlreicher Publikationen zum Werk Ernst Blochs und Herausgeber der *Materialien zu Ernst Blochs »Prinzip Hoffnung«* (Frankfurt/Main 1978). Seit 1985 Präsident der »Internationalen Ernst-Bloch-Gesellschaft«.

Joachim Schumacher (1904-1984): in Berlin geborener und später eng mit Ernst Bloch befreundeter Kunsthistoriker und Philosoph, den Bloch bereits während seiner Studienjahre in Heidelberg kennengelernt hatte. Er emigrierte 1932 zunächst in die Schweiz (wo er Bloch 1933 in Zürich wiedersah) und danach nach Frankreich (Paris), wo er sein Hauptwerk *Die Angst vor dem Chaos. Über die falsche Apokalypse des Bürgertums* schrieb, das, 1937 in Paris in kleiner Auflage publiziert, erst 35 Jahre später (1972) in Deutschland veröffentlicht wurde. (Die Hauptthese dieses Buches, gewissermaßen ein Parallelbuch zu Ernst Blochs *Erbschaft dieser Zeit*, ist, daß der Kapitalismus durch Kriege und Krisen das wirkliche Chaos in die Welt bringe und daß er »notwendig« zum Faschismus hin tendiere.) 1937 emigrierte Schumacher in die USA, wo er

Philosophie und Kunstgeschichte lehrte. Er war mit dem marxistischen Kunsthistoriker Max Raphael und auch mit Hanns Eisler befreundet. Die Freundschaft mit Ernst Bloch fand auch in den Jahren des Exils in Amerika ihre Fortsetzung.

Kurt Schumacher (1895-1952): Antifaschist und Vorsitzender der SPD in den ersten Nachkriegsjahren; Verfechter der Einheit Deutschlands und erbitterter Gegner der Politik Konrad Adenauers, dem er bei der Kanzlerwahl im September 1949 nur knapp unterlag.

Christian Thomasius (1655-1728): humanistischer Philosoph und Rechtsgelehrter; zusammen mit Pufendorf typischer Repräsentant der Frühaufklärung in Preußen, der die Wissenschaft in den Dienst des Fortschritts stellen wollte und der entschieden für das Toleranz-Prinzip in Religion und Moral eintrat. Thomasius war der erste Universitätsprofessor, der in Deutschland seine Vorlesungen auf Deutsch (und nicht – wie damals üblich – auf Latein) abhielt. Von Locke beeinflußt, wurde er zum Begründer einer neuen rechtsphilosophischen Schule in Halle.

Paul Tillich (1886-1965): protestantischer Theologe und Anhänger eines »religiösen Sozialismus«; lehrte an den Universitäten Marburg, Dresden und Leipzig und Frankfurt am Main; wurde 1933 von den Nazis zur Emigration gezwungen. 1938 wird er in den USA Professor am »Union Theological Seminary« von New York; von 1955 bis 1961 lehrt er an der Harvard University, von 1961 bis 1965 an der University of Chicago.

Gert Ueding (geb. 1942): von 1962 bis 1967 Assistent von Ernst Bloch in Tübingen; von 1974-1981 Professor der Philosophie an der Universität Oldenburg; 1982 Berufung auf den Lehrstuhl für Rhetorik an der Universität Tübingen. Herausgeber u.a. der Blochschen *Ästhetik des Vorscheins*, 2 Bände, Frankfurt/Main 1974.

Helene Weigel (1900-1971): Die in Wien geborene Schauspielerin begegnet Bertolt Brecht zum ersten Mal 1922 in Berlin und heiratet ihn im Jahre 1928. Als Leiterin des »Berliner Ensembles« von 1949 bis zu ihrem Tode im Jahre 1971 wurde sie vor allem durch ihre Hauptrollen in den Theaterstücken *Die Mutter* von Brecht/Gorki, *Mutter Courage* und *Die Gewehre der Frau Carrar* von Brecht berühmt.

Franz Carl Weiskopf (1900-1955): in Prag geborener tschechischer Journalist und Schriftsteller, der 1927 der tschechoslowakischen KP beitritt. Lebt von 1928-1933 in Berlin; danach Rückkehr nach Prag. Geht 1938 nach Paris ins Exil, von wo aus er noch im gleichen Jahr in die USA emigriert. Als Opfer der von Senator McCarthy organisierten Kommunistenhetze kehrt er 1952 nach Europa zurück und geht nach Ostberlin. Sein literarisches Hauptwerk *Kinder ihrer Zeit* blieb unvollendet.

Arnold Zweig (1887-1968): antifaschistischer, den Kommunisten nahestehender Schriftsteller; emigriert 1933 über Frankreich nach Palästina, von dort in die USA. 1948 Rückkehr nach Europa (Ostberlin). Von 1949 bis 1967 Abgeordneter in der »Volkskammer der DDR«. Alle seine Romane – wie z.B. *Der Streit um den Sergeanten Grischa* – tragen den Stempel scharfer Sozialkritik.

Auswahlbibliographie

Blochs Werke werden im vorliegenden Buch nach der *Gesamtausgabe*, die in 16 Bänden mit einem Ergänzungsband im Suhrkamp Verlag erschienen ist, zitiert. Sie ist text- und seitenidentisch auch als Werkausgabe bei *suhrkamp taschenbuch wissenschaft* (*stw*) lieferbar.

1. Ernst Bloch, *Gesamtausgabe*, 16 Bände und ein Ergänzungsband, Frankfurt/Main 1959-1978

Band 1: *Spuren. Neue, erweiterte Ausgabe*, 1969
Band 2: *Thomas Münzer als Theologe der Revolution*, 1969
Band 3: *Geist der Utopie. Bearbeitete Neuauflage in der Fassung von 1923*, 1964
Band 4: *Erbschaft dieser Zeit. Erweiterte Ausgabe*, 1962
Band 5: *Das Prinzip Hoffnung*, 1959
Band 6: *Naturrecht und menschliche Würde*, 1961
Band 7: *Das Materialismusproblem, seine Geschichte und Substanz*, 1972
Band 8: *Subjekt-Objekt. Erläuterungen zu Hegel*, 1962
Band 9: *Literarische Aufsätze*, 1965
Band 10: *Philosophische Aufsätze zur objektiven Phantasie*, 1969
Band 11: *Politische Messungen, Pestzeit, Vormärz*, 1970
Band 12: *Zwischenwelten in der Philosophiegeschichte. Aus Leipziger Vorlesungen*, 1977 [Der vollständige Text der Vorlesungen erschien 1985 als *suhrkamp taschenbuch wissenschaft* in einer vierbändigen, von Ruth Römer und Burghart Schmidt edierten Ausgabe mit dem Titel *Leipziger Vorlesungen zur Geschichte der Philosophie (1950-1956)*]
Band 13: *Tübinger Einleitung in die Philosophie*, 1970
Band 14: *Atheismus im Christentum. Zur Religion des Exodus und des Reichs*, 1968
Band 15: *Experimentum Mundi. Frage, Kategorien des Herausbringens, Praxis*, 1975
Band 16: *Geist der Utopie. Faksimile der Ausgabe von 1918*, 1976
Ergänzungsband: *Tendenz-Latenz-Utopie*, 1978

Weitere Werke Ernst Blochs:

Kampf, nicht Krieg. Politische Schriften 1917-1919, hrsg. von Martin Korol, Frankfurt/Main 1985.
Logos der Materie. Eine Logik im Werden. Aus dem Nachlaß 1923-1949, hrsg. von Gerardo Cunico, Frankfurt/Main 2000.

2. Gespräche und Interviews

Löwy, Michael: »Interview avec Ernst Bloch (Tübingen, 24.3.1974)«, in: ders.: *Pour une sociologie des intellectuels révolutionnaires*, Paris 1976, S. 292-300.
Moltmann, Jürgen: *Im Gespräch mit Ernst Bloch*, München 1976.
Münster, Arno (Hrsg.): *Tagträume vom aufrechten Gang. Sechs Interviews mit Ernst Bloch*, Frankfurt/Main 1977.
Ders.: » ›Le chaud et le froid de la révolution.‹ Entretien d'Arno Münster avec Ernst Bloch«, in: *Libération*, 9.-11.8.1977.
Palmier, Jean-Michel: »Entretien avec le penseur marxiste Ernst Bloch«, in: *Le Monde*, 30.10.1970.
Ders.: »La traversée du siècle d'Ernst Bloch«, in: *Les Nouvelles Littéraires* 29.4. und 6.5.1976.
Traub, Rainer / Wieser, Harald (Hrsg.): *Gespräche mit Ernst Bloch*, Frankfurt/Main 1975.

3. Briefwechsel

Bloch, Ernst: *Briefe 1903-1975*, hrsg. von Karola Bloch u.a., 2 Bde., Frankfurt/Main 1985.
Bloch, Ernst / Metzger, Arnold: *»Wir arbeiten im gleichen Bergwerk«. Briefwechsel 1942-1972*, hrsg. von Karola Bloch u.a., Frankfurt/Main 1987.

Ernst Bloch und Georg Lukács. Dokumente zum 100. Geburtstag [Ausgabe der Briefe Blochs an Lukács von 1910-1971], Budapest 1984.

Bloch, Ernst / Herzfelde, Wieland: *»Wir haben das Leben wieder vor uns«. Briefwechsel 1938-1949*, hrsg. von Jürgen Jahn, Frankfurt/Main 2001.

Lukács, Georg: *Correspondance de jeunesse (1908-1917)*. Choix de lettres, préfacé et annoté par Eva Fekete und Eva Karadi, Paris 1981.

4. Zeugnisse und Biographien

Bloch, Karola: *Aus meinem Leben*, Pfullingen 1981.

Markun, Silvia: *Ernst Bloch in Selbstzeugnissen und Bilddokumenten*, Reinbek 1977.

Zudeick, Peter: *Der Hintern des Teufels. Ernst Bloch – Leben und Werk*, Baden-Baden 1985.

5. Symposien und Tagungen

Löwy, M. / Münster, A. / Tertulian, N. (Hrsg.): *Verdinglichung und Utopie. Ernst Bloch und Georg Lukács zum 100. Geburtstag. Beiträge des internationalen Kolloquiums in Paris*, Frankfurt/Main 1987.

Réification et Utopie. Ernst Bloch et György Lukács – un siècle après. Les Actes du colloque à l'Institut Goethe, Arles 1986.

6. Studien zu Ernst Bloch (Auswahl):

Bloch, Jan Robert (Hrsg.): *»Ich bin. Aber ich habe mich nicht. Darum werden wir erst.« Perspektiven der Philosophie Ernst Blochs*, Frankfurt/Main, 1997.

Caysa, V. / Caysa, P. / Eichler, K. D. / Uhl, E.: *»Hoffnung kann enttäuscht werden«. Ernst Bloch in Leipzig*, Frankfurt/Main, 1992. (Dokumente S. 53-188).

Korol, Martin: *Deutsches Präexil in der Schweiz 1916-1918. Hugo Balls Dadaismus und Ernst Blochs Opposition von außen gegen die deutsche Politik in der Schweiz während des Ersten Weltkriegs*, Bremen 1999.

Münster, Arno: *Utopie, Messianismus und Apokalypse im Frühwerk von Ernst Bloch*, Frankfurt/Main 1982.

Schmidt, Burghart (Hrsg.): *Materialien zu Ernst Blochs* Prinzip Hoffnung, Frankfurt/Main 1978.

Schmidt, Burghart (Hrsg.): *Seminar zur Philosophie Ernst Blochs*, Frankfurt/Main 1983.

Die Ernte von '68. Anthropologie und Natur. VorSchein, Nr. 18/19. *Blätter der Ernst-Bloch-Assoziation*, November 2000, Berlin 2000.

Bruno-Schelling-Bloch. Elemente einer Philosophie. VorSchein, Nr. 20/21, *Jahrbuch der Ernst-Bloch-Assoziation*, Berlin/Wien 2001.

Register

Bildnachweise

akg: Seite 4/Bild 1, 4/4, 16/2
artikeldienst mitteldeutschland: 10/6
bpk: 10/7, 12/3
dpa: 3/1 (hf), 5/3, 5/4 (hf), 8/3 (hf), 8/4 (hf), 12/2, 13/2, 13/3
Manfred Grohe: 12/1, 15/1, 15/3, 16/1
interfoto: 1/6
Jaspers-Nachlaß: 3/4
Jüdisches Museum: 3/5
keystone: 4/2, 10/5, 13/1, 14/2
Kunstmuseum Alte Post, Mülheim an der Ruhr: 6+7
Stadtarchiv Ludwigshafen: 1/1
Bloch-Archiv Ludwigshafen, Nachlaß Karola Bloch: 1/2, 2/3
pa/dpa: 1/5, 5/2, 14/1
Literaturarchiv Marbach: 2/1, 11/3
pa/akg: 3/6
Privatphotos J. R. Bloch: 5/1, 8/1, 8/2, 9/1, 9/2, 10/3, 10/4, 11/1, 11/2, 11/4, 15/2
ullstein 3/3, 10/2, 14/4

Ebenfalls im Philo Verlag erschienen

Rainer E. Zimmermann
Subjekt und Existenz
Zur Systematik Blochscher Philosophie
Monographien zur philosophischen Forschung Bd. 281
282 Seiten, kt.
ISBN 3-8257-0231-6

»Bloch ist ein Verfechter der ›Denklinienkonsistenz‹ und in diesem Zusammenhang
›Erfinder‹ der Bezeichnung ›Aristotelische Linke‹, eines Begriffs, den er dem ähnlichen von der ›Hegelschen Linken‹ nachgebildet hat. Es wird wohl nicht weiter verwundern, wenn festzustellen ist, daß Bloch selbst dieser von ihm ausgezeichneten
Denklinie angehört. Andererseits ist es mit einer solchen, praktisch trivialen, Feststellung allein nicht getan: es gilt vielmehr, die Schlußfolgerungen zu begreifen, die
sich systematisch wie methodisch aus diesem Sachverhalt ziehen lassen.«
Rainer E. Zimmermann

Utopie und Messias – Theologie der Revolution
Jüdisch-christlicher Dialog und Ernst Blochs Religionsphilosophie
»Kritik, Ironie und tiefere Bedeutung«
Zum Werk Rosa Luxemburgs aus heutiger Sicht
VorSchein Nr. 22/23
Jahrbuch der Ernst-Bloch-Assoziation
Herausgegeben von Doris Zeilinger
246 Seiten, kt.
ISBN 3-8257-0317-7

Aufsätze von Stavros Arabatzis, Eberhard Braun, Anna Czajka, Adriane Feustel,
Christian Fuchs, Ralf Klötzer, Gerd Koch, Martin Leutzsch, Horst Müller, Arno
Münster, Trautlind Klara Schärr, Annette Schlemm, Ulrich P. Trappe, Francesca
Vidal, Doris Zeilinger, Rainer E. Zimmermann.

Bruno-Schelling-Bloch
Elemente einer Philosophie
Der Staat als Retter der Utopie?
Zur Kritik des Politischen im Zeitalter der »Globalisierung«
VorSchein Nr. 20/21
Jahrbuch der Ernst-Bloch-Assoziation
271 Seiten, kt.
ISBN 3-8257-0264-2

Aufsätze von Stavros Arabatzis, Reinhart Behr, Jan Robert Bloch, Martin Blumentritt, Eberhard Braun, Gerardo Cunico, Petra Dobner, Anne Eusterschulte, Horst Müller, Ulrich Müller-Schöll, Volker Schneider, Werner Seppmann, Sergej Werschinin, Corell Wex, Doris Zeilinger, Rainer E. Zimmermann.

Die Ernte von '68
Anthropologie und Natur
VorSchein Nr. 18/19
Blätter der Ernst-Bloch-Assoziation
278 Seiten, kt.
ISBN 3-8257-0202-2

Aufsätze von Stavros Arabatzis, Roger Behrens, Uwe Betz, Jan Robert Bloch, Martin Blumentritt, Eberhard Braun, Horst Müller, Hans-Ernst Schiller, Gerhild Schwoch, Werner Seppmann, Ulrich P. Trappe, Sergej Werschinin, Doris Zeilinger, Rainer E. Zimmermann.

Julia Kristeva
Das weibliche Genie
Hannah Arendt
Aus dem Französischen von Vincent von Wroblewsky
388 Seiten, kt.
ISBN 3-8257-0186-7

»Es ist bezeichnend, daß eine Frau, eine jüdische Frau, Hannah Arendt, im Schatten der Shoah die Initiative ergriffen hat, die Frage der Geburt neu zu stellen, indem sie der Freiheit zu sein einen neuen Sinn gegeben hat. Dies ist der größte Glanz ihres Genies, das die Krise der modernen Kultur in ihrer Mitte trifft, dort, wo sich ihr Schicksal auf Leben und Tod entscheidet.«
Julia Kristeva

Hannah Arendt
Der Liebesbegriff bei Augustin
Versuch einer philosophischen Interpretation
Herausgegeben und mit einem Vorwort von Ludger Lütkehaus
134 Seiten, kt.
ISBN 3-8257-0343-6

Der Liebesbegriff bei Augustin, diese Dissertation einer 23-jährigen Jüdin über eine Hauptfigur der christlichen Kirche, löste gleich bei ihrem Erscheinen im Jahre 1929 einen kleinen Skandal aus. Die Doktorandin hatte, darin waren sich die Rezensenten der wichtigsten Organe im akademischen Milieu jener Zeit einig, gleich mehrfach gesündigt. Zum einen, indem sie den *Theologen* Augustinus außer acht gelassen hatte, und zum anderen, indem sie die theologischen Wortführer ihrer Zeit überging, die Augustinus für sich reklamierten. Was ihre ersten Kritiker indessen verkannten, erscheint aus heutiger Sicht gerade als die Qualität dieser frühen Arbeit: Ihre Doktorarbeit verstand sich nicht als theologische, sondern von vornherein als existentialistische Arbeit.

Christian Wiese und Eric Jacobson (Hg.)
Weiterwohnlichkeit der Welt
Zur Aktualität von Hans Jonas
379 Seiten, kt.
ISBN 3-8257-0337-1

Mit diesem Band liegt erstmals der Versuch von international bekannten Forscherinnen und Forschern unterschiedlicher Bereiche vor, die vier zentralen Elemente des Denkens von Hans Jonas in ihrer Gesamtheit und ihrem inneren Zusammenhang zu beleuchten: deutsch-jüdische Geistesgeschichte, Erforschung der spätantiken Gnosis, Ethik und Philosophie der Verantwortung für die technologische Zivilisation sowie theologische Reflexionen nach dem Zivilisationsbruch von Auschwitz.